*ein Ullstein Buch*

# PROPYLÄEN WELT GESCHICHTE

*Eine Universalgeschichte*
*Herausgegeben von*
**GOLO MANN**
*unter Mitwirkung von*
**ALFRED HEUSS**
*und*
**AUGUST NITSCHKE**

Band I
**Vorgeschichte · Frühe Hochkulturen**
Band II
**Hochkulturen des mittleren und östlichen Asiens**
Band III
**Griechenland · Die hellenistische Welt**
Band IV
**Rom · Die römische Welt**
Band V
**Islam · Die Entstehung Europas**
Band VI
**Weltkulturen · Renaissance in Europa**
Band VII
**Von der Reformation zur Revolution**
Band VIII
**Das neunzehnte Jahrhundert**
Band IX
**Das zwanzigste Jahrhundert**
Band X
**Die Welt von heute**
Band XI
**Summa Historica**

*Elf Bände in zweiundzwanzig Halbbänden*

**Zweiter Band**
*1. Halbband*

# Hochkulturen des mittleren und östlichen Asiens

**FRANZ ALTHEIM**
**ALFRED HEUSS**
**HANS-JOACHIM KRAUS**
**WOLFRAM VON SODEN**

*Karten und Zeichnungen im Text von Uli Huber.*
*Den Abschnitt »Die Keilschrift« hat Dr. Wolfgang Röllig verfaßt.*

*Das Namen- und Sachregister befindet sich im 2. Halbband und verweist auf die zwei Halbbände des 2. Bandes.*

CIP-Kurztitelaufnahme der Deutschen Bibliothek

**Propyläen-Weltgeschichte:**
e. Universalgeschichte; 11 Bd. in 22 Halbbd. / hrsg. von Golo Mann unter Mitw. von Alfred Heuss u. August Nitschke. – Frankfurt/M, Berlin, Wien: Ullstein.
([Ullstein-Bücher] Ullstein-Buch; Nr. 4720)
ISBN 3-548-04720-3

NE: Mann, Golo [Hrsg.]

Bd. 2 → Hochkulturen des mittleren und östlichen Asiens

**Hochkulturen des mittleren und östlichen Asiens. –**
Frankfurt/M, Berlin, Wien: Ullstein.
Halbbd. 1. Franz Altheim... – 1976.
(Propyläen-Weltgeschichte; Bd. 2)
([Ullstein-Bücher] Ullstein-Buch; Nr. 4723)
ISBN 3-548-04723-8

NE: Altheim, Franz [Mitarb.]

Ullstein Buch Nr. 4723
im Verlag Ullstein GmbH,
Frankfurt/M - Berlin - Wien
Der Text der Taschenbuchausgabe
ist identisch mit dem der
Propyläen Weltgeschichte
Umschlag: Hansbernd Lindemann
Alle Rechte vorbehalten
© 1962 by Verlag Ullstein GmbH,
Frankfurt a. M./Berlin
Printed in Germany 1976
Gesamtherstellung: Ebner, Ulm
ISBN 3 548 04723 8

# INHALTSVERZEICHNIS

*Alfred Heuß*

11 EINLEITUNG

*Wolfram von Soden*

39 DER NAHE OSTEN IM ALTERTUM

Churriter und Arier in Vorderasien. Das Mitannireich *(41)* Großmächte und Kleinstaaten Vorderasiens in der Amarnazeit *(45)* Das jüngere Hethiterreich und seine Kultur *(48)* Ugarit *(57)* Der Aufstieg Assyriens und der Ausgang der Kassitenzeit in Babylonien *(60)* Tiglatpilesar I. von Assyrien und die zweite Dynastie von Isin *(64)* Die babylonische Kultur im Ausgang des zweiten Jahrtausends *(67)* Syrien nach 1200 v. Chr. Die phönikische Kolonisation *(75)* Assyrien und Babylonien bis Assurnassirpal II. *(77)* Salmanassar III. von Assyrien und seine Nachfolger *(82)* Das Reich von Urartu und seine Kultur *(86)* Die späthethitisch-aramäischen Kleinstaaten nach 1000 v. Chr. *(90)* Tiglatpilesar III. und Salmanassar V. von Assyrien *(96)* Sargon II. von Assyrien und Mardukapaliddin II. von Babylon *(99)* Sanherib (705–681) *(102)* Assarhaddon (681–669) *(106)* Assurbanipal (669–627) *(114)* Die Kultur zur Zeit des neuassyrischen Großreichs *(118)* Der Untergang des Assyrerreiches *(122)* Das Chaldäerreich (626–539) *(124)* Ausklang: Babylonien unter Achaimeniden, Seleukiden und Parthern *(129)*

*Franz Altheim*

135 DAS ALTE IRAN

Vorgeschichte. Erstes Auftreten arischer Stämme *(137)* Beginn der iranischen Geschichte *(140)* Zarathustra. Geschichtliche Einordnung *(141)* Zarathustras Heimat *(144)* Ansässige und Nomaden *(150)* Entlehnung und eigne Form *(153)* Die sittlichen Forderungen *(156)* Der Reichsgründer Kyros *(158)* Nachfolge und Krise *(161)* Gaumata und Dareios I. *(162)* Spätere Stellung zum Zarathustrismus *(165)* Kultkirche und religiöse Kodifikation *(168)* Rechts- und Religionspolitik der Achaimeniden *(171)* Der Staatshaushalt der Achaimeniden *(173)* Höfische Kunst *(178)* Das Reich in der Krise *(179)* Niedergang des Königshauses *(181)* Alexander der Große *(183)* Die Seleukiden *(186)* Das griechisch-baktrische Königtum *(189)* Die Persis *(196)* Apokalypse *(198)* Die Parther *(199)* Die Kultur der Partherzeit *(203)* Emporkommen der Sasaniden. Ardascher I. *(209)* Eine ritterliche Welt *(210)* Parther und Perser *(212)* Wiederkehr Zarathustras *(214)* Geschichte der Sasaniden *(215)* Niedergang der königlichen Gewalt *(218)* Die mazdakitische Revolte. Neue Ordnung der Gesellschaft *(221)* Religion als politische Macht *(226)* Die letzten Sasaniden *(228)* Früh- und spätsasanidisches Herrschertum *(230)* Sasanidische Kultur *(233)*

# INHALTSVERZEICHNIS

## *Hans-Joachim Kraus*

**237 ISRAEL**

Durchgangsland und Brücke *(239)* »Umherirrende Aramäer« *(241)* Einbruch der israelitischen Stämme *(242)* Der Bund *(245)* Sakrale Lebensordnung *(246)* Die Sinai-Offenbarung *(250)* Auszug aus Ägypten: Kultdrama und Geschichte *(252)* Israel und die Kanaanäer *(257)* Richter und charismatische Helden *(258)* Auf dem Weg zur monarchischen Staatsgewalt *(262)* Der Reichsgründer *(266)* Salomo: Potentat und Tempelherr *(271)* Zersetzung und Spaltung *(276)* Durch Wirren zur Dynastie der Omriden *(280)* Königinnen, Propheten, Priester *(284)* Assyrer vernichten das Nordreich *(287)* Juda als assyrischer Vasall *(293)* Zerfall und Reform *(298)* Ende des Reiches Juda *(305)* Babylonisches Exil *(312)* Schicksalswende durch Kyros *(317)* Nehemias Auftrag *(321)* Das »Gesetz des Himmelsgottes« *(324)* Hellenistische Eroberung und religiöse Spaltung *(327)* Hellenisierung: Anpassung und Widerstand *(330)* Aufstieg und Niedergang der Hasmonäerkönige *(336)* Römerherrschaft *(342)* Das Ende *(348)*

*Alfred Heuß*

EINLEITUNG

Der Leser, der diesen Band in die Hand nimmt, wird sich auf den ersten Blick in einiger Verlegenheit sehen. Er greift nach einem bunten Strauß sehr verschiedenartiger »Blumen« und dürfte kaum über das ästhetische Empfinden verfügen, welches so mannigfaltige Stücke zu einer Einheit zusammenzwingt. Je nachdem, wie er gerade blättert, befindet er sich einmal im fernen China, bei den Indern des Ganges und dann wieder am Euphrat und Tigris; aber da ist er dann sowohl bei den Assyrern wie bei den Persern zu Gast, und schließlich lädt ihn das Kapitel über Israel und die Juden ein, seine weitausholenden, die gigantischen Entfernungen ganz Asiens überwindenden Schritte zu hemmen und sich in einer Miniaturlandschaft umzuschauen, gleichsam die makroskopische Einstellung mit einer mikroskopischen vertauschend. Diese Umständlichkeit enthält genug Aufforderung, ihr ein wenig mit dem Hinweis abzuhelfen, wie denn dies alles zusammenhängt oder doch zusammenhängen könnte. Ja, auch nur »könnte«, denn kein Kundiger wird sich vermessen, in diesen Fragen über ein abgeschlossenes und festgegründetes Wissen zu verfügen. Er muß vielmehr den Leser zu einigen Überlegungen einladen und ihm dabei doch freistellen, davon zu halten, was er schließlich selbst für richtig befindet.

Vielleicht verschafft ihm von vornherein die Mitteilung ein wenig Beruhigung, daß sein Unbehagen im Grunde schon seit eh und je besteht und er hierin seinen Vorfahren keineswegs nachsteht, auch wenn er sie bis zum Beginn der Neuzeit, also etwa der Renaissance, zurückverfolgt. Universalgeschichte war schon immer ein Problem, jedenfalls seitdem die Autorität der Tradition nicht mehr ausreichte, sie in bestimmter Weise zu rechtfertigen. Unser Mittelalter mag hierin noch besser drangewesen sein; es wußte von der Geschichte auch weniger, zumal wenn es sich um ferne Zeiten und Landstriche handelte. Was das jüdisch-griechisch-römische Altertum ihm durch den Filter einer bestimmten »orthodoxen« Anschauung überlieferte, reichte völlig aus. Man wurde auf diesem Weg nicht nur über die Erschaffung der Erde und die ersten Menschen aufgeklärt, sondern erfuhr auch von den fernen Zeiten der Assyrer, Meder und Perser und bekam ihre Geschichte zugleich in den plausiblen Zusammenhang hineingestellt, daß eines hübsch nach dem anderen kam und ein »Reich« gleichsam dem anderen die Hand reichte, so daß das Gesetz der Zeit als eine Ablösung von Zeitstufen in befriedigender Weise sich zu bewahrheiten schien.

Daß man hierbei von frommen Einbildungen lebte, diese Einsicht meldete sich eigentlich recht spät zu Wort, nicht vor der Wende des 17. zum 18. Jahrhundert.

Das hatte seine guten Gründe. Vorangehen mußte erst einmal die Erfahrung der Fremde, die Reisen und Entdeckungen. Ihre Geschichte ist, was den Mittleren und Fernen Osten angeht, außerordentlich langwierig und unübersichtlich. Es gibt keinen Kolumbus, der mit einem Schlag das Tor aufgerissen hätte; von Indien und China konnte man schon bei den antiken Autoren lesen, von jenem natürlich mehr als von diesem, denn immerhin hatte ein Grieche (Skylax) schon Ende des 6. vorchristlichen Jahrhunderts das westliche Indien bereist, und Alexander der Große war ja schließlich auch dorthin gekommen. Die Anwesenheit nestorianischer Christen in China (seit dem 7. Jahrhundert) hatte in dieser Hinsicht ebensowenig Auswirkungen. Um so mehr sticht der ganz einzigartige Bericht des Venezianers Marco Polo hervor, der als junger Mensch siebzehn Jahre (1275-1292) in China zubrachte und als Angestellter des chinesischen Kaisers Gelegenheit fand, mehrere größere Reisen durch das ganze Land zu unternehmen.

Marco Polo war auf dem Landwege nach China gelangt. Das unwahrscheinliche Unternehmen war nur möglich gewesen auf Grund der Sicherung der Reiseroute durch das Mongolenreich, aber diese außerordentliche Voraussetzung, welche nach dem Urteil Alexander von Humboldts Marco Polo zum »größten Landreisenden aller Jahrhunderte« erhob, erklärt auch, warum mit dem Zerfall des Mongolenreiches diese Reise dazu verurteilt war, ein Unikum zu bleiben. Es mußte erst der große Aufschwung der europäischen Seefahrt seit dem Ende des 15. Jahrhunderts eintreten, um China verkehrstechnisch zugänglich zu machen. Hierfür lieferten von 1517 an nacheinander Portugiesen, Spanier, Holländer und Engländer den Beweis. Freilich war das Anlaufen eines chinesischen Hafens noch nicht gleichbedeutend mit der Kenntnis des ungeheuren Landes. Sie ließ sich nur durch dauernden Kontakt mit der chinesischen Regierung gewinnen. Diese erstaunliche Tat gelang den jesuitischen Missionaren, die seit 1579 im Reiche des Himmelssohnes Fuß gefaßt hatten, indem sie mit überlegenem Geschick unter Anerkennung des Ahnenkultes und des Konfuzius den Samen eines chinesischen Christentums ausstreuten. Obgleich diese »liberale« Bekehrungsmethode schon seit 1645 von Dominikanern und Franziskanern heftig bekämpft und zum Götzendienst erklärt wurde, vermochte sie sich bis ins 18. Jahrhundert hinein zu halten. Der Verzicht auf sie (1742) brachte dann folgerichtig den Untergang der christlichen Mission in China und damit den Abbruch eines intimeren europäisch-fernöstlichen Verkehres.

Inzwischen hatten jedoch die Berichte Europa und zumal Frankreich erreicht. Mußte es in der Gesellschaft der Aufklärung schon Genugtuung erwecken, daß selbst christliche Priester die chinesischen Heiden bis zu einem gewissen Grade gelten ließen und Konfuzius als chinesischen Paulus apostrophierten, so war erst recht die Sympathie des säkularisierten Bewußtseins zur Stelle, als die Kirche mit der jesuitischen Missionspraxis brach – dies geschah offiziell schon 1704 – und die chinesische Kultur damit in den Augen der Freidenker ihren Eigenwert zurückgewann. Der hohe Stand der äußeren Lebensform, die strenge konfuzianische Moral, die Hochschätzung der konfuzianischen Intellektuellen durch den Staat und die Rationalität ihrer Erziehungsmethoden verliehen China einen besonderen Glanz.

Als man dann noch erfuhr, daß seine Kultur uralt war und bis angeblich in das vierte vorchristliche Jahrtausend zurückreichte – nach Auskunft der chinesischen Historiker, die hierbei freilich das Opfer eines erst in neuerer Zeit aufgedeckten Irrtums waren –, da schien es eine ausgemachte Sache, daß China dem Christentum weit überlegen war und daß auch das ehrwürdige Alter der Chaldäer und der frühen jüdischen Geschichte vor dieser weit ehrwürdigeren verblich. Für Voltaire bedeutete solche Feststellung einen Triumph, und er zögerte nicht, die Axt an die Wurzel der christlichen Universalgeschichtstradition zu legen. Ihre Voraussetzungen stimmten offenbar nicht, schon wegen der Chronologie, und eben dies wurde nicht zuletzt auch durch Indien bestätigt mit seinen »Menschen, die am frühesten zu einer Welt vereint worden wären«, und ihren Herren, den Brahmanen, die »bei allem Aberglauben einen einzigen Gott zu erkennen vermochten«.

Was Voltaire hier zu erkennen gab, war nicht nur Kritik an der Unzulänglichkeit einer mit Israel und den assyrischen Königen beginnenden Weltgeschichte. Es war mehr, nämlich zugleich die Beseitigung des vorderorientalischen Ursprungs der Weltgeschichte zugunsten der neuentdeckten Geschichtsbereiche im Mittleren und Fernen Osten. In Wahrheit lag der Anfang bei den Chinesen und Indern, und erst von ihnen ging es weiter über Mesopotamien, Syrien nach Europa; der Prozeß war nun kein göttlich-providentieller mehr, sondern bedeutete die Weitergabe der Kultur im Sinne der säkularisierten Teleologie der Aufklärung.

Das 18. Jahrhundert gab jedoch für eine so konzipierte Weltgeschichte nur das Programm. Voltaire war kein Gibbon, der die herkulische Arbeit einer überdimensionalen Darstellung auf sich genommen hätte.

So kann es nicht verwundern, daß zunächst die Führung bei der Umwertung des christozentrischen Geschichtsbildes in der Hand des Denkens verblieb. Derjenige, der mit dem Ansatz des 18. Jahrhunderts in der Frage der Priorität wirklich Ernst machte, war bezeichnenderweise Hegel. Er besaß die konstruktive Kraft, die flüchtige Zeichnung Voltaires auszuführen, den leeren Raum, den jener gelassen hatte, wenn nicht mit neuem Material, so doch mit der zwingenden Gewalt einer dynamischen Deutung auszufüllen.

Da heißt es dann ganz unmißverständlich: »Die Weltgeschichte geht von Osten nach Westen. Denn Europa ist schlechthin das Ende der Weltgeschichte, Asien der Anfang.« Was dazwischenliegt, ist der Weg der dialektischen Entfaltung des Bewußtseins der Freiheit, mit dem den Leser unserer Universalgeschichte zu behelligen gewiß kein Anlaß besteht. Für seine Zwecke befand sich Hegel in der glücklichen Lage, vom Fernen Osten immerhin einiges zu wissen. Neuere Untersuchungen (Schulin) haben gezeigt, daß er sich die Kenntnisse seiner Zeit gründlich angeeignet hat. Nach Indien gab es, schon aus geographischen Gründen, weit eher Möglichkeiten zu Kontakten, und seitdem die Engländer von der Mitte des 18. Jahrhunderts an dort eingedrungen waren, konnten die Verbindungen Europas dahin sogar als sehr dicht gelten. Doch die indische Geschichte teilte sich deshalb noch nicht mit, schon aus dem einfachen Grund, weil die Inder selbst von ihr nicht allzuviel wußten. So war die Begegnung Europas mit Indien in erster Linie eine Berührung mit indischer Literatur, und sie eröffnete sich nur einem genaueren Verständnis des Sanskrit, das längst keine lebende Sprache mehr war. Die Geburtsstunde der indischen Philologie mußte erst kommen, ehe sich die Tür zu diesem unendlichen Reich auftun konnte. Hegel erlebte diesen Vorgang und zugleich das lebendige Engagement, das Deutschland mit den beiden Schlegel an ihm nahm.

Trotzdem war die Hegelsche Geschichtsphilosophie keine Bewältigung des Problems, wie Ost und West zusammen zu sehen seien. Ihre Einheit der Weltgeschichte war unmöglich von der Kenntnis der historischen Phänomene aus zu vollziehen. Die Verlegenheit, in der sich die historische Forschung befand, zeigt sich deutlich an der Art und Weise, wie sich Ranke aus der Affäre zu ziehen suchte. Ranke ist deshalb in diesem Zusammenhang wichtig, weil er an sich noch die Verbindlichkeit einer einheitlichen Auffassung der Weltgeschichte bejahte. Seine Weltgeschichte ist zwar ein Alterswerk und entstand erst in den achtziger Jahren des 19. Jahrhunderts, biographisch und geistespsychologisch ist sie aber eng mit seiner Jugend in der ersten Hälfte des Jahrhunderts verknüpft. Ohne die Erfahrungen dieser Jahre hätte er am Ende seines Lebens niemals zur Feder des Universalhistorikers greifen können. Da ist es denn auch die Überzeugung, daß es »ein historisches Leben (gibt), welches sich fortschreitend von einer Nation zur anderen, von einem Völkerkreise zum anderen bewegt«; und diese Überzeugung ist es, die ihm die Basis für sein Vorhaben liefert und die im Grunde nichts anderes ist als die säkularisierte Teleologie des christlichen Geschichtsplanes, nicht anders als bei Voltaire und Hegel. Ranke hätte sich zwar eine solche Verdächtigung energisch verbeten. Gerade von einem bestimmten Ziel der Geschichte wollte er nichts wissen und ebensowenig von einer Verteilung bestimmter Rollen an die verschiedenen Nationen. Er glaubte, das metaphysische Geheimnis einer solchen Regie durch den erfahrbaren »Zusammenhang« des Geschehens ausschließen zu können, unterstellte dann freilich gleich wieder, daß dieser Zusammenhang »eine lebendige Gesamtheit ausmache«, in der die Nationen, eine auf die andere wirkend, nacheinander erscheinen. Diese Harmonisierung, offenbar ein Versuch, die beiden miteinander in Konflikt liegenden Gesichtspunkte zu versöhnen, gab Ranke immerhin die Möglichkeit, auf diese Weise den Fernen Orient *in toto* aus der Weltgeschichte zu eliminieren. Von ihm spricht er nicht und will er nicht sprechen. Ein ganz gutes Gewissen bei diesem Schritt, der ja hinter das 18. Jahrhundert zurückführte, hatte er freilich nicht. So plausibel der Umstand sein mag, daß im Kontext der Europa mit dem Vorderen Orient zusammenschließenden Geschichte die des Mittleren und Ferneren Ostens nicht viel zu suchen hat, so bleibt doch die Peinlichkeit bestehen, daß die eine deshalb nicht weniger Geschichte ist und der Anspruch der anderen, »Weltgeschichte« zu sein, recht fragwürdig wird.

Wenn wir so bei dem größten Historiker des 19. Jahrhunderts das eben im 18. Jahrhundert geknüpfte Band zwischen West und Osteurasien wiederum zerschnitten sehen, so bedeutet dies das Eingeständnis der Ohnmacht, die Geschichte der Welt als Weltgeschichte aufzufassen, und hierin stand Ranke keineswegs allein. Die emsige Forschungsarbeit, die das 19. Jahrhundert auszeichnet, brachte zwar auf allen historischen und philologischen Gebieten eine ungeheure Erweiterung der Einzelkenntnisse. Ihr Zusammenhang ließ sich aber deshalb nur um so schwieriger herstellen, zumal das Bedürfnis danach kaum empfunden wurde. Als Hans Delbrück, diese so unzeitgemäße Gestalt in der deutschen Professorenwelt, um die Jahrhundertwende seine Vorlesungen über Weltgeschichte an der Berliner

Universität hielt (nach dem ersten Weltkrieg veröffentlicht), da war das ein ganz außerordentliches Unterfangen. Aber auch Delbrück, in seiner Art Ranke gar nicht verwandt, vermochte bezeichnenderweise dies nur in der Nachfolge von dessen Weltgeschichte durchzuführen: auch bei ihm waren China und Indien von der Betrachtung ausgeschlossen. Daß hier etwas nicht in Ordnung war, konnte auf die Dauer nicht verborgen bleiben.

Die neue Generation, die sich zu Beginn unseres Jahrhunderts energisch Raum schaffte, begann auch in dieser Hinsicht das Ungenügen der Gegenwart zu registrieren. Und nicht von ungefähr trat Spengler mit einer weltgeschichtlichen Betrachtung auf den Plan, die energisch mit dem alten und längst verbrauchten Schema brach. Spengler gab, keineswegs widerwillig dem Zwang der Umstände weichend, die Einheit »der« Weltgeschichte thematisch preis und setzte damit eine Position frei, von der bislang nur die negative Rückansicht ins Blickfeld getreten war. Nach Spengler ist bekanntlich die Weltgeschichte die Summe einzelner weniger Kollektivsubjekte, der Kulturgemeinschaften. Unvermittelt stehen sie nebeneinander, gleichgültig, ob sie demselben natürlichen Raum oder derselben astronomischen Zeit angehören, gleichsam solipsistische Wesenheiten, die nur dem Gesetz ihres eigenen Wachstums folgen. Die Gestalt der Geschichte ist die Gestalt der Kulturen und die »Morphologie der Weltgeschichte«, wie der ursprüngliche Titel des Werkes lauten sollte und jetzt der Untertitel heißt, ist die Zusammenschau des Werdens und Vergehens dieser Kulturen. Spengler rechnete mit sechs solchen Einheiten: der griechisch-römischen Antike, Europa, Ägypten, dem Vorderen Orient, Indien und China. Die Zahl ist bei ihm überschaubar und wäre deshalb wohl zu gliedern gewesen, was aber nur die Frage der äußeren Darstellung betroffen hätte. Die Einheit kommt bei Spengler durch eine bewußt subjektivistische Akzentuierung der europäisch-abendländischen und an nächster Stelle der antiken Kultur zustande. Das hat gewiß seine guten Gründe, geht uns jedoch hier nichts an. In unserem Zusammenhang bleibt nur zu konstatieren, daß auf der Spenglerschen Grundlage auch andere Lösungen möglich waren, und dies vor allem bei der Aufstellung der verschiedenen Akteure der Weltgeschichte. Mußten es unbedingt gerade diese sechs sein?

Die negative Antwort gab Arnold Toynbee, die allerdings nur logisch, nicht biographisch verstanden sein wollte. Als Toynbee seine »Study of History« konzipierte, wußte er noch nichts von Spengler. Er hatte mit ihm nur das Bewußtsein gemein, daß es nach der üblichen weltgeschichtlichen Manier nicht mehr weiterging. Aber daß er ebenfalls auf die Idee kam, die Weltgeschichte in verschiedene Zivilisationseinheiten aufzulösen, beweist, daß zur Zeit des ersten Weltkrieges der Gedanke in der Luft lag. Wenn Toynbee bei seiner Aufstellung zu einer anderen Zahl gelangte und mit den berühmten einundzwanzig Zivilisationen seiner Theorie die Würde einer statistisch gesicherten Faktizität verlieh, so macht das im Grundsätzlichen wenig aus, sondern hat allenfalls die Vermutung einer größeren Folgerichtigkeit im Vergleich zu Spengler für sich. Er ist ja, neben Spengler gestellt, gewiß auch der gelehrtere Autor, und so könnte man gerade an diesem Punkt mit ihm diskutieren, wogegen bei Spengler, dem es auf diese Frage wenig ankam, dies nicht eben sehr sinnvoll wäre. Jedenfalls sieht es bei dieser auffallenden Konvergenz zweier bedeutender Köpfe so aus, als wäre das Problem der Struktur der Weltgeschichte nun in recht eindeutiger Weise gelöst. Damit käme auch unsere Weltgeschichte gerade in dem Augenblick, da sie am buntesten völlig verschiedene Geschichtsabläufe zusammenwürfelt, der Wahrheit am nächsten. Alle Empfindungen des Zweifels, denen wir zu Anfang dieser Betrachtung ein gewisses Recht einräumten, scheinen also nicht stichhaltig zu sein.

Bevor wir diese Frage weiterverfolgen, müssen wir allerdings kurz einen anderen Problemkreis anschneiden, der für die Disposition unserer Beiträge nicht minder ins Gewicht fällt. Er betrifft die zeitliche Begrenzung, in der üblichen Redeweise die historische Periodisierung. Auch sie hat eine Vorgeschichte, die sogar recht nahe bei der eben erörterten Frage nach der Reichweite der Weltgeschichte liegt.

Unsere Universalgeschichte gebraucht zwar in ihren Schlagzeilen den Begriff »Altertum« nicht, aber sachlich seiner zu entraten vermag sie deshalb doch nicht. Die ersten vier Bände können nicht verleugnen, daß er bei ihrer Gliederung Pate gestanden hat, und es nützt dem Leser wenig, wenn die Herausgeber gestehen, daß sie sich hierbei einer objektiven Gewohnheit anpaßten, ohne damit in Abrede stellen zu wollen, daß man über ihre Berechtigung verschieden denken könnte. Dabei ist der Begriff »Altertum« gewiß durch eine lange Tradition gerechtfertigt, andererseits ist diese Tradition wieder nicht so alt, daß man Veranlassung hätte, von den Bedingungen ihrer Herkunft völlig abzusehen. Die altchristliche Weltgeschichtskonzeption kannte nur ein Kontinuum der Zeit von der Erschaffung der Welt an, und ihre einzige Gliederung war das Nacheinander von Großreichen. Ihre Benennung war nicht ganz einheitlich, aber Einigkeit bestand darüber, daß das letzte Reich das Römische und seine Dauer providentiell bis zum Ende aller Geschichte garantiert sei. Dieser Dogmatismus mag in unseren Augen sehr merkwürdig sein, erklärt sich aber leicht durch die Autorität, die antike Vorstellungen auf die in vielem unselbständige Geistigkeit des Mittelalters ausübten. Mancherlei paßte ja schon damals nicht in dieses Schema, andererseits hob aber die Reichserneuerungstradition (seit Karl dem Großen) den zugrunde liegenden Gedanken aus dem Bereich bloßer Spekulation heraus; und schließlich: was wußte man denn von den letzten Tagen Roms, von der Völkerwanderung der Spätantike? Das wurde erst anders mit der Renaissance und dem Humanismus. Flavio Biondo veröffentlichte 1483 seine florentinische Geschichte unter dem Titel »Geschichte von Florenz *ab inclinatione Romani Imperii* [Seit dem Niedergang des Römischen Reiches]«, und die neuen lateinischen Stilisten in der Nachfolge Petrarcas hatten längst gemerkt, daß das in lebendiger Übung überlieferte Latein nicht die Sprache des alten Roms war und dessen *antiqua vox Latina* sich deutlich abhob von der *media et infima latinitas*. Das Bewußtsein der Modernität, gerade einer Modernität, die nicht zuletzt im Rückblick auf die römisch-antike Literatur hervortrat, zeigte und prägte den Begriff des Mittelalters und gewann damit nach vorn den einer neuen Gegenwart, nach hinten aber den des Altertums. Dadurch war die alte Kontinuität gleich in zweierlei Hinsicht unterbrochen, und die wichtige Vorstellung bildete sich heraus, daß vor dem Mittelalter die römische Welt zu Ende gegangen war.

Wenn auch die Anregung zur Kritik an dem herkömmlichen Geschichtsbegriff sicherlich nicht exakter historisch-antiquarischer Erkenntnis entstammte, so hat doch die später folgende Geschichtsforschung diese Einsicht, die im Grunde mehr Ahnung war, bestätigt. Sie setzte sich keineswegs mit einem Schlage durch, obgleich ihr schon so helle Geister wie Jean Bodin und Francis Bacon recht gaben. Noch im 17. Jahrhundert folgte man in bekannten

Büchern der Periodisierung nach den vier Weltreichen. Die moderne Anschauung mußte erst in die Schulstuben und in die instruktive Literatur eindringen, ehe sie sich im allgemeinen Gebrauch durchsetzte; und Schule gemacht hat deshalb auch ein ganz subalternes Schulbuch, die *historia tripartita* des Christoph Cellarius (1638–1707), eines geistig kaum bedeutenderen Mannes, der in mehreren Städten Mitteldeutschlands (so in Zeitz und Merseburg) Gymnasialdirektor war und sich als Autor eines *antibarbarus Latinus* [einer lateinischen Stillehre], einer *orthographia Latina* und eines *breviarium antiquitatum Romanarum* [Abriß der römischen Altertümer] einen Namen gemacht hatte, bis er als Krönung seiner Laufbahn 1694 an der neugegründeten Universität Halle das Katheder für Beredsamkeit und Geschichte bestieg. Seitdem können wir uns ohne die Begriffe Altertum, Mittelalter, Neuzeit keine Geschichte mehr denken; zumindest als Verständigungsmittel sind diese Begriffe unentbehrlich. An der Festlegung des Schnittes zwischen Mittelalter und Neuzeit auf etwa 1500 wurde zwar zeitweise heftig Kritik geübt, doch kein Mensch hat jemals daran gezweifelt, daß Altertum und Mittelalter zweierlei sind und daß die mit Recht ziemlich breit bemessene Trennungszone etwa zwischen dem 4. und 7. nachchristlichen Jahrhundert liegt, damit also die beiden einschneidenden äußeren Ereignisse, die Völkerwanderung und den Aufbruch des Islams, umfassend.

Doch gerade in dieser Selbstverständlichkeit steckt für unsere Weltgeschichte – und für jegliche heutige, die es mit ihrer Aufgabe ernst nimmt – der Stachel. Der Zusammenbruch des Römischen Reiches, seine Überflutung im Westen durch die germanischen Völker, das Absinken der Romania in eine primitive Zivilisation, die Grundsteinlegung der späteren politischen Ordnung im Frankenreich, der Verlust eines großen Teiles der ehemaligen griechisch-europäischen Kultur in Vorderasien an den morgenländischen Islam und dessen Ausbreitung über die ganze südliche Mittelmeerküste, die Zurückdrängung des einstigen römischen Universalreiches auf das Maß eines durch ebenbürtige und teilweise lebensgefährliche Rivalen begrenzten Großstaates, all dies (und noch manches mehr) rechtfertigt die Ansetzung eines fundamentalen Einschnittes, einer wirklichen »Epoche« in der eigentlichen Bedeutung des Wortes und damit Ende und Ausklang auf der einen und Neubeginn auf der anderen Seite. Niemand wird jedoch bestreiten, daß diese überzeugende Beobachtung an einem bestimmten historischen Milieu gewonnen wurde. Zu Ende geht mit dem Abschluß des »Altertums« die griechisch-römische Geschichte (ihre Verzahnung wird dem Leser bei der Lektüre des dritten und vierten Bandes unseres Werkes klarwerden) und damit indirekt auch die Geschichte des Vorderen Orients, die in jener aufgegangen war. Letzteres ist eine nicht unproblematische Formulierung; wir haben noch Gelegenheit, auf sie zurückzukommen. Fürs erste interessiert uns hier nur die Feststellung: der Gegensatz von Altertum und Mittelalter ist nur sinnvoll, so weit sich das Römische Reich und seine Grenzgebiete erstreckten, also für Europa, für Kleinasien, Syrien, Mesopotamien, Persien und für Ägypten und Nordafrika. Jenseits dieses Umkreises aber, überall da, wo die Wirkung dieser großen europäisch-vorderasiatischen Wende nicht hinreichte, kann sie keinen Schatten einer Berechtigung für sich in Anspruch nehmen.

Die Abgrenzung unserer Beiträge über Indien und China von Luciano Petech, Rom, und A. F. P. Hulsewé, Leiden, läßt sich deshalb nicht den uns vertrauten Gesichtspunkten unterordnen. Sie gehorcht eigenen Direktiven und ist natürlich auch in beiden Gebieten selbständig. Der Leser wird es schon beim bloßen Durchblättern spüren und sich möglicherweise wundern, daß Hulsewé für China Anfang des 3. nachchristlichen Jahrhunderts den Schlußstrich zieht, während bei Petech diese Linie wesentlich später (im 6. Jahrhundert) verläuft. Es empfiehlt sich – übrigens nicht nur zum Verständnis dieses Umstandes –, von den Kategorien energisch abzurücken, die wir unserer großen Zeitmarkierung unterlegen und die uns, ebenso wie die uns umgebende Naturordnung, wie man wohl sagen kann, in Fleisch und Blut übergegangen sind. Natürlich kennt die indische und chinesische Geschichte auch ihre Epochen, aber einen Einschnitt, der auch nur im entferntesten mit unserer antik-mittelalterlichen Zäsur vergleichbar wäre, hat sie nicht. Infolgedessen ist auch der Abbruch unserer Darstellungen für unser Empfinden mit keinem besonderen Gewicht ausgestattet. Mancher Benutzer dieses Bandes wird sich vielleicht über die abrupte Weise wundern, in der unsere beiden Berichterstatter die Feder aus der Hand legen. Es sei deshalb daran erinnert, daß sie im Hinblick auf die spätere Geschichte keine Veranlassung haben, die Vorstellung irgendeines »Ausganges« oder eines »Abklingens« hervorzurufen. Auch die Geschichte Indiens oder Chinas brachte selbstverständlich Veränderungen und Wandel, aber sie verläßt in keinem Fall den einmal beschrittenen Pfad. Das Ende der Darstellung ist daher bis zu einem gewissen Grade beliebig oder konventionell und verträgt außerhalb der Fachkreise keine besondere Diskussion.

Man hätte sich etwa für Indien gut denken können, daß die Erzählung bis ungefähr 1200, das heißt bis zum Beginn des definitiven Eindringens des Islams in Indien, weitergelaufen wäre, und vielleicht hätte sogar manches dafür gesprochen, etwa die Tatsache, daß dann die rückläufige Bewegung des Buddhismus, mit dem neben anderem unsere Schilderung abschließt, bis zu dem bedeutsamen Faktum weitergeführt worden wäre, daß diese weltweite Bewegung den Boden ihrer Herkunft verliert und das ferne Asien gewinnt. Auf der anderen Seite empfahl die Rücksicht auf unsere Gewohnheiten, diese nicht allzusehr zu brüskieren und dem Leser nicht in allzu starkem Maß eine radikale Abstraktion von unserem Geschichtsrhythmus zuzumuten. Da käme denn so etwas wie ein synchronistischer Parallelismus heraus – wir haben auf diese Weise einen vorläufigen Abschluß der indischen Geschichte, der nicht zu weit von dem unserer Antike abweicht –, doch gebietet die Gewissenhaftigkeit, ihn nicht für bedeutsamer zu halten, als er ist, und in ihm eher eine optische Gefälligkeit als eine Wahrheit zu sehen. Bei China kommt sie weniger zustande. Die Han-Dynastie, mit deren Ende zu Beginn des 3. nachchristlichen Jahrhunderts unser Bericht abbricht, wird zwar gern zum Römischen Kaiserreich in Analogie gesetzt, aber kein historisch halbwegs Gebildeter würde es ertragen, dessen Geschichte so früh abzuschließen. Die Auflösung liegt da mindestens zwei Jahrhunderte später. Aber wäre dann, unter Berücksichtigung dieser Verschiebung, die Konvergenz berechtigt? Auch das nicht. Das China der Teilreiche – die an unsere Darstellung anschließende Zeit – ist strukturell etwas ganz anderes als unser Mittelalter mit Frankreich, Italien und Byzanz. Natürlich ist das Ende der Han-Dynastie ein wichtiger Einschnitt, aber selbst über die Frage, ob die Han im chinesischen Sinne »Altertum« oder »Mittelalter« sind, besteht noch heute keine Einigkeit unter den Sinologen. Wir dürfen deshalb die Auseinandersetzung über die Anwendung

# EINLEITUNG

und Brauchbarkeit solcher entlehnter Begriffe ruhig den Fachleuten überlassen und hätten für unseren Gebrauch nur die Folgerung abzuleiten, daß eine Fortsetzung über eine problematische »Altertumsgrenze« hinaus ohne weiteres denkbar gewesen wäre und möglicherweise im Hinblick auf die endgültige Durchsetzung und institutionelle Etablierung des Konfuzianismus unter den Tang (618–906) auch einiges im Sinn einer Grundlegung für sich gehabt hätte; dann wäre aber wieder dem abendländischen Leser gleich auf den ersten Blick ein ziemliches Maß von historischer Relativierung zugemutet worden.

Im Gegensatz dazu ist die Abgrenzung bei den anderen Beiträgen über Assur, Iran und Israel durchsichtiger. Bei Assur ist sie durch den evidenten Sonderfall einer politischen Abschlußkatastrophe gegeben, ein klar artikuliertes Faktum, das freilich auch einen tieferen Hintergrund hat und nicht zu selbstverständlich hingenommen werden sollte. Es wird sich zeigen, daß wir ein paar Überlegungen noch daran zu wenden haben. Die Geschichte Israels und der Juden ist so weit verfolgt, als sie ihr Zentrum noch in Palästina hat. Mit dem Bar-Kochba-Aufstand ist es damit endgültig vorbei. Seitdem existieren die Juden als eine von ihrem Heimatland unabhängige, auf die Synagoge gegründete Religionsgemeinschaft, haben also die Verfassung, die uns seit bald zwei Jahrtausenden vertraut ist, ohne den Tempel in Jerusalem, dessen Wiederaufrichtung selbst der neue Staat Israel nicht wieder brachte. Das Ende einer palästinensisch-jüdischen Geschichte tritt also klar zutage. Und schließlich Iran: sein Geschick wird durch die Islamisierung und den Untergang der Sasaniden, die für uns den Abschluß bildet, in eindeutiger Weise gekennzeichnet. Der Vorgang fügt sich ohne Schwierigkeit in die uns geläufige Gliederung Altertum–Mittelalter ein; kein Wunder, da das Heraufkommen des Islams ja eine ihrer bestimmenden Elemente ist.

Wir müssen also auf die Einheit der »Weltgeschichte« schon im Hinblick auf den unterschiedlichen Gang des Geschehens in Ost und West verzichten. Die Disparatheit des menschlichen Schicksals da und dort, die eine der Hauptcharakteristiken der Geschichte zu sein scheint, tritt bereits mit dem zweiten Band unseres Werkes offen zutage. Es wäre töricht, diesen Tatbestand nicht eingestehen zu wollen.

Trotzdem sind wir hier in der Geschichte noch nicht so weit fortgeschritten, daß wir uns völlig außer Reichweite desjenigen Horizonts befänden, in dem die verschiedenen Linien nach rückwärts zusammenlaufen. Er bietet sich uns im Phänomen des Ursprunges der höheren Zivilisationen. An ihn wurden wir bereits im ersten Band herangeführt, und der Leser tut an dieser Stelle gut daran, sich zu erinnern, daß die beiden Bände in diesem Sinne eine Einheit bilden und daß ihre Aufgliederung mehr den Gesetzen äußerer Ökonomie als einem sachlichen Gebot gehorcht. Was wir damals nur anrühren konnten, dafür liegt jetzt das Material – in dem für unser Vorhaben möglichen Umfang – erst wirklich vor; denn wir erfahren, wie es sowohl in Ägypten und Mesopotamien als auch in Indien und China zugegangen ist.

Die Möglichkeit, geographisch weit auseinanderliegende Vorgänge nicht nur als konvergent, sondern als einen einheitlichen historischen Sachzusammenhang zu begreifen, ist sehr eigenartig. Sie erklärt sich daraus, daß der »frühe«, der »urgeschichtliche« Mensch kein rechtes geschichtliches Konkretum ist. Er ist noch nicht individualisiert, sondern steht noch unter der Dominanz anthropologischer Gattungsmerkmale. Primär ist er (im Neolithikum) Viehzüchter, Pflanzer, Bauer, je nachdem ausschließlich oder kombiniert, und geht in dieser Existenzweise derartig auf, daß alle Bestimmungen eines *hic et nunc* für ihn noch gar nicht einschlagen. Mit einer gewissen Übertreibung kann man sagen: der Mensch ist sich auf dieser »Stufe« zum Verwechseln ähnlich und repräsentiert sich in der Einheit seiner typischen Daseinsform. In diesem Stadium gibt es noch eine »Menschheit«, die in der Identität ihres Soseins aufgeht. Das soll nicht heißen, daß sie diese späterhin einfach verliert. Der aufmerksame Leser des ersten Bandes wird bemerkt haben, daß sehr wohl Bestimmungen des Menschen »an sich« auch in der historischen Zeit möglich und gültig sind. Deshalb die im ersten Band angestellten Versuche, einer »Anthropologie« näherzukommen. Aber von einem gewissen Punkt an überspielt der Mensch diesen Bereich durch freie Gestaltung des Daseins und macht in sehr verschiedener Weise etwas aus sich. Mit diesem Schritt beginnt die Geschichte im engeren Sinn, und das Tor zur Mannigfaltigkeit der geschichtlichen Phänomene wird aufgeschlossen.

Wir pflegen diesen fundamentalen Schritt der Geschichte mehr zu beziffern als unter der Vorstellung eines »Übergangs zur Hochkultur« zu begreifen; dabei wissen wir doch recht wenig darüber, was denn da eigentlich vor sich gegangen ist. Uns ist lediglich bekannt, daß das Unternehmen keineswegs zwangsläufig und »von selbst« ins Werk gesetzt wurde und sich infolgedessen in gleichmäßiger Streuung über den Globus verteilt hätte, daß vielmehr der Schritt nur an besonderen und ganz vereinzelten Stellen getan wurde. Wenn unsere Erkenntnismöglichkeiten besser wären, hätte wahrscheinlich die Frage nach den näheren Umständen dieser Entdeckung längst ihren guten Sinn bewiesen. Aber bislang lag ein undurchdringliches Dunkel über diesem wichtigen historischen Zusammenhang.

Nun ist es ein eigenartiger Glücksfall, daß unsere Universalgeschichte gerade zu einem Zeitpunkt herauskommt, da zum erstenmal in der Geschichte der Forschung diese Fragestellung über ein gewisses empirisches Material verfügt. Im kürzlich abgelaufenen Jahrzehnt wurden die inzwischen berühmt gewordenen Grabungen der ältesten Schicht von Jericho durchgeführt, womit der ganze Problemkreis mit einem Schlag ein neues Gesicht bekam. Was dabei sofort ins Auge fiel, war die Tatsache, daß bereits für die Wende vom achten zum siebenten Jahrtausend befestigte Siedlungen nachzuweisen sind – und zwar nach der modernen Radio-Karbon-Methode ziemlich sicher datiert –, die wir früher allenfalls im vierten Jahrtausend zu vermuten berechtigt gewesen wären. Der aufsehenerregende Fund besagt aber weit mehr, wenn man ihn methodisch in unser Problem einpaßt und die notwendigen Verbindungslinien zu anderen, uns schon länger bekannten Fakten zieht.

Diese Aufgabe ist der Wissenschaft gestellt, und ihre Lösung wird von der Zukunft zu erwarten sein. Der Leser unserer Weltgeschichte genießt den Vorzug, daß er unmittelbarer Zeuge dieses erst im Anfang stehenden Prozesses wird. Herbert Jankuhn, Göttingen, unser Gewährsmann und Vertreter einer vor- und frühgeschichtlichen Forschung, die bloß antiquarische Angaben – etwa Fundstatistiken – durch historische Fragestellungen erweitert, unternimmt es in seinem Essay, den Blick des historischen Verstandes auf die geschichtlichen Hintergründe der Funde von Jericho zu lenken. Was das bedeutet, kann im Grunde nur der ermessen, der sich bisher zu seinem Unbehagen mit der spekulativen Theorie abgespeist sah, daß der Übergang in die höhere Zivilisation auf die Überlagerung von Bauern durch kriegerische Hirten und Jägernomaden zurückzugehen hätte (noch vor kurzem wieder als Grundlage eines bekannten soziologischen Werkes verwandt). Jetzt erst werden wir in Stand gesetzt, diese luftige Konstruktion zu verabschieden. Jankuhn zeigt uns einleitend an dem Beispiel von Qalat Jarmo und vor allem von dessen Vorläufern, daß die Antithese Hirten – Jäger und Bauern nur rein begrifflich gilt, daß in der Empirie vielmehr die Verbindung der beiden Wirtschaftsweisen anzutreffen ist, und dies – das ist das Entscheidende – schon auf der Basis der »neolithischen Revolution«, die von der sammelnden und jagenden Lebensfristung den Weg zur Produktion der Nahrungsmittel fand. Der Fortschritt kann von diesem Standort aus nicht in dem Postulat einer Fremdherrschaft angegeben werden, sondern er zeigt sich in einem neuen ökonomischen Prinzip: in der Ersetzung der bloßen (augenblicklichen) Bedarfsbefriedigung durch die Überschußproduktion. Es war gewiß ein entscheidender »Fortschritt«, als der Mensch auf diese Art die Zukunft in die Gegenwart hereinnahm und Vorratswirtschaft zu treiben begann. Verbindlich, das heißt mit einigermaßen sicherem Effekt, konnte dies freilich nur durch eine wirkungsmächtige Herrschaft geschehen.

Auch »Herrschaft« mußte »gefunden« oder »erfunden« werden. Ihre pragmatische Herleitung aus den Nöten des Daseins, zumeist vorgestellt als Reaktion auf die großen Stromüberschwemmungen und die Notwendigkeit, die Flußoase zu bändigen und den momentanen Wasserüberschuß rationell in einem System von Kanälen zu verteilen, ist, wie Jankuhn mit Recht betont, unzureichend. Die heutige Fundsituation lehrt vielmehr, daß die eigentliche Wiege der Zivilisation weder am Nil noch am Euphrat stand. Die entscheidenden Stadien wurden am Gebirgsabhang bei günstigen Regenverhältnissen und dann in der Quelloase zurückgelegt, und sie liegen viel früher als das reife »Entwicklungsprodukt« der großen Stromkulturen, die gewissermaßen erst die Spätfrucht dieser Vor- und Frühzeit sind.

Was unter ihr zu verstehen ist, eben das lehrt uns Jericho mit seinem imposanten Turm und seiner Stadtmauer und vor allem mit seiner Bewässerungsanlage unter Verwendung eines Wasserspeichers. Weder das eine noch das andere »mußte« sein. Die Oasenquelle hätte selbstverständlich für einen beschränkten Kreis von Menschen auch weiterhin ihren Dienst getan. Nur ein ganz originärer Willensimpuls führte zur Anlage des Reservoirs, das ja bedeutend höher als die Quelle angelegt werden mußte. Erst dadurch wurde die Existenzgrundlage für weit mehr Menschen als vorher, also die Voraussetzung für eine dichtere Bevölkerung, geschaffen. Diese Leistungen sind das Ergebnis von Organisation, und immer ist Organisation Herrschaft. Dieselben Leute, das ist die besonders wichtige Feststellung Jankuhns, stellten sie aus sich heraus. Jericho erlebte nach Auskunft der Ausgrabung mehr als einmal eine völlige Unterbrechung der Siedlungskontinuität, aber gerade diejenigen Stadien, in denen sich der Übergang von den noch mesolithischen »Jägern und Sammlern« über die seßhaften Pflanzer zu den Erbauern der Festungsanlage vollzog, können, wie das Inventar lehrt, keine Unterbrechung der Bevölkerungstradition erlebt haben. Ein geradezu musterhaft sauberer Beweis für einen verhältnismäßig differenzierten Sachverhalt angesichts der beschränkten Erkenntnismöglichkeit.

Die Stadt ist stets der Träger jeglicher Differenzierung gewesen, der ökonomischen, der sozialen, der politischen und der geistigen. Wir tun jedoch gut, das früheste Bild nicht gleich mit dem Reichtum der späteren Möglichkeiten auszustatten. Die Angabe von Jankuhn, daß die beiden »städtischen« Phasen von Jericho (siebentes und sechstes Jahrtausend) noch keine Keramik, sondern nur Steingebilde kannten, bedeutet eine Warnung, die Artefakte zum alleinigen Indikator der sozialen Struktur zu machen. Wir sind darüber schon durch die präkolumbischen Hochkulturen Amerikas belehrt worden, es dürfte aber nützlich sein, auch hier diese Beobachtung nicht zu vernachlässigen. Die Töpferei brachten erst nomadenhafte Einwohner nach Jericho, die dort zwischen 5000 und 3000 v. Chr. lebten. Natürlich brauchen sie sie nicht erfunden zu haben, sie können aber und werden die Vermittler gewesen sein. Und umgekehrt strahlte wieder Jericho aus, auch nachdem es im fünften Jahrtausend in seiner bisherigen »städtischen« Gestalt zerstört worden war.

Wir dürfen uns Jericho überhaupt nicht als Unikum vorstellen und den heuristischen Aspekt, in dem es uns – vielleicht *noch* – erscheint, mit seiner objektiven Stellung verwechseln. Die Bedeutung Jerichos liegt darin, daß es uns an seinem Beispiel zeigt, wie der bedeutsame Schritt von der dörflichen, ackerbauenden Lebensweise zur Herrschaftsorganisation getan wurde und wie sich dieser Vorstoß an Befestigung und städtische Siedlungskonzentration knüpfte. Dergleichen ist gewiß anderswo auch vorgekommen, und es ist schwer, für solche Wandlungen einen Mittelpunkt ausfindig zu machen.

Geschichtliche Veränderung beruht stets auf Übernahme, auf Lernen und eigener Initiative, und auch das ist noch sehr vieldeutig, denn jedes »Lernen« setzt zumindest eine Disposition voraus und deckt sich nicht mit äußerer Nachahmung; obendrein braucht *in praxi* keineswegs immer das Urbild bei der Reproduktion herauszukommen. Auch die Umstände, unter denen historisch »gelernt« wird, können recht verschieden sein und bewegen sich auf einer Skala zwischen den beiden Enden der »freiwilligen« Aneignung und gewaltsamer Oktroyierung. Eine Spielart des »Lernens« ist auch die Anregung, welche lediglich so weit geht, daß sie die Einsicht in bestimmte Möglichkeiten vermittelt und dem anderen überläßt, was er im einzelnen daraus macht. Bei »technischen« Fertigkeiten liegen Nachahmung und Anregung dicht beieinander. Die Verbreitung von Pflanzenbau und Tierzucht läßt sich primär nur als lernende Nachahmung vorstellen; trotzdem ist selbst eine solche Rezeption zugleich Anregung, wenn das »gelernte« Modell variiert wird und sich die Domestikation andere Objekte als das Vorbild wählt, wenn dies die äußeren Umstände mit sich bringen. Es kommt freilich sehr darauf an, worum es im einzelnen bei dem Verhältnis von Vorbild und Nachbildung geht. Es scheint so, als wenn die Sphäre des objektivierten Geistes in frühen Zeiten eine starke Behauptungskraft gegenüber fremden Einflüssen besessen hätte und sich nicht ohne weiteres dazu herbeiließ, ihnen Tür und Tor zu öffnen. Die Gebundenheit bestimmter Artefaktgestaltungen wie die der Keramik an einen und denselben Träger ist dafür ein sprechendes Zeugnis. Die – einigermaßen gesicherte – Arbeitshypothese der Prähistoriker, Gefäß und Bemalungstypen in ihrer Streuung mit einem jeweils identischen Substrat zu verbinden, findet hier ihre Berechtigung. Ohne beträchtliche Resistenz wäre sie gar nicht denkbar, und ohne sie würde man auch nicht die verhältnismäßig geringe Ausstrahlungskapazität der ältesten sumerischen Kultur begreifen, die ja doch lediglich die unmittelbar in ihren inneren Raum eintretenden Semiten ergriff. Unser Band weist mit der interessanten Beilage über die Keilschrift auf diese bereits im ersten Band behandelten Verhältnisse zurück. Hier erfahren wir von unserem Gewährsmann Wolfgang Röllig, Münster, daß der Anstoß zur Erfindung des Schrifttums von Sumer ausging, daß die Sumerer sie auf unserem Globus zum erstenmal handhabten, aber sie keineswegs in dem Sinn »erfanden«, daß nun alle anderen ihr »Alphabet« von ihr bezogen hätten. Jeder suchte sich seine eigenen Zeichen, ganz evident zu sehen an den Ägyptern, und noch viel auffälliger ist, daß selbst das räumlich gar nicht weit entfernte Elam sich ebenso verhielt und zuerst seine eigenen Symbole entwickelte.

Die Berührung erschöpfte sich also in der »Anregung«. Diese war im Grunde nicht mehr als die Erweckung eines latenten Bedürfnisses. Auf dem Wege solch loser Kontakte ist offenbar vieles »gewandert«, quer durch ganz Asien, so eben auch die Schrift beziehungsweise die Idee von der Schrift. Der präarischen Induskultur war sie schon vertraut; aber trotz der genetischen Rückbeziehung zu Sumer können wir sie nicht lesen (ebensowenig wie die frühelamitische und noch manche andere), und schließlich ist auch die – bedeutend spätere – chinesische Schrift in diese Sukzessionsreihe einzuordnen.

Die Schrift ist aber auch, und zwar in ihrer ersten Verwendung, ein Mittel der Herrschaftsstabilisierung und kann in der elementarsten Definition als Fixierung von Zeichen (früheste Stufe für unsere Kenntnis: die sumerischen Siegelzylinder) geradezu als Indikator eines besonderen Entwicklungsgrades von Organisation gelten. Es ist sehr wichtig, daß dieses Reifestadium auch im Vorderen Orient offenbar keineswegs überall gleichzeitig auftrat, sondern sich auf wenige Punkte beschränkte; und umgekehrt kann immerhin behauptet werden, daß ein solcher Verzicht kein intellektuelles Unvermögen zu erkennen gibt, sondern lediglich ein geringeres Bedürfnis verrät, Herrschaft mit diesem Herrschaftsmittel auszustatten. Die Schrift wird von jeher und mit Recht als Symptom höherer Zivilisation angesehen, wobei vor allem an ihre Funktion bei der Ausbildung des »Geistes« im Sinne eines »ideellen« Vermögens gedacht wurde. Mit vollem Recht, denn erst die Schrift verleiht den geistigen Funktionen jene Möglichkeit der Entäußerung, die sie zu ihrer Verdichtung und Lebensmächtigkeit benötigen. Ihrem Ursprung nach ist sie jedoch ein Instrument der äußeren politischen Ordnung. Aber gerade diese Ordnung mit dem Maß von Ansprüchen, daß sie der Schrift bedarf, ist auch der bestimmende Wesenszug der »Hochkulturen«.

Toynbee hat bekanntlich die Hochkulturen und ihr historisches Schicksal, in der angelsächsischen Terminologie die Zivilisationen, zu den »intelligible fields of historical study« erklärt, und der Historiker hat wohl nirgends so viel Ursache, sie ernst zu nehmen, als da, wo er sich dem Ursprung dieser Kulturen gegenübergestellt sieht. Ferner hat Toynbee mit Recht festgestellt, daß nicht jede der uns bekannten Hochkulturen originär den Schritt aus dem vorangehenden Stadium vollzog, sondern daß sich dieses spezifische Ereignis auf einige wenige beschränkte. Diese Erkenntnis ist nicht minder gewichtig, gerade auch für unsere Betrachtung. Sie beseitigt den Anschein, als ob sich die geschichtliche Welt mit einer gewissen Zwangsläufigkeit in die Vielzahl ihrer Bildungen ausmünze, und gerade angesichts der reichen »Statistik«, die Toynbee mit seinen einundzwanzig Zivilisationen treibt, ist diese Erkenntnis ein wichtiges Korrektiv gegenüber der Versuchung, die Geschichte von vornherein in einen bunten Pluralismus aufzulösen. Nur solange historische Varietäten nach der Logik der Geschichte als ganze zusammengeschaut werden können, verbürgen sie jene Homogenität, welcher sie bedürfen, um die Gleichheit ihrer Herkunft und damit ihre Zusammengehörigkeit zu erweisen. Es geht darum, im Vergleich den konkreten Vorgang mit allen seinen individuellen Bestimmungen im Auge zu behalten und nicht zu einer abstrahierenden Analyse gezwungen zu sein, die lediglich die Gemeinsamkeit einzelner Elemente ans Licht hebt. Der Umschlag der generellen Seinsweise des Menschen zu singulärer Gestaltung vollzieht sich dann in einer bestimmten historischen Stunde und unter Umständen, die nicht auswechselbar sind. Die entscheidenden »Fortschritte« kennen keine Notwendigkeit als geheimen Motor, und niemals ist der Mensch weniger Marionette des Weltgeistes als an der Stelle seiner großen Peripetien.

Wenn wir die rund sechshunderttausend – oder auch eine Million – Jahre Menschheitsgeschichte überblicken, gibt uns keine höhere Vernunft das Recht, als selbstverständlich hinzunehmen, daß der Mensch sich die längste Zeit von Beeren und Wild in einsamen Horden umherirrend nährte, dann aber in verhältnismäßig kurzer Zeit zu Ackerbau und Viehzucht überging und schließlich die freigesetzte Kraft zur Errichtung von Herrschaft und sozialer Differenzierung und von da zur metaphysischen Durchwirkung der menschlichen Ordnung fand. Diese Verwandlung des Menschen ging auch deshalb völlig anders als gleichmäßig vonstatten, da beide »Stufen«, wir kommen nach unserer Kenntnis um die Feststellung nicht herum, zuerst im Bereich des um das östliche Mittelmeer liegenden Teiles von Vorderasien erreicht wurden. In kürzerem Abstand schloß sich, offenbar in räumlichem Kontakt mit der anderen Zone, wohl das nordwestliche Indien an – das einleitende Kapitel des Indologen Petech enthält interessante Hinweise –, und wesentlich später erscheinen die Bauernkulturen des Huang-ho, im Spiegel der »schwarzen«, »roten« und »grauen« Keramik bekannt, wie der Leser dem China-Abschnitt Hulsewés entnehmen kann.

Aber das ist nicht alles. Es handelt sich nicht nur um chronologische Präferenzen, welche etwa die Überlegungen nicht als völlig abwegig erscheinen ließen, daß die Verzögerung im fernöstlichen Areal durch das Tempo einer Kommunikation bedingt ist; sondern die augenscheinliche Tatsache gibt zu erkennen, daß an verschiedenen Orten im Vorderen Orient Energien akkumuliert waren, die durch die bäuerliche Kultur hindurch auf eine politische Organisation höheren Stils drängten. Was in Jericho zutage tritt, kann in Syrien kein vereinzeltes Phänomen gewesen sein, und außer Zweifel steht, daß Kleinasien und die Ägäischen Inseln (vor allem Kreta) im dritten Jahrtausend bereits die Konzentration der städtischen Siedlungen kannten. Es muß auch daran erinnert werden, daß die archäologische Erforschung dieser Phänomene noch in den Anfängen steckt und beispielsweise, wie am Anfang unseres Irankapitels von Franz Altheim, Berlin, vermerkt ist, noch völlig offensteht, inwieweit Iran in diesen Aspekt einzubeziehen ist. An der Grenze von Iran und Mesopotamien liegt aber Elam, und von dem steht fest, daß es nicht nur etwa gleichzeitig mit der sumerischen Stadtkultur, sondern auch mit einer eigenen Schrift ins Leben trat und damit typusmäßig wenigstens jener nahekommt, ohne daß man es jedoch als ihren Ableger anzusehen genötigt wäre. Und schließlich entwickelte Ägypten trotz der nicht allzu weiten Entfernung doch völlig eigenständig seine Zivilisation.

Dies alles zusammengehalten weist auf die eigenartige Erscheinung einer Häufung von selbständigen, auf eine höhere Zivilisation hindrängenden Impulsen im Vorderen Orient. Im Vergleich dazu muß die Spärlichkeit von ältesten Zivilisationszentren in den weiten Flächen Indiens und Chinas auffallen. Dem liegt wohl ein struktureller Unterschied im ganzen Ursprungsmilieu zugrunde, welcher die Erwartungen rechtfertigen dürfte, daß eine solche Verschiedenheit des Ansatzes auch zu verschiedenen Konsequenzen führte.

Der präarische Kulturhorizont von Mohenjo-daro und Harappa in Indien ist gewiß noch ganz ungenügend erforscht, aber auffallend ist seine weite Dislokation (zwischen den beiden Städten liegen fast sechshundert Kilometer) und dabei trotzdem eine so enge Artzusammengehörigkeit, daß an der zivilisatorischen Einheit nicht zu zweifeln ist und man höchstens fragen könnte, ob sie nicht auch einen politischen Niederschlag fand. Petech hebt mit Recht hervor, daß bei einer solchen, an sich nicht sehr wahrscheinlichen Annahme Indien durch die weiträumigste Reichsschöpfung in frühester Zeit ausgezeichnet wäre. In China hebt sich der Raum politischer und kultureller Initiative deutlich in den gewaltigen, auf relativ begrenzten Raum verteilten Städten der Shang-Dynastie ab. Die anschauliche Schilderung Hulsewés läßt durchblicken, wie hier, und nur hier, von einer verhältnismäßig primitiven, in ununterbrochenem Zusammenhang mit der alten neolithischen Tradition stehenden Basis aus eine Aufgipfelung der sozialen Kräfte und damit eine Sammlung der politischen Energien erfolgten. Der Vorgang war gleichsam auf die Träger dieser Schöpfung für den ganzen Fernen Osten monopolisiert.

Im Vergleich hierzu ist der Vordere Orient durch ein konkurrenzartiges Beieinander von Zivilisationszentren verschiedener Provenienz ausgezeichnet. Daraus ergab sich eine von Indien und China völlig verschiedene Lage. Es fehlte im Vergleich zu diesen der Auslauf in weite Gebiete, die sich allein kraft des Kulturgefälles hätten amalgamieren lassen. Syrien und Kleinasien waren kein echtes »Barbarenland«. Die Ägypter behaupteten das zwar von Syrien, aber trotz jahrhundertelanger Superiorität über dieses Gebiet wurde es niemals ägyptisiert. Bei Mesopotamien kam hinzu, daß der hochgetriebenen sumerischen Zivilisation von Anfang an eine ausreichende Vitalitätsbreite abging. Sie hatte genug damit zu tun, die einströmenden Semiten zu assimilieren, und leistete auch dies nur mit einer bezeichnenden Einschränkung: sie zwang ihnen die sumerische Kulturtradition auf, mußte ihnen jedoch die eigene Sprache lassen. Schließlich wurde sogar das Sumerische vom Semitischen überwältigt. Ein merkwürdig gebrochener Traditionsvorgang, der infolge der Festlegung der geistigen und sozialen Kräfte auf diesen Prozeß innerer Integration – er mußte zudem infolge nie aufhörender semitischer Infiltration immer wieder von neuem in Gang gesetzt werden – anscheinend nicht genügend Freiheit zur Expansion fand.

Das semitische Zweistromland (seit Anfang des zweiten Jahrtausends) vermochte wohl die kulturelle Homogenität Mesopotamiens, also die babylonische Kulturlandschaft, herzustellen, aber zu ihrer Ausbreitung über diese Grenzen hinaus fehlten die Möglichkeiten. Es gebrach dem Land auch an einer verbindlichen politischen Tradition, trotz des noch auf das dritte Jahrtausend zurückgehenden Weltherrscherbegriffs, dem aber alle Realität abging. Nicht nur geriet Mesopotamien immer sehr bald an die Grenzen seines Ausdehnungsvermögens, es mußte im Gegenteil froh sein, wenn es von äußeren Gewalten nicht untergepflügt wurde. Sein Beharrungsvermögen war trotz aller Niederlagen bemerkenswert. Die Darstellung von Sodens setzt in diesem Band gerade mit einer solchen Phase ein. Es war nicht die erste. Schon Ende des dritten Jahrtausends hatten für zwei Jahrhunderte die Gutäer eine Fremdherrschaft im Süden aufgerichtet, ohne daß sie imstande gewesen wären, die eingesessene Lebensform wesentlich zu verändern. Dann waren nicht lange nach Hammurabi die Kassiten ebenfalls von Osten eingedrungen. Und nun wurde in der Mitte des zweiten Jahrtausends das nördliche Mesopotamien von den Churritern in Gestalt des Mitanni-Reiches so vollständig überlagert, daß sich das ursprüngliche Substrat eine Zeitlang gar nicht mehr zu Worte meldet. Vernichtet war es keineswegs, aber während die Kassiten allmählich absorbiert worden waren und zu Trägern der alten Geschichte wurden, läßt sich das von Mitanni kaum sagen. Es war offenbar eine richtige Fremdherrschaft, die ihren eigenen Gesetzen folgte.

Das Mitanni-Reich machte sich dabei natürlich gewisse Mittel der mesopotamischen Zivilisation zunutze und gebrauchte etwa die Keilschrift und die akkadische Sprache für seine Verwaltungsbedürfnisse. Das war aber mehr ein gewiß sehr intensiver und von dringenden praktischen Bedürfnissen motivierter Widerschein der allgemeinen Ausstrahlung Babyloniens in die Welt Vorderasiens als eine Durchdringung derselben mit babylonischer Gesittung. Der babylonische »Kulturexport« erbrachte genau das Gegenteil von einer Anpassung an das Ursprungsland. Vorderasien war in seinem Zeichen zu einer vielgliedrigen Kultur- und Staatenwelt geworden mit einem intermediären, über die vielen Zentren hinweggehenden Firnis, und der war auf Grund des allseitigen, auch vom politisch weit stärkeren Ägypten gehandhabten Gebrauchs der Keilschrift und des Akkadischen im internationalen Verkehr babylonisch. So wurde wohl die hauchdünne Schicht der »Schreiber« gezwungen, sich mit Schreibweise und Sprache Babylons vertraut zu machen. Das bedeutete aber ein sehr bewußtes, rein zweckhaftes Verhalten, das keineswegs dem Bedürfnis innerer Anlehnung gehorchte. Auch außerhalb Mesopotamiens war alter Kulturboden, der wie Mesopotamien seine Resistenz gegenüber den Churritern und in Kleinasien gegenüber den Hethitern bewies. Auch das Hethiterreich war in erster Linie ein politischer Überbau über eine ältere (»protohattische«) Kulturschicht und keineswegs in der Lage, sich an deren Stelle zu setzen. Im Vorderen Orient zeigt sich also die interessante Konstellation, daß alte Kulturen nicht nur durch die Nachbarschaft gleichgearteter begrenzt werden, sondern daß sich auch ältere und jüngere, durch Völkerbewegungen eingedrungene in einer Art von Symbiose die Waage halten. Sobald die politische Übermacht zu Ende ist, löst sich das Verhältnis schier in Nichts auf. Mitanni-Reich und Hethiterreich wurden mit einem Schlage hinweggefegt; ihre Spuren entdeckte erst die moderne Archäologie wieder.

Wie wenig der Vordere Orient geeignet war, einen einheitlichen Zivilisationsbereich abzugeben, und wie sehr er, je weiter die Zeit voranschritt, die Fähigkeit dazu noch weiter einbüßte, wird, wie in einem Experiment, durch die Geschichte des jüngeren Assyrerreiches bewiesen. Unser Autor von Soden widmet ihm eine eingehende Schilderung, und der Leser, der ihm schon im ersten Band gefolgt war, wird spüren, daß die Geschichte Mesopotamiens nur in jener Zeit einen derartig gleichmäßigen Aufwand von politischer und militärischer

Energie über mehrere Jahrhunderte hinweg gekannt hat. Schonungslos brachen die Assyrer jeden Widerstand, und da es die Assyrerkönige bald nirgendwo mit halb-»barbarischen« Völkern zu tun hatten, die sich der Überlegenheit der mesopotamischen Zivilisation gefügt hätten, suchte er das, was das Kulturgefälle nicht mehr hergab, durch brutale Gewalt, das heißt durch physische Vernichtung des Gegners mittels Dezimierung und Deportation zu erreichen und damit von außen her eine homogene Untertanenschicht zu schaffen. Aber ungeachtet des Meeres von Blut und Tränen war der Versuch des assyrischen Großreiches ein Schlag ins Wasser. Es gelang Assur nicht einmal in Mesopotamien, eine stabile Ordnung herbeizuführen. Andauernd wurde sein Expansionsdrang durch das Problem der alten Kulturmetropole Babylon paralysiert. Das Ende war bezeichnend genug: innerhalb von ein paar Jahren wurden Assur und die Assyrer ausgelöscht, sie ereilte das Schicksal ihrer unzähligen Opfer. Diese ganze Politik war ein Anachronismus gewesen. Mit den eigenen Kräften des alten Orients ließ sich die in Jahrtausenden gewordene Völker- und Zivilisationskarte nicht mehr verändern, ein Satz, der bis zum Aufkommen des Islams seine Gültigkeit behalten sollte. Babylon mit seiner uralten Kulturtradition ging mit der Zeit von selbst ein, obgleich kein Schwert es vernichtete und auch die Fremdherrschaft ihm nicht den Lebensfaden durchschnitt. Seit dem ersten vorchristlichen Jahrhundert bleibt es ohne Zeichen seines Daseins. Es verdämmert in der Geschichte.

Unvermerkt haben wir damit bereits ein anderes Grundproblem berührt. Die Existenzfrage schlechthin für die Hochkulturen ist ihr Verhältnis zu den »barbarischen« Randvölkern. Der Leser dieses Bandes wird fortwährend darauf stoßen. Es ist eines der Sachmomente, das sowohl im Westen wie im Osten auftaucht, das China so gut kennt wie Indien, das nicht minder die Geschichte des Vorderen Orientes erfüllt. Und dies gilt nicht nur für das Altertum. Das Mittelalter ist kaum weniger von dem Problem betroffen, so daß eher die Überlegung gerechtfertigt wäre, seit wann und weshalb es eigentlich die Weltgeschichte nicht mehr beschäftigt. Der ganze Fragenkomplex läßt eine bezeichnend einfache, um nicht zu sagen, rohe Alternative zu: entweder hält die höhere Zivilisation die Bedrohung aus oder sie fällt ihr zum Opfer. Diese banale Formulierung täuscht allerdings über den sehr vielfältigen Sachverhalt hinweg. Es kommt schon sehr darauf an, welcher Art diese »barbarischen« Randvölker sind und in welcher schon rein physischen Kräfterelation sie zu ihrem Gegner stehen. Solange die Kriegstechnik noch nicht die naturwissenschaftlichen Entdeckungen der Neuzeit in Dienst nehmen konnte, kam es oft genug vor, daß die sonst viel weniger differenzierten Invasoren in diesem entscheidenden Punkte überlegen waren und der Gegner nichts Besseres tun konnte, als bei ihm in die Schule zu gehen. So ging es mit der Verwendung des Streitwagens und der Verwendung des Reitpferdes. Der Essay von Franz Altheim über West und Ost enthält über das Phänomen, das dem Leser vielleicht an seinem Orte bereits aufgefallen ist, einige zusammenfassende Bemerkungen. Auch diese Randvölker machten schließlich ihre Geschichte durch, eine individuell verschiedene und meistens leider für uns nicht recht sichtbare; sonst würde sich wahrscheinlich gezeigt haben, daß sie von der Hochkultur nicht ganz unberührt blieben, ohne die Voraussetzung freilich, diese wirklich nachzuahmen. Dementsprechend hatten sie Anfang des dritten Jahrtausends weit geringere Möglichkeiten als tausend Jahre später. Wenn sie auch gerade durch den

Mangel an einer stabilen und umfassenden Organisation charakterisiert waren, so konnten ihnen doch die Umstände eine solche vorübergehend aufzwingen, vor allem, wenn ganze Völkerschaften sich auf die Wanderung begaben. Militärischer Sieg und Überwältigung des höher zivilisierten Gegners waren dann keine Seltenheit; dessen Schicksal war aber deswegen noch nicht festgelegt. Er vermochte unter Umständen den anderen zur Anerkennung seiner höheren Lebensform, zu ihrer Nachahmung oder wenigstens zu ihrer Respektierung zu veranlassen. All dies ging natürlich leichter vonstatten, wenn die Niederlage nicht gleich total war, sondern sich ein Balancezustand, wenigstens eine Zeitlang, herausstellte, womit eine Präformierung des künftigen Siegers möglich wurde. Aber auch wenn die Absorbierung des Eindringlings nicht völlig gelang, konnte die innere Resistenzfähigkeit des Unterlegenen dem fremden Oberbau gegenüber gewährleistet sein, so daß nach einiger Zeit dieser zerfiel und der alte Zustand sich mehr oder weniger unversehrt wiederherstellte.

So ging es mit den Hyksos in Ägypten oder mit den Churritern in Mesopotamien, und in unserem Indienabschnitt von Petech ist in dem Kapitel über »Das Zeitalter der Invasionen« nachzulesen, wie Nordwestindien zu Anfang unserer Zeitrechnung nacheinander gleich drei solche »Barbarenvölker«, die Shaka, die Pahlava und die Kushāna, erlebte, ohne dadurch in seiner Substanz wesentlich Schaden zu erleiden. Das lag an der Breite der indischen Lebensgrundlage. Dagegen wurde Urartu, ein schmales, auf sich gestelltes Kulturzentrum am Wan-See, 620 v. Chr. durch die Skythen vom Erdboden hinweggefegt. China war fast andauernd durch die gemeinsame Grenze mit den Nomadenvölkern im Norden engagiert und mußte sich in einer späteren (außerhalb unseres Bandes liegenden) Phase seiner Geschichte sogar deren Herrschaft über das Gesamtreich gefallen lassen. Aber zugrunde gegangen ist es an den Mongolen ebensowenig wie an den Manchus.

Nun ist gewiß das Beispiel von Urartu für Vorderasien nicht typisch; das liegt aber nicht zuletzt auch daran, daß der Vordere Orient keinen in dieser Hinsicht gleich starken Gefahren ausgesetzt war, jedenfalls nachdem er die ägäische Wanderung der »Seevölker« hinter sich gebracht und von ihr sogar einige gewichtige Modifikationen davongetragen hatte.

Danach spielten jedoch diese Probleme – abgesehen von der Keltenepisode – keine bedeutende Rolle mehr; die Geschichte erhielt ihren Antrieb vielmehr von dem Verhältnis der eigenständigen Kulturstaaten zueinander. Aufschlußreich ist da die Situation des 6. vorchristlichen Jahrhunderts, vor der Errichtung des Achaimenidenreiches: Lyder, Meder und Perser, Babylon und Ägypten, schließlich noch die Griechen standen nebeneinander; keiner ein Neuankömmling, aufgetaucht aus den unendlichen Fernen jenseits der Kulturzone. Aber die Kulturzone selbst war in sich gespalten; infolgedessen wurde das gewaltige Perserreich ein Konglomerat vieler Zivilisationen und war alles andere als die äußere Organisation einer Kultureinheit. Der Vergleich ließe sich gerade mit Hilfe des in unserem Band zur Verfügung gestellten Materials weiter ausführen. Der Leser wird jedoch auch so bemerken, daß eine Art von synoptischer Betrachtung einen gewissen Erkenntniswert besitzt und daß der Umgang mit ihr gerade auch geeignet ist, die individuellen Konturen schärfer herauszuheben.

Die geschichtlichen Phänomene weisen eben ungeachtet ihrer Zerstreuung über Ort und Zeit und ihrer schon dadurch bedingten Verschiedenheit gemeinsame Elemente auf: die

Geschichte verfährt keineswegs absolut originell. Gerade unser Band mit seiner großen äußeren Spannweite vermittelt Gelegenheit zu solcher Einsicht. Die Geschichte Chinas von Hulsewé beispielsweise läßt aufmerken, wenn die große Periode zwischen den Shang und den Han unter das Zeichen des Feudalismus gestellt wird, das heißt einer dezentralisierten Form der Herrschaftsorganisation auf der Grundlage persönlicher, mehr oder weniger effektiver Bindungen. Den mannigfachen Spielarten politischer Gestaltung in Indien ist diese Möglichkeit selbstverständlich auch nicht fremd, etwa dem Gupta-Reich, wie aus einigen Bemerkungen unseres Gewährsmannes Petech zu ersehen ist. Im Vorderen Orient bildet, auf kleinerem geographischem Grundriß, der parthische Asarkidenstaat eine markante Analogie, wogegen sich dann die Reaktion der Sasaniden wendet, um schließlich doch dem gleichen Schicksal – wenigstens zeitweise – zu verfallen, ein politisch-historischer Kontrapunkt, der, auch für sich genommen, dem Denken im Hinblick auf manche Parallele neuen Anstoß geben könnte. Wenn wir in unserer Weltgeschichte zurückblättern, fielen uns vielleicht die Verhältnisse des mittleren ägyptischen Reiches, auch etwa die des hethitischen Großstaates bei. Auch an das churritische Mitanni-Reich ließe sich denken, wie uns von Soden belehrt. Desgleichen drängen sich »Parallelen« bei der Sozialform der »Stadt« auf, wie der Leser jetzt schon weiß und wie er auch im Indienkapitel zu konstatieren Gelegenheit hat. Sogar dem im allgemeinen städtefeindlichen Indien sind richtige Stadtrepubliken nach abendländischem Zuschnitt nicht ganz fremd. Man könnte eine derartige vergleichende Betrachtung, die jeweils einzelne Gestaltungselemente heraushebt, sehr weit fortsetzen. Trotzdem öffnet sie allein noch nicht den Blick auf die dominanten Figurationen, in denen sich erst das Wesen der historischen Erscheinung abzeichnet. Sie ergeben sich aus dem Zueinander der einzelnen Züge und ihrer Verrechnung innerhalb des Ganzen.

Am klarsten fällt der Sachverhalt bei China und Indien ins Auge. Die Geschichte Chinas hat im Altertum – und darüber hinaus – ein durchgängiges Generalthema: die äußere und innere Kolonisation, also denjenigen Vorgang, den wir auch sonst als eine wesentliche Lebensäußerung der höheren Kulturgesellschaften kennen. Aber in China wurde er wie nirgends im Vorderen Orient in einem gewaltigen Rahmen eingespannt. Die ungeheure Fläche Ostasiens wurde von ihm erfaßt. Und aus uns inzwischen bekanntem Grunde (dem gewiß noch andere, etwa solche der Bodengestaltung, hinzuzufügen wären) war dies im mittelmeerischen Orient nicht möglich. Zu diesem Vorgang in China gibt es Entsprechungen nur in Indien und bei der Kolonisation der Neuen Welt durch Europa, wobei natürlich sogleich das Problem auftaucht, was dabei, zumal in den Konsequenzen, anders war. Fundamental war für China auf jeden Fall die Verknüpfung von zivilisatorischer Ausbreitung und Kontinuität der Herrschaftsidee. Die Herrschaftsidee war im Zeitalter der »kämpfenden Staaten« – und schon vorher – aufs höchste gefährdet, aber doch nicht so weit, daß sie die Begründung des einheitlichen Kaiserreiches unmöglich gemacht hätte. Diese große Tat war, gepaart mit der Zurücknahme einer divergenten Schriftentwicklung zugunsten der Vereinheitlichung, für die Han-Zeit, Chinas klassische Periode, unmittelbare Voraussetzung. Seitdem erlebte das gewaltige Reich noch verschiedene Auflösungsphasen, in denen es in mehrere Teilstaaten auseinanderfiel, aber die Idee der Zusammengehörigkeit und damit die Möglichkeit einer Wiederherstellung ging nicht mehr verloren.

China ist – immer abgesehen von Amerika – die jüngste der originären Hochkulturen (im Sinne Toynbees), mit seiner Entstehung um 1500 v. Chr. eineinhalb Jahrtausende jünger als die der Sumerer. Aber China war in seiner Geschichte bis auf unsere Tage mit der Errichtung der kommunistischen Diktatur in einem fortlaufenden Traditionsstrom an die frühesten Tage höherer Gesittung angeschlossen, kann also eine Geschichte von dreieinhalb Jahrtausenden sein eigen nennen. Außerordentlich ist das freilich nur in unseren Augen, nicht zum Beispiel in denen eines Inders. Die heutige indische Geschichte beginnt ungefähr zur selben Zeit, aber sie ist nicht »originär«, sondern auf die untergegangene von Mohenjodaro und Harappa (mit deren Beginn um 2900 v. Chr.) aufgepfropft, also nach Toynbee »abgeleitet«. Ist dies nun aber wirklich so? Der Leser wird unserem Berichterstatter Petech für die genaue Information (im Rahmen des heute Möglichen) Dank wissen und mit Interesse feststellen, daß eine richtige Ablösung der präarischen durch die arische Kultur nicht nachzuweisen ist, nicht einmal die Zerstörung der großen Städte durch die Einwanderer. Innerer, autogener Rückgang und Naturkatastrophen waren offenbar die Werkzeuge der Vernichtung, und überhaupt stand es um die Produktivkraft jener ersten Hochkultur nicht zum besten. Ein richtiges Erbe war da wohl nicht anzutreten.

Während das Werden der chinesischen Einheit ein Vorgang ist, in dem sich gesellschaftliche und politische Triebkräfte vereinten, wurde die indische Einheit unter ausschließlicher Führung der sozial-geistigen herbeigeführt. Eine totale politische Einheit hat es in Indien bis auf die Engländer nie gegeben, und noch weniger lag ein solches Muster auf dem Grunde der indischen Geschichte. Was der indische Staat hier nicht leisten konnte, brachte das Kastenprinzip zuwege, das bekanntlich noch heute den Inder zu einem Hindu macht. Unser Beitrag versäumt nicht, auf die verschiedenen Stadien aufmerksam zu machen. Es war eine allmählich entwickelte »Leistung« der arischen Einwandererschicht, einer Minorität im Vergleich zu den zahllosen Einwohnern des großen Subkontinentes. Die Direktiven gingen von den Brāhmanen aus, womit natürlich noch nicht erklärt ist, worauf die Durchschlagskraft dieses Systems beruhte und wie es seine Fähigkeit zu immer weiterer Ausbreitung gewann. Jedenfalls war aber die Indisierung des ungeheuren Landes eng mit ihm verknüpft, und es war offenbar immer wieder möglich, für die rituelle Tabuierung des Lebens neue Interessenten zu finden. Ohne Zweifel steckten dahinter sehr wirkungsfähige Impulse. Wie so oft in der Geschichte uns der Einblick gerade in die wichtigsten Zusammenhänge verschlossen ist, so steht es auch hier bei der Aufklärung über das fundamentale indische Sozialprinzip. Man darf deshalb auch von Petechs Darstellung nicht mehr verlangen, als die Wissenschaft redlicherweise zu geben vermag.

Um die Quellen der indischen Geschichte ist es ohnehin eigenartig genug bestellt. Sie sind ausgesprochen dürftig. Mit Recht wird der Leser gleich zu Anfang mit diesem kardinalen Faktum bekannt gemacht. Der Grund ist nicht nur der Überlieferungsstand, sondern die Tatsache, daß die Inder sich nicht sonderlich für Geschichte interessierten. Die indische Geistigkeit war, wie auch die Darstellung Petechs genügend zu erkennen gibt, von einer geradezu tropischen Fruchtbarkeit in der religiösen und metaphysischen Spekulation, ließ aber der Erinnerung an die politische und soziale Weltgestaltung wenig Raum. Sie besaß wohl auch nicht den Willen, ihr Energien zukommen zu lassen, wenigstens nicht im Sinne eines Protestes gegen die bestehende Ordnung. Sie zu bestätigen war sie dagegen durchaus in der Lage, wie die von Petech an verschiedenen Orten hervorgehobenen Lehrbücher (Dharmasūtra) verraten. Selbst politische Rationalität für die methodische Durchgliederung eines Herrschaftsapparates war in Indien unter Umständen denkbar, aber selbst die heterodoxen Religionsphilosophen stellten das Kastenwesen ernstlich nicht in Frage, obschon im allgemeinen die Reflexion in allen ihren Spielarten nicht zuletzt um das menschliche Leben und das Karman kreiste. Aber wenn auch, wie im Buddhismus, Kastenwesen und Ritualismus für den Erlösungsweg beseite geschoben wurden, so war die Praxis offenbar nicht darauf angelegt, die Schranken der sozialen Ordnung, wenn auch nur im Verkehr untereinander, zu zerbrechen. Im übrigen wurde nicht zufällig der Buddhismus später (jenseits des in diesem Band besprochenen Zeitraums) verdrängt. Auf jeden Fall ist die Grundlage der Kontinuität der indischen Geschichte die unerschütterte Stabilität der gesellschaftlichen Ordnung, die nicht nur die Kraft der Beharrung besaß, sondern ebenso das Vermögen, sich immer wieder zu regenerieren und die Ausbreitung des indischen »Volkskörpers« vorwärtszutreiben. Gerade zu diesem letzten Punkt enthält der Beitrag Petechs wichtige Bemerkungen, auch zu den Ausstrahlungen nach Ceylon, Indonesien und Hinterindien.

In China wurde ein ähnliches Ergebnis auf anderem Wege erzielt. Unser Berichterstatter Hulsewé macht unseren Leser in dankenswerter Weise gleich zu Anfang mit einigen Grundtatsachen der chinesischen Geschichte vertraut. Wer schon einmal mit früheren Zeiten zu tun gehabt hat, wird gewiß überrascht sein, in welch weitem Umfang die Chinesen uns Mitteilungen von ihrer Geschichte machten und wieviel davon trotz aller Verluste noch erhalten ist. Wer beispielsweise mit der griechischen und römischen Geschichte befaßt ist, könnte beinahe auf seine sinologischen Kollegen neidisch sein. Das kommt nicht von ungefähr. Eine Geschichte, die sich ihrer Homogenität bewußt ist, kann nicht nur, sondern muß geradezu auf die Quellen ihrer Vergangenheit zurückgreifen. Andererseits ist der chinesische Geist beinahe exemplarisch der innerweltlichen Daseinsgestaltung zugewandt; er folgt darin nicht nur einem Prinzip seiner selbst, sondern deckt damit ein Stilgesetz der ganzen chinesischen Geschichte auf. Die Anlage hierzu bestand wohl von Anfang an. Auf die Höhe des Bewußtseins hat sie Konfuzius gehoben, der deshalb für Jahrtausende zum Lehrer der Chinesen wurde und der diese Wirkung ausübte, weil er eine schon vorhandene Tradition in ihrer ganzen Lebensfähigkeit aufgriff: »Ich wiederhole, ich schaffe nicht«. Seine Weisheit galt weniger dem metaphysischen Sein als dem richtigen Handeln, dies nicht naturrechtlich-revolutionär aufgefaßt, sondern als ethisch gefordertes Sicheinfügen in die hierarchische Ordnung des Lebens mit all ihren Obedienzien, angefangen bei dem Respekt des Sohnes gegen den Vater. Es war kein Wunder, daß die rücksichtslos durchgeführte Reichsorganisation des Ch'in Shi Huang-ti (221–210 v.Chr.) zu einem schweren Zerwürfnis mit den Intellektuellen führte, übrigens nicht nur mit den Konfuzianern (Bücherverbrennung). Die anschließende Han-Zeit machte diesen exzessiven Schritt aber nicht nur wieder rückgängig, sondern erbrachte sowohl die Ausweitung des ethischen Konfuzianismus zu einem universalistischen kosmologischen System als auch seine Installierung als offizielle Staatsideologie. Die geistige Kultur Chinas war damit in konsequente Führung genommen, was zwar die Bildung von Heterodoxien – zum Glück – nicht ausschloß, was aber doch eine wirksame Garantie für eine gesicherte Tradition bot. Freilich hing das Gelingen dieser Bestrebung auch davon ab, wieweit sich die außerkonfuzianische »Wissenschaft« von den konfuzianischen Grundlagen entfernte. Eine radikale Distanzierung war hier im ganzen selten, wie der Darstellung unseres Beitrages indirekt zu entnehmen ist.

Wir vergessen gern die Traditionsmächtigkeit des Ostens und erliegen dadurch leicht der Versuchung, unsere eigenen geschichtlichen Erfahrungen für die allein möglichen zu halten. Selbst unsere universalhistorischen Begriffe verraten etwas von solcher Egozentrik. Mit Recht hat man dies sowohl Spengler als auch Toynbee vorgehalten. Demgegenüber könnte man sich wohl, wenigstens als Arbeitshypothese, einmal fragen, wie die Dinge in der umgekehrten Optik aussähen, und versuchen, von der Lebensgesetzlichkeit des Ostens auszugehen. So ganz abwegig wäre das nicht einmal. »Statistisch«, das heißt nach der Zahl der davon erfaßten Menschen, war der Osten die längste Zeit mächtiger als der Westen, und hinsichtlich des »Kulturniveaus« steht für lange Phasen einer dreieinhalbtausend Jahre alten Geschichte seine Überlegenheit ebenfalls außer jedem Zweifel. Aber um eine absolute Wertung geht es hierbei gar nicht. Es sollte nur einmal probiert werden, ob unter Ansetzung des Ostens als »Normalfall« der Westen nicht ein noch spezifischeres Relief erhält, als er dies im Hinblick auf die Geschichte des modernen Europas ohnehin tut, und ob sich nicht schon in den Verhältnissen der vorderorientalischen Hochkulturen eine besondere Lage abzeichnet.

Ohne bestimmte Bemerkungen, die im Zusammenhang dieser Betrachtung schon fielen, nochmals ausdrücklich aufzunehmen, braucht man sich hier nur einmal an die Zusammenstellung der Beiträge unseres Bandes zu halten. Der Nahe Osten aus der Feder von Sodens ist die Fortsetzung einer Linie, die, wie wir sahen, Ende des vierten Jahrtausends in Mesopotamien beginnt. Aber sie geht nun zu Ende, inmitten unseres »Altertums«. Dies allein schon ist ein Phänomen, zu dem der Ferne Osten im Grunde kein Analogon bietet und an Hand dessen sich vermuten ließe, daß in dem jüdisch-christlichen Geschichtsaufriß von der Abfolge verschiedener Reiche vielleicht doch der gebrochene Reflex einer gewissen Wahrheit zum Vorschein kommt. Diese Frage zu präzisieren ist hier allerdings nicht der Ort. Wir haben aber gleich wieder Ursache, uns zu wundern: die anschließenden Kapitel über das alte Iran und über Israel sind alles andere als eine »Fortsetzung« des ersten. Beide fallen dabei zweifellos, wenigstens geographisch, unter den Begriff des »Nahen Ostens«. Aber die Einordnung in ihn und seine Geschichte ist höchst eigenartig.

Von Israel sprechen wir im Grunde nur, weil die künftige Geschichte ohne dieses Kapitel völlig unverständlich bliebe. Christentum und Islam erfordern es als »Vorgeschichte«. Im Rahmen der gleichzeitigen Weltgeschichte wäre es nur die Geschichte einer drittrangigen Größe, von der Historiker nicht mehr Notiz zu nehmen hätte als etwa von den Moabitern oder von Kommagene. Das historische Gewicht Israels kommt allein in der ungeheuren geistigen Fernwirkung zum Ausdruck. Und Iran? Trotz des achaimenidischen Weltreiches wurde es auf Grund seiner politischen Geschichte allein im letzten Sinne doch keine säkulare Erscheinung. Die Herrlichkeit der Achaimeniden dauerte reichlich zwei Jahrhunderte und war gewiß, wenn man auf die Ausdehnung sieht, die gewaltigste politische Organisation, die bis dahin unser Globus gesehen hatte; aber was ist davon geblieben, was hat sich gerade davon der Welt mitgeteilt? Nach dem Sieg Alexanders des Großen waren außerhalb Irans die Spuren des Achaimenidenreiches – von vereinzelten Ausnahmen abgesehen – alsbald verweht.

Und auch später ist das Bild sehr ungleich. Selbst unser Berichterstatter Franz Altheim, dem man gewiß keine Abneigung seinem Gegenstand gegenüber nachsagen kann und der seit einem Vierteljahrhundert nicht müde wird, die Historiker immer wieder an die weltgeschichtliche Stellung Irans zu erinnern, muß sich in weiten Partien seines Beitrages damit begnügen, Geschichte auf iranischem Boden und Geschichte iranischer Völker (in einem ungefähren Sinne) zu erzählen, weil die konkrete Größe Persien zeitweise zu einem Stern recht geringer Ordnung absank. Erst mit den Sasaniden wird das anders. Keine Geschichte der Spätantike ohne sie, dem großen Gegner von Rom und Byzanz. In Wirklichkeit wurde jedoch Sieger der Islam, und dasjenige Persien, dessen Ruhm Hafis, Firdusi und Avicenna verkünden und dessen künstlerischer Glanz auch von der Alhambra ausstrahlt, ist das mohammedanische Persien, von dem man zweifeln kann, ob es noch die alte iranische oder eine Spielart islamischer Zivilisation vertritt.

Es zeigt sich also: wir kommen offenbar schon im Westen von Asien mit einem Geschichtsbegriff nicht aus, der sich in der historischen Entwicklung einzelner, geschlossener Zivilisationsgesellschaften erschöpft. Nicht nur werden die Interferenzen zwischen solchen wichtiger als diese selbst, sondern es kommt auch zu universalhistorischen Anstößen, die weder identisch sind mit der Einheit des kulturellen Mutterbodens, dem sie entstammen, noch, wie im Falle Israels und der Juden, ursprünglich mit der Gesamtheit eines zivilisatorischen Milieus verknüpft sind. Diese beiden fundamentalen Tatbestände mag der Leser mit einiger Aufmerksamkeit den beiden ihm in diesem Band gebotenen Darstellungen entnehmen.

Franz Altheim stellt nicht ohne Grund die Person Zarathustras in den Vordergrund, obgleich in seiner Geschichte und in der des Zoroastrismus keineswegs Irans Geschichte wirklich aufgeht. Trotz des persönlichen Bekenntnisses der ersten Achaimeniden zu Zarathustra war ihr Verhältnis zu ihm zwiespältig. Altheim macht darüber interessante Mitteilungen. Das Iran der Achaimeniden war nicht im Glauben an Zarathustra zusammengefaßt, noch weniger stand das Weltreich unter seinem Zeichen. Die »Kirche« Zarathustras erscheint erst unter den Sasaniden, aber da war sie ein »nationales« Binnenereignis. Die universalen Äußerungen und Wirkungen liegen ganz woanders, in der Infiltration zoroastrischer Vorstellungselemente in die ökumenische Gesellschaft des Hellenismus und des Römischen Weltreiches. Da sich diese Zusammenhänge in Altheims Beitrag vielleicht nicht ganz mit der an sich wünschenswerten Deutlichkeit niederschlagen, wird es zweckmäßig sein, den Leser daran zu erinnern, daß etwa der Mithras-Kult der römischen Kaiserzeit iranischer Herkunft ist. Der christliche Satan ist von Iran über das Judentum zu uns gekommen, ebenso die christliche Metaphysik der Zeit mit der Apokalyptik, worüber Altheim einige dankenswerte Hinweise gibt. Überhaupt erfuhr das Judentum wichtige Einflüsse von Iran, wie neuerdings auch die Qumranfunde vom Toten Meer lehren und der Leser im Ausgang unseres Israelabschnittes erfährt (wo allerdings die iranische Herkunft von Dualismus und Enderwartung hinzuzufügen wäre). Die letzte große universalhistorische Chance

Irans ergab sich in der Gestalt Manis und des Manichäismus. Was die offizielle Kirche Zarathustras in ihrer Verknöcherung nicht zu leisten vermochte, wie Altheim mit Recht hervorhebt, nämlich ein lebendiges Weiterdenken der alten Ansätze in Berührung und Auseinandersetzung mit den Gedanken der größten zeitgenössischen Religionsgemeinschaften, vor allem des Christentums, und die Bildung einer missionierenden Gemeinde, all das gab sich in Mani und seinen Anhängern während des 3. nachchristlichen Jahrhunderts an die Hand, wurde aber gerade von der zoroastrischen Staatsreligion niedergetreten. Diese Dinge pflegen gewöhnlich in dem bunten Spektrum der Religionsgeschichte des Römischen Reiches ihren Platz zu finden, obgleich sie weit über seine Grenzen hinausgingen und in ihnen auch nicht ihren Ursprung haben. Da unser Gewährsmann sie dementsprechend kaum berührt, sie jedoch eine universalhistorische Betrachtung Irans durchaus bereichern würde, sei wenigstens hier auf die Möglichkeit eines solchen Ausblickes aufmerksam gemacht.

Mit Israel stehen wir naturgemäß auf vertrauterem Fuß. Bis zum 19. Jahrhundert vermittelte das Alte Testament die vermeintlich älteste Geschichte der Menschheit, und schon deshalb bildete Israels Geschichte oder die der Erzväter schlechthin den Eingang zur Geschichte überhaupt. Inzwischen ist alles ganz anders geworden. Nach der Entzifferung der Keilschrift (bereits Anfang des 19. Jahrhunderts von Grotefend begonnen) und der Entdeckung der unzähligen Keilschrifturkunden bekam unser ganzer historischer Prospekt, damit auch die Einordnung Israels in ihn, ein völlig neues Gesicht. Israel ist danach – der Leser wird es bei näherem Zusehen selbst feststellen – weit entfernt, zu den ersten Schrittmachern der höheren Zivilisation zu gehören.

Israels Geschichte ist die Geschichte eines ursprünglich aus Nomadenhirten zusammengewachsenen kleinen Volkes. Ihr Thema ist der Kampf nach innen und außen und die Behauptung des Gottes Jahve. Damit ist sogleich die entscheidende Frage gestellt: woher kommt Jahve? In Übereinstimmung mit wohl der Mehrzahl der heutigen Forscher erkennt auch unser Berichterstatter Hans-Joachim Kraus, Hamburg, Moses nicht mehr als Religionsstifter an. Zu diesem Standpunkt hat ein langer wissenschaftsgeschichtlicher Prozeß geführt, in dem das Alte Testament seinen autoritativen Charakter einbüßte (Kraus selbst ist der Verfasser eines lehrreichen Buches darüber); aber dem Leser soll doch nicht vorenthalten werden, daß es auch heute noch hervorragende Gelehrte gibt, etwa den auch einem größeren Publikum bekannten Orientalisten Albright, die nach wie vor mit Moses die Geschichte Israels als die der Jahvegläubigen beginnen lassen. Wer und was tritt nun an die Stelle von Moses? Wie öfters in der Geschichtswissenschaft, scheint es auch hier leichter zu sein, eine vorhandene Tradition zu entthronen, als sie durch ein gleich anschauliches Bild zu ersetzen. Kraus legt im Anschluß an neuere deutsche Forschungen den Nachdruck auf die formale Bestimmung der Moses-Sinai-Überlieferung als einer Kultlegende des amphiktyonischen Zwölfstämmeverbandes, läßt darüber freilich die Rekonstruktion des realen Vorganges von dessen Entstehung etwas zu kurz kommen. Wir können danach mit ihm nur die historische Stelle angeben, an der Jahve als Gott der Israeliten ins Leben trat, eben da, wo und wann auf dem Boden Kanaans die Vereinigung begründet wurde. Das darin zum Ausdruck kommende Gottesverhältnis war von besonderer, persönlicher Art: Gott

# EINLEITUNG

und der politisch-soziale Verband gehörten zusammen, jeder mußte sich auf den anderen verlassen können.

Trotzdem bleibt die Herkunft Jahves eines der fundamentalen Probleme, das die Weltgeschichte kennt, denn in ihm verbirgt sich die Frage nach dem historischen Ursprung des Monotheismus als lebendiger Kultfrömmigkeit. Alle anderen Erscheinungsformen des Monotheismus in der Welt haben von Haus aus spekulativen Charakter und konnten deshalb von sich aus niemals einen praktizierenden Monotheismus urtümlicher Glaubensfrömmigkeit hervorbringen, wie er in der Nachfolge der Juden dem Christentum und dem Islam eignet. Nur wo Jahve mit seiner eifersüchtigen Exklusivität durchdrang, kam es zu der eigentümlichen, auf einem konkreten Gottesglauben fußenden Intoleranz und der Diffamierung aller anderen Götter als Götzen. Gerade der Leser dieses Bandes hat Gelegenheit, an Hand des Indienabschnittes festzustellen, daß selbst ein subtiler Glaube durchaus mit einem Pluralismus göttlicher Wesen zu vertragen vermag.

Mit Jahve als Amphiktyonengott war allerdings erst eine Möglichkeit an die Hand gegeben. Den Weg zur Verwirklichung bezeichnet die so überaus fesselnde Geschichte Israels und des frühen Judentums, wie sie Kraus vor uns ausbreitet. Viele Fakten wirkten da zusammen. Am deutlichsten wurden die negativen der Bedrohung, der Bedrohung durch die Übermacht der kanaanitischen Zivilisation, durch die in Anlehnung an sie erfolgende Staatswerdung Israels und schließlich durch die äußere Katastrophe in Gestalt des assyrischen Imperialismus. Kraus hat diesen Dingen eingehende Aufmerksamkeit geschenkt und vermittelt unseren Lesern eine verhältnismäßig ausführliche, vielleicht allzu ausführliche pragmatische Geschichte der beiden nachsalomonischen Teilreiche. Wer mit einiger historischer Vorstellungskraft diese Geschichte verfolgt, wird bemerken, daß nach dem Untergang des Nordreiches (734-722 v. Chr.) alles auf die Existenz des südlichen Juda abgestellt war und dessen Rettung vor Sanherib 701 v. Chr. an einem dünnen Faden hing. Die Rettung brachte das Mirakel eines »Zufalls«. Wäre damals Juda dem Schicksal des nördlichen Israels erlegen, schwerlich hätte es noch eine künftige Geschichte der Juden gegeben. Die rund hundert Jahre einer inneren geistigen Konsolidierung bis zur Babylonischen Gefangenschaft hätten dann gefehlt.

Damit rückt eigentlich von selbst das Schwergewicht auf diesen inneren Prozeß, dessen Träger in der Hauptsache die Propheten waren. Ihr Gewicht ist deshalb auch in den Augen einer profanen Geschichtsschreibung, wie sie unsere Weltgeschichte bietet, gar nicht zu unterschätzen. Die Erhebung des Jahve-Glaubens von einem lokalen Binnenkult zu einem säkularen, der gesamten Welt entgegengesetzten Monotheismus von universalem Aspekt, ist ja ihr Werk. Gefährdung und Bewährung treten auch später noch genug und zahlreich auf, die Babylonische Gefangenschaft, die Neugründung durch Esra und Nehemia und die Abwehr des Hellenismus. Die Linie verläuft bis zur Entäußerung der Juden von einer volks- und raumbedingten Existenz und ihrer Überwindung in einer rituellen Glaubensgemeinschaft, eine Entwicklung, die sowohl das Judentum die Katastrophe der Römerzeit überstehen ließ, als auf der anderen Seite den gewaltigen Protest Jesu hervorrief und damit das Tor zum Christentum öffnete. Es ist also auch von daher gut motiviert, wenn unsere Darstellung bis zu diesem Stadium weitergeführt wird.

Die Weltgeschichte ist kein einziger Strom, dem das Boot geschichtlicher Erkenntnisse mühelos folgen könnte. Sie bewegt sich auch nicht in mehreren Strömen gleichmäßig vorwärts. Sie gleicht vielmehr, wenigstens teilweise, einem komplizierten Flußsystem, dem nur mit einer beweglichen Navigatorik beizukommen ist. Trotzdem ist sie kein Reich absoluter Beliebigkeit, das jeglichem Begreifen spottet. Auch ihre schier unübersehbare Mannigfaltigkeit trägt eine Begrenzung in sich. Irgendwo und irgendwie passen die Dinge doch zueinander. Unsere Betrachtung, die diesem Nachweis dient, darf es deshalb als glückliche Bestätigung ansehen, wenn in freierer Verfügung über den Stoff die beiden Essays von Altheim und Toynbee zu diesem drängenden Thema einen Beitrag liefern. Altheim ist es darum zu tun, den Eindruck räumlicher Isolierung von West- und Ostasien, der sich jedem Beobachter aufzudrängen scheint, zu korrigieren. Der Nachdruck seiner Darlegungen liegt auf dem Nachweis, daß die gewaltigen Entfernungen des eurasischen Kontinents auch Verbindungen schafften, in den die Steppe durcheilenden Reitervölkern, daß auch die frühen Perioden der Weltgeschichte jene Verbindungen kannten, welche im Ausgang unseres Mittelalters so bedeutsam waren. In Toynbee meldet sich derjenige Forscher zu Wort, der, wie es nicht anders sein konnte, schon bisher unser ständiger Gesprächspartner war. Es ist schön, daß er nun selbst noch, gestützt auf seine gewaltigen Kenntnisse, am Ende eines Buches, das dem Leser die Geschichte unter mancherlei fremder Gestalt zeigt, eindrucksvoll die Tatsache verkörpert, daß welthistorische Orientierung heute zur Existenzfrage geworden ist, ganz gleichgültig, was man von seiner, dem Kundigen längst bekannten Position hält, das heißt von seinem geringen Vertrauen in die profane Vernunft und von seiner Überzeugung von dem durch alle Zeiten unverlierbaren Beharrungsvermögen der großen religiösen Offenbarungen. Weltgeschichte letztlich als Religionsgeschichte? Die Frage mag auf sich beruhen; sie ist so wahrscheinlich auch nicht ganz richtig gestellt. Wohl aber Weltgeschichte als ein Ganzes, das dem Menschen aufgegeben ist – theoretisch wie praktisch. Unsere Universalgeschichte ist nur für jenes zuständig und möchte da dem Ausspruch des jungen Ranke recht geben: »Es käme darauf an, eine Anordnung zu finden, welche auf innerem Grund beruhend die mannigfaltigsten Einzelheiten zu einem Ganzen zu verknüpfen vermöchte. Diese müßten sich nicht auf allgemeine Gedanken, sondern auf eine Anschauung des Ganzen im Einzelnen gründen.«

*Wolfram von Soden*

DER NAHE OSTEN IM ALTERTUM

*Churriter und Arier in Vorderasien*
*Das Mitannireich*

Im zweiten Drittel des zweiten Jahrtausends setzt für uns in allen Ländern Vorderasiens die Überlieferung für längere oder kürzere Zeit fast ganz aus. Dieses »dunkle Zeitalter«, das die Königslisten lediglich mit einer Anzahl von meist nichtssagenden Königsnamen ausfüllen, beginnt in Assyrien schon vor 1700, in Babylonien und Syrien nach 1600 und in Anatolien um 1500. Die dunklen Perioden in diesen Ländern decken sich also nur teilweise, so daß heute wenigstens einige Aussagen über die sehr bewegten Zeiten möglich sind. Die chronologischen Angaben können allerdings bestenfalls annähernd richtig sein.

Wir hatten von neuen Vorstößen der nordwestiranischen Churriter nach Assyrien und Nordmesopotamien nach etwa 1760 gehört, die zur Bildung churritischer Staaten in diesen Ländern und später auch in Syrien-Palästina führten. Für etwa 1640 lassen hethitische Berichte auf die Existenz eines auch auf Ostkleinasien übergreifenden Churriterreichs in Mesopotamien schließen, dessen Schicksale dann wieder für über hundert Jahre ganz im dunkeln liegen. Vermutlich in dieser Zeit, sicher aber vor 1500, rissen in den meisten Churriterstaaten aus Iran nachstoßende arische Adelsgruppen die Führung an sich. Die dem ältesten Indischen ganz nahestehende Sprache dieser Arier, die sich vielleicht im Aralseegebiet von den späteren Indern gelöst hatten, ist uns nur durch Namen von Fürsten und Adligen sowie durch eine größere Zahl von Lehn- und Fremdwörtern in den Sprachen Vorderasiens in den Grundzügen bekannt; zusammenhängende Texte wurden noch nicht aufgefunden. Da diese Fremdwörter überwiegend Termini der Pferdezucht und des Wagenbaus sind, kann kein Zweifel daran bestehen, daß der von Pferden gezogene schnelle Streitwagen mit leichten Speichenrädern von diesen Ariern nach Vorderasien gebracht wurde. Die trotz der schlechten Wege große Beweglichkeit des Streitwagens, der freilich nur in offenem Gelände wirksam eingesetzt werden konnte, revolutionierte die damalige Kriegstechnik, und die kleinen arischen Kriegergruppen verdankten vor allem ihm ihre überraschenden Erfolge. Die anderen Völker Vorderasiens und die Ägypter des Neuen Reiches mußten sich auf die neue Kampfesweise so schnell wie möglich umstellen, bedurften dazu aber arischer Lehrmeister, die ihnen vor allem ihre in Generationen erworbenen Erfahrungen in der Pferdezucht vermitteln mußten. Dabei bereitete die Akklimatisierung der Pferde in den subtropischen Steppen und Flußtälern größere Schwierigkeiten als in den

Gebirgsgebieten. Später wurden die neugewonnenen Erfahrungen in Lehrbüchern der Zucht und des Trainings von Wagenpferden niedergelegt, von denen uns aus dem Hethiterreich und aus Assyrien Stücke erhalten sind.

Die erste arische Reichsgründung, von der wir wissen, ist das Reich Mitanni oder Maitani in Mesopotamien (etwa 1530–1350). Seine Hauptstadt trug den arischen Namen Wassukkanni und konnte noch nicht aufgefunden werden; sie lag wohl an einem der Quellflüsse des Chabur. Einen gewissen Ersatz für die fehlenden Archive der Hauptstadt bieten uns die reichen Funde in zwei Provinzstädten, dem nahe der Westgrenze gelegenen nordsyrischen Alalach und dem osttigridischen Nuzi bei Kerkuk (damals Arrapcha). In beiden Städten schrieb man in Keilschrift ein etwas mangelhaftes Akkadisch, das mit vielen churritischen und einigen arischen Wörtern und Wendungen durchsetzt war. Literarische Texte fand man leider nur wenige, dafür aber in Alalach Hunderte und in Nuzi Tausende von Urkunden und in kleinerer Zahl Briefe, die, obwohl noch nicht vollständig erschlossen, überaus wichtige Erkenntnisse vermittelt haben. Die Urkunden aus Alalach erweisen schon für die Zeit vor 1700 eine starke churritische Besiedlung neben der kanaanitischen; nach 1500 sind die Namen ganz überwiegend churritisch. Die in ihrer großen Mehrheit leider sehr schwer zu datierenden Urkunden aus Nuzi gehören etwa in die Zeit von 1500 bis 1350. Beide Urkundengruppen erweisen, daß das Mitannireich durch einige Generationen mindestens von den Abhängen des Zagrosgebirges in Kurdistan bis ans Mittelmeer reichte; Babylonien scheint jedoch nie dazu gehört zu haben.

Um 1500 regierte es ein König Barattarna, dessen (sonst damals nur bei den Hethitern übliche) Brandbestattung in einer Urkunde erwähnt wird. Einer seiner Vasallen war Idrimi von Mukisch, von dem in seiner Hauptstadt Alalach ein gut ein Meter hohes, recht grob gearbeitetes Sitzbild gefunden wurde. Die nach dreißigjähriger Regierung in einem barbarischen Akkadisch abgefaßte Inschrift ist ein überaus interessantes Dokument. Idrimi tammte aus Halab und mußte von dort vor seinen Brüdern fliehen und sich sieben Jahre bei nomadisierenden Hapiru-Gruppen in Syrien aufhalten. Er kam dann über See unerwartet in sein Land zurück und nahm es nach einem Ausgleich mit seinem Oberherrn Barattarna in Besitz. Später machte er reiche Beute im hethitischen Grenzgebiet, ohne dort auf Widerstand zu stoßen, und bemühte sich um die Ansiedlung der semitischen Sutû-Nomaden. Sein so wechselhaftes Schicksal war in vielem typisch für eine Zeit, in der viele Kondottieres churritischer, arischer und semitischer Herkunft in den zwischen den Großmächten strittigen Gebieten herumzogen und zeitweilig größere Fürstentümer beherrschen konnten. Das Nebeneinander von oft aus Eindringlingen bestehenden herrschenden Klans, Alteingesessenen und Flüchtlingsgruppen aus Nachbarländern führte in diesen Gebieten zur Bildung sehr zahlreicher sozialer Klassen und Grüppchen, deren sehr unterschiedliche Rechtsverhältnisse wir trotz vieler Urkunden nur unzureichend durchschauen.

Der große Gegner von Mitanni in Syrien war damals Ägypten, das unter Thutmosis I. um 1510 erstmalig auch auf Nordsyrien übergriff und unter Thutmosis III. nach 1480 häufig weit nach Norden vorstieß und mit wechselndem Erfolg mit dem Naharina (»Flußland«) genannten Mitanni kämpfte. Leider nennen die Ägypter keinen der Mitannikönige namentlich. Thutmosis III. hatte es aber wohl vor allem mit Sauschschatar (1470–1440?)

zu tun, dessen schön geschnittenes Siegel wir im Abdruck kennen, aber leider keine Inschrift. Sein Urenkel berichtet, daß er aus Assur eine Tür mit Goldbeschlägen weggeführt habe, die später »leider« zurückgegeben worden sei. Da die ungewöhnlich großen Häuser reicher Adliger teilweise königlichen Geblüts und die Urkunden in Nuzi auf eine Zeit des Wohlstands im Mitannireich schließen lassen, ist es wohl nicht verfehlt, wenn man in Sauschschatar trotz der so dürftigen Zeugnisse den erfolgreichsten Herrscher von Mitanni vermutet. Ebenso dürftig sind die Nachrichten über seinen Sohn Artatama (1440-1415) und seinen Enkel Schuttarna II. (1415-1390). Wir hören von beiden, daß sie mit ihren königlichen »Brüdern« in Ägypten, Thutmosis IV. und Amenophis III., Gesandtschaften austauschten und ihre Töchter erst nach mehrfachen Bitten und entsprechenden Zugeständnissen in das Frauenhaus des Pharaos sandten. Assur versuchte damals, durch selbständige Verhandlungen mit Babylonien seine Abhängigkeit von Mitanni zu lockern; Assurbelnischeschu baute um 1430 die vorher gewiß geschleifte Stadtmauer von Assur neu, durfte sich aber noch nicht König nennen. Assurnadinachche II. (1403-1393) wandte sich sogar schon an Ägypten, um das begehrte Gold zu erhalten.

Der letzte ganz selbständige König von Mitanni war Tuschratta (1390-1352), der allerdings nur in der ersten Hälfte seiner Regierung das alte Ansehen seines Reiches aufrechterhalten konnte. Von seiner umfangreichen Korrespondenz mit den Pharaonen Amenophis III. und IV. sind im Archiv von el-Amarna in Ägypten beträchtliche Reste gefunden worden; einer seiner oft sehr langen Briefe war nicht in der akkadischen Diplomatensprache geschrieben, sondern churritisch. Als eine sehr starke Persönlichkeit erscheint Tuschratta, der vom Mörder seines thronberechtigten älteren Bruders noch als Kind auf den Thron gesetzt worden war, in den vom Handel und von Heiratsplänen handelnden Briefen nicht; es verwundert daher nicht, daß er weder den Wiederaufstieg des Hethiterreichs noch die Verselbständigung von Assur in seinen späteren Jahren verhindern konnte. Nach mehreren Niederlagen fiel er schließlich durch Mord.

Über die gewiß in vielem bedeutsame Kultur des Mitannireichs wissen wir leider noch ziemlich wenig. Manches können wir nur aus ihren Nachwirkungen im Hethiterreich und in dessen Nachfolgestaaten sowie vor allem in Assyrien erschließen. Dabei gelingt es nur selten, die besondere Leistung der arischen Führungsschicht, die sich früh mit den Churritern zu vermischen begann, zu erkennen. Daß diese den Streitwagen und die Pferdezucht nach Vorderasien brachte, wurde schon erwähnt. Überwiegend durch sie bestimmt war sicher auch die feudale Struktur des Reiches. Der Boden wurde an die Adelsfamilien als unveräußerliches Lehen gegeben. Daher fehlen Urkunden über Grundstücksverkäufe in Nuzi wie in Alalach fast ganz. Nach 1450 wurde das Verbot des Bodenverkaufs in Nuzi aber in zunehmendem Maß durch das Institut der sogenannten Verkaufsadoption umgangen. Dabei »adoptierten« die Verkäufer den Käufer und gaben ihm das Grundstück als seinen Anteil am »Erbe«, erhielten aber ihrerseits Dankgeschenke von entsprechendem Wert. Der reiche Bodenaufkäufer Techiptilla wurde an die zweihundertmal so »adoptiert« und erwarb damit riesige Ländereien, ohne daß die Behörden dagegen einschritten. Noch nicht ganz klar ist, woher er die Mittel für seine »Geschenke« nahm. Sicher gewann er einen großen Teil durch die lukrative Bewirtschaftung seiner Güter; er dürfte sich aber auch im

Handel erfolgreich betätigt haben. Notlagen seiner Kontrahenten nutzte er rücksichtslos aus, um sich billige Arbeitskräfte zu beschaffen, so einmal einen Weber gleich für fünfzig Jahre gegen Zahlung eines bescheidenen zinslosen Darlehens an dessen Vater.

Die Gerichte waren in Nuzi nach babylonischem Vorbild gut organisiert und überwachten die Erfüllung der formal immer korrekt abgeschlossenen Abmachungen. Leider verstehen wir viele der in den Verhandlungen gebrauchten churritischen Fachausdrücke noch nicht. Die sehr zahlreichen Urkunden und Aufzeichnungen aus dem Palast vermitteln eine gute Vorstellung von den sehr mannigfachen Betätigungen der königlichen Verwaltung, der lange ein Prinz vorstand. Die Ausrüstung und Verpflegung des Heeres, voran der Streitwagentruppe, die Verwaltung der königlichen Güter mit ihren großen Herden und die öffentlichen Bauten erforderten einen großen Stab geschulter und hinlänglich schreibkundiger Beamter sowie die notwendigen Archive. Auf den Gütern selbst war die »Buchführung« einfacher: man verwendete wie in Israel die manchmal noch heute gebräuchlichen unbeschriebenen Rechensteine, die in die für die einzelnen Tiergruppen aufgestellten Tonbehälter für jedes Tier hineingelegt oder bei Abgängen ihnen entnommen wurden.

Über die Religion der arischen Adligen wissen wir nur sehr wenig. Aus den Staatsverträgen geht aber hervor, daß zu ihren Göttern auch die indischen Götter Indra, Mitra, der Himmelsgott Varuna und die Nasatjas gehörten. Das Pantheon der Churriter war sehr gestaltenreich und umfaßte auch viele babylonische Götter; bei der Behandlung der Religionen des Hethiterreichs wird darüber noch einiges zu sagen sein. Die bisher bekannten Tempel sind monumental, aber von bescheidenen Ausmaßen; ihre Grundrisse sind in Nuzi wie in Alalach durch die (ganz verschiedenen) örtlichen Traditionen bestimmt. Die Paläste sind weitaus größer und waren in einigen Räumen mit Fresko- (Alalach) oder Secco- (Nuzi) Gemälden geschmückt. In Nuzi erscheint neben Ornamentmotiven und dem uralten Stierkopf auch ein der ägyptischen Göttin Hathor nachgebildeter Frauenkopf; er zeigt, wie weit damals der ägyptische Kultureinfluß reichte. Über die Großplastik des Mitannireichs ist noch nichts bekannt. Die Kleinplastik und die Terrakotten erscheinen nicht besonders originell. Dafür erfreute sich die Siegelschneidekunst einer sehr liebevollen Pflege. Das Weiterwirken der babylonischen, assyrischen und syrisch-kleinasiatischen Traditionen ist unverkennbar, die geflügelte Sonnenscheibe wurde aus Ägypten übernommen. Auffällig oft finden sich Kulttänzer, öfter mit Masken. Antithetische Gruppierungen der Figuren, deren Körper gern naturalistisch gezeichnet werden, sind beliebt, ebenso die Wiedergabe von Göttern, Menschen und Tieren in lebendiger Bewegung. Die bemalte Schmuckkeramik verwendet überwiegend die herkömmlichen figürlichen und ornamentalen Motive, zeichnet sich aber durch besondere Feinheit der Zeichnung aus und vor allem dadurch, daß anders als sonst weiß auf schwarzem oder braunem Grund gemalt wird. Diese Maltechnik könnte arischer Herkunft sein.

Zikkurrat von Dur-Kurigalzu
Kassitischer Ziegelbau, 14./13. Jahrhundert v. Chr.

Berggott und Göttin mit Lebenswasservasen
Kassitisches Backsteinrelief von der Fassade des Inanna-Tempels in Uruk, um 1440 v. Chr.
Berlin, Staatliche Museen, Vorderasiatisches Museum

## Großmächte und Kleinstaaten Vorderasiens in der Amarnazeit

Während man in der Geschichte Ägyptens als Amarnazeit im wesentlichen die Regierungszeit des »Ketzerkönigs« Amenophis IV. (Echnaton) bezeichnet, umgreift dieser Begriff in der Geschichte Vorderasiens auch die Zeit Amenophis' III. Denn die 1887 und später gefundenen Reste des diplomatischen Archivs von Keilschrifttafeln (bis auf drei in akkadischer Sprache) im Palast Echnatons umfassen Briefe aus den rund fünfzig Jahren von 1400 bis 1350 und sind, obwohl heute nicht mehr die einzige Quelle, immer noch die wichtigste Grundlage für die Rekonstruktion der politischen Geschichte dieser Zeit. In ihr war Ägypten zunächst noch eindeutig die Vormacht des Orients und wurde auch weiterhin als *primus inter pares* anerkannt. Weitere Großmächte waren Babylonien und Mitanni, die sich vergeblich dem Wiederaufstieg Assyriens und des Hethiterreichs widersetzten. Die vielen Kleinstaaten Syrien-Palästinas waren von den Thutmosiden unterworfen worden oder gehörten zu Mitanni, gewannen aber durch die Gegensätze der Großmächte und den Rückgang der Macht Ägyptens trotz fehlender Souveränität eine immer größere Bewegungsfreiheit vor allem dort, wo geschickte Söldnerführer die Macht an sich reißen konnten. Um die Lage um 1400 verständlich zu machen, müssen wir zuerst einen Blick auf die Geschichte der Nachbarländer von Mitanni vor der Amarnazeit werfen.

Der Raubzug der Hethiter nach Babylon 1595 hatte es den Kassiten ermöglicht, sich endgültig in Babylonien festzusetzen, wenn sie auch den Süden des Landes noch für längere Zeit der Meerlanddynastie überlassen mußten. Wie das vor sich ging, wissen wir nicht, und die folgenden Jahrzehnte liegen wegen des Fehlens sicher authentischer Königsinschriften und der schlechten Erhaltung der Königsliste fast ganz im dunkeln. Nach im Kern gewiß zutreffender jüngerer Überlieferung wurde die von den Hethitern aus Babylon entführte Mardukstatue nach vierundzwanzig Jahren wieder zurückgesandt, vermutlich gegen eine vom Kassitenkönig angebotene Kompensation. Das Interesse der Kassiten an dem Gottesbild ist ein Zeichen dafür, daß ihre Könige sehr schnell lernten, sich auch als Babylonier zu fühlen. 1474 eroberte Ulamburiasch, der Bruder des Königs Kaschtiliasch III., das Meerland, dessen letzter selbständiger König Eagamil nach Elam fortgeführt worden war. Agum III. vereinigte dann wenig später wieder ganz Babylonien in seiner Hand. Daher konnte Karaïndasch um 1440 schon mit Ägypten auf gleichem Fuß diplomatisch verkehren und in Uruk einen Tempel errichten, der seinem Grundriß nach nicht in der babylonischen Tradition stand, sondern in der des nördlichen Osttigrislandes. Ganz neuartig, aber etwa gleichzeitig auch in Susa bezeugt, ist der Schmuck der Außenwände mit je fünfzehn Ziegelschichten hohen Backsteinreliefs, die abwechselnd einen Berggott und eine Göttin mit der Lebenswasservase darstellten. Für seine Inschriften wählte er ebenso wie manche seiner Nachfolger wieder die sumerische Sprache, allerdings in sehr wenig klassischer Gestalt, wobei er vermutlich an die Tradition der Meerlanddynastie anknüpfte. Sein zweiter Nachfolger Kurigalzu I. (etwa 1425–1400) hat uns viele kurze, überwiegend sumerische Bauinschriften vor allem aus Ur und Uruk sowie aus der von nun an Dur-Kurigalzu genannten Residenz einiger Kassitenkönige westlich von Bagdad hinterlassen, wo er eine umfangreiche Bautätigkeit entfaltete; der noch heute verhältnismäßig hoch anstehende Tempel Edublalmach in Ur gehört zu den schönsten babylonischen Kultbauten. Sein Herrschaftsbereich umfaßte außer Babylonien gewiß auch das südliche Mesopotamien; denn seine Gesandten konnten ebenso wie die seiner Nachfolger Kadaschmanellil I. (1400-1380) und Burnaburiasch III. (1380-1352), die vor allem in Nippur bauten, die syrische Provinz Ägyptens erreichen, ohne fremdes Gebiet zu berühren. Eine expansive Außenpolitik betrieb, soweit wir sehen können, keiner dieser Könige.

Während Ägypten, Mitanni und Babylonien im wesentlichen auf die Wahrung des für sie günstigen Status quo bedacht waren, mußten Assyrer und Hethiter ihre Gleichberechtigung erst erkämpfen. Für Assur waren militärische Aktionen aussichtslos, solange das Mitannireich noch intakt war; für die nicht zwischen zwei Reichen eingeklemmten Hethiter war die Lage günstiger. Nach dem Tode des Telepinus um 1500 war ihr Reich zu einem bedeutungslosen anatolischen Kleinstaat geworden. Der einzige Sieg, den eine jüngere Überlieferung verzeichnen konnte, war die Eroberung von Halab durch einen Tudhalijas, der dabei vermutlich die vorübergehende Schwächung von Mitanni durch einen Krieg mit Ägypten ausnutzte. Wahrscheinlich hatte Tudhalijas II. um 1450 im Bunde mit Thutmosis III. diesen Erfolg; vielleicht ist er aber auch erst Tudhalijas III., der um 1400 Hatti erneut einigte, zuzuschreiben. Eine schwere Krise gegen Ende der Regierung Tudhalijas' III., die durch Aktionen Mitannis im Bunde mit anderen Nachbarstaaten ausgelöst wurde, konnte erst sein Sohn Suppiluliumas (etwa 1385-1345) meistern. Nach anfänglichen Mißerfolgen wurde er der eigentliche Begründer des jüngeren Hattireichs und dessen bedeutendster Herrscher. Er gehört bereits in die Amarnazeit.

Neben den bisher genannten größeren Staaten stand nun um 1400 eine Fülle von selbständigen oder abhängigen Kleinstaaten. Keinen erkennbaren Einfluß auf die große Politik hatten Iran, Kaukasien und andere von den damaligen Machtzentren weit entfernte Gebiete. Die in den hethitischen Texten von Mitanni unterschiedenen Churriländer Ostkleinasiens hingegen und das nördlich an diese anschließende Azzi/Hajasa hatten in der Auseinandersetzung zwischen Mitanni und Hatti sicher ein beträchtliches Gewicht; wir hören, daß etliche dieser Gebiete nicht von Fürsten, sondern von Adelsgruppen regiert wurden. Wesentlich besser, obschon durchaus bruchstückhaft unterrichtet sind wir durch die Archive von Amarna, Alalach, Ugarit und das wesentlich kleinere von Qatna über die Kleinstaaten Syrien-Palästinas. Bis etwa 1700 waren in ihnen kanaanitische Semiten offenbar das beherrschende Element. Dann setzte immer stärker der Druck der Churriter ein und führte zunächst zum Ausweichen größerer Gruppen der Semiten nach Ägypten in Gestalt der sogenannten Hyksosinvasion um 1650. Im weiteren Verlauf kamen Churriter, teilweise wieder unter Führung arischer Adliger, bis nach Südpalästina und übernahmen die Herrschaft in den alten Stadtstaaten oder gründeten auch neue. In der vorläufig nur unzureichend bekannten Kultur der Städte kamen kanaanitische wie churritische Elemente zur Geltung, nicht zuletzt aber auch sehr wesentliche Einflüsse Ägyptens und in manchen Bereichen auch Babyloniens und Kretas.

Im Raum dieser Mischkultur bereitete sich seit etwa 1700 eine der bedeutsamsten Leistungen der Menschheit vor, nämlich der Übergang von den gemischten Wort-Silben-Schriften der Ägypter, Babylonier und Kreter zur Buchstabenschrift. Zunächst erscheint wieder die alte Hafenstadt Gubla/Byblos führend. Hier schrieb man um 1700 auf Bronze und Stein die sogenannte gublitische Schrift mit über hundert meist noch bildhaften Silbenzeichen. Édouard Dhorme hat unter der Annahme, daß mit der Schrift die phönikische Sprache geschrieben wurde, die Entzifferung der wenigen Inschriften versucht; erst neue Funde können zeigen, ob seine Deutung zutrifft. Um 1500 schrieb man in den Bergwerken des Sinai und in Palästina ähnliche Schriften, die noch viel schlechter bezeugt und daher noch nicht deutbar sind. Vermutlich durch Vereinfachung der gublitischen Schrift entstand wohl nach 1400 die phönikische Konsonantenschrift und etwa gleichzeitig das Keilschriftalphabet von Ugarit, dessen dreißig Zeichen teilweise dieselben Grundformen haben; in ihm wurde neben churritischen und einigen akkadischen Texten das noch zu besprechende ugaritische Schrifttum geschrieben. Merkwürdigerweise blieben die Ägypter wie die Babylonier und Hethiter trotzdem bei ihren alten Schriftsystemen mit den Hunderten von Zeichen. Daher mußte man auch in Syrien-Palästina den Schriftverkehr nach außen in babylonischer Keilschrift und in einem stark kanaanäisierten Babylonisch abwickeln, schrieb in Ugarit und Qatna aber auch sonst sehr viel in babylonischer Sprache.

Das Archiv von Amarna enthält außer einigen Archivkopien von Schreiben des Pharaos an seine »Brüder« oder seine Untergebenen Briefe, die an den ägyptischen Hof gerichtet sind. Nur knapp ein Zehntel stammt von den gleichgestellten Königen, zu denen zeitweise auch der von Cypern (damals Alaschia) gehörte. Dieser lieferte Kupfer an Ägypten und erbat dafür Gold und Silber. Das Betteln um Gold steht neben den Verhandlungen über Heiratsfragen auch im Mittelpunkt der Briefe Tuschrattas von Mitanni und derer aus Babylon. Die Art, wie gebettelt wird, zeigt oft sehr wenig Gefühl für königliche Würde, und es kann daher nicht verwundern, wenn die hochmütigen Ägypter manchmal nur minderwertige Goldlegierungen schickten oder die babylonischen Gesandten wenig achtungsvoll behandelten. Als Gegenleistung für das Gold bot man den Ägyptern Pferde und Streitwagen sowie Lapislazuli und andere wertvolle Steine an; außerdem tauschte man Erzeugnisse des Kunsthandwerks aus. Tuschratta schreibt einmal übertreibend, er würde seinem »Bruder« jeden Wunsch zehnfach erfüllen, denn »dieses Land ist das Land meines Bruders«. Um ernstere politische Fragen ging es, wenn sich Burnaburiasch darüber beschwert, daß Ägypten mit den Assyrern, die er als seine Untertanen reklamiert, direkt verhandelt oder sich unter Echnaton als unfähig erweist, den babylonischen Gesandtschaften den nötigen Schutz gegen die Aufständischen in Palästina zu garantieren. Der durch die expansive Politik Suppiluliumas' von Hatti gefährdete König von Cypern warnt wiederum die Ägypter, gewiß vergeblich, vor der Anknüpfung von Beziehungen mit den Hethitern.

Viel mehr um Politik und um die sich mehrenden Kleinkriege geht es in den vielen Briefen der Fürsten Syriens und Palästinas. Der schreibfreudigste unter ihnen ist Ribaddi von Gubla, von dem über sechzig Briefe an den Pharao oder seine Minister bekannt sind. Da er wegen des gewinnbringenden Ägyptenhandels treu zu seinem Oberherrn hielt, war er dauernd Schikanen der Aufständischen ausgesetzt und hatte viel Anlaß, sich über die »Hunde« zu beschweren und ägyptische Truppen zu seinem Schutz anzufordern, offenbar nur selten mit Erfolg. Ebenso wie Ribaddi wirft sich in den Briefen aber auch sein Hauptgegner Abdaschirta von Amurru »siebenmal und siebenmal« vor dem Pharao nieder, obwohl er die Ergebenheit offenbar nur heuchelt. Denn er versteht es, sein ursprünglich sehr kleines Gebiet auf Kosten seiner Nachbarn immer mehr zu vergrößern, und vermißt sich sogar, allerdings vergeblich, Gubla zu belagern. Er befindet sich dabei im Bunde mit den gefürchteten Hapiru, Banden heimatloser Söldner, die man in den Städten doch als Bürger dritter Ordnung behandelte und die daher kein Interesse an stabilen Verhältnissen hatten; die früher übliche Identifizierung mit den Hebräern des Alten Testaments läßt sich nicht mehr aufrechterhalten. Abdaschirta fällt durch Mord, aber sein Sohn Aziru vergrößert das Gebiet noch und baut es zu dem Staat Amurru aus, der nach Bedarf einmal zu Ägypten und einmal zu den Hethitern hält. Waren diese beiden Kanaaniter, so waren der in ähnlicher Weise agierende Etakkama von Kadesch und sein Bruder Birjawaza arische Adlige. Im südlichen Kanaan (damals Kinachchi oder Kinachna, »Purpurland«) spielte Labaja eine verwandte Rolle. Die Mehrzahl der aus späterer Zeit bekannten Küstenstädte begegnet in den Briefen, darunter Ugarit, Arwad, Beruta, Sidon, Tyros (Ssurru), Joppe, Askalon und Gaza, aber erstmalig auch Jerusalem (Urusalim), dessen Fürst Abdichepa ebenfalls eine umstrittene Persönlichkeit war. Von Israeliten in Palästina wissen diese Briefe aber noch nichts. Die kanaanitische Muttersprache der meisten Fürsten oder ihrer Schreiber kommt in zahlreichen kanaanitischen Glossen zum Ausdruck, die auch geläufigen akkadischen Wörtern beigefügt werden; ägyptische und churritische Wörter begegnen aber ebenfalls öfter.

Das Ende der Amarnazeit wird herbeigeführt einmal durch den gänzlichen Zusammenbruch der ägyptischen Herrschaft in Syrien und großen Teilen Palästinas gegen Ende der Regierung Echnatons, zum anderen durch die weitgehende Ausschaltung des Mitannireichs durch die Hethiter und die Assyrer und die ersten Vorstöße neuer Semitengruppen aus Arabien, die später Aramäer genannt wurden. Eine radikale Änderung der Verhältnisse in Syrien-Palästina trat dadurch allerdings nicht ein.

## *Das jüngere Hethiterreich und seine Kultur*

Unsere Quellen für die Geschichte des jüngeren Hethiterreichs (1400–1200) sind auf der einen Seite recht mannigfaltig und damit ergiebig, für manches, darunter auch die Chronologie und mehr noch die Geographie, aber auch besonders unzureichend, so daß wichtige Fragen offenbleiben müssen. Neben die große Menge der hethitischen und akkadischen Keilschrifttexte, mit ganz wenigen Ausnahmen aus dem Archiv von Hattusas stammend, treten nunmehr luvische Texte in der hethitischen Hieroglyphenschrift, deren Entzifferung nach mancherlei Irrwegen jetzt im wesentlichen gelungen ist, obwohl die so wichtigen bildhethitisch-phönikischen Bilinguen von Karatepe (um 725) immer noch nicht vollständig veröffentlicht wurden. Wann diese gewiß von den ägyptischen Hieroglyphen beeinflußte, gemischte Silben- und Wortschrift eingeführt wurde, ist noch umstritten. Einzelne Zeichen erscheinen schon vor 2000 als Symbole, und auf Stempelsiegeln der Zeit um 1800 finden sich kleine Gruppen von Bildzeichen, die man als Schrift deuten könnte. Ein sicheres Zeugnis ist ein Siegel aus Kizwatna (um 1500), das ebenso wie die Staatssiegel der hethitischen Großkönige Namen und Titel des Fürsten in Hieroglyphen und in Keilschrift schreibt. Die geringe Zahl der bildhethitischen Inschriften aus der Großreichszeit vor 1200 hat zu der Vermutung geführt, daß diese Schrift damals vorzugsweise auf vergänglichem Material wie Holz geschrieben wurde. Die große Masse der erhaltenen Inschriften stammt aus den Nachfolgestaaten des Hethiterreichs.

Ob der Begründer des Großreichs, Suppiluliumas, selbst ausführlich über seine Taten berichtet hat, ist noch unbekannt. Wir wissen einiges über ihn aus den Staatsverträgen und dem leider schlecht erhaltenen, sehr ausführlichen Bericht, den sein Sohn Mursilis II. über »die Taten« seines Vaters abfassen ließ. Dieser Bericht beginnt bereits mit der Zeit des Tudhalijas III. und betont, daß Suppiluliumas schon als Prinz erfolgreiche Feldzüge gegen die Nachbarländer, vor allem Azzi im Nordosten, die Kaskäer in Pontus und die Arzawaländer im Südwesten, geführt habe. Später versuchte er, Azzi dadurch in Ruhe zu halten, daß er dem Fürsten Hukkanas seine Schwester zur Frau gab und mit ihm einen Vertrag schloß, der ihn zu loyalem Verhalten gegen Hatti verpflichtete. Dazu gehörten militärische Hilfe, wenn notwendig, und die Auslieferung politischer Flüchtlinge. Eine große Zahl von Göttern verschiedener Völker wurden als Eidhelfer namhaft gemacht.

Zum Hauptgegner ist später aber Tuschratta von Mitanni geworden. Da Suppiluliumas ihm allein zunächst noch nicht gewachsen war, verbündete er sich mit Artatama, dem Fürsten des armenischen Churri, und konnte so Mitanni zuerst seine syrischen Besitzungen abnehmen und später sogar die Hauptstadt Wassukkanni erobern. Als Vizekönige setzte er seine Söhne Pijassilis in Karkemisch und Telepinus in Halab ein. Da nun der Zusammenbruch Mitannis nach der Ermordung Tuschrattas sehr bald das befreite Assur zu einer neuen Gefahr werden ließ, hielt er es für zweckmäßig, einen verkleinerten Mitannistaat unter Tuschrattas Sohn Mattiwaza neu zu begründen. Den akkadischen Vertrag, der die Pflichten Mattiwazas nach einer ausführlichen historischen Einleitung genau festlegt, aber auch Verpflichtungen des Großkönigs einschließt, haben wir in zwei Fassungen erhalten. Später breitete Suppiluliumas seine Macht in Kleinasien und im südlichen Syrien weiter aus und setzte auch dort Vasallenfürsten ein. Sein gewaltiger Machtzuwachs brachte die Witwe des früh verstorbenen Pharaos Tutanchamun auf den eigenartigen Gedanken, einen Hethiterprinzen als Gemahl zu erbitten. Suppiluliumas schickte den Prinzen erst, als er sich vergewissert hatte, daß die Bitte ernst gemeint sei. Inzwischen war aber die Opposition gegen den Plan in Ägypten so stark geworden, daß sie den Prinzen noch vor seiner Ankunft ermorden lassen konnte.

Nach einer kurzen Zwischenregierung folgte Suppiluliumas' jüngerer Sohn Mursilis II. (1343-1315), der uns sehr ausführliche Annalen hinterlassen hat. Er führte viele Kriege, vor allem in Kleinasien gegen die Arzawaländer im Südwesten und gegen Azzi und die Kaskäer. In Syrien konnte er einen Aufstand unterdrücken und die Grenze gegen Ägypten südlich von Kadesch wiederherstellen. Auch er schloß zahlreiche Verträge mit den Vasallenfürsten, von denen mehrere teilweise erhalten sind. An der Westküste Kleinasiens erscheint unter seinen Gegnern auch ein Land Ahhijawa, dessen Namen man wohl mit Recht mit Achaia gleichsetzt, obwohl vorläufig nichts dafür spricht, daß dieses noch nicht genau lokalisierbare Land über die ägäischen Inseln hinaus auch auf Griechenland übergriff. Ein besonders wertvolles Dokument sind die Gebete, die Mursilis an die Götter richtete, als das Land durch die Pest schwer mitgenommen wurde. Sie führen die Katastrophen auf menschliche Schuld zurück, freilich ganz überwiegend auf die des Vaters und eines früh umgekommenen Bruders. Der Vater habe Verträge gebrochen und ein zu Ägypten gehöriges Land in Syrien überfallen; die von dort eingebrachten Gefangenen hätten die Pest eingeschleppt. Er sagt: »Ihr Götter, meine Herren: es liegt so, man sündigt oft. Auch mein Vater sündigte und übertrat den Befehl des Wettergottes von Hatti; ich habe aber in nichts gesündigt. Aber die Sünde des Vaters kommt über den Sohn, und so habe ich sie jetzt den Göttern gestanden: es ist so, wir haben es getan.« Er bittet dann um Befreiung von der Seuche und verspricht dafür Opfer. Bei der Feststellung der Ursachen des göttlichen Zorns wandte man sich an die Orakel und prüfte die Träume. In einem anderen Text berichtet der König, daß er nach einem schweren Gewitter eine Sprachstörung hatte. Das Orakel sagte, der Wettergott von Manuzzija habe die Krankheit geschickt. Ein Ersatzopfer-Rind, Wagen und Pferde mußten dem Gott geopfert werden, um ihn zu versöhnen.

Sehr viel weniger wissen wir über die Regierungszeit des Muwatallis (um 1315–1293). Einige Verträge zeugen von den üblichen Kämpfen in Kleinasien; der Vertrag mit Sunaschschura von Kizwatna ist besonders gut erhalten. Mehrfach mußte er nach Syrien ziehen, weil Ägypten seit Sethos I. dort wieder im Angriff war. Die Auseinandersetzung verschärfte sich, als Ramses II. sich zur Wiedereroberung von Nordsyrien anschickte, aber in seinem fünften Jahr von Muwatallis bei Kadesch empfindlich geschlagen wurde, wenn es auch nicht gerade zu einer Katastrophe kam. Ramses schrieb sich natürlich den Sieg zu, mußte sich aber nach Galiläa zurückziehen. Unter Muwatallis' Sohn Urhiteschup (1293–1286) lähmten innere Unruhen das Reich; denn sein Onkel Hattusilis III. (um 1286–1260) agitierte systematisch gegen ihn. Als Urhiteschup den Machtbereich seines Onkels im Osten des Reiches beschnitt, empörte sich Hattusilis, setzte seinen Neffen, der im Reich nicht viel Gefolgschaft fand, ab und verbannte ihn auf eine Insel. Er berichtete davon in einer großen Rechtfertigungsschrift, in der er alles auf seine Berufung durch die Göttin Ischtar von Samuha zurückführte. Er sei als kränklicher Knabe ihrem Dienst übergeben worden, und sie habe ihn dann trotz mehrfacher Rückschläge immer wieder gegen die Intrigen seiner Gegner schon während der Regierungszeit seines Bruders Muwatallis beschützt. Offensichtlich ist dieser Bericht, der sich so moralisch gibt, alles andere als zuverlässig, sondern höchst subjektiv gefärbt. Dennoch war Hattusilis ein kluger und erfolgreicher Herrscher. Die Auseinandersetzung mit Ägypten beendete er 1283 durch den Abschluß eines Friedensvertrages mit Ramses II., dessen akkadischer und ägyptischer Text teilweise erhalten ist. Beide Teile einigten sich auf die Anerkennung des Status quo in Syrien und beschworen Bruderschaft untereinander. Später schickte Hattusilis dem Ramses eine Prinzessin als Gemahlin. Auf diplomatischem Wege durch Vereinbarungen mit Babylonien versuchte Hattusilis auch, das bedrohliche Anwachsen der Macht Assyriens einzudämmen, wahrscheinlich vorübergehend mit Erfolg. Ein sehr ausführlicher akkadischer Brief an den Kassitenkönig Kadaschmanellil II. ist größtenteils erhalten. Ein assyrischer Brief an Salmanassar I. von Assur ist wesentlich unfreundlicher gehalten.

Tudhalijas IV. (1260–1230) hat die Großmachtstellung von Hatti im wesentlichen noch zu wahren gewußt, wenn er auch nach einer Schlappe Assyrien gegenüber defensiv und vor allem mit handelspolitischen Maßnahmen operieren mußte. Das Verhältnis zu Ägypten blieb gut und Nordsyrien in seiner Hand. Aktiver war er im Westen, wo das Vordringen neuer Volksgruppen von Thrakien her, die man nach der ägyptischen Bezeichnung Seevölker zu nennen pflegt, auch für Hatti gefährlich wurde. Wieder steht Ahhijawa auf der Seite der Feinde der Hethiter. Tudhalijas kämpfte außer mit Arzawa besonders mit dem

*Hethiterreich* UM 1300 V. CHR.

nordwestlichen Küstenland Assuwa, der späteren römischen Provinz Asia, die dann dem ganzen Erdteil den Namen gab. Er konnte dadurch zunächst die Gefahren noch bannen und die Angreifer auf die Inseln abdrängen.

Unter Arnuwandas III. (1230–1210) verschlechterte sich die Lage zusehends. Ein bezeichnendes Dokument dafür ist die Anklageschrift wegen Hochverrats gegen Madduwattas von Zippaslâ, den Tudhalijas nach dessen Flucht vor Attarsijas von Ahhijawa in seinem Land wieder eingesetzt hatte, der später aber in einer hattifeindlichen Koalition in Westkleinasien, an der sogar Cypern beteiligt war, eine maßgebliche Rolle spielte. Arnuwandas konnte sich anscheinend Madduwattas gegenüber nicht mehr durchsetzen. Nach ihm haben noch drei Könige wahrscheinlich sehr kurz regiert, über die nur sehr wenig bekannt ist. Bald nach 1200 muß dann die Katastrophe über die Hauptstadt Hattusas und das Kerngebiet des Reiches hereingebrochen sein, über deren Verlauf uns keine Quelle berichtet. Wir wissen nicht einmal, welches Volk das Hethiterreich vernichtete. Die später in

Anatolien ansässigen Phryger scheinen es nicht gewesen zu sein. Eine ägyptische Quelle berichtet nur kurz, daß die Seevölker Hatti, Arzawa, Cypern und Karkemisch vernichteten und dann auch auf dem Landweg Ägypten angriffen, das sich ihrer mit Mühe erwehren konnte. Damals wurden die Philister nach Palästina abgedrängt.

Trotzdem müssen sich Teile der hethitisch-churritischen Bevölkerung haben retten können. Denn in Südostkleinasien und Nordsyrien entstanden Reststaaten des Reichs, in denen die hethitische Kultur lebendig blieb. Vor allem wurde in ihnen noch fünfhundert Jahre lang das Luvische in bildhethitischer Schrift geschrieben, während die hethitischen Keilschrifttexte ganz aufhören. Das wichtigste Zentrum war zunächst Malatia am oberen Euphrat; später lief ihm wohl Karkemisch den Rang ab. Allerdings machte nach 1000 die Aramäisierung des früher hethitischen Nordsyriens, das die Assyrer nun Chatti nennen, rasche Fortschritte; ihr Einfluß auf die Kultur blieb aber noch lange sehr gering.

In seiner politischen Struktur war das jüngere Hethiterreich stärker als das ältere durch die orientalischen Nachbarländer beeinflußt. Der König regiere jetzt ziemlich absolut, wobei die Erbfolgeordnung des Telepinus anscheinend noch als verbindlich galt. In seiner Titulatur kommen zu den alten Titeln Tabarna und Großkönig die Titel Held, Liebling des Gottes X und vor allem »Meine Sonne«. Dieser Titel ist ebenso wie die zum König gehörige geflügelte Sonnenscheibe aus Ägypten entlehnt, kennzeichnet aber bei den Hethitern den lebenden König nicht als Gott. Erst bei seinem Tode »wird er Gott«; vor seiner Statue wird dann geopfert. Das sehr komplizierte Hofzeremoniell dient vor allem dazu, das gewöhnliche Volk und alles Unreine vom König fernzuhalten. Er hat daher eine Leibwache, und für die Herstellung seiner Kleidung und die Bereitung seines Essens gelten besondere Vorschriften; die Küche wird darauf monatlich neu verpflichtet. Mehrfach nehmen die Könige besondere Thronnamen an. Die kultischen Verpflichtungen der Könige haben solche Ausmaße, daß neben ihnen eigentlich nur wenig Zeit für die Regierung bleibt. Bei längeren Kriegszügen mußten sie sich aber davon frei machen. Die Aufgabe, den Göttern Tempel zu errichten, hatte der König ebenso wie sonst in Vorderasien. Merkwürdigerweise berichtet er aber fast nie über seine Bautätigkeit, wie ja der Stil und der Aufbau der hethitischen Königsinschriften auch sonst sehr stark von dem des Zweistromlandes abweichen, nicht zuletzt dadurch, daß Mißerfolge öfter zugegeben und als göttliche Strafgerichte gedeutet werden.

Die besonders herausgehobene Stellung der Tawananna, der Königin, die schon im älteren Reich zu beobachten war, wird nun noch viel ausgeprägter. Ihr Amt vererbt sich unabhängig von dem des Königs, der neben ihr noch Nebenfrauen haben konnte; sie behielt es auch nach dem Tode des Königs, wenn sie ihn überlebte, so daß die junge Königin zunächst noch nicht Tawananna wurde. Die Könige Suppiluliumas und Hattusilis III. verwendeten zumeist Staatssiegel, auf denen ihre Namen und die der Tawananna standen. Noch auffälliger ist, daß die Staatsschreiben fremder Könige in einem zweiten Exemplar an die Tawananna gehen mußten. Sie hatte offenbar ein eigenes Staatssekretariat, durch das sie auch auf die äußere Politik Einfluß nahm. Besonders stark war der Einfluß der Puduchepa unter Hattusilis III., die die Tochter eines Priesterfürsten war. Die Opfer nach dem Tode standen auch der Tawananna zu.

Der Kronprinz und andere Prinzen erhielten frühzeitig verantwortliche Aufgaben in der Verwaltung und bei der Führung von Feldzügen, vor allem auf Nebenschauplätzen. Es konnte nicht ausbleiben, daß sie die dadurch erworbene Machtstellung bisweilen gegen den König mißbrauchten. Der oberste Feldherr war der König selbst, der, solange er gesund war, auch selbst die Mehrzahl der militärischen Unternehmungen anführte. Soweit das Gelände es zuließ, wurde dabei die von den Mitanni übernommene Streitwagenwaffe ausgiebig eingesetzt. Für die dafür notwendige Pferdezucht ließ man sich von Kikkuli aus Mitanni ein hethitisches Lehrbuch schreiben. Die Wagenkämpfer rekrutierten sich vor allem aus dem Adel und aus »freien« Städten mit Sonderstatut. In der Schlacht von Kadesch sollen die Hethiter etwa siebzehntausend Mann Infanterie und dreitausendfünfhundert Wagen eingesetzt haben, wobei sie ihren Erfolg übrigens auch einer den Aufmarsch sehr geschickt verschleiernden Strategie verdankten. Die Kriegführung war nicht so brutal wie die der Assyrer, das Niederbrennen von Ortschaften und Verschleppungen großer Bevölkerungsteile waren aber häufig.

Das Ziel der Kriege war den kleineren Staaten gegenüber selten deren völlige Einverleibung. Meistens ging es darum, sie zu Vasallenstaaten zu machen, wobei Verträge die beiderseitigen Rechte und Pflichten genau festlegten. Auch mit den größeren Staaten, die man als gleichberechtigt anerkennen mußte, wurden nach Möglichkeit Verträge abgeschlossen, die klare Rechtsverhältnisse schaffen sollten. In ihnen wurde darauf Bedacht genommen, daß Rechte und Pflichten beider Seiten paritätisch ausgewogen waren. Der hethitisch-ägyptische Vertrag von 1283 ging besonders weit und sah neben dem Verzicht auf Angriffe »für immer« sogar die Pflicht zu gegenseitiger Hilfeleistung bei Angriffen Dritter oder Aufständen vor, wenn solche ausdrücklich angefordert wurde. Politische Flüchtlinge sollten ausgeliefert werden. Die Verträge mit einigen Nachbarstaaten erkannten diesen zwar keine volle Selbständigkeit in der Außenpolitik zu, forderten aber auch nur einen Teil der Pflichten, die den Vasallen auferlegt wurden. Die Fürsten dieser Staaten erhielten dadurch einen besonderen Status im Verhältnis zu Hatti. Die eigentlichen Vasallen galten als Lehensleute, die im Falle der Nichterfüllung ihrer Pflichten, darunter vor allem auch der Tributzahlung an König und Königin, abgesetzt und durch andere ersetzt werden konnten. Hethitische Garnisonen im Lande sorgten für die Durchführung der Verträge, solange nicht veränderte Machtverhältnisse sie gegenstandslos machten. Ungetreue Vasallen wurden in der Regel verbannt oder unter Hausarrest gestellt, hatten aber ihr Leben nicht verwirkt. Der Staatsaufbau war auch im jüngeren Reich föderalistisch, so gewiß auf die Stärkung der Zentralmacht Bedacht genommen wurde. Dementsprechend waren die Vasallen wie die als Kleinkönige eingesetzten hethitischen Prinzen in ihrer inneren Verwaltung weitgehend autonom.

Das jüngere Reich befand sich im Übergang vom reinen Feudalstaat zum Beamtenstaat. Der Adel hatte nach wie vor viele Vorrechte, die allerdings mit einer besonderen Treuepflicht dem König gegenüber gekoppelt waren. Nur der Priesterstand hatte ähnliche Rechte. Die Bauern und Handwerker auf den Dörfern waren nur Halbfreie, ebenso die Klasse der Deportierten, aus der man in den Handwerkerstand aufsteigen konnte. Aus dem Adelstand stammten gewiß die Statthalter in den Grenzgebieten, die es neben den Kleinkönigen gab und die wie der König auch eine Fülle von kultischen Pflichten hatten. Ihre zivilen und militärischen Befugnisse waren umfassend. Für verschiedene Gruppen von Beamten sind Instruktionen überliefert, auf deren Beobachtung sie vereidigt wurden. Formal waren diese den Vasallenverträgen nachgebildet. Höheren Offizieren wurden neben den kultischen Funktionen auch richterliche Aufgaben übertragen. Eine besondere Klasse waren die Verwalter der königlichen Magazine, in denen Korn und Geräte aufbewahrt wurden. Die überwiegend in Naturalien geleisteten Steuern wurden wohl direkt an die Magazine abgeliefert. Ackerbau und Viehzucht standen ja neben dem Handwerk in Kleinasien viel mehr im Mittelpunkt der ganzen Wirtschaft als etwa in Babylonien und Syrien, weil der Durchgangshandel anscheinend Anatolien meist umging. Unter den Handwerkern waren die Schmiede besonders angesehen, die im jüngeren Reich zunehmend neben dem Kupfer auch Eisen verarbeiteten. Aus Eisen wurden auch Schmuckgegenstände, Statuetten und sogar gelegentlich Schrifttafeln hergestellt; es blieb aber wegen der Verhüttungsschwierigkeiten noch kostbar. Die Maßsysteme stammten überwiegend aus Mesopotamien, obwohl die Unterteilungen der Hauptmaße teilweise andere waren, weil man das Sexagesimalsystem nicht übernommen hatte.

Das Nebeneinander mehrerer Völker und Volksgruppen ganz verschiedener Herkunft im Hethiterreich findet vielleicht seinen sinnfälligsten Ausdruck im Bereich der Religion. Man kann nicht von einer hethitischen Religion so sprechen wie etwa von der babylonischen. Denn in dieser sind die Elemente verschiedener Herkunft trotz unausgeglichener Widersprüche zu einer Einheit verschmolzen, bei den Hethitern aber nicht. Sie ließen die verschiedenen Kulte nebeneinander bestehen und waren sogar bereit, immer noch neue dazuzunehmen. Zu einem synkretistischen Ausgleich finden sich nur ganz schwache Ansätze. Man sprach von den »tausend Göttern«, von »allen Wettergöttern, allen Chepats« und deutete damit an, daß hier nicht etwa ein Gott mehrere Kultstätten hatte wie der Adad der Semiten, sondern daß es mehrere Wettergötter gab, die durchaus nicht in allem wesensgleich waren. Da uns nur wenige Mythen überliefert sind und die kleine Zahl der Gebete auch nicht viel Charakteristisches über die einzelnen Götter aussagt, bleibt die große Masse der Namen für uns ganz farblos. Weil für Wetter-, Sonnen- und Mondgott, die Ischtar-Gestalten und noch andere ganz überwiegend babylonische und bildhethitische Wortzeichen verwendet werden, kennen wir gerade bei mehreren Hauptgöttern noch nicht einmal die hethitischen Namen. In die Religion außerhalb der Staatskulte geben die Texte nur einen unzureichenden Einblick.

Die eigentlichen Staatsgötter waren vorwiegend von den Protohattiern übernommen worden. Unter ihnen steht an erster Stelle die »Sonnengöttin von Arinna« (in Ostanatolien), deren hethitischer Name unbekannt ist. Sie »leitet im Hatti-Lande Königtum und Königinnentum«: vor ihr muß der König Rechenschaft ablegen, vor ihr die Staatsverträge deponieren, von ihr Hilfe in Krieg und Frieden erbitten und ihr opfern. Als Gatten wie als Söhne hatte sie Wettergötter, die auch oft angerufen werden. Ein anderer protohattischer Gott ist der Fruchtbarkeitsgott Telepinus, dessen Namen auch ein König trug. Altkleinasiatisch sind auch die meisten luvischen Götter, darunter der Mondgott Armas, der Hirschgott Rundas und der Wettergott Dattas. Aus Kanesch stammen Götter mit hethitischen Namen wie die Nachtgöttin Ispanz und die Korngöttin Halkis. Weitaus bedeutsamer ist die Stellung der Hauptgötter der Churriter, vor allem des Wettergottes Teschup, des Göttervaters Kumarpi, der Chepat, Sauschka und Kubaba und mancher anderer; sie wurden auch im Mitannireich und in manchen syrischen Kleinstaaten wie Alalach und Ugarit verehrt. Merkwürdigerweise steht neben der Sonnengöttin von Arinna ein Sonnengott Istanus, der wohl die eigentliche Gestirngottheit war und als Sonne des Himmels und Sonne der Unterwelt angerufen wurde. Übernommen wurden schließlich auch eine Anzahl babylonischer Götter und die Ischtar von Ninive.

Die erhaltenen Mythen sind sicher oder doch wahrscheinlich churritischen Ursprungs und zeichnen die Götter demgemäß sehr menschlich und nicht selten abstoßend. In einem Mythus besiegt der Drache Illujankas den Wettergott von Nerik; erst als die Göttin Inaras sich den Menschen Hupasijas als Buhlen und Helfer geholt hatte, konnte der Drache überlistet und getötet werden; der Mensch wurde später aber auch umgebracht. Eine jüngere Fassung dieses Mythus schaltet den menschlichen Helfer aus und stellt das Verhalten der Götter weniger kraß dar. Mehrere Varianten hatte auch der unvollständig erhaltene Mythus vom Verschwinden des Telepinus, das das Aufhören jeglicher Fruchtbarkeit im Himmel und auf Erden bewirkte; den Grund für sein erzürntes Weggehen erfahren wir nicht. Eine Fassung spricht von einer Sünde seines Vaters. Die verzweifelten Götter schicken zuerst vergeblich einen Adler aus, den Telepinus zu suchen, dann seinen Vater. Nach einer andern Fassung senden sie auf den Rat einer Göttin eine Biene, die ihn findet und sticht, worauf mit magischen Mitteln seine Rückkehr bewirkt wird. Die Götter dieser Mythen sind weder ethisch hochstehende Gestalten, noch bestimmt sie die Sorge um eine höhere Ordnung. Wahrscheinlich verstehen wir aber den Sinn der als Festperikopen überlieferten Mythen nur unzureichend. In der hethitisch-churritischen Variante des Mythus von den Göttergenerationen, die gewissermaßen die Brücke zwischen den mesopotamischen und den griechischen Fassungen (Kronos-Mythus) bildete, entthronten und entmannten dreimal die Söhne ihre Väter. In einem andern Mythus will der Gott Kumarpi sich an seinem Sohn Teschup rächen, indem er durch Vereinigung mit einem Felsen das Steinungeheuer Ullikummi zeugt, das Teschup erst nach einem langen Kampf überwältigen kann.

Das Gottesbild in den Gebeten ist aber weithin ganz anders. Schon in einigen der besprochenen Königsinschriften des älteren und des jüngeren Reichs, deutlicher in den Pestgebeten von Mursilis II. wachen die Götter über das sittliche Verhalten der Menschen und ziehen auch die Könige zur Rechenschaft. Wahrscheinlich ist hier mehr die Gottesvorstellung der Hethiter selbst bestimmend. Aus Babylonien übernommene Gebete mögen aber auch von Einfluß gewesen sein. Ein Gebet an die Sonnengöttin von Arinna rühmt ihre Milde und Gnade sowie ihre Fürsorge für das Recht. Ein kurzes Gebet an den Sonnengott sagt: »Du schaust dem Menschen ins Herz, aber niemand sieht in dein Herz!« Aber auch Fürbittgebete und Dankgelübde sind bezeugt.

Die Gebete bedurften der Ergänzung durch Opfer. Die Opferkulte in den Tempeln waren außerordentlich mannigfaltig und bis ins kleinste geregelt. Die Höhepunkte bildeten die großen Feste, für die umfangreiche Rituale die nötigen Anweisungen gaben. Bei einem Fest mußte der König so schnell wie möglich von einem Kultort in den anderen ziehen und überall die ihm vorbehaltenen Kulte zelebrieren. Aber auch jedes Dorf hatte seinen Kult, wenn auch mit bescheidenen Mitteln. Der Gedanke, daß die Götter die Opfer für ihre Verpflegung brauchen, begegnet öfter, war aber in dieser Primitivität sicher nicht mehr allgemein anerkannt. Für die Kulte brauchte man eine reichgegliederte Priesterhierarchie, zu der auch verschiedene Klassen von Priesterinnen gehörten. Für sie waren regelmäßige Reinigungen unerläßlich, die Abwehr jeder denkbaren Verunreinigung von den Tempeln eine ihrer Hauptaufgaben. Bei Reinigungskulten nach feindlichen Siegen wird vereinzelt auch einmal ein Menschenopfer gefordert.

Den Willen der Götter erforschte man durch Träume und verschiedene Orakel wie Vogel- und Losorakel. Die Leber- und Eingeweideschau übernahm man aus Babylonien; sie gelangte von Kleinasien aus zu den Etruskern. Die Astrologie trat ihr gegenüber sehr zurück. Von großer Bedeutung war die Magie, die weiße wie die schwarze; die schwarze in den Fluchzauberriten gegen Feinde und Eidbrüchige. Die weiße Magie hatte es vor allem mit der Beseitigung von Verunreinigungen, die auf alle möglichen Weisen eintreten konnten, und der Abwehr des Zaubers dämonischer Mächte wie der Menschen zu tun. Lebendige Dämonengestalten, wie die babylonische Lamaschtum, treten in den Texten aber nicht auf.

Fünf hethitische Tempel konnten in Hattusas im Grundriß freigelegt werden. Sie sind von den Tempeln des übrigen Vorderasiens in ihrer Anlage sehr verschieden. Bei rechteckiger Gesamtanlage weist die Außenmauer Vor- und Rücksprünge in ganz unregelmäßiger Folge auf. Die Innenhöfe sind von Pfeilerhallen umgeben, die Kultachsen mehrfach gebrochen, das Adyton durch drei oder vier Fenster sehr hell. Ein Tempel ist von großen Magazinbauten umgeben. Die Mauern bestanden auf Steinsockeln teilweise wohl aus Fachwerk. Über die Herkunft dieser Bauweise ist noch nichts bekannt. Die Festungsanlagen sind denen des älteren Reiches ähnlich, doch noch monumentaler. An den Torgewänden fanden sich Plastiken, darunter der berühmte »Krieger« vom Königstor, wahrscheinlich ein Gott, bei aller Schlichtheit der Gestaltung ein Meisterwerk. An anderen Toren waren Löwen- oder Sphinxfiguren angebracht. Die Paläste der Hauptstadt auf der Burg und in der Stadt konnten erst teilweise freigelegt werden.

Eine einzigartige Anlage ist das Felsheiligtum von Jazilikaja nordöstlich von Hattusas. Vom Tempel fand man nur geringe Reste, dafür aber lange Reihen von Götterbildern, die im Hochrelief aus dem Felsen herausgearbeitet sind. Bildhethitische Inschriften bei einigen Figuren belehren uns, daß hier König Tudhalijas IV. dargestellt ist; mehrere Götter tragen churritische Namen. Die Churritisierungstendenzen der Könige des jüngeren Reiches auf religiösem Gebiet lassen es denkbar erscheinen, daß die Dynastie aus dem churritischen Gebiet stammte. Über achtzig Figuren wurden in Jazilikaja festgestellt. Felsreliefs ähnlicher Art mit weniger, aber teilweise größeren Figuren wurden in Kleinasien mehrfach aufgefunden und sind eindrucksvolle Zeugnisse einer monumentalen Bildkunst.

Werke der Kleinkunst sicher aus der Großreichszeit und eindeutig hethitischer Herkunft sind nicht sehr zahlreich. Vielleicht gehören einige Figuren dazu, die wie Karikaturen wirken und möglicherweise ebenso wie etliche Orthostatenreliefs aus Aladscha Hüyük Gaukler und Musikanten im Tempeldienst darstellen. Einige Jagdbilder auf Orthostaten sind recht lebendig, technisch aber ziemlich primitiv. Auf den Rollsiegeln begegnen neben

Löwe an einem Stadttor in Hattusas, 14./13. Jahrhundert v. Chr.

Nebenkammer im Felsheiligtum von Jazilikaja, 13. Jahrhundert v. Chr.

Inschriften ähnliche Göttergruppen wie auf den Felsreliefs. Gemeinsam ist den Fels- und Siegelbildern auch das beliebte Motiv der Belehnung des Königs durch Gottheiten.

Im hethitischen Schrifttum, das wir fast nur aus der Hauptstadt selbst kennen, fehlen Privaturkunden und -briefe fast ganz. In der Literatur stehen neben der Masse der hethitischen Werke viele in kleinasiatisch gefärbter babylonischer Sprache. Zusammen mit den überaus zahlreichen akkadischen Wörtern und Wortzeichen in den hethitischen und luvischen Texten sind sie ein Beweis dafür, wie vielfältig der babylonische Einfluß auf Religion, Kultur und Literatur der Hethiter war. Man hat jedoch in Hatti nur selten babylonische Werke einfach kopiert, sondern sie meistens stark umgestaltet. Leider haben sich im Archiv von Hattusas nicht sehr viele Dichtungen gefunden, dagegen viele Rituale, Instruktionen und Omentexte. Die Rituale enthalten auch leider nur mangelhaft verständliche luvische, palaische, protohattische und churritische Abschnitte; offensichtlich rief man die Götter fremder Herkunft gern in »ihren« Sprachen an. Eine besondere Erwähnung verdient noch das Ritual »Wenn in Hattusas ein großes Vergehen geschieht, indem König oder Königin Gott wird«. Es schildert die vierzehntägigen Totenfeiern für Könige, die in der Leichenverbrennung gipfeln. Manches erinnert an ähnliche Erzählungen in Homers Ilias. Da die Ausgrabungen die Erdbestattung neben den Brandbestattungen bezeugen, waren diese vielleicht wie im Mitannireich nur bei Königen und Adligen üblich.

## *Ugarit*

Unter den nordsyrischen Vasallenstaaten des Hethiterreichs war Karkemisch politisch wohl der bedeutendste, der nach den Funden für uns interessanteste aber ist Ugarit. Die französischen Ausgrabungen seit 1929 unter Claude Schaeffer haben vor allem für die Zeit von 1400 bis 1200 eine Fülle wichtigster Funde gebracht. Am ergiebigsten war wie in Mari der noch nicht ganz freigelegte prächtige Palast mit seinen Archiven, deren Urkunden und Briefe überwiegend in einem ugaritisch gefärbten Akkadisch geschrieben sind und nur zum kleineren Teil in der dem Phönikischen verwandten ugaritischen Sprache, für die man ein besonderes Keilschriftalphabet gebrauchte. An literarischen Texten fand man viele Wortlisten, darunter sumerische, sumerisch-akkadische und einzelne sumerisch-akkadisch-churritisch-ugaritische; dazu Mythendichtungen und andere religiöse Texte in ugaritischer Sprache und einige churritische Texte, Plastiken und Siegel.

Als Suppiluliumas von Hatti nach Syrien vordrang, stellte sich Niqmaddu II. von Ugarit (um 1370–1340) auf seine Seite und wurde unter besonders günstigen Bedingungen als Vasall über einige den Hethitern feindliche Grenzgebiete wie Mukisch eingesetzt. Sein älterer Sohn Arichalbu regierte nur kurz, um so länger sein jüngerer Sohn Niqmepa (um 1332–1280), der von Mursilis II. als Vasall unter Eid genommen wurde, wodurch ihm die Grenzen garantiert wurden. Aus dieser Zeit stammen besonders viele Urkunden. Niqmepa erlebte noch den Regierungsantritt von Hattusilis III., und sein Sohn Ammistamru II. (um 1280–1240) verhandelte oft mit Hattusilis' Gattin Puduchepa und später mit deren

Sohn Tudhalijas IV. Ammistamru II. kaufte sich mit Gold von der Teilnahme an einem Feldzug gegen Assyrien los und mußte die Autorität des Großkönigs in Anspruch nehmen, um Intrigen in seiner Familie zu unterdrücken. Ebenso trat Initeschup von Karkemisch mehrfach als übergeordnete Autorität in Ugarit auf. Das politische Gewicht von Ugarit war auch unter Ibiranu (1240–1220) schwach und Karkemisch weiterhin unterlegen. Der Seevölkersturm vernichtete etwa zur gleichen Zeit wie Hattusas auch Ugarit (um 1200).

Die Personennamen in den Urkunden zeigen, daß damals in Ugarit eine ähnliche semitisch-churritische Mischbevölkerung lebte wie in den anderen syrischen Städten. Seinen großen Wohlstand verdankte es vor allem dem Handel mit Ägypten, Cypern und Kreta und der Herstellung von Bronzegegenständen und Purpurstoffen. Neben den Beamten der königlichen Verwaltung spielten daher die Kaufleute und Handwerker die Hauptrolle. Die Archive der Handelshäuser sind allerdings bisher noch nicht aufgetaucht. Die große Mehrzahl der im Palast gefundenen Urkunden handelt von Grundstücken und Häusern, von den verschiedenen Lehnsgütern und den auf ihnen ruhenden Verpflichtungen; daneben gibt es mancherlei Aufzeichnungen der Verwaltung. Sie alle bezeugen die Existenz eines einheimischen Schreiberstandes, dessen Traditionen sich auf das altbabylonische Mari zurückführen lassen, dagegen sind Beziehungen zu Babylonien kaum erkennbar, eher noch da und dort zu Assyrien. Auffällig ist die häufige Nennung des Königs auch in privaten Verkaufsurkunden; sie besagt gewiß nur, daß er als Autorität hinter dem Notar stand, vor dem das Geschäft abgeschlossen wurde. Das Lehnswesen in Ugarit ist in vielem dem von Nuzi ähnlich, und wie dort wurden manche Besitzübertragungen und Erbeinsetzungen juristisch als Adoptionen stilisiert, ohne daß eigentliche Adoptionen beabsichtigt waren.

Die Religion von Ugarit hat, der Bevölkerung und der Lage der Stadt entsprechend, einen synkretistischen Charakter. Die meisten Götter tragen westsemitische Namen und werden oft später auch noch von den Phönikern verehrt, die Mythologie aber ist überwiegend von churritischen Vorstellungen bestimmt. Einige babylonische Götter, mit ihnen der kassitische Schuqamuna, hatten ebenfalls ihren Platz im Kult, während Götter der Hethiter und der Ägypter nur vereinzelt genannt werden. An der Spitze des Pantheons stehen El (»der Gott«) und seine Gemahlin Aschera, die oft »Aschera des Meeres« genannt wird. El ist der Schöpfer der Welt und der Menschen und erscheint als gütiger alter Gott, oft als Stier-Gott, und Vater vieler anderer Götter, darunter der Sonnengöttin Schapsch und des Gottes Mot, »Tod«. Als sein Bruder gilt der altamoritische Gott Dagan, der Vater des Alijan-Ba'al und seiner Halbschwester und Gattin, der Fruchtbarkeits- und Kriegsgöttin Anat. Die Venusgöttin Aschtart tritt hinter der wesensverwandten Anat zurück, dafür erscheint, wie häufig in Südarabien, der Venusgott Aschtar. Die Gattin des Mondgottes Jarch führt den ursprünglich sumerischen Namen Nikkal. Unter den vielen Göttern mit Doppelnamen ist vor allem der Handwerkergott Koschar-wa-Chasis zu nennen, der Hephaistos von Ugarit.

Die Texte erwähnen auch die in den anderen Städten Syriens verehrten Wettergötter und Aschtart-Gestalten, deren Namen aber nur teilweise feststellbar sind. Ein solcher Gott ist wohl Raschp, der »Gott des Pfeiles«, ein dem Nergal der Babylonier verwandter Licht- und Pestgott. Dazu kommen viele untergeordnete Gottheiten. Da die Texte statt der Namen gern Beinamen verwenden, können manche dieser Gottheiten mit anderen identisch sein, ohne daß das immer klar erkennbar wäre.

Die religiöse Literatur umfaßte, soweit bisher bekannt, Rituale für Götterfeste und magische Riten, die sich aus den wenigen erhaltenen Bruchstücken noch nicht rekonstruieren lassen. In ein Ritual für Sühnopfer sind auch Gebete eingefügt, die mehrere Götter gleichzeitig anrufen. Gebete an einzelne Götter wurden noch nicht gefunden. Weitaus bedeutsamer sind die leider auch nur sehr unvollständig erhaltenen und in manchen Einzelheiten noch schwer verständlichen Mythendichtungen. Ihre rhythmische Sprache mit dem streng durchgeführten *parallelismus membrorum* ist der mancher Dichtungen des Alten Testaments ähnlich, so andersartig ihr überwiegend düsterer Geist ist. Besonders charakteristisch ist der Mythus von Alijan Ba'al und Anat. Ba'al erschlägt zunächst Jam, das Meer, der El herausgefordert hat, und läßt sich von Koschar-wa-Chasis einen Palast bauen. Später steigt er zu Mot in die Unterwelt hinab und wird dort getötet; da hört jegliche Fruchtbarkeit auf. Als Anat das hört, stellt sie Mot und tötet ihn: »Sie packt den Göttersohn Mot, spaltet ihn mit dem Schwert, worfelt ihn mit der Kornschaufel, verbrennt ihn mit Feuer, zermahlt ihn mit Mühlsteinen, sät ihn auf dem Feld aus.« Dann betrauert sie ihren Gatten und erweckt ihn wieder zum Leben. Dieser schlägt erneut den trotz des geschilderten Todes wieder lebendigen Mot, bis die Sonnengöttin dazwischentritt. Man hat gemeint, daß Ba'al hier die jährlich sterbende und wieder auferstehende Vegetation verkörpere; die Erwähnung von Siebenjahresperioden läßt jedoch eher daran denken, daß auf sieben fette Jahre unter Ba'al sieben dürre Jahre unter Mot folgen. Wahrscheinlich war der Mythus die Festlegende für eine Kultfeier, die von den Göttern die Bewahrung vor unfruchtbaren Jahren erbitten sollte. Ethische Motive oder gar echte Güte bestimmen hier wie in den anderen Mythen die Götter freilich höchst selten!

Zyklen von sieben und acht Jahren tauchen auch in einem anderen Mythus auf, der die Geburt von zwei Götterpaaren schildert und im Text Anweisungen für Aufführungen mit Musikbegleitung gibt. Die Form eines Hymnus hat die Erzählung von der Werbung des Mondgottes Jarch um die Nikkal unter Beistand des Sommergottes Charchab; sie mag einen astralen Hintergrund haben. In allen Göttermythen finden sich Motive, die auch in babylonischen, altkleinasiatischen und gelegentlich griechischen Mythen wiederkehren, wenn auch oft in anderen Zusammenhängen. Der hellenistische Schriftsteller Philo von Byblos schreibt auf Grund des ihm noch bekannten Buches eines Sanchunjaton, vermutlich eines Ugariters, den Phönikern ähnliche Mythen zu.

Halbgöttliche Heroen stehen im Mittelpunkt weiterer Mythen. König Kart, vielleicht ein mythischer Ahn der Könige von Ugarit, verliert seine ganze Familie und erhält im Traum von El den Befehl, sich eine neue Frau vom König von Edom zu holen. Er gewinnt die Prinzessin und bekommt erneut sieben Söhne und acht Töchter, vergißt aber, ein Gelübde zu erfüllen, das er vorher der Aschera geleistet hatte. Er wird daher krank, wird aber später durch einen Ritus wieder geheilt. Schließlich zwingt ihn sein Sohn abzudanken, denn »du schaffst nicht Recht der Witwe und führst nicht den Prozeß der Bedrückten!« Leider fehlt der Schluß der Dichtung. In einem anderen Mythus lädt König Danel die Götter ein und erbittet von ihnen einen Sohn. Der Wunsch wird erfüllt, und Prinz Aqhat erhält von den

Göttern einen wunderbaren Bogen, den später die Anat von ihm erbittet, aber nicht erhält. So veranlaßt sie seine Ermordung durch einen Mann, den sie in einen Adler verwandelt. Nach sieben Jahren Trauer nimmt Aqhats Schwester am Mörder Rache. Leider fehlt auch hier der Schluß des Mythus, der uns vermutlich über seinen Sinn aufklären würde.

Wir haben vorläufig keine Möglichkeit festzustellen, wie weit das ugaritische Sprachgebiet reichte. In Gubla jedenfalls wurde wohl ein anderer Dialekt gesprochen. Babylonische Urkunden fanden sich auch in Qatna am Orontes; in Megiddo in Palästina wurde sogar ein Stück des Gilgameschepos gefunden. Offenbar gab es in vielen Städten einen an babylonischen Vorbildern geschulten Schreiberstand, dessen Aufgaben sich nicht mit der Führung der diplomatischen Korrespondenzen erschöpften.

Die Kultur war im ganzen Gebiet von einer gewissen künstlerischen Gleichartigkeit. Die Tempelanlagen hatten meist bescheidene Ausmaße, dürften aber reich ausgestattet gewesen sein. Die sorgfältig gemauerten Grabkammern in Ugarit mit ihren echten oder »falschen« Gewölben unter dem Palast, die man ausgeraubt vorfand, waren vielleicht von ägyptischen Vorbildern beeinflußt. Der Palast selbst hatte säulengeschmückte Toranlagen, aber auch die Stadttore waren kunstvoll angelegt. Ähnlich waren die Funde in Gubla. In der Plastik sind neben einheimischen Traditionen ägyptische, hethitische und mesopotamische Einflüsse wirksam gewesen. Man fand zahlreiche Stelen und Statuetten, vor allem des Wettergottes, aus Stein, Bronze und Silber, aber auch El, Aschera und Anat oder Aschtart sind sitzend oder in Schrittstellung mit zumeist sehr schlanken Körpern dargestellt. Die Gefäße hatten häufig Tiergestalt oder waren mit Tierköpfen verziert. Besondere Meisterwerke sind einige Goldschalen, die in getriebener Arbeit Jagdszenen und mythologische Motive zeigen. Auch die Siegelschneidekunst blühte, zeichnete sich aber nicht durch sonderliche Originalität aus.

## *Der Aufstieg Assyriens und der Ausgang der Kassitenzeit in Babylonien*

Solange das Mitannireich eine Großmacht war, hatte Assur keine Aussicht, aus seiner abhängigen Stellung herauszukommen. Als aber die Angriffe Suppiluliumas' von Hatti auf Tuschratta in dessen späteren Jahren Mitanni ernstlich schwächten, hatte auch Assurs Stunde geschlagen, es fand in Assuruballit I. (1366–1330; der Name »Assur erweckte zum Leben« ist ein Programm!) den Mann, der die Chance zu nutzen verstand. Seine Bauinschriften berichten darüber nichts, aus gleichzeitigen und späteren Nachrichten erfahren wir aber das Wichtigste über seine Kämpfe. Er brachte einem Mitanniheer eine schwere Niederlage bei und stieß bis ins armenische Bergland vor. Nach diesem Sieg meldete er als »König von Assurland« beim Pharao seine Gleichberechtigung an und gewann auch dessen Anerkennung. Er nannte das Land Assurland, um den alten Namen Subartu zu vermeiden, den die Babylonier betont abschätzig gebraucht hatten; nun hieß Subartu nur noch das Land im Nordwesten. Die Assyrer nahmen den neuen Namen sofort an, die Babylonier hingegen blieben noch lange bei dem alten.

Assuruballit gab seine Tochter dem babylonischen König Karakindasch (um 1352 bis 1344) zur Frau, der, trotz seiner Erfolge gegen die Sutäer Mesopotamiens oder vielleicht eben deswegen, von dem Usurpator Nazibugasch ermordet wurde. Der empörte Schwiegervater zog alsbald nach Babylonien, tötete den Mörder und setzte Kurigalzu II. (1343 bis 1318) ein. Nach diesem neuen Erfolg nannte ihn sein babylonischer Schreiber »König der Welt« und nahm damit den von Schamschiadad I. geschaffenen anspruchsvollen Titel wieder auf, aus dem von nun an die Assyrerkönige das Recht zu immer weitergreifenden Eroberungen herleiteten. Sie waren überzeugt, daß der Gott Assur hinter ihrem Machtanspruch stehe und die strenge Bestrafung all derer wünsche, die sich nicht schnell genug unterwarfen.

Kurigalzu II. konnte sich trotz seiner Protektion durch Assuruballit in Babylonien durchsetzen, wo er, wie seine zumeist sumerischen Inschriften berichten, viel gebaut hat. Ein Dichter pries seine Taten und nannte ihn »König der Welt«, weil er nach anderen Erfolgen einen gefährlichen Angriff des Hurpatilla von Elam abwehrte und dann selbst bis nach Susa vorstieß. Nach dem Tode Assuruballits glaubte er sich stark genug, um von dessen Sohn Ellilnarari (1330–1320) die Rückgabe von Grenzgebieten zu verlangen; dieser blieb aber in einer Schlacht Sieger und wies Babylons Ansprüche ab. Ellilnararis Sohn Arikdenili (1320–1308) hatte nach diesem Sieg von Babylon nichts mehr zu befürchten. Er wandte sich zunächst gegen einige Fürsten der Turukkäer und anderer Stämme im Zagrosgebiet und schlug sie ebenso wie das Land Kutmuch in Armenien. Danach mußte er mesopotamische Nomaden abwehren, unter denen neben den Sutäern die Achlamu auftraten. Mit diesen Achlamu (vermutlich eine Selbstbezeichnung, die »Jungmannschaft« bedeutet) taucht für uns erstmalig eine ganz neue Gruppe semitischer Stämme auf, für die sich später der Name Aramäer durchsetzte. Sie drangen in den nächsten Jahrhunderten in immer größeren Scharen aus Arabien nach Vorderasien vor, setzten sich in dünnbesiedelten Gebieten fest und griffen bald auch die größeren Städte an. Auch da, wo man sie zunächst abwehren oder unterwerfen konnte, blieben sie ein gefährliches Element der Unruhe, bis sie viel später erst in der Bevölkerung des Landes aufgingen. Kulturell waren die Aramäer kaum irgendwo schöpferisch; sie paßten sich den vorgefundenen Kulturen an. Daß sie um 1300 schon aramäisch sprachen, wird neuerdings von einigen bestritten, weil keine aramäische Inschrift vor 900 bekannt wurde. Die typisch aramäischen Erscheinungen in Grammatik und Wortschatz, schon in den ältesten Inschriften feststellbar, setzen aber für ihre Entwicklung eine sehr lange Vorgeschichte voraus.

Noch zur Zeit Arikdenilis kam in Babylonien der energische Nazimaruttasch (1318 bis 1292) zur Regierung, der nordostwärts bis in das Land Namri in Luristan vordrang und dadurch erneut mit Assyrien in Konflikt geriet. Dessen König Adadnarari I. (1308–1276) schlug ihn zurück und zwang ihn zur Abtretung von Rapiqum am Euphrat. Von Nazimaruttasch besitzen wir die früheste Grenzsteinurkunde. Diese Grenzsteine sind zumeist phallisch geformte Steinblöcke mit einer Inschrift, die eine Landschenkung an verdiente Offiziere und Beamte genau beschreibt, oft auch deren Anlaß angibt und am Schluß jeden verflucht, der die Schenkung anfechten sollte. Die in der Fluchformel genannten Götter waren durch ihre Symbole auf dem Stein vertreten. Die Grenzsteine erweisen das kassitische

Babylonien als einen Feudalstaat, dessen Rechtsordnungen allerdings von denen Mitannis vielfach abwichen.

Adadnerari I. schrieb in seinen Inschriften wie sein Vater und seine Nachfolger ein assyrisch gefärbtes Babylonisch, weil das in Assyrien als feiner galt. Er berichtet uns von seiner sehr umfangreichen Bautätigkeit in Assur am Palast, den Tempeln, den Befestigungen und an der noch heute erhaltenen Flußmauer am Tigris, aber auch ausführlich von seinen Kriegen, die in den Zagros und nach Armenien, besonders aber nach Mitanni führten. Er schlug nacheinander die Mitannikönige Satvara I. und Wasaschatta und besetzte ganz Mesopotamien bis hin nach Karkemisch. Die im Nordosten liegende Mitannistadt Taite baute er als Provinzhauptstadt neu auf. Natürlich nannte er sich, wie übrigens auch Nazimaruttasch, König der Welt. Gegen Ende seiner Regierung muß das Mitannigebiet, vermutlich durch Eingreifen des Hethiterkönigs Hattusilis III., wieder verlorengegangen sein, die späteren Inschriften nennen es nicht mehr als erobertes Gebiet.

Sein Sohn Salmanassar I. (1276-1246; so die hebräische Namensform von assyrisch Schulmanaschared) ging sofort wieder zum Angriff über und besetzte zunächst acht armenische Fürstentümer. Von hier aus führte er einen Raubzug nach Hatti und zerstörte das hethitische Nationalheiligtum Arinna. Nun wurden die Hethiter aktiv und verbündeten sich mit Kadaschmanturgu von Babylonien (1292-1274), den allerdings sein Minister Ittimardukbalatu von einem aktiven Eingreifen abhielt, wie Hattusilis in einem langen Brief an Kadaschmanellil II. (1274-1268) empört feststellte. Als Salmanassar das von ihm Chanigalbat genannte Mitannigebiet zurückerobern wollte, traf er auf eine Koalition Satvaras II. mit den Hethitern und den Achlamu-Nomaden, die ihn in eine wasserlose Wüste abdrängte. Die Assyrer griffen nun mit dem Mut der Verzweiflung an und errangen einen großen Sieg, den Salmanassar höchst lebendig schildert. Vierzehntausendvierhundert Gefangene verschleppte er und besetzte erneut ganz Mesopotamien. Später wandte er sich wieder gegen die Qutäer (früher Gutäer) des Zagrosgebirges und benutzte die reiche Beute, um seine umfangreiche Bautätigkeit zu finanzieren. Einen strategischen Blick bewies er auch dadurch, daß er in dem vom Tigris und vom Oberen Zab gebildeten Winkel die neue Hauptstadt Kalach gründete, die allerdings nach seinem Tode für viele Generationen wieder aufgegeben wurde. Sein Kanzler war der aus Briefen bekannte Babu-acha-iddina, den er von seinem Vater übernahm und der ihn noch überlebte. Aus hethitischen Briefentwürfen an ihn und Salmanassar ergibt sich, daß das Verhältnis zu Hatti später ein recht gutes wurde, da offenbar die Assyrer das von den Hethitern gewonnene Eisen brauchten.

Salmanassars Sohn Tukultininurta I. (1246-1209), ein begabter, aber maßloser Fürst, führte das assyrische Reich auf einen ersten Höhepunkt; selbst die Griechen kannten ihn noch unter dem Namen Ninos. Er wandte sich zunächst wieder gegen die Stämme des Zagrosgebirges und Armeniens, die bei einem Herrschaftswechsel ja immer zu Raubzügen ins Fruchtland neigten, zerstörte ihre Ortschaften und machte sie tributpflichtig. Dann griff er trotz anfänglich freundlicher Beziehungen zu den Hethitern auf Ostanatolien über und brachte von dort Tausende von hethitischen Siedlern, nach einer späteren Inschrift angeblich achtundzwanzigtausendachthundert, nach Assyrien; dazu beschaffte er sich große Massen von Bauholz für seine vielen Bauten. Auch ganz Mesopotamien wurde wieder assyrisch. Noch wichtiger war dem König die Eroberung Babyloniens, das seine Vorgänger ganz gewiß wegen der Gemeinsamkeit in der Kultur immer mit einiger Rücksicht behandelt hatten. Schagaraktischuriasch (1258-1239) blieb zwar noch unangefochten, doch schon unter dessen Nachfolger Kaschtiliasch IV. (1239-1231) kam es zu Auseinandersetzungen, ein Krieg endete mit der Niederlage des Kassiten und dessen Verschleppung als Gefangener nach Assyrien. Wir erfahren davon nicht nur aus Kriegsberichten in Tukultininurtas Inschriften, sondern auch aus einem Epos von etwa tausend Versen, das ein Hofdichter in Anlehnung an ähnliche, etwas ältere Kompositionen verfaßt hat. Das Epos schildert äußerst breit und in oft schwülstiger Sprache den Babylonkrieg. Kaschtiliasch erscheint darin anfangs höchst überheblich, später aber mehr als kleinlaut; er spart nicht mit Selbstvorwürfen: »Jetzt sind überaus bedrückend geworden die Frevel meines Landes, viel meine Sünden; eine Strafe ohne Entrinnen warf mich nieder, gebunden hält mich der Tod.« Tukultininurta und seine Assyrer werden dafür heroisiert. Das Propagandawerk in babylonischer Sprache fand wegen seiner Verherrlichung der Kampfesfreude, die ganz religiös begründet wird, noch nach Jahrhunderten Abschreiber.

Sehr bald verjagten die Babylonier den von Tukultininurta eingesetzten Schattenkönig wieder. Nun zerstörten die Assyrer die Befestigungen der Stadt und plünderten die Tempel; die Statue Marduks wanderte für längere Zeit nach Assur. In seinen Inschriften verschwieg Tukultininurta diese Aktion, weil sie auch in Assur als frevelhaft galt; wir hören nur, daß er jetzt Bahrein und Ostarabien als Teil seines Gebietes reklamiert. Von seinem schlechten Verhältnis zu den Bürgern der Hauptstadt Assur zeugt der Entschluß, am anderen Tigrisufer die neue Hauptstadt Kar-Tukultininurta zu erbauen, eine Eintagsgründung mit einigen interessanten Bauwerken, an denen sich Reste von Wandmalereien im Stil der mitannischen fanden. Gegen Ende seiner lange so erfolgreichen Regierung setzte sich sein eigener Sohn an die Spitze der vielen, deren religiöse Gefühle Tukultininurtas Vorgehen gegen Marduk verletzt hatte. Babylon hatte sich schon vorher unter Adadschumussur (1223-1193) befreit. Der in Kar-Tukultininurta eingeschlossene König ließ nun durch denselben Hofdichter, der den Babylonkrieg besungen hatte, einen Klagepsalm verfassen, der den Gott Assur um Hilfe bittet und alle Schuld an dem Geschehen den anderen anlastet, die die Wohltaten Assurs mißachtet hätten. Die Klage war nutzlos, denn eine babylonische Chronik meldet triumphierend die Ermordung des Tempelschänders. Der Bürgerkrieg führte schließlich zum Zusammenbruch des Reiches. Tukultininurtas Sohn Assurnadinapli (1209-1205) konnte trotz anmaßender Titulatur keinen Erfolg melden, und Assurnarāri III. (1205-1199) mußte sich mit seinem Vetter und Mitregenten Iluchadda von dem Babylonier Adadschumussur in einem nur in Resten erhaltenen Brief abkanzeln lassen: »Die großen Götter haben euren Sinn verrückt!« Vielleicht war Assur jetzt nur noch ein Vasallenstaat Babylons. Ein Angriff des Ellilkudurrussur (1199-1194) auf Babylonien scheiterte und führte in Assur zur Thronbesteigung des nach Babylon geflüchteten Ninurta'apalekur I. (1194-1181), der eine Nebenlinie zur Herrschaft brachte und sich wie sein Sohn Assurdân I. (1181-1135) vor allem inneren Reformen widmete, die später ihre Früchte tragen sollten.

Babylonien hatte auch noch unter Melischichu (1193-1178) und Mardukaplaiddina I. (1178-1165) eine ziemlich ruhige Zeit. Von beiden Königen sind mehrere Landschenkungsurkunden auf Grenzsteinen erhalten; sie suchten sich offenbar durch großzügige Landschenkungen treue Gefolgsleute zu sichern. Melischichu hat den einen Stein sogar handschriftlich signiert. Die Mehrzahl der Grundstücke lag im Osttigrisland, wo mehr Land verfügbar war als in Babylonien selbst. Ein Hauptgrund für diese Maßnahmen war gewiß der Wiederaufstieg von Elam, das jetzt für einige Zeit zum gefährlichsten Gegner Babyloniens wurde.

Was in den Jahren von etwa 1600 bis 1350 in Elam geschah, ist unbekannt. Seit 1350 ist eine expansive Politik unter nationalen Vorzeichen feststellbar. Die Könige schreiben meistens in elamischer Sprache mit nur wenigen akkadischen Lehnwörtern. Nach wie vor geht im Königshaus die Bruderfolge der Deszendenz voraus. Hupannumena (um 1270) dehnte sein Reich bis zur Insel Lijan im Persischen Golf aus. Sehr zahlreich sind die Bauinschriften seines Sohnes Untaschhupan (um 1250), der auch für babylonische Götter kleine Tempel baute. Zur Zeit Tukultininurtas griff Kidinhutran zweimal Babylonien an und drang tief ins Land ein, konnte sich dort aber nicht halten. Erst Schutruknahhunte (etwa 1200-1164) hat nach Eroberungen in Iran in seinen letzten Jahren zusammen mit seinem Sohn und späteren Nachfolger Kutirnahhunte Babylonien für einige Jahre besetzt und schwere Verwüstungen angerichtet, die dort noch Jahrhunderte später beklagt wurden. Er entführte eine große Zahl von babylonischen Denkmälern, darunter die Siegesstele des Naramsuēn von Akkade und die Gesetzesstele des Hammurabi und brachte auf vielen von ihnen eigene Inschriften an. Den Kassitenkönig Zababaschumiddina setzte er um 1164 ab; den letzten König Ellilnadinach verschleppte Kuternahhunte 1160 und bereitete damit der Kassitendynastie in Babylonien ein Ende. Die größte Ausdehnung erreichte das elamische Reich unter Schilhakinschuschinak (1155-1135), der im Osttigrisland bis nördlich von Kerkuk tief in assyrisches Gebiet vordrang. Die vielen iranischen Orte, die er nennt, können wir meist nicht lokalisieren. Von den Bauten dieser Könige ist das von Untaschhupan erbaute fünfstöckige Tempelmassiv von Dur-Untasch (heute Tschoga-Zembil, dreißig Kilometer südöstlich von Susa) der interessanteste, eine sehr originelle Variante babylonischer Hochtempelbauten. Neben Tieftempeln auf allen vier Seiten des Massivs und dem nicht erhaltenen Tempel auf der obersten Plattform wurden zwei in das Massiv eingebaute Tempel freigelegt, deren Anlage noch nicht ganz geklärt ist. Dem Hochstand der Baukunst entsprach eine hochentwickelte Bildkunst. Der Bronzetorso der Königin Napirasu ist besonders fein gearbeitet, aber auch unter den Kleinplastiken aus Stein und Metall fanden sich in Susa einige besonders gelungene Stücke.

## *Tiglatpilesar I. von Assyrien und die zweite Dynastie von Isin*

Vermutlich noch in Abhängigkeit von Elam kam in Babylonien 1160 Mardukkabitachchēschu (1160-1142) zur Herrschaft, mit dem die zweite Dynastie von Isin (1160-1028) begann. Der bedeutendste König dieser Dynastie war Nebukadnezar I. (biblische Namens-

Kassitischer Grenzstein aus Susa, 12. Jahrhundert v. Chr.
Paris, Louvre

Das elamische Tempelmassiv von Dur-Untasch, 12. Jahrhundert v. Chr.

form von Nabukudurri-ussur, 1128–1106), der Hutelutusch-Inschuschinak von Elam in einem Hochsommerfeldzug vernichtend schlug, Elam plünderte und das iranische Namar seinem Reich einverleibte. Mit wechselndem Erfolg kämpfte er auch gegen Assyrien, das nach der Zeit des Niedergangs in Assurreschischi I. (1135–1117) wieder einen energischen Herrscher bekommen hatte und so Angriffe der aramäischen Achlamu, der Lullumäer und Qutäer des Zagros zurückwies. Beide Könige beanspruchten den Titel »König der Welt«, aber erst Tiglatpilesar I. (biblische Namensform von Tukultiapilescharra, 1117–1078) von Assur konnte diesen Titel wieder mit einigem Recht führen. Gleich sein erster Feldzug führte ihn nach Südarmenien, wo sich zwanzigtausend Krieger der vielleicht mit den späteren Phrygern verwandten Muschki versammelt hatten, um aus der Gegend von Malatia nach Südosten vorzustoßen. Sie erlitten eine schwere Niederlage, und die Assyrer konnten in den kommenden Jahren große Teile Südarmeniens tributpflichtig machen, darunter churritische Staaten, denen auch die Hilfe der aus Pontus gekommenen Kaskäer nichts nützte. Die später noch oft bewährte Meisterschaft der Assyrer im Gebirgskrieg, der eine gut ausgebildete Pioniertruppe erforderte, feierte hier Triumphe, ebenso freilich ihre brutale Kriegführung mit Massenabschlachtungen und -verschleppungen. Zugunsten dieser anscheinend besonders bedrohten Nordfront hat Tiglatpilesar die damals wohl weniger gefährlichen Zagrosländer vernachlässigt.

In seinen späteren Jahren waren die Aramäer seine Hauptgegner, gegen die er mindestens achtundzwanzigmal nach Syrien zu Felde zog. Als Kamelbeduinen konnten die Aramäer vor den Assyrern immer leicht in unzugängliche Gebiete ausweichen. Trotzdem wurden Mesopotamien und Nordsyrien zu assyrischen Provinzen, ja, Tiglatpilesar drang als erster Assyrerkönig nach Schamschiadad I. bis zum Mittelmeer vor und konnte es sich erlauben, mit phönikischen Schiffen eine längere Spazierfahrt auf dem Meer zu unternehmen, wobei man ihm einen Pottwal fing. Wahrscheinlich waren den phönikischen Händlern die fernen Assyrer bequemer als die nahen aramäischen Räuber. Einmal verfolgten die Assyrer die Aramäer übrigens auch in die Syrische Wüste bis hin nach Tadmor/ Palmyra.

Um Babylonien kümmerte sich Tiglatpilesar zunächst längere Zeit nicht. Daher wagte der auf einem Grenzsteinbild sehr energisch aussehende Marduknadinachchi von Babylon (1102–1084) einen Vorstoß gegen die assyrische Stadt Ekallātum, die er plünderte. Die Vergeltungsangriffe der Assyrer führten erst im zweiten Jahr zu einem vollen Erfolg. Sippar und Babylon wurden neben anderen Städten gebrandschatzt, aber die Tempel, anders als unter Tukultininurta, blieben verschont. Unter der Beute befanden sich anscheinend auch viele literarische Tontafeln aus den Archiven der Tempel und Paläste, die dann in Assyrien sorgfältig abgeschrieben wurden. Zahlreiche wichtige Texte sind uns dadurch wenigstens teilweise erhalten.

Man täte Tiglatpilesar unrecht, wenn man in ihm nur den kriegsfreudigen Eroberer sähe, mögen auch seine ausführlichen Inschriften, darunter ein achtseitiges Tonprisma, die Kriegsberichte in den Vordergrund stellen. Er sorgte für die Landwirtschaft, führte neue Pflüge ein und förderte den Anbau von Obstbäumen und Nutzhölzern aus anderen Ländern. Dabei bemühte er sich aber auch um die Pflege von Literatur und Wissenschaft, um

Assyrien auch darin mit Babylonien wettbewerbsfähig zu machen. Die assyrische Sprache wurde allerdings fast nur in technischen Rezepten verwendet, darunter auch Anweisungen für die Zucht der Kampfwagenpferde. Vor allem aber ging es ihm um die Straffung der Verwaltung und um eine einheitliche Rechtspflege. Er sammelte alle Verfügungen seiner Vorgänger für das Leben im Palast und ergänzte sie durch eigene. Wir erfahren daraus, daß der König neben seiner Gemahlin zahlreiche Palastdamen hatte, deren Verhalten und höfischer Rang der Regelung bedurften; vor allem mußten die vielen Palastfunktionäre in Ordnung gehalten werden. Dabei galt dieselbe brutale Härte wie im Gerichtswesen. Neben der Todesstrafe, nicht selten in verschärfter Form, gab es oft, selbst bei kleineren Vergehen, wie dem Zuhören beim Zank der Palastfrauen, Prügel bis zu hundert Hieben, teilweise in Verbindung mit Verstümmelungen und Fronarbeit. Die rechtliche Stellung der Frau war weitaus schlechter als irgendwo sonst im Orient, wie die Hoferlasse und vor allem die größtenteils erhaltene Eherechtstafel des Rechtsbuches zeigen.

Die Familienordnung war uneingeschränkt patriarchal und gab dem *pater familias* auch das Recht, unter bestimmten Voraussetzungen seine Frau zu töten oder zu verstümmeln. Im Falle des Ehebruchs mußte er das sogar tun, wenn er Wert darauf legte, daß der Ehebrecher entsprechend bestraft wurde. Eine Bestimmung über Scheidung lautete: »Wenn ein Mann seine Gattin verlassen will, gibt er ihr etwas, wenn er will; wenn er nicht will gibt er ihr nichts, und sie geht mit leeren Händen weg.« So einfach war die Scheidung bei Hammurabi nicht! Eine Frau, die abgetrieben hat, wurde gepfählt und dann nicht begraben. Auf der Straße mußte eine Frau verschleiert gehen; Nebenfrauen und Dirnen war das bei schwerer Strafe verboten. Dieselbe Strafe traf übrigens den Mann, der eine verschleierte Dirne nicht anzeigte. Positiv war an der barbarischen Strafpraxis, daß der Delinquent überführt werden mußte, wenn nicht anders möglich, mit Hilfe des Flußordals, das oft gefordert wird; Lügendenunzianten trafen schwerste Strafen.

Das bürgerliche Recht, soweit bekannt, regelte die Formen der Eheschließung und das Erbrecht, ferner das Eigentumsrecht, besonders an Grundstücken, sowie das Mietrecht auch an Flußschiffen. Jede Art von Betrug wurde schwer, auch mit Verstümmeln, bestraft. Die Gesetze enthielten viele ältere Bestimmungen, teilweise wohl schon aus der Zeit Assurubalits I. Die letzte Aufzeichnung stammte vermutlich von Tiglatpilesars ältestem Sohn Ascharedapalekur (1078–1076).

Sehr umfangreich war Tiglatpilesars Bautätigkeit in Assur und Ninive. Der Doppeltempel des Anu und Adad hatte für jeden Gott einen Stufenturm, so daß in Assur zusammen mit dem Hochtempel des Gottes Assur drei solcher Türme standen. Außerdem baute er Paläste, die mit glasierten Ziegeln, wie sie vielleicht zuerst in Elam verwendet wurden, geschmückt waren. Seine Leidenschaft aber war die Jagd auf Großwild.

Der zweite Sohn des großen Eroberers, Assurbelkala (1076–1058), konnte das Reich trotz seiner vielen Kriege nicht mehr ganz halten. Zu Babylonien hatte er sehr freundliche Beziehungen und half den Babyloniern gegen Angriffe der Beduinen aus Mesopotamien. Sonst kämpfte er wie sein Vater in Südarmenien und gegen die Aramäer, teilte auch dessen Jagdleidenschaft. Sein Sohn wurde bald von einem dritten Sohn Tiglatpilesars, Schamschiadad IV. (1056–1052), abgesetzt, der vorher ins Gebirge und dann nach Babylonien geflohen war. Schamschiadads Sohn Assurnassirpal I. (1052–1033) mußte nach dem Staatsstreich den Rest des Reiches in ziemlich trostlosem Zustand übernehmen und konnte über seine Regierung, außer der Wiederherstellung von verfallenen Tempeln, auch nicht viel Rühmliches berichten. Wir besitzen von ihm nur Bruchstücke von drei Gebeten an Ischtar, auf deren Walten er seine Einsetzung als Herrscher zurückführte. Er sagt darin, daß er, wohl auf der Flucht seiner Eltern, in einem Gebirge geboren sei und viel unter Krankheiten gelitten habe. In dem einen Gebet stellte er die verzweifelte Frage, wie ihm das ganze Unglück trotz vieler frommer Werke habe zustoßen können. Anders als seinerzeit Tukultininurta I. gibt er nach der Aufzählung seiner Verdienste auch schweres Versagen zu: »Ich dachte nicht an deine Herrschaft, betete nicht dauernd; die Menschen Assyriens wußten nicht Bescheid, wandten sich nicht immer an deine Gottheit.« Sünde und Frevel waren für ihn also nicht nur persönliches Verschulden, sondern auch, daß er seine Untertanen nicht richtig zur Gottesfurcht angeleitet hatte. Er mußte daher die Göttin nicht nur um Befreiung von seiner Krankheit, sondern vor allem auch um Sündenvergebung bitten sowie um Fürsprache bei Assur, vor dem er sich gewiß auch schuldig fühlte. Hier wird deutlich, daß im Leid auch ein König nichts anderes war als jeder Untertan: abhängig von der Gottheit, die vor der Heilung ein Schuldbekenntnis forderte.

## *Die babylonische Kultur im Ausgang des zweiten Jahrtausends*

Die Kassiten waren als fremde Eroberer nach Babylonien gekommen; schon frühzeitig hatten sie sich der weitüberlegenen Kultur der Unterworfenen angepaßt und sie als ihre eigene empfunden. Mindestens seit 1400 fühlten sich die Könige im Auftrag der Götter des Landes als Schirmherren babylonischer Kunst, Wissenschaft und Literatur. Die zweite Dynastie von Isin übernahm dieses Erbe. Auch Assyrien blieb unter seinen weitblickenden Königen bald nicht nur rezeptiv, sondern nahm schöpferisch an der Kultur teil, die die beiden so oft feindlichen Länder miteinander verband. So wurde die Zeit von etwa 1400 bis 1050 zu einer geistig besonders fruchtbaren Epoche.

Obwohl die feudalistische Grundstruktur des Staates in Babylonien und in Assyrien vorherrschte, sind die Unterschiede wesentlich. In Assyrien hatten die feudalen Grundherren, die die Hauptstütze der Militärkaste waren, ungleich größeren Einfluß als in Babylonien. Daraus und aus dem viel härteren Volkscharakter rührte die grundsätzlich keine Grenzen kennende Eroberungspolitik her, auf die nur die schwachen Herrscher Assyriens verzichteten, während in Babylonien ausgeprägt aggressive Könige eher die Ausnahme bildeten. Der Überlandhandel war für beide Länder von großer Bedeutung, die babylonischen Kaufleute, deren Einfluß auf die Politik ständig wuchs, vertrauten aber weniger auf den Schutz militärischer Maßnahmen als die Assyrer und waren vielleicht gerade deshalb erfolgreich, obwohl sie nicht selten auch aus den kriegerischen Aktionen der Assyrer ihren Nutzen zogen. Die Priesterschaft hatte in beiden Ländern sehr großen Einfluß, die babylonischen Priester waren aber geistig weit besser geschult und erfreuten sich überdies der

# DYNASTIENÜBERSICHT

## Jüngeres Hethiterreich
um 1450 Tudhalijas II.

um 1400 Tudhalijas III.

1385—1345 Suppiluliumas I.

1343—1315 Mursilis II.

1315—1293 Muwatallis
1293—1286 Urhiteschup
1286—1260 Hattusilis III.
1260—1230 Tudhalijas IV.

1230—1210 Arnuwandas III.
1210—? Tudhalijas V.
Arnuwandas IV.
Suppiluliumas II.

## Mitannireich
um 1500 Barattarna
1470—1440 Sauschschatar
1440—1415 Artatama

1415—1390 Schuttarna II.

1390—1352 Tuschratta

Satvara I.
Waraschatta
Satvara II.

## Assyrien
um 1500 Lokalfürsten von Assur

1433—1424 Assurbelnischeschu

1403—1393 Assurnadinachche II.
1393—1366 Eriba'adad I.

1366—1330 Assuruballit I.

1330—1320 Ellilnarari
1320—1308 Arikdenili
1308—1276 Adadnerari I.
1276—1246 Salmanassar I.

1246—1209 Tukultininurta I.

1209—1205 Assurnadinapli
1205—1199 Assurnerari III.
1199—1194 Ellilkudurrussur
1194—1181 Ninurta'apalekur I.
1181—1135 Assurdân I.

1135—1117 Assurreschischi I.
1117—1078 Tiglatpilesar I.

1078—1076 Ascharedapalekur
1076—1058 Assurbelkala
1058—1056 Eriba'adad II.
1056—1052 Schamschiadad IV.
1052—1033 Assurnassirpal I.

1014—973 Assurrabi II.
973—968 Assurreschischi II.
968—935 Tiglatpilesar II.
935—912 Assurdân II.
912—891 Adadnerari II.
891—884 Tukultininurta II.
884—859 Assurnassirpal II.
859—824 Salmanassar III.
824—810 Schamschiadad V.
810—806 Sammuramat
806—782 Adadnerari III.
782—772 Salmanassar IV.
772—754 Assurdân III.
754—746 Assurnerari V.
746—727 Tiglatpilesar III.

727—722 Salmanassar V.

722—705 Sargon II.

705—681 Sanherib

681—669 Assarhaddon
669—627 Assurbanipal

632—624 Assuretelilani
(Sinschumlischir)
629—612 Sinscharischkun
612—609 Assuruballit II.

## Ugarit
1370—1340 Niqmadd
1340—1332 Arichalbu
1332—1280 Niqmepa

1280—1240 Ammistar

1240—1220 Ibiranu

## Tyros
969—936 Hiram I.

## Hama
um 850 Irchuleni
um 790 Zakar

## Ja'dija
um 830 Kilamuwa

um 760 Panamu I.

743—732 Panamu II.
732—720 Barrakab

## Guzana
um 900 Abisalamu

um 825 Kapara

## Arpad
um 760—740 Mati'ilu

## Adana
etwa 735—715 Azitawadda

## Urartu
835—825 Sardur I.
825—805 Ischpuin
815—790 Menua
790—760 Argischti

760—734 Sardur I
734—714 Rusa I.

714—680 Argischti

680—655 Rusa II.
655—640 Rusa II
640—620 Sardur

## Babylonien

### Kassitendynastie
1500—1470 Kaschtiliasch III.
1470—1450 Agum III.
1445—1430 Karaindasch

1425—1400 Kurigalzu I.

1400—1380 Kadaschmanellil I.
1380—1352 Burnaburiasch III.

1352—1344 Karakindasch, Nazibugasch
1343—1318 Kurigalzu II.
1318—1292 Nazimaruttasch
1292—1274 Kadaschmanturgu
1274—1268 Kadaschmanellil II.
1268—1258 Kudurellil
1258—1239 Schagaraktischuriasch
1239—1231 Kaschtiliasch IV.
1223—1193 Adadschumussur
1193—1178 Melischichu
1178—1165 Mardukaplaiddina I.
1165—1164 Zababaschumiddina
 (elamische Herrschaft)
1163—1160 Ellilnadinachche

### Zweite Dynastie von Isin
1160—1142 Mardukkabitachchēschu
1128—1106 Nebukadnezar I.
1106—1102 Ellilnadinapli
1102—1084 Marduknadinachchi
1084—1071 Mardukschapikzeri

### Zweite Meerlanddynastie 1028—1006
1028—1010 Simmaschschichu
1006—980 fremde Könige
980—944 Nabumukinapli

930—904 Schamaschmudammiq
904—888 Nabuschumischkun
888—882 Nabuschumukin
882—852 Nabuapaliddin
852—826 Mardukzakirschumi
826—813 Mardukbalassuiqbi
813—810 Baba'achiddin

795—764 Eribamarduk

762—748 Nabuschumischkun
748—734 Nabonassar
732—729 Ukinzer
729—727 Pulu (= Tiglatpilesar III.)
727—722 Ululai (= Salmanassar V.)
722—710 Mardukapaliddin II.
710—705 Sargon II.
705—703 Sanherib
703 Mardukapaliddin II.
703—700 Belibni
700—694 Assurnadinschum
693—689 Muschezib-Marduk
689—681 Sanherib
681—669 Assarhaddon
669—648 Schamaschschumukin
648—627 Kandalanu

### Chaldäerreich 629—539
626—605 Nabupolassar
605—562 Nebukadnezar II.
562—560 Awilmarduk
560—556 Neriglissar
556 Labaschimarduk
556—539 Nabonid

## Meerlanddynastie

Erste Dynastie 1722—1474

1482—1474 Eagamil

## Elam
um 1330 Huspatilla
um 1300 Pahirischschan
um 1290 Attarkittah
um 1270 Hupannumena

um 1250 Untaschhupan
um 1230 Kidinhutran
um 1215 Hallutuschinschuschinak
1200—1164 Schutruknahhunte I.
1164—1155 Kuternahhunte I.

1155—1135 Schilhakinschuschinak
1135—1115 Hutelutuschinschuschinak

## Karkemisch
980—880 Luhas I.
 Astuwatimas
 Luhas II.
 Katuwas

um 860 Sangara

um 780 Araras

745—717 Pisiris

## Elam
742—717 Humbanigasch I.

717—699 Schutruknahhunte II.

699—693 Hallutusch
693—692 Kuternahhunte II.
692—688 Humbanmenanu
688—681 Humbanhaltasch I.
681—675 Humbanhaltasch II.
675—664 Urtaku
664—655 Te'umman
648—639 Humbanhaltasch III.

Unterstützung einer in ihren Schulen vorzüglich ausgebildeten Schreiberschicht, während in Assyrien sich darin erst allmählich eine Tradition ausbildete. In den Schreiberschulen wuchsen die Beamten heran, die das so eroberungsfreudige Assyrien in großer Zahl, aber auch mit besonderen Qualifikationen benötigte.

Privaten Grundbesitz gab es in beiden Ländern. In Babylonien war aber noch immer ein großer Teil des Landes Eigentum der Tempel, die Tausende von Angestellten, vor allem in der Landarbeit, einsetzten. Deshalb haben wir nur wenige Privaturkunden aus der Kassitenzeit gegenüber der großen Masse von Tempelabrechnungen. Die wirtschaftliche Betätigung der assyrischen Tempel dagegen war offenbar weit weniger umfangreich, ihre Abhängigkeit vom Staat entsprechend größer.

In die Götterwelt Babyloniens fanden jetzt manche kassitische Götter Eingang, wie das Paar Schuqamuna und Schimalia, in Assyrien kamen churritische Gottheiten hinzu. Die Priesterschaften sorgten aber dafür, daß die alten einheimischen Götter den Vorrang behielten. In Babylonien setzte sich Marduk, teilweise unter dem Namen Bel, »Herr«, immer weiter durch; sein Kult drang auch in Assyrien ein und trug dort mit dazu bei, den Gott Assur aus der Verehrung des Volkes zu verdrängen, was Tukultininurta I. zu seinem Schaden unterschätzte. Der sumerische Ellil trat in beiden Ländern wieder stärker als der Gott von Nippur in den Vordergrund, der oft mit dem »alten« Kassitengott Charbe gleichgesetzt wurde. In Assyrien konnte sich die Verbindung des Himmelsgottes Anu mit dem Wettergott Adad seit der Kanaanäerdynastie Schamschiadads I. halten, wobei Anu den kanaanitischen El vertrat. Der Sonnengott Schamasch als Schützer des Rechts wurde hier wie in Babylonien vom einfachen Beter in allerlei Nöten angerufen, von den Königen aber auch als Auftraggeber für die scheußlichen Strafgerichte im Kriege in Anspruch genommen.

Die Gestirngottheiten erscheinen auf den Grenzsteinurkunden nur noch mit ihren astralen Symbolen. In einem inneren Zusammenhang damit wächst das Interesse an der beobachtenden Astronomie als Voraussetzung für eine feiner differenzierende Astrologie. Die Venusgöttin Ischtar tritt in zwei ganz verschiedenen Gestalten auf: als die bei aller Strenge gütige Mutter, deren kriegerische Eigenschaften vor allem in Assyrien betont werden, und als Schutzherrin der Dirnen und der Liebeszauberpraktiken, die keinerlei Moral kennt. Die Gebete an jene vermeiden jede Hervorhebung des Sexuellen. Manche früher zweitrangige Gottheit gewinnt jetzt steigende Bedeutung, so der Lichtgott Nusku, der die Dämonen bekämpfende Papsukal und der Richtergott Madānu.

Das Gottesbild bleibt in sich widerspruchsvoll. Den Polytheismus der Mythen versuchten die Theologen in den großen Götterlisten in immer besser durchgegliederte Systeme zu bringen. Zwar hatte die Gleichsetzungstheologie der Listen längst Hunderte von sumerischen Göttern zu bloßen Erscheinungsformen anderer Gottheiten verflüchtigt, es blieben aber immer noch Hunderte, darunter viele, die ausschließlich in gelehrten theologischen Kompilationen erschienen. Zum mythischen Gottesbild gehörte der Götterkampf und damit auch die Übertragung fragwürdiger menschlicher Kampfesweisen auf die Welt der Götter. Diese Übertragung nahm man früher oft recht unbekümmert vor und unterstellte den Göttern Handlungen, die allenthalben Anstoß erregen mußten. Man traf daher nach 1400 bei der Kanonisierung der Literatur eine Auswahl unter den älteren Werken und schloß manche sumerische und altbabylonische Mythendichtung von der Weiterüberlieferung aus, wenn auch die alten Tafeln erhalten blieben; in anderen Fällen suchte man fragwürdiges Handeln durch positive Zielsetzungen zu rechtfertigen.

Ein geradezu klassisches Beispiel für das menschliche Handeln der Götter ist das wahrscheinlich um 1400 entstandene Weltschöpfungsepos, eigentlich ein großer Hymnus auf den Gott Marduk. Am Anfang stehen die Chaosmächte, Apsû als Gott des Süßwassers und die Tiamat, »das Salzmeer«. Sie erzeugen den Anu und dessen Sohn Nudimmud/Ea, den Apsû ebenso wie die anderen jungen Götter vernichten will. Nur Ea ist Apsû gewachsen; er tötet ihn und errichtet auf seiner Leiche im lebenschaffenden Grundwassermeer seinen Palast. Dort wird das Wunderkind Marduk geboren, das alsbald alle älteren Götter überragt. Die ältesten unter ihnen veranlassen nun Tiamat, mit Hilfe von dunklen Mächten die jüngeren Götter zu vernichten. Diese erstarren vor Furcht, selbst Ea versagt und schickt Marduk vor, der sich aber nur dann zum Kampf bereit erklärt, wenn ihm die Herrschaft übertragen wird. In ihrer Angst stimmen die Götter nach einem kräftigen Umtrunk zu, und Marduk rüstet ein Heer von Sturmdämonen aus, das Tiamats Scharen gewachsen ist. Er selbst tötet die Tiamat, spaltet sie und erschafft aus ihrer einen Hälfte den Himmel, aus der anderen die Erde. Dann weist er Mond und Sternen ihre Zeiten an und wird zum Götterkönig ernannt. Daraufhin schafft er Babylon und aus der Leiche von Tiamats General Kingu die Menschen, um den Himmlischen Arbeit abzunehmen. Zum Dank dafür erhält Marduk fünfzig Namen und damit die Funktionen von ebenso vielen Göttern. Am Schluß steht ein Segenswunsch für alle, die das Lied zum Preise Marduks singen.

In dieser Dichtung entmachten sich die Götter selbst in wenig würdiger Form zugunsten Marduks und nehmen aus seiner Hand ihren Anteil am Weltregiment zurück. Obwohl noch große Götter, sind sie es doch eigentlich nicht mehr. Viele Gebete variieren den gleichen Gedanken. Marduk selbst erstrebt die Macht wie ein erfolgreicher junger König, wobei er mit den alten Göttern nicht sehr taktvoll umgeht; ein höheres ethisches Prinzip vertritt er in diesem alljährlich am Neujahrsfest in Babylon rezitierten Epos noch nicht. Mit dem Schöpfungsbericht der Bibel hat diese Dichtung außer der Konzeption des Urchaos fast nichts gemein.

Ähnlich widerspruchsvoll ist das Gottesbild des jüngeren Gilgameschepos, als dessen Dichter eine Überlieferung den Urukäer Sinleqeunnîni (um 1150?) nennt. Von Marduk weiß dieses Epos nicht. Die Götter unter Führung des Anu, der nur in der Sintfluterzählung des Epos hinter Ellil zurücktritt, setzen dem heroischen Menschen unübersteigbare Schranken und geben ihm mit Ausnahme des stets gütigen Schamasch keine Wegweisung. Geradezu brutal geißelt das Epos durch den Mund der Helden die Dirnenhaftigkeit und Rachsucht der Ischtar. Offenbar kam es zu diesen Blasphemien aus Empörung über die Entartung des Ischtarkultes in Uruk, der den Frauen ihre Würde raubte. Im Mittelpunkt der Dichtung steht der über die Unabwendbarkeit des Todes verzweifelte Mensch. Die beiden Freunde Gilgamesch und Enkidu, anfangs als Gegner geschaffen, helfen sich auf dem abenteuerlichen Zug gegen Chumbaba gegenseitig immer wieder über ihre Ängste hinweg und steigern sich nach dem Sieg in eine Selbstüberhebung hinein, die die Götter mißachtet. Als nun Enkidu zur Strafe todkrank wird, kann ihn der Freund in seiner Verzweiflung nicht trösten; nur Schamasch findet gute Worte. Der Tod Enkidus lähmt Gilgamesch zunächst völlig, treibt ihn dann aber zu übermenschlicher Anstrengung, sein eigenes Los zu wenden; als er trotzdem scheitert, flüchtet er resigniert in den Stolz auf die eigene Leistung, ohne sie im letzten ganz ernst zu nehmen. Das auch sprachlich gewaltige Epos hat, den großen Heldengedichten anderer Völker durchaus ebenbürtig, mit diesen eine tragische Weltsicht gemeinsam, die die Größe und zugleich die Kleinheit des heroischen Menschen in der Ausweglosigkeit der Situationen zeigt, in die ihn Schuld und die Unbegreiflichkeit der Götter führten. Indem es jeden herkömmlichen Trost zerschlägt, zwingt es den Hörer, nach etwas ganz Neuem Ausschau zu halten.

Gemessen an Gilgamesch hat Adapas Scheitern auf dem Weg zum ewigen Leben etwas Tragikomisches. Weil er dem Südwind die Flügel zerbrach, zitiert ihn Anu zur Bestrafung vor sich. Ea warnt ihn vor der Speise des Todes, die Anu ihm anbieten würde, rechnet aber nicht mit dessen Gutmütigkeit angesichts des komischen Auftretens Adapas. Als Anu ihm nun Lebensspeise anbietet, nimmt Adapa sie nicht und bleibt dem Tod verfallen, weil Ea nicht klug genug ist und er zuwenig Vertrauen hat. Am mangelnden Vertrauen läßt auch der Etanamythus seinen Helden scheitern. Etana ist von den Göttern als erster König und Baumeister in Kisch eingesetzt, bleibt aber kinderlos. Schamasch schickt ihn ins Gebirge, wo ihm ein Adler das Gebärkraut zeigen soll. Er findet den Adler hilflos in einer Grube, in die ihn eine Schlange auf Schamaschs Geheiß geworfen hat, weil er deren Junge trotz eines Eides gefressen hatte. Nach einer Textlücke ist vom Gebärkraut nicht mehr die Rede, sondern nur von Etanas Wunsch, auf dem Rücken des gesundeten Adlers zur Erlangung des ewigen Lebens gen Himmel zu fahren. Der Wunsch wird erfüllt, doch bevor der oberste Himmel erreicht ist, bekommt Etana Angst, und beide stürzen ab. Die fein gestaltete Dichtung weist dem Menschen, der den Weltenraum erobern möchte, seine Grenzen zu; sie ist aber auch ein Hoheslied auf Schamasch, der den Frevel des Adlers hart bestraft, ihm aber auf seine Bitte um Vergebung dadurch hilft, daß der hilflose Adler und der hilfsbedürftige Mensch einander die notwendigen Dienste leisten. Trotz des tragischen Endes weist der Mythus nach vorn, indem er dem todgeweihten Menschen zeigt, welche Möglichkeiten ihm gegenseitige Hilfe und das Gebet um Vergebung schwerer Schuld eröffnen.

Von den sumerischen Mythen wurden nur die Unterweltsmythen in teilweise neuer Gestalt weiterüberliefert, dazu noch einige, die den Götterkampf gegen die Mächte der Unordnung schildern. Die Sphäre des Erotischen bleibt in ihnen fast immer unberührt, da man sich, von Ischtar abgesehen, auch junge Götter nicht mehr als unbeherrscht triebhaft vorstellen mochte. Umstritten ist, ob und wieweit einzelne Mythen Vorgänge am Himmel schildern sollten und damit im eigentlichen Sinn Astralmythen sind. Da die Sternbilder als Götter oder mythische Tiere personifiziert wurden, ist es möglich, daß ihnen der Mythus bisweilen auch ein Handeln zuschrieb. Mehr als Einzelzüge aber wird die astralmythologische Ausdeutung der Mythen kaum klären können.

Neben den Mythendichtungen stehen die Kriegsepen, die in Assyrien in dem schon erwähnten Epos von Tukultininurta ihren Höhepunkt fanden und in Babylonien die Siege Nebukadnezars I. besangen, aber auch die Katastrophen des Hethitereinfalls von 1595 und der elamischen Fremdherrschaft vor 1160 eindringlich schilderten. Von den Chroniken unterscheiden sie sich durch die reichlich eingestreuten Reden der Beteiligten. Zahlreich sind stilistische Entlehnungen aus den Königsinschriften, und, wie in diesen, nimmt der hymnische Preis der von den Göttern erfahrenen Hilfe einen breiten Raum ein.

Weitaus vielseitiger als früher ist jetzt die Gebetsliteratur. Allerdings ist eine auch nur ungefähre Datierung bei vielen Gebeten besonders schwierig. Neben den Hymnus tritt jetzt das Gebet, vor allem als Gebetsbeschwörung, die, oft in magische Riten eingebettet, zahlreiche, den Gott mehr beschwörende als bittende Wendungen enthält. Den meisten Menschen ist die Existenz vieler Götter immer noch selbstverständlich, auch wenn nur ein einzelner Gott angerufen wird. Die individuellen Unterschiede zwischen den Göttern aber schwinden immer mehr. Jeder Gott ist ein barmherziger, aber gegen den Sünder strenger Vater, jede Göttin eine Mutter von der gleichen Art. Der Gedanke, daß sie einmal gegeneinanderstehen könnten, ist verschwunden, und es erscheint jetzt undenkbar, daß sie an den Menschen strenge ethische Forderungen stellen, aber selbst dagegen verstoßen. Wer in diesem Sinne weiterdachte, mußte zu der Frage kommen, ob nicht die vielen Götternamen im Grunde nur ganz wenige oder gar nur einen Gott oder eine Göttin meinten. Tradition und Priesterschaft waren jedoch so mächtig, daß sich eine radikale Antwort auf diese Frage nicht durchsetzen konnte, wenn sie auch da und dort anklingt. Als möglicher Ausweg blieb, daß man unter den vielen Namen *eine* Göttlichkeit suchte, also eine Auffassung vertrat, für die man die Bezeichnung »Monotheothetismus« vorgeschlagen hat. Diese Auffassung erlaubte es, überlieferte Gottesnamen beizubehalten, wie vor allem Schamasch oder Marduk, jedoch auch Ischtar und etliche andere. Oft sprach man aber nur von »dem Gott« oder »der Göttin«.

Von den Menschen forderten die Götter nicht nur die Erfüllung kultischer Pflichten, sondern auch ein Verhalten zum Mitmenschen, das strengen Maßstäben zu genügen hatte. Ein umfangreicher Sündenkatalog verwirft nicht nur jedes Tun, das den Bestand der Familie gefährdet, sondern auch Unbarmherzigkeit gegen gefangene Feinde, ja sogar Tierquälerei. Niemand konnte alle diese Forderungen immer erfüllen, daher kamen die Babylonier wie die Israeliten zu der Überzeugung, daß Sündhaftigkeit und Angewiesensein auf die göttliche Vergebung zum Wesen des Menschen gehören: »Wer hat nicht gesündigt, wer nicht gefrevelt?« Diese Erkenntnis entzog der verbreiteten, primitiv eudämonistischen Lehre, daß die Gottheit den Frommen mit Wohlergehen belohnen müsse, weithin den Boden; denn wer konnte bei solchen Forderungen dem Gott seine Verdienste vorrechnen? Auch der Frömmste mußte aber in Anfechtung fallen, wenn er in schweres Leid geriet und einen ausgemachten Bösewicht im Glück leben sah. Einige Gebete setzen sich mit dieser Anfechtung auseinander; zum Thema wird sie vor allem in dem über vierhundertfünfzig Verse umfassenden Selbstbericht eines hohen Beamten mit dem Anfangsvers: »Ich will preisen den Herrn der Weisheit (Marduk)«. Nach einleitenden Worten über die Größe Marduks schildert er die Krankheiten und das schwere Leid, die ihm trotz dauernder Mühen um gottwohlgefälliges Leben auferlegt sind und ihn an den Rand des Grabes bringen. Wenn er dabei Leiden nennt, die ihn selbst sicher nicht betroffen haben, so tut er es, damit jeder Hörer die Klage zu seiner eigenen machen kann. Er ist wirklich fromm, aber: »Wüßte ich doch, daß das alles dem Gott gefällt! Was einem selbst gut erscheint, ist vor Gott ein Frevel, was man für schlecht hält, könnte vor Gott gut sein! Wer durchschaut den Sinn der Götter im Himmel?« Erst als alle ihn aufgeben, erscheinen ihm in drei Träumen engelähnliche Gestalten und verheißen ihm im Auftrag Marduks baldige Heilung. Er wird darauf mit Segen überschüttet und kann nun den Menschen nur noch Marduks Ruhm verkünden.

Für menschliches Denken ist diese Heilung ebenso unmotiviert wie vorher die Überlastung mit Leid. Aber der Mensch soll den Gott nicht verstehen wollen, sondern sich vor ihm beugen und ihn für jeden Segen preisen. Anders als die Ägypter hatten die Babylonier keine Möglichkeit, die unverständliche göttliche Gerechtigkeit in einem Jenseits zu erwarten. Ihre Religion konnte nichts Überzeugendes über den Sinn des Leidens sagen, sie kannte weder die Erziehung durch das Leid noch die Aufgabe stellvertretenden Leidens.

Unter den Hymnen steht ein Lied von zweihundert Versen an Schamasch obenan, das nicht nur die Wirkungen der Sonne eindrucksvoll schildert, sondern auch das Eintreten des Gottes für den, der recht tut, und gegen die Unehrlichen preist: »Wer keine Bestechung nimmt, für den Schwachen eintritt, der gefällt Schamasch und lebt länger. Wer aber Geld für Trug gibt und Unrecht tut, was gewinnt er? Er tut dem Gewinn Abbruch und ruiniert das Kapital!« Der Glaube an eine gerechte Vergeltung auf Erden ist hier noch ungebrochen.

In der sehr umfangreichen magischen Literatur finden wir auf der einen Seite die Zusammenfassung älterer, vor allem sumerischer Beschwörungen zu kanonischen Werken, auf der anderen viele neue Werke, die gegen den »Bann« als Folge der Sünde gerichtet sind, gegen Hexerei und die durch Totengeister hervorgerufenen Leiden. Medizin und Magie bleiben nach wie vor miteinander verquickt, wenn auch das Studium der Heilpflanzen und mineralischer Drogen weit systematischer betrieben wird. Ein großes Werk mit Krankheitsdiagnosen zeigt allerdings, daß man trotz guter Kenntnis des Körpers Symptome und Ursachen der Krankheiten nicht auseinanderhielt. Daher werden auch viele Rezepte in der Hoffnung zur Auswahl angeboten, daß wenigstens eines davon helfen wird.

Auch die Sammlungen von Vorzeichen wurden systematisiert und stark erweitert, wobei gelegentlich lehrhafte Abschnitte eingefügt sind. Neben den Leberomina erscheinen nun in immer größerem Ausmaß astrologische Vorzeichen, mögen sie auch erst später zusammengefaßt worden sein. Interessant sind die aus der Physiognomie des Menschen und seinem Verhalten abgeleiteten Vorzeichen, die in Omenform eine primitive Morallehre bieten.

Sehr intensiv gepflegt wurde die Lexikographie in Gestalt der schon früher ausgebildeten zweisprachigen Listen. Zu den nach Zeichen und Sachgruppen geordneten und nun stark erweiterten alten Werken kamen viele neue, darunter Zusammenstellungen von Synonymen und Homonymen oder von Wörtern vermeintlich gleicher Wurzeln. Die Vorliebe aller Semiten für primitive Volksetymologien feierte seltsame Triumphe. In der sumerischen Spalte merkt man, wie die lebendige Kenntnis des Sumerischen immer mehr verlorengeht und an ihre Stelle merkwürdige sprachliche »Rekonstruktionen« treten.

Die Baukunst der Zeit findet, nach einigen originellen Gestaltungen, wie dem Innin-Tempel des Karaïndasch in Uruk und dem älteren Sin-Schamasch-Tempel in Assur, in beiden Ländern zu traditionellen einheimischen Bauformen zurück, bereichert allerdings durch neue Elemente wie das Ziegelrelief mit und ohne Farbglasur. Von den Bauten dieser

Zeit wurde bisher noch nicht sehr viel freigelegt, auch über die Großplastik wissen wir nur wenig, da sich auf den babylonischen Grenzsteinen meist nur abstrakte Götter- und Sternsymbole finden; Götterbilder sind nicht erhalten. In Assyrien beschäftigte Tukultininurta I. einige fähige Künstler. Auf einem Symbolsockel ließ er sich als Beter stehend und kniend vor dem Symbol des Nusku darstellen; der Rest eines Kriegsbildes auf einer Steinplatte legt bei aller Brutalität der Szene Zeugnis ab von einer feinen Behandlung des menschlichen und tierischen Körpers.

In weitaus größerer Zahl kennen wir aus dieser Zeit Rollsiegel, in Babylonien oft mit Inschrift, manchmal einem Gebet, und mit Figuren, die eng im Raum beschränkt sind; gute Siegelbilder begegnen selten. In Assyrien hat die Kunst der Churriter sichtbare Spuren hinterlassen, aber bald entwickelte sich ein eigener Stil. Menschen werden selten, zumeist nur als Beter vor Symbolen oder Gottheiten, dargestellt. Um so häufiger begegnen dämonische Mischwesen, oft in mythischen Kampfbildern, in denen eine Überfüllung der Bildfläche vermieden ist. Die Darstellung von Tieren und Bäumen zeigt oft eine bemerkenswerte Freiheit von starren Schemata, auch wenn die uralten Motive vom Angriff wilder Tiere auf die Herden variiert werden. Man spürt das Wachsen einer Kunst, die zu größerem berufen ist.

## *Syrien nach 1200 v. Chr. Die phönikische Kolonisation*

Über die Verhältnisse in Syrien und an der phönikischen Küste nach dem Seevölkersturm von 1200 ist kaum etwas bekannt. Die Aramäer dürften damals in hellen Scharen in das Binnenland eingebrochen sein und teils alte Stadtstaaten übernommen, teils neue gegründet haben. Unter den alten Staaten behielt Hama am Orontes weiter seine Bedeutung. Die Küstenstädte, mit Ausnahme von Beruta und Ugarit, müssen sich ziemlich schnell von der Katastrophe erholt haben, hatten aber wegen der Angriffe der Aramäer keine Möglichkeit, ihr übervölkertes Gebiet jenseits des Küstengebirges zu erweitern. Sie wurden mehr noch als früher auf das Meer verwiesen und übernahmen nach dem Zusammenbruch Kretas die Seeherrschaft über weite Teile des Mittelmeers. Leider stehen uns für den so bedeutsamen Vorgang der phönikischen Kolonisation an allen Küsten des Mittelmeers, der bald nach 1200, zunächst unter der Führung von Sidon, begonnen haben muß, nur späte griechische Quellen zur Verfügung; für die Geschichte von Tyros nach 1000 berufen sie sich allerdings auf dort geführte Annalen. Nachrichten, die sich bei assyrischen Königen – Tiglatpilesar I. nennt um 1100 Arwad, Sidon und Gubla – und später im Alten Testament finden, erwähnen nur ganz selten die für Assyrer und Israeliten wenig interessanten Seefahrten der Phöniker.

Phönikische Inschriften aus Gebal/Gubla aus der Zeit von etwa 1000 bis 900 enthalten außer einigen Königsnamen keine historischen Nachrichten. Die früheste dieser Inschriften wurde von Itoba'al auf dem Steinsarkophag seines Vaters Ahiram angebracht; ein Abiba'al war Zeitgenosse von Scheschonk I. von Ägypten. Alle rufen die Ba'alat (»Herrin«) von

Gebal um ihren Segen an. Wie andere phönikische Götter forderte auch sie Menschenopfer, vor allem Kinderopfer, etwa bei der Grundsteinlegung von Gebäuden. Nach seinem Bildschmuck ist der Ahiram-Sarkophag ein typisches Produkt der phönikischen Mischkultur. Ein einheimisches Motiv auf ihm ist die Darstellung eines Leichenzuges und der mit erhobenen Armen klagenden Frauen.

In Tyros regierte zur Zeit Davids und Salomos Hiram I. (969–936) und gewann durch den Handel im Mittelmeer und im Roten Meer, hier im Zusammenwirken mit Salomo, große Reichtümer, die er in prächtigen Bauten anlegte. Von seinen Nachfolgern erwähnen die Annalen wenig Positives, dafür aber manche Mordtat. Im Binnenland bestand schon vor der Zeit Davids der Aramäerstaat von Zoba im Libanongebiet, der zeitweilig eine beträchtliche Macht ausgeübt haben muß. Damaskos spielte um 1000 noch eine bescheidene Rolle und wurde von David seinem Reich einverleibt. Zur Zeit Salomos aber machte es sich selbständig und wurde über mehrere Generationen zur Hauptmacht des Aramäertums und, bei der Schwäche der Großmächte Assyrien und Ägypten, zu einem gefährlichen Gegner Israels. Einheimische Quellen für die Geschichte dieses Aramäerstaates fehlen leider fast ganz. Das wenige, was an Plastik aus der Zeit bis etwa 900 bekanntgeworden ist, wirkt durchaus epigonenhaft gegenüber den Arbeiten vor 1200.

Über die Gründungszeit der phönikischen Kolonien und Handelsfaktoreien haben wir nur viel spätere griechische Nachrichten, die wir meist nicht nachprüfen können. Daß auf den Ägäischen Inseln um 1000 schon zahlreiche Niederlassungen bestanden, geht jedoch aus der Tatsache hervor, daß dort die Griechen um 900 die phönikische Schrift übernahmen und durch Vokalbuchstaben erweiterten. Mit dem Aufstieg der griechischen Seemacht nach 900 ging die Bedeutung der ägäischen Kolonien, über die manche Gedanken und Fertigkeiten des Orients nach Griechenland gelangt sind, rasch zurück, während sich an der Südküste Kleinasiens einige Kolonien wahrscheinlich noch länger selbständig erhielten.

Geschichtlich noch weitaus bedeutsamer waren die phönikischen Kolonien in Nordafrika und an den Küsten des westlichen Mittelmeers, vor allem in Spanien, auf Sizilien und Sardinien. In Libyen wurden später Leptis Magna, Leptis Parva und Thapsus besonders bekannt, in Nordwestafrika Hadrumetum, Hippo, Utica und als bei weitem bedeutendste Karthago, das wohl schon bald nach 1200 von Sidon aus gegründet worden war, aber erst durch die 814 von Tyros aus gegründete »Neustadt« (phönikisch Qart-hadascht) seine spätere Stellung gewann. Die phönikischen Hauptgottheiten wurden in diesen Städten unter den Namen Ba'al-Hammon und Tanit auch mit Menschenopfern verehrt. Die Sprache der Kolonisten, das Punische, entfernte sich unter dem Einfluß des Berberischen allmählich immer mehr von der phönikischen Muttersprache. Während Utica noch lange auch politisch mit Tyrus verbunden blieb, wurde Karthago schon früh selbständig und unterwarf sich nach und nach die anderen afrikanischen Kolonialstädte. Die Verfassung dieser Städte war eine aristokratische mit Suffeten (»Richtern«) an der Spitze, die dem Rat der Stadt verantwortlich waren. Von Karthago aus wurden später zahlreiche neue Kolonien angelegt.

In Spanien war Gades nahe der Guadalquivir-Mündung die älteste Faktorei (Gründung um 1100?); in ihrem Hinterland, das die Phöniker ebenso wie später oft die Stadt Tarschisch (griechisch Tartessos) nannten, lagen ergiebige Kupfer- und Silbergruben. Die

Grüßender Phöniker
Relief vom Palast Assurnassirpals II. in Kalach, um 870 v. Chr.
London, British Museum

Angriff assyrischer Truppen unter Assurnassirpal II. auf eine Festung
Relief vom Palast des Königs in Kalach, um 870 v. Chr.
London, British Museum

Straße von Gibraltar wurde wohl schon um 1100 durchfahren; später entstanden Faktoreien auch in Portugal und Westmarokko. Die Kolonien waren den einheimischen Fürsten noch sehr lange abgabepflichtig, genossen aber dafür deren Schutz. Nur Karthago hat später seinerseits die Einheimischen unterworfen.

## *Assyrien und Babylonien bis Assurnassirpal II.*

Aus der Zeit nach dem Tode Assurnassirpals I. (1033) und dem Ende der zweiten Dynastie von Isin in Babylonien (1028) kennen wir zwar alle Königsnamen, zumeist auch mit ihren Regierungsdaten, wissen aber sonst fast nichts über sie. Nach der Königsliste regierten in Babylonien 1028 bis 980 sieben Könige, die aus dem Meerland und dem Osttigrisland stammen sollen; nur von Simmaschschichu (1028–1010) haben wir eine Grenzsteinurkunde. Stabile Verhältnisse herrschten also gewiß nicht. Erst unter Nabumukinapli (980 bis 944), von dem eine umfangreiche Grenzsteinurkunde vorliegt, hat wohl wenigstens in Teilen des Landes Ruhe geherrscht. In Assyrien haben Assurrabi II. (1014–973) und Tiglatpilesar II. (968–935) recht lange regiert, woraus man auf eine gewisse Stabilität im Inneren des Landes schließen mag; wir besitzen von ihnen nur nichtssagende Stelenaufschriften.

In der Zeit Assurrabis fand ein großer Vorstoß der Aramäer statt, durch den Westmesopotamien ganz von Assyrien gelöst wurde. Diese Nachricht bestätigt die auch aus anderen jüngeren Quellen zu gewinnende Einsicht, daß in den Jahrzehnten vor und nach 1000 die Aramäer, sicher durch neue Einbrüche aus Arabien verstärkt, außerordentlich aktiv waren und Mesopotamien und Syrien zum größten Teil besetzten. Angriffe auf Babylonien und Assyrien selbst haben sie sicherlich auch unternommen, doch blieben ihnen hier wohl dauerhafte Erfolge versagt. Über ihre politische Organisation wissen wir nichts, nach späteren Berichten der Assyrer müssen sie vor allem Kleinstaaten begründet haben.

Von einem ersten energischen Widerstand berichtet Assurdân II. (935–912). Er befand sich zunächst noch in der Verteidigung und mußte sich der Angriffe von Aramäern und Stämmen aus dem Zagrosgebiet erwehren. Die Kämpfe wurden offenbar auf beiden Seiten hart und grausam geführt. Die zunehmende Vorliebe der Assyrer für Massenexekutionen mit den barbarischen Methoden der Pfählung, des Schindens und Verbrennens auch von Kindern nahm gerade in den Aramäerkriegen mit ihren vielen Rückschlägen und Vergeltungsaktionen überhand. Später griff Assurdân an und gelangte wieder nach Ostkleinasien in die Gegend von Malatia und nach Nordosten in das Gebiet nahe dem Urmiasee. Zu dauerhaften Eroberungen hat aber kaum einer dieser Kriege geführt. Im Inneren bemühte er sich um die Hebung der daniederliegenden Landwirtschaft und um die Anlage von Getreidevorräten. Seine Bautätigkeit beschränkte sich auf die Wiederherstellung des Palastes, des Assurtempels und der Festungsanlagen von Assur.

Assurdân und seine Nachfolger schrieben anders als früher einen meist überaus trockenen Annalenstil. Ihre Sprache ist ein ungepflegtes Assyrisch mit zahlreichen babylonischen

Elementen, wobei zwischen der dritten und ersten Person mehrfach ohne erkennbaren Grund gewechselt wird. Assurdân erzählt uns, daß in der Zeit vor ihm viele Assyrer infolge von Hungersnöten ausgewandert seien, die er dann zurückgeholt habe. Es verwundert nicht, daß in einer solchen Zeit manche Schultraditionen abrissen und ein empfindlicher Rückgang der Kultur festzustellen ist.

Weit ausführlicher berichtet Adadnerari II. (912-891) über seine vielen Feldzüge, die nun die Assyrer wieder meistens im Angriff sahen. Zuerst zieht er wieder in die Gegend von Malatia und plündert das Land gründlich. Dann kamen die Bergländer östlich von Assyrien an die Reihe, wobei Adadnerari weiter südlich auf den Babylonierkönig Schamaschmudammiq (etwa 930-904) stieß, dessen Heer schlug und ihn zu großen Gebietsabtretungen zwang. Die Niederlage des Babyloniers führte zu einem Aufstand in seiner Hauptstadt und zur Übernahme der Herrschaft durch Nabuschumischkun (904-888?), der nun seinerseits versuchte, die Assyrer aus den bis dahin babylonischen Gebieten nördlich von Bagdad zu vertreiben. Er erlitt aber auch eine Niederlage und fand sich schließlich zu einem Friedensvertrag bereit, der für längere Zeit gute Beziehungen zwischen beiden Ländern herstellte. Eine Chronik spricht von der »Vermischung« beider Völker, also einem intensiven Austausch von Gütern aller Art.

Adadnerari bekam dadurch freie Hand an den anderen Fronten, von denen zunächst die mesopotamische die gefährlichste wurde. Hier war der Aramäer Nuradad aus Teman, wohl der arabischen Landschaft dieses Namens, eingebrochen und über Nissibin hinaus bis in die Grenzgebiete Assyriens vorgedrungen. Von 901 bis 896 mußten die Assyrer sechs Feldzüge führen, bis die Eindringlinge endlich vernichtet waren und das Gebiet zur Provinz Nissibin gemacht wurde. Nach diesem Sieg war ein Feldzug von Guzana den Chabur abwärts und an den Euphrat nur noch Demonstration der großen Macht Assurs. Alle Stadtstaaten, die Adadnerari mit seinem Besuch beehrte, beeilten sich, ihren Tribut zu leisten. Auch in die Nairi-Länder Südarmeniens unternahm der König einige Beutezüge. Dabei benutzte er jede Gelegenheit, um auf die Jagd zu gehen und Tiere lebend zu fangen. Seine Bautätigkeit war umfangreich und erstreckte sich auch auf einige Provinzhauptstädte; ebenso sorgte er für die Landwirtschaft und legte weitere Kornspeicher an.

Seinem Sohn Tukultininurta II. (891-884) war nur eine kurze Lebenszeit beschieden, während der er wohl jedes Jahr zu Felde zog. Die Winter verbrachte er teilweise fern von der Hauptstadt Assur in Ninive, das sich offenbar seiner besonderen Gunst erfreute. Im Gegensatz zu seinen anscheinend recht nüchternen Vorgängern brachte er auch der Bildkunst größeres Interesse entgegen. Er ließ sich zu Wagen unter der geflügelten Sonnenscheibe Assurs in Schmelzfarbengemälden darstellen, in denen Blau und Gelb dominierten; in Mesopotamien errichtete er Stelen im späthethitischen Stil. Seine Feldzüge führten ihn wieder in die Nairi-Länder und weiter ostwärts in die Hochgebirgsgebiete des Zagros; dort mußte er Wagen und Pferd verlassen, um Felsnester anzugreifen, die - selbst für Vögel kaum zugänglich - kein früherer König erreicht habe. Weitaus bequemer war der große Marsch 885, der ihn durch die Wüstensteppen beiderseits des Tartarflusses nach Sippar in Babylonien führte, das ihm anscheinend freien Durchzug gewährte; von dort zog er euphratabwärts bis zur Chaburmündung und weiter chaburaufwärts. Kämpfe gab es in diesem schon früher befriedeten Gebiet nicht, dafür aber reiche Tribute und manches Jagdvergnügen mit straußähnlichen Wüstenvögeln. Der Rückmarsch brachte in den armenischen Gebirgen Gelegenheit zu Metzeleien und Brandschatzungen; für die Kampfwagentruppe erbeutete er angeblich zweitausendsiebenhundertzwanzig Pferde.

Sein Sohn und Nachfolger Assurnassirpal II. (884–859) setzte äußerst zäh und planmäßig die Eroberungspolitik der Vorgänger fort und übertraf dabei an Brutalität alles bisher Dagewesene. Er wurde gleichsam zur Symbolgestalt für die rohe Grausamkeit assyrischer Heere, was um so leichter war, als er sich besonders oft abbilden ließ. Gleichwohl war er, dem Mongolen Timur Leng nicht unähnlich, ein äußerst vielseitiger Mann, dessen Wirken in der Geschichte nicht nur negativ gesehen werden kann.

Sein erster großer Feldzug führte ihn nach Südarmenien. Als jedoch ein Aramäerstaat im Chaburgebiet den Assur ergebenen Fürsten ermordete, kam er schnellstens herbei und vollzog das Strafgericht selbst. Daraufhin ließen es die anderen Aramäerstaaten in Mesopotamien nicht mehr auf eine Kraftprobe ankommen und unterwarfen sich sofort. Trotzdem waren in den kommenden Jahren noch mehrere Feldzüge gegen Aramäerstaaten notwendig, wobei Assurnassirpal 877 den Euphrat bei Karkemisch überschritt und bis zur Küste vordrang. Als er dort keinen Widerstand fand, begnügte er sich mit Tributen und ließ Syrien künftighin in Frieden. Dafür kämpfte er noch öfter in Südarmenien und östlich von Assyrien im Zagrosgebiet, hatte aber anscheinend nirgends den Ehrgeiz, besonders wei vorzustoßen. Ihm lag vor allem daran, die eroberten Gebiete fest mit Assyrien zu verbinden. Zähen Widerstand vergalt er mit Massenabschlachtungen, die ganze Landstriche entvölkerten, oder er verpflanzte, besonders in den späteren Jahren, viele Tausende in andere Reichsteile, nicht zuletzt auch nach Assyrien selbst; denn die vielen Kriege forderten immer wieder hohen Blutzoll und machten Maßnahmen zur Auffüllung der Bevölkerung notwendig.

Diese Politik erschwerte den nicht an die Städte gebundenen Stämmen ihre oft geübte Taktik, den assyrischen Heeren auszuweichen oder durch einmalige Zahlung deren Abzug zu erkaufen, um sich dann wieder allen Verpflichtungen zu entziehen. In den von Blutgericht und Deportation betroffenen Gebieten entstand so immer mehr eine Mischbevölkerung ohne ausgeprägten nationalen Charakter, die an dauernden Aufständen gegen die Assyrer kein großes Interesse mehr hatte und die verbesserten Verdienstmöglichkeiten in einem Großstaat wohl zu schätzen wußte. Als Einheitssprache setzte sich in Mesopotamien nach und nach das Aramäische durch. Nur in einigen Städten mit starken assyrischen Besatzungen, Verwaltungsbehörden und Nachschubbasen sprach und schrieb man auch assyrisch. Da man aramäisch meist auf vergänglichem Material schrieb, sind fast keine aramäischen Urkunden erhalten.

Assurnassirpal verdankte seine Siege nicht nur seiner unbeugsamen Energie und der Kampfesfreude seiner Soldaten, sondern auch der verbesserten Ausrüstung seines Heeres. Als erster setzte er Reiterverbände neben Infanterie, Pionieren und der Wagentruppe ein, die im Kampf um die Festungen von schweren fahrbaren Sturmböcken und Mauerbrechern unterstützt wurden; so konnten die Feldzüge schon in den Sommermonaten erfolgreich beendet werden. Verpflegung und Nachschub für die gewaltigen Heeresmassen erforderten eine sorgfältig durchdachte Verwaltung, deren Aufbau er zum großen Teil seinem tüchtigen Minister Gabbi-ilāni-eresch verdankte. Während der Feldzüge mußte der Minister ja auch die Regierungsgeschäfte führen und mit den gegensätzlichen Kräften von Landadel und Bürgertum, Priesterschaft und Handwerk im Lande allein zurechtkommen.

Als überlegener Politiker erwies sich Assurnassirpal auch in seiner Einsicht, daß militärische Siege und eine zentralistisch geführte Verwaltung allein den Bestand eines Reiches nicht zu sichern vermögen. Gewiß hat er dabei manches von Babylonien gelernt, das er, von der Wegnahme einiger Grenzfestungen abgesehen, unbehelligt ließ; so konnte sich in Babylonien Nabuapaliddin (etwa 882–852), von außen nur wenig gestört, nach Abwehr eines Einfalls der Sutû-Beduinen ganz dem Wiederaufbau der Tempel widmen. Da Assurnassirpal Assur als Hauptstadt und geistiges Zentrum eines großen Reiches für wenig geeignet hielt, kehrte er in das von Salmanassar I. gegründete und seither verfallene Kalach zurück und baute es großzügig aus; auch in der Fürsorge für den Tempel der Ischtar in Ninive folgte er dem von ihm hochgeachteten Vorgänger. In Kalach erneuerte er die Festungsanlagen und baute für sich einen gewaltigen Palast, daneben einen Tempel für den von ihm neben Assur und Ischtar bevorzugten Gott Ninurta. Auf einem Stufenturm im Tempelbezirk befand sich außer dem Heiligtum auch ein Observatorium, das von nun an eine der wichtigsten Pflegestätten der beobachtenden Astronomie werden sollte. Der Kriegs- und Jagdgott Ninurta galt ja auch als Gott des Sirius. Dem Grundriß nach stand der erst unvollkommen ausgegrabene Tempel ganz in der assyrischen Tradition.

Der ebenfalls nur teilweise freigelegte Palast auf einer künstlichen Terrasse dürfte eine Fläche von mehreren Hektar bedeckt haben. An seiner Errichtung waren die aus dem Westen verschleppten Aramäer wesentlich beteiligt, die zu der Zeit einen großen Teil der Bewohner von Kalach ausmachten. Unter ihnen befanden sich Hunderte von Handwerkern und Künstlern, die in der reichen Kunsttradition der früher hethitischen Kleinstaaten Syriens und Mesopotamiens standen und nun gemeinsam mit den assyrischen Künstlern an dem großen Werk arbeiten mußten. Ihre bewunderungswürdige Leistung können sie aber nicht widerwillig, unter der Knute brutaler Aufseher, sondern nur mit Freude an ihrer Arbeit vollbracht haben. Derselbe König, der sich in Wort und Bild eiskalt seiner Massenmorde rühmt, hatte offenbar auch die Fähigkeit, Künstler für ihre Arbeit zu begeistern und sie angemessen zu behandeln. Eine Stele Assurnassirpals, vor zehn Jahren in Kalach geborgen, zeigt ihn in der üblichen Herrscherpose unter den Symbolen von fünf Göttern. Der Text beginnt wie immer mit der anspruchsvollen Titulatur und mit der Aufzählung der wichtigsten Eroberungen, schildert dann aber den Wiederaufbau der Stadt und des Palastes und nennt die Länder, aus denen er Bewohner herbeigeholt, und die Bäume, die er in seinen Parks angepflanzt hat. Nach einem Bericht über seine Jagden schildert er ein großes Fest, das er zur Einweihung der Stadt und der Tempel für fast siebzigtausend Menschen aus allen Teilen des Reiches bis hin nach Tyros und Sidon gab; nur ein Viertel der Gäste waren Einwohner von Kalach. Es folgen genaue Angaben über ungeheure Massen von Lebensmitteln aller Art, die für das Fest herangeschafft und dabei verzehrt wurden: Tausende von Rindern, Schafen, Vögeln, Fischen, Stück Wildbret und Eiern, dazu Brote, Kuchen und Korn sowie Gemüse und Obst. Leider können wir manche Ausdrücke nicht deuten

Assurnassirpal II.
Relief vom Palast des Königs in Kalach, um 870 v. Chr.
New York, Metropolitan Museum of Art, Schenkung von John D. Rockefeller jr.

Assyrische Truppen unter Salmanassar III. auf ihrem Marsch durch Armenien
und Zug der Assyrer zu den Tigrisquellen
Bronzebeschläge vom Tor in Imgur-Ellil, um 830 v. Chr. London, British Museum

und daher auch den Küchenzettel nicht ganz rekonstruieren. »Zehn Tage lang speiste ich die Geladenen aus allen Ländern und Kalach, tränkte sie, badete sie, salbte sie, tat ihnen Ehre an und entließ sie gesund und freudig in ihre Länder.« Wir haben von keinem König einen ähnlichen Bericht.

Assurnassirpal hat an vielen Orten Stelen von sich im Rundbild oder im Relief aufstellen und mit Inschriften versehen lassen. Alle zeigen ihn in starrer, unnahbarer Haltung, die im Relief noch abweisender wirkt. Die Wände seines Palastes ließ er, nach unserer Kenntnis als erster, mit Hunderten von großen Kalksteinplatten in flachem Relief schmücken, von denen viele noch vorhanden sind. Nach Farbresten zu schließen, waren sie bemalt und müssen dadurch noch lebendiger gewirkt haben. Wegen der mangelhaften Aufzeichnungen bei den ersten Ausgrabungen wissen wir wenig über die ursprüngliche Anordnung der Platten; sie waren wohl vielfach zu großen Bildkompositionen verbunden. Diese Art von Wandschmuck haben die Assyrer letztlich von den Hethitern der syrischen Städte wie etwa Karkemisch übernommen. Bei ihnen waren die einzelnen Platten jedoch viel höher und breiter als in Syrien und weitaus sorgfältiger bearbeitet. Die Abhängigkeit ist auch bei verschiedenen Bildmotiven erkennbar, die aber nie sklavisch nachgeahmt wurden.

Die Mehrzahl der Platten enthält religiöse Darstellungen. Auf den übrigen sehen wir entweder den König allein oder Kriegs- und Jagdszenen. Zwischen den Reliefs und oft über sie hinweg laufen lange Inschriften, zumeist Wiederholungen ein und derselben Standardinschrift. Auf den religiösen Bildern begegnen viele dämonische Mischwesen, ähnlich den Siegelbildern der Zeit. Stehend oder kniend, mit Menschen- oder Vogelkopf, meist zwei gleiche Gestalten einander gegenübergestellt, führen sie symbolische Handlungen aus; häufig ist es die Befruchtung der stilisiert dargestellten Dattelpalme, bei der sich der König nicht selten selbst abbilden ließ, wohl um seine Fürsorge für die Menschen zu zeigen. Ähnliche mythologisierende Darstellungen waren auch in die Festgewänder des Königs eingestickt, wie wir sie aus den peinlich genauen Wiedergaben der Reliefs kennen. Die zum Fanatismus neigende Religiosität des Königs wird auch in diesen Bildfolgen sichtbar. Die Eingänge zum Palast und zu einigen Haupträumen waren von über drei Meter hohen geflügelten Stieren mit Götterkopf oder etwas kleineren Löwen im syrischen Stil flankiert, die alles Böse abwehren sollten. Sie haben fünf Beine, damit von vorn zwei und von der Seite vier sichtbar sind. Bei allen Figuren ist die Muskulatur stark herausgearbeitet, und Barttracht, Flügelzeichnung und Gewandung sind bis in die Kleinigkeiten hinein höchst sorgfältig gestaltet.

Im Gegensatz zu der Vorliebe für Symbole auf religiösen Bildern steht der massive Realismus der Schlachten- und Jagdbilder, die wie in Syrien die Zahl der Figuren sehr beschränken und die Landschaft nur sparsam andeuten. Um so schonungsloser werden die Brutalität des Kampfes und die barbarischen Exekutionen zur Abschreckung der Betrachter dargestellt; aber auch Technisches, wie der Einsatz der Mauerbrecher oder ein Angriff über den Fluß mit Soldaten, die auf aufgeblasenen Hammelhäuten schwimmen, ist genau wiedergegeben. Da und dort erscheinen Szenen aus dem Lagerleben, die die Liebe der Künstler zum schlicht Menschlichen verspüren lassen. Auffällig ist immer wieder die Ausdruckslosigkeit der Gesichter, weder die Kämpfer noch die Sterbenden, weder die Henker noch die grausam Gequälten verziehen eine Miene, gleich als ob sie ganz unbeteiligt wären. Im krassen Gegensatz dazu ist die Wut anstürmender Löwen ganz naturgetreu wiedergegeben. Die verkrampfte Selbstbeherrschung der religiös-politisch Fanatisierten findet auch im Kunststil ihren wenig erhebenden Ausdruck.

## *Salmanassar III. von Assyrien und seine Nachfolger*

Auf Assurnassirpal folgte sein ähnlich gearteter und sehr befähigter Sohn Salmanassar III. (859–824), der überall das Werk seines Vaters weiterführte, aber, anders als dieser, die Grenzen seiner Macht nicht immer klar erkannte und daher nach großen Erfolgen oft Rückschläge hinnehmen mußte. Auch von ihm besitzen wir mannigfache Schilderungen seiner Taten in Wort und Bild, sicher nur einen Bruchteil dessen, was er hat schreiben und darstellen lassen. Der Mangel an Wahrhaftigkeit tritt bei ihm in den unterschiedlichen Berichten über dasselbe Ereignis besonders deutlich hervor.

Die meisten Feldzüge Salmanassars führten nach Syrien. 856 nahm er dort das Fürstentum Bit-Adini mit der Hauptstadt Tilbarsip am Euphrat (heute Tell Achmar) in Besitz, die nun als »Salmanassarsburg« Provinzhauptstadt wurde. Die anderen Fürsten zahlten Tribut. 853 setzte er sich die Eroberung von Damaskos zum Ziel, um damit den stärksten Aramäerstaat auszuschalten. Barhadad II. von Damaskos hatte sich jedoch auf den Besuch der Assyrer gut vorbereitet und eine Koalition von zwölf Fürsten zusammengebracht, unter denen Achabbu aus Sir'al, also Ahab von Israel, das hier erstmalig in einer assyrischen Inschrift erscheint, Irchulēni von Hama und der Araber Gindibu von Salmanassar genannt werden. Scheich Gindibu ist nach unserer Kenntnis der erste Araber, der einen Vorstoß in das Gebiet des Fruchtbaren Halbmonds unternommen hat. Damit greifen Araber, nachdem die Aramäer Arabien verlassen hatten, schon fast 1500 Jahre vor Mohammed in die Geschichte ein; mehr als vorübergehende örtliche Erfolge konnten sie allerdings noch jahrhundertelang nicht erringen. Ob Gindibu zu den späteren Nordarabern gehörte oder aus dem südarabischen Königreich von Saba stammte, dessen Geschichte sich bis etwa 1000 zurückverfolgen läßt, wissen wir nicht. Salmanassar behauptet, diese Koalition bei Qarqar nördlich von Hama vernichtend geschlagen zu haben. Die Zahl der getöteten Feinde gibt er zuerst mit vierzehntausend, zuletzt aber mit neunundzwanzigtausend an. Da er die »Besiegten« aber nicht verfolgte, sondern nach Assyrien zurückkehrte und erst 848 wiederkam, dürfte er dort mindestens eine Schlappe erlitten haben. Eine kurze altaramäische Weihinschrift Barhadads sagt nichts von diesen Kämpfen.

Mit Nabuapaliddin von Babylon hatte Salmanassar in Frieden gelebt. Nach dessen Tod 852 stritten sich aber die beiden Brüder Mardukzakirschumi (852–826) und Mardukbelusati um die Herrschaft. Salmanassar griff zugunsten des ersten ein und tötete nach zweijährigen Kämpfen den »Usurpator«. Er opferte in Babylon und ließ sich feiern; dann unternahm er noch einen Zug nach Südbabylonien, das jetzt Kaldu (Chaldäa) genannt wurde und vermutlich schon teilweise von Aramäern besetzt war. In den kommenden

Jahren zog er wieder meistens nach Syrien gegen Karkemisch und andere Fürstentümer, wobei er große Massen von Bauholz und Steinen erbeutete. Mit den zwölf Verbündeten Barhadads kämpfte er 848 und 845 erneut. Der »Sieg« seiner einhundertzwanzigtausend Mann über die »zahllosen« Truppen der Syrer 845 blieb aber wieder ohne Wirkung. Bald danach trat aber, wie das Alte Testament berichtet, in Damaskos Haza'el an die Stelle des Barhadad, und in Israel machte sich Jehu zum König. Dadurch zerfiel die Koalition, und Salmanassar kam 841, ohne auf großen Widerstand zu stoßen, bis an den Hermon, schlug dort ein Heer Haza'els und belagerte diesen in Damaskos, freilich vergeblich. Er rächte sich dafür durch planmäßige Verwüstung der Obstplantagen in der Umgebung der Stadt. Auch 838 konnte er in Syrien nur Tribute einsammeln und mußte Damaskos und Phönikien die Selbständigkeit lassen. In den nächsten Jahren zog er einige Male nach Kilikien und in die Taurusländer, wo er auch die Silbergruben von Bulgar-Maden aufsuchte.

Andere Feldzüge führten Salmanassar und, als er selbst zu alt für die persönliche Leitung geworden war, seinen General Dajjanassur nach Armenien, wo aber gegen das aufstrebende Urartu, von dem noch die Rede sein wird, keine größeren Erfolge zu erzielen waren. Auch in das Zagrosgebiet im Osten zog der König mehrfach. Hier begegnen jetzt nur noch wenige frühere Namen wie der des alten Fürstentums von Namri (früher Nawar), dessen Fürst 843 der Babylonier Mardukmudammiq war, dafür aber verschiedene neue, die zeigen, daß von Osten zugewanderte Volksgruppen weithin veränderte Verhältnisse geschaffen hatten. 843 taucht erstmals das Land Parsua auf, das Perserland, das damals allerdings noch weit nordwestlich der späteren Persis lag. Das Land hatte seinen Namen von den zur iranischen Völkergruppe gehörenden Persern, die also um 900 nach Westiran gelangt sein müssen. Der große Feldzug des Jahres 835 führte wieder nach Parsua, aber auch nach Madai, also gegen die Meder, die weiter östlich ihre Wohnsitze hatten und in diesem Jahre erstmalig genannt sind. Die Iranier waren damals in viele, einander befehdende Fürstentümer aufgesplittert und daher noch lange nicht zu größeren Angriffen gegen Assyrien imstande. 829 wird auch das westiranische Königreich Man erstmalig erwähnt.

Im Bereich von Man und den benachbarten iranischen Gebieten wurden übrigens, leider nicht bei wissenschaftlichen Ausgrabungen, die vielen Hunderte von »Luristanbronzen« gefunden, deren Datierung (zwischen 1200 und 700?) noch sehr umstritten ist. Technisch und künstlerisch oft sehr fein gearbeitet, sind sie Zeugnisse für eine reiche religiöse Symbolik; die Deutung der Tierbilder und der primitiven Götterbilder ist allerdings nur selten möglich. Die Kupferschmiede gehörten einem kriegerischen Reitervolk an, wie aus der großen Zahl von Schwertern und vor allem von mannigfachen Teilen des Pferdegeschirrs, besonders Knebeltrensen, hervorgeht. Das Land Zamua nahe Man lieferte noch in späterer Zeit viele Pferde.

Trotz der vielen Kriege entfaltete auch Salmanassar in den Städten Assyriens eine intensive Bautätigkeit. Er baute in Assur den Doppeltempel des Anu und des Adad etwas kleiner wieder auf und verstärkte die Festungswerke. In Kalach setzte er die Bauarbeiten an der unvollendet gebliebenen Stadtmauer fort, errichtete aber auch einen neuen befestigten Palast mit umfangreichen Magazinen, die bis zur Zerstörung der Stadt in Benutzung blieben. Wandreliefs aus seiner Zeit sind noch nicht gefunden worden, dafür aber etliche Stand- und Sitzbilder, denen seines Vaters sehr ähnlich, einige davon in den Provinzhauptstädten. Berühmt geworden ist der etwa zwei Meter hohe schwarze Marmorobelisk aus dem Jahre 828. Außer einer umfangreichen Inschrift enthält er Bilder von Tributleistungen, die vierteilig um den ganzen Obelisken herumlaufen. Die Reliefzeichnung ist in manchem einfacher als bei Assurnassirpal, aber auch weniger schwerfällig. Dargestellt sind Tributbringer aus dem Urmiasee-Gebiet mit Trampeltieren, ein angeblich von ihm selbst überbrachter Tribut Jehus von Israel, dazu exotische Tiere aus Ägypten, die der Künstler offenbar nach Beschreibungen nur mangelhaft wiedergeben konnte, Elfenbeinplastiken aus Mesopotamien und syrische Tributbringer. Künstlerisch viel wertvoller sind die Bronzebeschläge eines Tores in der assyrischen Sommerresidenz Imgur-Ellil (heute Balawat), die kleinere Bronzereliefs Assurnassirpals beträchtlich übertreffen. Auf dreizehn Schienen mit je zwei Bildreihen untereinander sind Feldzüge des Königs ausführlich dargestellt. Menschen und Tiere erscheinen jetzt schlanker und doch kraftvoll; die Gesichter bleiben weiter ziemlich ausdruckslos. In bunter Folge sind die Kämpfe und lange Reihen von Gefangenen und Tributträgern dargestellt. Die Landschaft ist vereinfacht und schematisch wiedergegeben, aber mit gutem Gefühl für das Typische. Auch Bauwerke und Stelen werden sauber gezeichnet, so daß die im ganzen recht gut erhaltenen Bronzereliefs in mannigfacher Hinsicht lehrreich sind. Ihre Vorbilder hat die assyrische Kunst hier weit hinter sich gelassen.

Die letzten Jahre des wohl sehr alt gewordenen Salmanassar verdüsterte der Aufstand seines ältesten Sohnes Assurdanninapla, der sechs Jahre lang einen großen Teil des Reiches beherrschen konnte. Da außer Kalach ganz Assyrien sich dem Empörer anschloß, werden wohl nicht nur persönliche Differenzen zwischen Vater und Sohn, sondern auch innenpolitische Spannungen zu dem Konflikt geführt haben, doch wissen wir darüber nichts. Salmanassar konnte sich in Kalach noch vier Jahre lang halten und starb dann eines natürlichen Todes. Der von ihm nach oder kurz vor dem Aufstand zum Thronfolger bestimmte Schamschiadad V. (824–810) hatte nach dem wohlwollend neutralen Babylonien fliehen müssen und noch als Kronprinz dort einen Vertrag mit Mardukzakirschumi abgeschlossen, der ihm wohl unter bestimmten Bedingungen die babylonische Unterstützung sichern sollte. Leider ist nur ganz wenig davon erhalten. Erst in seinem zweiten Jahr konnte er seinen Bruder schlagen und sich in ganz Assyrien durchsetzen. Nordsyrien und Mesopotamien waren so wirksam befriedet worden, daß sie den Bürgerkrieg nicht zu ihrer Befreiung ausnutzten. Schamschiadad zog dann in die südarmenischen Nairiländer, um sie vom Anschluß an Urartu abzuhalten, was aber nur vorübergehend gelang. Ein erfolgreicher Plünderungszug führte ihn nach Aserbeidschan.

Seine schwersten Kämpfe hatte der König mit Babylonien, dessen König Mardukbalassuiqbi (826–813) aus seiner anfänglichen Unterstützung Schamschiadads vermutlich mehr Rechte ableiten wollte, als die assyrische Auslegung des Vertrages anerkannte. Vier Jahre nacheinander (814–811) zogen die Assyrer nach Süden, konnten aber Babylonien zunächst nicht frontal, sondern nur über das Osttigrisland angreifen, wo sie Dēr (bei Bedre) eroberten. Erst 812 erlitt Baba'achiddin (813–810) eine so schwere Niederlage, daß er den Einzug Schamschiadads in Babylon und anderen Städten dulden mußte. Die Assyrer drangen dann bis nach Chaldäa vor und erzwangen eine neue Grenzregelung, ließen aber Babylonien seine Selbständigkeit.

Schamschiadad starb so jung, daß sein Sohn Adadnerari III. (806–782) noch minderjährig war. Die Regentschaft für ihn führte vier Jahre lang höchst erfolgreich seine Mutter Sammuramat, eine babylonische Prinzessin, die Beutezüge gegen Meder und Mannäer veranlaßte und das aufständische Guzana (Tell Halaf) unterwarf. Daß sie eine Frau von ganz ungewöhnlicher Bedeutung war, läßt sich aus ihrem Weiterleben in der Sage er-

*Das Reich Salmanassars III.*
859–824 V. CHR.

schließen. Die Griechen kannten sie unter dem Namen Semiramis und erzählten sich von Eroberungszügen bis nach Indien und Abessinien, wohin nie ein Assyrer gekommen ist; sie schrieben ihr auch die Anlage »hängender Gärten« in Babylon zu, obwohl die Terrassengärten dort erst von Nebukadnezar II. geschaffen wurden. 806 nahm Adadnerari selbst die Regierung in die Hand und führte, vor allem gegen die Meder, zahlreiche Feldzüge, über die Einzelheiten kaum bekannt sind, weil er uns, anders als sein Vorgänger, nur wenige und nicht sehr inhaltsreiche Inschriften hinterlassen hat. In Syrien war er auch einige Male und gelangte 804 bis nach Gaza in Südpalästina. Die bei dieser Gelegenheit versuchte Eroberung von Damaskos mißlang auch ihm; andere größere Städte hat er wohl umgangen, wenn er auch größere Tributzahlungen erzwingen konnte. Einer Auseinandersetzung mit Urartu wich er aus. In Babylonien waren nach mehreren Jahren schwerer Wirren mit häufigem Thronwechsel erst unter Eribamarduk (etwa 795-764) wieder geordnetere Verhältnisse eingetreten; Adadnerari schloß mit ihm einen Freundschaftsvertrag und half ihm wohl gegen die Ituräer, einen der zahlreichen Aramäerstämme, die jetzt in Babylonien das flache Land fast ganz beherrschten und die Städte je nach der Stärke der Zentralgewalt mehr oder minder tyrannisierten.

Von Adadneraris Nachfolgern haben wir keine Inschriften; es ist möglich, daß sie später zerstört wurden. Salmanassar IV. (782-772) kämpfte nach der Eponymenliste sechsmal, sicher ohne dauerhaften Erfolg, mit Urartu und zog 773 gegen Damaskos. Sein Statthalter Schamschilu von Tilbarsip schreibt sich einen Sieg über Urartu zu, ohne den König zu nennen. Assurdân III. (772-754), durch Pestepidemien 765 und 759 und durch Aufstände in Assyrien (762-759) an einer aktiven Politik behindert, zog nur noch selten nach Syrien, wo die Aramäerfürsten mit mehr oder weniger Geschick und Erfolg zwischen Assyrien und Urartu zu lavieren versuchten. Assurnerari V. (754-746) griff 754 das nordsyrische Arpad an und zwang ihm einen Vasallenvertrag auf, der in assyrischer Sprache teilweise erhalten ist. Interessant sind darin vor allem die schweren Strafen der Götter, die für den Fall eines Vertragsbruches dem Mati'ilu von Arpad angedroht werden: die Arpader sollen vor Hunger ihre Kinder schlachten müssen, Erde essen, Eselsurin trinken und, nur mit Papyrusfetzen bekleidet, in Höhlen wohnen. Die Lähmung der assyrischen Angriffskraft erreichte unter Assurnerari, der nur selten zu Felde zog, ihren Höhepunkt, mochte auch, anders als in Babylonien, die innere Ordnung zumeist gewahrt geblieben sein.

## *Das Reich von Urartu und seine Kultur*

Armenien gehörte nicht zu den Hauptzentren politischer Machtbildung im alten Orient, da es dazu schon nach seiner auf weite Strecken verkehrsfeindlichen Struktur wenig geeignet war. Die Hochgebirge teilen es in viele Becken, von denen nur das Tal des oberen Aras eine größere Ausdehnung hat. Ohne künstliche Bewässerung sind nur kleine Teile der Hochtäler für den Getreideanbau geeignet; der größte See, der Wansee, ist abflußlos und daher salzig, während der Sewan(Göktscha)-See einen Abfluß zum Aras hat. Über das eigentliche Armenien fehlen noch für das zweite Jahrtausend die Nachrichten fast ganz. Die Hethiter müssen es vor 2000 durchzogen haben, kamen aber von Anatolien aus höchstens bis in seinen äußersten Westen. Ob die von ihnen Churri-Länder genannten Gebiete auch Zentralarmenien umfaßten, ist noch nicht bekannt. Die Nairi-Länder, in die die Assyrer seit 1300 viele Feldzüge unternahmen, dürften überwiegend südlich des Euphrat-Quellflusses Murad-Su zu suchen sein. Das Wansee-Gebiet nennt Salmanassar I. um 1250 Uruatru; seit etwa 900 wurde daraus Urartu. Die biblische Namensform Ararat hat sich als Name des höchsten Berges Kleinasiens bis heute gehalten. Die gewiß überwiegend churritische Bevölkerung Armeniens hat vor 900, mindestens auf dauerhaftem Material, nicht geschrieben. Bald danach übernahmen sie die Keilschrift aus Assyrien und schrieben auch teilweise in neuassyrischer Sprache. Die spätchurritische Sprache Urartus wird von manchen Forschern urartäisch, von anderen chaldisch genannt; ihre heute noch unvollkommene Enträtselung wurde erst durch zwei leider schlecht erhaltene zweisprachige assyrisch-urartäische Königsinschriften möglich. Neben der Keilschrift auf Steininschriften und Tontafeln wurde, überwiegend wohl auf vergänglichem Material (Holz?), auch eine Hieroglyphenschrift geschrieben, die noch nicht entziffert ist. Leider gibt es neben den zum Teil sehr umfangreichen Königsinschriften nur wenige Urkunden und Briefe und bisher gar keine Literaturwerke. Nach den Inschriftenfunden war das Gebiet zwischen Wan- und Sewansee das Kernland von Urartu, das von seinen Bewohnern Bia genannt wurde. Als Hauptstadt erscheint Tuschpa (heute Wan). Systematische Ausgrabungen wurden bisher nur von den Russen in Karmir Blur, dem alten Teschebaini bei Eriwan, seit 1939 durchgeführt; frühere Grabungen in Wan waren unzureichend.

Schon der erste durch eine Inschrift bezeugte König Sardur I. (um 835–825) nennt sich, vielleicht zur Zeit des Bürgerkriegs in Assyrien nach 828, kühn »König der Welt und der Nairi-Länder«, nimmt so die assyrische Titulatur für sich in Anspruch; er muß demnach bereits ein größeres Gebiet beherrscht haben. Sein Sohn Ischpuini (um 825–805) regierte etwa zehn Jahre allein und dann zusammen mit seinem Sohn Menua (815–790), der eine besonders große Zahl von Inschriften hinterlassen hat. Beide Könige zogen gemeinsam mit etwa siebzehntausend Mann, davon fünfzehnhundert Reitern, und vielen Wagen gegen das Etiu-Gebiet (um Leninakan und den Tschaldyrsee) und wollen von dort zwanzigtausend Gefangene mitgebracht haben. Danach zogen sie mit zweiunddreißigtausend Mann nach Südosten gegen das Perserland Parsua und machten dort etwa doppelt so viele Gefangene. Auf dem Paß von Kelischin südwestlich des Urmiasees, über den man nach Parsua hinabstieg, steht noch heute eine Stele von ihnen mit zweisprachiger Inschrift und berichtet von Weihgaben für den Gott Chaldi von Mußaßir nordwestlich des Passes und den großen Schafherden des Tempels. Menua allein hat dann die Eroberungen nach allen Richtungen hin erweitert.

Soweit wir die geographischen Bezeichnungen und die militärischen Fachausdrücke in seinen viel von Feldzügen handelnden Inschriften verstehen, zog Menua oft auch in die pferdereichen Etiu-Länder und in das südlich daran anschließende Land Alzi. Der König des späthethitischen Staates von Malatia mußte ihm Tribut zahlen, ebenso das noch weiter westlich gelegene Tilgarimmu (in der Bibel Togarma). Unmittelbar assyrisches Interessengebiet waren die Nairi-Länder und das iranische Man südlich des Urmiasees, doch nennt Menua die Assyrer in diesem Zusammenhang nicht, obwohl er in diesen auch von Assyrien oft heimgesuchten Ländern auf assyrische Truppen gestoßen sein muß. Vermutlich hat er gegen die Assyrer keine Erfolge erringen können, wie auch die Assyrer nichts von größeren Siegen über Urartu berichten; die in den Bergländern vom oberen Euphrat bis zum Urmiasee etwa gleichstarken Großmächte vermieden wohl nach Möglichkeit große Schlachten und hielten sich lieber an die schwachen Kleinstaaten.

Die friedliche Tätigkeit des Menua erstreckte sich wie bei seinen Vorgängern auf den Bau von Tempeln, Bergfestungen und vor allem von Kanälen im Wansee-Gebiet. Manches unzureichend bewässerte Hochtal muß damals durch Stauanlagen, die wie die Festungen aus sorgfältig gefügten großen Steinquadern errichtet waren, in ein blühendes Gartenland verwandelt worden sein. Der König erzählt auch von der Anlage von Obst- und Weingärten. Die in der Burg von Teschebaini aufgefundenen Weinkeller, deren große Krüge insgesamt an die zweihunderttausend Liter faßten, zeugen ebenso von der Trinkfreude der Fürsten und Krieger von Urartu wie von den gewaltigen Weinmengen, die damals in Armenien zur Verfügung standen.

Argischti I. (790-760) dehnte seine Eroberungszüge teilweise noch weiter aus als sein Vater. Von ihm stammt die längste derzeit bekannte Inschrift am Felsen von Wan, die allerdings nur teilweise erhalten ist. Danach kam er im Nordwesten bis in die Gegend von Ardahan und will im ganzen einige Hunderttausend Menschen teils dienstpflichtig gemacht, teils in andere Gebiete umgesiedelt haben. Die heutige Stadt Eriwan (damals Erbuni) ist von ihm erbaut oder wiederaufgebaut worden, ebenso Armavir unter dem Namen Argischtichinili. Zusammenstöße mit assyrischen Truppen, die nach dem Eponymenkanon 776 und 774 stattfanden, waren nach seiner Darstellung erfolgreich für Urartu; Argischti brandschatzte das Land Man mit der Stadt Buschtu und war darin anscheinend ein gelehriger Schüler der Assyrerkönige. Viele andere Länder, die er nennt, lassen sich noch nicht lokalisieren; sie dürften überwiegend in den von den Assyrern nie betretenen Gebieten im Norden Armeniens zu suchen sein. Berichte über seine Bauten und Weihungen treten hinter den Kriegsberichten sehr zurück.

In die Regierungszeit von Argischtis Sohn Sardur II. (760-734) fällt der größte Machtzuwachs Urartus, aber auch der Beginn seines Abstiegs. Den schwachen Assurnerari V. von Assyrien drängte er ganz in die Defensive und unterwarf das Land Kummuch südwestlich von Malatia, mußte aber auch gegen die Länder im Nordwesten und Nordosten erneut zu Felde ziehen. Wo die Nordgrenze von Urartu zu seiner Zeit verlief, ist vorläufig nicht zu sagen. Aber eindeutige Hinweise fehlen, daß das mittlere und untere Kura-Tal einbezogen waren oder daß Züge das Schwarze oder das Kaspische Meer erreicht haben. Im Südosten war Man Urartu weiterhin tributpflichtig, während Parsua nicht mehr genannt wird.

Gegen Ende der Regierung Sardurs hatte die Auseinandersetzung mit Assyrien unter Tiglatpilesar III. schwere Rückschläge und die Verwüstung des Wansee-Gebiets zur Folge, und sein Nachfolger Rusa I. (734-714) mußte in seinen letzten Jahren die Zerstörung vieler blühender Städte durch die Assyrer erleben. In anderen, noch nicht lokalisierten Landschaften und im Gebiet von Mußaßir westlich des Urmiasees nimmt freilich auch Rusa noch große Erfolge für sich in Anspruch, sagt aber nichts über die damals wohl über den Kaukasus nach Transkaukasien eingedrungenen iranischen Kimmerier, die Urartu im Norden seines Reiches schwere Schäden zugefügt haben müssen, ehe sie sich nach Südwesten gegen Phrygien wandten. Über die Wege des Kimmeriersturms in Vorderasien, der überall, wo er hinkam, Schrecken verbreitete, ist im einzelnen sehr wenig bekannt. Rusa soll sich nach seinen Niederlagen das Leben genommen haben.

Die späteren Könige Urartus haben, zwischen dem assyrischen Großreich der Sargoniden und den Staaten der Kimmerier, später auch der Skythen eingeengt, auf eine aggressive Außenpolitik im allgemeinen verzichten müssen und wandten ihre Kraft mehr den

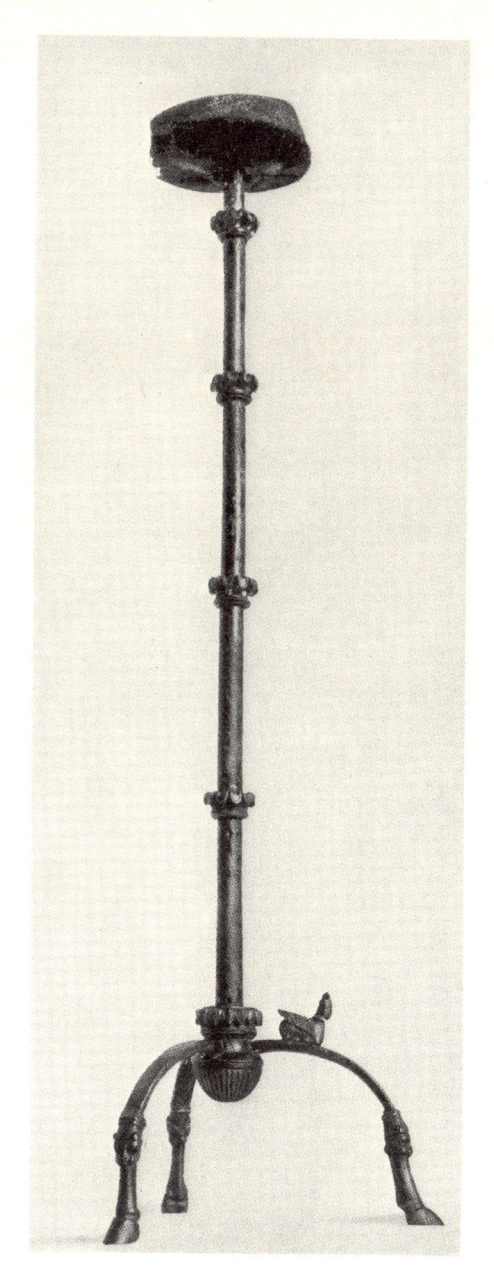

Leuchter des Königs Rusa II. (?)
Urartische Bronzearbeit, 7. Jahrhundert v. Chr.
Hamburg, Museum für Kunst und Gewerbe

König Katuwas
Späthethitisches Basaltrelief aus Karkemisch, um 900 v. Chr. Ankara, Archäologisches Museum

Bauten zu, besonders aber der Anlage von Kanälen und Gärten in dem jetzt stark verkleinerten Gebiet. Argischti II. (714 bis um 680) vermied eine erneute Auseinandersetzung mit Sargon II. von Assyrien und wurde von Sanherib in Ruhe gelassen. Rusa II. (680–655) schloß sogar mit Assarhaddon einen gewiß vor allem gegen die Kimmerier gerichteten Vertrag, auf Grund dessen ihm 673 Flüchtlinge aus Schubria ausgeliefert wurden. Rusa III. (655–640), nach mindestens acht Generationen ungestörter Thronfolge anscheinend der erste Usurpator, schickte an Assurbanipal eine Gesandtschaft, ebenso sein Sohn Sardur III. (640–620), der sich vielleicht schon als Vasall Assyriens bezeichnen mußte. Um 620 erlag Urartu den Skythen und verschwindet damit wenig vor Assyrien aus der Geschichte. Reste der Urartäer haben sich noch lange in abgelegenen Gebieten neben den nach 600 von Westen her eindringenden indogermanischen Armeniern halten können und waren den Griechen unter dem Namen Alarodier bekannt.

Urartu war eine erbliche, absolute Monarchie, in der sich der König in allen seinen Handlungen als Beauftragter des Gottes Chaldi fühlte. Über den Aufbau des Staates wissen wir sehr wenig. Er mag anfänglich locker gefügt gewesen sein, wurde dann aber zu einem Beamtenstaat nach dem Muster des assyrischen, wie Urartu überhaupt Assyrien in vielem nachgeahmt hat; der Stil der Inschriften war allerdings trotz mancher Entlehnungen ein durchaus eigener. Die Provinzen wurden von Statthaltern verwaltet, die, wie die Ausgrabung von Karmir Blur zeigt, vor allem große Magazine für die Abgaben anzulegen und zu verwalten hatten. Daß Urartu der zentrifugalen Tendenzen an den Rändern seines nie sehr großen Reiches immer nur vorübergehend Herr werden konnte, lag gewiß vor allem an der unwegsamen Hochgebirgslandschaft.

Einige noch heute erhaltene Kanalbauten der Könige schufen neben der seit alters intensiv gepflegten Viehzucht die Grundlage für eine blühende Acker- und Gartenkultur. Auch in Assyrien war die Pferdezucht, vor allem im Gebiet des Urmiasees und bei Kars, hochberühmt; am Export von Pferden hat Urartu viel verdient. Eine weitere Quelle des Reichtums war die Gewinnung, mehr noch die Verarbeitung von Metallen. Neben den Gold-, Silber- und Kupferschmieden zeigten auch die Eisenschmiede ein damals wohl nirgends übertroffenes Können. Die Erzeugnisse ihrer Arbeit wurden anscheinend nicht nur in die Nachbarländer exportiert.

Die Bedeutung der urartäischen Plastik liegt nicht so sehr in ihren Motiven, sondern in ihrer handwerklichen und künstlerischen Gestaltung; die Motive sind fast durchweg aus Kleinasien oder von den Assyrern übernommen; Großplastik ist bisher nicht bekanntgeworden. Das Menschenbild wird vor allem durch die Bronzestatuette eines Beamten aus Tuschpa mit einem unvollständig erhaltenen Kalksteinkopf vertreten, die trotz sehr feiner Oberflächenbehandlung starr wirkt. Dasselbe gilt von Götterfigürchen auf Tieren oder Säulenbasen, vielleicht Teilen von monumentalen Götterthronen, zu denen auch die für Urartu charakteristischen kleinen Sphinxen und sonstigen Mischwesenfiguren aus getriebener Bronze gehört haben mögen. Künstlerisch weitaus wertvoller sind einige Rundschilde, Helme und Köcher aus Bronze mit Darstellungen von Löwen, Stieren und anderen Tieren, die höchst lebendig modelliert sind. Der Bronzehelm Sardurs II. aus Karmir Blur ahmt in den Kriegsszenen die Bronzetore Salmanassars III. von Balawat nach, während die mythologisch-symbolischen Motive den Reliefs am Palast Assurnassirpals in Kalach nachgebildet sind. In Karmir Blur fanden sich auch Reste von Wandmalereien. Die Bronzeschilde hingen wohl als Weihegaben an den Außen- und Innenwänden der Tempel, wie wir einer assyrischen Darstellung des Tempels von Mußaßir entnehmen können. Das Dach dieses Tempels war dem griechischer Tempel ähnlich und trug am First eine riesige Lanzenspitze, sein Eingang war von großen Lanzen und von Götter- oder Königsbildern flankiert. Soweit bisher festgestellt, hatten die Tempel nur wenige Räume. Die Paläste waren nach eben diesem Bild auf mörtellosen Quadersteinsockeln, teilweise dreistöckig, aus Ziegeln errichtet und mit Zinnen gekrönt.

Über die Religion der Urartäer wissen wir mangels religiöser Dichtungen nur wenig. Die Deutung der religiösen Formeln, die die Kriegsberichte einleiten, und der Fluchformeln am Schluß ist noch zu sehr umstritten. Nach den Inschriften, von denen einige lange Listen von Opfergaben enthalten, war die Zahl der Götter ziemlich groß und umfaßte neben der Masse der churritisch-urartäischen Namen auch etliche akkadische. Der Nationalgott Chaldi an der Spitze des Pantheons bildete mit dem Wettergott Tescheba (früher Teschup) und Schiwini, einer Sonnengottheit unbekannten Geschlechts, eine Dreiheit. Die Göttin Chutuini war vielleicht die Gemahlin des Chaldi, anderen Götternamen können wir nicht viel entnehmen. Die Opfer, teilweise vor den als Heiligtümer geweihten Felstoren dargebracht, waren vorwiegend Schlachtopfer; große Bronzekessel dienten wohl zur Aufnahme des Blutes. Über die Priesterschaft selbst ist fast nichts bekannt.

## *Die späthethitisch-aramäischen Kleinstaaten nach 1000 v. Chr.*

Bei der Darstellung der Geschichte Assyriens und Urartus mußten wir schon mehrfach Kleinstaaten Südostkleinasiens, Syriens und Mesopotamiens nennen. Die Funde, die in manchen ihrer Hauptstädte gemacht wurden, rechtfertigen ein eigenes Kapitel, obwohl die Geschichte keines dieser Staaten über einen längeren Zeitraum zusammenhängend zu rekonstruieren ist. Sichere Datierungen für die Inschriften und Bildwerke lassen sich nur da gewinnen, wo uns die assyrischen und vereinzelt auch urartäischen Inschriften zu Hilfe kommen. Ergänzend können dann sprach-, schrift- und stilgeschichtliche Beobachtungen herangezogen werden.

Im ganzen Gebiet, von Malatia im Norden bis nach Hama im Süden und von Kilikien im Westen bis nach Guzana im Osten, kommen Denkmäler der späthethitisch-churritischen Kunst vor, die trotz beträchtlicher örtlicher Verschiedenheiten durch sehr wesentliche Gemeinsamkeiten des Stils miteinander verbunden sind. Zusammen mit den Bildwerken finden sich in den meisten Orten auch Inschriften in hethitischen Hieroglyphen und in luvischer Sprache, deren Verbreitung nach Osten allerdings am nordsüdlich verlaufenden Teil des Euphrattales ihre Grenze findet. Nach 900 treten neben den bildhethitischen Inschriften solche in phönikischer Buchstabenschrift auf, die an der Küste, in Kilikien und teilweise auch in Nordsyrien in phönikischer Sprache, sonst aber, vor allem nach 800, in

Aramäisch oder einem verwandten semitischen Dialekt abgefaßt sind; das Assyrische verwendeten die Einheimischen wohl nur in Mesopotamien. Durch größere oder kleinere Funde ist bisher nur ein Teil der Staaten bekanntgeworden; die Listen eroberter Länder in den assyrischen Inschriften zeigen aber, daß es dort noch mehr Staaten gab.

Im Norden nimmt Malatia insofern eine Sonderstellung ein, als es die hethitische Überlieferung ungebrochen erhielt und am wenigsten von fremden Elementen beeinflußt war; die Aramäisierung hatte damals auf dieses Gebiet noch nicht übergegriffen. Die Inschriften nennen neben anderen bisher nicht einzuordnenden Königen einen Sulumeli, der mit dem bei Tiglatpilesar III. genannten Sulumal von Milid gleichnamig ist, aber nicht identisch sein muß, weil sich die Königsnamen in den Dynastien oft wiederholen. Malatia mußte sich häufig den Assyrern, nach 800 mehrfach den Urartäern und wahrscheinlich auch den Phrygern und Kaskäern unterwerfen und dürfte politisch kaum je eine größere Bedeutung erlangt haben, um so mehr, als das benachbarte Kummuch, das Assyrer und Urartäer oft nennen, als eigener Staat erscheint.

Im Gebiet von Mar'asch zwischen den Hauptketten des Amanus und im östlichen Kilikien lebte mindestens nach 900 eine semitisch-kleinasiatische Mischbevölkerung, deren Fürsten allerdings fast niemals semitische Namen tragen. Mar'asch/Marqasi ist die Hauptstadt des früher Gurgum genannten Fürstentums, zu dem auch die Stadtreste des heutigen Saktsche-Gözü gehören. Südlich davon schließt sich das durch Ausgrabungen in Sendschirli bekannte Fürstentum Ja'dija mit der Hauptstadt Sam'al an. Die fast kreisförmig geführte Doppelmauer mit drei Toren umschließt die Wohnstadt, in deren Mitte die in ihrer Anlage besonders gut erkennbare Burg liegt. Um 830 regiert dort ein Fürst Kilamuwa, der sich in seiner phönikischen Inschrift als vom König von Adana abhängig bezeichnet und dann erzählt, wie er die drückende Armut der als »Hingelegte« bezeichneten Bevölkerungsschicht beseitigt und sie mit einer anderen Gruppe, vielleicht den aramäischen Eroberern, gleichgestellt habe. Um 800 gehörte Sam'al zu einer gegen Hama gebildeten Koalition. Um 760 kam der wieder durch eine Inschrift bekannte Panamu I. zur Herrschaft, die nach seinen eigenen Worten glücklich und erfolgreich verlief, aber von Barrakab (732–720?) in der seinem Vater Panamu II. (743–732) gesetzten Grabinschrift als Katastrophenzeit geschildert wird. Wahrscheinlich enthält jede der sich widersprechenden Darstellungen ein Stück Wahrheit. Gegen Ende der Regierung Panamus I. müssen wohl innere Schwierigkeiten aufgetreten sein, die neben anderen Gründen Tiglatpilesar III. von Assyrien 743 zur Einsetzung Panamus II. veranlaßt haben dürften. Panamu II. und später sein Sohn hielten, nachdem ihr Gebiet nach Norden hin vergrößert worden war, Assur die Treue, gleichwohl wurde Sam'al um 720 zu einer Provinzstadt ohne eigenen Fürsten. Das wechselhafte Schicksal des zwischen den Großmächten lavierenden Sam'al dürfte in vielem typisch sein für die uns weniger gut bekannten Staaten in ähnlicher Lage.

Weiter westlich bildete der Taurus die Nordgrenze für das Eindringen semitischer Bevölkerungsgruppen. Das in den assyrischen Inschriften oft genannte Fürstentum Tabal gehörte ebenso wie das mindestens zeitweise von ihm unabhängige Tyana, anders als das im Norden angrenzende Phrygien, zum späthethitischen Kulturkreis. Der von Tiglatpilesar III. unter den Tributpflichtigen erwähnte Urballâ von Tyana hat sich auf einem

Felsen bei Ivriz überlebensgroß vor dem Gott Tarhunt abgebildet. In Kilikien umfaßte das Fürstentum Qūe nach 800 wohl meist nur den Westen des Landes um Tarsus und Mersin, während Adana, damals Atun, ein selbständiges Fürstentum war, das jetzt durch die türkischen Grabungen in Karatepe am mittleren Dscheyhan für uns besonders interessant geworden ist. Man fand dort in einem Palast neben vielen Bildwerken die Inschrift eines Königs Azitawadda in einer phönikischen und einer bildhethitischen Fassung, von denen die erste die bei weitem umfangreichste phönikische Inschrift ist, die wir kennen. Die ungefähre Datierung der Inschrift war dadurch möglich, daß sich Azitawadda auf seine Einsetzung durch Urikki von Adana berief, der Tiglatpilesar 740 Tribut zahlte. Inzwischen hat sich gezeigt, daß Azitawadda unter dem Kurznamen M/Wattî von Sargon II. als loyaler Vasall genannt wird, dem 718 eine vorher assurfeindliche Stadt unterstellt wurde. Damit dürfte die große Inschrift etwa 725 zur Zeit Salmanassars V. abgefaßt worden sein. Azitawadda nutzte die Jahre geringerer assyrischer Aktivität nach 730, um sein Gebiet nach Westen hin zu erweitern und durch Umsiedlungen die Grundlage seiner Herrschaft zu festigen. Als Sperrfestung gegen Nordosten errichtete er die Stadt Azitawaddija, deren Reste bei Karatepe im Urwald nur durch Zufall aufgefunden wurden. Ob diese Stadt längere Zeit bestanden hat, wissen wir nicht. Von einem Fürstentum Adana hören wir jedenfalls nach 710 nichts mehr.

Im eigentlichen Syrien war Karkemisch seit alters das wichtigste Zentrum. Von semitischen Inschriften fand man dort nur geringe Reste, um so mehr aber bildhethitische Inschriften, aus denen wir eine ganze Anzahl von Königen nach 1000 kennen, die über ihre Bauten und sonstige Anlagen berichten. Da sie in den assyrischen Inschriften, die nur zwischen 870 und 845 einen Fürsten Sangara als besiegten Gegner nennen, nicht erwähnt werden, ist eine genaue Einordnung noch nicht möglich. Die besonders als Bauherren hervorgetretenen Könige Luhas I., Astuwatimais, Luhas II. und Katuwas, der letzte ein Urenkel des ersten, sind aber wohl zwischen 980 und 880 anzusetzen, gehören also in eine Zeit, in der Karkemisch außerhalb des assyrischen Machtbereichs lag. Erneut gewann Karkemisch größere Bedeutung, als nach 790 Araras seine Tätigkeit entfaltete. Tiglatpilesar III. gegenüber zog dann Pisiris die Unterwerfung vor, fiel jedoch nach dessen Tod wieder von Assur ab und suchte ein Bündnis mit Midas von Phrygien. Seine Gefangennahme 717 bedeutete das Ende des selbständigen Karkemisch, das nun zur Provinzstadt wurde.

Während Aleppo (damals Halman) nach 900 politisch keine größere Bedeutung hatte, gewann Arpad, dreißig Kilometer nördlich davon, als Hauptstadt des Fürstentums Bit-Agusi nach 800 zeitweise einen gewissen Einfluß und nahm damit die Stelle des von Salmanassar III. beseitigten Bit-Adini ein. Um 760 kam dort ein Fürst Mati'ilu zur Regierung, der alsbald in Konflikt mit Assyrien geriet und 754 genötigt war, den erwähnten Vasallenvertrag mit Assurnerari V. abzuschließen. Wir besitzen nun in aramäischer Sprache größere Teile eines anderen Vasallenvertrages, den Mati'ilu mit einem dort nur »Sohn der Majestät« genannten König von Kat(a)k abschließen mußte. Der Vertragspartner fordert in der üblichen Weise die Auslieferung von Flüchtlingen, die Enthaltung von jeglicher politischer Konspiration gegen ihn und das freie Durchzugsrecht für Gesandtschaften; von Rechten Mati'ilus ist dabei nicht die Rede.

Kat(a)k ist die aramäische Namensform von Kaschk. Auf dem Gebiet der aus den hethitischen Inschriften bekannten Kaskäer in den Gebirgen von Pontus muß also um 800 ein größerer Staat entstanden sein, der sich zwischen Urartu im Osten und Phrygien im Westen behaupten und sich zeitweilig sogar in Nordsyrien einmischen konnte und dabei von allen denen unterstützt wurde, die Assyrien für die größere Gefahr hielten. Die Rechnung von Arpad ging nicht auf; nach einem furchtbaren Strafgericht wurde es 740 assyrische Provinzstadt.

Das am weitesten südlich gelegene Zentrum hethitisch-aramäischer Kultur war Hama am Orontes, das immer wieder mit Damaskos um die Vormacht über die Aramäerstaaten südlich von Aleppo rang. Irchulēni, ein Gegner Salmanassars III., trug keinen semitischen Namen; man schrieb hier ja auch bildhethitisch. Wahrscheinlich aramäisch ist der Name des Fürsten Zakar, der eine leider sehr unvollständig erhaltene aramäische Inschrift hinterlassen hat. Er nennt sich dort König von Hama und Luchasch (das syrische Nuchaschsche der Amarnazeit, Luchuti der Assyrer), muß also ein größeres Gebiet beherrscht haben. Seine Angriffslust brachte um 790 eine große Koalition gegen ihn auf die Beine, der Damaskos im Süden und im Norden Malatia, Gurgum, Kilikien und Sam'al angehörten. Nach der religiösen Einleitung der Inschrift muß Zakar in der Schlacht Sieger geblieben sein. An Tiglatpilesar III. zahlte Hama Tribut, erhob sich dann aber erneut und zog das Strafgericht Sargons II. auf sich, der die nicht getöteten Bewohner nach Samaria aussiedelte und dafür Bewohner aus dem armenischen Grenzgebiet heranholte.

Von den mesopotamischen Aramäerstaaten ist nur Guzana (heute Tell Halaf) wegen der dort gemachten Funde zu nennen. Auf dem seit dem Ausgang der Buntkeramikzeit unbesiedelten Hügel legten Aramäer nach 1000 eine neue Siedlung an. Adadnerari II. nennt dort um 900 einen ihm tributpflichtigen Fürsten Abisalamu. Von ihm oder von dessen Nachfolger muß dort der erste mit Orthostaten geschmückte Palast erbaut worden sein. Nach 830 hat dann Kapara ein neues Bauwerk errichtet und zugleich seine Inschrift auf die nach eigener Aussage von Großvater und Vater übernommenen Bildplatten gesetzt. Er selbst oder sein Nachfolger meinte dann, sich 808 gegen Sammuramat auflehnen zu können, scheiterte aber damit. Guzana wurde nun eine Provinzhauptstadt, die den Untergang Assyriens noch überlebte. Kapara und seine Vorgänger müssen die Verbindung mit Syrien intensiv gepflegt und von dort Künstler gewonnen haben.

Architektonisch verbindet die Mehrzahl dieser Städte, dazu auch die Ruine Tell Tainat bei Alalach, die Art der kunstvollen Befestigungsanlagen und insbesondere der von den Assyrern mit dem hethitischen Wort Hilāni-Haus benannte Vorhallentypus. Einem monumentalen Breitraum mit weiteren Räumen ist eine Halle vorgelagert, deren Decke auf kurzen Wandvorsprüngen und auf zwei oder drei Säulen mit breiten Durchgängen ruht. Die Säulen stehen auf Basen, die voll- oder halbplastisch als Löwen mit weit aufgerissenem Rachen oder seltener als Stiere ausgebildet sind. An den Wandvorsprüngen stehen bisweilen Sphingen, die wie die Löwen Unberufene abweisen sollen. Die Säulen sind einige Male, insbesondere in Guzana, als Standbilder von Göttern gestaltet, die auf ihrem Haupt das Dach tragen. Dieser Hallentypus wurde, wenn wir recht sehen, in Syrien ausgebildet.

Die Götterstandbilder in den Hallen zeigen ebenso wie die Sitzbilder auf Löwenbasen vor allem die männlichen Gottheiten, oft in ihrer die Menschen erschreckenden Majestät. Besonders eindrucksvoll ist das Sitzbild des Atarluhas in Karkemisch. Wir erkennen da die nicht selten grausigen Götter der churritischen und ugaritischen Mythen wieder, auf der anderen Seite lebt darin die Neigung der Hethiter zu leicht humoristischen, ja grotesken Darstellungen weiter, wodurch Bilder von Göttinnen freundlicher, zuweilen sogar mütterlich wirken. Die Zahl der aufgefundenen Löwenplastiken ist besonders groß und der Einfluß der älteren unter ihnen auf die assyrische Kunst von Kalach unverkennbar. Auf die jüngeren Bildwerke hat umgekehrt die assyrische Kunst überaus stark gewirkt. Die sehr oft dürftige handwerkliche Qualität der älteren Bilder wird später, unter assyrischem Einfluß, vielfach weitaus besser, wenn sie auch weiter provinziell bleibt.

Die Hilāni-Hallen sind trotz ihrer Götterbilder wohl nicht als eigentliche Kultbauten anzusprechen. Die anschließenden Wände waren ebenso wie die manche Torbauten flankierenden Mauern und mehrfach auch Palastwände wie in Assyrien mit langen Reihen von reliefierten Orthostaten geschmückt. Ursprünglich gewiß überall sinnvoll angeordnet, wurden sie bei Neubauten nicht selten ohne erkennbares Prinzip nebeneinandergestellt, oft von unbearbeiteten Steinplatten unterbrochen. Ob die späteren Bauherren die Bildfolgen nicht mehr verstanden? Manchmal fehlte vielleicht auch die Zeit für eine vernünftige Anordnung der Bilder. Besonders lange Orthostatenreihen fand man in Azitawaddija, Sam'al, Karkemisch und Guzana. Die Platten aus meist grobkörnigem Stein sind zwischen fünfundvierzig und einhundertvierzig Zentimeter hoch, im Durchschnitt also weit kleiner als die assyrischen Reliefplatten.

Inhaltlich sind die Darstellungen sehr mannigfaltig; nicht alle Motive sind schon sicher zu deuten. Vor allem auf den älteren Orthostaten sind die religiösen Motive reichlich vertreten. Wir finden da die von den sumerischen Bildern von der heiligen Herde abgeleiteten Tiere am stilisiert gezeichneten Lebensbaum, aber auch Kämpfe der Tiere untereinander; bemerkenswert ist ein aufrecht stehender Stier aus Guzana, der einen Löwen aufgespießt hat. Beliebt ist auch die kultische Trinkszene, bisweilen mit Musikkapellen, die wohl als weltliches Motiv mißverstanden wurde, und der Kampf von Gilgamesch und Enkidu mit Chumbaba. In Malatia lebten die typisch hethitischen Götterreihen ebenso weiter wie die Opferszenen. Das Motiv der von mischgestaltigen Genien gehaltenen geflügelten Sonnenscheibe war weit verbreitet, wie auch sonst Mischwesen aller Art, nicht selten mit Vogelköpfen oder in Vogelgestalt, gern abgebildet wurden. Zahlreiche Tierbilder in Guzana, auch von Straußen und Vögeln, bleiben allerdings in ihrer Deutung fraglich. Eine überaus eigenartige Neugestaltung fand dort das aus Ur bekannte sumerische Motiv der Tierkapelle; ausnahmsweise vereinigt hier eine Platte eine größere Zahl von Figuren, die nicht ohne Sinn für humoristische Wirkung angeordnet sind.

Der weltliche Bereich kommt in bisweilen recht lebendigen Jagd- und Kampfbildern, vor allem in Darstellungen von Wagenkämpfern, zur Geltung, die gelegentlich wohl zu größeren Bildfolgen zusammengeschlossen gewesen sind. Der veränderten Kampftechnik entsprechend begegnen auch Reiter, sogar Kamelreiter. Zahlreiche Platten zeigen schreitende Fußsoldaten auf dem Marsch oder auf Siegesparaden, auch Bogenschützen im Kampf. Der große Abstand zu den assyrischen Bildern ist hier besonders augenfällig.

Die nach 800 in Karkemisch, Mar'asch und Sam'al beliebten Familienszenen stellen teilweise eine Säkularisierung ursprünglich religiöser Motive dar; sie gehören zu den besten Werken der syrischen Kunst. Bildhethitische oder aramäische Inschriften geben über die Dargestellten Auskunft; wir finden Kinder mit Spielzeug oder mit Schreibtafel und Griffel auf dem Schoß der Mutter. Eine Bildfolge zeigt Araras von Karkemisch, der den Kronprinzen Kamanas führt, und dahinter die zahlreichen Kinder, einige beim Spiel, ein kleiner Junge nackt, das Jüngste auf dem Arm der Amme, die ein Schaf mit sich führt. Bilder aus Azitawaddija zeigen Köche, Boxkämpfe und auch Ruderschiffe mit Fischen.

Unter den vielen hundert Bildwerken dieser syrisch-hethitischen Kunst befinden sich nur wenige Meisterwerke, dafür zahlreiche sehr grobe Darstellungen. Sie sind uns aber willkommene Zeugnisse für die überaus große Freude am Bild in den Kleinstaaten, die, in vielen Kriegen so oft ausgeplündert, trotz ausgeprägter Mischkultur und ohne eigene Literatur immer wieder die Kraft zu künstlerischer Gestaltung fanden. Erst als assyrische Provinzstädte wurden die kleinen Kulturzentren ganz unfruchtbar.

In diesem Zusammenhang muß auch noch die nach unserer Kenntnis bedeutendste Leistung des phönikischen Kunsthandwerks erwähnt werden, die Elfenbeinschnitzerei. Ursprünglich wohl aus Ägypten importiert und dann nachgebildet, hat sie vor allem als Möbelschmuck nach 1000 einen beachtlichen Hochstand erreicht; freiwillig oder als Tribut wurde sie in viele Länder exportiert. In Vorderasien reicht das Fundgebiet von Südpalästina über Syrien und Assyrien bis nach Babylonien; aber auch im Mittelmeergebiet gibt es viele Fundorte. In Assyrien, besonders in Kalach und Dur-Scharrukin, mußten deportierte Künstler Werkstätten einrichten, deren Arbeiten den Einfluß auch der assyrischen Großplastik erkennen lassen. Wieder treffen wir viele Szenen aus dem Tierleben, zum Teil in wundervoller Ausführung. Ein beliebtes Motiv ist die Kuh, die ihr säugendes Kalb ableckt; aber auch Tierkämpfe und Jagdbilder finden sich oft, die die uralten Motive der frühen Sumererzeit mehrfach neuartig wiederaufnehmen. Eine kleine Plastik aus Kalach verbindet Tier und Mensch in einzigartiger Weise: eine Löwin im Dickicht springt einem jungen Neger an die Kehle und tötet ihn. Hier wie auch bei vielen Darstellungen von Menschen und Gottheiten können wir feststellen, daß die Künstler aus dem weichen Elfenbein auch dem menschlichen Gesicht einen starken Ausdruck zu geben vermochten, den wir bei den Steinplastiken so oft vermissen. So ist oft der Kopf einer Göttin höchst lebendig gestaltet, wenn sie aus dem über drei oder vier Lotuskapitellen liegenden Fenster ihres Tempels hinausschaut. Dasselbe gilt von Sphinxköpfen und männlichen Figuren in mythologischen Kampfszenen. Die genauen Nachbildungen von Bauelementen dürften ebenso wie manche der Bildplättchen zu größeren Kompositionen gehört haben.

## *Tiglatpilesar III. und Salmanassar V. von Assyrien*

Die Untätigkeit, die dem assyrischen Heer unter Assurnerari V. auferlegt war, konnte bei dem Aufbau des Staates und seiner politischen Ideologie kein Dauerzustand sein. Der normale Steuerertrag reichte zur Unterhaltung der Truppen nicht aus; außerdem führte die unzureichende Beschäftigung der Offiziere immer wieder zu Aufständen von Statthaltern, die in den großen Provinzen zu mächtig geworden waren. So kam es 746 zu neuen Unruhen in Assyrien, die einen älteren General, nach einer Inschrift vielleicht ein jüngerer Sohn Adadneraris III., mit dem programmatischen Namen Tiglatpilesar III. (746–727) auf den Thron brachten. Noch im selben Jahr unternahm er einen Feldzug ins babylonische Grenzgebiet; vor allem aber leitete er innere Reformen ein, über die in seinen überaus nüchternen Kriegsberichten allerdings nichts gesagt wird. Um die Steuerkraft des Reiches besser nutzen zu können, hob er die Privilegien auf, die bestimmte Städte wie etwa Assur und Harran bis dahin genossen hatten. Natürlich machte das bei der herrschenden Schicht dieser Städte böses Blut, und es sollte sich zeigen, daß deren Macht damit keineswegs gebrochen war. Nach und nach teilte er auch die großen Provinzen auf und verminderte die Befugnisse der Statthalter, die fortan keine eigene Politik mehr machen konnten. Die Zahl der Provinzen wuchs ferner dadurch, daß immer mehr kleine abhängige Fürstentümer in Provinzen umgewandelt wurden; mit dem Reich so viel fester verbunden, verloren sie bald jedes eigene Nationalgefühl. Dieser Auflösung der bisherigen Staaten diente auch die Umsiedlungspolitik, die der König in noch weitaus größerem Umfang als seine Vorgänger betrieb. Bei der Mischbevölkerung, die so auch in Assyrien selbst bewußt geschaffen wurde, bürgerte sich das Aramäische als Verständigungsmittel immer mehr ein und wurde bald zu der im Reich am meisten gesprochenen Sprache. Das Assyrische blieb außerhalb der Verwaltung nur in Mesopotamien da und dort erhalten, wo es auch immer mehr aramäisiert wurde. Sogar in die Hofkorrespondenz von Kalach und später Ninive, eine überaus ergiebige Quelle für die Folgezeit bis zum beginnenden Zusammenbruch des Reiches, dringen immer mehr aramäische Elemente ein, so etwa das auch von den Juden verwendete Wort für die gewaltsame Umsiedlung in andere Reichsteile. Aramäische Urkunden sind selten, da sie meist auf Wachs oder Papyrus geschrieben waren.

In Babylonien war 748 Nabonassar (748–734) auf den Thron gekommen, über ihn kann die mit ihm einsetzende babylonische Chronik nicht viel berichten; nach griechischen Nachrichten soll er eine neue Zeitrechnung eingeführt haben. Mit ihm beginnt der sogenannte ptolemäische Kanon babylonischer Könige. Schon unter seinen Vorgängern waren das flache Land und das südliche Osttigrisland zunehmend in die Hände der meist halbnomadischen Aramäerstämme geraten; der Einfluß der Zentralregierung ging immer mehr zurück. Als einige dieser Stämme auch assyrisches Gebiet plünderten, durchzog Tiglatpilesar 745 Babylonien bis zum Meer und brandschatzte die Stämme, ließ aber die Städte nach Entgegennahme von Ergebenheitserklärungen in Frieden; Nabonassar blieb weiter auf dem babylonischen Thron. 744 kamen die Meder an die Reihe, wobei ein assyrisches Kommando bis zum Elwend-Berg vordrang. 743 machte sich der König auf, um Arpad zu strafen, das trotz der Assurnerari V. geschworenen Eide mit fremden Mächten konspiriert

Vernichtung einer babylonischen (?) Festung durch Tiglatpilesar III.
Relief vom Zentralpalast in Kalach, um 730 v. Chr.
London, British Museum

Mardukapaliddin II. von Babylon bei der Übergabe einer Schenkungsurkunde an einen Beamten
Babylonischer Grenzstein, um 715 v. Chr. Berlin, Staatliche Museen, Vorderasiatisches Museum

hatte. Die Belagerung der Festung mußte zunächst wieder aufgehoben werden, weil Sardur von Urartu mit seinen Verbündeten zum Entsatz heranzog. Tiglatpilesar zog ihnen entgegen und schlug sie südlich von Samosata, konnte aber die Flucht eines großen Teils der Feinde über den Euphrat nicht verhindern und mußte sich zunächst mit der Plünderung des zurückgelassenen Feldlagers und einiger Städte begnügen. Dann kehrte er nach Arpad zurück, konnte aber die Stadt, die sich bis zum letzten verteidigte, erst 741 erobern. Die Rache des Siegers war furchtbar. Daraufhin zogen es die anderen Aramäerstaaten vor, dem König 740 ihren Tribut entgegenzubringen. Das Ländchen Unki (bei Antiochia) beteiligte sich nicht an der Zählung und mußte es schwer büßen. Urartu griff der König, nach der Wegnahme einiger Grenzgebiete 739, im Jahre 735 in dessen Kerngebiet an. Die Hauptstadt Tuschpa konnten die Assyrer aber wegen ihrer Lage am Wansee, die eine Einschließung unmöglich machte, nicht einnehmen.

In Syrien hatte sich 738 noch einmal eine große Koalition unter Führung von Hama gebildet, die aber Tiglatpilesar gleichfalls zerschlug. Auch Rezin von Damaskos und Menahem von Israel mußten ihm Tribut zahlen. 734 zog er erneut nach Syrien und durch Israel bis zur Philisterhauptstadt Gaza, die der König Hanun durch seine Flucht nach Ägypten preisgab. Damit stand Assur erstmalig an der Grenze von Ägypten. Da versuchten 733 Damaskos und Israel noch einmal, den Widerstand gegen Tiglatpilesar zu organisieren, und zogen gegen Jerusalem, weil Juda sich der Koalition nicht anschließen wollte. Juda wandte sich nun an die Assyrer, die wohl schon in Anmarsch waren, um Hilfe. Zunächst mußte Peqach von Israel ausgedehnte Gebiete abtreten und Deportationen dulden. 732 kam dann die große Abrechnung mit Damaskos, das schon so oft jeder Belagerung getrotzt hatte. Tiglatpilesar, der nicht nur stärkere Streitwagen mit achtspeichigen Rädern, sondern auch wirksamere Belagerungsmaschinen in seinem Heer mitführte, schloß die Stadt nach einem Sieg im nördlichen Transjordanien ein und erstürmte sie schließlich. Rezin wurde getötet und die Stadt nach furchtbaren Verwüstungen in der Umgebung zur Provinzialhauptstadt erniedrigt. An den Bündnissen gegen Assyrien waren auch Araber beteiligt. Die arabische Königin Zabibija hatte 738 Tribut zahlen müssen, ihre Nachfolgerin Samsija verweigerte ihn zunächst. Da zog Tiglatpilesar ihr nach der Eroberung von Damaskos weit in die Wüste nach und zwang ihr Tributzahlung und Duldung eines assyrischen Agenten in ihrer Residenz auf. Nun schickten viele arabische Stämme bis hin zu den Sabäern im Süden ihre Geschenke und erreichten damit, daß die Assyrer den gewinnbringenden Handel über Gaza weiterhin zuließen.

Inzwischen waren in Babylonien nach dem Tod Nabonassars 734 chaotische Verhältnisse mit häufigem Herrscherwechsel entstanden, wobei der Aramäer Ukinzer für kurze Zeit in Babylon König werden konnte. Tiglatpilesar kam 731 nach Babylonien, belagerte Ukinzer in seiner ursprünglichen Hauptstadt Schapija in Mittelbabylonien, konnte sie aber erst 729 einnehmen und das übliche Strafgericht vollstrecken. Nunmehr vereinigte er Assyrien und Babylonien durch Personalunion, nannte sich in Babylonien aber Pulu und unterzog sich auch den Kulten, die ein König von Babylon ausüben mußte, wie etwa die »Ergreifung der Hand Marduks« beim Neujahrsfest. Weitere Feldzüge führte Tiglatpilesar bei seinem hohen

Alter nicht, hatte aber auch keinen Gegner mehr, der auch nur ein Grenzgebiet anzugreifen gewagt hätte. Er starb im Januar 727.

Residenzstadt von Tiglatpilesar war vor allem Kalach, wo er ein Hiläni-Haus nach syrischem Muster errichtete und den Palast Salmanassars III. für sich umbaute. Mit seiner vielen Kriegsbeute konnte er den Palast prächtig ausschmücken und mit Schätzen füllen. Damals mögen viele erlesene Elfenbeinplastiken aus den Ländern Syriens, von denen beträchtliche Reste gefunden wurden, nach Kalach gekommen sein. Auf den Wänden des Palastes berichtete er in Wort und Bild von seinen großen Siegen. Fünfzig Jahre später demolierte Assarhaddon den Palast, um mit den Bildplatten seinen eigenen auszuschmücken; so sind Inschriften wie Bilder viel schlechter erhalten als im Palast Assurnassirpals. Das, was an Bildern noch gefunden wurde, zeigt aber, daß die assyrischen Künstler in den hundert Jahren seit Salmanassar III. allerlei dazugelernt hatten. Die Gesichter der dargestellten Menschen blieben freilich auch jetzt noch ziemlich ausdruckslos, obwohl in der Haltung schon weitaus besser ihre Gefühle sichtbar wurden. So sehen wir vor den Toren einer eroberten Stadt übereinander – statt hintereinander – Beamte, die eiskalt die fortgeführten Herden zählen, während aus der Stadt vertriebene Frauen und Kinder nach der Ermordung der Männer verängstigt auf kleinen Wagen sitzen. Neben Kriegs- und Jagdbildern gab es auch bei Tiglatpilesar Kultbilder; sie waren anscheinend aber ebenso wie die wenigen Hinweise auf göttliche Hilfe in seinen Kriegsberichten mehr Zugeständnisse an die religiöse Tradition als Ausdruck eines wirklichen Sendungsbewußtseins. Der sehr nüchterne König verließ sich wohl in erster Linie auf seine eigene Kraft.

Eine durchaus beachtliche Kunstpflege finden wir jetzt auch in einigen Provinzhauptstädten. In Tilbarsip wird die alte Maltradition des mittleren Euphrattals wieder lebendig. Die Vorführung von Gefangenen durch den Minister vor den siegreichen König ist dort in mannigfachen Variationen festgehalten. Eines dieser vielfarbigen Gemälde mit einer Fülle von Figuren ist zweiundzwanzig Meter lang.

Tiglatpilesars Sohn Salmanassar V. (727–722) behielt unter dem Namen Ululai die Personalunion mit Babylonien bei und führte auch sonst die Politik seines Vaters wohl unverändert fort. Er hatte aber nicht die gleiche Kraft, um die Auseinandersetzungen der verschiedenen Parteien und Interessengruppen in Assyrien in Schranken zu halten. Da sein Nachfolger seine Inschriften zerstören ließ und auch andere Quellen für seine Regierungszeit fast ganz fehlen, wissen wir nur sehr wenig über ihn. Wie das Alte Testament berichtet, zog er nach einigen anderen Feldzügen 724 gegen Samaria, da sich das Restkönigreich Israel unter Hosea erneut empörte. Auch in diesem Fall war eine dreijährige Belagerung erforderlich, die der König aber nicht mehr zu Ende führen konnte. In seiner Abwesenheit hatten sich die mit der Mißachtung der alten Privilegien schon seit seinem Vater Unzufriedenen zusammengetan und ihren Führer in einem jüngeren Bruder gefunden, dessen ursprünglicher Name allerdings nicht bekannt ist. Ob nun Salmanassar fern der Heimat eines natürlichen Todes starb oder ermordet wurde, wissen wir nicht. Sein Nachfolger mag in einer schlecht erhaltenen Proklamation das Ende des Königs meinen, wenn er sagt, der Gott Assur habe ihn gestürzt, weil er ihn nicht gefürchtet habe. Darin wird wohl die

Ansicht der Assurpriesterschaft wiedergegeben, die die Bevorzugung von Kalach nicht verzeihen konnte. Der äußere Anlaß aber war die Besteuerung der Bürger von Assur und ihre Heranziehung zu untergeordneten Militärdiensten, die Tiglatpilesar eingeführt hatte.

## Sargon II. von Assyrien und Mardukapaliddin II. von Babylon

Der Anführer der Verschwörung gegen Salmanassar V. nahm den altberühmten Namen Sargon (722–705) an, den er als Kurzname für »(Assur) legitimierte den König« verstand. Er nimmt in seinen vielen Inschriften die Abstammung von der alten Dynastie in Anspruch, nennt aber nur einmal Tiglatpilesar als seinen Vater. In Ausführung der Zusagen, die er vor seiner Nominierung gewiß hat geben müssen, stellte er als erstes die alten Privilegien wieder her und gewährte besonders den großen Tempeln wieder ihre Abgabenfreiheit. Im Gegensatz zu seinen Vorgängern stützte er sich also wieder auf die konservativen Kräfte, konnte Assyrien aber auch damit keinen dauernden Frieden geben, wie die folgende Zeit zeigen sollte.

Außenpolitisch war er äußerst aktiv, wenn auch nicht immer erfolgreich. 721 fiel das schon von Salmanassar V. belagerte Samaria. Das bisherige Gebiet von Israel, jetzt teilweise mit Syrern und Babyloniern besiedelt, wurde nun zur assyrischen Provinz. Juda rettete sich durch die Zusage regelmäßiger Tributzahlungen. Babylonien hatte die Revolution in Assyrien ausgenützt, um sich wieder selbständig zu machen. König wurde 722 der sehr energische und bewegliche Chaldäer Mardukapaliddin II., der gewiß nicht mehr ganz junge Sohn des früheren Königs Eribamarduk (um 795–764). Zur Abwehr des mit Sicherheit erwarteten assyrischen Angriffs verbündete er sich mit Humbanigasch I. (742–717) von Elam, der nach für Elam dunklen Jahrhunderten große Teile seines Landes wiedervereinigt und das neuelamische Reich begründet hatte. Noch 721 zogen Sargon und Humbanigasch in das Osttigrisland und trafen nahe bei Dēr aufeinander. Sargon behauptet gesiegt zu haben. Da er sich aber zurückzog, dürfte die babylonische Chronik mit mehr Recht Elam den Sieg zugeschrieben haben. Mardukapaliddin kam nach derselben Quelle zu spät zur Schlacht, rühmt sich aber auch eines großen Sieges über Assyrien, das er wieder geringschätzig Subartu nennt; vielleicht hat er einige assyrische Garnisonen in Babylonien ausgehoben. Er nutzte dann seine Erfolge aus, um seinen Chaldäern auf Kosten der alteingesessenen Babylonier beträchtliche Ländereien zukommen zu lassen.

720 zog Sargon zum erstenmal nach Syrien; Ilubi'di von Hama hatte, zusammen mit Arpad, dem phönikischen Simyra, Damaskos und dem gerade eroberten Samaria und im Vertrauen auf die Hilfe des damals von den nubischen »Äthiopier«-Königen regierten Ägyptens, die Fahne des Aufruhrs erhoben. Auf dem alten Schlachtfeld von Qarqar wurden die Syrer geschlagen und Ilubi'di gefoltert. Dann zog Sargon gegen Hanun von Gaza und den ägyptischen General Re'e, die er bei Raphia an der ägyptischen Grenze ebenfalls schlug. Daraufhin sandten Sabäer und Araber erneut Geschenke. Das Jahr 719 führte Sargon in das Königreich Man, das damals gegen Urartu zu Assyrien hielt. Einige Meder-

und Perserfürsten, von Urartu gegen die Mannäer aufgewiegelt, wurden in der üblichen Weise gezüchtigt und die assyrischen Provinzen in Westiran vergrößert. 718 und 717 zog der König nach Nordsyrien, um zunächst die Stadt Schinuchtu im Taurus, die gewiß unter dem Einfluß Phrygiens stand, zu erstürmen und dem Azitawadda von Adana zu übergeben, dann bereitete er der Selbständigkeit von Karkemisch ein Ende, ohne daß Urartu oder Phrygien einschreiten konnten. Das Jahr 715 brachte nur verschiedene kleinere, von Generälen geführte Unternehmen, weil Sargon selbst sich für die große Abrechnung mit Urartu rüstete.

Dem urartäischen Feldzug von 714 ist die längste Inschrift gewidmet, die in Assyrien über einen einzigen Kriegszug abgefaßt wurde; ihre vierhundertdreißig sehr langen Zeilen sind größtenteils erhalten. Die Inschrift bezeichnet sich als Erstbericht an den Gott Assur, ist aber mit ihrer oft schwungvoll dichterischen Sprache alles andere als ein nüchterner Bericht, sondern weit mehr ein Propagandadokument, das auf Menschen als Hörer wirken wollte und daher mehr noch als sonst üblich packende Naturschilderungen von den durchzogenen Bergländern einflicht. Wie wenig sich Sargon Assur gegenüber zu strenger Wahrhaftigkeit verpflichtet wußte, zeigt am klarsten die Schlußmeldung über die eigenen Verluste: ganze sechs Mann werden zugegeben, obwohl der sehr beschwerliche Marsch allein sicher das Vielfache an Toten gefordert hat. Der Feldzug führte zunächst über Man zu einigen medischen Fürstentümern östlich des Urmiasees. Rusa von Urartu sperrte inzwischen mit einem Heer den schmalen Durchgang zwischen Urmiasee und dem Sahendberg, »den nicht einmal ein Vogel überfliegen kann«. Aus einer Schlucht heraus wollte er die Assyrer überfallen, wenn sie übermüdet und durstig heranrückten. Sargon aber griff mit einer kleinen Reiterschar die feindliche Koalition an einer Stelle an, wo sie ihn nicht erwartete, und konnte den Überraschungserfolg zu einem Sieg ausweiten. Rusa floh allein und starb bald darauf in den Bergen. Die Assyrer zerstörten nun auf dem Wege zum Wansee alle Städte und Bewässerungsanlagen, ließen aber die uneinnehmbare Hauptstadt unbehelligt liegen. Auf dem Rückweg schickte Sargon das Gros des Heeres nach Hause, griff mit einem kleinen Korps die Gebirgsstadt Mußaßir an und brachte auch von ihr unermeßliche Beute heim, die die Inschrift im einzelnen aufzählt. Sie verschweigt allerdings, daß dieser Erfolg wohl nur durch Angriffe der Kimmerier auf Urartu möglich war. Obwohl die assyrischen Spione, deren Berichte teilweise erhalten sind, über die Bewegungen der Kimmerier und über andere Vorgänge in Nordkleinasien sicher gut informiert waren, sind förmliche Vereinbarungen zwischen Assyrern und Kimmeriern über Angriffe auf Urartu wahrscheinlich nicht getroffen worden.

Die nächsten Jahre brachten kleinere Feldzüge in Medien, nach Malatia und Gurgum; auch hier entstanden assyrische Provinzen. 711 wurde ein General nach Palästina geschickt, um Asdod und einige andere Städte für die Ermordung des Assyrien ergebenen Fürsten Achimiti zu bestrafen. 709 bequemte sich dann Midas von Phrygien, wohl unter dem Druck der Kimmerier, zu Tributzahlungen, so auch etliche Städte Cyperns; eine der Stelen Sargons, die diese Vasallen aufstellen mußten, ist gefunden worden. Viel wichtiger war aber für den König die schon lange aufgeschobene Abrechnung mit Babylonien. 710 wurde es mit einer großen Zangenbewegung angegriffen. Mardukapaliddin mußte aus

Babylon in seine Heimat im Süden fliehen, da Elam unter Schutruknahhunte II. (717 bis 699) seine Bündnisverpflichtungen nicht erfüllte. Aber auch von dort wurde er trotz der im Meerland oft als Kampfmittel angewendeten künstlichen Überschwemmung 709 vertrieben und mußte in Elam auf bessere Zeiten warten. Die Babylonier nahmen Sargon jetzt als Befreier auf, der sich auch wirklich bemühte, die Wünsche der Priester in Babylon, Uruk und anderen Städten zu erfüllen; die Aramäerstämme wurden in die Schranken gewiesen. Um die Babylonier zu gewinnen, nannte sich Sargon nur »Statthalter von Babylon«, verfaßte Bauinschriften im babylonischen Stil und stellte, ähnlich wie in Assyrien, alte Rechte wieder her, die die Chaldäer abgeschafft hatten. So fand man sich mit seiner Herrschaft als dem kleineren Übel ab.

Sargon hat in den ersten Jahren seiner Regierung anscheinend nicht sehr viel gebaut. In Assur erneuerte er den Assurtempel und schmückte ihn mit glasierten Ziegeln. In Kalach ließ er am Palast Assurnassirpals geringfügige Arbeiten ausführen. Neben der Beanspruchung durch die Kriegszüge war ein Hauptgrund für diese Zurückhaltung offenbar der, daß er sich zunächst nicht darüber klarwerden konnte, welche der alten Städte er als Hauptstadt wählen sollte. Das Verhältnis zu den Priesterschaften der alten Tempel, die an seiner Machtergreifung doch einen so großen Anteil gehabt hatten, muß sich bald verschlechtert haben; Vorfälle, über die unsere Quellen schweigen, mögen das Mißtrauen des Königs gegen sie verstärkt haben. So entschloß er sich, nördlich von Ninive eine neue Hauptstadt mit dem Namen Dur-Scharrukin, »Sargonsburg«, zu bauen. Er fand die Grundbesitzer in dem alten Dorf Magganubba ab, ebnete es ein und grenzte 713 ein fast quadratisches Landstück von über drei Quadratkilometer ab, das er mit einer gewaltigen Doppelmauer umschloß. Auf einer vierzehn Meter hohen künstlichen Terrasse im Nordosten der Stadt legte er die Zitadelle mit seinem Palast an. Ob ein Haupttempel außerhalb des Palastes geplant war, wissen wir nicht. Jedenfalls baute er zunächst nur kleine Tempel für sieben Hauptgötter in den Palast ein und erreichte damit, daß er die gewiß nur kleinen Priesterschaften dieser Tempel leicht beaufsichtigen konnte. Eine vollständige Rekonstruktion des gesondert ummauerten Palastrechtecks, in dem auch ein Hochtempel des Gottes Assur stand, ist noch nicht möglich; der Palast war offenbar noch monumentaler geplant als die Riesenpaläste von Kalach. Bei aller Anlehnung an sie auch im Baustil wirkte er aber weniger massig; die assyrischen Künstler hatten inzwischen gelernt, besser zu gliedern und auch überlebensgroße Bildwerke eleganter zu gestalten.

Die Stierkolosse als Wächter an den Eingängen waren noch mächtiger geworden; ein überwiegend im Hochrelief gearbeiteter löwentötender Gilgamesch war gar fünf Meter hoch. Auf den Palastwänden fanden sich wieder lange Reihen von Kriegsbildern, die die Bewegung des Kampfgeschehens besser als früher einzufangen wußten. Das Interesse an den Bauwerken in den feindlichen Städten ist bemerkenswert, wird übrigens auch durch die Inschriften bezeugt. Die mythologisch-symbolischen Szenen, fast durchweg ganz traditionell gehalten, beherrschen aber die Reliefs aus farbig glasierten Ziegeln und die in ihren Ausmaßen alles Frühere überbietenden Wandgemälde auf Gipsputz. Lange Friese von farbigen Rosetten, Palmetten und Zinnen rahmen Darstellungen von Fruchtbarkeitsgenien und Stieren ein. Die Reliefs zeigen lange, etwas eintönige Reihen von Höflingen, Soldaten und Dienern, die Beute und Opfergaben tragen. Für unsere Kenntnis des Kunsthandwerks in Stoffen, Holz und Metall ist die peinlich genaue Nachbildung der Gegenstände von größter Bedeutung. Die vielen bartlosen Gestalten unter den Dienern sind sicher nicht durchweg als Eunuchen zu deuten, wenn auch ihre Zahl am Hof offenbar zugenommen hatte. In einigen Fällen gelang den Künstlern auch eine sehr ausdrucksvolle Gestaltung des Gesichts; die Augen, bei den älteren Figuren in Seitenansicht ganz von vorn zu sehen, sind jetzt im Teilprofil wiedergegeben und wirken schon dadurch weniger starr. Stilistisch in manchem ähnlich, aber in der Zeichnung einfacher sind der König Mardukapaliddin und sein Beamter auf einem Grenzstein dargestellt, der im übrigen deutlich macht, wie weit Assyrien Babylonien damals in der Bildkunst überflügelt hatte. Das gilt auch für die Kleinkunst, vor allem für die Siegelschneiderei mit ihren recht ungleichwertigen Erzeugnissen. Ihre Motive entsprechen weithin denen der Wandreliefs; Kriegsbilder fehlen, dafür sind die mythologischen Darstellungen häufiger. Als Material für die einfacheren Siegel findet sich jetzt oft Fritte. Die Beherrschung der Glasurtechnik führte nach Jahrhunderten der Sterilität zu einer Neubelebung der Gefäßbemalung. Das Motiv der Tiere am Lebensbaum und andere sind oft mit feinem Gefühl für die Harmonie der Farben gestaltet.

Die viel zu groß geplante Hauptstadt Dur-Scharrukin blieb – trotz schärfster Anspannung der Kräfte und wahrhaft imponierender Leistungen zwischen 713 und 705 – unvollendet. In der Wohnstadt gab es außer einigen palastartigen Häusern hoher Beamter und Offiziere wohl nur wenige dauerhafte Bauten. 705 ließ sich der zur Tollkühnheit neigende Sargon erneut zu einem unvorbereiteten Unternehmen in den Felsengebirgen Westirans verleiten. Mit einer kleinen Elitetruppe fiel er in einen Hinterhalt, wurde erschlagen und unbestattet, wie die Assyrer es ihren Feinden oft antaten, den Vögeln zum Fraß liegengelassen. Gegen mögliche Mordanschläge seiner Untertanen hatte Sargon jegliche Vorsorge getroffen, aber die äußeren Feinde hat er bisweilen unterschätzt. Sein Sohn Sanherib, der dem Vater als Statthalter in Südarmenien und Babylonien gedient hatte, fragte voll Entsetzen die Priester, womit der Vater, der für die Tempel doch viel getan hatte, die Götter so erzürnt haben könnte, daß sie ihm dieses Ende bereiteten. Der davon berichtende Text ist sehr schlecht erhalten, so daß wir die Antwort nicht kennen. Unzweifelhaft haben die Priester Sargon die Gründung der neuen Hauptstadt als größte Schuld angelastet.

## *Sanherib (705–681)*

Sanherib (hebräische Namensform von Sinachcheriba »Sin, gib Ersatz für die Brüder!«) war, wie der Name sagt, nicht der älteste Sohn Sargons. Er wurde aber nach dem Tode der älteren Brüder schon früh zum Kronprinzen bestimmt und demgemäß mit den Staatsgeschäften vertraut gemacht. Er bestieg als reifer Mann von mindestens dreißig Jahren den Thron und begann alsbald, vielleicht unter dem Eindruck des furchtbaren Endes seines Vaters, Assyrien in manchem in eine andere Richtung zu lenken. Er verließ das neue Dur-Scharrukin, kehrte zunächst nach Assur zurück und machte 701 Ninive endgültig zu seiner

Hauptstadt. Diese Maßnahme betonte er noch dadurch, daß er in seinen Inschriften nie seinen Vater nannte, obwohl doch er anders als dieser der legitime Thronfolger war. Noch wichtiger aber war, daß er seine Babylonpolitik radikal änderte. Bestimmt wohl durch negative Erfahrungen mit den Babyloniern, hielt er es nicht mehr für sinnvoll, auf das alte Kulturland die von den meisten assyrischen Königen geübte Rücksicht zu nehmen, sondern entschloß sich im Sinne der assyrischen Nationalpartei zu äußerster Härte. Da die Babylonier trotz ihrer Abneigung gegen Elam und die räuberischen Aramäerstämme mit diesen oft gegen das verhaßte und verachtete Assyrien gemeinsame Sache machten, war Assyrien bei Feldzügen nach Westen oder nach Osten immer in der Flanke bedroht. Es war daher nur folgerichtig, wenn Sanherib dieser Bedrohung ein für allemal ein Ende bereiten wollte. Wie Tukultininurta I., dessen schlimmes Ende er sicher kannte, aber nicht beherzigen wollte, bemerkte er jedoch nicht, daß sich die meisten Assyrer trotz Abneigung und Haß durch mehr als tausend Jahre gemeinsamer Kultur mit Babylonien eng verbunden fühlten und daher eine Vernichtung dieses Feindes gar nicht wünschten. Und selbst Sanherib ging von der alten Gewohnheit nicht ab, die Inschriften in dem als feiner geltenden Babylonisch zu schreiben, womit er zeigte, daß auch er von den ererbten Minderwertigkeitskomplexen Babylonien gegenüber nicht frei war, obwohl dafür kaum noch ein Anlaß bestand. Sein Haß gegen Babylonien trieb ihn aber immer mehr in die Überzeugung hinein, daß sein Gott Assur von ihm ein rücksichtsloses Vorgehen verlange.

Die Babylonier bemerkten bald, daß sie von Assur nichts Gutes mehr zu erwarten hatten, und wehrten sich daher nicht, als der in seiner früheren Regierung so wenig beliebte Mardukapaliddin mit Hilfe von Elam Anfang 703 zurückkehrte und sich wieder zum König machte. Er nahm sofort Verbindungen mit anderen Feinden Assyriens auf, darunter nach dem Alten Testament, das ihn Merodachbaladan nennt, mit Hiskia von Juda. Nach nur neun Monaten mußte er aber erneut weichen, nachdem Sanherib eine Koalitionsarmee aus Babyloniern, Aramäern und Elamitern geschlagen, den in Assyrien aufgewachsenen Belibni (703-700) als Schattenkönig eingesetzt und Tausende verschleppt hatte. 702 zog Sanherib nach Westiran und brandschatzte die Ortschaften der Kassiten und des Landes Ellipi und erhielt daraufhin Tribut auch von den Medern, angeblich als erster Assyrerkönig, obwohl das seit 835 ziemlich oft geschehen war.

701 unternahm Sanherib seinen berühmten Feldzug gegen eine Koalition von phönikischen und palästinensischen Fürsten mit Ägypten. Lulê von Sidon floh beim Heranrücken der Assyrer, so daß diese den bequemeren Etba'al einsetzen und dann von den meisten Fürsten der Koalition Tribute einziehen konnten; Ssidqâ von Askalon erschien nicht vor Sanherib und wurde mit seiner Familie verschleppt. Von den weiteren Ereignissen berichtet nicht nur Sanherib selbst, sondern viel ausführlicher noch das Alte Testament und, wesentlich knapper, Herodot. Die Berichte widersprechen sich in manchem, erlauben aber eben dadurch eine leidlich glaubwürdige Rekonstruktion der Hauptereignisse. Hiskia von Juda, beraten durch den Propheten Jesaja, war der einzige König von Juda, der Assyrien zu widerstehen versuchte. Das ihm von Ägypten zugesagte Hilfsheer kam auch wirklich, wurde aber bei Elteke von Sanherib vernichtend geschlagen. Nun sandte Hiskia an Sanherib, der nach der Eroberung vieler judäischer Ortschaften in Lachisch Hof hielt, kostbare

Geschenke aus dem Tempelschatz, konnte ihn aber jetzt nicht mehr zufriedenstellen. Sanherib wollte Jerusalem erobern und sandte vor dem Großangriff zweimal hohe Beamte vor die Stadt, die nach dem biblischen Bericht die Einwohner durch den Hinweis auf das traurige Schicksal anderer Städte, die vergeblich auf ihre Götter hofften, zur Übergabe überreden sollten. Wir haben hier sicher eine lebensechte Probe assyrischer Kriegspropaganda vor uns, die ausgiebig auch mit religiösen Argumenten arbeitete und auf viele Siege im Namen Assurs hinweisen konnte. Jerusalem lehnte die Übergabe ab, trotzdem unterblieb der Angriff. Sanherib sagt darüber nur, er habe Hiskia wie einen Käfigvogel eingeschlossen und dann eine riesige Beute nach Assyrien gebracht, verschweigt aber, warum er die Belagerung aufgab. Die Bibel berichtet, der Engel Gottes habe in einer Nacht hundertfünfundachtzigtausend Assyrer umgebracht, Herodot aber erzählte man, daß unzählige Mäuse das assyrische Lederzeug zerfressen hätten. Alle Berichte werden verständlich, wenn wir aus ihnen den Ausbruch einer von Ratten in das Assyrerlager eingeschleppten schweren Pestepidemie herauslesen, die Tausende von Opfern forderte und die Assyrer zur Räumung des verseuchten Landes zwang. Hiskia aber wollte angesichts der Schwäche Ägyptens nach der Niederlage von Elteke keinen neuen Feldzug Sanheribs riskieren und sandte schließlich seinen Tribut. Sanherib kam tatsächlich nie wieder.

Der Mißerfolg vor Jerusalem ermutigte Belibni 700, sich von Assyrien loszusagen, er wurde aber nach Assyrien weggeführt. Sanherib setzte nun seinen ältesten Sohn Assurnadinschum (700–694) als Unterkönig in Babylon ein, nachdem er ganz Babylonien durchzogen und Mardukapaliddin zur Flucht über das Meer gezwungen hatte. Etwa 698 zog er nach Südarmenien, erkletterte dort etliche steile Berge und brachte nach der Zerstörung mehrerer Bergfesten seine Inschrift am Dschudi-Dagh an. 696 und 695 schickte er seine Generäle nach Kilikien und nach Tilgarimmu bei Malatia, um kleinere Aufstände niederzuwerfen. Er selbst benutzte die Zeit, um einen großen Feldzug nach Elam auf einem ungewöhnlichen Weg vorzubereiten. Dort hatte Hallutusch (699–693) seinen Bruder und Vorgänger beseitigt und die Zugänge nach Elam von Babylonien her gut befestigt. Sanherib ließ nun in Ninive und Tilbarsip durch Phöniker und Griechen eine Flotte von Kampf- und Transportschiffen bauen und bemannen, was vor ihm wirklich noch niemand getan hatte. Die Schiffe fuhren stromab oder wurden auf Rollen über Land gezogen. In den Lagunen des Persischen Golfes kam es zu Seegefechten, dann setzte die Flotte nach Elam über und brandschatzte dort viele Städte. Inzwischen aber zog Hallutusch nach Nordbabylonien, eroberte Babylon, führte Assurnadinschum fort und setzte den Schattenkönig Nergaluschezib ein. So waren die Assyrer in Südbabylonien abgeschnitten, kämpften sich aber 693 wieder durch; in Babylon kam Muschezib-Marduk (693–689) auf den Thron, und Hallutusch wurde ermordet. Sein Nachfolger Kuternahhunte II. erlitt nach neuen assyrischen Erfolgen zehn Monate später das gleiche Schicksal. Humbanmenanu (692–688) aber verbündete sich erneut mit Babyloniern und Aramäern und traf 691 bei Chalule auf die Assyrer; beide Parteien behaupteten, gesiegt zu haben, alle aber zogen sich erschöpft aus dem mörderischen Ringen zurück. 690 folgte ein kurzer Feldzug gegen die Araber und 689 der große Rachezug gegen das nun isolierte Babylon. Die Stadt wurde erobert und völlig zerstört, die Tempel ausgeraubt und eingeebnet und das Wasser des Arachtu-Kanals über die Ruinen geleitet. Acht Jahre lang blieb die Stadt unbewohnt. Diese Unmenschlichkeit erregte auch in Assyrien Empörung und hat in den letzten Jahren Sanheribs zu schweren Auseinandersetzungen geführt. Denn Marduk war durch die Zerstörung seines Tempels und die Verschleppung seines Bildes beleidigt worden, und zu Marduk beteten doch auch Tausende von Assyrern, die zu Assur kein Vertrauen hatten. Da begann wie vor Jerusalem die assyrische Propaganda. Man ersetzte Marduk im Weltschöpfungsepos und im Neujahrskult durch Assur und schuf einen mythischen Bericht, der vielleicht auch szenisch aufgeführt wurde, nach dem Marduk einer Sünde wegen von den Göttern festgenommen und vor ein Gericht gestellt worden sei. Ein Teil des Kommentars zu diesem Machwerk ist erhalten, während wir die literarische Gegenpropaganda, die es in Babylonien sicher auch gegeben hat, nicht kennen.

Sanheribs Maßlosigkeit im Haß hat Assyrien wenig Nutzen gebracht; er hat das Reich nicht vergrößert, sondern durch die vielen Zerstörungen wirtschaftlich geschwächt. Wirkt Sanherib als Politiker auch trotz seiner erstaunlichen Zähigkeit durch die Mißachtung der religiösen Gefühle aller besonders abstoßend, so kann man doch seiner technischen Begabung die Bewunderung nicht versagen. Sie kam nicht nur dem Krieg und der Zerstörung, sondern auch bedeutsamen Bauwerken zugute. Die Fruchtbarkeit des Landes um Ninive war mit den üblichen Kanalbaumethoden nicht zu steigern, weil das Wasser nicht ausreichte. Daher zweigte Sanherib, der an den Plänen seiner Ingenieure gewiß keinen kleinen Anteil hatte, bei Bawian aus einem Nebenfluß des Oberen Zab einen Kanal ab, der bei Dscherwan ein zweihundertachtzig Meter breites Tal überqueren mußte. So baute man eine zweiundzwanzig Meter breite Damm-Mauer aus zwei Millionen behauenen Kalksteinblöcken, die fünf Durchlässe unter großen Spitzbogen für den Bach im Tal frei ließ; das Kanalbett auf dem Damm wurde mit magnesiumhaltigem Kalkmörtelzement ausgestrichen. Beträchtliche Teile des Bauwerkes stehen noch heute. Sanherib will dafür nach einer schon damals mit Recht angezweifelten Angabe nur fünfzehn Monate gebraucht haben. Der Bewässerung im kleinen dienten neuartige Wasserhebewerke, die er auch für seine Parks benötigte. Im Hof des Neujahrsfesthauses von Assur wollte er einen Hain anlegen und schlug zu dem Zweck für jeden Baum ein Loch in den gewachsenen Fels; in der dann eingefüllten Erde sind die Bäume wirklich angewachsen. Auf den Bildwerken seines Palastes in Ninive sind gerade diese technischen Leistungen oft wiedergegeben, wobei auf die Einzelheiten größter Wert gelegt wurde.

Die dreißig Tonnen schweren Stierkolosse für den neuen Palast in Ninive wurden in einem Steinbruch nordwestlich von Ninive herausgeschlagen, dann während des Frühjahrshochwassers auf gewaltige Flöße verladen und flußabwärts auf das andere Ufer gebracht, wo sie mit Hilfe riesiger Hebel und starker Stricke auf Rollen an Land gezogen und zum Palast hinaufgebracht wurden. Der König führte nach Bildern persönlich die Aufsicht und gibt in seinen Inschriften zu, daß diese Transporte für die Arbeiter schwerste Strapazen mit sich brachten. Uns erscheint die Bewältigung der ungeheuren Gewichte bei der starken Strömung des Tigris mit den damaligen technischen Mitteln fast unvorstellbar. Der Kalkstein für alle Bildwerke ist übrigens in der Erde so weich, daß man ihn mit dem Messer schneiden kann, und wird erst an der Luft ganz hart. Nur dadurch konnten die vielen hundert Platten und Figuren in wenigen Jahren so sorgfältig bearbeitet werden. Nachahmungen hethitischer Felsheiligtümer sind die Götterprozessionen auf den Felswänden von Bawian und Maltai, nahe der Mündung des großen Kanals.

Der Gesamtplan von Sanheribs riesigem Palast in Ninive ist noch nicht zu rekonstruieren. Die Ausgrabungen vor über hundert Jahren haben vor allem sehr viele Reliefplatten ans Tageslicht gefördert. In den einzelnen Räumen wurden jeweils bestimmte Themen, oft auf drei Bildstreifen übereinander, behandelt. Die Kriegsbilder, nach Hauptschauplätzen geordnet, sind am zahlreichsten; andere Themen sind der Palastbau und der Transport der Bildwerke sowie die Kämpfe zwischen Dämonen und Mischwesen. Dem technischen Sinn des Königs entsprechend, der an allem sicher persönlichen Anteil nahm, bemühten sich die Künstler viel mehr als früher um Ansichtsbilder, die nur das von einer Seite Sichtbare wiedergaben. Daher verschwand das fünfte Bein der Stierkolosse, die Wiedergabe der Augen im Profil gelang manchmal recht gut; die Gesetze der Perspektive blieben freilich unbekannt. Die Landschaft wird durch charakteristische Pflanzen und Tiere gekennzeichnet, besonders ansprechend die Lagunen, in deren Uferdickicht wir eine Wildsau mit Frischlingen und eine verängstigte Hindin sehen und in deren Gewässern sich Fische, Krebse und Seesterne unter den Kriegsfahrzeugen tummeln. Die Künstler versuchten sich auch auf neue Weise in Massenszenen, teilweise in aufgelockerter Form. Mit viel Liebe gestalteten sie Menschen und Tiere in den Szenen unter den Kampfbildern, die uns in das Lagerleben führen oder in die Not der Verschleppten, von der die Inschriften allerdings keinerlei Kenntnis nehmen.

Die letzten acht Jahre Sanheribs verliefen ohne größere Kriege, waren aber durch Parteienhader und heftige Kämpfe um den Thron verdunkelt; wir sind darüber nur einseitig durch die Inschriften Assarhaddons, der schließlich Thronfolger wurde, unterrichtet. Ende 681 kam es zum offenen Aufstand, in dessen Verlauf Sanherib im Tempel des von ihm neben Marduk besonders vernachlässigten Gottes Ninurta (der Nisroch der Bibel ist für Nimrod verschrieben!) ermordet wurde; als Täter nennt die Babylonische Chronik einen seiner Söhne, die Bibel zwei. In Juda wie in Babylonien sah man hier die göttliche Vergeltung am Werk, und die Nachwelt hat Sanheribs positive Leistungen rasch vergessen, während die Werke des Hasses in der Erinnerung blieben.

## *Assarhaddon (681–669)*

Assarhaddon (Assurachiddin »Assur gab einen Bruder«) war nach eigener Darstellung auf einem Reichstag unter Übergehung seiner älteren Brüder zum Kronprinzen bestimmt worden; man hätte Adel und Bürger auf ihn vereidigt, und die Götter hätten dies als ihren Willen in einer Opferschau zu erkennen gegeben. Da er im Gegensatz zu seinem Vater ausgesprochen babylonfreundlich war, hat man seine Schilderung der Ereignisse auch wegen mancher innerer Widersprüche angezweifelt. Sicher ist, daß seine energische und

# DIE KEILSCHRIFT

Die Erfindung der Schrift, oder besser: die Idee des Schreibens, verdanken wir höchstwahrscheinlich den Sumerern. Sogar der Zeitpunkt dieses Ereignisses läßt sich mit ziemlicher Sicherheit festlegen: es war das Ende des vierten vorchristlichen Jahrtausends. Im südlichen Zweistromland können wir eine der wichtigsten Erfindungen entstehen sehen; von hier aus mag sich die Idee des Schreibens nach Indien, China und Ägypten verbreitet haben.

Der Anlaß zum Gebrauch der Schrift war in Sumer ein anderer als in Ägypten. Sie sollte nicht der Verherrlichung des Königs und seiner Taten dienen, sondern praktischen Zwecken. Die Verwaltung der großen Tempelgüter, der Zentren altsumerischen Wirtschaftslebens, war ohne Buchführung nicht mehr möglich. Ein- und Ausgänge mußten registriert, die Verteilung von Rationen an Bedienstete mußte einheitlich geregelt werden. Dies überstieg allmählich die Gedächtniskraft der Beamten. Die Bürokratie erforderte und erfand ihr notwendigstes Instrument, die Schrift.

Der vom Ägyptischen verschiedene Verwendungszweck ließ auch eine andere Form der Schrift entstehen, wozu der Schriftträger entscheidend beitrug. Als Eigentumszeichen waren schon längere Zeit Stempelsiegel und daneben auch Rollsiegel in Gebrauch, die in den plastischen Ton von Krugverschlüssen gedrückt wurden und so — vergleichbar einem Petschaft — einen Hinweis auf den Eigentümer gaben. Vielleicht in Anlehnung an diese Sitte wurde der feine Ton des mesopotamischen Schwemmlandes nun auch zum Schriftträger. Mit einem fein zugespitzten Rohr wurden Schriftzeichen in die weiche Masse eingedrückt, mit dem runden Ende des Griffels Zahlzeichen.

Zunächst waren die Zeichen bildhaft. Gegenstände — etwa ein Gefäß — wurden nachgezeichnet, aber bereits in der frühesten Zeit überwogen schematische Darstellungen. Die Schrift war also keine reine Bilderschrift. Sie war aber zunächst, soweit wir erkennen können, eine Wortschrift. Jedem Wort entsprach ein Zeichen oder eine Zeichengruppe, etwa ⊕ = *udu* »Schaf«. Das hatte verschiedene Nachteile. Vor allem war die Zeichenzahl sehr groß — etwa zweitausend in der frühesten Epoche —, und doch reichte sie nicht aus. Verschiedene Wörter ließen sich gar nicht oder nur schwer durch Zeichen ausdrücken, da nicht alle so einfach darzustellen waren wie das Verbum »essen« durch »Kopf + Brot« 

oder »trinken« durch »Kopf + Wasser« .
Dafür bekamen viele Zeichen einen größeren Geltungsbereich. So bedeutet das Zeichen ⌒, das Bild einer über dem Gebirge aufgehenden Sonne, zunächst »Tag« (sumerisch *u(d)*), dann aber auch »hell, weiß« (sumerisch *babbar*), da die strahlende Helle eben für den Tag charakteristisch ist. Natürlich waren dabei Mißverständnisse unvermeidlich. Dem versuchte man bald dadurch zu steuern, daß Deutezeichen, Determinative, vor oder weniger häufig hinter ein Zeichen gesetzt wurden, ein Stern (✷) vor Götternamen, das Zeichen für »Mensch« vor Berufe und so fort.

Diese frühe Wortschrift war für ihre Zwecke, die Registrierung von Ein- und Ausgängen der Tempelwirtschaft, ganz gut geeignet. Aber schon die Aufzeichnung eines Personennamens bereitete Schwierigkeiten. Völlig unmöglich war es jedoch, komplizierte Sachverhalte oder gar historische oder religiöse Texte aufzuzeichnen. Die Bildungselemente an Verben und Substantiven, Partikel und Pronomina konnten in einer Wortschrift keinen Ausdruck finden. Hier kam die Struktur der sumerischen Sprache zu Hilfe, die zahlreiche gleich oder ähnlich klingende ein- bis zweisilbige Wörter kennt. Der nächste Schritt bestand nun darin, daß man das Bildzeichen eines Wortes auch für ein anderes aus einer vollständig anderen Bedeutungssphäre, aber mit ähnlicher Lautung, einsetzte. Das älteste Beispiel ist das Zeichen ⊸≪ *ti* »Pfeil«, das nun auch zur Schreibung von *ti(l)* »Leben« verwendet wurde. Der Übergang von der Wortschrift zur Silbenschrift war gefunden und damit der Weg der Keilschrift in den folgenden Jahrtausenden bereits vorgezeichnet. Er führte aber zu keiner reinen Silbenschrift. Vielmehr wurden neben den Silbenzeichen stets auch Wortzeichen verwendet. Sie wurden aber in den verschiedenen Sprachgebieten, in denen die Keilschrift später gebraucht wurde, jeweils anders ausgesprochen, so wie etwa das Zahlzeichen »5« im deutschen Kontext »fünf«, in englischem »five«, in französischem »cinq« gelesen wird. Demnach hat das Zeichen zwar immer die Bedeutung »König«, wurde aber von Sumerern *lugal* ausgesprochen, von Akkadern *scharrum*, von Hethitern *chaschschu*, von Churritern *iwri* und von Urartäern *ereli*.

Bleiben wir aber zunächst noch bei der archaischen sumerischen Schrift. Hier vollzogen sich noch einige Wandlungen in der äußeren Form, denn das Schreibmaterial, der zähe Ton, ließ die Verwendung gebogener Linien kaum zu. Diese wurden schon bald in gerade Striche zerlegt, die sich mit dem Rohrgriffel, der jetzt wesentlich dicker wurde, leichter eindrücken ließen. Damit entstand die typische Keilform der einzelnen Striche, nach der wir die Schrift nennen. Dadurch wurden aber auch die Zeichen, deren Urbild auf alten Tafeln noch klar zu erkennen ist, immer abstrakter, so daß bei fast allen jüngeren Formen die Herkunft von einer Bilderschrift nicht mehr zu ersehen ist. Im Laufe der Zeit entwickelte sich schließlich eine Kursive, und die Zeichen machten auch in den verschiedenen Sprachperioden Wandlungen durch, so daß man ganze Entwicklungsreihen aufstellen kann:

|  | archaisch | altsumerisch | altbabylon. | neuassyrisch | neubabylon. |
|---|---|---|---|---|---|
| SAG KOPF | | | | | |
| KUA/CHA FISCH | | | | | |
| MUSCHEN VOGEL | | | | | |
| GUD RIND | | | | | |

Eine gewisse normative Schönschrift ist in neuassyrischer Zeit bei den Texten der Bibliothek Assurbanipals festzustellen.

Auch die Schriftrichtung hat sich in alter Zeit einmal geändert. Auf den kleinen archaischen Tafeln wurden die wenigen Zeichen frei über die Fläche verteilt oder in Fächer eingetragen, die durch Striche abgeteilt waren. Dieser Brauch blieb noch ziemlich lange bewahrt und erschwert das Verständnis der Texte erheblich, da die Beziehung der Satzteile zueinander oft nur erraten werden kann. Man schrieb in schmalen Kolumnen von oben nach unten, wobei man links oben begann. Die Tafeln wurden jedoch bald größer und ihre Handhabung schwieriger. Vor allem konnten sie nicht mehr schräg in die Hand gelegt werden, sondern wurden senkrecht gehalten. Diese Drehung um fünfundvierzig Grad bewirkte, daß die Zeichen um neunzig Grad gedreht erscheinen. Sie wurden auch nicht mehr von oben nach unten, sondern von links nach rechts geschrieben und in Zeilen angeordnet. Damit war die für alle Zeiten und jede Textart gültige Schreibweise gefunden, denn eine eigene Monumentalschrift wurde nicht ausgebildet.

Die Schrift besaß jetzt also Wortzeichen, Silbenzeichen und Determinative. Im Laufe der Entwicklung waren jedoch durch Vereinfachung zahlreiche Zeichen zusammengefallen oder ganz ausgeschieden worden, so daß von den ursprünglich etwa zweitausend Zeichen noch rund sechshundert übriggeblieben waren, die aber noch in verschiedenen Zusammensetzungen als Wortzeichen verwendet werden konnten. Durch diesen Zusammenfall einst getrennter Zeichen wurde allerdings die Mehrdeutigkeit der Schrift wieder vergrößert. Hierzu kam noch ein weiterer Umstand: Die frühen Schriftzeichen machten keinen Unterschied zwischen Gegenständen, Personen und Verben, die zum gleichen Tätigkeitsbereich gehörten, obgleich die sumerische Sprache für jeden Begriff ein eigenes Wort hatte. Zum Beispiel bezeichnete man mit ⌐⌐ einen »Pflug« (sumerisch *apin*), aber auch den »Pflüger« (sumerisch *engar*) und das Verbum »pflügen« (sumerisch *uru*). Das Zeichen mußte also je nach dem Zusammenhang anders gelesen werden. Als später das Akkadische mit der gleichen Schrift geschrieben wurde, wurden auf diese Art noch weitere Lautwerte geschaffen, die z.T. von akkadischen Wörtern abgeleitet wurden. Besonders aufschlußreich ist das Zeichen ⌐, ursprünglich das Bild einer Bergkette (⌐), sumerisch *kur* »Berg(land)« (daneben zum Beispiel auch *gin*) gelesen. Ins Akkadische übernommen stand das Zeichen auch dort für »Berg« (Lesung *schadu*) oder »Land« (Lesung *matu*), woraus sich die Silbenzeichen *schad* und *mat* ableiten lassen, zu denen noch die verwandten Silben *nad*, *lad* und *sad* traten. Die dadurch entstandene »Polyphonie« erschwert das Verständnis von Keilschrifttexten oft recht erheblich, denn das angeführte Zeichen kann nun *kur*, *mat*, *mad*, *nat*, *nad*, *lat*, *lad*, *schat*, *schad*, *sad*, *sat*, *gin* oder *kin* gelesen werden. Es kann außerdem Wortzeichen für »Berg« oder »Land« und noch einiges andere sein und schließlich als Determinativ vor einem Landes- oder Bergnamen stehen. Nur aus dem Zusammenhang kann die jeweils zutreffende Lesung bestimmt werden. Diese Möglichkeiten sind aber dadurch wieder eingeschränkt, daß manche Lautwerte nur in einer bestimmten Epoche der Keilschriftliteratur verwendet werden oder auf bestimmte Textgattungen beschränkt sind.

Die Keilschrift ist also ein recht kompliziertes Instrument. Sie gelangte aber im Vorderen Orient zu einer außerordentlich weiten Verbreitung, da das System der gemischten Wort- und Silbenschrift offenbar leichter auf andere Sprachen anwendbar war als die ägyptische Schreibweise. Zunächst verwendeten die Akkader und nach ihnen Babylonier und Assyrer die Schrift, die allerdings nicht für ihre semitische Sprache geschaffen war und deshalb rechte Mängel in der Wiedergabe bestimmter spezifisch semitischer Laute zeigt. In der Akkade-Zeit wurde die Keilschrift dann auch von Elam übernommen, wo man zunächst eine eigene, bisher noch nicht gedeutete Schrift entwickelt hatte. Dort schrieb man nun akkadische und elamische Urkunden in der babylonischen Schrift. Gleichfalls um 2300 v. Chr. wurde der erste Text in churritischer Sprache, ebenfalls in Keilschrift, niedergeschrieben. Noch früher drang die Keilschrift nach Mari vor und verbreitete sich von da aus über Nordsyrien und bis nach Kleinasien, wo die Hethiter begannen, ihre indogermanische Sprache mit den gleichen Zeichen aufzuschreiben. Aber auch die mit dem Hethitischen eng verwandten Sprachen Luvisch und Palaisch konnten mit ihnen festgehalten werden, ebenso die Sprache eines alten kleinasiatischen Volkes, das Protohattische. Auf einem anderen Wege, nämlich über Assyrien und mit assyrischen Kaufleuten, gelangte am Anfang des zweiten Jahrtausends eine andere, stark kursive Form der Keilschrift nach Kleinasien, erlosch aber nach dem Verfall der dortigen Handelsniederlassungen. Im 14. Jahrhundert v. Chr. hatte die Keilschrift ihre weiteste Verbreitung gefunden. Selbst in Ägypten bediente man sich ihrer und der akkadischen Sprache zum Verkehr mit syrischen Kleinfürsten, mit babylonischen und assyrischen Königen, wie das Archiv von Amarna beweist. Über Assyrien gelangte die Schrift nach Armenien, wo seit dem 9. Jahrhundert v. Chr. die Könige von Urartu Inschriften in ihrer Landessprache verfaßten. Wenig später kam in Elam eine abgewandelte Form der babylonischen Schrift in Gebrauch, die noch in achämenidischer Zeit in der Buchführung Verwendung fand, wie Funde in Persepolis zeigen. Im babylonischen Raum wurde noch lange Jahrhunderte Keilschrift geschrieben, doch zeigen aramäische Beischriften auf Rechtsurkunden, daß diese bequeme Schrift mehr und mehr an Beliebtheit gewann, bis sie schließlich die komplizierte Keilschrift fast völlig verdrängte. Nur noch selten in privatem Gebrauch, wurde sie schließlich eine Schrift der Gelehrten, die noch bis in das 1. nachchristliche Jahrhundert astronomische, mathematische und verwandte Texte in Keilschrift verfaßten.

Wie stark die Gewohnheit war, sich einer Keilschrift zu bedienen, zeigen zwei Schriftsysteme, die zwar die äußere Form der Keile beibehalten haben, aber dem oben skizzierten Prinzip der Keilschrift völlig fernstehen. Das eine entstand um 1400 v. Chr. in Ugarit (Ras Schamra) an der syrischen Küste, einer Handelsstadt, die zu der babylonischen, hethitischen, churritischen und ägyptischen, ja sogar zur kretischen Kultur Beziehungen unterhielt. Rechtsurkunden und Briefe wurden hier meist in akkadischer Sprache und Schrift abgefaßt. Aber einige Briefe und vor allem umfangreiche mythologische und andere religiöse Texte in einer Keilschrift wurden hier gefunden, die sich schon durch die geringe Anzahl der verwendeten Zeichen (dreißig Zeichen) und das Fehlen von Wortzeichen und Determinativen als Buchstabenschrift verriet. Sie setzt also eine Schriftentwicklung voraus, die, wie wir wissen, vom Ägyptischen her zur Schaffung eines kanaanitischen Alphabets führte. Hier in Ugarit begegnen sich die Einflüsse: die kanaanitische Buchstabenschrift erscheint im Gewande einer Keilschrift. Sogar die Reihenfolge der Buchstaben entsprach bereits der aus späterer Zeit bekannten und auf die europäischen Alphabete vererbten. Allerdings mußte das Ugaritische, das noch einige später verschwundene Laute besaß, auch für diese noch Zeichen einführen. Gegenüber der phönikisch-aramäischen Schrift, die nur das Konsonantengerippe berücksichtigt, konnte die ugaritische noch in beschränktem Umfange, nämlich soweit sie im Zusammenhang mit dem Stimmabsatz Aleph erscheinen, auch Vokale schreiben.

Ebenfalls unter dem Einfluß der semitischen Buchstabenschrift, aber fast ein Jahrtausend später, schufen die Perser zur Zeit Dareios' des Großen eine einfache Keilschrift, die mit ihren sechsunddreißig Silbenzeichen und wenigen Wortzeichen noch Elemente der Silbenschrift bewahrt hat. Sie war jedoch eine künstliche Schöpfung und hatte, soweit wir wissen, keine praktische Bedeutung. Immerhin bildeten die in dieser Schrift verfaßten Inschriften der persischen Könige die Grundlage, von der aus im 19. Jahrhundert die Entzifferung fast aller der skizzierten Keilschriftsysteme begonnen wurde und gelang.

---

intrigante Mutter Nakija, eine Syrerin oder Jüdin, die Hände im Spiel hatte; denn die älteren Söhne waren nicht ihre Kinder. Sie müßte die babylonfreundliche Partei auf ihrer Seite gehabt und die zu Sanherib stehende Nationalpartei überspielt haben. Assarhaddon beschuldigte die Brüder, ihn später beim Vater verleumdet zu haben, so daß er fliehen mußte; da sie untereinander uneins waren, hätte er dann ihr Heer vor der Schlacht zur Übergabe genötigt und in Ninive den Thron besteigen können. Die Brüder, denen er trotz aller Beschimpfungen den Mord nicht zur Last legte, wären nach Urartu geflohen. Manche

Gelehrten schlossen aus seiner offenbar bewußt unklaren Darstellung, daß er selbst die Ermordung Sanheribs veranlaßt hat, um seine Absetzung als Kronprinz zu verhindern, haben damit aber die Meinung der Zeitgenossen auch in Babylon und Jerusalem gegen sich. Dafür könnte man anführen, daß er nach seinem weiteren Verhalten anscheinend immer unter einem Schuldgefühl litt. Eine klare Entscheidung für eine der beiden Auffassungen ist noch nicht möglich.

Trotz des Gegensatzes zu seinem Vater nennt Assarhaddon ihn immer in seinen Inschriften. Einer seiner ersten Befehle betraf den sofortigen Beginn des Wiederaufbaus von Babylon, dessen Zerstörung der erzürnte Gott Marduk angeblich durch eine Wasserflut veranlaßt hätte. Marduk hätte die Stadt eigentlich siebzig Jahre wüst liegenlassen wollen, sie aber vor der Zeit begnadigt. Mit dieser Version sagt Assarhaddon in einem Satz zugleich ja und nein zu seinem Vater. Die Arbeiten in Babylon wurden mit Energie vorangetrieben; der riesige Marduktempel blieb aber zu seiner Zeit unvollendet. Er baute auch in anderen Städten Babyloniens ebenso wie in Assyrien selbst. Da er sich in Babylonien wieder nur Statthalter nannte, söhnte er zwar die Stadtbewohner mit der assyrischen Herrschaft aus, mußte aber mit den Aramäerstämmen auf dem Lande noch mehrfach kämpfen. Die mit diesen erneut verbündeten Elamiter schlug er zurück und erreichte es, daß nach dem plötzlichen Tod Humbanhaltasch II. von Elam (681–675) dessen Nachfolger Urtaku (675 bis 664) mit ihm Frieden schloß. Dadurch bekam er im Westen freie Hand, wo der Äthiopierkönig Taharka von Ägypten (690–664) ständig die Unruhe schürte. Schon 679 hatte Assarhaddon an der ägyptischen Grenze in Arzâ eine Garnison stationiert. 677 schlug er einen Aufstand in Sidon blutig nieder; der König Abdimilkutti floh, wurde aber später auf See gefangengenommen und enthauptet. Ba'al von Tyros mußte für die Überlassung einiger Ortschaften mit Assarhaddon einen Vasallenvertrag abschließen, dessen Bedingungen, vor allem zum Schiffahrtsrecht, zum Teil erhalten sind. Die Fürsten Cyperns schickten wiederum Geschenke. Nun ging es gegen Ägypten selbst, wo weite Kreise mit der Äthiopierherrschaft sehr unzufrieden waren. Der erste Angriff 674/673 wurde abgewiesen, aber 671 schlug der General Schanabuschu den König Taharka, drang in Ägypten ein und eroberte Memphis. Nach der Vertreibung der Truppen Taharkas nach Süden setzte er in Ägypten zweiundzwanzig Gaufürsten mit assyrischen »Beratern« ein, die einige Zeit Ruhe hielten und hohe Tribute nach Assyrien abführten.

Im Zusammenhang mit den Feldzügen nach Ägypten und den Kämpfen gegen die Aramäer in Babylonien kam es mehrfach zu Zusammenstößen auch mit arabischen Stämmen. Da diese untereinander uneins waren, konnte Assarhaddon hier ohne größere Schwierigkeiten als Schiedsrichter die assyrischen Interessen durchsetzen. Weitaus ernstere Gefahrenherde aber bildeten sich im Norden und Nordwesten. Hier drückten die Skythen auf die in Transkaukasien und Nordiran eingedrungenen Kimmerier, die nun ihrerseits nach Südwesten und Südosten drängten. 679 verhinderten die Assyrer, wahrscheinlich nördlich von Malatia, ein weiteres Vordringen des Kimmerierfürsten Tschischpis nach Süden. In der Folgezeit schloß Assarhaddon mit dem Skythenfürsten Partatua ein Bündnis und gab diesem eine Tochter zur Frau. 673 mußten die Kimmerier erneut von dem nordmesopotamischen Schubria abgewehrt werden.

## DER NAHE OSTEN IM ALTERTUM

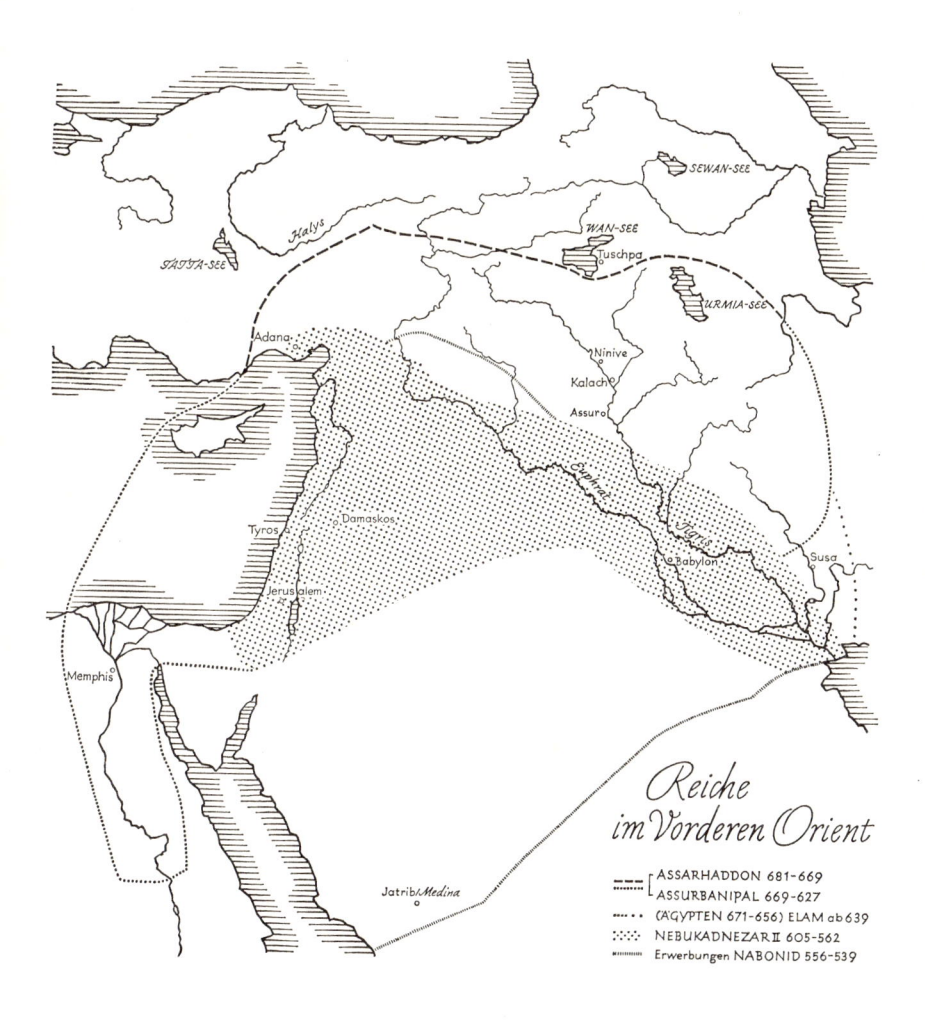

*Reiche im Vorderen Orient*

--- ASSARHADDON 681-669
······· ASSURBANIPAL 669-627
··· · (ÄGYPTEN 671-656) ELAM ab 639
:::: NEBUKADNEZAR II 605-562
▬▬▬ Erwerbungen NABONID 556-539

    Ziemlich verworren waren die Verhältnisse in Iran. Das einst gute Verhältnis zum Königreich von Man, dessen assyrisch-iranische Mischkultur durch Jagdbilder eines in Ziwije südöstlich des Urmiasees gefundenen Bronzekessels eindrucksvoll bezeugt ist, hatte einer tiefen Feindschaft Platz gemacht. 674 wurde Man selbständig und annektierte etliche vorgeschobene Festungen der Assyrer. Also drangen assyrische Heeresgruppen durch das pferdereiche Zamua, das damals als Vasall zu Assyrien hielt, weit in das Innere Irans bis zur großen Salzwüste vor und konnten verschiedene medische Fürstentümer durch Vasallenverträge eng an Assyrien binden. Weiter im Norden machten die Meder freiwillig oder gezwungen mit den Kimmeriern unter Kschatrita (assyrisch Kaschtarit, von den Griechen Phraortes genannt) und den Mannäern gemeinsame Sache gegen Assyrien und drängten es in die Defensive. Von den schweren Sorgen, die Kschatrita Assarhaddon bereitete, berichten dessen im traditionell überheblichen Stil gehaltene Inschriften natürlich nichts; wir können sie aber aus den zahlreichen Opferschauanfragen herauslesen, die uns meist in Bruchstücken erhalten sind. Auch sonst wurden von alters her die Götter gebeten, aus den Eingeweiden der Opfertiere erkennen zu lassen, ob ein geplanter Feldzug Erfolg haben, ein Bau gelingen werde. Kein König hat aber nach unserer Kenntnis in wenigen Jahren so oft die Götter befragt, und zwar sehr oft weniger nach dem Erfolg eigener Unternehmungen, sondern nach erwarteten Angriffen der Feinde. Wir lesen da: »Schamasch, großer Herr, beantworte mir mit zuverlässiger Zusage, was ich dich frage!... Werden innerhalb der nächsten vierzig Tage und Nächte... Kaschtarit, der Stadtherr von Karkaschschî oder der Sapardäer Dusanni oder die Kimmerier, Meder oder Mannäer oder irgendein Feind die Stadt Kilman einnehmen?« Diese Anfrage zeigt auch, daß Assarhaddon mit militärischen Mitteln die Einnahme dieser iranischen Stadt nicht glaubte verhindern zu können. Weniger deutlich lassen die Berichte der Beamten und Offiziere aus den Grenzprovinzen erkennen, daß man damals durchaus nicht immer optimistisch in die Zukunft sah. Allerdings hatte Assarhaddon Glück: die verschiedenen Völker Westirans waren damals noch zu uneinig, um gegen die assyrische Militärmacht entscheidende Schläge zu führen. Sie konnten einige vorgeschobene Garnisonen ausheben, aber nicht viel mehr. In den gleichen Nöten fragte Assarhaddon übrigens auch oft ekstatische Priester und Priesterinnen vor allem der Ischtar und erhielt von diesen Orakel in oft sehr schwer verständlicher Sprache, die stets mehr oder weniger günstig lauteten und immer wieder den Satz enthielten: »Fürchte dich nicht!« Vielen früheren Königen brauchte man diesen Satz nicht zuzurufen!

Aber auch in Assyrien selbst gab es Anlaß genug zur Sorge, da die Parteien, die den Vorgängern so viel zu schaffen gemacht hatten, noch da waren. Oft wußte der mit gutem Grund mißtrauische König nicht, ob ein Beamter, den er ernennen wollte, wirklich den Beamteneid halten und die Befehle des Hofes ausführen oder nicht manchmal anderen sein Ohr leihen werde. Er fragte daher auch den Sonnengott, der aber schließlich nur durch die Opferschaupriester reden konnte, die ihr Gutachten aber sicher nicht nur nach den Grundsätzen der Opferschaulehre abgaben. Der älteste Sohn Assarhaddons starb wohl bald nach seiner Ernennung zum Kronprinzen. Gegen den nächsten Sohn, Schamaschschumukîn, hatte die assyrische Nationalpartei etwas einzuwenden, da er die babylonfreundliche Linie wohl noch entschiedener als der Vater vertrat. Sie erreichte es, daß der jüngere Sohn Assurbanipal, der ursprünglich zum Priester bestimmt war, 672 Kronprinz wurde, aber neben ihm Schamaschschumukîn Kronprinz für Babylon blieb, eine höchst merkwürdige Kompromißlösung, die schon damals Kopfschütteln und Proteste ausgelöst hat. Der Astrologe Adadschumussur, einer der interessantesten und gebildetsten Höflinge der Zeit, schrieb empörte Briefe und nahm sogar in Kauf, daß er zeitweise in Ungnade fiel. Von ihm stammt vielleicht die eigenartige Erzählung von der im Traum erlebten Unterweltfahrt eines assyrischen Kronprinzen, die offenbar als getarnte politische Propaganda zu deuten ist.

Assurbanipal auf dem Prunkwagen
Relief vom Palast des Königs in Ninive, um 640 v. Chr. Paris, Louvre

Verfolgung arabischer Kamelreiter durch assyrische Truppen
Reliefs vom Palast Assurbanipals in Ninive, um 640 v. Chr.
London, British Museum

Leider verstehen wir wegen der schlechten Erhaltung der Tafel die meisten Anspielungen nicht.

Auf einem Reichstag im Mai 672 wurden die assyrischen Großen, die Priester und Bürger auf die Thronfolgeregelung feierlich vereidigt. Zu diesem Reichstag schickten auch viele Vasallenfürsten ihre Gesandten oder kamen selbst und wurden auch schriftlich zur Treue gegen Assurbanipal im Falle des Todes Assarhaddons verpflichtet. Kürzlich wurden in Kalach einander ergänzende Bruchstücke des umfangreichen Treueschwurvertrages gefunden, der dort von neun iranischen Fürsten, zumeist Medern, in assyrischer Sprache hinterlegt wurde. Die sehr großen Tafeln mit je etwa sechshundertsiebzig Zeilen Text waren teilweise mit älteren assyrischen Königssiegeln gesiegelt. Die Verträge nennen erst die Partner der »Eide« und die göttlichen Zeugen, dann folgen in dreiunddreißig Paragraphen die einzelnen Verpflichtungen, die den Fürsten zur späteren Unterstützung Assurbanipals auferlegt wurden. Sehr umfangreich sind die Fluchandrohungen für die Fürsten, wenn sie ihre Eide nicht halten sollten. Vieles ähnelt den älteren Verträgen, anderes haben sich wohl die abfassenden Beamten ausgedacht, so den Wunsch, daß die vertragsbrüchigen fürstlichen Familien wegen unerträglichen Taubengurrens keine Nacht Ruhe finden sollten.

Neben den Nöten an der Nordostgrenze und im Inneren schreckte den König Assarhaddon immer wieder seine schlechte Gesundheit, deren Wiederherstellung seinem tüchtigen Leibarzt Aradnanâ nur mangelhaft und für kurze Zeit gelang. Da waren für Assarhaddon die Mondfinsternisse, darunter zwei totale 671, die man schon voraussagen konnte, in besonderem Maße Anlaß zur Angst. Um die in einem großen astrologischen Werk verzeichneten üblen Folgen der Finsternisse für den König abzuwehren, verfiel man auf die alte Praxis, einen Ersatzkönig für die kritische Zeit einzusetzen, ein Verfahren, das schon Erra'imitti von Isin 1861, freilich ohne Erfolg, geübt hatte. In den zwölf Jahren Assarhaddons geschah das nicht weniger als dreimal, wir erfahren aus Briefen und einem Ritualbruchstück allerlei darüber. Einmal nahm man als Ersatzkönig für die hundert Tage, in denen der König seine Regierung als »Bauer« weiterführte, den Sohn eines kleinen Beamten von Akkade. Während bei einer anderen Finsternis der Oberrichter als »Vertreter« des Königs starb und damit das böse Vorzeichen erfüllt schien, geschah 671 nichts dergleichen. Also mußte nach der Ritualvorschrift der unglückliche Ersatzkönig am Ende der hundert Tage samt seiner Frau sterben, worauf beide wie Könige dem Ritus gemäß bestattet wurden. Dieser Kult ist zweifellos ein verkapptes Menschenopfer und überdies ein Versuch, die Götter zu betrügen. Da die babylonische und assyrische Religion anders als die phönikische in der für uns überblickbaren Zeit die Menschenopfer ablehnten, muß die Angst des Königs sehr groß gewesen sein, daß er einen solchen Weg zur Rettung seines Lebens beschritt. Allerdings kannte auch das damalige assyrische Recht höchst barbarische Strafklauseln für Vertragsbrecher. Selbst wenn es nur um bescheidene Beträge ging, konnte ihnen auferlegt werden, einen Liter verstreuter Senfkörner einzeln mit der Zunge aufzulesen, ein Pfund Wolle zu essen und darauf viel Wasser zu trinken, was sicher meistens zum Tode durch Darmzerreißung führte, oder einen Sohn in den Tod zu geben. Städtische Kultur und Zivilisation und primitive Barbarei wohnten damals nah beieinander.

Die Bildkünstler hat Assarhaddon wenig angeregt. Die in Syrien aufgestellten Stelen, von denen drei gefunden wurden, zeigen ihn in recht plumper Darstellung überlebensgroß, wie er Abdimilkutti von Sidon und einen ägyptischen Prinzen, die nur ein Drittel seiner Größe haben, am Nasenseil führt. Die aus Tiglatpilesars Palast in Kalach entnommenen Reliefplatten, die er mit der Rückseite nach vorn in seinem Palast aufstellen ließ, hat er nicht mehr neu mit Reliefs versehen lassen können.

Assarhaddon war an Begabung und schöpferischer Phantasie weder seinen Vorgängern noch Assurbanipal ebenbürtig, hatte aber wohl mehr die Gabe zum Verhandeln, wo Gewalt nichts nützte, und besaß einen klareren Blick für die Grenzen seiner Macht. Mit der Eroberung Ägyptens war ihm noch einmal ein großer Erfolg beschieden. 669 aber fielen drei der 671 eingesetzten Gaufürsten wieder zu Taharka ab und bedrohten damit die assyrische Besatzungsmacht. Assarhaddon schickte sofort den General Schanabuschu nach Ägypten und hielt es für notwendig, ihm mit einem größeren Heer zu folgen. Den Strapazen des Marsches war er aber nicht mehr gewachsen und starb auf dem Wege in Syrien oder in Palästina.

## *Assurbanipal (669–627)*

Die so umstrittene Thronfolgeregelung durch Assarhaddon bewährte sich zunächst. Trotz des Todes seines Vaters fern der Heimat konnte Assurbanipal ungehindert den Thron besteigen und seinen Bruder Schamaschschumukin (669–648) in Babylon einsetzen. Ein recht energischer Brief seiner Großmutter Nakija zeigt, daß sie sich auf seine Seite stellte und noch Einfluß genug hatte, um einen etwa geplanten Widerstand im Keime zu ersticken. Die alte Dame hatte gewiß ebenso wie Assarhaddon die überlegenen Fähigkeiten Assurbanipals erkannt, der uns in einer besonders lebendig abgefaßten Inschrift von seiner vielseitigen Erziehung, wenn auch leicht übertrieben, erzählt. Als Priesterschüler hatte er nicht nur schreiben und rechnen, sondern die ganze traditionelle Wissenschaft erlernt, so daß er mit Gelehrten diskutieren und auch sumerische Tafeln, angeblich aus der Zeit vor der Sintflut, lesen konnte. Außerdem liebte er es, sich als Waffenschmied zu betätigen; dazu pflegte er alle Arten des Waffensports, schleuderte »schwerste Lanzen wie einen Pfeil« und war ein vorzüglicher Reiter. Als Kronprinz hatte er auch die Verwaltung des Riesenreichs genau kennengelernt und war somit wirklich allseitig auf sein hohes Amt vorbereitet. Der alte Adadschumussur begrüßt ihn denn auch in einem Brief geradezu überschwenglich. Sogar die Natur schien der dauernden Katastrophen müde zu sein und schenkte im ersten Jahr des Königs eine Rekordernte mit »fünf Ellen langen Halmen und Ähren von fünf Sechstel Ellen«, wie man sich dreißig Jahre später noch erzählte. Auch die kommenden Jahre brachten reiche Frucht.

Anfangs war Assurbanipals Außenpolitik fast überall erfolgreich. Den ägyptischen Aufstand von 669 hatten Assarhaddons Generäle nach längeren Kämpfen, in die er selbst noch eingegriffen haben will, 668 niedergeworfen. Taharka verzichtete jetzt auf weitere Versuche, Ägypten wiederzugewinnen. Sein Neffe Tanutamun aber ging 664 erneut zum Angriff über, so daß Assurbanipal gegen ihn ziehen mußte und ihn nach einem Sieg über Theben hinaus nach Süden verfolgte. Die Fürsten Syriens und Kilikiens, darunter Ba'al von Tyros, zogen es nun vor, ihre Tribute und als Geiseln ihre Töchter für das Frauenhaus zu senden. 656 machte sich jedoch der von Assurbanipal als Gaufürst von Saïs eingesetzte Psammetich nach sorgfältiger Vorbereitung mit Hilfe von karischen und ionischen Söldnern zum König von ganz Ägypten, vertrieb die Assyrer und verhinderte gleichzeitig die Rückkehr der Äthiopier. Assurbanipal war klug genug, das ferne Ägypten jetzt abzuschreiben und nicht noch einmal die Eroberung zu versuchen. Die Fürsten Syro-Phönikiens lösten sich nur da, wo ihre Untertanen durch die assyrische Deportationspolitik noch nicht entnationalisiert waren, nach und nach von Assyrien. Zu einer organisierten Gegenbewegung kam es aber nicht, da die Oberherrschaft des wieder erstarkenden Ägyptens ebensowenig beliebt war. Psammetich hatte sich bei der Vertreibung der Assyrer der aktiven Unterstützung Lydiens unter Gyges erfreut. Assurbanipal berichtet, Guggu von Luddi habe zunächst gemäß einer im Traum von Assur erhaltenen Aufforderung ein Bündnis mit ihm gegen die Kimmerier gesucht und diese darauf geschlagen. Später schickte Guggu keine Gesandten und Tribute mehr, dafür aber Truppen nach Ägypten. Da Assyrien das ferne Lydien nicht bestrafen konnte, betete Assurbanipal zu Assur und Ischtar, sie möchten Guggu tot vor seine Feinde werfen. Als dieser 652 den Kimmeriern allein gegenüberstand und dabei Thron und Leben verlor, verzeichnete Assurbanipal das triumphierend als Gebetserhörung. Des Gyges Sohn Ardys suchte daraufhin schleunigst wieder ein Bündnis mit Assyrien, angeblich mit den Worten: »Du, der König, den Gott kennt, verfluchtest meinen Vater, und es kam Böses. Grüße mich als deinen Knecht, und ich will dein Joch ziehen!« Solche erfundenen Reden streute Assurbanipal gern in seine Erzählungen ein.

Die Freude über diese Ereignisse und der Sieg über die Mannäer waren nur ein schwacher Trost angesichts des 652 nach umfangreichen Vorbereitungen ausbrechenden Aufstandes in Babylonien. Obwohl Assurbanipals Verhältnis zu seinem Bruder Schamaschschumukin anfangs recht gut schien, fühlte sich dieser doch bald und gewiß nicht ohne Grund zurückgesetzt und nutzte die Befreiung Ägyptens aus, um eine große Koalition aus Iraniern, Elam, den Aramäerstämmen, Arabern und Ägypten gegen seinen Bruder auf die Beine zu bringen. Da sein Geheimdienst offenbar versagt hatte, wurde Assurbanipal zunächst überrascht, faßte sich aber rasch und schlug zu, ehe sich die Heere der Verbündeten vereinigen konnten. Das günstige Orakel, von unbekannter Hand auf eine Sin-Statue geschrieben, schien sich zu erfüllen. Er besiegte die Truppen seines Bruders und belagerte ihn in Babylon, schloß aber gleichzeitig die anderen ihm feindlichen Städte Babyloniens ein. Da Elam durch innere Schwierigkeiten nicht zum Eingreifen bereit war, unternahmen nur wenige auf Kamelen kämpfende Araberstämme den Versuch, Babylon zu entsetzen; ihre geschlagenen Reste mußten in der Stadt Zuflucht suchen. Dadurch verschlimmerten sich Hunger und Seuchen, die dort ohnehin schon wüteten; Assurbanipal behauptet, die Bewohner hätten schließlich ihre Kinder gegessen. Als dann 648 die Assyrer zum großen Sturm auf Babylon ansetzten, waren die Kräfte der Verteidiger erschöpft, und die Belagerer drangen in die Stadt. Ein grauenhaftes Gemetzel setzte ein, aber die Stadt wurde nicht wieder zerstört. Schamaschschumukin stürzte sich in die Flammen seines brennenden Palastes. Einige besonders verhaßte Anführer wurden später als »Totenopfer« für Sanherib abgeschlachtet, an dessen Ermordung wohl auch Babylonier beteiligt waren. Statthalter und später Unterkönig in Babylon wurde Kandalānu (648–627). Gegen die Araber kam es später noch zu Vergeltungsfeldzügen, die tief in die Wüstensteppengebiete hineinführten und für längere Zeit die Stoßkraft der nordarabischen Stämme brachen.

Am langwierigsten war die große Auseinandersetzung Assyriens mit Elam; sie zog sich über dreißig Jahre hin. Schon während des Ägyptenfeldzuges von 664 versuchte der Elamier Urtaku, einen Teil Babyloniens zu besetzen, wurde aber von den assyrischen Generälen hinausgeworfen und starb sehr bald. Nun setzte in Elam eine Zeit innerer Wirren ein, deren Verlauf teilweise noch undurchsichtig ist. Zu den Streitpunkten zwischen den Parteien gehörte natürlich auch das Verhältnis zu Assyrien, mit dem einige den Ausgleich suchten. Die Anhänger einer unbedingt assyrienfeindlichen Politik setzten sich aber immer wieder durch, hatten jedoch nicht die Macht, ihre Politik erfolgreich auszuführen. Wie so oft verband sich Te'umman (664–655) mit den Aramäern, wurde aber nach längeren Kämpfen nahe Susa vernichtend geschlagen und mit seinem Sohn getötet. Anknüpfend an Traditionen des elamischen Staatenbundes, setzten die Assyrer nun in den Städten mehrere miteinander rivalisierende Fürsten ein. Dadurch blieb die Unterstützung des Schamaschschumukin ganz ungenügend. In Elam jagte ein Aufstand mit Ermordung oder Flucht des Königs den anderen; es folgten mehrere Kriege, bis die Assyrer schließlich 640 Susa einnahmen, ausplünderten und großenteils zerstörten. Auch hier wütete die Rache fürchterlich. Mit einem schwachen Versuch 639, den Staat neu zu errichten, endete die Geschichte Elams als selbständiger Macht, aber auch seine für Babylonien so wichtige Rolle als Prellbock gegen die Völker Innerirans. Damit war der Weg für die Perser frei. Zunächst allerdings zog Kurasch (Kyros) I. es vor, Gesandte an Assurbanipal zu schicken (um 639), da er wohl Rückendeckung gegen das immer mächtiger werdende Medien brauchte. Assyrien und Medien hatten zur Zeit Assurbanipals anscheinend wenig Berührungen miteinander.

In den Jahren nach 640 stand Assurbanipal auf der Höhe seiner trotz des Verlustes von Ägypten immer noch sehr bedeutenden Macht. Seit den Tagen Sargons II. war sie bei vielen Wechselfällen an den verschiedenen Grenzen im ganzen bewahrt, aber nicht mehr wesentlich vergrößert worden. Assurbanipal, der selbst übrigens wohl nicht sehr oft zu Felde zog, hatte kein großes außenpolitisches Konzept, wie es seine Vorfahren hatten, sondern begnügte sich mit der meist erfolgreichen Abwehr von unmittelbar drohenden Gefahren; die neuen Machtzentren, die sich in größerer Entfernung von Assyrien bildeten, beachtete er nicht, da sie ihn nicht direkt bedrohten. Sein großes Verdienst war es, daß er die Bedeutung der geistigen Kräfte neben den militärisch-politischen erkannte und viel zu ihrer Anregung tat. Gewiß diente er damit zugleich seiner ungewöhnlichen Eitelkeit, da er bei der Pflege von Kunst und Literatur seine eigene Gelehrsamkeit oft genug leuchten lassen konnte; aber ohne ein echtes Interesse hätte sich seine Eitelkeit eben anders und weit weniger fruchtbar ausgewirkt.

Seine mit Recht bekannteste Leistung ist die Gründung der großen Bibliothek von Ninive. Er konnte dabei an Erfahrungen anknüpfen, die man beim Aufbau von Archiven der Verwaltung und vor allem der großen Tempel gesammelt hatte. Um eine so vollständige

Der Sieg Assurbanipals über die Elamiter unter König Te-umman am Ufer des Ulai
Relief vom Palast Sanheribs in Ninive, um 640 v. Chr.
London, British Museum

Ruinen von Babylon mit den Resten des Ischtartores Nebukadnezars II., um 570 v. Chr.

Erfassung der literarischen Überlieferung hatten sich jedoch vor ihm allenfalls die Hethiterkönige in Hattusas bemüht. Die Briefe geben uns aufschlußreiche Einblicke in die Sammeltätigkeit des Königs. Überall spürte er den »die Weisheit des Gottes Nabû« enthaltenden Tafeln nach, die er aber meist nur entlieh, um eine oder mehrere Abschriften anfertigen zu lassen; die Abschriften reihte er dann, mit seinem Bibliothekskolophon versehen, in die Sammlung ein. Hier gab es keine »flüchtigen Exzerpte«, wie sie die Priester in Assur so oft vornahmen, sondern nur sorgfältig geprüfte, saubere Abschriften, in denen Fehler selten sind. In den Unterschriften nennt er sich meist selbst den Schreiber, das ist aber orientalischer Hofstil; in Einzelfällen könnte es übrigens sogar stimmen. Sicher hat er beim Aufbau der Bibliothek sehr tüchtige Mitarbeiter gehabt, die nicht zuletzt auch eine vielbewunderte Ordnungs- und Katalogisierungsarbeit leisteten; ohne seine eigene Initiative aber wäre die Arbeit wahrscheinlich schon früh steckengeblieben. Obwohl die Tafeln der Bibliothek bei der Zerstörung von Ninive oft in kleinste Stücke zerschlagen wurden, stände die Assyriologie ohne diese Reste nicht da, wo sie heute steht.

Assurbanipal hat zumeist in Ninive residiert. Dort ließ er neben den Palast Sanheribs einen neuen bauen, dessen Grundriß nur unzureichend bekannt ist. Aber Hunderte von Reliefplatten sind geborgen worden, über deren ursprüngliche Anordnung freilich ausreichende Aufzeichnungen fehlen. Die Themen aus dem kultischen Bereich traten hier sehr zurück; bei dem berühmten Bild von Assurbanipal und seiner Gemahlin in der Weinlaube steht nicht fest, ob das alte Motiv des heiligen Kultmahls hier noch ein wirklich religiöses war. Die großen Folgen von Schlacht- und Jagdbildern lassen nur selten Fortschritte gegenüber der Zeit Sanheribs erkennen. Die Versuche, figurenreichere Schlachtbilder zu schaffen, sind wegen der Unübersichtlichkeit der im einzelnen sehr sorgfältig gearbeiteten Kompositionen kaum geglückt, am besten sind noch die Darstellungen der Kamelreiterschlachten mit den Arabern gelungen, oft in vier übereinanderliegenden Bildstreifen von geringer Höhe. Besonders zahlreich sind die mit kurzen Beischriften versehenen Bilder aus den Kriegen gegen Elam. Da der König die Jagd sehr liebte, waren mehrere Räume des Palastes mit Jagdbildern geschmückt. Während die Darstellung der Menschen hier selten über das Konventionelle hinausführt, finden sich bei den Tierbildern die bekannten unübertroffenen Meisterwerke. Die voll Wut anspringenden und sterbenden Löwen sind ebenso großartig gestaltet worden wie die gewaltigen, blutgierigen Jagddoggen; aber auch die persischen Wildesel mit ihren Füllen, die Kampfkamele und Gazellenherden haben liebevolle Beobachter und meisterhafte Zeichner gefunden. Eine Überladung der Bildfläche mit Figuren wurde von den Künstlern vermieden. Die todbringenden Pfeile sehen wir im Flug; und der grausame Todeskampf bei Tier und Mensch wird realistisch, aber dadurch etwas gemildert wiedergegeben, daß auch die Mutterliebe der Tiere und freundlichere Züge bei den Menschen gezeigt werden.

## *Die Kultur zur Zeit des neuassyrischen Großreichs*

Über Babylonien zwischen etwa 1050 und 750 sind wir recht unvollkommen unterrichtet, da wir außer den Grenzsteinurkunden und wenigen anderen Königsinschriften kaum sicher datierbare Texte haben. Und doch kann der Strom der Überlieferung in den Schulen der großen Tempel nicht abgerissen sein, wie die Fülle von Abschriften älterer Werke aus der Zeit nach 750 zeigt. Auch an originalen Schöpfungen hat es damals gewiß nicht gefehlt; es gibt aber nur ziemlich wenige Dichtungen, die wir mit einiger Wahrscheinlichkeit in diese Zeit datieren können. Der Aufbau des Staates hat sich seit der späten Kassitenzeit wohl nicht sehr stark verändert, auch wenn sich der feudale Staat infolge der vielen Umwälzungen immer mehr in einen Beamtenstaat umbildete. Über die Funktionen der verschiedenen Gruppen von Beamten wissen wir nur wenig. Nach 750 aber fließen die Quellen wieder reichlicher. So haben wir viele Briefe assyrischer Beamter und Agenten in Babylonien, die ihrem König über die dortigen Verhältnisse berichten; doch erfahren wir da mehr über die unruhigen Aramäerstämme auf dem Lande als über die Städte. Wir sehen nur, wie mächtig hier Priesterschaft und Bürgertum waren; auch die assyrischen Eroberer hielten es immer wieder für zweckmäßig, darauf Rücksicht zu nehmen. Eine Überlegenheit Babyloniens bestand wohl allenfalls noch auf dem Gebiet der Literatur; sonst hatte Assyrien aufgeholt oder war in der Bau- und Bildkunst Babylonien sogar weit überlegen.

Die ranghöchsten Beamten waren in Assyrien der Tartan (»der Folgende«), der den König, wenn notwendig, vertrat, dann der Palastvogt, der Obermundschenk, der Palastverwalter und der Präfekt des eigentlichen Assyriens. Ihnen unterstanden Vertreter und Schreiber sowie oft eine große Zahl von örtlichen Behörden. Dazu kamen die Generalität und das Offizierskorps, dessen Spitzen oft gleichzeitig hohe Staatsfunktionen innehatten. Die Herstellung der Waffen und Fahrzeuge, die Aufzucht und Pflege der Pferde für das zuletzt wohl einige hunderttausend Mann umfassende Heer erforderten ein gewaltiges Personal. So stand ein beträchtlicher Teil der Assyrer direkt oder indirekt im Staatsdienst und weitere im Dienste der Tempel und Städte. Nur durch ausgiebige Heranziehung der Unterworfenen fand man immer wieder die für die vielfachen Funktionen notwendigen Menschen, zumal da Kriege und Seuchen oft einen hohen Blutzoll forderten. Die Landbevölkerung war weithin vom Staat abhängig, wenn er ihr auch durch seine Fürsorge für die Bewässerung sehr viel half. Ein großer Teil der Kriegsgefangenen wurde versklavt, doch läßt sich der Anteil der Sklaven an der Gesamtbevölkerung nicht einmal ungefähr abschätzen. Die Zahl der Sklavenverkaufsurkunden indes ist sehr groß. Merkwürdig ist, daß man aus neuassyrischer Zeit keinerlei Reste von Gesetzessammlungen fand; aller Wahrscheinlichkeit nach haben die Könige sich als Gesetzgeber nicht betätigt. Das Strafrecht ist uns auch durch Urkunden nicht bezeugt, da die Richter ihre Urteile meist nicht schriftlich ausfertigten. Im bürgerlichen Recht im weiten Sinn des Wortes galten wohl feste gewohnheitsrechtliche Normen. Die Stellung der Frau war viel weniger frei als in Babylonien, auch wenn sich Königinnen, wie wir sahen, und Orakelpriesterinnen ausnahmsweise einen großen Einfluß verschaffen konnten. Die Eheverträge sind teilweise noch als Kaufurkunden stilisiert, ähnlich auch Adoptionsverträge. Die Geldwirtschaft war noch nicht voll ausgebildet, obwohl Edelmetalle aus Kriegsbeute und Tributen sehr viel reichlicher vorhanden waren; Gold wird vor allem in Strafklauseln gefordert.

Das Bild von der Religion Babyloniens und Assyriens, das wir aus den Texten der Zeit ablesen können, ist in sich noch widerspruchsvoller als das uns von früher her vertraute. Nach außen hin herrschte ein in manchem bereits erstarrter Traditionalismus. In den Ritualen begegnet uns eine große Zahl von Göttern verschiedener Herkunft, die in ihrer Mehrzahl für den Glauben des Volkes gewiß keine Rolle mehr gespielt haben; ein beträchtlicher Teil findet sich nur in assyrischen Ritualen und läßt uns etwas ahnen von der Mannigfaltigkeit der Lokaltraditionen im Norden Mesopotamiens. Die ihrer sprachlichen und rhythmischen Gestalt nach späten Hymnen prunken mit theologischer wie philologischer Gelehrsamkeit; die Häufung von oft dunklen mythischen Anspielungen und seltensten Wörtern hat sie gewiß auch damals nur den wenigsten verständlich gemacht. Echte religiöse Töne klingen kaum in ihnen an. Sie wurden auch in Assyrien in babylonischer Sprache abgefaßt, selbst wenn sie an Assur gerichtet waren, der jetzt fast nur noch in den Inschriften der Könige und in den Staatskulten angerufen wurde.

Die meisten Menschen suchten sich aus den vielen Göttern der Tradition ihren persönlichen Schutzgott heraus; bei besonderen Nöten riefen sie dazu noch den einen oder anderen Gott an; natürlich feierten sie die oft mehrtägigen örtlichen Götterfeste mit. In der Bildkunst spielten Genien eine große Rolle; wieweit sie sie auch für den einfachen Menschen spielten, ist noch nicht klar. Auch die assyrischen Könige bevorzugten nicht selten bestimmte Götter, ohne daß der Vorrang Assurs in Frage gestellt wurde. Für Assurnassirpal und andere in Kalach residierende Herrscher gewann Ninurta eine besondere Bedeutung. Vielleicht stammt aus Kalach auch ein Hymnus, den wir durch ein Tafelbruchstück aus Assur kennen: wenig geschmackvoll sind darin die anderen Götter zu Körperteilen Ninurtas reduziert. Später trat Ninurta wieder etwas mehr hinter Nabû zurück, der übrigens auch in Babylonien zu dem neben Marduk und Ischtar am meisten angerufenen Gott wurde. Adadnerari III. baute Nabû in Kalach einen Tempel mit dem Namen des alten Nabûtempels in Borsippa: Ezida. Ein hoher Beamter von ihm verstieg sich auf einer Stele zu der Aufforderung: »Auf Nabû vertraue, auf einen anderen Gott vertraue nicht!« Dieser Mann muß die anderen Götter nicht mehr ernst genommen haben, da er sonst bei einer solchen Äußerung deren Vergeltung hätte fürchten müssen. In den Namen von Assyrern nach 800 hat Nabû einen weiten Vorsprung auch vor Assur und Ischtar. Vereinzelt meldet sich in den Namen schon eine radikale Leugnung der Götter zu Wort; ein Name »Fürchte Gott nicht!« wäre früher auch als Einzelfall nicht denkbar gewesen. Daß ein Teil der assyrischen Götter damals im Glauben des Volkes noch durchaus lebendig war, können wir aber der Tatsache entnehmen, daß Jahrhunderte nach der Vernichtung Assyriens im parthischen Hatra (westlich von Assur) noch assyrische Götternamen auftauchen.

Neben dem Götterglauben stand die Dämonenfurcht nach wie vor sehr im Vordergrund. Vor allem der Totengeist und die kindermordende Lamaschtum erscheinen immer wieder. Zur Zeit Sanheribs hat man die magischen Kulte für Lamaschtum sehr lebendig auf amulettartigen Beschwörungsreliefs dargestellt. Ebenso begegnet häufig das fratzenhafte Gesicht des gegen die Dämonen angerufenen Gottes Pazuzu. Die Briefe zeigen die große Bedeutung der Magie am Krankenbett und bestätigen damit die medizinisch-magische Literatur. Daß sich daneben die Ärzte auch sehr ernsthaft um gute pflanzliche und mineralische Heilmittel bemühten, wird in den Briefen und der Literatur aber ebenso deutlich.

Da auch die spätere Zeit nicht zum Glauben an ein Leben nach dem Tode und an ein Totengericht kam, trieben die alten Fragen nach dem rechten Verhalten des Menschen gegenüber der Gottheit und nach der Gerechtigkeit Gottes die nachdenkenden Menschen weiter um. Die Antworten sind ganz verschieden. In einem Zwiegespräch in höchst kunstvoller, ja künstlicher Sprache streitet ein Leidender mit seinem Freund darüber. Der Freund verteidigt die Götter mit allen Argumenten der gelehrten Theologie, während der Leidende ihm immer wieder seine negativen Erfahrungen entgegenhält: der Böse entgeht so oft seiner Strafe, während der Fromme viel leidet. Schließlich gibt der Leidende nach und bittet die Götter für seine Zweifel um Vergebung; befreit vom Leid wird er aber nicht. Mit dem Buch Hiob hat dieses Zwiegespräch neben anderem auch die Frage nach dem rechten und dem falschen Trost gemeinsam. Wenn der Leidende den Rat des Freundes als Nordwind bezeichnet, so meint er damit, daß lieblos ausgesprochene theologische Richtigkeiten keinem Dulder helfen. Aus ähnlichen Gründen werden die drei älteren Freunde Hiobs scharf zurechtgewiesen.

Dagegen rät das sprachlich einfache, stellenweise witzige Zwiegespräch zwischen einem Herrn und seinem Sklaven dem Hörer den Weg der Skepsis an. Es besteht aus zehn gleichgebauten Strophen, die in ihrer Blasphemie recht weit gehen:

„Sklave, gehorche mir ganz!" — „Jawohl, mein Herr, jawohl!" — „Wecke mich alsbald und gib mir Wasser für meine Hände! Ich will meinem Gott ein Opfer bringen!"
„Bringe es, mein Herr, bringe es! Dem Mann, der seinem Gott ein Opfer bringt, geht es gut, eines über das andere wird ihm anvertraut!"
„Nein, Sklave, ich will meinem Gott kein Opfer bringen!"
„Tu es nicht, mein Herr, tu es nicht!
Du legst damit dem Gott nur nahe, daß er immer wie ein Hund hinter dir herlaufen soll. Entweder einen Kult oder ein magisches Bild oder etwas anderes wird er dann von dir verlangen!"

Am Schluß sagt der Sklave auf die Frage des Herrn »Was ist denn gut?«: »Meinen und deinen Hals brechen ist gut.« Damit sind alle Grundwerte der babylonischen Religion, aber auch der Wunsch nach einem langen Leben ins Lächerliche gezogen. Mindestens drei jüngere Abschriften zeigen, daß dieses Gedicht gern gelesen wurde.

Neue literarische Gestaltungen der alten Mythen gab es in dieser Zeit nicht mehr. Wohl aber hat im 8. Jahrhundert der babylonische Dichter Kabtilānimarduk unter dem Eindruck einer der schweren Epidemien seiner Zeit einen breit schildernden, aber eindrucksvollen Mythus vom Pestgott Era geschaffen, der trotz einer antiassyrischen Spitze vor allem in dem gleichfalls pestgequälten Assyrien oft abgeschrieben wurde. Der Dichter bezeichnete ihn als eine persönliche Offenbarung: »Den Verfasser ... ließ er (Era) es während der Nacht sehen. So wie er es ihm im Schlummer gesagt hatte, ließ er nichts aus und fügte keine einzige Zeile hinzu.« Wer die Dichtung in seinem Hause als eine Art von Amulett liegen hat, soll, so wird verheißen, von einer künftigen Seuche verschont werden. In dieser Weise hat sich noch nie ein Dichter auf eine persönliche Offenbarung berufen. Die einzigen Parallelen sind die Orakelsprüche im Assyrien der Zeit und – tausend Jahre früher – in Mari.

Nach einem kurzen Anruf an Marduk wird in diesem Mythus unter Einfügung langer Reden der Götter erzählt, daß Era nach einer Zeit der Ruhe erneut zu seinem grausigen Kampf mit Hilfe der wilden Siebenergottheit aufgerufen wird. Der Gott Ischum will ihn beruhigen, aber Era geht zu Marduk, um diesen zu überreden, ihm die Herrschaft über das Land eine Zeitlang zu überlassen. Marduk willigt schließlich ein und begibt sich zur Unterwelt. Nun fängt Era an zu wüten, unbewegt durch die Klagen der Götter und Menschen. Endlich gelingt es Ischum, ihn zu beruhigen. Era sagt, daß ein Land das andere und die feindlichen Länder im Bürgerkrieg sich selbst umbringen sollen; Akkade solle dann aber alle beherrschen, ein schwacher Akkader sieben starke Feinde wie Schafe abführen. Am Ende der Katastrophe steht also ein Segenswunsch nur für Babylonien, das für alles Ungemach entschädigt werden soll. So konnte ein Dichter wohl nur vor Tiglatpilesar III. in den Jahrzehnten sprechen, in denen Assyrien verhältnismäßig schwach war.

Eine ganz neue Gattung ist in dieser Zeit die weltliche Erzählung mit einem einfachen Mann als Haupthelden. Gewiß sind zu allen Zeiten Hunderte solcher Geschichten wie im späteren Orient umgelaufen, sie werden aber erst jetzt, wenigstens in Einzelfällen, literaturfähig. Ein Beispiel ist die erst kürzlich bekanntgewordene Verserzählung vom armen Mann von Nippur, der dem Statthalter der Stadt seinen einzigen Besitz, eine Ziege, schenkte in der Hoffnung auf eine noble Gegengabe, die seine Not lindern sollte. Doch der wies ihn schnöde ab. Nun beschloß er drei Rachehandlungen und sagte das auch dem Pförtner, der es aber nicht ernst nahm. Zuerst drang er als Bote des Königs verkleidet beim Statthalter ein, forderte viel Gold und verprügelte ihn »vom Kopf bis zur Fußsohle«. Dann kam er als Arzt zur Behandlung des Geschlagenen und verprügelte ihn noch einmal. Als man ihn nun verfolgte, verstand er es, die Verfolger zu trennen und den Statthalter allein zu erwischen und noch einmal zu prügeln, so daß dieser »kriechend in sein Haus eintrat«. Er selbst suchte nun das Weite. In dieser Erzählung haben sich die Wunschträume nicht weniger niedergeschlagen, die unter den hohen Herren zu leiden hatten.

Auf dem Gebiet der Wissenschaft war das erste Jahrtausend nur noch begrenzt fruchtbar. Die Philologie schuf viele Kommentare überwiegend mit Worterklärungen, aber auch Mythenkommentare, die Vorgänge in Riten nicht selten höchst abstrus ausdeuteten. Die Unterschriften sagen dann auch in solchen Fällen meistens, daß diese Werke nur für den Wissenden bestimmt seien. Im übrigen wurde gesammelt, ergänzt und immer wieder abgeschrieben. Einige mehr als früher erläuternde medizinische Werke und Erklärungen der Prinzipien der Leberschau stammen wohl auch erst aus dieser Zeit. Nach den Briefen spielte die Tageswählerei auf Grund der Kalenderwissenschaft eine größere Rolle als je zuvor. Kultrituale sorgten dafür, daß bei den Tempelopfern und -festen alles genauestens nach Vorschrift ausgeführt wurde. In Assyrien wurden neue Werke der Rezeptliteratur geschaffen, besonders für die Herstellung der verschiedenen Farbglasuren.

Bedeutende Leistungen vollbrachte diese Zeit, vor allem in Assyrien, wohl nur auf dem Gebiet der beobachtenden Astronomie. Erst jetzt wurden gemeinsam mit Griechen die langen Reihen genauer Beobachtungen angelegt, die für die Entwicklung einer rechnenden Astronomie nach 400 die unumgänglichen Voraussetzungen schufen. Finsternisse, Gestirnauf- und -untergänge, Konjunktionen und vieles andere wurden beobachtet und gemessen. Veranlassung für dieses Tun war neben dem Wunsch nach genaueren Zeitmessungen die Überzeugung, daß das Schicksal von König und Staat und manchmal auch der einzelnen von den Sternen abhing.

In der Bildkunst finden wir neben der bereits besprochenen großen Kunst ein blühendes Kunsthandwerk, das oft sehr zierlich geschnittene Siegelzylinder, glasierte Gefäße, Metall- und Steingefäße sowie mannigfache Figürchen aus Metall, Stein und Ton hervorbrachte.

## *Der Untergang des Assyrerreiches*

Nach 639, dem Jahr des großen Erfolges Assurbanipals gegen Elam, werden die bis dahin so reichlich fließenden Quellen für die Geschichte Assyriens sehr dürftig. Eponymenlisten fehlen schon seit 648, daher können wir selbst die Rechtsurkunden der Spätzeit nicht mehr genau einordnen. Ziemlich rätselhaft mußte es bis vor kurzem erscheinen, daß zwischen dem Höhepunkt der assyrischen Macht um 639 und dem Ende 609 nur dreißig Jahre lagen. Waren die Feinde wirklich so stark, daß sie die größte Militärmacht der damaligen Zeit niederringen konnten? Einige neue Quellen, die schon länger bekannten erst in das richtige Licht setzten, haben jetzt einiges geklärt; vieles bleibt allerdings nach wie vor dunkel.

Die wesentlichste neue Erkenntnis ist die, daß bereits gegen Ende der Regierung Assurbanipals, spätestens 632, ein Bürgerkrieg in Assyrien ausgebrochen sein muß. Wir haben keine eindeutigen Berichte darüber, sondern können nur aus sehr allgemein gehaltenen Andeutungen in den Inschriften von Assurbanipals jüngerem Sohn Sinscharischkun (629 bis 612) über vorausgegangene Unruhen und aus der Tatsache von zwei, zeitweilig drei nebeneinander regierenden Königen auf innere Auseinandersetzungen schließen. Assurbanipal hat in Harran nachweislich bis 627 regiert; in Nippur wurde, da es nicht dem Unterkönig Kandalānu in Babylon unterstand, noch im Juni 631 nach ihm datiert, wenig später aber schon nach seinem ältesten Sohn Assuretelilani (632–624). Das Doppeldatum der Abschrift einer Urkunde aus Nippur vom Herbst 629 belehrt uns, daß das dritte Jahr des letzteren dem Jahr der Thronbesteigung Sinscharischkuns entspricht. Assurbanipal muß also in seinen letzten Jahren von seinem Sohn oder seinen Söhnen aus Assyrien und Babylonien, gewiß nicht ohne vorausgegangene heftige Kämpfe, verdrängt und auf den westlichen Reichsteil mit Harran als Hauptstadt verwiesen worden sein. Ob damit zusammenhängt, daß Reste einer Art von Zweigstelle der Bibliothek von Ninive auf dem Sultantepe bei Harran gefunden wurden, muß vorläufig dahingestellt bleiben. Ein Teil der dortigen Tafeln ist freilich ganz ungewöhnlich fehlerhaft geschrieben.

In zwei leider sehr schlecht erhaltenen Urkunden sagt Assuretelilani: »Als mein Vater sich davongemacht hatte – ein häßlicher, sonst nur von Feinden gebrauchter Ausdruck! –, hat mich niemand aufgezogen.« Er rühmt dann den General Sinschumlischir, der sich seiner angenommen habe. Später hat sich dieser General aber selbst zum König gemacht, seine Regierung dürfte nur sehr kurz gewesen sein. Vorher muß er aber den Assuretelilani auf den Thron gehoben haben, der dann drei Jahre mindestens Teile Assyriens und Babyloniens beherrscht und in mehreren Städten gebaut hat. Aus Assyrien hat ihn sein Bruder Sinscharischkun schon 629 vertrieben, wie aus einer Inschrift aus diesem Jahr zu entnehmen ist; in Nippur aber hat er sich bis Ende 628 oder Anfang 627 halten können und nach dem Tode Assurbanipals (vermutlich Anfang 627) von Harran aus noch bis 624 den westlichen Reichsteil regiert. Danach fiel auch dieses Gebiet an Sinscharischkun, ob durch den Tod des Assuretelilani ohne Gewalt oder als Folge eines erfolgreichen Angriffs, entzieht sich unserer Kenntnis. Beide Brüder führten noch den traditionellen Titel »König der Welt«. Jedenfalls muß Assyrien durch die jahrelangen Auseinandersetzungen der drei rivalisierenden Könige sehr geschwächt, und mindestens Teile der Armee dürften demoralisiert worden sein. Dadurch war es für die kommenden Auseinandersetzungen denkbar schlecht gerüstet.

Wenn wir Andeutungen der Propheten Jeremia und Zephanja mit Nachrichten Herodots richtig kombinieren, muß in den kritischen Jahren um 626 eine Invasion skythischer Stämme nach Syrien und bis nach Palästina hinein schwere Verheerungen angerichtet haben; das in sich gespaltene Assyrien hat das nicht verhindern können und mußte schwere Einbußen hinnehmen, auch wenn schließlich die Skythen wieder zurückgeworfen wurden.

Spätestens Anfang 626 starb der von Assurbanipal in Babylon eingesetzte Kandalānu. Nach einem kurzen Interregnum, während dessen man »nach dem Tode Kandalānus« datierte, machte sich in Babylon der Chaldäer Nabupolassar zum König (626–605), der vorher einen assyrischen Angriff auf die Stadt abgewiesen hatte; gleichzeitig setzen ziemlich ausführliche Chroniken ein, die uns über die Hauptereignisse recht gut berichten. 625 bis 623 kämpften Assyrer und Babylonier auf babylonischem Boden mit wechselndem Erfolg gegeneinander, doch müssen die Assyrer wenig später nach schweren Kämpfen um Nippur Babylonien ganz geräumt haben. Da die Assyrer jetzt offenbar die Schwächeren waren, stellte sich Ägypten auf ihre Seite gegen die aufsteigende babylonische Macht, konnte aber den Gang der Ereignisse höchstens etwas verlangsamen.

Die andere neue Großmacht war das nun geeinigte Medien unter Kyaxares (Huvakhschatra, um 625–585). Ein erster Angriff der Meder auf Ninive vor 616 soll nach Herodot mit Hilfe der Skythen abgewehrt worden sein. Aber schon 615 nahmen sie Arrapcha (Kerkuk) ein und 614 als erste der assyrischen Hauptstädte Assur, das geplündert und gänzlich zerstört wurde. Kyaxares und Nabupolassar schließen nun ein förmliches Bündnis zur Vernichtung Assyriens, das die Aufteilung des Reichsgebietes vorsieht. 613 bringt ein assyrisches Heer bei Ana am Euphrat den Babyloniern noch eine Schlappe bei, doch 612 schon erliegt auch Ninive der Übermacht der Verbündeten wie wohl vorher schon Kalach.

Alle assyrischen Städte werden nun völlig zerstört und ausgemordet. Die Rache für das, was die Assyrer jahrhundertelang anderen Völkern angetan haben, tobt sich furchtbar aus. Die Ausgrabungen zeigen, wie gründlich das Zerstörungswerk betrieben wurde. Die Städte blieben nun für lange Zeit gänzlich unbewohnt; das eigentliche Assyrien fiel mit allen nördlichen Provinzen an Medien. Noch Xenophon fand bei seinem Rückzug das Land fast menschenleer.

Sinscharischkun erlitt bei der Eroberung Ninives wahrscheinlich im brennenden Palast den Tod. Doch gab es noch ein kurzes Nachspiel. In Harran machte sich der Führer der letzten noch gebliebenen assyrischen Armee zum König und nahm den Namen Assuruballit II. (612–609) an, also den Namen des Begründers der assyrischen Macht nach der Mitanniherrschaft. Doch trotz des Namens gelang kein neuer Anfang. Ägypten raffte sich erst nach der Thronbesteigung Nechos 609 auf, um mit einem großen Heer Assyrien zu Hilfe zu kommen, wurde aber von Josia von Juda bei Megiddo aufgehalten. Trotz ihres Sieges dort kamen die Ägypter zu spät, denn 610 fiel Harran; und 609 müssen die letzten Assyrer kapituliert haben, da die Chronik für die folgenden Jahre kein Wort mehr über sie sagt. Das Schicksal der assyrischen Hauptstädte blieb Harran offenbar erspart, es erscheint einige Jahrzehnte später wieder als bedeutende Stadt. Die medisch-babylonische Grenze verlief zunächst südlich von Harran.

So endete das größte Reich des Orients vor den Persern mit einer Katastrophe, die die des Hethiterreichs noch bei weitem übertraf. Assyrien ist in erster Linie ein Militärstaat gewesen, der ohne immer neue Eroberungen nicht leben konnte. Wir dürfen aber über all dem Furchtbaren, das die assyrischen Heere angerichtet haben, die sehr bedeutende kulturelle Leistung Assyriens vor allem auf dem Gebiet der Kunst nicht vergessen. Das Perserreich ist Assyrien mit seiner politischen Organisation und mit seiner Kunst in vielem sehr verpflichtet.

## *Das Chaldäerreich (626–539)*

Über vierhundert Jahre lang war Babylonien kein politischer Faktor von größerer Bedeutung mehr gewesen. 729 hatte es sogar seine Selbständigkeit verloren und nur ganz vorübergehend einige Male wiedergewonnen. Mit dem politischen war ein kultureller Niedergang auf vielen Gebieten verbunden gewesen. Als nun der Chaldäer Nabupolassar es 626 unternahm, das Land wieder auf eigene Füße zu stellen, fand er in den Jahrhunderten vor ihm keine Vorbilder, an die er sich hätte halten können. Er mußte sie im Babylonien Hammurabis suchen und noch früher in der großen Zeit der Akkade-Könige. Daß er ebenso wie sein Sohn hier anknüpfte, zeigen Schriftform und Sprachgestalt seiner Inschriften, die recht wenig glücklich altbabylonische Formen, bisweilen sogar die altakkadische Schreibweise nachzuahmen suchen. Man muß also einige Inschriften der alten Könige gekannt und im wesentlichen noch verstanden haben. Die späten Aramäer standen aber der alten Sprache zu fern, um sie als Literatursprache wirklich neu beleben zu können.

Nabupolassar (626–605) war von geringer Herkunft und nannte sich »Sohn eines Niemand«, einst eine verächtliche Bezeichnung für feindliche Usurpatoren, oder auch »schwach, Kümmerling«, legte sich also Titel bei, die jeder frühere König weit von sich gewiesen hätte. Um so deutlicher brachte er dadurch den Glauben an seine Erwählung durch Marduk und andere Götter zum Ausdruck; sie haben ihn vollbringen lassen, was ihm gelang. Er macht ganz den Eindruck eines ungewöhnlich bescheidenen, ja aus echter Frömmigkeit lebenden Königs, obwohl auch bei ihm die traditionellen Titel zum Preise der eigenen Leistung nicht fehlen. Immerhin hatte er viele nicht alltägliche Erfolge zu verzeichnen. In Nabupolassar zeigte sich die babylonische Religion noch einmal von ihrer besten Seite. Dem in Babylonien herkömmlichen Stil entsprechend, erzählte er nichts von seinen Kämpfen, wenn er auch die Vernichtung Assyriens kurz erwähnte. Näheres hören wir nur aus den Chroniken. Er begann umfangreiche Bauarbeiten an den verfallenen Tempeln von Babylon und an den Kanälen, konnte sie aber ebenso wie den Neuaufbau eines babylonischen Großreichs nicht mehr vollenden, weil er verhältnismäßig früh krank wurde und starb.

Sein Sohn, dem er den seit dem 12. Jahrhundert berühmten Namen Nebukadnezar II. (Nabukudurriussur, 605–562) gab, wurde eine der bedeutendsten Herrschergestalten Babyloniens. Vom Vater früh mit allen Pflichten eines Königs vertraut gemacht, führte er schon 607 eine babylonische Armee und wurde 605 allein nach Syrien gesandt, um dem Pharao Necho, der nach vorbereitenden Operationen 606 mit einem großen Heer ganz Syrien seinem Reich angliedern wollte, entgegenzutreten. Denn Babylonien beanspruchte südlich der Grenze des Mederreiches alle früher assyrischen Gebiete für sich. Nebukadnezar erfocht bei Karkemisch einen glänzenden Sieg, verfolgte die Ägypter bis Hama und hätte sie vernichtet, wenn ihn nicht dort die Nachricht vom Tode seines Vaters erreicht hätte. So mußte er sofort umkehren, um die Herrschaft zu übernehmen. Doch bald war er wieder in Syrien und führte in den kommenden Jahren fast jedes Jahr einen Feldzug dorthin, traf allerdings nur selten auf ernsteren Widerstand; Askalon wurde 603 geplündert. Auch davon erfahren wir durch eine Chronik, die leider nur bis 594 reicht, während seine vielen Bauinschriften nur gelegentlich ganz allgemein gehaltene Hinweise auf militärische Erfolge bringen. 601 versuchte er in Ägypten einzudringen, zog sich aber nach einer verlustreichen Schlacht wieder zurück. Auch ein weiterer Angriff 567 blieb ohne Erfolg.

Die wegen ihrer weltgeschichtlichen Bedeutung bekanntesten unter den Syrienfeldzügen Nebukadnezars sind die gegen Juda 598/597 und 589/587, die mit der Zerstörung Jerusalems und der Wegführung großer Teile des jüdischen Volkes endeten. Über den ersten Zug lesen wir in der erwähnten Chronik: »Im 7. Jahr ... legte der König ein Lager gegen die Stadt von Juda an und eroberte sie am 2. Addar ( = 16. März 597), nahm den König gefangen und setzte einen ihm genehmen König ein. Ihren schweren Tribut brachte er nach Babylon.« Das bestätigt den Bericht der Bibel und fügt das genaue Datum hinzu. Urkunden aus Babylon, eine von 592, nennen den König Jojachin und andere Juden als Empfänger von Rationen. Nach den Annalen von Tyros belagerte Nebukadnezar Tyros von 586 bis 573, ohne die von Itoba'al beherrschte Inselfestung erstürmen zu können. Schließlich ergab sie sich, konnte aber erträgliche Bedingungen aushandeln. Aber auch mit inneren Schwierigkeiten hatte Nebukadnezar bisweilen zu tun. Ein großer Aufstand 595, dessen Ursache nicht genannt wird, wurde erst nach längeren Kämpfen blutig unterdrückt.

In seinem großen Reich, das ganz Syrien-Palästina von Karkemisch bis zur ägyptischen Grenze umfaßte, baute der König eine gut funktionierende Verwaltung auf, die in vielem sicher der assyrischen nachgebildet war. Trotz der ungeheuren Beträge, die er für seine Bauten und das Heer brauchte, wurde das früher verarmte Babylonien unter ihm zum reichsten Land von ganz Westasien und Babylon zur größten Stadt der Mittelmeerwelt. Die gewissenhafte Pflege der Kanäle und die Anlage neuer steigerte die Fruchtbarkeit des Bodens; er soll sogar ein großes Auffangbecken für das Frühjahrshochwasser angelegt haben. Handel und Gewerbe blühten; Tausende von Urkunden bezeugen die Mannigfaltigkeit der Transaktionen, die schon von richtigen Banken, wie zum Beispiel dem Haus Egibi und Söhne in Babylon und Uruk, finanziert wurden.

Die Bauten Nebukadnezars übertreffen in ihrem Ausmaß noch die der meisten Assyrerkönige und müssen während seiner langen Regierungszeit seinen Untertanen eine riesige Arbeitsleistung abgefordert haben, die gewiß nicht immer ohne drastische Zwangsmittel erzielt worden ist. Der größte Teil aller dieser Arbeiten galt Babylon. Da Nebukadnezar voraussah, daß eines Tages die große Auseinandersetzung mit Medern und Persern, den Bundesgenossen von gestern, kommen würde, wollte er die Stadt zu einer mit damaligen militärischen Mitteln uneinnehmbaren Festung machen. Daher verstärkte er zunächst die Doppelmauer um die alte Stadt und legte noch eine dreifache äußere Mauer an, die auch weite nichtbebaute Gebiete einschloß. Schließlich erbaute er etwa sechzig Kilometer nördlich von Babylon vom Euphrat zum Tigris die »Medische Mauer«, die nach griechischen Berichten dreißig Meter hoch gewesen sein soll. In die Nordwestecke der Stadt, an den Euphrat angelehnt, baute er zwei gewaltige Paläste mit Hunderten von Räumen und platzartigen Innenhöfen. Die Innenwände waren teilweise mit buntglasierten Ziegelreliefs geschmückt. In der sogenannten Südburg befanden sich auch die Terrassengärten, die Herodot als »hängende Gärten« rühmt.

Der Marduktempel Esangila mit dem Hochtempel Etemenanki und den zugehörigen Bauten übertraf alle früheren Tempel bei weitem. Seine Grundlagen waren seit Assarhaddon in unermüdlicher Arbeit gelegt, aber erst jetzt wurde er vollendet. Der Grundriß des Hochtempels maß einundneunzigeinhalb Meter im Quadrat und war in dieser ganz ungewöhnlichen Größe offenbar schon viel früher geplant worden. Da er jahrhundertelang unvollendet dastand, erzählte man sich allerlei Geschichten, die die biblische Sage vom Turm zu Babel aufgreift und neu deutet. Der Turm wurde später von Ziegelräubern fast bis auf die Fundamente abgetragen; so können wir uns von seinem Aussehen nur nach Beschreibungen einer babylonischen Tafel und den Berichten Herodots eine nicht in allem eindeutige Vorstellung machen. Er war danach genauso hoch wie breit und wurde in seinen Ausmaßen nur von den drei größten Pyramiden übertroffen. Auf fünf Kolossalstufen von insgesamt siebzig Meter Höhe mit großen Freitreppen erhob sich der zweistöckige Tempel mit einem Prachtbett für Marduk und Kulträumen auch für andere Götter. An der Ostseite des Tempelkomplexes entlang führte die große Straße für die Neujahrsprozession Marduks. Wo sie die innere Stadtmauer durchbrach, wurde das gewaltige, mit farbig emaillierten Ziegelreliefs bedeckte Ischtartor errichtet, das noch heute zwölf Meter hoch ansteht; die mit eintöniger Wiederholung dargestellten mythischen Tiere sollten ebenso wie die Löwen der Prozessionsstraße böse Mächte abwehren. An diesem nur durch Technik und Ausmaße imponierenden Schmuck wird erkennbar, daß weder der König noch seine Baumeister ein Kunstverständnis hatten, das mit dem der großen Assyrerkönige auch nur verglichen werden könnte. Hier wie in den wenigen Literaturwerken liegt nichts als geistig dürftige Nachahmung vor. Dabei war Nebukadnezar ohne Zweifel aufrichtig fromm – seine vielen Bauinschriften schließen wie bei Nabupolassar und seinen Nachfolgern fast immer mit Gebeten – und wollte für seine Götter sicher das Beste schaffen. Aber Babylon hatte keine Kunsttradition mehr.

Die anderen Tempel in Babylon waren sehr viel kleiner, so auch viele seiner Bauten in den anderen Städten. Äußerst großzügig hat er anscheinend in Ur geplant, doch konnte er die Bauten nicht vollenden. Eine gewaltige Anlage war auch der erneuerte Nabû-Tempel Ezida in Borsippa, dessen Tempelturm noch heute eine stattliche Ruine ist.

Nebukadnezars Sohn und Nachfolger Awilmarduk (562–560), der nach der Bibel dem früheren König Jojachin die Haft wesentlich erleichterte, überwarf sich bald mit den Mardukpriestern und wurde beseitigt. Die Nachfolge riß sein Schwager Nergalscharrussur (in der Bibel Neriglissar, 560–556) an sich, ein verdienter General Nebukadnezars, der aber bald starb. Bis vor kurzem wußte man nur von seinen Bauarbeiten. Kürzlich wurde jedoch ein chronikartiger Bericht über seinen Feldzug nach Kilikien 557 bekannt, der uns belehrt, daß er weit in das »rauhe« Kilikien vorstieß, das die Assyrer nie erreicht hatten. Hundertfünfzig Kilometer weit will er dort über ganz schmale Gebirgspfade gezogen sein. Die Tyros ähnliche Inselfestung Pitussu nahm er mit Hilfe von Schiffen ein. Sein Sohn Labaschimarduk kam noch als Kind auf den Thron (556) und fiel nach wenigen Monaten angeblich wegen seiner schlechten Eigenschaften den Priestern zum Opfer.

Nun wurde der Aramäer Nabonid (556–539) König, eine der interessantesten und zugleich rätselhaftesten Gestalten des alten Orients. Er stammt aus Harran und nennt Nabubalassuiqbi seinen Vater, gibt ihm aber keinen Titel. Seine aramäische Mutter hieß Adadguppi und wurde fast hundertdrei Jahre alt. Als sie 547 starb, bereitete er ihr ein fürstliches Leichenbegängnis und stellte zwei Stelen auf, deren fast ganz verlorene Reliefbilder wohl eine Opferszene darstellen. Die erste Hälfte des Textes ist als Selbstbericht der alten Dame kurz vor ihrem Tode stilisiert; der Rest beschreibt die Beisetzungsfeierlichkeiten. Die Mutter gibt mit Regierungszeiten genau die Könige an, die sie erlebt hat. Sie diente zunächst Sin in Harran, kam wohl nach der Eroberung der Stadt durch die Babylonier 610 oder auch schon früher nach Babylonien und erreichte dort, daß ihr Sohn Nabonid verantwortliche Hofämter bekam, wie auch sie selbst den Königen in Babylon eifrig diente. Sin belohnte ihr frommes Tun und machte ihren Sohn zum König; sie durfte dem Gott gewiß auch bei diesem Werk dienen!

Wir wissen nicht, welche Gruppe in Babylon Nabonid auf den Thron erhoben hat; eine Chronik, die mit unfreundlicher Tendenz seine ganze Regierungszeit behandelt, ist nur unvollständig erhalten. 555 zog er nach Kilikien und in den beiden folgenden Jahren nach Syrien. Nach seinen Bauinschriften hat er in mindestens sieben babylonischen Städten gebaut und sich dabei in ungewöhnlicher Weise für die Auffindung der alten Bauurkunden in den zu erneuernden Tempeln interessiert. Man hat ihn daher einen Archäologen auf dem Thron genannt, ihn damit aber doch recht einseitig charakterisiert.

Sehr bald muß es zu ernsten Differenzen mit maßgeblichen Gruppen in Babylon und fünf anderen Städten des Landes gekommen sein, die ihren Grund gewiß darin hatten, daß Nabonid den Sin von Harran einseitig bevorzugte. Nabonid selbst wirft in einer Inschrift den Babyloniern Frevel gegen Sin vor und behauptet, der Aufstand gegen ihn habe eine Hungersnot ausgelöst, bei der sich die Menschen wie Hunde gegenseitig gegessen hätten; die Babylonier hätten ihn gezwungen, Babylon zu verlassen und sich nach Arabien zu begeben, da auch Syrien sich am Aufstand beteiligte. In Arabien schuf er sich systematisch Stützpunkte in den Oasen des Nordens und Westens bis hinunter nach Jatrib, dem späteren Medina, das damit über tausend Jahre vor Mohammed erstmals genannt wird. Da ihm anscheinend nur Truppen aus Syrien und Mesopotamien zur Verfügung standen, siedelte er diese in den Oasen an und mag damit, wie die arabische Überlieferung berichtet, den Grund für eine jüdische Besiedlung einiger Teile des Landes gelegt haben. Zehn Jahre hat er der Einverleibung großer Teile Arabiens in sein Reich gewidmet und Babylon in der Zeit nicht betreten. Als sein Vertreter in Babylon fungierte derweil sein Sohn, der Kronprinz Belscharussur, der Belsazar des Buches Daniel.

Die lange Abwesenheit von Babylonien, während der er das Land aber durchaus nicht sich selbst überließ, verstärkte natürlich die Abneigung gegen ihn. Nach seinem Sturz durch Kyros II. hat ein Priester im Auftrag der ihm feindlichen Gruppen ein Gedicht gegen ihn verfaßt und verbreitet, das alles zusammenstellt, was man schon vorher gegen ihn einzuwenden hatte. Es wirft ihm Rechtsbrüche, Vergeudung und lügenhafte Siegesberichte vor, besonders aber Religionsfrevel. Er habe unter dem Namen Sin ein ganz fremdartiges Götterbild im Tempel Echulchul in Harran aufgestellt und darüber die anderen Kulte vernachlässigt. Dazu habe er in Tema die Araber mißhandelt und sich dort einen großen Palast erbaut. Diese Tatsachen werden durch Nabonids Inschriften großenteils bestätigt, freilich ohne die gehässigen Ausdeutungen und die karikierenden Einzelheiten. Den Aufenthalt in Arabien hat man als sinnloses Unternehmen hingestellt, eine spätere Zeit machte daraus gar ein im Wahnsinn begangenes Tun. Diese Überlieferung fand im Buch Daniel ihren Niederschlag, das aus Belsazar einen König macht und Nabonids Taten Nebukadnezar zuschreibt, gegen den die späteren Juden einen verständlichen Haß hegten. Diese beiden doch wirklich recht ungleichen Könige wirft übrigens schon Herodot unter dem Namen Labynetos zusammen, während die jüdischen Essener von Qumran Nabonid noch dem Namen nach kannten.

In Wirklichkeit war der systematische Ausbau einer Position in Arabien das Herzstück einer wohlüberlegten politischen Planung. Schon vor Regierungsantritt Nabonids hatte in Persien Kyros II. 559 den Thron bestiegen, und Nabonid muß früh gespürt haben, daß ihm von dieser Seite Gefahr drohte. Er schloß daher ein Bündnis mit Astyages (Ischtuwegu) von Medien, der ihm das in der Zwischenzeit von den Medern beherrschte Harran zurückgab. Wohl wegen der Feindschaft der Babylonier war Nabonid aber außerstande, Astyages zu helfen, als Kyros diesen 550 stürzte und Medien mit Persien vereinigte. Er verbündete sich nun mit Krösus von Lydien, konnte aber auch diesen nicht wirksam unterstützen, als

Kyros 546 gegen Lydien zog und das ganze Land seinem inzwischen gewaltigen Reich einverleibte. So stand Nabonid seit 546 allein. Etwa 542 kehrte er nach Babylonien zurück und versuchte, dort seiner Herrschaft wieder ein festes Fundament zu schaffen, nachdem sein Sohn wenigstens die Ausrufung eines anderen Königs verhindert hatte. Er unternahm noch allerlei, um die Babylonier durch reichliche Fürsorge für ihre Tempel und durch Teilnahme an den Kulten zu versöhnen. In diese Jahre mag die Einsetzung seiner Tochter als *entu*-Priesterin des Sin in Ur gefallen sein, womit Nabonid uralte sumerische Gebräuche im Zusammenhang mit der Feier der »Heiligen Hochzeit« wieder erneuerte; seine Gelehrten hatten nach langem Suchen Urkunden über die Berufung von Rimsins Schwester in dieses Amt gefunden. In Ur baute er, da er sich dort öfters aufhielt, einen neuen Palast und im Hafengebiet einen Tempel. Schließlich bemühte er sich auch um die Erneuerung schadhafter Teile der Stadtmauern in Babylon.

Nabonid hatte in den Jahren in Arabien und durch das Festhalten an Gebräuchen seiner alten Heimat Harran allzuviel versäumt. Die Mardukpriester in Babylonien und andere waren zu der Überzeugung gekommen, daß es ihnen unter der Herrschaft des Kyros besser gehen würde, da dieser sich bisher immer als maßvoller Sieger gezeigt hatte. In geheimen Vorverhandlungen sagte ihnen Kyros die freie Kultausübung zu, wie er sie allen Unterworfenen gewährte. Als er nach gründlicher Vorbereitung 539 Babylonien angriff, mußte er nur noch das gewiß nicht sehr starke Heer Nabonids aus dem Felde schlagen und zog dann kampflos in Babylon ein, das sich trotz seiner gewaltigen Festungswerke nicht verteidigte. Die anderen Städte folgten diesem Beispiel. Nabonid selbst ergab sich und erhielt als Lehen eine kleine Herrschaft in Ostiran, die er noch einige Zeit verwaltete. Damit hatte Babylonien als selbständiger Staat zu bestehen aufgehört und wurde eine persische Provinz. Mesopotamien und Syrien-Palästina unterwarfen sich ebenfalls kampflos dem neuen Herrn. Alle diese Gebiete waren zu sehr daran gewöhnt, von anderen beherrscht zu werden, und ihre Mischbevölkerung kannte nach den Massendeportationen fast nirgends mehr ein Nationalbewußtsein. Auch hatte man die wirtschaftlichen Vorteile der Großräume schätzengelernt und mochte sie nicht mehr missen. Immerhin vermied Babylonien durch den kampflosen Verzicht auf Selbständigkeit, daß am Ende seiner Geschichte eine wie in Assyrien fast alles auslöschende Katastrophe stand; das Leben ging weiter wie bisher, und der einzelne merkte von den neuen Verhältnissen zunächst recht wenig.

## *Ausklang:*
## *Babylonien unter Achaimeniden, Seleukiden und Parthern*

Nicht alle Babylonier hatten sich mit dem Aufhören der Selbständigkeit ihres Landes abgefunden. Kleine Gruppen benutzten noch einige Male günstig scheinende Gelegenheiten, um von Persien loszukommen, wie sie sich beim Tode des Kambyses und in der Auseinandersetzung zwischen Dareios und Gaumata ergaben. So machte sich Nidintubel unter dem Namen Nebukadnezar III. von Oktober bis Dezember 522 selbständig, wurde aber von Dareios I. alsbald getötet. Im August 521 empörte sich Araka, der den Namen Nebukadnezar IV. annahm, wurde aber schon Ende November gefangengenommen. Während diese Aufstände für Babylonien keine schwerwiegenden Folgen hatten, griff Xerxes 482 gegen Belschimanni und Schamascheriba schärfer durch, wobei der Marduktempel in Babylon in Mitleidenschaft gezogen wurde. Danach gab es keine von Babyloniern geführten Aufstände größeren Ausmaßes mehr. Die politische Geschichte Babyloniens ist jetzt die Geschichte der Großreiche der Achaimeniden und Alexanders des Großen, der Seleukiden und der Arsakiden.

Über die wirtschaftliche Entwicklung kann man aus den Urkunden ablesen, daß die von Nebukadnezar heraufgeführte Zeit des Wohlstands trotz aller politischen Unruhe nicht nur unter Nabonid, sondern auch noch unter Kyros, Kambyses und Dareios I. weiter anhielt. Unter Xerxes müssen allerdings zahlreiche Städte, so auch Babylon, teilweise verfallen sein. Der wirtschaftliche Niedergang drückt sich auch in einem starken Rückgang der Zahl der erhaltenen Urkunden aus; er muß auch dann noch als sehr bedeutend angesehen werden, wenn man annimmt, daß mehr und mehr aramäische Urkunden auf Papyrus, der sich in Babylonien anders als in Ägypten nicht erhalten hat, an die Stelle babylonischer Tontafeln getreten sind. Die Urkunden lassen erkennen, daß nach wie vor die großen Tempel Wirtschaftskörper mit weitgespannter Aktivität waren. Weiter stellen wir fest, daß die Erfindung der geprägten Münzen in Lydien von Babylonien bald übernommen wurde und mit dazu beitrug, die Tätigkeit der großen Bankhäuser zu erleichtern. Zu dem Haus Egibi und Söhne in Babylon trat nach 500 in Nippur das Haus Muraschschû und Söhne (der Name bedeutet »Wildkatze«!), über dessen Geschäfte unter Artaxerxes I. und Dareios II. in den Jahren 455 bis 403 wir durch ein Urkundenarchiv recht gut unterrichtet sind. Das Archiv zeigt, wie stark die feudale Struktur des Achaimenidenreichs das Bodenrecht in Babylonien umgestaltet und die soziale Stellung der wirtschaftlich abhängigen Bevölkerungsgruppen beeinflußt hat. Neben aramäischen Wörtern und Namen und aramäischen Satzfügungen finden wir jetzt eine beträchtliche Anzahl von Ausdrücken aus der persischen Verwaltungssprache. Nach Ausweis der Namen gab es außer Babyloniern, Aramäern und den persischen Funktionären auch viele Juden, die von der Möglichkeit zur Heimkehr keinen Gebrauch gemacht hatten und in Babylonien geblieben waren.

Das Alexanderreich und später das Seleukidenreich brachte den meisten babylonischen Städten keinen Aufstieg aus dem Niedergang, den sie in der späteren Achaimenidenzeit erlebt hatten. Eine Ursache dafür war gewiß die, daß der Staat sich nur noch unzureichend um die Bewässerung kümmerte und daher beträchtliche Teile des Landes versteppten. Urkunden aus der Spätzeit in der akkadisch-aramäischen Mischsprache sind in größerer Anzahl nur in Babylon und vor allem in Uruk gefunden worden. Uruk erlebte im 3. und 2. Jahrhundert noch einmal wirtschaftlich und geistig eine Spätrenaissance des Babyloniertums, wenn auch der Einfluß der griechischen Führungsschicht immer mehr spürbar wurde. Die Urkunden befassen sich zum größten Teil mit Grundstückskäufen und mit dem Handel mit Tempelpfründen, die fast wie Aktien wechselnde Kurse hatten. Die Kursschwankungen auch in den Boden- und Sklavenpreisen verliefen im großen sehr ähnlich wie in Ägypten und auf den Ägäischen Inseln; es gab also schon damals weltwirtschaftliche Verflechtungen.

Der Übergang Uruks an die parthischen Arsakiden brachte zunächst keine größeren Veränderungen mit sich, führte aber später zu zunehmender Verarmung der alten Familien und damit allmählich zu einem völligen Versiegen der babylonischen Urkunden, die in den anderen Städten schon längst aufgehört hatten; aus der Zeit nach 80 ist keine babylonische Urkunde mehr bekannt.

Monumentale babylonische Bildkunst hatte es schon unter den Chaldäern kaum noch gegeben; einige Stelen Nabonids im syrisch-aramäischen Stil sind höchst dürftige Werke, die nur den König und einige Symbole zeigen. Die Kleinkunst hingegen war noch recht fruchtbar. Vor allem gibt es unter den Terrakotten sehr feine Gestaltungen des uralten Motivs der nackten Muttergöttin mit Kind. In Uruk fand man das Tonfigürchen eines schleichenden Löwen, das an die assyrische Tradition erinnert. Wenig fruchtbar war hingegen die Siegelschneidekunst, die schon seit der Spätzeit des Assyrerreichs neben dem Rollsiegel immer mehr das anspruchslose Stempelsiegel pflegte. Originelle, neue Motive begegnen nur selten, wie etwa die früher ungewöhnliche, jetzt sehr beliebte Darstellung von Hühnern. In der Seleukidenzeit gab es fast nur noch Stempelsiegel.

Im Bereich der Religion sind neue Gedanken nicht mehr erkennbar; man hielt, solange das in den einzelnen Städten möglich war, zäh an den alten Kulten fest. Neben den babylonischen Göttern spielten auch aramäische eine zunehmende Rolle in der Volksreligion. Für synkretistische Erscheinungen fehlten in der Achaimenidenzeit die Ansatzpunkte; die altiranische und die babylonische Religion waren allzu verschieden. Die Hellenisierung unter den Seleukiden führte zu Gleichsetzungen babylonischer und griechischer Götter, wobei etwa Marduk mit Zeus identifiziert wurde. Antiochos I. Soter vergab sich daher nichts, wenn er in einer babylonischen Inschrift, die ganz im alten Stil von seinen Arbeiten an den Tempeln in Babylon und Borsippa berichtet, den Nabû anruft, da er für ihn mit Hermes identisch war. In Uruk führte die Gleichsetzung des alten Himmelsgottes Anu mit Zeus zu einem Wiederaufleben des Kultes dieses Gottes, der seit der frühsumerischen Zeit dort die Stellung eines hochangesehenen *deus otiosus* gehabt hatte; im Mittelpunkt des Kultes in Uruk aber stand Ischtar. Nun wurden plötzlich die mit Anu zusammengesetzten Namen wieder sehr modern, und man stellte Rituale für den Kult Anus an normalen Tagen und in den Festzeiten zusammen. Da sein alter Tempel Eanna längst ein Ischtartempel geworden war, wurde in der Nachbarschaft auf dem lange Zeit verlassenen Gebiet der frühsumerischen An-Tempel ein gewaltiger neuer Tempel mit dem Namen Resch (»Haupthaus«) errichtet, der sich im Grundriß sehr eng an die im Lande traditionellen Tempelanlagen anlehnte. Wegen des Verfalls von Eanna bekamen auch die Göttinnen Ischtar und Nanâ einen neuen gemeinsamen Tempel von ähnlichen Ausmaßen und mit einem gleichartigen Kernheiligtum, der den Namen Eschgal (»Großtempel«) erhielt. Im Resch fand man zwei babylonische Bauinschriften, aus denen hervorgeht, daß der babylonische Statthalter von Antiochos II. und von Seleukos II., Anu'uballit, mit dem zweiten, griechischen Namen Nikarchos, 244 den ersten Bauabschnitt beendet hat. 201 errichtete dann ein anderer Anu'uballit mit dem Beinamen Kephalon den Kernbau des Heiligtums. Von demselben Statthalter fand sich im Eschgal eine aramäische Inschrift, die diesen Tempel als etwa gleichzeitig erweist. Mit ihren bis zu fünf Meter starken Mauern sind beide Tempel

Monumentalbauten, die zeigen, welche Bedeutung die Seleukiden den babylonischen, nur äußerlich da und dort hellenisierten Kulten in den wenigen Städten beimaßen, in denen sie noch bestanden. In beiden Tempeln gab es Archive mit sorgfältig geschriebenen religiösen Keilschrifttexten, meist Abschriften älterer Texte, einige davon mit Flüchen gegen säumige Entleiher.

Sehr bedeutsam war, daß sich auch die Seleukiden wie vorher die Achaimeniden die Pflege der babylonischen Astronomie gemeinsam mit babylonischen und griechischen Gelehrten angelegen sein ließen. Die Astronomie war das einzige Gebiet, auf dem babylonischer Geist, bereichert durch griechische Theorien, noch in der Spätzeit sehr fruchtbar war. Erst nach 500 entstand eine die alten Beobachtungsreihen nutzende rechnende Astronomie, der so wichtige Entdeckungen wie die der Präzession der Tag- und Nachtgleichen durch Kidinnu/Kidenas um 380 gelangen. Zu systematischen Darstellungen gelangte man allerdings auch jetzt nicht; man schrieb lange Reihen von Beobachtungen und oft formelhaft abgekürzte Berechnungen in babylonischer Sprache auf, gab Anweisungen für bestimmte Operationen, konnte aber den Rahmen der an den herkömmlichen literarischen Gattungen haftenden Ausdrucksformen nicht sprengen. Einige Astronomen schrieben auch in griechischer Sprache und für griechische Leser und übernahmen dabei die Formen der griechischen Literatur. Mehr Literat und Historiker als Astronom war Berossos (babylonischer Name Belussur?); er wurde um 340 geboren und widmete 279 dem Seleukiden Antiochos I., dessen Vater er auch politisch beraten hatte, sein Werk Babyloniaca in drei Büchern. Nach den geringen Resten, die davon überliefert sind, enthielt dieses Werk neben manchem Fragwürdigen viele gute Traditionen. Die Astronomen blieben noch lange bei der babylonischen Sprache; das späteste Täfelchen stammt aus dem Jahre 75 n. Chr. Es ist zugleich die letzte Lebensäußerung der uralten sumerisch-babylonischen Kultur.

Die babylonische Kultur hat noch lange nach ihrem scheinbar spurlosen Verschwinden sehr erhebliche Nachwirkungen gehabt. Ihre Religion hat vor allem Israel befruchtet, obwohl die Entlehnungen der Israeliten längst nicht mehr alle der babylonischen und der israelitischen Religion gemeinsamen Züge zu erklären vermögen. Auch in der griechischen Mythologie sind babylonische Einflüsse erkennbar. Die ganze Antike und damit letztlich auch wir haben von den Babyloniern, von ihrer Astronomie ganz abgesehen, viel gelernt, von ihrem Kalenderwesen, von ihrer Zeitrechnung und von ihrer Wirtschaftsgestaltung; dazu gehört auch die Übernahme verschiedener babylonischer Maßsysteme, teilweise, wie bei der »Mine«, sogar mit dem Wort dafür. Die Anzahl der babylonischen oder sogar sumerischen Lehnwörter in den modernen Sprachen läßt sich noch nicht zuverlässig abschätzen. Die Assyrer haben vor allem durch ihre Kunst eine bedeutende Wirkung auf die Bauten und Bildwerke der Achaimeniden und später der Sasaniden ausgeübt, im einzelnen aber auch auf die griechische Kunst. Manche Motive sind über die skythische Kunst Westirans und Südrußlands zu den Goten gewandert und finden sich noch in der romanischen Baukunst Westeuropas wieder.

Für unser modernes Geschichtsbild sind aber weitaus wichtiger die grundsätzlichen Erkenntnisse, die wir der Wiedergewinnung der neben der Ägyptens frühesten Hochkultur der Menschheit verdanken. Wir haben gelernt, daß die Wege, die die Antike auf der einen Seite und das jüdische Volk auf der anderen Seite gingen, nicht die einzigen waren, die im Bereich der Mittelmeerkulturen zu geistiger Entfaltung geführt haben. Wir haben eine ganz eigentümliche und nur unter den geschilderten Voraussetzungen mögliche Art Wissenschaft zu treiben kennengelernt, ohne daß die unserem Denken unerläßlich scheinenden Darstellungs- und Erkenntnisformen ausgebildet waren. Wir haben in der politischen Geschichte an vielen Beispielen gesehen, daß es einseitig und zutiefst unfruchtbar ist, nur die demokratischen und die absolutistischen Regierungsformen einander gegenüberzustellen. Es gibt bei beiden viele und wesentliche Spielformen, und es sind in beiden die Persönlichkeiten, die sie zum Guten oder zum Schlechten oder, was das Normale ist, in verschiedenem Ausmaß zum Guten und Schlechten wenden. Hammurabi und Assurnassirpal regierten absolutistisch, und doch: welche Unterschiede! Sehr wesentlich ist allerdings, daß nicht alle Macht in einer oder in wenigen Händen konzentriert ist. Ein Hammurabi, der die Möglichkeiten gehabt hätte, die äußere Macht zu gewinnen, über die Sargon von Akkade oder die großen Assyrerkönige verfügt haben, wäre vielleicht auch in manchem einen anderen Weg gegangen. Und so ließe sich noch viel anführen, was deutlich machen könnte, wie sehr unser Geschichtsbild durch die Wiederauffindung der alten Denkmäler nicht nur erweitert, sondern vor allem vertieft wurde. Es kann nicht zweifelhaft sein, daß tieferes Eindringen in die alten Texte und Kunstwerke uns noch sehr wesentliche, beglückende wie bedrückende Erkenntnisse über den Menschen bescheren wird.

*Franz Altheim*

DAS ALTE IRAN

## Vorgeschichte. Erstes Auftreten arischer Stämme

Die vorgeschichtliche Zeit gehört nicht zum Darstellungsbereich einer Geschichte Irans. Gleichwohl läßt sich nicht ganz umgehen, auf die Anfänge einen Blick zu werfen. Freilich wird man sich auf Umrisse beschränken müssen, auf die Voraussetzungen, die zum Verständnis der geschichtlichen Gegebenheiten notwendig sind. An erster Stelle ist die Einwanderung der indogermanischen Stämme zu nennen, die sich selbst als Arier bezeichneten und Träger der verschiedenen iranischen Sprachen, Kulturen und Staatenbildungen waren.

Die Einwanderer stießen in einen Raum vor, der kulturell seit alters geprägt war. Das iranische Hochland, nach fast allen Seiten von Gebirgswällen abgeschlossen, stand gleichwohl dem Einfluß der Nachbarländer offen. In den Flußtälern, die dem Hochland nach Südwesten (Irak) und Südosten (Punjab) vorgelagert sind und im Nordosten (turanische Senke) den Übergang zur eurasischen Steppe bilden, waren schon im dritten Jahrtausend städtische Kulturen erwachsen. Während die ältesten Stufen im Gebiet des Oxos und Iaxartes (Amu- und Sir-Darja) schattenhaft bleiben oder allenfalls aus den weiter westlich gelegenen Fundstätten von Anau, am Atrek und in Gurgan sich erschließen, waren an Euphrat und Tigris einerseits, im Punjab andererseits uralte Hochkulturen entstanden.

Zwischen den Funden der Induskultur – Mohenjo Daro und Harappa, Amri und Rupar (am oberen Satlej) – und der sumerischen des Zweistromlandes lassen sich verbindende Fäden knüpfen. Die bemalte Irdenware aus dem Übergang der steinzeitlichen zur bronzezeitlichen Stufe, die in Uruk und el-Obed, Chafadschi und Arpatschije, Tell Halaf und Susa gefunden wurde, war nach Osten hin weit verbreitet. Von Beluchistan erstreckte sie sich nach Sistan und zum Persischen Golf, aber auch nach Nordiran und Westturkestan. Ein vorgeschichtlicher Kulturkreis zeichnet sich ab, der weite Teile Irans umfaßt und sich nach Süden bis zu den Küstenländern des Indischen Ozeans erstreckt hat.

Auch die nachmalige Persis gehörte diesem Kulturkreis an. Unter Persepolis wurde eine dörfliche Siedlung mit bemalter Ware gefunden; ihr entsprechen Ruinenhügel in benachbarten Orten. Welcher Art die Bewohner waren, läßt sich nicht mit Bestimmtheit sagen. Man hat sie den Elamitern zugewiesen, die nach Ausweis ihrer Sprache weder semitischer noch indogermanischer Herkunft waren. Nachwirkungen der elamischen Kultur haben sich im iranischen Südwesten bis tief in geschichtliche Zeit hinein erhalten.

Noch die mehrsprachigen Inschriften der Achaimeniden, die mit dem letzten Viertel des 6. Jahrhunderts beginnen und bis ins 4. Jahrhundert reichen, verwenden neben dem Persischen und Babylonischen regelmäßig das Elamische. In Persepolis wurden die Ein- und Ausgänge des Schatzhauses bis kurz vor die Mitte des 5. Jahrhunderts auf elamisch beschrifteten Keilschrifttabletten verzeichnet. Maraphier und Maspier, die Herodot unter den Stämmen der Persis nennt, tragen einen elamischen Namen. Elamische Kleidung und Haartracht herrschten langehin, und die altpersischen Felsreliefs besitzen ihre elamischen Vorgänger. Politisch und kulturell muß die Persis einmal eine elamische Provinz gewesen sein.

Was in diesem Fall sich fassen läßt, darf man anderswo wenigstens vermuten. Ganz Iran wird eine alte und vergleichsweise entwickelte vorindogermanische Kultur gekannt haben. In diesen Bereich brachen wandernde Stämme ein, übernahmen die Herrschaft und gaben dem Land den Namen Iran, der nichts anderes als das »(Land) der Arier« bedeutet.

Inder und Iranier hatten einen Teil ihres Wanderweges gemeinsam. Die vedischen Inder mögen als erste Welle vom Nordwesten und Westen, also über den Hindukush und aus Ostiran, ins Punjab und das Industal gelangt sein; daß sie vorher den Oxos und Iaxartes überschritten haben oder doch dem Westufer des Oxos entlang gewandert sind, läßt sich kaum abweisen. Denn zweifellos entstammten die Einwanderer dem transkaukasischen, überhaupt dem südrussischen Bereich, wo ihre Sprache tiefe Spuren bei den dort wohnenden Ugro-Finnen hinterlassen hat. Den gleichen Weg schlug ein Teil der Iranier ein, vor allem die nachmaligen Baktrer und Sogder, deren Einbruch über Oxos und Iaxartes sich abzeichnet. Sie folgten den Spuren ihrer indischen Vettern, mehr noch: sie drängten und vertrieben ihre Vorgänger, die im »Weißen Indien«, in Arachosien, sich zu halten suchten, übers Gebirge hinweg in die Indusebene. Und der ersten Welle zur Seite gab es eine zweite, die neben den Einwanderern von Nordosten her den Kaukasus überschritten haben muß: die Meder und Perser.

Vorerst lassen sich die Spuren der einwandernden Ost-Iranier archäologisch kaum fassen. Die zweite Schicht von Nad-i Ali, im heutigen Sistan, fällt ins 8. Jahrhundert und zeigt die Pfeilformen eines aus Südrußland stammenden Reitervolkes. Tiefere Schichten hat man nicht erreicht. Man mußte sich damit begnügen, die eingewanderten Iranier in einem Stadium kennenzulernen, das sie vermutlich erst einige Jahrhunderte nach ihrer Ankunft erreicht haben. Besser steht es mit Westiran, vor allem mit jenem Stamm, dessen Name als eine Art »Leitfossil« gelten darf, den Persern.

Ihnen gehörten nicht nur die nachmaligen Bewohner der Gebirgslandschaft im Südwesten an, die heute noch nach ihnen heißt (Fars). Stämme, die den Persernamen trugen, lebten in geschichtlicher Zeit in Chwarezm und seiner Nachbarschaft, am Unterlauf des Oxos und südlich des Aralsees. Dort hatte man den persischen Kalender, persische Titel und Ortsnamen; man rühmte sich, »ein Zweig von dem großen Baum der Perser und ein Wurzelschoß ihres Stammes« zu sein, wie Chwarezms größter Sohn Biruni es ausdrückte. Das Zeugnis der ältesten Sprachreste bestätigt solch persische Verwandtschaft.

Den Parsua begegnet man erstmals auf medischem Gebiet, westlich des Urmiasees. Davon künden assyrische Annalen, die auch die Wanderung nach Südosten verfolgen lassen. Sie verläuft in das Gebiet nordöstlich von Susa, nicht weit vom elamischen Anschan (Parsamasch, Parsumasch), bis sie endlich in der Persis ihr Ziel findet. Von diesem Wanderzug haben sich die Chwarezmier und ihre Nachbarn (Parsier, Pasianer) frühzeitig, wohl schon am Urmiasee, getrennt. Sie umgingen die Salzwüste, die Irans Mitte einnimmt, im Norden, wie dies ihre Vettern im Süden taten. Am Nordrand des Landes, innerhalb der Gebirgsketten sich nach Osten vorschiebend, erreichten sie den Oxos, dessen Flußlauf sie nach Nordwesten folgten; so gelangten sie in die Niederung südlich des Aralsees nach Chwarezm. Die letzte Wegstrecke läßt sich an Hand von Angaben der Griechen Hekataios und Herodot verfolgen.

Der persischen Einwanderung ging die der nachmaligen Meder zur Seite. Auch sie mögen über den Kaukasus gekommen und von dort in den Nordwesten Irans vorgedrungen sein. Ihre Kultur kennt man aus der Nekropole B von Sialk (Beginn des ersten Jahrtausends v. Chr.); in der Bestattung und den Beigaben bezeichnet sie einen Wandel gegenüber allem, was an älteren Stufen in der Nachbarschaft (Kaschan) vorangegangen ist. Gleich den Ostiraniern in Nad-i Ali handelte es sich um ein kriegerisches Reitervolk. Man führte den Bogen und das Hiebschwert; man schützte sich durch bronzene Helme und Panzerbleche. An der Stelle der älteren steinzeitlichen Siedlung von Sialk erhob sich jetzt die Burg eines reisigen Herrn, auf einem Hügel angelegt und von turmbewehrter Mauer umgeben.

Ein mit Figuren verziertes Bronzeblech bestätigt, daß diese Meder sich nicht mehr des Streitwagens bedienten. Sie ritten das Pferd, und diese umstürzende Änderung der Kampfesweise sollte die Iranier zu gefährlichen Feinden, schließlich zu Siegern über die uralten Kulturen und Herrschaften des Zweistromlandes werden lassen. Dem Reiterkrieger war – zunächst durch Nachahmung anderer, bald aber in eigenem Vordringen – der Siegeszug vorherbestimmt. Überall faßte er seit seinem ersten Auftreten in Sialk Fuß. Man begegnet ihm seit der Jahrtausendwende in Syrien und im oberen Mesopotamien: in Mar'asch und Sendschirli, in Karkemisch, Tell Achmar und Tell Halaf. Im Jahre 860 v. Chr. erscheint eine Reiterei erstmals auch im assyrischen Heer, bewaffnet mit dem Bogen, seltener mit der Lanze.

Zeitlich und ursächlich fällt dieser Wandel mit dem Vordringen der iranischen Stämme in dem nach ihnen genannten Hochland zusammen. Unter Salmanassar III. (gestorben 824) werden die Meder erstmals erwähnt, unter Sargon II. (722–705) lieferten sie als Tribut Pferde eigner Zucht für das assyrische Heer. In den fruchtbaren Tälern Mediens wuchs eine edle Rasse, bevor noch unter den Achaimeniden die nisäischen Rosse und ihre Weiden in aller Munde waren. Reliefs aus Persepolis zeigen den Pferdetribut der Meder. Die neueingeführte »medische Hose« war, wie ihr Name besagt, ein Schenkelschutz *(sarabara)* und ursprünglicher Bestandteil reiterlicher Tracht. Berittene Bogenschützen brachten den Medern den Sieg über die kriegsgewohnten Heere der Assyrer.

Der Begründer des medischen Reiches, Deiokes, bleibt freilich ein Schatten. Herodots Bericht über ihn, über die Gründung der Hauptstadt Ekbatana und die Aufstellung einer Leibgarde läßt sich geschichtlich nicht auswerten. Man kann diesen ersten Mederkönig auch kaum jenem Stammesfürsten Daiaukku gleichsetzen, den Sargons II. Annalen unter dem Jahre 715 aufführen. Sicher ist nur, daß das neue Herrschaftsgebilde schon im ersten Viertel des folgenden Jahrhunderts unter den Druck einer weiteren Welle iranischer Herkunft geriet. Kimmerier, aus dem transkaukasischen Bereich nach Süden drängend, ergossen sich über Armenien, schwächten das dortige Reich Urartu und plünderten die Nachbarländer (um 680). Durch skythische Scharen verstärkt oder abgelöst, traten die nordiranischen Nomaden zeitweilig in die Dienste des zweiten Mederkönigs Phraortes (Kschatrita, Kaschtarit), der um 675 Deiokes gefolgt war. Aber auch die Hilfe dieser Reiterkrieger konnte nicht verhindern, daß Phraortes dem assyrischen Heer Assurbanipals (669-630) erlag. Niederlage und Tod des medischen Herrschers (653) beraubten das Land der einheitlichen Lenkung. Fast drei Jahrzehnte hindurch konnten die Skythen von Armenien aus die umliegenden Gebiete heimsuchen.

Erst Kyaxares (Uwachschatra, 625-585) gelang es, die Plünderer zu Paaren zu treiben und die Ordnung wiederherzustellen. Das neu erstarkte Mederreich griff alsbald in die Kämpfe ein, die gegen den zweiten Erbfeind, die Assyrer, begonnen hatten. Mit Babylonien verbündet, das sich unter König Nabupolassar (626-605) von der Fremdherrschaft endgültig befreit hatte, ging Kyaxares gegen die assyrischen Kernlande vor. Ein erster Versuch gegen das wohlbefestigte Ninive scheiterte. Aber 614 wurde Assur erobert, und 612 folgte, in gemeinsamem Bemühen genommen, Ninive. Sechs Jahre darauf fiel auch das Gebiet von Harran, wo sich ein Teil des assyrischen Heeres noch gehalten hatte, den Siegern zur Beute. Der Untergang Assyriens war damit vollendet.

Kyaxares' letzter Feldzug gegen das Reich der kleinasiatischen Lyder endete mit einem Frieden, den Nebukadnezar II. vermittelte (585). Als dieser größte Mederkönig kurz darauf starb, fiel eine ausgedehnte und gesicherte Herrschaft seinem Sohn Astyages (Ischtuwegu, 585-550) zu. Ein allseitiger Friede ließ das Land aufblühen, stumpfte freilich auch die kriegerische Kraft ab. In Astyages' Jahren, da die Freude am Hofleben zunahm, mag der Schatz von Ziwije zusammengekommen sein, in dem Goldschmiedearbeiten der verschiedensten Herkunft begegnen. Auch die Anlage der medischen Felsgräber mag in dieselbe Zeit fallen. Beides bezeugt, daß man den unter Kyaxares erworbenen Reichtum zu genießen verstand.

So schien das Land nach wechselvollen Schicksalen zur Ruhe gekommen zu sein. Doch schon stand der Nachfolger bereit, der die Meder an die zweite Stelle unter Irans Stämmen verweisen sollte.

## *Beginn der iranischen Geschichte*

Meist läßt man Geschichte dort beginnen, wo das schriftliche Zeugnis sich einstellt. Solche Begrenzung mag hingehen, wofern man sich bewußt bleibt, daß mit Schriftlichkeit nur ein äußeres Merkmal erfaßt ist. Voraussetzung aber aller Überlieferung ist, daß einer die Berufung fühlte, seiner Mitwelt zu sagen, was nicht verlorengehen durfte. Dazu mochte ihn sein Innerstes bewegen oder der Auftrag eines Gottes ihn treiben. Oder er wünschte,

# DAS ALTE IRAN

daß »bei der Nachwelt nicht vergessen werde, was unter Menschen einst geschehen ist«. Herodot fügt diesen Worten hinzu: »Auch soll das Andenken an große und wunderbare Taten nicht erlöschen, die Hellenen und Barbaren getan haben.«

Schriftlichkeit konnte hinzutreten, um der Aussage Dauer zu verleihen. Aber gesprochenes Wort der Dichter, von Mund zu Mund und Generation zu Generation gehend, durch Eindringlichkeit und unwiederholbare Schönheit, durch rhythmische Bindung und Glanz der Rede einprägsam und unverlierbar, hat schon immer das Schreiben zu ersetzen vermocht. Scheinbar Flüchtigstes, in Wahrheit Unzerstörbares trat dem zur Seite, was mit der stofflichen Haltbarkeit von Stein, Pergament und Papyrus gerechnet hatte. Mündliche Überlieferung hat weder den Veden noch der altarabischen Dichtung oder dem finnischen Kalewala ein Bestehen über Jahrhunderte hinweg verwehrt. Denn um den Fortbestand ging es: geprägte Kunde und geprägtes Wort so aufzurichten, daß im Anspruch zugleich Verheißung gestiftet war. Stiftung ist Mythos, unveräußerliches Erbe, das fortzeugt und fortwirkt. Damit hebt an, was allein des Namens Geschichte würdig ist.

Für Iran trat Stiftung, die Geschichte aus sich entläßt, gleichzeitig an doppeltem Ort hervor. Die Persis im Westen und das Land an Oxos und Iaxartes im Osten, Gründung eines Weltreiches und Forderung im Bereich des Geistes, beides den Zeitgenossen mit siegreicher Gewalt sich offenbarend – genug: Kyros und Zarathustra besagen, daß die geschichtliche Stunde geschlagen hat. Die beiden Grundlagen iranischer Geschichte: Berufung zur Herrschaft und Verkündigung der wahren Lehre standen sich schon zu Anfang gegenüber.

Bisher hatte sich iranisches Wesen unter fremder Form geäußert. Nirgendwo bediente man sich der eignen Sprache, weder in Recht und Verwaltung noch innerhalb des Kultes. Hier war man stumm geblieben, und dort hatte sich das Elamische angeboten. Auch unter Kyros ward es nicht anders. Nur sollten, entsprechend der gewaltigen Erweiterung seiner Herrschaft, Akkadisch und Aramäisch hinzutreten. Man besitzt zwar kurze Inschriften, die auf altpersisch in Kyros' Namen sprechen, doch sind sie möglicherweise von Dareios I. gesetzt. Dagegen hat Zarathustra erstmals seinem Volk die Zunge gelöst und sich in seiner Sprache vernehmen lassen. Als Künder und Dichter trat er vor dieses Volk und gebrauchte jene Worte, die allein zum Herzen gingen. Darum soll mit ihm die Darstellung beginnen.

## *Zarathustra. Geschichtliche Einordnung*

Iran hat mit Griechenland eines gemeinsam: ihr größter Geist erscheint als Auftakt ihrer Geschichte. Zarathustra und Homer haben – bei aller Verschiedenheit – länger als ein Jahrtausend das Gesicht ihres Volkes und ihres Landes geprägt. Als die großen Archegeten behielten sie auch dann ihren Ort in der Geschichte, als ihre Welt von einer anderen verdrängt wurde – vom Islam und vom Christentum. Zarathustra und Homer schufen Unverlierbares. Diese Feststellung aber erschöpft die Vergleichbarkeit Zarathustras mit Homer. Was darüber hinausführt, betont nur ihre Verschiedenartigkeit. Zarathustras Stellung in der Geschichte ist nur in ihrer Einmaligkeit zu verstehen.

Die Klarheit der sprachlichen Form und die zwingende Gültigkeit der homerischen Gestaltung haben in den Jahrtausenden nichts von ihrer Wirkung eingebüßt. Im Gegensatz zu dem Strom homerischer Verse, deren Zahl in die Tausende geht, füllen die Gathas allenfalls einen schmalen Band. Und das wenige, das dieser Band enthält, gehört nach sprachlichem und sachlichem Verständnis zum Unzugänglichsten der alten Literaturen. Gedrängte Form, Wortverschränkung und syntaktisch harte Fügung treffen sich mit stärkster Eigenwilligkeit der Gedanken. Alles zusammen bewirkt, daß Zarathustras Hinterlassenschaft trotz philologischer Bemühung eines Jahrhunderts und mehr weithin unerschlossen geblieben ist. Leuchtkraft und geprägte Form des Griechen bewirken, daß man von ihm, der so vollendet hervortritt, als dem Wunder Homer sprechen darf. Im anderen Fall trifft das Wort vom Rätsel Zarathustra das Richtige.

Zarathustra steht an der Grenze von Vorgeschichte und Geschichte oder, wenn man will, an der von Mythos und Geschichte. Er schien sich der genaueren zeitlichen Festlegung zu entziehen. Wieder ist er Homer vergleichbar, dessen Jahrhundert, Heimat und Wirkungsbereich nicht einhellig festzulegen war. Athena gleich, so schien es, waren beide fertig aus Gottes Haupt hervorgegangen. Alle Spuren des Werdens mit seiner Unfertigkeit hatten sie hinter sich gelassen. Doch bei Zarathustra geschah das Unerwartete: das Jahr seines »Erscheinens« ließ sich auf 569/568 v. Chr. festlegen.

Mit dem »Erscheinen« konnte das vierzigste Lebensjahr, die »Blüte« eines Menschen nach alter Zeitrechnung, oder das dreißigste gemeint sein, das Jahr der ersten Offenbarung Zarathustras. Da zeigte ein in arabischer Übersetzung wiedergefundenes Bruchstück aus Porphyrios' Chronik, daß der Prophet 522/521 gestorben war. Rechnet man dessen bezeugte siebenundsiebzig Lebensjahre zurück, so kommt man auf 599/598 für seine Geburt und auf 569/568 für den Beginn der ihm zuteil gewordenen Offenbarung.

Nun ist eine geschichtliche Einordnung möglich. Zarathustra war jüngerer Zeitgenosse des Jeremia von Anatoth, älterer des Deuterojesaja. Er steht in der Mitte der Männer, die den Höhepunkt jüdischen Prophetentums verkörpern. Das Zusammentreffen ist bedeutungsvoll. Prophetie in Ostiran und Prophetie in Juda sind Teile *einer* geschichtlichen Erscheinung. Auch im benachbarten Indien bieten sich Parallelen an. Ein Beispiel mag für andere stehen:

> Das frag' ich dich, künd es mir recht, o Herr:
> Wer wahrt' die Erde drunten und den Himmel
> Vor ihrem Sturz? Wer Wasser und die Pflanzen?
> Wer lieh dem Winde und den Wolken Schnelle?
> Wer, Weiser, ist des Guten Sinnes Schöpfer?
> Das frag' ich dich, künd es mir recht, o Herr:
> Wer schuf wohlwirkend Licht und Dunkel?
> Wer schuf wohlwirkend Schlaf und Wachen?
> Wer Morgen, Mittag und die Nacht,
>   Die den Verständ'gen seiner Pflicht gemahnen?

Diese Strophen Zarathustras erinnern an bestimmte Lieder des indischen Rigveda: an die »philosophischen« Hymnen des ersten und des zehnten Buches. Erneut zeigen sich Zusammenhänge, in denen Zarathustra seiner geschichtlichen Stellung nach steht. Zur selben

Zeit trennt man sich in Ostiran und Indien von überlieferten Formen des Denkens und der dichterischen Rede.

Und noch etwas zeichnet sich ab: der ornamental strenge Aufbau dieser Gathas. Zu Beginn jeder Strophe kehrt fast wörtlich dieselbe Frage wieder; fast ebenso regelmäßig erscheint das Fragewort am Anfang der übrigen Zeilen. In einer anderen Gatha heißt Zarathustra seinen Anhänger Fraschauschtra Haugava sich dorthin wenden,

> Wo mit der Wahrheit Demut sich vereint.
> Wo in des Guten Sinnes Hand die Herrschaft,
> Wo im Gedeihen wohnt der Weise Herr,

und dann, über die Strophengrenze hinüberreichend,

> Wo künden will ich eure gute Tat...

Vier Verse also, die eine Sinneseinheit bilden und mit »wo« eingeleitet sind. Auch hier wird das Ornamentale deutlich, ein Parallelismus, eine fast schematische Reihung.

Die Konjunktion »wo«, die wie eine Klammer die parallelen Glieder zusammenhält, ist in Zarathustras Sprache, im Avestischen, vom Relativstamm abgeleitet. Und eine gemeinsame Wurzel verbindet diesen mit dem Fragepronomen »wer«, das den Anrufungen Ahuramazdas, ihrem stets erneuerten Anheben Pathos verleiht. Die Reihung von Relativsätzen oder Sätzen, die mit relativischen Konjunktionen eingeleitet sind, findet sich in der altiranischen Literatur nicht nur in den Gathas. Dareios I. gebraucht sie in seinen Inschriften, wenn er Ahuramazdas Größe preist:

> der diese Erde schuf,
> der jenen Himmel schuf,
> der den Menschen schuf,
> der die Segensfülle schuf für den Menschen,
> der Dareios zum König machte...

Das Relativum am Anfang jeder Zeile kehrt wieder, die Parallele bleibt gewahrt. Relativstil und Partizipialstil gehören zu den Typen religiöser Rede, die auch dem semitischen Vorderasien zur Verfügung standen. Beispiele aus dem Babylonischen stehen neben solchen, mit denen die klassischen Literaturen in ihrer Spätzeit dem Vorbild gefolgt sind. Der jüdische Prophet nimmt diese Form wieder auf:

> Ich bin Jahve, der alles schafft, der den Himmel ausbreitet ganz allein,
> Der die Erde festigt aus eigner Kraft,
> Der die Zeichen der Orakler zerbricht und macht die Weissager zu Toren,
> Der die Weisen zum Rückzug bringt und narrt ihre Kunst...

So spricht Deuterojesaja, ein Zeitgenosse Zarathustras. Jede Doppelzeile beginnt im hebräischen Text mit dem Partizip und geht ins Imperfekt über, statt der ersten Person wird meist die dritte gebraucht. Dieser Stil bestätigt, daß Prophetie in Ostiran und in Juda gleichermaßen zu einer Bewegung gehören.

## Zarathustras Heimat

Zarathustras Heimat hat man bisher mit den Methoden der Dialektforschung festzulegen versucht. Das Avestische ist zwar eine ostiranische Sprache; es läßt sich aber keinem der bekannten Dialekte gleichsetzen. Große Literatursprachen – und das Avestische gehört als Sprache Zarathustras dazu – sind auf solchem Weg in ihrem Werden nicht zu erfassen. Dialekte wachsen naturhaft-organisch, Literatursprachen aber – mag es die Sprache Homers oder Sanskrit, klassisches Arabisch oder eine europäische Literatursprache sein – entspringen der einmaligen Schöpfung. Als große Form, geprägt in unwiederholbarem Augenblick der Geschichte, gehören sie der Welt des Geistes an.

Nach späterer Überlieferung wirkte Zarathustra am Ufer des Oxos und in Medien. Wie diese Doppelheit des Ortes entstand und was sich dahinter verbirgt, ist ungeklärt. Sprachliche und geschichtliche Zeugnisse deuten an, daß der Prophet im ostiranischen Baktrien, nicht in Medien, mit seiner Verkündigung begann.

Das Land beiderseits des Oxos und Iaxartes besaß eine uralte städtische Kultur. Sieben Städte am Iaxartes wehrten unter den Achaimeniden die Einfälle der Nomaden aus der westlich sich erstreckenden Steppe ab. Die größte unter ihnen war eine Gründung oder Umgründung des Kyros; als Kyreschata oder Kyropolis trug sie seinen Namen und war am stärksten bewehrt; ihre hohen Mauern wurden von einer Burg überragt. Diese fortgeschrittene Festung war die jüngste, angelegt von einem Zeitgenossen Zarathustras, die anderen Burgen müssen aus noch früherer Zeit stammen.

Eine nomadische Welt wird sichtbar, gegen die eine städtische Kultur kämpft und sich mit Sperrlinien abschirmt. Eine Linie verläuft den Iaxartes entlang; eine zweite wird am Oxos angenommen. Nach Kyros hat hier Dareios Krieg gegen die Saken oder Skythen geführt, Nomaden, die sich in die Stämme der »Spitzmützigen« und der »Haoma-Trinker« schieden. Zarathustras Anhänger müssen innerhalb dieser Sperrlinien gesucht werden, denn die »Haoma-Trinker« genossen den aus arischer Vorzeit überkommenen Rauschtrank, den »Todabwehrer« Haoma, und ihn hatte der Prophet verdammt. Wider die »Wahrheit« wenden sich alle, so heißt es in der fünften Gatha, die den Genossen der Lüge helfen und das Rind töten, weil sie damit die Hilfe des »Todabwehrers« herbeirufen. Von dem »Unflat des Rauschtrankes« spricht eine zweite Stelle, und weiter heißt es, daß durch ihn die schlechten Herrscher die Lüge fördern.

Zarathustras Verkündigung gilt dem befriedeten und geschützten Gebiet diesseits des Oxos und Iaxartes, der Zarathustra feindliche Bereich der Räuber und Nomaden lag jenseits der beiden Ströme. Schon früh ist das »Land des Friedens« dem Ackerbau erschlossen worden. Herodot berichtet von einer Stauanlage an den Grenzen von fünf Stammesgebieten, die diese Länder bewässerte. Der persische Großkönig hatte sie errichtet, indem er Abflüsse mit Schleusen verschloß und nur so viel Wasser zuteilte, wie die Länder benötigten. Dem königlichen Schatz erwuchsen daraus erhebliche Einnahmen. Herodots Angaben deuten neben der achaimenidischen Ordnung eine ältere an, die schon vor Errichtung der persischen Herrschaft bestanden hat. Damals floß das Wasser noch ungehindert und unbesteuert auf die Felder.

Der Gott Ahuramazda
Relief am Felsdenkmal Dareios' I. in Bisutun/Medien, um 520 v. Chr.

Skythischer Bogenschütze
Griechische Marmorskulptur vom Westgiebel des Tempels der Aphaia auf der Insel Ägina, um 510 v. Chr.
München, Staatliche Antikensammlungen

Ausgrabungen im Gebiet des unteren Oxos, in Chwarezm, bestätigen diese Angaben. Immer schon wurde Bewässerung des Landes mit größter Sorgfalt betrieben. An den Funden der früheisenzeitlichen Kultur ist bereits bäuerliche Besiedlung zu erkennen. Aus der ersten Hälfte des letzten vorchristlichen Jahrtausends fanden sich langgestreckte Gemeinschaftshäuser mit rechtwinkligem Grundriß. Im 6. Jahrhundert traten umwallte Festungen auf, die Mensch und Tier Zuflucht boten. Es waren Wohnmauersiedlungen, wieder mit rechtwinkligem Grundriß, darin der Bevölkerung die Gänge zwischen den Häusern zugewiesen waren, den Herden aber der freie Raum blieb, den die Befestigung umschloß. Die späteren Bücher des Avesta kennen ähnliche Verhältnisse. Des sagenhaften Königs Yima berühmter *vara*, darin er Rinder, Menschen, Hunde, Vögel und das Feuer vor der Sintflut schützt, erweist sich als solch eine Wohnmauersiedlung, rechteckig und mit langen Gängen angelegt.

Die Auffassung, daß Zarathustra Bauern gepredigt habe, ist durch nichts gerechtfertigt. Nirgends fällt in den Gathas ein Wort vom Ackerbau und dessen Voraussetzung, der Bewässerung. Zarathustra wendet sich vielmehr an den Heger und Pfleger der Kuh; ihm kündet er, und für ihn tritt er ein. Und doch kann es sich nicht um viehzüchtende Nomaden gehandelt haben, ausdrücklich nennen die Gathas Haus, Gemarkung und Dorf. Für »Dorf« gibt es eine Bezeichnung, die zugleich »Geschlecht« bedeutet; das blutsmäßige Band bestimmte also die Beziehungen zwischen den Bewohnern, vor allem unter den herrschenden Geschlechtern. Wieder sind die chwarezmischen Wohnmauersiedlungen zu vergleichen, die Siedlungen einer Sippe oder einer Anzahl verwandter Sippen gewesen sein mögen.

Entscheidend ist, daß für Zarathustra und seine Hörer Kuh, Weide und Milch traditionelle Bilder der Dichtung waren. Übereinstimmung mit den Veden drängt sich auf. Die Gathas sprechen, wenn sie diesem Brauch folgen, in mythischen Bildern und wollen nicht vom örtlichen Viehzüchtertum berichten. Zarathustras Zeugnis gilt nicht ohne weiteres für wirtschaftliche oder soziologische Tatbestände. Es kündet vielmehr von den Vorstellungen, die ihn und seine Zeitgenossen bewegten. Und da besteht kein Zweifel, daß gleich überkommener und gegenwärtiger Dichtung die Vorstellungswelt der Menschen dieser Zeit vom Tier erfüllt war. Sie lebten und dachten in ihm; was sich auf den Bereich des Tieres bezog, bewegte sie stärker als Ackerbau, Hauswirtschaft und Bewässerung, Tätigkeiten, die ihnen zumindest gleichermaßen vertraut waren.

Hinzu kommen noch Pferd und Kamel, das Pferd *(aspa)* taucht im Namen des Vischtaspa und seines Vaters Aurvataspa auf, des Dschamaspa und anderer. Der Name Zarathustra bedeutet »Besitzer goldfarbener Kamele« oder, nach anderer Deutung, »Kameltreiber«. Ahuramazda hat seinem Propheten zehn Stuten samt einem Hengst und ein Kamel als Lohn verheißen. Noch in islamischer Zeit bewahrt Balch den Ruf des baktrischen Kamels.

Vor allem aber dem Rind gilt Zarathustras Sorge, und die gleiche Haltung ist denen auferlegt, an die sich seine Mahnung wendet. Denn das Rind ist die Verkörperung des »Guten Sinnes«, Spender und Nährer des Menschen. Als Heger und Züchter dieses gütigen Tieres bewährt sich ein Mann, der Gott am Herzen liegt. Das Rind liefert Zarathustra die Bilder und Gleichnisse, daran es seiner Rede nicht mangelt, und das Rind darf sich gar

## Frühgeschichte

1500–1000 v. Chr. Eindringen der indogermanischen Iranier (Arier) in Iran. Im Nordosten lassen sich die späteren Sogder zwischen Iaxartes und Oxos, die späteren Baktrer südlich des Oxos nieder.

836 Unter *Salmanassar III.* treten die Meder erstmals auf.

715 Der medische Fürst *Daiaukku* in assyrischen Annalen erwähnt.

um 700 Die Perser in ihrer späteren Heimat (Persis) zum erstenmal bezeugt; Beginn des Königtums der *Achaimeniden*.

um 680 Einbruch der südrussischen Kimmerier in Kleinasien und Nordwest-Iran.

679 Abwehr der Kimmerier durch *Assarhaddon* von Assyrien.

675–653 *Phraortes* König von Medien.

um 660 Die Skythen folgen dem Einbruch der Kimmerer und treten in medische Dienste.

653 *Phraortes* unterliegt den Assyrern unter *Assurbanipal*.

um 640 Teilung der achaimenidischen Herrschaft über die Persis, *Kyros I.* erhält das elamische Anschan.

625–585 *Kyaxares* König über Medien; ihm gelingt die Abwehr und Vertreibung der Skythen.

616 *Kyaxares* vernichtet im Bund mit *Nabupolassar* von Babylon das assyrische Reich.

614 Zerstörung Assurs.

585 *Kyaxares* zieht gegen Lydien, Friede unter *Nebukadnezars II.* Vermittlung.

## Das Reich der Achaimeniden

599/8 Geburt *Zarathustras*.

569/8 *Zarathustras* erste Offenbarung. Er beginnt mit der Abfassung der Gathas.

559–530 *Kyros II.* König von Persien.

550 *Kyros* erhebt sich erfolgreich gegen seinen medischen Oberherrn *Astyages* und erbaut Pasargadai als Residenz.

547–546 *Kyros* besiegt König *Kroisos* von Lydien und erobert das lydische Reich; Unterwerfung der Griechenstädte im westlichen Kleinasien, der Lykier und Karer.

539 Eroberung Babylons (Oktober); Ende des babylonischen Königtums.

530 *Kyros* sichert die Iaxartesgrenze. Gründung von Kyreschata. *Kyros* fällt im Kampf mit den Massageten.

530–522 *Kambyses*, *Kyros'* Sohn; er tötet nach seinem Regierungsantritt seinen Bruder *Bardija*.

525 *Kambyses* erobert Ägypten.

522 Erhebung des Magiers *Gaumata*.

522/1 *Zarathustras* Tod.

521–486 *Dareios I.*, aus einer Nebenlinie des Achaimenidenhauses; er tötet *Gaumata* und besteigt den Thron (16. Oktober). Niederwerfung der Aufstände im Reich. Abfassung der großen Inschrift von Bisutun.

519/8 Zug nach Ägypten, Hinrichtung des Satrapen *Aryandes*. Neuordnung des Landrechtes (bis 503).

512 Feldzug gegen die Skythen mißlingt.

500 Aufstand der ionischen Griechen in Westkleinasien. Nach anfänglichen Erfolgen niedergeworfen (494).

498 Die Ionier erobern Sardes.

495 Seesieg der Perser bei der Insel Lade.

494 Zerstörung Milets.

490 Persisches Unternehmen gegen Euboia und Attika, das Landheer bei Marathon geschlagen.

485–465 *Xerxes I.;* Unterdrückung von Aufständen in Babylonien und Ägypten.

480–479 *Xerxes'* Unternehmen zur Unterwerfung Griechenlands endet mit einem Mißerfolg; Athen und seine Bundesgenossen tragen den Krieg nach Kleinasien und Cypern.

465–424 *Artaxerxes I.;* Aufstand in Baktrien unterdrückt.

456 Ägyptischer Aufstand des *Inaros* von *Megabyzos* niedergeschlagen.

448 Friede mit Athen (Kallias-Friede, Frühjahr), Westkleinasien bleibt unter athenischer Führung selbständig.

424–405 *Dareios II. Nothos.*

412 Aufstand des *Amyrtaios* in Ägypten.

405–359 *Artaxerxes II. Mnemon.*

404 Fall Athens.

401 *Kyros der Jüngere* erhebt sich gegen seinen Bruder *Artaxerxes* und fällt in der Schlacht bei Kunaxa.

387 Antalkidas-Friede, Westkleinasien und Cypern fallen ins Reich zurück.

359–338 *Artaxerxes III. Ochos;* Niederwerfung von Aufständen in Kleinasien und Phönikien.

341 Ägypten unterworfen.

338/6 *Artaxerxes III.* und sein Nachfolger *Arses* vom Eunuchen *Bagoas* vergiftet.

336–330 *Dareios III. Kodomannos;* *Bagoas* getötet.

## Fremdherrschaft

334 *Alexander* von Makedonien siegt am Granikos, Eroberung Kleinasiens.

333 *Alexander* besiegt *Dareios III.* bei Issos, an den kilikischen Pforten, Eroberung Syriens und Ägyptens (bis 331).

331 *Dareios III.* zum zweitenmal von *Alexander* bei Gaugamela besiegt (Oktober), Eroberung von Babylon, Susa, Pasargadai, Persepolis und Ekbatana.

330 *Dareios III.* auf der Flucht nach Ostiran von dem Satrapen Baktriens, *Bessos*, getötet. Ende der achaimenidischen Dynastie.

330—327 Kämpfe *Alexanders* in Ostiran.

329/8 *Alexander* legt makedonisch-persische Königstracht an, Beginn der Versöhnungspolitik zwischen Makedonen und Persern.

324 Hochzeit zwischen Makedonen und persischen Frauen in Susa.

321 *Seleukos* wird Satrap in Babylonien.

318—316 *Eumenes* verbündet sich mit *Peukestes*, Satrap der Persis. Niederwerfung der Selbständigkeitsbestrebungen in der Persis.

316 *Seleukos*, aus Babylon vertrieben, gewinnt seine Satrapie zurück, dazu Medien und die Susiane, 312 auch Baktrien.

305 *Seleukos* nimmt die Königswürde an. Sein Reich umfaßt ganz Iran und das Zweistromland.

293 *Seleukos*' Sohn *Antiochos* wird Mitregent und König der Oberen Satrapien.

281—261 *Antiochos I. Soter*, Sohn und Erbe *Seleukos*'.

261—246 *Antiochos II. Theos;* zunehmende Selbständigkeit des baktrischen Satrapen *Diodotos*.

247 Der Partherkönig *Arsakes I.* gründet die arsakidische Dynastie.

246—226 *Seleukos II. Kallinikos;* Bruderzwist im Seleukidenhause. Fortschreitende Selbständigkeitsbestrebungen in Baktrien und bei den Parthern.

228 *Diodotos II.* von Baktrien schließt ein Bündnis mit den Parthern.

223—187 *Antiochos III.,* der Große.

209—206 Anabasis *Antiochos' III.* Er besiegt die Parther und *Euthydemos*, den König Baktriens, und gewinnt ganz Iran bis zum Hindukush zurück.

um 206—174 *Mao-dun* gründet das Reich der Hiungnu. Er und sein Nachfolger besiegen die sakischen (nordiranischen) Stämme der Tocharer, Sakarauken und Asier und treiben sie nach Westen.

188 *Antiochos III.* schließt nach der Niederlage gegen die Römer den Frieden von Apameia. *Euthydemos* von Baktrien macht sich erneut selbständig und erobert ganz Ostiran.

187—175 *Seleukos IV. Philopator.* Abfall der Persis und der Elymais.

um 170 *Euthydemos*' Sohn *Demetrios I.* erobert Nordwest-Indien. In seinem Rücken erhebt sich Baktrien unter *Eukratides*' Führung.

175—163 *Antiochos IV. Epiphanes.*

164 Vergeblicher Angriff *Antiochos' IV.* auf die Elymais und ihren Herrscher *Kamnaskires I. Nikephoros.* Königtum der Fratadara in der Persis.

nach 160 *Heliokles* ermordet seinen Vater *Eukratides* und tritt dessen Nachfolge in Baktrien und den nordwestindischen Besitzungen an.

## Die Partherherrschaft

171—138 *Mithridates I.,* Gründer des parthischen Reiches.

146/5 Der Seleukide *Demetrios II.* besteigt den Thron.

141 *Mithridates I.* erobert das unter seleukidischer Herrschaft stehende Babylonien und wehrt einen Angriff der Skythen (Saken) ab.

140 Baktrien, die Persis und Elymais schließen mit *Demetrios II.* ein Bündnis angesichts der parthischen Gefahr. *Demetrios II.* erobert Babylonien zurück, wird aber besiegt und gerät in parthische Gefangenschaft.

139/8 Persis und Elymais von den Parthern unterworfen. In beiden Ländern regieren fortan arsakidische Unterkönige. Baktrien (Ostiran bis zum Hindukush) und Teile Indiens hinzugewonnen. Ansiedlung der Saken in Sistan durch *Mithridates I.*

138/7 *Phraates II.* folgt *Mithridates I.* auf den Thron.

138—129 *Antiochos VII. Sidetes;* er faßt noch einmal alle Kräfte des seleukidischen Reiches zusammen und rüstet zum Entscheidungskampf gegen die Parther.

130 *Antiochos VII.* gewinnt Babylonien und Medien zurück und fordert von *Phraates II.* Verzicht auf alle Eroberungen.

129/8 Niederlage und Tod *Phraates'* II. im Kampf mit den von Norden angreifenden Skythen (Saken), Zusammenbruch der parthischen Macht.

123—87 *Mithridates II.;* er stellt die parthische Macht wieder her; er ist der zweite Reichsgründer.

57—37/6 *Orodes II.,* von seinem Feldherrn *Surenas* auf den Thron erhoben, Seleukeia am Tigris unterworfen.

53 *Surenas* schlägt die Römer bei Karrhai. Beseitigung *Surenas*' durch *Orodes II.*

51 *Pakoros, Orodes' II.* Sohn, fällt in das römische Syrien ein und scheitert.
41 Neuer parthischer Einbruch in Syrien und Kleinasien.
38 Römische Verstärkungen stellen die Lage wieder her, *Pakoros* fällt.
37 *Orodes II.* stirbt von der Hand seines Sohnes, der ihm als *Phraates IV.* nachfolgt. *M. Antonius'* Partherfeldzug scheitert nach anfänglichen Erfolgen.
34 *Antonius* erobert Armenien.
20 *Augustus* begnügt sich mit einem diplomatischen Erfolg: die bei Karrhai verlorenen römischen Legionsadler werden zurückgegeben.
8 v. Chr. *Vonones, Phraates' IV.* Sohn, besteigt mit römischer Hilfe den Thron.
12 n. Chr. bis 40 *Artabanos III.*
55—65 Krieg mit Rom.
66 *Tiridates*, Bruder des Partherkönigs *Vologeses I.*, empfängt die armenische Königskrone aus *Neros* Hand.
114—117 *Trajans* parthische Feldzüge, Armenien wird römische Provinz. *Trajan* erobert Ktesiphon und erreicht den Persischen Golf.
117 *Hadrian* räumt die Eroberungen bis zum Euphrat, Armenien römischer Klientelstaat.
vor 150 Beginn der Herrschaft der *Kushan* in Ostiran, buddhistische Mission in Ostiran.
148—192 *Vologeses III.*
162—165 Partherfeldzug unter *Lucius Verus*, Mitregent *Mark Aurels;* Mesopotamien römische Provinz.
197—199 Parthische Feldzüge unter *Septimius Severus*, erneute Eroberung Ktesiphons, Vordringen zum Persischen Golf. Erfolglose Belagerung der arabischen Festung Hatra.
216 Der Religionsstifter *Mani* geboren.
216—217 Partherfeldzug unter *Caracalla* und *Macrinus. Macrinus* schließt mit *Artabanos V.* gegen Geldzahlung Frieden.

## Die Sasaniden

208 *Pabek, Sasans* Sohn, gründet eine örtliche Herrschaft in der Persis, Anerkennung durch *Artabanos V. (Ardewan)* verweigert.
224 *Ardascher, Pabeks* Sohn, besiegt den Partherkönig in drei Schlachten.
226—241 Der Sieger zieht in die Hauptstadt Ktesiphon ein und besteigt als *Ardascher I.* den Thron. Beginn der sasanidischen Dynastie. Erneuerung des Zarathustrismus.
230—232 Perserfeldzug unter *Severus Alexander.*
239—272 *Schapur I.*, bis 241 Mitregent seines Vaters *Ardascher I.*
241 *Mani* predigt am Krönungstag *Schapurs I.* In der Folge Mission in Ostiran und Indien.
242—244 Perserfeldzüge unter *Gordianus III.* und *Philippus Arabs*, Rückeroberung Mesopotamiens. Nach der Ermordung *Gordianus' III.* schließt sein Mörder und Nachfolger *Philippus* Frieden.
254—260 Perserkrieg unter *Valerian.*
256 Die Truppen *Schapurs I.* erobern Antiocheia, die Metropole Syriens; Aufstellung eines Gegenkaisers.
257 Kaiser *Valerian* erobert Antiocheia zurück.
260 Niederlage *Valerians* bei Edessa. Er stirbt in persischer Haft.
262—266 *Odaenath* von Palmyra, von *Gallienus* mit der Fortführung des Krieges betraut, erobert Mesopotamien zurück.
276—293 *Bahram II.*
277 *Mani* auf Betreiben der zarathustrischen Priesterschaft hingerichtet, der Zarathustrismus als Staatsreligion bestätigt.
284 Perserfeldzug unter *Carus*. Eroberung Seleukeias und Ktesiphons.
293—302 *Narseh.*
296—297 Perserfeldzug unter *Diokletian*. Kleinarmenien und Gebiete östlich des Tigris werden römisch.
302—309 *Hormizd II.*; er erobert den Nordteil des Kushanreichs.
309—379 *Schapur II.*
nach 360 Ansiedlung der Hephthaliten (Weiße Hunnen) in der Sogdiane unter sasanidischer Oberhoheit.
363 Perserfeldzug unter *Iulian;* dessen Nachfolger, *Iovianus*, erkauft den Frieden durch Abtretung der Gebiete östlich des Tigris und Armeniens. Schwere Christenverfolgungen in Armenien.
384 Armenien zwischen Rom und Persien geteilt.
399—420 *Yazdgard I.* Vorübergehende Erleichterung in der Lage der Christen.
420—438 *Bahram V. Gor.* Sieg über die Hephthaliten, die sich selbständig gemacht haben.
438—457 *Yazdgard II.* Neue Christenverfolgungen im persischen Teil Armeniens. Niederlage gegen die Hephthaliten.
459—484 *Peroz. Barsauma* vermittelt den aus dem Oströmischen Reich geflüchteten Nestorianern eine Sonderstellung.
484 *Peroz* erneut von den Hephthaliten geschlagen. Er fällt im Kampf.
488—531 *Kawadh I.;* soziale Revolte *Mazdaks. Kawadh I.* sucht mit den Mazdakiten gemeinsame Sache zu machen, muß aber zu den Hephthaliten fliehen (496).
498 *Kawadh I.* kehrt mit hephthalitischer Hilfe zurück. Landvermessung und Steuerreform.
528/9 Niederwerfung der Mazdakiten durch *Kawadhs* Sohn *Chusro*. Tod *Mazdaks*.

531–578 *Chusro I. Anoscharwan.* Besteuerung nach römischem Vorbild. Persien wird die finanziell führende Macht. Neuer Amts- und Militäradel. Blüte der spätsasanidischen Kultur. Philosophische Interessen *Chusros.* Beginn einer umfassenden nestorianischen Mission.

539–562 Neuer Krieg mit Ostrom. *Iustinian* muß schwere Rückschläge hinnehmen, Antiocheia erobert und seine Bevölkerung ins Perserreich abgeführt (540).

558 *Chusro I.* besiegt mit Hilfe der Osttürken die Hephthaliten, Ende der hephthalitischen Macht.

562 Fünfzigjähriger Friede mit Ostrom.

572 Südarabien wird unterworfen.

578–590 *Hormizd IV.* Wachsende Schwierigkeiten mit dem Militäradel, Säuberungsmaßnahmen des Königs.

590 *Bahram Tschobin,* ein Militärbefehlshaber, greift nach der Krone. *Hormizd IV.* abgesetzt und geblendet.

590–627 *Chusro II. Parwez.* Der oströmische Kaiser *Maurikios* führt ihn auf den Thron zurück. *Bahram Tschobin* flieht zu den Hephthaliten, wo er ermordet wird. Systematische Säuberungen unter dem Militäradel.

602 *Maurikios* ermordet. *Chusro II.* erobert Armenien, Kappadokien und große Teile Kleinasiens.

610 *Chusros II.* Heer steht am Hellespont, dann Einfall in Syrien, Eroberung von Antiocheia und Damaskos.

614 Die Perser erobern Jerusalem, morden die Christen und entführen die Kreuzesreliquie.

616 Eroberung Ägyptens, das bis 628 von den Persern besetzt bleibt.

622 *Herakleios* befreit Kleinasien.

627 *Herakleios* dringt bis zur persischen Hauptstadt Ktesiphon vor. *Chusro II.* wird vom Militäradel gestürzt und sein Sohn *Schiroë* als *Kawadh II.* auf den Thron erhoben. Friedensschluß mit Rom. Herausgabe sämtlicher Eroberungen, Rückgabe der Kreuzesreliquie (628).

629–630 *Schahrbaraz,* ein Militärbefehlshaber, greift nach der Krone und wird wieder nach kurzer Regierung beseitigt.

632–651 *Yazdgard III.,* der letzte Sasanide; Krönung in Stachr.

637 Niederlage seines Feldherrn *Rustam* gegen die Araber bei Qadisiya, Ktesiphon wird von den Siegern geplündert.

642 Neue Niederlage gegen die Araber bei Nihawend, das letzte Aufgebot der persischen Streitmacht vernichtet. *Yazdgard III.* flieht nach Osten, wo er vergeblich Beistand gegen die Araber sucht.

651 *Yazdgard III.* nach erfolglosem Kampf um die Macht in der Nähe der Stadt Merv ermordet.

---

unterfangen, vor Ahuramazdas Richterstuhl zu treten und bei ihm sein Recht zu suchen. Im übrigen nimmt es nicht nur den größten Teil der Verkündigung Zarathustras ein: auch die Irrlehrer, die er bekämpft, leben und denken im Rind. Trotz des Gegensatzes, in den Gathas unerbittlich angeprangert, kreist beider Rede um die gleiche Mitte. Zarathustras Gegner töten das Rind unter Freudenrufen. Die Anteile am Opfer werden von den Teilnehmer der Kulthandlung verzehrt, Haoma, zugleich Rauschtrank und Gott, gehören untrennbar dazu. Der Genuß des geopferten Rindes sicherte den Teilnehmern Unsterblichkeit.

Das Rind bestimmt auch die Lebenshaltung des Königs. Zarathustra eifert in der fünften Gatha gegen die Helden im Mythos: Menschen, die Schlimmes tun, werden Götterlieblinge genannt. Als der Glückliche, Schmausende sitzt der König an vollbesetzter Tafel und verteilt unter seinen adligen Tischgenossen das Fleisch vom geschlachteten Rind. Darin gleicht er dem homerischen König, der seinen Helden ein Ehrengeschenk von gleicher Art zuweist. Die Zahl der Rinder, die Fülle des Fleisches zeigen Glück und Reichtum eines Herrschers an.

Zarathustra schildert eine Gesellschaft mit unübersteigbaren Schranken. Der Hochgestellte besitzt zugleich mit der Macht auch das Recht. Zarathustra dagegen nennt nur wenig Vieh, wenige Männer sein eigen, er ist also machtlos. Der Geringe bedarf vor dem Richter des Schutzherrn, der seinen Klienten vertritt. Auch dieser »Helfer« zeigt, daß das Wort eines Machtlosen kein Gewicht hat: er muß sich einen machtvollen Gebieter suchen.

»Handfeste« Hilfe vor Gericht, um einen Anspruch durchzusetzen, beweist, daß der Rechtsstreit regelrecht zum Kampf wurde (woran sich auch anderswo die Erinnerung erhalten hat): das Urteil war nur Vorschlag zur Verständigung. Und wie fast überall, stützte sich auch am Ufer des Oxos der adlige Mann auf Sippe und Klientel. Er fühlte sich stark genug und befugt, sich das Recht vom Gegner notfalls mit Gewalt zu nehmen. Erst später wurde die Fehde zum Scheinkampf vor Gericht.

Eine adlige Welt wird sichtbar in Zarathustras Dichtung. Die Großen bedeuten alles. Adlige und Könige wie Fraschaustra Haugava oder Zarathustras Gönner und Beschützer Kavi Vischtaspa haben dem Auftreten des Propheten erst den Weg geebnet; Fraschaustra gab ihm seine Tochter zum Weib. Vom Bund mit dem mächtigen Fürsten spricht die vorletzte Gatha, die Reichtum, Verwandtschaft und herrscherliche Stellung der Förderer hervorhebt. Denn neben Besitz sind es Verwandte – Familie und Sippe – und die Freunde, die einem Manne in adeliger Gesellschaft Geltung verschaffen. Zarathustra bekennt, daß ohne Macht die neue Religion wirkungslos sein würde. Auch Zarathustras Gegner, ein Lügenprophet, hat seinen hochgestellten Gönner. Der Herr, nicht der Beschützte ist das Hindernis für die wahre Lehre: er erst gibt dem Gegner Standfestigkeit.

## *Ansässige und Nomaden*

Die Länder am Oxos und Iaxartes kannten dörfliche und städtische Siedlungen, befestigte Grenzstädte und umwallte Fluchtburgen, Bewässerung und Ackerbau, schließlich ein seßhaftes Viehzüchtertum. Aber nur das Viehzüchtertum erscheint in Zarathustras Verkündigungen. Warum diese Auswahl, und warum wurde das andere, das auch vorhanden war, weggelassen? Zarathustra wandte sich an die kleinen Fürsten und den niederen Adel. Seine Verkündigung galt nicht der dörflichen und städtischen Bevölkerung, die seit Urzeiten das Land besiedelte. Ausschließlich richtete sie sich an die herrschende Schicht der iranischen Stämme, die sich seit dem letzten Viertel des zweiten Jahrtausends in mehreren Wellen über die seit alters Ansässigen gelagert hatten.

Die Iranier drangen als früheste Welle der Nomaden aus dem Norden ein und faßten auf dem Hochland Fuß. Die Lebensweise und vor allem die Sprache vereinte die nachmaligen Bewohner Baktriens und der Sogdiane mit den nordiranischen Skythen oder Saken. Es waren nord- oder ostiranische Dialekte, die sie insgesamt sprachen. Aus der Schilderung Herodots und aus Funden kennt man diese Kultur, die sich im Osten bis an den Balchaschsee, im Westen bis zur unteren Donau erstreckte.

Die adligen Herren, denen allein Zarathustras Verkündigung galt, hatten sich reiterliche und schweifende Lebensweise, hatten sich räuberische Gewalttätigkeit aus den Zeiten der Eroberung auch nach dem Seßhaftwerden in Ostiran erhalten. Reiterliches Wesen war zum ritterlichen, das Räuberische zu herrenmäßigem Anspruch erhöht. Man hing an überkommenen Formen als Ausdruck und Gewähr einer bevorzugten Stellung. Zarathustras Schilderung galt noch, als Alexander in Ostiran eindrang. Die hervorragende

# DAS ALTE IRAN

baktrische und sogdische Reiterei bestand aus den Baronen und ihren Hintersassen. Sie mochten in ihren Dörfern sitzen, die vielleicht schon früh zu Städten geworden waren: ritterliches Herrentum bewahrte den ererbten Lebensstil auch nach den Jahrhunderten, die seit der Eroberung vergangen waren. Desgleichen hielt ein armer oder verarmter Adliger wie Zarathustra aus dem Haus der Spitama an den ihm zustehenden Formen fest.

Zuweilen wird deutlich, wie wenig diese Haltung der Wirklichkeit entsprach. Der »Genosse der Lüge«, der »Übeltäter, der seinen Lebensunterhalt nicht findet ohne Gewalttat an Vieh und Mann«, steht dem »Feind der Lüge« gegenüber, der friedlich und ohne Raub lebt. Auch er ist Viehzüchter, aber er unterscheidet sich von dem Nomaden, der sich zusätzlichen Unterhalt mit Raub an Vieh und Menschen verschafft. Gesittung und Gesetzlosigkeit, Ansässiger und Nomade, Viehzüchter und Räuber treten einander gegenüber.

An anderer Stelle nennt Zarathustra den, der das Weideland »auseinanderwirft« (die kunstvoll angelegten Triften zerstört). Die gleiche Gruppe wird angesprochen, die durch Tötung des Rindes die Hilfe des »Todabwehrers« Haoma zu erlangen sucht. Wieder sind es Nomaden, und sie erheben gegen den Frommen die Keule, die ursprünglich nomadische Waffe, die auch Indras Hand trägt. »Belehrt sie durch die Waffe«, so heißt es diesem Feind gegenüber, denn »Haus und Geschlecht und Gemarkung« bringt er Verderben.

Aber die Vorstellung bleibt fast stets gewahrt, als bestehe nur ein religiöser, kein gesellschaftlicher Gegensatz. Es nimmt nicht wunder, daß Zarathustra die Formen nomadischen und ritterlichen Herrentums bewahrt und bejaht. Auch seine Dichtung hat sich den Einflüssen aus dem eurasischen Norden geöffnet und sich dabei nicht auf Nomadisches beschränkt. In Betonung und Stabreim, in der darauf sich gründenden dichterischen Form, schließlich in den Liedern der Gathas treten diese Einflüsse hervor.

Die Sprache der religiösen Dichtung Zarathustras und seiner Nachfolger war dem Altindischen verwandt. Die Sprache des altiranischen Avesta und die der indischen Veden standen einander so nahe, daß man sich gegenseitig noch verstand. Altindischer Akzent fiel mit dem indogermanischen zusammen. Dagegen hatte sich das Avestische gewandelt. Die Betonung blieb an die drei letzten Wortsilben gebunden. Und an die Stelle des vorwiegend musikalischen, in Stimmhöhe und -tiefe bestimmten Akzents war ein Druckakzent getreten, dessen Auswirkung im Mitteliranischen deutlich wird.

Der avestische Vers war ursprünglich, gleich dem vedischen, durch die Silbenzahl bestimmt. Der Achtsilbler erscheint noch in der jüngeren avestischen Dichtung. Er steht dort an erster Stelle, aber er wechselt innerhalb desselben Gedichtes mit längeren, zuweilen auch kürzeren Versen. Scheinbare Regellosigkeit erklärt sich, wenn man sieht, daß an die Stelle gezählter Silben die Zählung der druckbetonten Hebungen getreten ist. Wurde die Verseinheit durch Hebungen bestimmt, dann konnten sowohl Neun-, Zehn- und Elfsilbler als auch Sieben- und Sechssilbler den einstigen achtsilbigen Vers ersetzen. Nur war es unerläßlich, daß der Vers vier (seltener drei) Hebungen behielt.

Druckakzent und alleinige Wertung der Hebungen im Vers entsprachen einander. Das Altindische hatte einen anderen Weg eingeschlagen. Hier wandelte sich der silbenzählende Vers zum quantitierenden: schon die vedische Metrik zeigt Ansätze, den Vers nach Kürzen und Längen zu messen.

Den Übergang zum Neuen erweisen schon die Versmaße, die Zarathustra in seinen Gathas verwendete. Noch ist die Silbenzahl gewahrt, aber daneben tritt bereits die Zählung der Hebungen. Beim Elfsilbler sind die Hebungen so verteilt, daß den ersten vier Silben zwei Hebungen, den folgenden sieben nach einer Zäsur drei Hebungen entsprechen. In Übereinstimmung mit der Zahl der Hebungen besteht im Elfsilbler Zarathustras die erste Vershälfte meist aus zwei zweisilbigen Wörtern, die zweite aus zwei zweisilbigen und einem dreisilbigen. Der Anordnung von Hebung und Wort entspricht eine andere Neuerung gegenüber der vedischen Metrik: der Stabreim. Am häufigsten begegnet er in der ersten Vershälfte, wo er die beiden zweisilbigen Wörter bindet. Stabreim ordnet sich erneut dem Druckakzent zu, und beide bilden mit der Zählung der Hebungen ein neues, in sich einheitliches System, das sich von dem in den Veden unterscheidet. Das Neue wird noch dadurch betont, daß die Gathas grundsätzlich ungerade Silbenzahlen anstreben, die vedischen gerade.

Der Stabreim breitet sich weithin aus, hält sich dabei aber in festen Grenzen. Unberührt bleiben Griechen, Hebräer, Aramäer, Araber und Inder, überhaupt der Südteil der antiken Ökumene. Eine Gegenwelt, von den Kelten und Germanen im Westen bis zu den Türkstämmen Mittelasiens, hat reichen Gebrauch von ihm gemacht. Kriegsvölker lieben den stampfenden, tönenden Rhythmus der von Hebungen und Stabreim bestimmten Verse. Jene Abkehr von der vedischen Dichtung fällt mit dem ersten Auftauchen eines Formgefühls zusammen, das von nun an den eurasischen Norden prägen wird. Die Eigenart der gesellschaftlichen Struktur bestätigt sich in der Dichtung. Es sei an die Gatha erinnert, die mit dem Vers beginnt: »Das frag' ich Dich, künd es mir recht, o Herr«. Die gleiche Liedform kehrt in der eddischen Dichtung wieder. Auch die Anfänge der dritten und zehnten Gatha sind der Edda vergleichbar. Der Rückschluß auf indogermanische Dichtung bot sich allzuleicht an. Sowenig Stabreim und akzentuierender Vers auf indogermanische Zeit zurückzuführen sind, sowenig ist es bei den Liedformen erlaubt. Es sind vielmehr Prägungen, die eine zusammenhängende und weit sich erstreckende Kultur in Nordeurasien hervorgebracht hat.

Der zeitliche Vorrang gebührt dem Ostteil und nicht nur in Verskunst und Dichtung. Zuvor wurde vom Leben und Denken im Tier gesprochen, dabei neben dem Rind das Pferd genannt. Wie Kelten und Germanen, kannten auch die Inder langehin nur das Pferd vor dem Wagen, insonderheit vor dem Streitwagen. Reiten kam erst im Verlauf der großen Bewegung auf, die überall in der Alten Welt den Wagenkampf durch die Reiterei als schlachtentscheidende Waffe ersetzte. Diese Bewegung ging von den mittelasiatischen Reiternomaden aus; und mit ihnen gelangt man erneut in den Osten des nordeurasischen Bereichs.

In diesen Vorstellungskreis gehört auch der Tierstil in der Kunst. Er setzt, was für jenes Denken im Mittelpunkt stand, in die Darstellung um. Nur daß neben die Haustiere Rind, Pferd und Kamel jetzt ihre friedlose Gegenwelt tritt: Löwe und Wolf, Falke und Adler, dazu Szenen tierischer Kämpfe oder räuberischer Jagd, des Niederreißens und Verschlingens. Bronzenes Gerät, Webereien und Irdenware sind mit diesen und ähnlichen Motiven geschmückt, in langen Reihen geordnet oder zu unentwirrbaren Gruppen geballt. Davor tritt der Mensch zurück und verschwindet zuweilen ganz. Als Gegenstand künstlerischer Gestaltung galt er wenig.

Dichterische Formgebung und Kunst ordnen sich einander zu. Als Schrittmacher und Genosse des Stabreims und seiner Versform tritt der Tierstil erneut im Osten hervor. Das gilt nicht nur für die älteste Phase der chinesischen Bronzekunst, die mit dem 13. Jahrhundert beginnt und schon frühzeitig im Minussinker Gebiet den ältesten nomadischen Tierstil schuf. Eine im 6. Jahrhundert beginnende neue Phase, mit Zarathustras Auftreten gleichzeitig, erstreckt sich auf den chinesischen Nordosten und Osten. Tierische Wildheit und ungestüme Lebenskraft waren zu strenger, bisweilen heraldisch anmutender Form gebändigt; jetzt regte sich ein neuer Formwille. Tierplastiken an Griffen und Henkeln der Bronzegefäße treten hervor; überall herrschen Spannung und geladene Kraft. In bewegten Bildern führt dieser Stil seine Kampf- und Jagdszenen vor.

Ein zusammenhängendes Kulturreich, das Mittelasien und große Teile des asiatischen Nordens prägt, zeichnet sich vor der Mitte des letzten vorchristlichen Jahrtausends ab. Auch in diesem Zusammenhang muß Zarathustra verstanden werden.

## *Entlehnung und eigene Form*

Was bisher als erratischer Block in den Steppen und Gebirgstälern Ostirans erschien, hat sich als beziehungsreiches Schaffen erwiesen. Zarathustras Verkündigung und Dichtung entsprechen nach ihrer zeitlichen Anordnung einem umfassenden geschichtlichen Zusammenhang, der sich freilich nicht auf das Gemeinsame oder Entlehnte beschränkt. Zarathustra bedurfte für seine Botschaft neuer Formen. So ist denn Zarathustras geschichtliche Stellung weniger durch die Anregungen und Einflüsse bestimmt, die ihm zuströmten, als durch die Elemente, die er auswählte und sich aneignete.

Der Prophet war durch den Tierstil mit den nordeurasischen Nomaden verbunden. Aber Zarathustra sah nur das Rind: nichts von Fabelwesen oder von Raubzeug, keine Jagd und kein Angriff, wie sie auf den Schöpfungen dieses Stils erscheinen; im Rind sah Zarathustra die Verkörperung des »Guten Sinnes«, und es zu töten galt ihm als schwerster Frevel. Von den Nomaden auch ist der erregende Rhythmus entlehnt, der die nach Hebungen und Stäben gegliederten Verse der Dichtungen Zarathustras auszeichnet. Zarathustra bekämpfte den Rauschtrank und die Ekstase blutiger Opfer, seine Verkündigung kannte die Besessenheit nicht.

Gemeinsamkeiten mit dem vedischen Indien hat Zarathustra eher abgelehnt als betont und weitergebildet. Am nächsten steht er noch den späten, philosophischen Hymnen des Rigveda, die schon zu den Upanishaden weiterführten. Und wenn er auf Stilformen verfiel, die bei den jüdischen Propheten wiederkehren, so einte sie noch mehr die Gleichartigkeit ihres religiösen Strebens. Beide, Zarathustra und Israels Propheten, faßten ihren Gott in bisher unbekannter Tiefe und Strenge, sie strebten Reinigung und Klärung seines Bildes an, in Erhabenheit und unbedingter Größe. Erst dieses andere und vermeintlich ursprüngliche Bild, von den späteren Zeiten verdeckt und verunstaltet, entsprach ihren hohen sittlichen Ansprüchen.

Als Kind seiner Zeit ließ Zarathustra an die Stelle der überkommenen Götter göttliche Abstraktionen treten. Ahuramazda ist umgeben vom »Guten« und vom »Heiligen Geist«, von »Gehorsam« und »Einsicht«, von »Ergebenheit« und »Demut«, »Herrschaft« und »Gewalt«, vor allem aber von der »Wahrheit«. Manches davon, und gerade die »Wahrheit« als ordnendes Element der Welt, entstammt älteren Zeiten, die Götter, wie Mithra und Mazda, wohl auch als Abstraktionen verstanden haben. Doch Begriffe, wie »Vertrag« und »Weisheit«, hatte einstige Gestaltungsfreudigkeit zu männlichen Wesen umgeformt. Zarathustra dagegen fand sich nicht bereit, seinen Abstraktionen männliches oder weibliches Geschlecht zu geben. In seiner Unbedingtheit ging er auch hier eigene Wege.

In dieser Umwertung verquickten sich Abstraktion, Begrifflichkeit und Idealität: die Gottheiten, von Zarathustra als abstrakte Wesenheiten verstanden, formten sich ins Geistige und Sittliche um. Altarisches Königtum und seine Gottesvorstellung verbanden sich zur Einheit. Des persischen Großkönigs »Ohren« und »Augen« waren bekannt, und Mithra ist für das jüngere Avesta der »tausendohrige, zehntausendäugige« Gott, dem von seinen »Ohren« und »Augen« unterrichteten Großkönig gleich. Aber Zarathustra ging es bei seinen göttlichen Abstraktionen, zugleich Werkzeugen Ahuramazdas, nicht um sinnliche Wahrnehmung: er sah in ihnen Forderung und Erfüllung, geistige und sittliche Wesenheiten. Dareios – in seiner Grabinschrift, in der er sich als Zarathustrier vernehmen ließ – rühmte sich nicht der Allgegenwart durch »Augen« und »Ohren«. Ahuramazda hat ihm »Weisheit« und »Guten Sinn« verliehen; durch Ahuramazdas Willen liebte er, was recht ist, und haßte das Unrecht.

Der Schöpfung der neuen Gottheiten entsprach, daß die überlieferten zu Dämonen und Teufeln wurden. Die Verdammung der *daēva* und deren Verehrung traf auch deren Mythos. Ein Schritt von unabsehbaren Folgen war vollzogen.

Karl Kerényi nennt die Mythologie eine Denk- und Ausdrucksform, die wie eine Sprache erlernt werden muß, wenn man ein Volk in seinem Wesen verstehen will. Für jene, die in Mythologien dachten und sich darin ausdrückten, war sie die Grundlage von Urteil und Handeln. Überall berief man sich auf mythische Vorbilder und mythisches Geschehen. Sie waren für die Lebenden allgegenwärtige Daseinswirklichkeit.

Zarathustra verschmähte die Möglichkeit, sich in der »zweiten Sprache« des Mythos zu äußern. Seine Unbedingtheit weigerte sich, die Überlieferung im Sinne seiner Verkündigung umzudeuten. Er widerstand auch der Versuchung, seinen Gottheiten neue Mythen zu schaffen, wie es später Mani tat. Zarathustra war es ernst mit der Abstraktion des Göttlichen, deren karge Natur von der Reichhaltigkeit und Farbigkeit des Mythos abgestoßen wurde. So beschritt er den für ihn einzig möglichen Weg. Er setzte die Abstraktionen in begriffliche Verknüpfung, die sich allein auf ihre Einsichtigkeit berufen durfte und damit für sich selbst stand. Eine große Zahl möglicher Verknüpfungen stellte sich ein, zu der die Abstraktionen sich in besonderem Maße eigneten. Gedankliche Beziehungen, die überall sich anboten, kamen im Satzgefüge als Beiordnung und Unterordnung, als Verschränkung und Gegenüberstellung zum Ausdruck.

Die Einleitungsstrophe einer Gatha führt außer Ahuramazda sieben göttliche Abstraktionen auf. Sie waren sicherlich nicht leicht im knappen Rahmen eines Vierzeilers zu versammeln. Und der Dichter wollte, daß außer Ahuramazda keines der göttlichen Wesen im Nominativ stehe, der allein ihrer aller Herrn vorbehalten sei. So mußten die ihn umgebenden Mächte sich mit den gebeugten Fällen begnügen.

> Mit »Heil'gem Geist« und »Gutem Sinn«
> »Wahrheits«-gemäß mit Tat und Wort
> uns gibt »Heil« und »Ewig Leben«
> der Weise Herr, »Demut« und »Macht«.

Die Wiedergabe sucht jene harte Fügung zu erhalten, die das Gesagte einem Rätsel ähnlich macht. Auch sonst werden alle Mittel herangezogen, die die Sprache eben noch zuläßt. Ahuramazdas Name wird meist in seine beiden Bestandteile zerlegt: getrennt umrahmen sie einen Vers oder eine Wortgruppe.

Zarathustras Dichtung hat für uns Heutige leicht etwas Künstliches. Ihre archaische Form ist nur zu verstehen, wenn man sie als gnomische Dichtung sieht. Wie in allen Sinnsprüchen, treten in ihr bedeutungsgeladene Begriffe nebeneinander oder sich gegenüber. Tat und Wort, in der ersten Strophe durch »und« verbunden, entfalten sich in der folgenden, bereichern sich mit neuen Zuordnungen, bauen sich in Entsprechungen auf. Gleichklang betont, was als gedankliche Parallele verstanden werden soll: der mehrsilbige, schwer ins Ohr fallende Endreim prägt die Taten von Mensch und Gott dem Gedächtnis ein.

Die begriffliche Symbolik dieser Dichtung formte auch Überliefertes um, verlieh ihm mit neuen Mitteln ein neues Gesicht. »Mach dich auf zu mir, verleih mir Stärke und Lohn« – als Bitte an den Gott gerichtet, wiederholt sich hundertfach im Rigveda. Zarathustra aber betet zu Ahuramazda, daß »Demut« Rüstigkeit, der »Heilige Geist« Kraft, die »Wahrheit« starke Gewalt und der »Gute Sinn« Belohnung schenken möge. Mannigfache begriffliche Verknüpfung gab dem Sinnfülle und neue Sprache, was infolge ständiger Wiederholung abgegriffen war. Aber Zarathustra wünschte sich nicht nur vom herkömmlichen Kultlied abzusetzen. Die neue Formsprache mag sich in ihrem gemessenen Gang, ihrer begrifflichen Fügung und einem Satzbau, der beides begleitete und hervorhob, noch stärker von dem Gebaren der Gegner Zarathustras unterschieden haben. Es sind die »Zungen«, die in »Unweisheit« zur Raserei führen, und die wilde Freude beim Rindsopfer, denen die gemessene Architektonik der Gathas gegenübertritt.

Ein tiefer und unüberbrückbarer Gegensatz trennte Zarathustra von den falschen Propheten, deren Tun sich im Rindsopfer, ihm wie weniges verhaßt, zum Gegenbild formt. Zarathustra wollte kein stoffliches Opfer, er brachte ein geistiges Opfer dar: er widmete das eigene Sein oder, wie er sagt: »eignen Leibes Leben«. Denn Gott fordert nicht Besitz und Gut, sondern Gehorsam vor seinen Geboten. Neben dem Mythos bildete der Kult und seine Opferhandlungen die zweite Bindung des neuen religiösen Lebens. Alte kultische Gemeinsamkeiten zerbrachen, und an ihre Stelle trat die Vorbildlichkeit des Einzelnen, die der Religionsstifter vorlebte.

Zarathustra war – man weiß es aus seinem Munde – *zaotar*, »Opferer«, dem in Rigveda und Avesta bezeugten Stand der Opferpriester angehörig. Aber er hat seinen eigenen Weg gewählt. Persönliche Berufung, das ihr entspringende unmittelbare Verhältnis zu Gott unterschieden Zarathustra von allem Priestertum. Priestertum verkörpert sich als Stand mit ständischen Interessen: der Prophet ruht allein in sich und in der ihn legitimierenden Erweckung; der Priester lebt und wirkt in einer Gesellschaftsordnung, die ihm Stellung und Unterhalt gewährt. Als Gegenleistung erwartet diese Gesellschaft den Vollzug bestimmter Handlungen, die das rechte Verhältnis zu den Göttern sichern. Der Prophet dagegen kündet ohne gesellschaftlichen Auftrag und ohne Unterstützung. Unentgeltlichkeit ist die Voraussetzung seines Tuns und das Geheimnis seines Erfolgs. Überkommener Bindungen ledig, sammelt der Prophet Anhänger um sich, die sich zu neuer Gemeinschaft mit neuen Ordnungen zusammenschließen.

## *Die sittlichen Forderungen*

Zarathustra findet zu voller Unbedingtheit in seiner sittlichen Haltung. Die Entscheidung für Gut oder Böse ist Kern und Mitte seiner Lehre. Ahuramazda fordert solche Entscheidung; selbst hat er gewählt und seine Wahl in feierlicher Setzung geheiligt. Von nun an war der gleiche Entscheid jedem Einzelnen auferlegt. All dies war Zarathustras eigenste Schöpfung und dazu als apokalyptisches Gegenbild der Tag des Gerichts. Einmal verkündigt, sind diese Gedanken bleibender Besitz der Religionsgeschichte geworden. Auf sie gründet sich die Bedeutung Zarathustras.

Unbegreiflich, daß man meinen konnte, er sei nicht zu den letzten Dingen vorgestoßen. Gewiß kennt er noch kein ausgeklügeltes System wie der spätere Zarathustrismus. Aber die große Wende, die Herrschaft des Himmels auf Erden, ist schon bei ihm da, auch das Gericht des Retters und des Weltheilands. Doch nicht auf die Merkmale kommt es an. Zarathustra war deshalb Eschatologe, weil ihm dies aus Haltung und Lehre zuwuchs: aus dem Gegenüber von Gut und Böse, aus der verantwortlichen Wahl zwischen beiden und aus Gottes Richteramt.

Auch die Höllenstrafen sind schon in Andeutungen da, doch erst die Folgezeit hat sie ausgemalt, hat sie abgestuft und in ein System gebracht: Karpan und Kavi, »die die eigne Seele und das eigne Ich ängstigen, wenn sie hinkommen, wo die Tschinvat-Brücke ist, für alle Zeit Gäste im Haus der Drug«, sie fürchten den Sturz von der Brücke hinab in die Hölle.

»Ich werde euch künden, was wert ist, daß man es wisse«, hebt die dritte Gatha an. »Höret mit Ohren das Beste, sehet mit lichtem Sinn« – denn nur so kann man, vor der Wahl zwischen Gut und Böse, sich vorbildlich entscheiden. Hier ist der Mensch ganz auf sich gestellt. Familie, Sippe und Anhang gelten nichts, niemand kann ihm die Entscheidung abnehmen. Die persönliche Verantwortung vor Gott ist das entscheidend Neue in Zarathustras Forderung.

Zwei Geister, so lehrt er, standen am Anfang: »nach Gedanke, Wort und Tat das Bessere und das Böse«. Zwischen ihnen hat man zu wählen, und wer das »Bessere« wählt, gehört zu den »Klugen«, das »Böse« wird von den »Unverständigen« bevorzugt. Beide Geister offenbarten sich zu Urbeginn im Traum, und auf diese Urbilder hin schuf Ahuramazda »am Anfang Leben und Nichtleben«. »Daß sein möge am Ende schlechtestes Leben dem Lügner, aber dem Gerechten das bessere Denken«, lautete das Gebot, das seitdem über dem Lauf der Welt steht. Dem Beginn entspricht ein Ende, das dem Bösen Strafe, dem Gerechten aber seinen verdienten Lohn bringt.

Und es geht weiter: »Von beiden Geistern wählte sich der Lügner das böseste Wirken.« Wer guten Sinnes ist und wessen Taten Ahuramazda gefallen, hält es mit der »Wahrheit«. Wahrheit ist Weltordnung, und »darum trägt sie die härtesten Himmel als Kleid«, denn der Himmel ist aus Stein gefügt. Die »härtesten Himmel« sind die Himmel mit der festesten Fügung, die alles halten und tragen. Wahrheit besteht, während Lüge vergeht.

Nicht nur der Mensch steht vor der Wahl zwischen Gut und Böse. Auch den Göttern blieb sie nicht erspart, und sie haben die Probe nicht bestanden. »Hinsichtlich der beiden Geister haben nicht richtig gewählt die Götter.« Die *daēva* der Vorzeit haben falsch gewählt, und mit ihrem falschen Entscheid stürzt ein ganzes Pantheon. Die alten Götter wurden zu Dämonen und Teufeln. Sie »überkam Verwirrung, als sie sich berieten. Daher wählten sie den bösesten Geist, dann wandten sie sich zum Mordgrimm, durch den sie den Menschen krank machen«. »Mordgrimm« ist für Zarathustra die Raserei blutiger Opfer. Noch einmal: die Genossen der Lüge töteten das Rind unter Freudenrufen, auf daß der »Todabwehrer« Haoma Hilfe bringe. Aber Zarathustra weiß, daß diese Handlungen nicht gegen den Tod helfen, sie »machen den Menschen krank«.

Das Verhalten der Götter kann dem Menschen nicht Vorbild sein, es muß ihn warnen. Zum Menschen mögen »die Herrschaften kommen durch den Guten Geist, der Leiber Stetigkeit möge geben die dauernde Demut«. Der Mensch soll sich bewähren, auf daß er sein werde in Ahuramazdas Haus, »bei des Erzes Heranschiebung der Erste«. Die Prüfung mit dem glühenden Metall tritt neben die Bewährung auf der Tschinvat-Brücke. Beides erhebt den Menschen über die Götter von einst, die die falsche Entscheidung getroffen haben. Sie trifft Zarathustras Fluch:

> Doch ihr Götter: alle seid ihr schlechten Geistes Schoß;
> Auch wer euch geehret: Lüge und des Hochmuts Sproß;
> Eure Taten mehr noch, rühm' sie gleich der Erdenkreis.

Die Gliederung der drei Verse ist zugleich verwickelt und einfach, verwickelt durch die Sperrungen und einfach im strengen Aufbau. In der ersten Hälfte der Verse sind die Götter genannt, ihre Verehrer und die göttlichen Taten. In der zweiten folgt das Urteil über sie. Noch werden ihre Taten gerühmt, doch nur, um in der nächsten Strophe mit doppelter Schärfe verhöhnt zu werden: »Denn ihr habt es so gehalten, daß, wer Schlimmstes tat, Götterliebling ward geheißen...« Beispiel dafür ist Yima, der Urkönig, der mit seinen Tischgenossen das Fleisch des geopferten Rindes verzehrte.

Das Entscheidende aber enthalten die beiden vorangehenden Strophen. »Viele Frevel vollendete er«, der Genosse der Lüge; Frevel sind es, »durch die er berühmt ist«. Aber »ob er durch sie (rühmenswert ist), o Herr, der du des Verdienstes gedenkst! – weißt du durch den Besseren Sinn«. Ruhm des Unfrommen ist also nicht mehr der wahre Ruhm. In

Ahuramazdas Reich, darin er mit seiner göttlichen Gefolgschaft herrscht, »soll für die Wahrheit der Spruch gefunden werden«.

Der Ruhm, dem Helden gespendet, enthielt das Urteil von Mit- und Nachwelt, er sicherte den Taten und Tätern ein Fortleben in aller Gedächtnis; Ruhm war die Form der Unsterblichkeit. Seine Stelle nimmt jetzt Ahuramazdas Spruch beim letzten Gericht ein. Auch Gott gedenkt des Verdienstes, wenngleich in anderem Maßstab: Ruhm von einst wird zum Frevel. Der »Nichtwissende« mag sich solcher Frevel rühmen »infolge der Begehrlichkeit, die Gewinn genannt wird«. Eitlem Ruhm treten Gottes Gericht und Gottes Urteil gegenüber.

Ein folgenreicher Wandel ist eingetreten. Ruhm und Spruch des Endgerichts, Mythos und Sittengesetz schließen einander aus. Das Jenseits und die Bewährung vor göttlichem Spruch hatten die Diesseitigkeit des Heldenruhms verdrängt.

## *Der Reichsgründer Kyros*

Bisher wurde von Irans Propheten gesprochen; der religiösen »Stiftung« soll nun die Stiftung der weltlichen Herrschaft folgen. Neben den, dessen Reich nicht von dieser Welt ist, tritt der Begründer der persischen Weltherrschaft. Damit vollzieht sich auch ein Wandel der Landschaft. Vom Osten Irans, von den Ufern des Oxos, geht es zurück zum Westen und Südwesten. Zarathustras Bereich stellen sich die Kernländer des altpersischen Königtums gegenüber und stellen sich zu ihm in Gegensatz, eine Zweiteilung, die sich in der ganzen Geschichte Irans auswirkte, mehr noch, die von den geographischen Gegebenheiten vorbereitet war.

Salzwüsten bilden die Mitte der iranischen Hochebene: Descht-i Lut und Descht-i Kewir. Nur an wenigen Orten sind sie bewohnbar, an vielen nicht einmal zu passieren, Marco Polo hat davon ein Bild gegeben. Ausdehnung und Lage der Wüsten bewirken, daß nur die Rand- und Außenbezirke Irans besiedelt sind. An der Innenseite der Gebirgszüge, die das Land begrenzen, liegen die Gebiete, die das geschichtliche Bild bestimmt haben und noch bestimmen.

Ostiran war bereits in unser Blickfeld getreten: Baktrien, dem sich die Sogdiane nach Norden vorlagert, und im Süden die Gebiete bis zum Hamun-See, also Arachosien, Areia und die Drangiane. Auch der iranische Westen war vom ersten Strahl geschichtlichen Lichtes getroffen worden: Medien und die Persis. Zwischen diese Pole ist Iran gespannt. Beide Bereiche sind, da die gebirgige Küste des Indischen Ozeans für die Besiedlung ausfällt, allein von einem schmalen Streifen im Norden miteinander verknüpft. Es ist Chorasan, das sich zwischen den Ausläufern des Elburs und des Hindukush erstreckt.

Der geographischen Gliederung entspricht die geschichtliche. Wieder werden die beiden Pole deutlich. Irans Osten und Nordosten grenzen an die turanische Steppe zwischen Kaspischem Meer und Balchaschsee. Die Weiten Südrußlands und des südlichen Sibiriens schließen sich an. Abwehr der Nomaden wechselte mit Einbrüchen, die oft ganz Iran überschwemmten. Eine bewegliche, kriegerisch-räuberische, geschichtslose Welt von Hirten und Reitern brandete gegen die seßhafte von Dorf und Stadt. Und im Westen haben die uralten Hochkulturen in Elam, Babylonien und Assyrien, in Urartu und Syrien von Anfang an auf Iran eingewirkt. Es mußte das Streben jeder Staatsbildung auf medischem und persischem Boden bilden, jene Länder und ihre Kulturen sich anzueignen. Kyaxares' Eroberungspolitik hatte dies erstmals erwiesen. Was jetzt kommen sollte, ging indessen noch einen Schritt weiter. Die Einigung von ganz Iran mußte bewirken, daß man nicht nur Mesopotamien, Syrien und Kleinasien sich unterwarf, sondern daß man auch im Nordosten, an Oxos und Iaxartes, zum Kampf antrat. Dies bildete die Tat des neuen Herrschergeschlechtes, das aus der Persis hervorging.

Über dieses wenig umfangreiche Gebirgsland nordöstlich des Persischen Golfs und über angrenzende Teile Elams, über Parsua und Parsumasch, herrschte seit etwa 700 v. Chr. das Haus der Achaimeniden (Hachamanischija), das sich nach seinem Ahnherrn (Hachamanisch) nannte. Man hatte lange in Nachbarschaft medischer Stämme gewohnt und sich erst zuletzt auf das unzugängliche Hochland zurückgezogen. König Kurasch von Parsumasch, der 640 v. Chr. seinen Sohn Arukku dem siegreichen Assurbanipal als Geisel nach Ninive sandte, wird von seinem Enkel, dem großen Kyros, »König von Anschan« genannt. Anschan grenzte an Elam: noch in achaimenidischer Zeit galt der Adel des Landes Huwadscha um Susa als persisch.

Wohl immer war man vom medischen Großreich abhängig gewesen, und Spuren seines Einflusses blieben bis in spätere Zeit erhalten. Worte wie »Großkönig«, Ausdrücke der religiösen Rede wie »großer Gott«, »Magier« und die Bezeichnung des kultischen Verbots entstammten der medischen Sprache. Die Magier waren ursprünglich ein medischer Stamm, in dessen Verband die Priesterwürde sich forterbte. Nach dortiger Überlieferung begruben die Achaimeniden ihre Leichen, statt sie nach zarathustrischer Weise Vögeln und Raubtieren auszusetzen.

Um 550 v. Chr. erhob sich der damalige König der Persis, Kyros (Kurusch), der zweite seines Namens (559-530), gegen den medischen Oberherrn. Astyages, um seines prunkvollen Hoflebens willen beim eignen Adel wenig beliebt und möglicherweise von manchen Anhängern verlassen, erlag in der Schlacht und verlor Hauptstadt und Herrschaft. Der Sieger trat als Herr der Perser, Meder und Elamiter die Nachfolge an. Über Nacht hatte sich eine Macht zusammengeballt, die von den Bergen Armeniens bis an den Rand der gedrosischen Wüste reichte.

Unfern der Stätte seines Sieges erbaute Kyros seine Residenz Pasargadai. Sie bezog ältere Anlagen wie die Tacht-i Sulaiman genannte Terrasse ein und enthielt außer dem eigentlichen Palast die gleichfalls auf einer Terrasse gelegene großkönigliche Audienzhalle *(apadāna)*. Hinzu kam ein riesiger Wildpark *(paridaiza,* griechisch *parádeisos,* »Paradies«), zu dessen Torgebäude der heute noch stehende Reliefpfeiler mit einer Inschrift gehörte, die Kyros' Namen trägt.

Der König Lydiens, Kroisos, hielt sich auf Grund des 585 v. Chr. zwischen seinem Vorgänger Alyattes und Kyaxares geschlossenen Friedensvertrags für befugt, als Astyages' Verbündeter gegen Kyros einzuschreiten. Bei Pteria, westlich des Halys, kam es zur Schlacht, deren Ausgang unentschieden blieb. Als sich Kroisos aus unbekanntem Grund auf das feste Sardes zurückzog, stieß Kyros nach, besiegte in einer Schlacht vor dessen Toren die treffliche lydische Reiterei und nahm Stadt und Burg ein (547). Damit hatte sich der Sieger ein zweites großes Reich untertan gemacht, das fortan von einem persischen Satrapen auf der Burg von Sardes verwaltet wurde. Die Griechenstädte an der kleinasiatischen Westküste mußten sich ebenfalls fügen, und trotz erbittertem Widerstand wurden auch Karier und Lykier der Fremdherrschaft unterworfen.

Inzwischen verlangte Babylonien nach ordnender Hand. König Nabonid (556–539), obwohl mit Unterstützung der Priesterschaft des Gottes Marduk emporgekommen, hatte es darauf abgesehen, den Stadtgott von Harran, Sin, an Marduks Stelle treten zu lassen. Auch zog er es vor, sich meist in Harran und im nordarabischen Taima aufzuhalten, wo er sich eine eigene Residenz erbaute. Babyloniens Regierung überließ er derweilen seinem Sohn. Nabonids Beweggründe sind trotz zahlreicher Bezeugungen nicht durchsichtig. Es lag auf der Hand, daß seine Lage den mächtigen Nachbarn zum Eingreifen verlocken mußte.

Als Kyros mit Heeresmacht von Norden her einbrach, fand er auf babylonischer Seite Verbündete. Der Statthalter einer ungenannten Landschaft, vor allem aber die Priesterschaft Marduks nahmen für den Perser Partei. Als er, fast ohne auf Widerstand zu treffen, in die befestigte Hauptstadt einzog, begrüßte man ihn als Befreier. Er kam, wie eine Zylinderinschrift in Kyros' Namen bekundet, als Erwählter und Sohn des babylonischen Stadtgottes, dessen Hände er zum Zeichen seines Herrschaftsantrittes nach überkommener Weise ergriff.

Als babylonischer König schonte Kyros Stadt und Land und achtete die Götter und ihre Kulte. Ähnlich verhielt er sich gegenüber den nach Babylonien verschleppten Juden. Sie hatten ihre Hoffnung auf Kyros' Sieg gesetzt, und ihr großer Prophet, der Deuterojesaja, hatte ihn als kommenden Messias bezeichnet. Jetzt gab Kyros ihnen die Freiheit zurück und erlaubte ihnen, den zerstörten Tempel in Jerusalem wiederaufzubauen. Damit begann eine Verbindung zwischen Persern und Juden, die durch ein volles Jahrtausend nicht abbrechen sollte. Achtung des babylonischen und des jüdischen Kultes leitete jene Politik religiöser Duldung ein, die auch Dareios' I. Regiment kennzeichnen wird.

Wie und wann der iranische Osten, vor allem Baktrien, dem Reich hinzugefügt wurde, läßt sich nicht erkennen. Erst aus Kyros' letzten Jahren weiß man von Kämpfen, die er gegen die dortigen Nomaden – Saken oder Skythen und deren führenden Stamm, Massageten – führte. Es galt die Iaxartes-Grenze zu sichern, zu deren Schutz »Kyros-Stadt« (Kuruschkat, griechisch Kyreschata, Kyropolis) von dem Herrscher angelegt wurde. Sechs wohlbefestigte Städte sollten fortan die Flußlinie decken. Hier ist Kyros im Kampf gegen die Massageten gefallen. Die Nachricht davon muß im August 530 nach Babylon gekommen sein. Seine Leiche wurde einbalsamiert und in Pasargadai beigesetzt. Noch heute erhebt sich dort auf sechsstufigem Unterbau die steingefügte, rechteckige Cella mit gleichfalls steingefügtem Giebeldach, die dem großen Eroberer als Ruhestätte gedient hat.

Bildnis eines Elamiters
Bemalte Tonplastik aus Susa, 8. (?) Jahrhundert v. Chr. Paris, Louvre

Perser und Meder
Silberstatuetten aus den Funden am Oxos, 5./4. Jahrhundert v. Chr.
London, British Museum, und Berlin, Staatliche Museen, Vorderasiatisches Museum

## Nachfolge und Krise

Kyros war in erster Linie Eroberer, und als solcher ist er in die Vorstellung der Nachwelt eingegangen. Eine gewaltige Ländermasse war von ihm zusammengefügt worden; niemand hatte zuvor ähnliches versucht, geschweige denn erreicht. Dem Bild vom stürmischen Siegeszug hat auch Kyros' schließliches Scheitern im Kampf gegen die Nomaden des iranischen Nordostens keinen Eintrag tun können. Die Fraglichkeit und Anfälligkeit der neuen Reichsgründung lag an anderem Ort. Das Reich war, als der Welteroberer dahinging, gleichsam im Stadium des Entwurfes verblieben.

Recht ungleichartige Völker standen unter einheitlichem Königtum. Da gab es Menschen und Länder von uralter Kultur, wie die Bewohner des Zweistromlandes. Die Assyrer waren auf ihren Eroberungszügen nach Medien und nach Ägypten gelangt. Auch Babylon hatte über ein großes Gebiet geherrscht. Beide mußten sich jetzt als Untertanen jeden Machttraumes entschlagen. Die ihnen gemeinsame Sprache, das Akkadische, verknüpfte die Völker des Zweistromlandes mit dem Nachbarland Syrien. Das Kanaanitische, will sagen, das Phönikische und Hebräische, dazu das Aramäische gehörten gleich dem Akkadischen zur semitischen Sprachgruppe. Syrien hatte sich schon früher assyrischer und babylonischer Herrschaft fügen müssen. Doch weiter im Süden hatten die Juden hartnäckig, trotz aller Schicksalsschläge, eine Sonderstellung behauptet. Waren Syrien und Palästina Binnenländer, so hatten sich die Phöniker seit unvordenklicher Zeit aufs Meer geworfen und sich eine Handelsflotte und Seemacht geschaffen. Sie waren weit nach Westen vorgedrungen; in Nordafrika und Spanien, auf Sizilien und Sardinien hatten sie ihre Städte gegründet. Phönikische Stützpunkte und Faktoreien säumten die Küsten des Mittelmeers bis zu den Säulen des Herakles.

Daneben Kleinasien: seine Küsten, zumal im Westen, waren von den Griechen besiedelt worden, und Griechen haben auch an den Küsten des Schwarzen Meeres, auf Cypern und an der syrischen Küste ihre Handelskontore errichtet. Im Inneren blühten, vom Griechischen beeinflußt, aber zu eigner Form erwachsen, die lydische und die phrygische Kultur, deren Bedeutung erst aus jüngsten Ausgrabungen erschlossen worden ist. Überall waren die einheimischen Sprachen im Gebrauch und meist zu Schriftlichkeit gelangt. Lydisch und Phrygsch standen an erster Stelle, letztes dem indogermanischen Sprachstamm angehörig.

Auch Iran bot alles andere denn ein einheitliches Bild. Gewiß waren die Sprachen der eingewanderten Arier untereinander verwandt. Daneben hatten sich aber elamisches Volkstum und Sprache behauptet. Im Osten hatte Zarathustras Dichtung den Schritt zu dichterischer Formung und schriftlicher Festlegung beschleunigt, im Westen dagegen war allenfalls das Medische, nicht aber das Persische zur Schriftsprache geworden.

Auch in ihren Religionen boten die jetzt vereinigten Völker ein buntes Bild. Die babylonischen Götter hatten in Syrien neben den einheimischen Fuß gefaßt. Und wiederum war das Judentum zu einem unüberwindlichen Gegner geworden. In Kleinasien standen sich homerische Götterwelt und einheimische Kulte ohne viel Gemeinsamkeiten gegenüber. Im Osten Irans hatte sich Zarathustra erhoben, und seine Verkündigung stand den Propheten Israels und Judas an Unbedingtheit keineswegs nach.

Für Kyros' Nachfolger schien die Aufgabe vorgezeichnet. Er durfte allenfalls die Grenzen abrunden und im Innern seine Herrschaft ausbauen. Da waren die sprachlichen Unterschiede im Schriftverkehr und in der Verwaltung zu überbrücken, die religiösen Verhältnisse zu ordnen, einheitliche Besteuerung und Münzen zu schaffen, überhaupt sollte an die Stelle des Vorläufigen ein Gefüge treten, das den Herrschenden wie der Masse der Untertanen ein gesichertes Dasein erlaubte.

Kyros' Nachfolger Kambyses (530–522) war von anderem Holz als der große Vater. Er besaß weder Abstand noch Einsicht genug, die Erfordernisse der Lage zu erkennen. Wenn ihn überhaupt etwas verpflichtete, so war es das Vorbild seines Vorgängers. Im Innern beschränkte er sich darauf, seinen Bruder Bardiya als einen gefährlichen Rivalen zu beseitigen. Dann brach er zur Eroberung auf. Es gelang ihm zwar, das letzte der altorientalischen Großreiche, Ägypten, zu besiegen und zu unterwerfen (525), aber die Versuche, weiter nach Süden (Nubien) und Westen (Ammon-Oase und Libyen) vorzudringen, scheiterten. In Ägypten selbst hat Kambyses' Auftreten kein gutes Andenken hinterlassen. Er scheint es nicht verstanden zu haben, die religiösen Empfindlichkeiten dieses alten Kulturvolkes, das jetzt fremde Herrschaft dulden mußte, zu schonen oder gar seine Zuneigung zu gewinnen.

Auf dem Rückzug erreichte Kambyses die Nachricht, daß daheim sich ein Mann des Thrones bemächtigt hatte, der sein ermordeter Bruder Bardiya zu sein vorgab. Wahrer Name des Usurpators war Gaumata. Als Magier hatte er sich mit der religiösen Umwälzung eins erklärt, die von Zarathustra ausgegangen war. Aber Kambyses kam nicht mehr dazu, sich mit dem Rebellen auseinanderzusetzen. Auf dem Marsch durch Syrien ereilte ihn aus ungeklärter Ursache der Tod (522). Es erhob sich die Frage, ob das Reichsgefüge, mehr denn je ein Torso, sich behaupten würde.

## *Gaumata und Dareios I.*

Zarathustra ist in den entscheidenden Ereignissen seines Lebens Zeitgenosse des großen Kyros gewesen. Beide Männer haben wie wenige die Geschichte ihrer iranischen Heimat bestimmt, mochte auch Kyros, als Eroberer und Reichsgründer, zu den Gewaltigen dieser Erde gehören, während Zarathustra vom Anfang her eine religiöse und moralische Welt zu erbauen bestimmt war.

Osten und Westen Irans traten sich damit in ihrer Verschiedenheit gegenüber. Die Jahre um die Mitte des 6. Jahrhunderts sahen den Eintritt beider Bereiche in die große Geschichte. Entzündete sich am Ufer des Oxos im Osten die Flamme, die ganz Iran ergreifen und für das kommende Jahrtausend in seiner religiösen Haltung bestimmen sollte, so entstand im Westen, von der Persis ausgehend, eine Herrschaft, die noch einmal den ganzen Alten Orient überlagerte. Da ergab sich die Frage, ob beide Ereignisse, einzeln oder gemeinsam, all das zum Ganzen fügen würden, was bisher getrennt gelebt hatte. Religion, auf Verkündigung und Bekehrung gerichtet, und ein Reich, das Weltreich zu werden sich anschickte, hatten bei aller Verschiedenheit doch das eine gemein, daß beiden der weitausgreifende Antrieb, Seelen oder Länder und Völker zu gewinnen, mit dem Entstehen eingepflanzt zu sein schien.

Kyros hatte sich nach der Eroberung des Zweistromlandes, Syriens und Kleinasiens bis zum Hellespont dem iranischen Osten zugewandt. Jetzt griff der Osten auf den Westen über, diesmal in Zarathustras Verkündigung, die Medien und dann die Persis erreichte.

Neben Baktrien, das begründeten Anspruch hat, Zarathustras Heimat und erstes Wirkungsfeld gewesen zu sein, hat später das nördliche, »atropatenische« Medien den gleichen Anspruch erhoben. Hat dort die neue Verkündigung, ehe sie sich nach Westen wandte, zum erstenmal Fuß gefaßt? Wer Chorasan, die einzige Verbindung zwischen Irans getrennten Hälften, durchzog, gelangte zunächst in den Norden Mediens. Auch weiter im Süden sind frühe Spuren der zarathustrischen Mission zu erkennen. Dort hatte sich eine Gemeinschaft als Priesterschaft der neuen Religion gebildet, die Magier. Ihren Namen verschweigen Zarathustras Gathas, und im jüngeren Avesta, das auch im Osten Irans entstand, fällt er nur an einer später eingefügten Stelle. Nach Herodot waren sie ursprünglich ein medischer Stamm, und eine Anzahl Wörter medischen Ursprungs bezeugen, daß die zarathustrische Verkündigung über Medien nach der Persis vorgedrungen ist. Wenn man diesen Zeugnissen Glauben schenkt, hat sich die Anhängerschaft Zarathustras noch zu dessen Lebzeiten in Medien ausgebreitet und war bis zu den Grenzen der Persis gelangt. Auf Kyros war sein Sohn Kambyses gefolgt. Er hatte die nach Westen gerichtete Eroberungspolitik fortgesetzt und 525 Ägypten dem Reich einverleibt. Unterdessen erhob sich in seinem Rücken der Aufstand, und nach Kambyses' Tod konnte der Magier Gaumata, übrigens in vielen Teilen des Reiches mit Zustimmung begrüßt, den Thron besteigen (März 522).

Diese überraschende Wendung zeugt vom gewaltigen Fortschritt, den die neue Religion gemacht hatte. Sie hielt sich für stark genug, einen der Ihren, einen Magier, an die Macht zu bringen. Wieweit Zarathustra selbst hinter diesen Bestrebungen stand, ist unbekannt. Aber selbst den sparsamen Angaben läßt sich entnehmen, daß Gaumata ein festumrissenes Programm vertrat.

Dareios' große Inschrift von Bisutun hat den maßgebenden Bericht über diese Ereignisse hinterlassen. Sie berichtet, daß der Magier Heiligtümer zerstört, Weiden und Herden, Sklaven und Häuser den bisherigen Eigentümern weggenommen habe. Dareios rühmt sich, dieses Unrecht wiedergutgemacht zu haben. Der Griff nach den Heiligtümern läßt sich wohl bei einem religiösen Neuerer verstehen. Als Anhänger Zarathustras war Gaumata gegen die bisherigen Götter eingeschritten, hatte die Verehrung der *daēva* zu beseitigen versucht. Und bei den Herden könnte man an Zarathustras Gebot denken, das Rind gegen den »Mordgrimm« der blutigen Opfer zu schützen. Aber gegenüber dem Raub von Sklaven und Häusern versagt solche Deutung. Gaumata muß sich neben den religiösen auch soziale Ziele gesetzt haben.

Als Betroffene des Magiers nennt die Inschrift von Bisutun das »Heer«, ein Wort, das hier wie auch sonst den Adel bezeichnet: die Schicht also, auf der die Stellung des Perservolkes beruhte. Nur der Adel verfügte über Weiden und Herden, Sklaven und Häuser.

Gaumata ging demnach gegen die herrschende Schicht vor, und dieser Deutung entspricht, daß er nach griechischen Berichten den unterworfenen Ländern die Tribute erließ und sich angeblich mit der Absicht trug, die Herrschaft den Medern zurückzugeben. Hier mochte mitgespielt haben, daß die Magier, denen Gaumata entstammte, als medischer Stamm angesehen wurden.

Das übrige läßt sich aber nur verstehen, wenn Gaumata soziale Ziele verfolgte. Indem er dem Adel seine Herrenhäuser und Burgen, die Sklaven, Herden und Weiden nahm, beraubte er ihn der wirtschaftlichen Grundlage seiner Macht. Zugleich suchte er sich die Unterstützung der Untertanen und des gestürzten Herrenvolkes von einst, der Meder, zu sichern. Es war ein politischer und wirtschaftlicher Umsturzversuch, dem der späteren Mazdakiten gleich. Beide hatten gemeinsam, daß sie sich gegen den Besitz des Adels richteten und daß die Ordnung nicht von dem entmachteten Stand, sondern allein von einem Herrscher wiederhergestellt werden sollte. Denn beide Male sollte sich zeigen, daß ohne einen machtvollen König auch ein starker Adel nicht möglich war.

Der Gegenschlag ließ indes nicht lange auf sich warten. Ein Jahr nach Gaumatas Erhebung beseitigte Dareios, Hystaspes' Sohn (521–486), aus einer Seitenlinie der Achaimeniden, im Bund mit sechs adligen Persern den Magier und bestieg den Thron (29.9.521). Auch die zahlreichen Rebellen und Usurpatoren, die sich im Gefolge des Magiers in den iranischen Ländern erhoben hatten, wurden niedergeworfen und getötet. Im Jahre 519 war die Reichseinheit wiederhergestellt.

Das Zeugnis eines Zeitgenossen der Ereignisse, des Geschichtsschreibers Xanthos aus Lydien, führt den Magier in direkter Amtsfolge auf Zarathustra zurück. Als Zarathustrier betrachtete Gaumata Ahuramazda als seinen göttlichen Herrn und fühlte sich deshalb verpflichtet, die Heiligtümer der anderen Götter zu zerstören, die von seinem Lehrer zu Dämonen und Teufeln erniedrigt worden waren. Aber auch Dareios berief sich auf Ahuramazda. Mehr noch: er hat den Kampf der Wahrheit gegen die Lüge aus Zarathustras Verkündigung übernommen. In der Grabinschrift des Königs ist der Kampf der beiden feindlichen Mächte noch in seiner ursprünglichen Bedeutung faßbar. Und nirgendwo finden sich in den königlichen Inschriften die Götter von einst.

War auch Dareios Zarathustrier? Dagegen spricht, daß keine seiner Äußerungen den Namen des Religionsgründers nennt. Auch die Nachfolger des Dareios haben den Mann verschwiegen, unter dessen religiösem Einfluß sie alle standen. Beide Parteien, Gaumata und Dareios, hatten sich auf Ahuramazda berufen. Aber in dem Kampf hatte sich der Gott für den Achaimeniden und gegen den Magier entschieden. Der Sieg des legitimen Herrschers hatte nicht nur den unmittelbaren Gegner getroffen, er brachte auch allen seinen Glaubensgenossen Verderben. Das Fest der Magiertötung, über dessen Einzelheiten Herodot berichtet, feiert diesen Sieg in regelmäßiger Wiederkehr. So blieb eine innere Zwiespältigkeit: Dareios hat Zarathustras Lehre übernommen, der Prophet selbst aber wurde als Magier von dem Verdammungsurteil mitbetroffen, eine Haltung, zu der sich der Sieger nach Ahuramazdas Hilfe berechtigt glauben durfte.

Persischer Lastenträger
Relief an den Burgmauern von Persepolis, erste Hälfte 5. Jahrhundert v. Chr.

Die »daēva«-Inschrift Xerxes' I.
Bericht über die Zerstörung von »daēva«-Heiligtümern
und Aufruf zur Befolgung von Ahuramazdas Gebot

## Spätere Stellung zum Zarathustrismus

Diese innere Zwiespältigkeit, in Dareios' religiöser Einstellung sichtbar geworden, blieb weiterhin bestehen. Auch seine Nachfolger waren von der neuen Verkündigung angerührt, hielten aber mit der vollen Anerkennung dessen zurück, der als Magier mit Gaumatas Rebellion verknüpft schien. Die Zeugnisse beweisen, daß sie sich nicht zu entziehen vermochten und sich doch nicht völlig hingaben.

Im Altpersischen ist das Wort für den Gerechten, den Verehrer der Wahrheit gleichbedeutend mit dem Wort für den Seligen. Also war auch die zarathustrische Eschatologie angenommen. Daneben gab es mancherlei in Seelenglaube und Totenkult, was sich der Vorstellungswelt des Propheten nicht einfügen ließ. Die Königsinschriften geben den Kampf von Wahrheit und Lüge wieder, geben ihm aber einen politischen Sinn. Dareios' Gegner werden unbedenklich der Lüge geziehen, und er selbst beansprucht, allein die Wahrheit zu vertreten. Die Ordnung der Welt, von Gott seinem Verkünder enthüllt, war zum Schlagwort im Kampf um den Thron geworden.

Dareios, Xerxes und Artaxerxes I. riefen in ihren Gebeten nur Ahuramazda an und vermieden die Namen anderer Götter, die Zarathustra in seinen Gathas verdammt hatte. Aber ihre Nachfolger, vor allem Artaxerxes II. und III., brachten die entthronten Götter wieder zu Ehren und nannten sie in ihren Inschriften. Artaxerxes III. weihte der Göttin Anahita Standbilder und Altäre in den Hauptstädten des Reiches.

Keilschrifttafeln und beschriftete Scherben aus der Burg von Persepolis zeigen, daß Magier und Zarathustrier eins waren. Die Magier kannten Trankopfer und heiliges Feuer, trugen Namen zarathustrischer Prägung und gliederten sich in Unterpriester und Opferer. Opferer aber, *zaotar*, war der Prophet selbst gewesen. Dareios' Nachfolger Xerxes unterschied sich kaum von einem strenggläubigen Zarathustrier. In einer Inschrift rühmt er sich, einen Tempel der *daēva* zerstört zu haben und beruft sich dabei auf Ahuramazdas Gebot. Er lehnte ebenso die babylonischen wie die hellenischen Götter ab. Xerxes brach mit dem Brauch seiner Vorfahren, die des Mardukbildes Hand bei der Thronbesteigung ergriffen und so vom Gott die babylonische Königswürde entgegengenommen hatten. Seit seinem fünften Regierungsjahr führten Xerxes und seine Nachfolger nicht mehr den babylonischen Königstitel.

Nach wie vor aber war die Religion der herrscherlichen Macht dienstbar. Der »Große König« erhob sich über die anderen Könige wie der »Große Gott« Ahuramazda über alle Götter. Er opferte Ahuramazda, dem Herrn der »Wahrheit«, und machte seine Feinde, die »logen«, zu Gefangenen. Auf den Reliefs seiner Paläste bezwang er Untiere, wie er dank Ahuramazdas Hilfe die »Lüge« bezwungen hat.

Unübersteigbare Schranken trennten den Gebieter von den Untertanen, auch von seiner nächsten Umgebung. Auf den Reliefs der Freitreppen zur Königsburg sieht man den thronenden Herrscher und ihm zu Füßen die langen Reihen tributbringender Völkerschaften. Das Bild des Königs wuchs zugleich mit dem Reichsgedanken ins Übergroße, ins Maßlose. Wie der Großkönig nur Unterwürfige kannte, so gab es für das Reich kein Gemeinwesen, mit dem es hätte Verträge schließen können. Die einzige Willensäußerung des

THRAKIEN
SCHWARZES MEER
Byzantion
Kalchedon
Sinope
Amisos
Granikos
Daskyleion
HELLAS
LYDIEN
Ankyra
KAPPADOKIEN
Kyros
Araxes
Sardes
Halys
Ephesos
Milet
Halikarnassos
PISIDIEN
WAN-SEE
ARMENIEN
KRETA
Issos
RHODOS
MITTELLÄNDISCHES MEER
Karkemisch
Ninive
Arbela
Mosul
CYPERN
SYRIEN
Thapsakos
Assur
Barke
Kyrene
Sidon
Euphrat
Tigris
Tyros
Damaskos
PHÖNIKIEN
PALÄSTINA
Gaza
Jerusalem
Babylon
Sais
Naukratis
Pelusion
Memphis
ÄGYPTEN
Nil
Taima
Theben
Elephantine
Napata

# Perserreich

DAREIOS I. 521–486 V.CHR.

*Kursiv = Moderne Namen*

Großkönigs war der Befehl, und dieser kannte nur unterworfene oder noch zu unterwerfende Völker.

So war es unvermeidlich, daß solches Herrschertum keinen Propheten neben sich duldete. Es verstand sich unmittelbar zu Gott und glaubte, auf den menschlichen Künder verzichten zu können. Seine Begründung lag im göttlichen Auftrag, und dieser duldete keinen neben sich, der sich auf ähnliches berief. Erst mit dem Sturz der königlichen Macht konnte Zarathustras Prophetentum wieder in seinem ursprünglichen Glanz erstrahlen.

Jahr für Jahr wurde seit dem Sieg über den Magier Gaumata das Fest der Magiertötung gefeiert. Der Schatten, der auf allen Angehörigen dieses Standes lag und der auch ihren Archegeten Zarathustra nicht ausnahm, konnte nur durch Gefügigkeit gegenüber dem Großkönig gebannt werden. Mit Dareios' III. Tod (330) waren die Achaimeniden beseitigt und mit ihnen der Fluch, der auf Zarathustras Andenken gelastet hatte. Aber es kam noch hinzu, daß nach dem Untergang des Herrscherhauses jene Feindschaft gegen Zarathustra und seine Anhänger zumindest mit einem Schein von Wahrheit Alexander von Makedonien, dem Zerstörer der persischen Größe, zugeschrieben werden konnte. Alexander wurde nachträglich zum Urheber jener Magierverfolgung und des Festes der Magiertötung.

Schon Hermodoros, ein Schüler Platons, glaubte zu wissen, daß Alexander einer Gruppe von Magiern, die sich von Zarathustra herleiteten, ein gewaltsames Ende bereitet habe. Fast gleichzeitig mit dem Ende der nationalen Dynastie war von Dareios der alte Vorwurf genommen und auf den Makedonen übergegangen. Ein jüngst gefundenes Bruchstück in einer mitteliranischen Mundart, die in Zarathustras Heimat und nördlich von ihr heimisch war, spricht von der Magiertötung, die, als könne es nicht anders sein, Alexander zugeschrieben wird.

## *Kultkirche und religiöse Kodifikation*

Prophetentum beruht auf der Einzigartigkeit der Person. Persönliche Berufung unterscheidet den Propheten von allem Priestertum. Der Prophet steht außerhalb der Gemeinschaft, gewillt, sie aufzulösen oder doch umzuformen. Der Priester dagegen fügt sich den vorhandenen Ordnungen, neigt zur Erhaltung des Bestehenden. Aber auch der Prophet strebt, indem er vorhandene Gemeinschaften sprengt, neue, durch ihn selbst bestimmte an. Er sammelt Anhänger und schließt sie unter seinem Gesetz, in neuen Ordnungen zu neuer Gemeinde zusammen.

Die ablehnende Haltung des ersten Achaimeniden gegenüber der Person Zarathustras hatte dazu beigetragen, daß dessen Anhänger solche Festigung, Erstarrung schon früh vollzogen. Spätestens um die Mitte des 5. Jahrhunderts scheint die Kultkirche an die Stelle des Bundes religiös begeisterter Jünger getreten zu sein. Priesterliche Ordnung und Zeremoniell ersetzten das spontane Handeln von einst.

Zugleich mit dem neuen Kult, seiner Ordnung und Festlegung mußte auch festgelegt werden, was als Verkündung des Propheten gelten sollte. Aufrüttelndes Wort aus gottbegeistertem Mund war durchaus verschiedener Auslegung fähig, es konnte mißdeutet und verfälscht werden; Umsturz, eben zum Stillstand gekommen, konnte unter Berufung auf angeblich oder wirklich Gesagtes von neuem ausbrechen und der Kultkirche zum Verhängnis werden. Die authentische Ausdeutung des Prophetenwortes und mit ihr der unverrückbare Buchstabe traten der Kirche als Anstalt und der heiligen Handlung als ehrwürdiger Tradition zur Seite.

Spätere Überlieferung wußte, daß Dschamasp, Zarathustras Schüler, die Worte seines Lehrers aufgezeichnet hat. Es waren die originalen Gedichte, die Gathas, deren Niederschrift noch ins 6. Jahrhundert, in die Jahre nach Zarathustras Tod, fallen dürfte. Welcher Schrift aber hätte sich Dschamasp bedient? Allein das aramäische Alphabet kam in Frage. Das Aramäische in Schrift und Sprache war in der Reichsverwaltung zu allgemeiner Anerkennung gelangt, und damit bot sich die Möglichkeit für eine schriftliche Festlegung der Hinterlassenschaft Zarathustras.

Das Königtum von Kyros und Dareios berief sich auf göttlichen Auftrag. Beide Herrscher rühmten sich dessen in ihren Inschriften. Die großen Adelshäuser und die ritterlichen Herren waren ihrem Herrscher weniger dinglich-rechtlich als in persönlichem Treueverhältnis verbunden. Auch die königlichen Maßnahmen trugen das Kennzeichen des Persönlichen. Der Großkönig vollzog sie durch ihm ergebene Männer seines Vertrauens. Persönliche Treue und persönliche Ergebenheit gegenüber dem Herrscher waren Grundlage der Legitimation.

Doch länger waren die Grenzen altiranischen Königtums überschritten. Das Reich umfaßte alle Länder altorientalischer Kultur zwischen Zweistromland und dem Niltal. Seit dem Eintritt in den elamischen und babylonischen Bereich war man mit einem staatlichen Aufbau in Berührung gekommen, der einem anderen Gesetz unterstand. Anstaltsmäßiges hatte persönliche Bindungen ersetzt. Eine schon spezialisierte Bürokratie führte die königlichen Befehle aus, auf Grund fachlicher Eignung und nach festgelegten Normen. An die Stelle des Adels trat ein Berufsstand, statt des Treueverhältnisses galt Beamtendisziplin. Willkür und Gnade des Herrschers, seine persönliche Gunst verschwanden jetzt hinter überpersönlicher Verwaltung und ihren sachlichen Zwecken. Die Treue mit ihren sittlichen Konflikten wurde von den sicheren Instinkten einer Schreiberkaste verdrängt, der es allein um Zuständigkeit, Rang und Stellung ging. Beamtentum berief sich auf fachliche Kenntnisse und Geheimhaltung. Alle Maßnahmen wurden jetzt unter Ausschluß der »Unzuständigen« ausgeführt.

Die Formen der elamischen Verwaltung hatten sich schon früh in der Persis, dem Stammland des herrschenden Königshauses, Achtung verschafft. Im Schatzhaus von Persepolis fanden sich Keilschrifttafeln in einem mit persischen Lehnwörtern durchsetzten Neuelamisch, der Verwaltungssprache der Persis; daneben eine zweite Ausfertigung der gleichen Urkunde auf Pergament, aber statt im überkommenen Elamisch bereits in Aramäisch. Dieses Nebeneinander endete seit 459 zugunsten des Aramäischen; seitdem verschwand das Elamische aus der Verwaltung.

Der Sieg des Aramäischen, einer semitischen Sprache, bedeutete den Höhepunkt einer Entwicklung, die schon in spätassyrischer Zeit begonnen hatte. Es läßt sich gut verfolgen, wie diese Sprache jenseits der Grenzen ihrer syrischen Heimat in Verhandlungen, in der Verwaltung und im diplomatischen Briefverkehr an Bedeutung gewann. Auf zweisprachigen Inschriften tritt sie neben der herrschenden Sprache auf, dem gleichfalls semitischen Akkadisch. Auf den Siegeln begann sie dieses schon zu verdrängen. Aus der Zeit Assurbanipals (669-627) stammt ein langer, aramäisch geschriebener Brief eines Beamten, und gegen Ende desselben Jahrhunderts schreibt ein phönikischer Stadtkönig einen aramäischen Brief an den König von Ägypten.

Ein Grund für den Siegeszug der aramäischen Sprache war ihre größere Brauchbarkeit. Aus dem Alphabet der phönikischen Nachbarn war ein Alphabet entstanden, das gegenüber dem keilschriftlichen mit sehr viel weniger Zeichen auskam, das deshalb leichter zu erlernen, aber auch deutlicher war. Die Achaimeniden haben daraus die Folgerungen gezogen und dieser Sprache und Schrift zu einem ohnedies sicheren Sieg verholfen, als sie das Aramäische in den Dienst der Reichsverwaltung stellten. Damit war der babylonischen Schreiberschule und mit ihr dem Akkadischen und der Keilschrift ein Schlag versetzt, der sie zum Absterben verurteilte. Bald wurde der Gebrauch des Aramäischen auch für solche Gebiete verpflichtend, in denen es bisher noch keinen Zugang gefunden hatte.

Der amtliche Schriftverkehr wurde fortan nur in einer Sprache und in einer Schrift geführt. Das »Reichs-Aramäische«, wie es treffend genannt wird, brachte den Behörden und Untertanen eine einheitliche Form, in der sich alles Schriftliche erledigen ließ. Die völkerumspannende Wirkung der neuen Sprache zeigen die Papyri aus Elephantine in Oberägypten, zeigen Lederurkunden, in denen der ägyptische Satrap während seines Aufenthaltes am königlichen Hof in Susa den Beauftragten daheim Anweisungen gab, und diplomatische Noten, die von den zeitgenössischen Geschichtsschreibern erwähnt werden.

Mit alledem trat neben den persischen Adel, der bisher alles bestimmt hatte, ein Schreiber- und Beamtenstand. Schwerlich mögen viele Iranier dazu gehört haben. Um so stärker wird das semitische Element vertreten gewesen sein. Da das Aramäische längst im Zweistromland gebräuchlich war, dürften Babylonier und Männer aus einstmals assyrischem Gebiet, aber auch Syrier und Juden den größten Anteil der Beamtenschaft gebildet haben. Natürlich konnten sich die Schreiber nach ihrer Abstammung nicht mit dem Adel messen. Sie behaupteten sich vielmehr kraft ihrer Unentbehrlichkeit. Der Jude Esra stieg als Schreiber zu hoher Würde auf, die ihm die Möglichkeit gab, für sein Volk zu wirken, da Eingaben und andere Schriftstücke nur durch solche Männer zur Kenntnis des Großkönigs zu bringen waren.

Das Aramäische erscheint im Achaimenidenreich und in seinen Nachfolgestaaten in Schrift und Sprache, allein oder neben dem Lydischen, Griechischen oder Mittelindischen. Die aramäischen Inschriften reichen von Sardes im Westen bis zum Kaukasus, von Arabien (Taima) bis zu den Ashōka-Inschriften von Kandahar, Pul-i Daruntah (bei Kabul) und Taxila in Nordwestindien. Darüber hinaus wurde das aramäische Alphabet auch zur Aufzeichnung anderer Sprachen verwendet. Am Grabe Dareios' I. in Naksch-i Rustam bei Persepolis sind neben Texten in Keilschrift die Reste eines weiteren entdeckt worden, darin das Altpersische mit aramäischen Zeichen geschrieben war.

Es war ein gewagter Schritt, das Altpersische mit Hilfe des aramäischen Alphabets wiederzugeben. Eine indogermanische Sprache sollte eine Schrift benutzen, die nur Konsonanten, aber keine Vokale kannte. Um Vokale wiederzugeben, mußte man sich der »Lesemütter« bedienen, also solcher Konsonanten, die einen Hinweis darauf gaben, wie der fehlende Vokal ungefähr zu lesen sei. Eine genaue Angabe wurde nicht erreicht. In den gleichen Zusammenhang gehört die zuvor erwähnte Aufzeichnung der zarathustrischen Hymnen durch den Schüler des Propheten, Dschamasp. Auch eine ostiranische Sprache, das Avestische, war also mittels des aramäischen Alphabets festgelegt worden.

Die Aufzeichnung der Worte Zarathustras und dessen, was man ihm zuschrieb, machte den Wortlaut der Verkündung, bisher mündlich überliefert, nun einem größeren Kreis zugänglich. Die Inschrift an Dareios' Grab zeigt engste Anlehnung an Zarathustras »Gathas«. Zu Beginn des 5. Jahrhunderts (Dareios starb 486) war demnach der Wortlaut schon allenthalben bekannt. In späterer Zeit glaubte man zu wissen, daß die heiligen Verkündungen im originalen Wortlaut auf zwölfhundert Kuhhäuten aufgezeichnet und von den Achaimeniden im Feuerhaus und in der Schatzkammer von Persepolis niedergelegt worden seien.

## *Rechts- und Religionspolitik der Achaimeniden*

Die achaimenidische Haltung gegenüber der zarathustrischen Bewegung entsprach einer umfassenderen Politik. Die Duldung der sehr verschiedenartigen Religionen im persischen Reich setzte eine Ordnung voraus, die für alle gelten sollte. Die einzelnen Kultgemeinden wurden veranlaßt, ihr religiöses Gesetz aufzuzeichnen, das dann als verbindlich angesehen wurde. Umfangreiche Aufzeichnungen des Rechtes der einzelnen Völker, die zugleich religiöse Gemeinschaften mit religiös geformtem Recht waren, schufen die Grundlage einer Religionspolitik mit eigenen, streng eingehaltenen Normen.

Dareios rief unmittelbar nach der Beseitigung des Magiers und nach der Niederwerfung der Aufstände »die Weisen unter den Kriegern, den Priestern, den Schreibern Ägyptens« zusammen. Mit ihrer Hilfe sollte das Recht des Landes, sollten alle Verordnungen und Gesetze bis zum Jahre 526 gesammelt werden. 503 war das ägyptische Landrecht auf einer Papyrusrolle aufgezeichnet. Abschriften in Briefschrift und in »assyrischen Buchstaben« wurden angefertigt.

Neben der ägyptischen Fassung der Gesetzessammlung in hieroglyphischer und demotischer Schrift gab es eine zweite in »assyrischen Buchstaben«, womit nur das aramäische Alphabet gemeint sein konnte. Und das besagt zugleich, daß man sich der aramäischen Sprache bedient, also die ägyptische Fassung übersetzt hat. Ein Brief vom Ende des 7. Jahrhunderts bezeugt, daß schon damals das Aramäische die Sprache der Diplomatie war und am Nil gebraucht und verstanden wurde. Unter persischer Herrschaft wurde die gesamte Reichsverwaltung auf aramäisch geführt. Wer sich mit einer Eingabe an die Behörden wenden wollte, mußte sich eines aramäischen Schreibers bedienen, die es jetzt überall im Lande gab. Von Memphis bis nach Theben, Assuan und Elephantine, bis ins benachbarte Nubien sind aramäische Papyri aus der Perserzeit gefunden worden. Dieser Entwicklung entsprechend hat die achaimenidische Verwaltung eine aramäische Fassung des neu aufgezeichneten Landrechtes zum eigenen Gebrauch anfertigen lassen.

Ägypten hat sich der Fremdherrschaft nie gefügt. Aufstände gegen die Perser waren an der Tagesordnung, und Jahrzehnte der Unabhängigkeit wechselten mit erneuter Unterwerfung. Um so segensreicher wirkten sich Sammlung und Aufzeichnung des ägyptischen Rechtes aus. Dieses Recht konnte sich auch nach dem Verlust der politischen Selbständigkeit weiterhin behaupten. Unter den Ptolemäern richtete der einheimische Gerichtshof der Laokriten nach dem Landrecht und einem eigenen Gesetzbuch, das jetzt nach dem ägyptischen Bocchoris hieß. Noch im Jahre 124 n. Chr. konnte das »Gesetz der Ägypter« angerufen werden.

Volksrecht war bei den Völkern des Orients weitgehend heiliges Recht, wurzelte im religiösen Bereich. Dareios' Maßnahme war also ein Glied der einheitlichen Religionspolitik der Achaimeniden. Man suchte auf die religiösen Eigenheiten der Untertanen und besonders der einflußreichen Priesterschaft einzugehen. Das Reich duldete die verschiedenartigsten Religionen, deren inneres Leben man zu fördern wünschte, um so die Unterworfenen zufriedenzustellen. Seit Kyros wurde diese Politik verfolgt, und nur vorübergehend sollten Kambyses und ein jugendlicher Eiferer wie Xerxes mit ihr brechen. Beider Könige Verhalten hatte aber nachteilige Folgen gehabt und damit bestätigt, daß nur religiöse Duldsamkeit den Bestand der persischen Herrschaft gewährleisten konnte. Demzufolge blieb das, was in Ägypten geschehen war, nicht allein.

Im Jahre 444, unter Artaxerxes I. (465–424), verlas der Priester und königliche Schreiber Esra kraft der ihm erteilten Vollmachten das Gesetz der jüdischen Gemeinde. Dieses »Gesetz Mose« war bereits der heute vorliegende Pentateuch. Die Niederschrift wird kaum wie beim ägyptischen Recht erst auf Veranlassung des Herrschers ausgeführt worden sein; dies schließt auch ein Thora-Bruchstück in phönikischer Schrift aus, das sich unter den Handschriften vom Toten Meer gefunden hat. Esra hat vielmehr den heiligen Text aus dieser älteren, verwandten Schrift zum erstenmal in die aramäische übertragen lassen. Er hat also das ihm, dem Schreiber, aus täglichem Gebrauch vertraute Alphabet verwendet. Wiederum war es ein lange fortwirkender Erfolg, denn dieses Alphabet fremder Herkunft wandelte sich im Lauf der Jahrhunderte zur eigentlichen hebräischen Schrift. Die Umschrift des jüdischen Gesetzes schloß sich dem an, was in Ägypten ein halbes Jahrhundert zuvor geschehen war. In der öffentlichen Anerkennung der neuen Fassung lag erneut ein Akt achaimenidischer Religionspolitik.

Eine dritte Gesetzesaufzeichnung gehört noch in diesen Zusammenhang. Es ist das »Gesetz wider die *daēva*«, das »Videvdat« oder »Vendidad« der späteren avestischen Sammlung. Xerxes spricht in einer Inschrift von der Ausrottung der *daēva*-Verehrung, der Verehrung der von Zarathustra zu Dämonen und Teufeln degradierten alten Götter Irans. Das erhaltene Videvdat gibt sich in allen Abschnitten als Ahuramazdas Gebot; und da es die Haltung wider die *daēva* im Namen trägt und in jeder Zeile zum Ausdruck bringt, könnte Xerxes' Wort eine Berufung darauf – wenn man will: eine Zitierung – sein, freilich nicht des Videvdat im jetzt vorliegenden Wortlaut, sondern in einer älteren Fassung dieser Gesetzessammlung. In der Tat spricht Platon von Dareios I. als dem Gesetzgeber seines Volkes.

Wie das ägyptische Gesetz in »assyrischen Buchstaben« und der Pentateuch in aramäischem Alphabet aufgezeichnet waren, so mußte sich auch die zarathustrische Sammlung dieser Schrift bedienen. Aramäische Inschriften aus Taxila und Pul-i Daruntah zeigen, daß das Reichsaramäische bis in den äußersten Nordwesten Indiens, also auch nach Ostiran vorgedrungen ist. Das bestätigen die zarathustrischen »Tugenden«, die in den aramäischen Inschriften von Taxila und Kandahar wiedergegeben sind.

Diese Maßnahmen der achaimenidischen Religionspolitik lassen einen einheitlichen Plan erkennen. Doch neben dem Gemeinsamen darf man die Unterschiede nicht übersehen. Das Verhalten paßte sich im einzelnen Fall ganz den örtlichen Gegebenheiten an.

Aramäische Sprache und Schrift bildeten die Grundlage der achaimenidischen Verwaltung. Diese zielte darauf ab, die sprachlichen Unterschiede zwischen den Völkern zugunsten eines einheitlichen Schriftverkehrs der Verwaltung zu überbrücken. Dieselbe Absicht ist in der ältesten Gesetzesaufzeichnung, der ägyptischen, zu erkennen. Sie sollte der aramäisch sprechenden und schreibenden Verwaltung der Achaimeniden in Ägypten zugänglich sein. So entstand die Abschrift »in assyrischen Buchstaben« vom hieroglyphischen Original.

Anders lag es beim Gesetz Mose. Seine Übertragung aus der phönikischen Schrift in die aramäische war die Folge der Brauchbarkeit des neuen Alphabets. Schwerlich war daran gedacht, den ererbten Besitz des jüdischen Volkes der Verwaltung oder gar einer weiteren Allgemeinheit zu erschließen, das Schriftbild sollte lediglich der inzwischen vollzogenen Entwicklung angepaßt werden. Überall wurde aramäisch geschrieben und auch schon gesprochen; so schrieb man das Grundgesetz des eigenen Volkes zeitgemäß um.

Wieder anders war es beim zarathustrischen Gesetz. Es wurde nicht umgeschrieben, sondern zum erstenmal aufgezeichnet; man betrat, wie bei der Aufzeichnung von Zarathustras Gathas, den vorher unbekannten Bereich der Schriftlichkeit. Die aramäische Sprache beschränkte sich aber auf die Wiedergabe von Konsonanten und verwendete für die Vokale allenfalls einen Notbehelf. So ergaben sich bei der Festlegung der ostiranischen Sprache, darin Zarathustra seine Lehre verkündet hatte, mancherlei Unklarheiten. Erst die Berührung mit der griechischen Welt sollte den Versuchen, diesem Mißstand abzuhelfen, den angestrebten Erfolg bescheren.

## Der Staatshaushalt der Achaimeniden

Mit Gaumatas Beseitigung war der Bestand von Dareios' Herrschaft noch nicht gewährleistet. Innerhalb des riesenhaft gewachsenen Reiches loderten allenthalben Aufstände auf, nicht weniger als neunzehn Feldzüge mußten gegen die Rebellen geführt werden. Ihre Unterdrückung innerhalb eines Jahres – bis Ende November 521, als der letzte Usurpator, Araka unter dem Namen Nebukadnezar IV., in Babylon erlag – schildert Dareios in seiner Inschrift vom Berge Bisutun. Im Jahre 519 oder 518 folgte noch ein Feldzug nach Ägypten, wo der allzu selbständig gewordene Satrap Aryandes abgesetzt wurde. Dareios ließ sich nach herkömmlicher Weise zum König Ägyptens krönen, nahm sich also Kyros'

Verhalten gegenüber Babylonien zum Vorbild. Ein großangelegter Feldzug gegen die Skythen 512 führte zur Überschreitung des Bosporos und der unteren Donau auf Schiffsbrücken und zur Angliederung Thrakiens und Makedoniens, verfehlte aber sein eigentliches Ziel. Die Skythen entzogen sich dem Kampf, und das Reichsheer mußte sich glücklich schätzen, nach verlustreichem Rückzug glimpflich davongekommen zu sein. Um die gleiche Zeit wurden die an Ostiran grenzenden Teile Nordwestindiens dem Reich einverleibt. Von der Indusmündung aus ließ Dareios die südiranische und arabische Küste von dem Griechen Skylax aus dem karischen Karyanda umsegeln. Der vom Pharao Necho geschaffene Kanal, der den Nil mit dem Roten Meer verband, wurde wiederhergestellt. Wie es in Dareios' Inschrift heißt, »segelten die Schiffe durch diesen Kanal von Ägypten nach Persien, wie es mein Wunsch war«.

Die königliche Politik verlegte sich nunmehr auf die Gliederung und Festigung der beherrschten Länder. Überall geboten die Satrapen in ihres Königs Auftrag. Sie sorgten für militärische Bereitschaft und bürgten für die Eintreibung der Steuern und für unparteiische Rechtsprechung. Über den örtlichen Aufgeboten stand das iranische Heer, vor allem die Reiterei und die Garden, die dem Herrscher unmittelbar unterstellt waren. Daneben widmete sich Dareios der Schaffung weitreichender Verbindungen und einer Reichspost *(angáreia)*; wichtigste Anlage war die Königsstraße, die zwischen Susa und Sardes verlief. Hinzu kam die Einführung einer einheitlichen Goldmünze *(dareikós;* als Silbergeld dienten zunächst bis weit in den Osten griechische Prägungen) und der steuerlichen Erfassung der Wirtschaftskraft. Erst die Ordnung der Abgaben, Tribute und Zölle hat dem vielgestaltigen Reich zu einer einheitlichen Organisation verholfen, mochte sich dadurch auch Dareios nach Herodots Wort den Beinamen des »Krämers« erworben haben.

Der achaimenidische Staatshaushalt bildete die Krönung und letzte Steigerung altorientalischer Wirtschaftsform und des dazugehörigen Wirtschaftsdenkens. Er ist allein aus solcher Voraussetzung zu verstehen.

Als bäuerliche Wirtschaft von Tempelwirtschaft, von städtischer und staatlicher verdrängt wurde, wandelte sich die Wirtschaft eines geschlossenen Gebietes aus der Vielzahl einzelner Hauswirtschaften – »Oiken« – gleichsam in einen Gesamt-Oikos. An die Stelle individueller Arbeit trat die gelenkte, trat zugleich die abhängige und dienende. Dem Einzelnen wurde sein Arbeitsplatz und seine Betätigung zugewiesen. Es wurde ihm bedeutet, wo er für Staat, Tempel oder Herrschaft Fronden zu leisten hatte, wobei es wenig ausmachte, ob dies durch Leiturgie, Verdingung oder Versklavung geschah.

Tempel und Staat, Gott und Herrscher waren die Stellen, von denen aus die Arbeit gelenkt wurde und wo die Erträge zusammenflossen. Rodbertus hat vom Königs-Oikos gesprochen und damit sagen wollen, daß die gesamte Wirtschaft vom gottähnlichen Herrscher oder in seinem Namen wie ein Bauerngut geleitet wurde. Königswirtschaft war von der städtischen und bäuerlichen grundsätzlich nicht geschieden. Sie hob sich allein nach ihrem Umfang und der Vielfältigkeit ihrer Ausgaben davon ab.

Im letzten Jahrtausend griff diese Wirtschaftsform auf neue Gebiete über, ohne sich dabei zu verändern. In Nordarabien hatte sich unter Nabonid die Oase Taima zu einer babylonischen Stadt gewandelt. Auch in Südarabien kam es zu einer ausgeprägten Tempel- und

Stadtwirtschaft. Nur mit Fronden unter straffer Leitung waren die umfassenden Entwässerungsanlagen, wie der Staudamm von Mar'ib, zu errichten und zu erhalten. Diese Entwicklung fand ihren Abschluß unter der Herrschaft der Achaimeniden, spätester der altorientalischen Staatenbildungen. Der großherrliche Oikos ragte, altertümlich und zugleich ins Übergroße erweitert, in eine neue Zeit hinein.

Herodots persische Satrapien- und Tributliste war einst Hauptquelle für die Kenntnis großköniglicher Wirtschaft. Heute darf als ausgemacht gelten, daß diese Liste keinen urkundlichen Wert besitzt. Sie ist nicht zufällig in einer Zeit entstanden, da Athen die Mitglieder seines Seebundes zu immer höheren Leistungen heranzog. Den athenischen Tributlisten wünschte Herodot eine persische gegenüberzustellen, deren Vergleich die überragende finanzielle Macht der Achaimeniden veranschaulichen sollte. Da keine originale Urkunde vorlag und auch nicht vorliegen konnte, hat sich Herodot unter Zuhilfenahme geographischer Angaben, die er seinem Vorgänger Hekataios verdankte, das Fehlende selbst geschaffen. Der Aufbau des großköniglichen Haushalts war, wie sich mit Sicherheit sagen läßt, von anderer Art.

Relieffriese mit Tributbringern sind in Persepolis in großer Zahl erhalten. Auf der linken Seite pflegen die königlichen Garden zu stehen, während die rechte den Untertanen vorbehalten bleibt, die ihre Abgaben zu überreichen gekommen sind. Sie werden von einem persischen oder medischen Hofbeamten eingeführt. Unter dem, was sie heranbringen, begegnen Stiere, Rinder und Zebus, Widder und Esel, Kamele und Dromedare, schließlich Pferde, gezäumt oder vor den Streitwagen gespannt; auch Löwen fehlen nicht. Dazu Gefäße aller Art, Armspangen, Gewänder und Felle, Lanzen, Äxte und Beile.

In weit größerem Maße, als Herodot angibt, wurden die Tribute in Naturalien geleistet. Nach den Reliefs zu urteilen, bestanden sie ausschließlich daraus. Tribute dienten demnach, wie meist bei patrimonaler Herrschaft, zunächst der Bedarfsdeckung des großköniglichen Haushalts, der noch unter Xerxes, wie die Reliefs beweisen, vor allem Sachgüter entgegennahm. Herodot hat, wie gelegentliche Hinweise zeigen, davon gewußt. Sein Wunsch, die persische Tributliste den athenischen gegenüberzustellen, hat ihn jedoch veranlaßt, die geldlichen Leistungen hervorzuheben.

Den Tributbringern stehen auf den Reliefs die Garden gegenüber. Sie symbolisieren das vom Herrscher aus den Sachlieferungen ausgerüstete und erhaltene stehende Heer. Den wirtschaftlichen Einnahmen des Groß-Oikos tritt im Bild einer der wichtigsten Ausgabeposten gegenüber. Herodot berichtet, daß Babylonien in bestimmten Monaten den Unterhalt von Hof und Garden zu bestreiten hatte. Im übrigen sind die Darstellungen nicht einheitlich. Von Fries zu Fries, von Herrscher zu Herrscher und oft unter ein und demselben ändert sich die Zahl der Darbringenden und auch die Art des Dargebrachten, das nach Umfang und Zusammensetzung variieren konnte. Auf den späteren Reliefs fehlen die Tiere. Demnach traten bestimmte Naturalabgaben ganz oder zeitweise zurück.

Die altpersische Inschrift einer Silberkanne besagt, daß sie in des Königs »Haus« gemacht ist. Dieses umfaßte demnach auch gewerbliche Betriebe, hier eine Werkstatt für Silberschmiede. Dem Grundsatz eigner Bedarfsdeckung zufolge mußte, wie in jeder Hauswirtschaft, auch menschliche Arbeitskraft dem königlichen Oikos gestellt werden. Dementsprechend gibt Dareios in seiner Gründungsurkunde des Palastes von Susa an, woher die Baustoffe kamen und welche Untertanenvölker arbeitsteilig die einzelnen Verrichtungen ausführten.

So stand achaimenidische Herrschaft überall in der altorientalischen Tradition. Nur in der Spezialisierung tat man einen Schritt darüber hinaus. Dies lag nahe bei einem Reich, das den größten Teil der damals bekannten Welt umfaßte und dem Rohstoffe aus den Ländern zwischen Indus und der Ägäis, zwischen Iaxartes und dem oberen Nil zuflossen. Die Völker waren auf bestimmte Lieferungen festgelegt. Auf der angeführten Inschrift von Susa ist die Herkunft der Materialien ausdrücklich angemerkt. Zedern stammten vom Libanon, anderes Holz kam aus Gandhara und Kirman, Gold aus Sardes und Baktrien. Die Erdarbeiten und die Herstellung von Ziegeln waren den Babyloniern zugewiesen, der Transport des Bauholzes den Assyrern, Kariern und Ioniern, die Goldschmiedearbeiten Medern und Ägyptern. Wie stets bei naturalwirtschaftlicher Bedarfsdeckung, trat neben die Sachlieferungen die staatliche Leiturgie. Auch das Achaimenidenreich war, gleich dem der Pharaonen, ein »Arbeitshaus«; doch übertraf man alle Vorgänger darin, daß man den einzelnen Völkern auf Grund bewiesener Eignung bestimmte Verrichtungen übertrug. Die Untertanen und die untertänigen Gebiete stellten ein System spezialisierter Berufe und spezialisierter Rohstoffquellen dar.

Die Menge der anfallenden Güter überstieg den Bedarf des königlichen Hauses, der Hof- und Heeresverwaltung bei weitem. Man konnte sich der Überschüsse durch Verkauf oder durch Lohnzahlungen in Naturalien entledigen; man konnte aber auch Vorratswirtschaft betreiben, wie sie ausdrücklich für die Edelmetalle bezeugt ist. Ungeheuer waren die Mengen an gemünztem und ungemünztem Gold und Silber, die Alexander in die Hand fielen. Und Antiochos III. entnahm dem Palast von Ekbatana, noch nach den Plünderungen durch Alexander, Antigonos und Seleukos I., die erhebliche Summe von viertausend Talenten. Daß königliche Goldhorte der Wirtschaft gewaltige Mengen an Zahlungsmitteln entzogen, focht niemanden an. In den Schätzen verkörperte sich die Macht des Königs, und staatliche Wirtschaft fiel mit den Bedürfnissen des Königs-Oikos und mit dessen Bedarfsdeckung zusammen.

Grundlage des Steuerwesens war die »Auflage«, in ihrer Bedeutung der spätrömischen Indiktion ähnlich. Sie setzte nach dem königlichen oder, was dasselbe war, staatlichen Bedarf die Höhe der Abgaben im voraus fest und war, wie die Indiktion, ihrer Höhe nach wechselnd, vermutlich zumeist ansteigend. Doch konnte es geschehen, daß ein Usurpator wie Gaumata sich die Herzen seiner Untertanen mit einem Steuererlaß gewinnen wollte. Das Verbum, von dem die Bezeichnung der Auflage abgeleitet war, bezeichnete in verschiedener Stammbildung »Anteil zuweisen« und »Anteil geben«. Einnahme- und Ausgabeseite des Haushaltes treten sich darin erneut gegenüber.

Die rechtliche Grundlage der Besteuerung war die Anschauung, daß nur dem König Besitz an Grund und Boden und damit die Möglichkeit zustand, zu kaufen oder zu verkaufen. Der königliche Oikos war das einzige Unternehmen mit wirtschaftlicher Berechtigung. Der Grundsatz galt allerdings nur gegenüber den königlichen Domänen und vor allem den Bergwerken, die ausschließlich königliches Eigentum waren. Immerhin hatte er

Tributbringende Syrer
Relief am Palast Dareios' I. in Persepolis, Ende 5. Jahrhundert v. Chr.

Ruinen der Königsburg von Persepolis, der Residenz d

chaimeniden unter Dareios I. und seinen Nachfolgern

Der thronende Dareios I. und sein Nachfolger Xerxes
Relief am östlichen Torweg der Haupthalle in Persepolis, erste Hälfte 5. Jahrhundert v. Chr.

## DAS ALTE IRAN

zur Folge, daß, wer für eigne Rechnung Boden bebaute, Grundsteuern an den König abführen mußte, und wer Handel trieb, eine Erlaubnisgebühr und Hafen-, Durchgangs- und Marktzölle zu entrichten hatte. Auch Herden- und Kopfsteuer waren von dieser Anschauung abgeleitet.

Alle Erträge flossen in Naturalien oder in Edelmetallen bei dem Großkönig zusammen; auch Edelmetall war Naturallieferung. Denn nie wird von Geldbeträgen gesprochen: das Metall ging ungemünzt ein, und die Ausprägung unterstand königlichem Ermessen, dem es überlassen blieb, das Wertverhältnis der Gold- und Silbermünzen zueinander zu bestimmen und ihren Kurs – natürlich zu eignem Vorteil – nach den in den Schatzkammern lagernden enormen Vorräten an ungemünztem Metall zu manipulieren. Das gleiche galt für die Verwertung der eingegangenen Naturalien.

Auch die Aufwendungen des Hofes konnten in Edelmetall oder Naturalien entrichtet werden. Wie bei den Kursmanipulationen der Gold- und Silberwährung gab es auch hier Gewinnchancen für den königlichen Oikos. Hauptposten der Aufwendungen bildeten Gehälter und Löhne, deren Auszahlung in Naturalien oder Münzen der Königswirtschaft neue Gewinne sicherte. Auch der spätrömische Staat – darin dem altorientalischen verwandt – wußte sich bei der Zahlung seiner Saläre desselben Wechsels von Münzen und Naturalien zu bedienen, um der jeweiligen Marktlage seinen Vorteil abzugewinnen.

Das Verfahren wird verdeutlicht durch Funde elamischer Keilschrifttafeln bei dem Schatzhaus von Persepolis. Zahlungsquittungen von Arbeitern in königlichem Dienst zeigen, daß die reine Naturalentlohnung verlassen war. Neben ihr gab es nun die Zahlung oder Berechnung nach Silber; ein Hammel wurde mit drei Schekel Silber, ein Krug Wein mit einem Schekel gleichgesetzt. An Hand reichhaltiger Funde läßt sich die Zahlungsweise von Jahrzehnt zu Jahrzehnt verfolgen. Bis 480 v. Chr. wird in Silber berechnet, aber in Naturalien gezahlt. Später wird ein Drittel, seit 470 die Hälfte und seit 467 sogar zwei Drittel in Silber entrichtet. Aber Urkunden aus Xerxes' letzter Zeit und aus dem dritten Jahr Artaxerxes' I. zeigen die Rückkehr zu voller Naturalzahlung. Gegeben werden Hämmel und Wein, in manchen Fällen Wein allein. Solche Zahlungsweise mußte die Empfänger in nicht geringe Schwierigkeiten br ngen. Wenn für drei Monate nur in Wein entlohnt wurde, wenn gar über neunhundert Arbeiter für zehntägige Leistung auf diese Weise abgefunden wurden, blieb ihnen nichts anderes übrig, als die gelieferten Mengen auf eigne Rechnung, vermutlich unter erheblichem Verlust, abzustoßen. Der Schaden war um so größer, als die Auszahlung häufig mit Verzug geleistet wurde.

Ein Übergang von der Natural- zur Geldwirtschaft, wie man gemeint hat, liegt somit keinesfalls vor. Vielmehr kann man die Manipulationen der Schatzverwaltung beobachten. Nach Einführung der Münzwährung drückte die neue Goldmünze den Kurs der griechischen Silbermünzen, des Silbers überhaupt, und es lag im Interesse des königlichen Arbeitgebers, seine zur Leiturgie verpflichteten Arbeiter möglichst weitgehend mit billigem Silber zu entlohnen. Mit der Zeit kamen die Preise für Edelmetall und Naturalien ins Gleichgewicht, und der König konnte darangehen, Silber wieder zu horten. Jetzt ging es darum, lebende Tiere wegen der hohen Unterhaltungskosten und Wein, der sich in größeren Mengen schwer stapeln ließ, abzustoßen, und die Arbeiter mußten sich mit oft unverwendbaren

Naturalien abspeisen lassen, nachdem sie vorher zwei Drittel ihrer Forderungen in Silber erhalten hatten.

Auch in dieser rationalisierten Form blieb der großkönigliche Oikos das, was er seinem Ursprung nach war: eine auf Bedarfsdeckung gerichtete, freilich ins Übergroße erweiterte und darum auf Hortung bedachte Privatwirtschaft des Herrschers. Der Schritt zur staatlichen Objektivierung, zu einer anstaltsmäßigen Struktur wurde nicht getan. Der Königs-Oikos hatte lediglich hinzugelernt, die anfallenden Naturalbeträge gewinnbringend zu verwerten.

## *Höfische Kunst*

Ungleich zahlreicher als alles, was sich aus Dareios' Regierungszeit erhalten hat, sind die Zeugnisse ihres künstlerischen Schaffens. Da sind die Felsreliefs, sei es vom Berg Bisutun mit dem Triumph des Herrschers über die Lügenkönige, sei es das Grabrelief von Naqsch-i Rustam. In zwei Reihen tragen dreißig Vertreter untertäniger Völker den königlichen Thron; darauf der König vor dem Feueraltar und vor Ahuramazdas Sinnbild, ihm zur Seite in dreifacher Staffelung die Großen des Reiches. Vor allem ist die gewaltige Palastterrasse von Persepolis zu nennen, Dareios' neuer Residenz, die Pasargadai zu ersetzen bestimmt war. Gründungsurkunden auf goldenen und silbernen Tafeln berichten von Dareios' Bautätigkeit, und ihre Angaben werden von den Ausgrabungen bestätigt. Neben dem eigentlichen Palastviertel und den Wohnungen der hohen Würdenträger und der Garden erheben sich Harem, Schatzhaus und das gewaltige, erst von Xerxes vollendete Apadana; sodann das mächtige Portal mit vorgelagerter Freitreppe, ein zweites, nicht weniger mächtiges im Innern. Dazu die Fülle der Reliefs, an Treppenwangen und Pfeilern, an den Wandungen und Schranken. Die Palastanlage in Susa geht gleichfalls auf Dareios zurück, verwendet aber statt des Steines den getrockneten und gebrannten Ziegel; doch kann sie sich trotz ihres Umfangs nicht mit Persepolis messen.

Nach Herkunft ist, was sich hier zusammengefunden hat, alles andere als einheitlich. Anregungen verschiedenster Herkunft sind bereitwillig übernommen worden. Die Felsreliefs haben ihre Vorgänger in Elam, die teilweise noch ins dritte Jahrtausend zurückreichen. Gemauerte Terrassen als Träger der Paläste waren in Pasargadai begegnet, der Baugedanke entstammte Babylonien. Dort entsprach es den klimatischen Verhältnissen, von den heißen Niederungen in die Höhe auszuweichen. So erwuchsen die gewaltigen, aus Erdpech und Ziegeln errichteten Unterbauten, die Nebukadnezars Paläste und Stadttore trugen. Obwohl in der Persis andere Bedingungen bestanden, ahmte man die babylonische Art nach. Man verwandte den Kalkstein, der am Orte anstand; nur in Susa wurde nach babylonischer Weise gebrannter und ungebrannter Ziegel verbaut. Die einwandernden Perser haben das nordeuropäische Megaronhaus, von rechteckigem Grundriß mit Giebel, mitgebracht, wie es in Kyros' Grab in Pasargadai bezeugt ist. In der Susiane und der Persis wurde der dreiteilige Iwan früh bei Palastbauten eingeführt. Die königliche Audienzhalle mit ihrem von Säulen getragenen Mittelsaal und den Vorhallen gehen auf westasiatische Vorbilder zurück, ebenso das mauerumschlossene Winterhaus. Die Felsgräber entsprechen einer Hausform des südwestlichen Irans.

Bei der Ausstattung der Bauten hat man keineswegs auf eigne Lösungen verzichtet. Aber auch hier wirkten übermächtige Einflüsse der älteren Hochkulturen nach. Türhüterkolosse in Persepolis haben ihre Vorbilder bei Hethitern und Assyrern; Treppenreliefs erinnern an die reliefgeschmückten Orthostaten der assyrischen Paläste. In den Achaimenidenschlössern von Susa und Babylon sind die Wände mit emaillierten Ziegeln verkleidet, deren Technik (»Emaillierung mit toten Rändern«) wiederum aus Babylon stammt. Löwen und Fabeltiere auf den Ziegeln gemahnen an die Tierfriese des babylonischen Ischtartores. Auch sonst hat man in Vorderasien und bis nach Ägypten Anleihen gemacht.

Überall steht man vor hohen Leistungen. Durchbildung der Einzelformen, Gediegenheit im Handwerklichen und sicherer Geschmack eignen der achaimenidischen Kunst wie allem Eklektizismus. Aber diese Kunst war nicht gewachsen, sondern gewollt. Sie war Schöpfung der Könige, getragen von einer Herrscher- und Reichsidee, deren Anschluß an altorientalisches Gottkönigtum sich trotz aller Unterschiede nicht verkennen läßt. Nur künstliches Leben war es, was sich den Darstellungen großköniglicher Majestät, ihrer militärischen und finanziellen Macht einhauchen ließ. Noch einmal war vereint, was Vorderasien an künstlerischen Möglichkeiten hervorgebracht hatte. Aber Neues stand unmittelbar bevor, und mit Reich und Dynastie sollte auch die achaimenidische Kunst verschwinden.

## *Das Reich in der Krise*

Nach den großen Aufständen zu Beginn der Regierungszeit Dareios' I. herrschte Ruhe, die erst nach der Jahrhundertwende unterbrochen wurde. Die Erhebung der ionischen Griechen blieb trotz gelegentlicher Unterstützung von Athen und Eretria zum Scheitern verurteilt. Anfangserfolgen wie der Niederbrennung von Sardes (498 v. Chr.) folgten die Niederlage bei Ephesos, die Vernichtung der ionischen Flotte bei der Insel Lade (495) und die Zerstörung Milets (494) – der Stadt, von der die Erhebung ausgegangen war. Weit mehr bedeutete für die Perser der Mißerfolg in zwei Feldzügen, die sie zur Sicherung Thrakiens und zur Bestrafung jener griechischen Städte unternommen hatten, die den Ioniern zur Hilfe geeilt waren. Dem Verlust vor allem der Flotte (in einem Sturm 492) folgte der Rückschlag, den man vor Athen in offener Feldschlacht (Marathon 490) erlitt. Nach dem Mißlingen des Skythenfeldzuges hatte sich erneut erwiesen, daß der weiteren Ausdehnung des Reiches Schranken gesetzt waren. Dareios war nicht gewillt, diesen Rückschlag hinzunehmen. Aber die Vorbereitungen zu einem neuen Feldzug störte ein Aufstand in dem allezeit unruhigen Ägypten, und bevor dieser niedergeworfen werden konnte, starb Dareios Ende 486.

Sein Sohn und Nachfolger Xerxes I. (Chschajarscha; 486–465) schlug diesen Aufstand nieder und unterdrückte einen weiteren in Babylonien (482). Dann ging er an die

Ausführung dessen, was sein Vater unvollendet hinterlassen hatte. Das große Unternehmen gegen Griechenland von 480 bis 479 zu schildern, ist nicht Aufgabe dieser Darstellung. Trotz umfassender Vorbereitungen und der Unterwerfung des nördlichen und mittleren Griechenlands, trotz der Eroberung und Niederbrennung Athens erlitten Flotte und Heer Niederlagen, die zum Rückzug und zur Aufgabe des Planes nötigten. Xerxes mußte hinnehmen, daß die Sieger den Kampf an Kleinasiens Küste trugen und auch hier siegreich blieben. Er hat seine Niederlage noch anderthalb Jahrzehnte überlebt, bis er 465 einem Anschlag erlag. Der Mörder Artabanos tötete auch den ältesten Sohn Dareios', so daß sich der Thron auf den jüngeren Sohn, Artaxerxes I. (Artachschassa; 465-423) forterbte.

Der Abstieg, mit Xerxes begonnen, setzte sich unter seinem Nachfolger fort. Aufstände in Baktrien und in Ägypten mußten unterdrückt werden. Der letzte, von Athen unterstützt, führte unter Inaros zur Ausrufung eines nationalen Königtums. Dieses wurde erst 456 niedergeworfen, wobei das athenische Expeditionskorps in den Sümpfen des Nildeltas zugrunde ging. Nachdem Athen und der unter seiner Führung stehende Seebund kurz vor der Jahrhundertmitte nochmals den Angriffskrieg gegen das Perserreich aufgenommen und das aufständische Cypern unterstützt hatte, kam es im Frühjahr 449 zum kimonischen oder Kalliasfrieden. Athen und der Seebund verzichteten auf weiteres Eingreifen in die inneren Verhältnisse der persischen Westprovinzen, wogegen der Großkönig die Autonomie der kleinasiatischen Griechenstädte anerkannte.

Nach dem kurzen Regiment Xerxes' II. und seines Mörders Sogdianos folgte Dareios II. Nothos (423-404). Wieder war der Thronwechsel von Aufständen begleitet; und erstmals mißlang die Niederwerfung einer ägyptischen Erhebung. Amyrtaios, dessen Aufstand um 412 begonnen hatte, errang die Unabhängigkeit des Nillandes, die über sechzig Jahre unter einer Reihe kurzlebiger Dynastien andauerte. Immerhin gelang es der persischen Politik, in die Kämpfe zwischen Athen und Sparta einzugreifen und mit finanzieller Unterstützung Spartas den Krieg zu beenden. Athen, Persiens alter Gegner, lag 404 am Boden. Der Erfolg blieb ungenutzt, da Dareios starb und die Nachfolge seinem schwächeren Sohn Artaxerxes II. Mnemon (404-359) zufiel. Dessen Bruder Kyros, einst Befürworter der Hilfe für Sparta, erhob sich mit spartanischer Unterstützung gegen den König, fand aber in der Schlacht bei Kunaxa (nördlich Babylons, 401) den Tod. Dagegen scheiterte 374 ein erneuter Versuch, Ägypten zu unterwerfen. Nur in die griechischen Wirren vermochte Artaxerxes erfolgreich einzugreifen. Als im Anschluß an Kyros' Untergang zwischen Sparta und dem persischen Satrapen Tissaphernes der Krieg entbrannte, vermochten persisches Gold und persische Diplomatie, Sparta im griechischen Mutterland Gegner zu schaffen. Diesmal Athen und seine Verbündeten gegen Sparta unterstützend, konnte sich der Großkönig im Königs- oder Antalkidasfrieden von 386 zum Schiedsrichter aufwerfen; die kleinasiatischen Griechenstädte und Cypern kamen an das Reich zurück.

Überhaupt mochte es für einen Augenblick scheinen, als seien bessere Tage zurückgekehrt. Dem tatkräftigen Artaxerxes III. Ochos (359/358-338/337) gelang die Unterwerfung von Aufständen in Kleinasien und Phönikien, so daß er bald an die Rückeroberung Ägyptens denken konnte. Nach drei Feldzügen war 341 die Unterwerfung vollendet, und das Land hatte schwer für seine Unbotmäßigkeit zu büßen. Da erlag der König dem

Gift seines Günstlings, des Eunuchen Bagoas, der auch mit dem Sohn und Nachfolger Arses aufräumte (336). Dem nun auf den Thron erhobenen Urenkel Dareios' II., Dareios III. Kodomannos (336-330), gelang Bagoas' Beseitigung; dennoch waren die Tage des Königshauses und seiner Herrschaft gezählt.

Inzwischen war auch die wirtschaftliche Macht des Reiches zurückgegangen, die ihm langehin gestattet hatte, in die griechischen Verhältnisse einzugreifen. Die zeitweilige Loslösung größerer Reichsteile, die zunehmende Selbständigkeit der Satrapen (Kyros und Tissaphernes mögen als Beispiel dienen) und die dadurch bedingte Schwäche des Zentralregiments blieben nicht ohne Folgen. Neben die königliche Planwirtschaft waren kleinere Wirtschaftsorganisationen getreten, die sich zunehmend als erfolgreiche Mitbewerber erwiesen. Wenn einer der großen Dynasten Ostirans aus den Vorräten seiner Burg in der Paraitakene Alexanders Heer mühelos zwei Monate lang ernähren konnte, so setzt dies einen grundherrlichen Oikos voraus, der dem königlichen nach Aufbau und Umfang durchaus entsprach. Am schärfsten zeigte sich die Zersetzung im Westen des Reichs. Die Satrapen in Kleinasien hielten sich für ihre Sonderbestrebungen eigene, zumeist griechische Söldnerheere, deren Unterhalt sie zwang, neben der Befriedigung der großköniglichen Ansprüche genügend große eigene Einnahmen aus ihrem Gebiet zu ziehen. Wie Mausolos von Karien mit Hilfe eines findigen Helfers diese Aufgabe löste, berichtet nicht ohne Behagen das zweite Buch der pseudo-aristotelischen Oikonomika.

Schließlich konnte von Westen her griechischer Unternehmergeist eindringen. Sein rationales und privatwirtschaftliches Denken war nicht gewillt, vor den ehrwürdigen Resten altorientalischer Vergangenheit haltzumachen. Man nistete sich in den Lücken des zerfallenden Gebäudes achämenidischer Wirtschaft ein und gestaltete, schon bevor Alexanders Eroberung die Wende brachte, den ungefügen Wirtschaftskörper um. Männer wie der Tyrann Hermeias von Atarneus (in der Troas), dessen Vater sich bereits als gewiegter Finanzmann ausgewiesen hatte, oder die beiden Rhodier Memnon und Mentor, Reichsfeldherren der letzten Achämeniden, traten im Wettbewerb mit ihrem Oberherrn oder in gegenseitigem Kampf mit Spekulationen und erpresserischen Maßnahmen hervor, die auf zunehmende Selbständigkeit gerichtet waren. Vor allem die Rhodier, echte Söhne ihrer Vaterstadt, nahmen mit ihren Spekulationen und ihrem bedenkenlosen Unternehmertum Formen des Hellenismus vorweg. Auch das zeigte den Anbruch einer neuen Zeit mit einem neuen Wirtschaftsstil an.

## *Niedergang des Königshauses*

Von der Persis war die Erhebung gegen die Meder ausgegangen. Gestützt auf eine kriegstüchtige Bevölkerung hatte Kyros sein Reich begründet, hatten die Nachfolger es erweitert und gefestigt. Doch von der Persis aus ließ sich das persische Weltreich nicht lenken. Das erfuhren die Achaimeniden, wie es später die Sasaniden erfahren mußten.

Der gegebene Herrschaftssitz lag in der fruchtbaren Ebene, an Tigris und Euphrat oder am Eulaios; nicht Persepolis, sondern Babylon und Susa wurden zu achaimenidischen

Residenzen. Nur ausnahmsweise besuchten die Könige ihre gebirgige Heimat; meist begnügten sie sich damit, in Pasargadai zur Krönung zu erscheinen. Persepolis bot zwar mit seinen Palästen genügend Raum für die Hofhaltung, und die Stadt galt als groß und reich. Aber schon der Zugang war schwierig, nicht allein infolge natürlicher Hindernisse. Der Gebieter der damaligen Welt mußte, um nach Persepolis zu gelangen, den Durchzug von den räuberischen Uxiern mit hohen Zahlungen erkaufen. In den sieben kühlen Wintermonaten suchte er Babylon auf, während Susa der Frühlingszeit vorbehalten blieb. Nur in der Hitze des Mittsommers verlegte der König seinen Sitz ins hochgelegene Ekbatana.

Babylon war damals noch eine wohlhabende und ansehnliche Stadt, nach Ausdehnung und Einwohnerzahl wohl die größte des Reichs. »Mehr ein Volk als eine Stadt«, meinte Aristoteles; alle Völker waren dort vertreten. Man zahlte den höchsten Tribut, dazu den Unterhalt für Garden und Hof über vier Monate im Jahr, zuzüglich der Abgaben an den Satrapen. Die Lage an einer der großen Straßen und der daraus entspringende Handelsgewinn sicherten den Wohlstand; ein entwickeltes Handwerk, eine gut bewässerte, fruchtbare Umgebung kamen hinzu. Noch war keine andere Stadt mit Babylon in Wettbewerb getreten.

Babylons Bauten, meist aus luftgetrockneten Ziegeln, bedurften dauernder Pflege; fehlte sie, fehlte überhaupt die durchgreifende Hand, so mußte rascher Verfall eintreten. Fortwährende Erhebungen gegen die persische Herrschaft und Strafmaßnahmen hatten im Straßenbild deutliche Spuren hinterlassen. Die äußere Mauer war zerfallen, Etemenanki und Esagila, Bels Heiligtum – Wahrzeichen der Stadt – lagen in Trümmern, Xerxes' Wut hatte sich an ihnen ausgetobt. Gewaltig waren die Schuttmassen, die weggeräumt werden mußten, als Alexander eine Wiederherstellung versuchte.

Die Großstädte des Zweistromlandes hatten die Nachbarn stets mit Bewunderung und Grauen erfüllt. Nicht Herrschsucht und Grausamkeit, sondern Verführung, Sittenlosigkeit und ausschweifende Gelage hatten Babylons Ruf bestimmt. Sein Name bedeutete Üppigkeit und Verfall, bedeutete Schönheit, deren Verweslichkeit ihren Reiz ausmachte, und hochgezüchtete Formen des Genusses, alles überschattet von einem Sumpfklima, das die Blüten jäh emporschießen, aber auch früh verwelken ließ.

Die Verlegung des königlichen Regierungssitzes in die Ebene bewirkte einen schicksalshaften Wandel. In ihren Bergen hatten die Perser sich ferngehalten von einer überreifen, zersetzenden Spätkultur. Jetzt übernahmen sie nicht nur deren entwickelte Formen; sie empfingen mit ihnen auch die Keime des Verfalls, die sich gerade im unberührten und jugendkräftigen Organismus des Persertums verhängnisvoll auswirken mußten.

Alles hing davon ab, ob Herrscherhaus und Hof, die Träger des Reichsgedankens, auf der Höhe blieben, auf der sie unter Kyros und Dareios I. gestanden hatten. In Asien hat Größe selten zwei Generationen überdauert, und die Achaimeniden machten darin keine Ausnahme. Abgeschnitten vom Mutterboden, im Tiefland inmitten seiner verfallenden Zivilisation ging das altpersische Königshaus an der Schönheit seiner Frauen und am physischen Genuß zugrunde.

Beischläferinnen von ausgezeichneter Gestalt, so viele, wie das Jahr Tage hatte, standen dem Großkönig zur Verfügung. Sie schritten des Abends an seinem Lager vorüber, auf daß er sich die ihm Zusagende auswähle. Für die Genüsse der Tafel wurde ganz Asien geplündert. Ktesias, Artaxerxes' II. griechischer Leibarzt und Chronist des Hofes, hat ein Bild gezeichnet, das noch heute schaudern macht. Günstlings- und Weiberwirtschaft, Niedertracht und Grausamkeit, Nachstellung und Mord sind die bestimmenden Züge.

Neben Artaxerxes II. stand sein jüngerer Bruder Kyros, der sich dem willenlosen Schwächling auf dem Thron gegenüber rühmte, ein »schweres Herz« zu besitzen, ein besserer Magier, ein erprobterer Trinker zu sein. Parysatis' Mutterliebe hatte sich dem Jüngeren zugewandt: offen unterstützte sie dessen Streben nach dem Thron. Als in Pasargadai dem neuen König Artaxerxes bei der Krönung der Königsmantel umgelegt und ihm – Rest einstiger Einfachheit inmitten verderbter Gegenwart – ein Gericht von Feigen, Terebinthen und gegorener Milch gereicht wurde, trat Kyros mit verstecktem Anschlag gegen das brüderliche Leben hervor, und nur Parysatis' Einspruch erwirkte, daß ihm die Strafe erlassen wurde. Dann war es zu offenem Kampf gekommen und Kyros bei Kunaxa gefallen. Sein Tod war Signal zu neuen Untaten, in denen Haß und Neid, Eifersucht und Grausamkeit sich austobten.

Artaxerxes, wider Verdienst und eigne Erwartung Sieger, beanspruchte die zweifelhafte Ehre, den Bruder mit eigner Hand im Kampf getötet zu haben. Ruhmloses Verhalten in der Schlacht ließ ihn um so nachdrücklicher darauf bestehen. Die wirklichen Täter, denen er Leben und Fortbestand seiner Herrschaft zu verdanken hatte, suchte er zum Schweigen zu bringen. Als dies mißlang, mußten sie ihr unbequemes Wissen in grauenvoller Folter büßen. Zugleich stillte Parysatis ihren Rachedurst an denen, die in den Tod ihres Lieblingssohnes verwickelt waren.

Der König selbst wurde nun zum Spielball der Frauen, Mutter und Gattin lösten einander ab. Schließlich ließ die Teufelin Parysatis auch diese letzte Nebenbuhlerin beseitigen. Artaxerxes aber sank immer tiefer. In Blutschande mit den eignen Töchtern verdämmerte er seine letzten Tage, die verdüstert waren von blutigem Zwist um das Erbe des Thrones. Noch einmal schien es, als strebe der energische und erfolgreiche Artaxerxes III. eine nationale Wiedergeburt an. Aber die Szenen des Grauens fanden ihre Fortsetzung, und das Gift des allmächtigen Bagoas räumte im königlichen Hause auf. Als es endlich gelang, diesen Eunuchen unschädlich zu machen, war die Todesstunde des Reiches schon gekommen.

## *Alexander der Große*

Alexanders Sieg am Granikos 334 öffnete dem Makedonen Kleinasien. Die Übergabe von Sardes und Ephesos, die Erstürmung von Milet folgten, nur in Halikarnassos versuchte der Rhodier Memnon, als einzig gleichwertiger Gegner, längeren Widerstand. Das inzwischen versammelte Reichsheer unter des Großkönigs Dareios' III. Führung wurde an der kilikischen Pforte geschlagen und die königliche Familie gefangengenommen (Issos, November 333). Zur Ausschaltung der in seinem Rücken operierenden phönikischen Flotte wandte sich Alexander nach Syrien. Nach siebenmonatiger Belagerung fiel Tyros und nach gleichfalls tapferem Widerstand Gaza; Ägypten begrüßte den Sieger als Befreier. Auf dem Rückzug sah sich Alexander dem inzwischen erneut aufgebotenen Reichsheer gegenüber. Bei Gaugamela (Arbela) kam es zur letzten Schlacht, die wiederum mit Alexanders Sieg endete (Oktober 331). Babylon, Susa, Persepolis, Pasargadai und Ekbatana mit den dort aufgehäuften Schätzen fielen dem Eroberer zu; die Königspaläste in Persepolis wurden niedergebrannt. Auf der Flucht geriet der geschlagene Dareios dem aufsässigen Satrapen Baktriens, Bessos, in die Hände und wurde beim Herannahen Alexanders getötet (330).

Das Reich war zur Beute des Siegers geworden. Im ganzen Westen und in den Kernländern regte sich kein Widerstand mehr. Um so nachhaltiger wirkte die allgemeine Erhebung, der sich Alexander in Ostiran gegenübersah. Die Länder am Oxos und Iaxartes waren bisher nur als Zarathustras Heimat und Wirkungsbereich entgegengetreten. Seit dem Tod des Propheten waren diese fernsten Teile Irans von den Ereignissen unberührt geblieben. In dem Augenblick, da sie Alexanders Eroberungszug erreichte, mußten sie sich auch griechischem Forschungsdrang erschließen. Erstmals erhält man ein geschlossenes Bild.

Dörfliche Siedlungen, den Städten zur Seite, bedeckten überall das Land, im Norden zum Schutz gegen nomadische Angriffe von Lehmmauern umgeben. Die Zahl der Städte hatte zugenommen, und manche besaßen eine Burg, von der Stadt durch einen eignen Mauerring getrennt. Die örtlichen Grundherren hatten sich auf unzugänglichen Felsen einen Rückhalt geschaffen, der eine lange Belagerung zu überstehen vermochte. Der herrschende Adel und seine bäuerlichen Hintersassen stellten eine Reiterei von unbestrittenem militärischem Wert, die am Granikos und bei Gaugamela den Makedonen ihren Sieg sauer gemacht hatte. Ostirans Adel war gesund geblieben: Luxus und Verweichlichung waren an ihnen abgeglitten. Das bäuerliche Gefolge hing an seinem Herrn, und keiner scheute den Tod im Kampf. Auch die Großen wußten zu fechten und zu sterben. Heldentum und Mannestreue, ritterliche Kampfesweise, Herren und Gefolge, die Burgen: alles fügt sich zur Einheit.

Vor allem hing man in Ostiran an Zarathustras Verkündung. Im Westen verfälscht, bestand sie dort in voller Strenge fort. Kampf des Guten gegen das Böse, der Wahrheit gegen die Lüge – dieses Kernstück zarathustrischer Lehre sprach ein kriegerisches und unverdorbenes Volk an. Drapsaka und Balch, die Stadt »mit emporgerichtetem Banner«, gemahnte an das Stierbanner, das nach der Sage Kawa, der Schmied, schuf, indem er sein ledernes Schurzfell an die Spitze einer Lanze heftete. So gab er das Zeichen zum Aufruhr gegen den »Drachen«, Vorkämpfer seines Volkes und des rechten Glaubens gegen das böse Prinzip.

Auch Ostiran hat trotz aller Tapferkeit Alexander nicht widerstehen können. Freilich: die Unterwerfung war schwieriger und beanspruchte längere Zeit, und der Sieger zeigte sich tief beeindruckt von den Gewalten, die ihm entgegengetreten waren. Bisher hatte an der Herrenstellung des Eroberers kein Zweifel bestanden, und von den Unterlegenen hatte ihn eine tiefe Kluft geschieden. In Ostiran dagegen begann Alexander, sich neue Ziele zu setzen.

Der Wechsel meldete sich zuerst auf militärischem Gebiet. Die treffliche ostiranische Reiterei wurde in eignen Abteilungen dem makedonischen Heer eingegliedert. Später wurden einheimische Mannschaften auf makedonische Weise ausgebildet und der Phalanx angeschlossen. Die Besiegten waren von Gegnern zu Waffenkameraden, von Unterworfenen zu Gleichberechtigten aufgestiegen. Bald mußte sich auch die Herrschaft des Siegers zu einer rechtlichen Neuordnung wandeln. Dem makedonischen Gefolgschaftskönigtum zur Seite sollte das Großkönigtum iranischer Prägung sich erneuern.

Königtum ist immer charismatisch gewesen, und für Asien galt dies in besonderem Maß. Asiatisches Königtum war keine rechtliche Einrichtung, es war Bestandteil der Religion. Übernahme der Formen iranischen Herrschertums mußte die Anerkennung seiner religiösen Grundlagen nach sich ziehen. Es war nur eine Frage der Zeit, daß sich Alexander genötigt sah, sich mit dem Zarathustrismus auseinanderzusetzen.

Alexander täuschte sich nicht über den Widerstand, den seine Pläne bei seinen Volksgenossen finden würden. Er verfuhr darum mit aller Vorsicht. Noch wahrte er die Vorstellung, als seien makedonisches Königtum und die Herrschaft über Asien getrennt. Erst 329 oder im Winter 329/328 legte Alexander jene Tracht an, die die Zeichen persischen Herrschertums mit denen der makedonischen Könige verband. Persisches und Makedonisches habe er darum verknüpft, sagt Plutarch, um als »Gebieter über beide Völker und als König, der seine Untertanen liebt, durch Ehrung persischer Tracht das Wohlwollen der Besiegten zu erwerben«. Alexander wünschte, daß »diese in dauernder Liebe den makedonischen Herrschern zugetan blieben und sich nicht gleich Feinden haßten«.

Mit dem neuen Gewand begegnet ein neues Zeremoniell. Im Winter 328/327 verlangte Alexander erstmals die Proskynese. Dem Wortsinn nach war mit ihr ein verehrungsvolles »Zuküssen«, will sagen: eine Kußhand, aber kein Niederwerfen gemeint. Bei den Persern war die Proskynese für die Hochgestellten üblich, und nur bei Männern niedrigeren Ranges trat das Niederwerfen hinzu, das eigens bezeichnet und im Begriff der Proskynese nicht enthalten war. Der Perserkönig begnügte sich gegenüber den Großen seines Hofes mit dem Zuwerfen der Kußhand und einer leichten Verbeugung, wie es in Persepolis gefundene Reliefs bekunden. Auch Alexander hat, wie ausdrückliche Bekundungen zeigen, nichts anderes verlangt.

Wieder war Griechisches mit Persischem vereint, gleich dem, was sich an der königlichen Tracht feststellen ließ. Auch die Griechen kannten die Proskynese, in der Form der Kußhand wurde sie bis in die Kaiserzeit hinein den Göttern dargebracht oder bei Vorgängen vollzogen, darin man ein göttliches Geschehen oder Wirken zu erkennen glaubte. Vor dem Thron der Achaimeniden hatte in durchbrochenen Gefäßen, vor Verunreinigung geschützt, das heilige Feuer gelodert. Auch vor Alexanders Thron befand sich ein Herd oder Altar, darauf man vor der Proskynese dem Herrscher zu Ehren Weihrauch verbrannte. Ähnliches ist aus griechischem Kult bekannt.

An dem neuen Zeremoniell entzündete sich die Gegnerschaft, die Alexander in den eigenen Reihen fand. Gleichwohl ging er auf der eingeschlagenen Bahn weiter. Iran und iranische Anschauung sollten überall berücksichtigt werden: nicht nur militärisch und im öffentlichen Auftreten des Herrschers, auch der Religion schenkte Alexander seine Aufmerksamkeit. Man weiß, daß er sich Dareios' I. Grabinschrift übersetzen ließ. Auch dieser war ein Weltherrscher gewesen, der, obwohl er Zarathustras Namen nie genannt hat, tief von den Gedanken des Propheten durchdrungen war. Gerade in jener Inschrift hat sich Dareios ganz in Zarathustras Sinn geäußert. Sollte sich dadurch ein erster Keim in Alexanders Seele gesenkt haben?

Groß war die Verehrung, die der Makedone Kyros, dem Begründer des Achaimenidenreiches, widmete, dessen geschändetes Grab er wiederherstellen ließ. Gleichzeitig sorgte er für die geplünderten Heiligtümer; und fortan brach solch betonte Rücksicht auf die iranische Religion nicht mehr ab.

In Susa krönte Alexander sein Versöhnungswerk zwischen Makedonen und Persern, indem er neunzig seiner engsten Gefährten mit Töchtern der vornehmsten Häuser Irans verehelichte (324). Er selbst und sein Freund Hephaistion heirateten königliche Prinzessinnen. Hochzeitszelt und Zeremoniell gemahnten an die persische Vergangenheit, und nach persischem Ritus vollzog sich die Verbindung von zehntausend eignen Soldaten mit persischen Frauen.

Die Makedonen meuterten angesichts solcher und ähnlicher Maßnahmen. Da schritt Alexander zur Aufstellung persischer Formationen, die die gleichen Namen wie die makedonischen erhielten. Nun gab es eine persische Gardetruppe zu Pferd (Agema) und persische Einheiten zu Fuß (Pezhetären, Leukaspiden), Perser wurden zu »Verwandten des Königs« ernannt und zum Kuß nach der Proskynese zugelassen.

Eine Feier der Versöhnung war das Ende der erfolglosen Meuterei. Griechische Seher und persische Magier vollzogen gemeinsam die heiligen Handlungen. Der König sprach ein Gebet, darin er »Eintracht und Gemeinschaft der Herrschaft für Makedonen und Perser« erflehte. Überall wurde die Verschmelzungspolitik vorangetrieben. Auch in Tracht, auch in Sprache und Schrift sollten Makedonen und Perser sich zusammenfinden. Der makedonische Satrap der Persis erwarb sich Alexanders Gunst, indem er sich es angelegen sein ließ, medisches Gewand zu tragen und die persische Sprache sich anzueignen. Umgekehrt war den iranischen Rekruten die griechische Schrift zu erlernen auferlegt.

Es gibt darüber hinaus Nachrichten, die sich nicht anders deuten lassen, als daß Alexander auch den heiligen Schriften der Zarathustrier seine Aufmerksamkeit geschenkt hat. Er soll einen Teil ins Griechische übersetzt oder doch begonnen haben, sie aus der aramäischen Schrift in die griechische umschreiben zu lassen. Diese Nachrichten, bisher unverstanden oder nicht richtig bewertet, ordnen sich dem Bild einer bewußten Versöhnungspolitik ein.

## *Die Seleukiden*

Alexanders Reichsschöpfung hatte den Achaimenidenbesitz ausgeweitet und übersteigert. Schon seine nächste Umgebung mochte Alexanders Streben widerwillig genug gefolgt sein; und zuletzt stand vor aller Augen, daß er den Bogen überspannt hatte. Als nach des Königs Hingang (323) seine letzten Pläne, gigantisch und unerfüllbar, wie sie waren, verlesen wurden, war man sich darin einig, sie unausgeführt zu lassen. Die Nachfolgekämpfe mußten denen, die noch zweifelten, die Augen öffnen. Seleukos hatte noch einmal das Unmögliche versucht, aber als der greise Herrscher sich anschickte, auch Makedonien seinem Reich einzuverleiben, traf ihn die Waffe des Mörders (281). Der Traum der Weltherrschaft war ausgeträumt. Ein neues Geschlecht war heraufgekommen, das von titanischem Streben sich abwandte und sich nüchtern, verständig und zuweilen höchst berechnend begrenzte Ziele setzte. Kein halbes Jahrhundert nach Alexanders Tod hatte sich allenthalben der Übergang vom Weltreich zum Einzelstaat vollzogen.

Die Länder Asiens waren zumeist dem Reich der Seleukiden zugefallen. In seiner Ausdehnung von der Ägäis bis zum Hindukush paßte es sich am schwersten den Erfordernissen an, die das neue Prinzip des begrenzten Einzelstaates stellte. Nachdem das ptolemäische Ägypten und das makedonische Königreich der Antigoniden, bald auch kleinasiatische Königtümer sich vom einstigen Alexanderreich losgelöst hatten, war ein Rest geblieben, der staatlicher Formung erheblichen Widerstand entgegensetzte. Auch bedeutende Herrscher des Seleukidenhauses sind an dieser Aufgabe gescheitert. Immerhin hat es an Versuchen, eine neue Einheit zu schaffen, nicht gefehlt, denen für eine Weile gar der Erfolg zu winken schien.

Wie allenthalben, so hatten sich auch die Seleukiden nach Alexanders Tod von dessen makedonisch-iranischer Verschmelzungspolitik abgewandt. Damit entfiel die Möglichkeit, in der Nachfolge der Achaimeniden Iran sowie das vorgelagerte Elam und Babylonien zum Kern eines neuen Staatswesens zu machen. Dagegen gewannen Syrien, Kleinasien und das obere Zweistromland an Bedeutung, da sie dem Mittelmeer näher waren, um dessen Gestade sich nach wie vor alles Entscheidende abspielte. Die Länder im Osten standen außerhalb des Blickfeldes, und es ließ sich voraussehen, daß vor allem Ostiran und die indischen Grenzgebiete sich nicht würden behaupten können.

Überlegt verzichtete man auf Außengebiete, die nicht zu halten waren. Seleukos I., der Begründer des nach ihm benannten Herrscherhauses, ging mit der Abtretung der indischen Grenzgebiete voran; der kürzlich gemachte Fund einer Bilinguie von Ashoka in Kandahar scheint zu zeigen, daß dessen Großvater Candragupta, der Begründer der Maurya-Dynastie, das Land bis zum Hilmend zu eigen erhielt. Andererseits suchte Seleukos das Verbliebene mit einem Netz von Städten, Festungen und Militärkolonien an den Bereich zu ketten, der zum Kernland makedonisch-griechischer Besiedlung werden sollte. Im nördlichen Syrien, vom Orontes bis zum Euphratbogen und darüber hinaus zeichnete sich ein Mittelpunkt seleukidischer Macht ab.

Solche Planung konnte nur erfolgreich sein, wenn die Zentralgewalt die Zügel in fester Hand behielt. Beim geringsten Nachlassen mußte sich das Gegenüber eines kleinen, wenn auch dichtbesiedelten Kernlandes und unverhältnismäßig großer Außengebiete ungünstig auswirken. Gefahr drohte um so mehr, als feindliche Mächte sich an allen Grenzen regten. In Kleinasien hatten sich Pergamon und Bithynien selbständig gemacht, und Armenien, Pontos und das nördliche (atropatenische) Medien waren eigne Wege gegangen. Schon erhob sich die Frage, ob man der Auflösung in den Ländern weiter östlich steuern könne.

Iran gehörte für die seleukidische Verwaltung zu den oberen Satrapien, womit jene Gebiete gemeint waren, die, vom Meer aus (»unten«) gesehen, landeinwärts (»oben«) lagen.

Jene bewußt farblose Bezeichnung sollte verdecken, daß ein geschlossenes Volkstum mit eignem Anspruch und ruhmvoller Vergangenheit seiner Befreiung und eines neuen Aufstiegs harrte. Man hatte sich bereit gefunden, neben der griechischen Verwaltungssprache, die im Westen des seleukidischen Reiches vorherrschte, das von der achaimenidischen Kanzlei übernommene Aramäisch anzuerkennen. Die Einführung einer iranischen Verwaltungssprache war hingegen, nicht ohne Absicht, vermieden worden.

Die Besonderheit einer doppelten Verwaltungssprache zeigt, daß sich die östlichen Reichsteile ihrem Verwaltungsaufbau nach von den Gebieten im Westen unterschieden. Für die oberen Satrapien wurde ein Amt mit besonderen umfassenden Befugnissen eingerichtet, das die Seleukiden bereits vorfanden, aber an entscheidender Stelle abänderten. Die ersten Befehlshaber der oberen Satrapien, von denen man weiß, herrschten von Medien aus. Der Schwerpunkt der Macht lag demnach in den Jahrzehnten nach Alexanders Tod in einem iranischen Land. Seleukos I. nahm aber eine folgenreiche Änderung vor. Er erhob 294 oder 293 seinen Sohn und Nachfolger Antiochos I. Soter (281–265) zum Mitregenten und König der oberen Satrapien, die jetzt den Euphrat zur Grenze hatten, also Babylonien und das einstige Assyrien einbezogen; Seleukeia am Südufer des Tigris wurde Sitz des Mitherrschers. Das besagte: Medien und damit Iran waren entthront, das Zweistromland hatte als Kerngebiet der oberen Satrapien ihre Stelle eingenommen.

Die Gründe für Seleukos' Verhalten liegen auf der Hand. Babylonien war die Satrapie, von der sein Aufstieg ausgegangen war. Er konnte sich dort von Anfang an größter Beliebtheit erfreuen; Bevölkerung und Priesterschaft hatten ihn unterstützt. Er durfte sich als König Babyloniens betrachten und nahm auch diesen Titel an; Antiochos I. ist ihm darin gefolgt.

Konnten sich die Seleukiden in Babylonien auf allgemeine Zustimmung stützen, so mußte Iran niedergehalten werden, das die Zeiten einstiger Herrschaft nicht vergessen konnte und sich noch von Alexanders letzten Jahren den Wiedergewinn des Verlorenen erhofft hatte. Aber die Abkehr von der damals eingeleiteten Verschmelzungspolitik warf die Perser, die Iranier überhaupt ins Dasein von Untertanen zurück. Die Seleukiden konnten sich keinen Augenblick darüber täuschen, daß ein Stachel im Herzen des einstigen Herrenvolkes geblieben war. So sollte die Begünstigung Babyloniens ein Gegengewicht schaffen, das in der Beibehaltung des Aramäischen, Babyloniens jetziger Landessprache, und in der Wahl Seleukeias zur Hauptstadt der oberen Satrapien sichtbaren Ausdruck fand.

Aber auch in den iranischen Gebieten zeigte sich die Verlagerung der politischen Gewichte. Alexanders Städtegründungen hatten den Osten Irans, die Länder an Oxos und Iaxartes und die indischen Grenzgebiete bevorzugt. Die dort angelegten Städte waren dazu bestimmt gewesen, gefährdete Flanken zu schützen und entlegenen Besitz zu behaupten. Die Seleukiden zogen nun mit ihren Gründungen den Westen vor: das Zweistromland, die Elymais und die Persis. Erst in weitem Abstand folgten die ostiranischen Satrapien. Im übrigen zeigen Lage und Bestimmung der neugegründeten Städte, daß man engbegrenzte Ziele verfolgte. Fast alle lagen an der großen Reichsstraße – oder doch in geringer Entfernung von ihr –, die seit achaimenidischer Zeit von Ekbatana nach Rhagai im Osten, am Nordrand Irans entlang, verlief und die Gebiete an Oxos und Iaxartes, am Hamunsee und

Vornehme Perserin und spätere Gemahlin eines Generals von Alexander dem Großen
Römische Kopie eines griechischen Marmorbildnisses, zweite Hälfte 4. (?) Jahrhundert v. Chr.
Cambridge/Mass., Fogg Art Museum, Harvard University

Griechisch-persische Gottheiten im Pantheon Antiochos' I. von Kommagene
Reste der Kolossalstatuen auf der Ostterrasse seines Grabheiligtums auf dem Nemrud Dagh
im östlichen Anatolien, zweite Hälfte 1. Jahrhundert v. Chr.

Hindukusch mit dem Westen verknüpfte. Jetzt wurde sie zum militärischen Rückgrat; Gesichtspunkte der Verteidigung, von Nachschub und Beweglichkeit des Verkehrs bestimmten Wahl und Anlage der Neugründungen.

Genug: unter den ersten Seleukiden beschränkte sich zunehmend alles Interesse an den iranischen Ländern auf die militärische Behauptung der Reichsstraße und ihrer unmittelbaren Anlieger. Die Abkehr von Alexanders iranischer Politik war damit vollendet, es blieb die Frage, wie sich die in den fernen Ostprovinzen Irans angesiedelten Griechen zu den neuen Gegebenheiten stellen würden.

## *Das griechisch-baktrische Königtum*

Die Geschichte der Griechen in Baktrien und in der Sogdiane ist die Geschichte eines vergessenen Reiches. Obwohl die Auswirkung dieses Vorpostens hellenistischen Wesens auf Ostiran und Indien, auf Mittelasien überhaupt gewaltig war, ist nur verschwindend wenig von der Geschichte der Herrscher und ihrer Taten bekannt. Ausgrabungen und orientalische Berichte fehlen weitgehend. Zwei zufällig erhaltene Kapitel in Polybios' Geschichtswerk, Münzen und die kargen Reste eines zweiten Geschichtsschreibers, Apollodoros' von Artemita: das war bisher alles. Erst in jüngster Zeit sind Funde von Inschriften hinzugetreten.

Apollodoros war kein Zeitgenosse der von ihm geschilderten Ereignisse. Als er schrieb, gehörten bis auf geringe Reste diese griechischen Reiche bereits der Vergangenheit an. Apollodoros' Interesse galt dem Abfall der Völker des Ostens von der Herrschaft der »Makedonen«, worunter er die Seleukiden verstand. Das Besondere daran war, daß sich auch die »Griechen« Baktriens von den Makedonen losgerissen, ja, daß sie den ersten Anstoß zu dieser Bewegung gegeben hatten. Diese Auffassung stützt sich auf das Bündnis, das die griechischen Handelsherren der Metropole Seleukeia mit dem parthischen Königshaus, Nachfolger der Seleukiden, verband. In beider Sinn hat Apollodoros seine Geschichte geschrieben.

Trotzdem finden sich Einzelheiten in den Berichten des Apollodoros über den Abfall der baktrischen Griechen, die sich der Gesamtschau nicht fügen wollen. Offenkundig haben sich die Herrscher des Landes immer dann mit den Seleukiden zusammengetan, wenn es sich um gemeinsame Gegner oder Fragen der makedonisch-griechischen Herrschaft, Bevölkerung und Kultur handelte. Ein hellenisches Gemeinschaftsbewußtsein scheint beide Herrscherhäuser vereint zu haben. So hat sich die Loslösung der ostiranischen Länder vom ungefügen Gesamtkörper des Seleukidenreichs, im Unterschied zum Abfall der übrigen Gebiete, in weniger gewaltsamer Form vollzogen. In diesem fernsten Nordostzipfel der Ländermasse lagen die Voraussetzungen anders als in der Persis, in Parthien oder Medien.

Ostiran hat immer eine besondere Stellung in den Auseinandersetzungen zwischen mittelasiatischen Nomaden im Norden und der bäuerlichen und städtischen Welt Irans im Süden eingenommen. Schon in den Gathas Zarathustras und in Kyros' Kämpfen mit den

Massageten war dies sichtbar geworden. Auch hierin folgte Alexander seinen Vorgängern. In langen Kämpfen hat er die Grenze des neuen Reiches am Oxos und Iaxartes gegen die räuberischen Stämme verteidigt. Nirgendwo hat der Makedone seine Städte auf so engem Raum gegründet. Die Seleukiden begriffen den Wert dieses Erbes und trachteten danach, mit neuen Städten und dem Ausbau älterer Befestigungsanlagen die turanische Senke, Einfallstor der Nomaden seit alters her, fest an das übrige Reich zu binden. Anders als in den übrigen Satrapien waren hier militärische und zivile Gewalt in einer Hand vereint, denn Baktrien und die angrenzende Sogdiane erforderten als gefährdetes Grenzgebiet jederzeit rasche Entscheidung und wirksame Maßnahmen. Der Zwang der Verhältnisse mußte freilich dazu führen, daß die in den Militärkolonien angesiedelten Truppenteile unter die ausschließliche Verfügungsgewalt der baktrischen und sogdianischen Satrapen gerieten und ihnen eine Machtfülle gaben, die sie bald zu selbständiger Haltung gegenüber dem Zentralregiment gedrängt hat.

Diesen Bestrebungen kamen die Seleukiden entgegen. Ihnen war nicht unwillkommen, daß die Satrapen im Nordosten selbst für alles Organisatorische und Militärische aufkamen, wodurch dem ohnedies überbeanspruchten Reichsregiment die Einrichtung einer eigenen Verwaltung und kostspielige militärische Expeditionen erspart blieben. Freilich vermochte man nicht zu verhindern, daß die Satrapen Baktriens, in dem Maß, wie sie selbständiger wurden, sich die ostiranischen Nachbargebiete aneigneten. Die wichtigste Erweiterung betraf die Sogdiane, nördlich Baktriens und durch den Oxos von ihm getrennt. Aber diese Erwerbung war unumgänglich, wollte man den Kampf gegen die vom jenseitigen Ufer des Iaxartes her andrängenden Nomaden bestehen und ihnen einen einheitlich geordneten Grenzschutz entgegenstellen. Auch die Margiane (Oase Merv) mußte einbezogen werden, denn sie bildete den Flankenschutz. Später kamen Areia im Westen, Arachosien und die Drangiane (um den Hamun-See) im Süden hinzu.

Fürs erste stellten die Seleukiden diesen Bestrebungen nichts in den Weg. Zumindest die Einverleibung der Sogdiane und der Margiane konnte ihnen nicht unwillkommen sein. Auf solcher Annahme gründete sich die vorsichtige, aber zielbewußte Politik des Satrapen Diodotos. Er hielt die Beziehungen zu den Seleukiden aufrecht und führte das Bildnis Antiochos' II. auf seinen Münzen weiter. Er wußte die geschichtlichen und geographischen Bedingungen auf seiner Seite und glaubte, sich nichts zu vergeben, wenn er dem Oberherrn gegenüber eine Geste machte und sich notfalls mit ihm verbündete. Diese Haltung behielt Diodotos auch bei, als der Partheneinbruch nach der Mitte des 3. Jahrhunderts v. Chr. die Nordflanke des Reiches aufriß und Baktrien stärker als zuvor vom Westen trennte. Er tat sich mit Seleukos II. zur Niederwerfung der Angreifer zusammen, und tatsächlich war der erste Gegenangriff erfolgreich: die Parther wurden in die Steppe zurückgeworfen.

Aber sein Sohn Diodotos II. brach nach seines Vaters Tod (228) sogleich mit dessen Politik, prägte Goldmünzen mit dem eigenen Bildnis und zeigte damit seinen Anspruch auf volle Selbständigkeit an. Gleichzeitig änderte er die Außenpolitik drastisch: er verbündete sich mit den eben besiegten Parthern und gab ihnen damit die Möglichkeit, den Angriff Seleukos' II. abzuwehren. Die gemeinsame Abwehr der Griechen Irans gegen die nördlichen Nomaden war auseinandergebrochen.

Diodotos II. kam als junger Mann zur Regierung. Das zeigen seine Münzen, und sie zeigen auch, daß er nicht alt geworden ist. Er unterlag bald einer Bewegung unter Euthydemos. Zu dieser Erhebung dürfte die partherfreundliche Politik des Königs geführt haben, die als Verrat an der gemeinsamen makedonisch-griechischen Sache angesehen werden mußte. Aber die Beseitigung des jüngeren Diodotos' brachte noch keine Entscheidung. Denn wenig später ging der Seleukide Antiochos III. zum Angriff über und eroberte den Osten Irans bis zum Hindukusch zurück (208). Er wußte sich aber zu mäßigen und vermied einen Vernichtungskampf mit Parthern und Baktrern. Er erkannte die gemeinsame Gefahr, die den Seleukiden wie den baktrischen Griechen gleichermaßen von den Nomaden drohte, und sah sich deshalb zu großzügigen Verhandlungen mit Euthydemos veranlaßt. Bald aber gewann dieser eine Machtstellung, wie sie vordem kein Herrscher Baktriens innegehabt hatte. Schon vor der Auseinandersetzung mit Antiochos III. gehörte die Militärgrenze am Iaxartes, also die Sogdiane, zu Euthydemos' Machtbereich. Wahrscheinlich kamen nach Antiochos' Niederlage im Kampf mit Rom, also durch den Frieden von Apameia 188, noch die Drangiane im Süden und Arachosien hinzu. Fast ganz Ostiran bis zum Areios im Westen war jetzt unter griechischer Herrschaft vereint.

Eine Besonderheit des neuentstandenen Reichs, die in keinem der hellenistischen Nachfolgestaaten wiederkehrte, war die Einrichtung von Unterkönigen. Von den Münzen kennt man ihre Namen; sie erscheinen neben den eigentlichen Königen mit gleichem Titel. Schwieriger ist, ihren Amts- oder Herrschaftsbereich zu bestimmen. Immerhin erkennt man so viel, daß Antimachos, da sich seine Prägungen hauptsächlich in der Umgebung von Merv finden, den Nordwesten beherrscht haben muß. Von den Seleukiden unterscheidet sich das baktrische Unterkönigtum in wesentlichen Einzelheiten; eher schon läßt es sich mit den Vizekönigen und Unterkönigen im benachbarten indischen Reich der Maurya vergleichen.

Die baktrischen Griechen und die Makedonen haben mit Zähigkeit an ihrer Art festgehalten, ganz auf sich allein gestellt, unter fremden Lebensbedingungen und voller Sehnsucht nach der alten Heimat, die sie zu wiederholten Rückkehrversuchen schon unter Alexander veranlaßt hatte. Diese bewahrende Haltung wird an der Tracht der Herrscher sichtbar, die mit Diadem und Kausia makedonische Formen fortsetzte. In der Kunst zeigen es die Münzen. Das edle Relief und die Vertiefung in der Individualität des Dargestellten läßt nur schwer die Vermutung aufkommen, daß ihre Urheber inmitten eines fremden Volkstums lebten und schufen, in einer sicherlich großartigen, aber ganz und gar unhellenischen Landschaft. Ob von den Münzbildern auf eine Großplastik geschlossen werden darf, soll hier nicht entschieden werden. Aber vor kurzem sind in den afghanischen Bergen Tempel in korinthischem Stil gefunden worden; auch sie ein Zeichen der Entschlossenheit, die eigne, die griechische Form zu wahren.

Aber nicht minder groß war die Eigenwilligkeit der eingesessenen Bevölkerung. Eine feste Gesellschaftsordnung lieh ihnen Widerstandskraft. Der Rolle des ritterlichen Adels war schon mehrfach gedacht worden. Daneben muß das hochentwickelte Stadtwesen genannt werden. Baktrien war für Apollodoros das Land der tausend Städte und ihres Reichtums. An der Hauptstadt Baktra bewunderte man die Märkte und Basare. Um den Hügel, der die Burg trug, lagerte sich die Unterstadt. Diese war zweimal so groß wie Priene und übertraf Gordion um das Dreifache; nur das indische Taxila ließ sich vergleichen. Alle Städte besaßen Mauern, und Baktra selbst galt als eine der stärksten Festungen der damaligen Welt.

Dasselbe Baktrien war auch Heimat und Hochburg des Zarathustrismus. Religiöse Unbedingtheit und kriegerischer Geist waren Alexander entgegengetreten und hatten in ihm den Plan entstehen lassen, Makedonen und Iranier zu einem neuen Volk zu verschmelzen. Jetzt kam es zu neuer Verschmelzung, und sie griff tiefer und hielt sich länger als Alexanders Versuch, der mit seinem Tod ihr Ende pefunden hatte. Iranische Sprachen wurden in griechischer Schrift aufgezeichnet. In Jangial bei Taxila in Indien erstand ein Tempel der Zarathustrier mit griechischen Stilformen; auch die Münzen der ostiranischen Nachfolgestaaten, Inschriften und Handschriftenreste zeugen von dieser Entwicklung.

Überall kam es zu einem Ausgleich, der beiden Seiten ihr Recht beließ. In der Verwaltung blieben aramäische Schrift und Sprache weiterhin im Gebrauch, nur trat jetzt das Griechische hinzu. Eine in Kandahar neu gefundene Inschrift stellt die griechische Fassung vor die aramäische. Selbst die heiligen Schriften der zarathustrischen Religion vermochten sich dem Zwang der Gegebenheiten nicht zu entziehen. Seit Dareios' I. Tagen waren sie in aramäischem Alphabet aufgezeichnet, und diesen Zustand spiegelt noch die Kandahar-Inschrift, deren aramäischer Text mit avestischen Wörtern durchsetzt ist. Alexanders Versuch, die Texte ins griechische Alphabet umschreiben zu lassen, hat man in Ostiran fortgeführt. Auf den Münzen der ostiranischen Kushan, den Nachfolgern der griechisch-baktrischen Könige, begegnen noch die Namen zarathustrischer Gottheiten in griechischer Schrift.

Auf militärischem Gebiet führte die Verbindung makedonischen Fußvolkes mit baktrischer Reiterei zu erhöhter Schlagkraft. Dem einheimischen Adel war es ein leichtes, dem König im Kriegsfall zehntausend Reiter zur Verfügung zu stellen. Nach makedonischer Weise gegliedert, standen sie auf dem Schlachtfeld ihren Mann. Die Folgen dieser Bereitschaft ließen nicht auf sich warten. Nach ausdrücklichem Zeugnis stieg der baktrische Adel in der Verwaltung zu den höchsten Stellen auf. Einheimischen und Griechen war gemeinsam die Verteidigung der Nordgrenze gegen die Nomaden anvertraut. Der Limes, der Baktrien und die Sogdiane abschirmte, ist noch nicht gefunden. Zu seiner Unterstützung wurden jetzt außer den befestigten Städten und Dörfern des Hinterlandes militärische Kolonien (Katoikien) eingerichtet, die schon unter den Seleukiden in den Ländern östlich des Euphrat gegenüber den Gründungen mit Stadtrecht Vorrang genossen. Besiedlung und Grenzschutz gingen dabei Hand in Hand. In den Katoikien siedelten nicht nur die zurückgebliebenen Makedonen und Griechen, sondern auch kriegerische Stämme des nördlichen Balkan, die Alexander Heeresfolge geleistet hatten. Thraker, Illyrer und Paionen werden genannt, und von den letzten kennt man noch den Namen ihrer Katoikie, Menapia, die nach dem Stier oder Büffel hieß. Aus diesen Katoikien rekrutierten sich die Heere, mit denen Euthydemos die ostiranischen Nachbarlande, sein Sohn Demetrios I. Indien unterwarfen. Der Verbindung von baktrischer Reiterei mit makedonisch-griechischer Phalanx und thrakischen Leichtbewaffneten konnte im Mittleren Osten militärisch nichts Gleichwertiges entgegentreten.

Seleukos I. hatte Teile der von Alexander im Nordwesten Indiens (bis zum Hyphasis) eroberten Gebiete an Candragupta, dem Begründer der Maurya-Dynastie abgetreten. Aber dieses anfangs machtvolle Reich konnte den Erwerb nicht lange behaupten. Als der letzte Maurya 184 v. Chr. von seinem Feldherrn Pushyamitra Shunga ermordet wurde, brach Demetrios I. zu einem Feldzug nach Indien auf. Er eroberte den Nordwesten bis zum unteren Industal; dann stieß er von Süden gegen den mittleren Ganges vor; zuletzt schickte er sich an, Pātaliputra zu belagern. Damit stand er vor der Hauptstadt des Gegners. Nirgends hatte das indische Heerwesen, das auf altertümlichem Stand geblieben war, den »ungestüm kämpfenden Yavana (Griechen)« standhalten können. Gegen die Mauern Pātaliputras führte man Belagerungsgerät nach hellenistischer Art heran, das seinen Eindruck nicht verfehlte. Schon ließ sich Demetrios mit dem Elefantenskalp über dem Helm auf seinen Münzen abbilden, als Nachfolger Alexanders und als neuer Dionysos, nach der Sage der erste Eroberer Indiens. Doch am Ganges fand der Siegeszug ein überraschendes Ende: nicht am Widerstand der Gegner, sondern durch einen Aufstand, der in Baktrien ausgebrochen war.

Der Feldzug nach Indien hatte die griechisch-baktrische Macht nach Osten verlagert, wo Demetrios I. selbst über die reichen indischen Gebiete herrschte. Die Länder in Ostiran wurden von den Söhnen des Herrschers als Unterkönigen regiert. Indien schien zum Kernland eines Großreichs zu werden, da erhob sich Baktrien unter Führung des Eukratides, um seine alte Machtstellung wiederzugewinnen. Der Zeitpunkt war gut gewählt, da Demetrios mit dem Heer im Gangestal Pātaliputra belagerte. Die Unterkönige in Baktrien aber, junge und unerfahrene Männer, vermochten Eukratides und dem einheimischen Adel keinen wirksamen Widerstand zu leisten. Eukratides wurde zunächst in einer Festung eingeschlossen und belagert, dann aber von seinen Anhängern befreit. Es gelang ihm nicht nur, die ostiranischen Stammlande zu unterwerfen, sondern er begann auch nun seinerseits in Indien einzubrechen, wo Demetrios Apollodotos als Statthalter zurückgelassen hatte. Eukratides siegte auch hier und bemächtigte sich nun zumindest des Westteils der indischen Besitzungen.

Aber auch Eukratides mußte, wie Demetrios, sein indisches Unternehmen abbrechen. In seiner Abwesenheit hatte der Partherkönig Mithridates I. zwei ostiranische Satrapien erobert. Eukratides eilte zu deren Rückgewinnung heran, wurde aber auf dem Heimweg von seinem Sohn und Mitregenten Heliokles ermordet (um 150). In Baktrien bestieg Heliokles den Thron, und in den Ländern um den Indus und den oberen Ganges wird Menander als Herrscher genannt. Er nahm die Eroberungspolitik des Demetrios wieder auf und zielte erneut auf das Gangestal. An diesem Schicksalsfluß, an dem Demetrios' Vormarsch zum Stehen gekommen war, ereilte auch Menander der Tod. Er hinterließ eine Witwe und einen unmündigen Sohn, die sich sogleich des Zugriffs der auf das Erbe begierigen Nachbarn zu erwehren hatten. Indien hat Menander lange das Gedächtnis bewahrt. In der Überlieferung der südlichen Buddhisten erscheint der »König Milinda« als der weise Herrscher, der sich mit den Anhängern des Erleuchteten über die letzten Fragen unterhält und zuletzt als einer der Ihren galt.

Um 140 v. Chr. verschärften sich erneut die Beziehungen zwischen Parthern und Seleukiden. Antiochos III. hatte inzwischen seine Eroberungen im Osten verloren. Baktriens militärische Macht war in Indien gebunden, und die indischen Gebiete hatten sich unter Menander selbständig gemacht. Hinzu kam, daß Baktrien von den Parthern heimgesucht worden war. Und um sich vor neuen parthischen Angriffen zu schützen, war man bereit, die Oberhoheit des Seleukiden Demetrios II. anzuerkennen und sich militärisch mit ihm zu verbünden.

Aber noch war die Macht des Partherkönigs Mithridates I. von zahlreichen Feinden eingeengt. Vor allem die nomadischen Skythen im Norden bedrängten ihn, dazu Baktrer, Seleukiden und die Persis. Doch seine überlegene Kriegführung half ihm aus seiner gefährlichen Lage. Nach geringfügigen Erfolgen des Seleukiden nahm Mithridates den Gegner gefangen, und bald darauf ereilte auch die Verbündeten des Seleukiden die Vergeltung. Baktrien mußte auf die Gebiete bis zum Hindukush verzichten: in Baktra wurden jetzt Münzen für Mithridates I. geprägt. Auch Teile Indiens sollen dem Eroberer zugefallen sein.

Anscheinend hat sich Heliokles, Baktriens letzter König, durch Vatermord auf den Thron gekommen, nur wenig um seine ostiranischen Länder gesorgt. Ihn trieb es wieder nach Osten. In Indien war Menander während der Wirren in Iran gestorben. Heliokles benutzte die Jugend von Menanders Nachfolger, um sein Reich auf Kosten des griechischen Nachbarn zu vergrößern; der Bruderzwist unter den Hellenen auf indischem Boden war in vollem Gange. Und doch brachte die parthische Eroberung nicht den Untergang. Noch einmal gewann man die Freiheit zurück, die erst im Nomadeneinbruch zehn Jahre später endgültig verlorenging.

Nordiranische Nomadenstämme – Asier, Pasianer, Tocharer und Sakauraker – überschritten den Iaxartes und entrissen den Griechen Baktrien und die Sogdiane. Diese Nachricht des griechischen Geschichtsschreibers, Apollodoros von Artemita, wird von chinesischen Berichten ergänzt. Teile verschiedener Stämme waren vor der unter Mao-dun (etwa 206–174) und seinen Nachfolgern sich ausbreitenden Macht der Hiung-nu nach Westen ausgewichen. Saken oder, nach griechischer Ausdrucksweise, Skythen bildeten den Hauptbestandteil, zu denen Tocharer, Sakauraker und vermutlich auch die Asier gehörten; längst ansässige Stämme wie die Pasianer wurden mitgerissen.

Nach Apollodoros hatten also die Griechen nach der parthischen Eroberung wieder die Herrschaft im Land erkämpft. Baktrien muß in den Jahren nach Mithridates' I. Tod und dem Nomadeneinbruch noch einmal selbständig gewesen sein, was aber erst eingetreten sein konnte, nachdem die Parther anderswo entscheidend geschlagen waren. Tatsächlich hatte der Seleukide Antiochos VII. im Jahre 130 Mithridates' Sohn und Nachfolger Phraates II. erneut angegriffen und ihn in drei Schlachten geschlagen. Daraufhin war Heliokles aus seinem indischen Reich zurückgekehrt und hatte wieder die Macht ergriffen. Im Jahr darauf wurde aber Antiochos VII. von seinem parthischen Gegner besiegt und fiel in der Schlacht. Und wieder sah sich Heliokles in größter Gefahr. Bevor es aber zum Kampf kam, wurde Phraates im Gefecht mit den Skythen getötet. Sofort strömten die Sieger in die parthischen Länder. Es ist dasselbe Ereignis, von dem Apollodoros und die chinesischen Nachrichten sprechen. Auch die Sogdiane und Baktrien müssen den Skythen, will sagen: den nordiranischen Nomadenstämmen, zugefallen sein. Beide Länder wurden ihnen 129/128 tributpflichtig. Ohne viel Aufhebens hatte Heliokles den Thron wieder preisgegeben, die Eroberer waren auf keinen nennenswerten Widerstand mehr gestoßen.

In diesen Jahren reiste der Gesandte des Han-Kaisers Wu-di, Chang-kien, über Buchara, Samarkand und Taschkent zu den Tocharern oder, wie sie auf chinesisch hießen, den Yüe-chi. Von dieser Reise berichtet er über das unterworfene Baktrien. »Ein königliches Oberhaupt gibt es nicht, und überall setzen die Städte kleine Häuptlinge ein. Die Kriegsmacht ist schwach und scheut den Kampf... Als die Yüe-chi nach Westen wanderten, griffen sie dieses Reich an und schlugen es; sie brachten daraufhin Da-hia (Baktrien) in ihre Hand.« Die Yüe-chi selbst wohnten nicht im Lande; als Nomaden blieben sie der Steppe und dem Leben in ihr treu. Von dort aus beherrschten sie das sogdische und baktrische Gebiet; erst später siedelten sie sich dort an und wurden seßhaft. Chang-kien bewunderte, was die Kunstfertigkeit der Bewohner herzustellen vermochte. Im übrigen fand er, daß man in diesem Land selten von Feinden angegriffen werde: »Man suchte nur ein ruhiges und freudiges Dasein zu führen«. Baktrien war aus der großen Politik ausgeschieden, es war »ausgeblutet«, wie Apollodoros zu Beginn des nächsten Jahrhunderts bezeugte.

Der chinesische Gesandte Chang-kien wußte noch von einem anderen Volk zu berichten, dessen Schicksal in die Darstellung der Nomadenzüge gehört: die Sai-wang oder Saken. Die Yüe-chi, so erzählt er, seien von den Hunnen aus ihren Wohnplätzen verdrängt worden und hätten ihrerseits die Sai-wang aus ihren Gebieten vertrieben; die Sai-wang seien dann zum kleineren Teil in den Verband der Yüe-chi aufgenommen worden, in der Mehrzahl aber nach Süden in das Land Ki-bin gezogen.

Zwei Nomadenschübe sind also zu erkennen, einmal die Teile der Sai-wang, die sich den Tocharern, Asiern und anderen Nomadenstämmen anschlossen und mit diesen gemeinsam 129/128 die Sogdiane und Baktrien überfluteten. Dabei handelte es sich um die Sakauraker des Apollodoros. Und zum andern die Hauptmasse der Sai-wang, Apollodoros' Saken, die schon nach Süden gezogen waren, wo das heutige Sistan ihren Namen bewahrt hat. Hier hat sie Mithridates I., nach seinen Siegen über andere Skythenstämme im Norden, zwischen 141 und 138 angesiedelt.

Die weiteren Schicksale seien gleich hier angeschlossen. Erbe der Nomaden war das Reich der Kushan, die aus ihren Reihen hervorgegangen waren. Im Lauf des 2. Jahrhunderts n. Chr. herrschten die ersten Vertreter des kushanischen Hauses, Kujula Kadphises und Vima Kadphises. Die Herrschaft des bedeutendsten von ihnen, Kanishkas, fiel bereits in die ersten Jahrzehnte des 3. Jahrhunderts. Seine Inschrift von Surch Kotal im nordöstlichen Afghanistan gibt das Jahr 219/220 an. Unter ihm verlagerte sich das Gewicht erneut von den ostiranischen auf die indischen Besitzungen.

Unter den Kushan erlebte Ostiran noch einmal eine Zeit der Blüte. Tempelterrassen und Heiligtümer, große und kleine Bildwerke entstanden allenthalben, Einflüsse aus dem römischen Westen kreuzten sich mit solchen aus Indien. Der Buddhismus faßte bis hinauf zum Oxos und jenseits Fuß. Auf einem Bildstein aus dem Norden Afghanistans (Saozma Kala, Masar-i Scherif) trägt Herakles Kennzeichen auch Shivas und Buddhas. In dieser Mischkunst ging auf, was sich an hellenistischem Erbe erhalten hatte. Nach dem Tod Vasudevas I. wurde das Reich in eine Nord- und eine Südhälfte geteilt. Unter Hormizd II.

(302–309) bemächtigten sich die Sasaniden des nördlichen Teils, ohne ihn jedoch behaupten zu können. Die Weißen Hunnen (Kidariten, Hephthaliten), die in Schapurs' II. (309–379) letzten Jahren dort angesiedelt worden waren, rissen sich von ihren bisherigen Oberherren los und traten die Nachfolge der Kushan auch in Indien an. Das türkische Volk wird in der Geschichte der späteren Sasaniden erneut begegnen.

## *Die Persis*

Der Einbruch der Nomaden in den Osten Irans hatte schon über ein Jahrhundert früher weiter im Westen seine Entsprechung gefunden. Doch muß zunächst der besonderen Schicksale des einstmals führenden Landes, der Persis, gedacht werden.

Alexanders Reichsidee war erwachsen aus dem Aufbau eines Heeres, darin Iranier und Makedonen nebeneinander fochten. Reich und Heer waren einander verbunden gewesen, und mit dem Hingang des einen mußte auch das andere zerfallen. Allein der Mann, der die Einheit des Alexanderreiches bis zuletzt verfochten hat, dachte noch daran, Iranier, Asiaten überhaupt zum Kriegsdienst heranzuziehen. Es war Eumenes von Kardia.

Nach Alexanders Tod hatte er die Satrapie Kappadokien erhalten, die im Osten Kleinasiens ein Iran im kleinen bildete. Wie Alexander seinen aufsässigen Makedonen ein persisches Heer zur Seite gestellt hatte, so schuf sich der neu eingesetzte Satrap als Gegengewicht zur einheimischen Phalanx ein Reiterkorps aus Kappadokiern. Mit dessen Hilfe besiegte er einen der kriegserfahrensten Heerführer Alexanders (323); in der Folge aber erlag er der Übermacht des phrygischen Satrapen Antigonos und verlegte sein Wirkungsfeld nach Osten (318). Hier traf er auf Kampfgenossen, die gleich ihm Alexanders Reichsgedanken treu geblieben waren. Noch zweimal hat er in einer Schlacht seinen Mann gestanden. Das Ende fand Eumenes durch Verrat seiner makedonischen Kerntruppe, die ihre Abneigung gegen den gebürtigen Griechen nicht überwinden konnte (316).

Eumenes' Kampfgenosse auf dem neuen Schauplatz im Osten war der noch von Alexander ernannte Satrap der Persis, Peukestes. Treuester der Treuen, hatte Peukestes, als sein Herr auf den Tod getroffen niedersank, den heiligen Schild der Athena von Ilion über ihn gehalten und ihn gerettet. Alexanders Verschmelzungspolitik verschrieb sich Peukestes mit Unbedingtheit. Er legte als Satrap die persische Tracht an und erlernte die persische Sprache, was ihm das Lob seines Königs und die Dankbarkeit seiner Untertanen einbrachte. Beides wog ihm mehr als die Empörung der makedonischen Kameraden.

Das Jahr 316 sah noch einmal ein glanzvolles Bild. In einem Zeltlager bei Persepolis gab Peukestes zu Eumenes' Ehren ein Fest. Vornehme Perser empfingen die gleichen Ehren wie die makedonischen Strategen und Hipparchen. Kurz danach wendete sich das Blatt. Eumenes' Untergang zog Peukestes nach sich: er wurde seines Amtes enthoben. Thespias, Führer des persischen Adels, der für seinen Satrapen eintrat, wurde hingerichtet.

Das Auftreten der einheimischen Persis kündete einen Umschwung an. Thespias Name begegnet im Stammbaum der Achaimeniden (als Tschischpisch), und neben ihm stand ein anderer Perser, Nachkomme eines der Männer, die mit Dareios den Magier Gaumata erschlagen hatten. Peukestes hatte den Persern das Selbstvertrauen wiedergegeben. Aber nun war er abgesetzt, und schon ließ man die Drohung vernehmen, keinen weiteren makedonischen Satrapen anzuerkennen.

Der Umschwung sollte noch weit über ein Jahrhundert auf sich warten lassen. Aber in der Persis verstand man zu warten. Nationale Leidenschaft hatte sich zum Haß gegen die Unterdrücker gewandelt, und dem vermochte die Zeit wenig anzuhaben. Vor allem gegen die militärischen Kolonien, Katoikien, die mit Thrakern und Makedonen besiedelt wurden und den Rückhalt des fremden Regiments bildeten, richtete sich der Zorn derer, die geknebelt werden sollten. Und es wären keine Iranier gewesen, hätte sich der politischen Auflehnung nicht die religiöse zugesellt.

Im Lande hatten, so scheint es, mit den Eroberern die griechischen Götter Fuß gefaßt. Noch heute steht der ionische Tempel von Churha in seinen Resten, und ein zweiter erhob sich am Fuß der Tempelterrasse von Persepolis, dessen Inschriften Zeus Megistos, Apollon und Helios, sodann Athena nennen. Aber jetzt wurde ein neuer Mittelpunkt geschaffen. Persepolis zur Seite, auf dessen Burg die makedonische Besatzung lag, entstand die neue Stadt Stachr. Dort nahm die Erhebung unter Führung des heimischen Priesterhauses, der Fratadara, ihren Ausgang. Diese »Hüter des heiligen Feuers« ließen sich mit dem Barsombündel in der Hand, gleich den Magiern der alten Zeit, darstellen. Sie waren Zarathustrier oder folgten doch jener Form der Religion, die unter den Achaimeniden in Übung gewesen war. Auf ihren Münzen stehen die persischen Priesterkönige neben ihrem Feuerhaus. Über ihnen schwebt die Halbfigur Ahuramazdas, und sie selbst tragen die heilige Fahne.

Ein erster Anschlag der Aufständischen mißlang. Die thrakischen und makedonischen Katoiken lockten die Perser in eine Falle und hieben sie nieder. Aber die Einheimischen hatten in Vahuburz einen Führer, der das Mißgeschick wettmachte. Als es zum zweiten Zusammenstoß kam, deckten dreitausend Gegner die Wahlstatt. Die Persis war befreit, fast die gesamte Besatzungstruppe vernichtet. Doch noch waren die Seleukiden nicht gewillt, die Entscheidung hinzunehmen. Was Seleukos IV. Philopator (187–175) hatte fahren lassen, suchte Antiochos IV. Epiphanes (175–163) in umfassendem Angriff zurückzugewinnen.

Zunächst schien Erfolg zu winken. Es gelang, die Perser in einer Doppelschlacht zu Wasser und zu Lande zu besiegen. Aber vor Stachr, der Nachfolgerin des achaimenidischen Persepolis (später Istachr), wandte sich das Glück: von Vahuburz wurde Antiochos' Angriff blutig abgewiesen. Der Name dieser »Burg der Persis« erschien fortan auf den Münzen der Fratadara, und diese als neue Dynasten der Persis.

Gleichzeitig war im benachbarten Elam die Erhebung ebenfalls gelungen. In Antiochos' III. letztem Jahr (187) belastete ihn die Kriegsentschädigung, die Rom sich im Vertrag von Apameia (188) ausbedungen hatte. Bestrebt, die nötigen Mittel zu beschaffen, wurde der König bei einem Versuch, eines der reichen und mächtigen Heiligtümer in Elam zu plündern, erschlagen. Aber noch kam es nicht zur Gründung einer eigenen Dynastie wie in der Persis. Erster Herrscher, der unter eignem Namen Münzen prägte, war erst Kamnaskires I., Zeitgenosse Antiochos' IV. Epiphanes, der mit der Persis auch Elam in seine Rückeroberungspläne einbeziehen mußte. Wieder vergriff sich der Seleukide am

Tempelgut, aber auch dieser Angriff auf das Heiligtum der Nanaia oder Artemis schlug fehl, woraufhin sich Kamnaskires den Beinamen des Siegreichen, der auf seinen Prägungen erscheint, zugelegt haben muß. Dies wird bestätigt durch den Namen des Usurpators, der elamisch ist und »Schatzmeister« bedeutet. Wer diesen Titel aufgriff, beanspruchte, die ihm anvertrauten Tempelschätze gegen den Versuch des Raubes verteidigt zu haben.

## *Apokalypse*

Nur wenige Jahrzehnte genossen Persis und Elam ihre schwererrungene Freiheit, bis sie 139 den Parthern zufielen, die die beiden Länder von Unterkönigen regieren ließen. Gleichwohl hat diese kurze Episode weitreichende Bedeutung gehabt.

Die Erhebung der Persis und Elams gegen die Seleukiden fällt in die Jahre, da in Judäa die Makkabäer ihren Aufstand begannen (167). Auch in Elam gab es, wie überall im Osten, größere jüdische Minderheiten. Sie standen mit ihren Wünschen und Hoffnungen eindeutig auf der Seite der Freiheitskämpfer daheim, und demzufolge waren sie bereit, auch in Iran den Kampf gegen Antiochos IV. Epiphanes zu unterstützen. Gegenüber dem Mann, der in Jerusalem den Tempel geplündert und entweiht hatte, beriefen sie sich auf die ererbte Freundschaft mit den Persern, die das Volk Israel aus dem Exil heimgeschickt, ihm den Wiederaufbau von Stadt und Heiligtum erlaubt hatten. Literarischer Zeuge dessen ist das biblische Buch Esther, das nach dem Zeugnis seiner Namensformen in Susa entstanden ist (in den vierziger Jahren des 2. Jahrhunderts v. Chr.). Es spiegelt Gegenwärtiges in ein Idealbild der Vergangenheit zurück und begründet damit die Entscheidung, die Juden zuvor getroffen hatten.

Auch das Buch Daniel ist in Susa entstanden, allerdings etwa zwei Jahrzehnte früher als das Buch Esther (zwischen 167 und 163). Darf man in diesem Fall von einem der erfolgreichsten Romane der Weltliteratur sprechen, der schon im Altertum mannigfach übersetzt und bearbeitet wurde, so hat das Buch Daniel in der Geschichte der Apokalypse Epoche gemacht. Es ist eines der frühesten Beispiele für die Übernahme einer literarischen Gattung, die in Iran entstanden war.

Von seinen Anfängen an ist Iran das Land der Apokalypse gewesen. Es hat nicht nur in Zarathustra den ersten Apokalyptiker hervorgebracht, sondern hat auch für eine zahlreiche, nie abbrechende Nachkommenschaft gesorgt. Die Reihe geht über die Enthüllungen und Visionen, die in jüngeren Teilen des Avesta vorliegen, zur Hystaspes-Apokalypse, dem Bahman Yäscht und anderen Erzeugnissen des späten Altertums. In ihren Gesichten kehren dieselben Vorstellungen wieder: die Folge der großen Reiche, die ihre Zeit und ihre Stunde haben; wie sie entstehen, blühen und unwiderruflich verfallen. Dann die sittlichen Prinzipien: Gut und Böse, Wahrheit und Lüge, Licht und Finsternis; diese gleichgesetzt mit dem Ansässigen und dem Nomaden, dem Friedlichen und dem Ruhelosen, dem gerechten Regiment und dem Frevel. Und hinzu kommt das Verderben, das von außen und von innen kommt: die Scharen der Räuber, die ins Land einbrechen, und die Rebellen, die die bestehenden Ordnungen stürzen; und schließlich der Retter, der den Frieden bringt. Was in diesen apokalyptischen Visionen zum Ausdruck kommt, waren die Kräfte, die der Geschichte Irans das Gepräge gaben.

Nun wurde die Apokalypse als Gattung von den Juden übernommen. Die Prophetie auf der einen Seite und eine Geschichte, die sich in ähnlichen Peripetien bewegte wie die iranische, auf der anderen Seite schufen die Voraussetzungen. Möglicherweise hat die Daniel-Apokalypse in den ältesten Teilen des in äthiopischer Übersetzung erhaltenen Henoch-Buches zeitlich einen Vorgänger gehabt. Aber der Verfasser des Buches Daniel hat erstmals eine geschlossene und überzeugende Gestaltung hingestellt, gipfelnd in der Vision, die der Prophet am Ufer des Eulaios empfängt: die Bilder der Weltreiche und zumal des letzten, dessen Untergang damals unmittelbar bevorstand – Bilder zugleich von Vergangenheit und Zukunft, und dies alles, gewiß nicht zufällig, in iranischer Umgebung geschrieben.

Daniel ist nur ein Anfang gewesen. Des »äthiopischen Henoch« wurde bereits gedacht: sein Hauptteil fällt in die Zeit der jüdischen Hasmonäer, Johannes Hyrkanus' (134-103) und Alexander Jannäus' (103-76). Es folgen die apokalyptischen Bruchstücke der Qumran-Schriften vom Toten Meer, wie jene in die Jahrzehnte zwischen 150 v. Chr. und 130 nach Christus zu datieren; weiter die christliche Offenbarung Johannis, und ungefähr gleichzeitig, unter Domitian (81-96) entstanden, das vierte Buch Esra. Die in syrischer Übersetzung bewahrte Baruch-Apokalypse, um 130 n. Chr. entstanden, mag hier den Abschluß bilden.

## Die Parther

Im frühen 3. Jahrhundert tauchten am unteren und mittleren Oxos neue Nomadenstämme auf, die Sarmaten; sie stammten aus dem südlichen Rußland. Sie griffen Herakleia und das von Alexander gegründete Alexandreia-Merv an und zerstörten beide. Antiochos I. ließ das Zerstörte wiederaufbauen, und ein Vorstoß über den Iaxartes hinaus brachte die Angreifer zur Ruhe. In seiner Nachfolge errichteten die Herrscher des griechischen Baktriens gegen die Nomaden eine stark bewehrte Militärgrenze.

Aber auch die Nomaden erhielten neue Verstärkung. Um 250 v. Chr. griffen die Parner die benachbarte Nordgrenze an. Die Parner galten als Skythen, die ebenfalls aus Südrußland kamen. Ihr Führer war Arsakes, der, aus Baktrien stammend, die Verhältnisse an der Grenze genau kannte. So vermied er den Angriff auf die stark befestigte Grenze Baktriens und zog gegen die wenig geschützte Nordflanke der Satrapie Parthien, die gebirgig und arm war und nur von einer schwachen Besatzung gesichert wurde. Er eroberte Dara und Asaak, die er zu seiner Hauptstadt machte. Wenig später eroberte er auch Parthaunisa oder, wie es griechisch hieß, Nisaia im Nordosten der Satrapie.

Die Krönung von Arsakes in Asaak bezeichnet den Anfang des neuen Herrscherhauses, der Arsakiden. Nachdem die Parner parthisches Land erobert hatten, nannten sie sich Parther. Vorerst freilich besaßen sie nur die nördlichen Randgebiete der Satrapie, von wo aus aber die übrigen Gebiete mit ständigen Raubzügen heimgesucht werden konnten.

Der seleukidische Satrap Andragoras suchte zwar diese Züge abzuwehren. Aber die Thronstreitigkeiten im Seleukidenhaus versagten ihm jede Unterstützung: auch das übrige Parthien und Hyrkanien fielen in Arsakes' Hand. Erst zehn Jahre später griff Seleukos II. ein (228). Im Bündnis mit Arsakes' früherem Gegner, Diodotos I. von Baktrien, brachte er die Parther in die Gefahr, zwischen zwei mächtigen Gegnern erdrückt zu werden: Arsakes mußte vor ihren Heeren nach Norden ausweichen. Der Parthersturm schien gebannt, da starb Diodotos I. Sein Nachfolger Diodotos II. löste das Bündnis mit Seleukos II. und schloß sich Arsakes an, der in einem erneuten Treffen den Seleukiden besiegte. Sogleich nutzte er den Erfolg und baute seine Macht weiter aus: Städte wurden befestigt, an erster Stelle Syrinx und die Hauptstadt Dara. Die Bedeutung der Burg von Nisaia (Nisa) haben sowjetische Grabungen erwiesen. Arsakes starb nach langer Regierung; Todesjahr und die genaue Dauer seiner Regierung stehen nicht fest.

Erst Jahre später gingen die Seleukiden wieder zum Angriff über. Es war Antiochos III., der in seiner »Anabasis« die östlichen Gebiete dem Reich zurückzugewinnen suchte (209). Nachdem er seine Macht im Innern gefestigt und mit Hilfe von großen, in Ekbatana erbeuteten Mengen Edelmetall eine für jene Zeit gewaltige Heeresmacht zusammengezogen hatte, fühlte er sich für den Angriff auf die Parther stark genug. Die Städte fielen ihm zu, und in offener Feldschlacht wagte sich ihm niemand zu stellen; so blieb nur Unterwerfung. Noch einmal war die seleukidische Herrschaft wiederhergestellt. Da brachte die Auseinandersetzung mit Rom die Wende. Die Friedensbedingungen von Apamea (188) schwächten das Reich entscheidend. Der ganze Osten, darunter die Parther, ging wieder verloren.

Auch alle weiteren Versuche der Seleukiden, die Ostgebiete zurückzugewinnen, blieben im letzten erfolglos. Nachdem Antiochos IV. Epiphanes seine Eroberungszüge im Westen infolge römischen Einspruchs abgebrochen hatte (168), wandte er sich wieder nach Osten: er kam aber über Anfangserfolge nicht hinaus und starb, bevor die Entscheidung gefallen war (Frühjahr 163). Sein Tod ermöglichte Mithridates I., dem Vollender der parthischen Größe, den Aufstieg. Zunächst erweiterte er in kleineren Kämpfen sein Gebiet. Er nutzte die Abwesenheit der baktrischen Könige, die in Nordindien gebunden waren, und ihre Thronstreitigkeiten und entriß ihnen größere Gebiete an der Grenze. Das griechische Baktrien war aber nicht bereit, diesen Verlust ohne weiteres hinzunehmen. Aus Furcht vor neuen Angriffen Mithridates' I. unterwarf es sich der Oberhoheit der Seleukiden, um mit ihrer Hilfe die parthische Gefahr zu bestehen. Wieder drohte den Arsakiden der Kampf mit den verbündeten Baktriern und Seleukiden. Als dritter in diesem Bündnis stand das skythische Heer im Norden zum Eingreifen bereit. In dieser gefährlichen Lage entschloß sich Mithridates zu raschem Handeln. Er kam seinen Gegnern zuvor und besetzte, wieder einmal von Thronwirren im seleukidischen Haus begünstigt, ganz Babylonien. Obwohl der Seleukide Demetrios II. bei seinem Feldzug mit der Unterstützung der Persis und Elymais und des griechischen Baktriens rechnen konnte, wurde er besiegt und als Gefangener zu Mithridates geschickt. Perser und Elymäer wurden unterworfen, Baktrien bis zum Hindukush erobert und Teile Nordwestindiens hinzugewonnen. In Sistan siedelte Mithridates die besiegten Skythen (Saken) an.

Münzen mit den Bildnissen parthischer Könige und griechischer Herrscher im baktrischen Reich
London, British Museum; Wien, Sammlung der Mechitharisten-Kongregation und Universität

Obere Gruppe, von links: Phraates III. auf einer Drachme; Mithridates I. auf einer Tetradrachme, 140/139 v. Chr.; Volageses II. auf einer Tetradrachme, 123 n. Chr. – Untere Gruppe, von links: Euthydemos I. auf einem Goldstater; Demetrios I. auf einer Tetradrachme; Eukratides I. auf einer Tetradrachme

Gefäß mit parthischen Bogenschützen
Griechisch-parthische Fayence, 1. Jahrhundert. New Haven/Conn., Yale University Art Gallery

## DAS ALTE IRAN

Mithridates I. sah in den nachdrängenden Nomaden im Norden, den Vettern seines eigenen Volkes, die größte Gefahr für sein Reich, dem er zu höchster Machtstellung verholfen hatte. Dagegen schienen die makedonischen Nachfolgestaaten von weit geringerer Bedeutung zu sein. Nach dem Tode des großen Eroberers (138) übernahm Phraates II. in ähnlicher Lage die Macht.

Wieder einmal suchte ein Seleukide, das Verlorene zurückzuerobern. Nach sorgfältiger Vorbereitung drang Antiochos VII. in Babylonien ein und gewann auch Medien zurück (130). Der Arsakide sah sich auf Hyrkanien und Parthien beschränkt, entschloß sich aber trotzdem, nochmals das Glück der Waffen zu versuchen. Er überfiel das Heer der Seleukiden in den Winterquartieren und vernichtete es; Antiochos VII. fand im Kampf den Tod (Frühjahr 129).

Aber noch war der Druck der Nomaden aus dem Norden zu bestehen. Es sei daran erinnert: nordiranische Stämme hatten den Iaxartes überschritten und sich der Sogdiane und Baktriens bemächtigt. Phraates II. selbst hatte gegen Antiochos VII. nomadische Hilfe herbeigerufen. Allenthalben brachen daraufhin Reiterstämme in parthisches Gebiet ein. Phraates, eben noch siegreich, wurde geschlagen und getötet (129–128).

Diese Niederlage hat die Arsakiden entscheidend geschwächt. Doch Mithridates II. (seit 123 v.Chr.) gelang es, das Reich in einstigem Umfang wiederaufzubauen. Er stellte im Westen die Ordnung wieder her und schlug, entscheidend für ihn wie für alle späteren Könige Parthiens, die Nomaden endgültig zurück. Bis nach Merv und an den Oxos reichte jetzt wieder die parthische Macht, der auch Herat und Sistan unterstanden. Erstmals wurden Verbindungen mit dem China der Han und mit Rom geknüpft. Als Mithridates II. starb (87), schien die alte Machtstellung wiedergewonnen. Aber bald setzten innere Wirren ein, fast drei Jahrzehnte lang stürzte ein König den anderen. Rom, seit 64/63 im Besitz Syriens, begann sich jetzt in die inneren Angelegenheiten der östlichen Reiche einzumischen. Unter Crassus kam es zum ersten Zusammenstoß.

Die parthische Macht konnte jedoch – wider Erwarten – diesem Angriff widerstehen. Einer der großen Herren – Surenas, aus dem Geschlecht der Suren – erhob Orodes II. (57–37/36) auf den Thron und stellte sich sogleich den römischen Legionen. Mit einem kleinen Reiterheer, wohl nur dem eigenen Aufgebot, vernichtete er sie bei Karrhai (53 v.Chr.). Sämtliche Adler wurden erbeutet und die Überlebenden in die Sklaverei abgeführt; Crassus wurde bei den Verhandlungen getötet. Das Partherreich hatte seine Selbständigkeit mit ruhmvollem Sieg verteidigt. Nach dem Sieg über Crassus lag Syrien dem Angriff der Parther offen, die aber die Gunst der Stunde nicht zu nutzen wußten. Surenas fiel von der Hand Orodes' II., dem er zu Herrschaft und Sieg verholfen hatte. Dessen Sohn, Pakoros, wurde in Syrien vernichtend geschlagen. Erst zehn Jahre später vermochte ein parthisches Heer den Angriff auf das syrische Gebiet zu wiederholen.

Caesar hatte in seinen letzten Jahren umfangreiche Vorbereitungen für einen Rachefeldzug gegen die Parther eingeleitet, dessen Ausführung aber durch seinen Tod vereitelt worden war. Nun überredete Q. Labienus, Sohn eines 45 gefallenen Gegenspielers Caesars, Orodes II. zu einem neuen Feldzug (41). Die Parther fielen mit zwei Heeren in die ungeschützten römischen Ostgebiete ein, Labienus eroberte den größten Teil Kleinasiens,

Pakoros Syrien und Palästina. Römische Verstärkungen schlugen bald darauf die Angreifer wieder zurück; Labienus wurde getötet, und Pakoros fiel beim Sturm auf ein römisches Lager; sein Heer wurde vernichtet (38). Orodes II. aber wurde 37 von seinem Sohn ermordet, der als Phraates IV. auf den Thron kam. Jetzt unternahm Antonius jenen Rachefeldzug, der infolge Caesars Ermordung nicht ausgeführt worden war. Er unterwarf die Kaukasusländer und Armenien, stieß bis ins Atropatenische Medien vor, dessen stark befestigte Hauptstadt seinen Siegeszug aufhielt. Die parthische Reiterei fügte den Römern schwere Verluste zu, mit knapper Not entgingen sie dem Schicksal von Karrhai. Doch konnte Antonius Armenien zurückgewinnen (34); die weitere Entwicklung bestimmte die Auseinandersetzung mit Oktavian, von dem nun die Rache für Karrhai erwartet wurde. Doch Augustus wußte sich zu bescheiden. Er gab sich mit der Rückgabe der bei Karrhai verlorengegangenen Adler (20 v. Chr.) zufrieden. Seine maßvolle Haltung bewirkte, daß Phraates IV. ihm den eignen Sohn, der daheim nicht mehr sicher schien, anvertraute. Und die römische Politik erlebte den Triumph, daß sich die Parther in den Wirren nach Phraates' IV. Beseitigung dessen Sohn Vonones als König von Roms Gnaden erbaten. Mit römischer Hilfe bestieg dieser den Thron (8 v. Chr.), konnte sich aber nicht halten. Seine westliche Erziehung brachte den parthischen Adel gegen ihn auf; in Syrien, wo er Schutz suchte, wurde er ermordet. Artabanos III. (10–40 n. Chr.), aus einer Seitenlinie des Arsakidenhauses, trat die Nachfolge an. Ganz die nationalen und religiösen Interessen Irans verfolgend, suchte er das vielschichtige Reich zu einer Einheit zu zwingen, indem er überall Nebenlinien seines Hauses zur Herrschaft brachte; Rückschläge konnte freilich auch er nicht vermeiden.

Die neue, nationalbewußte Haltung wirkte sich auch in anderer Richtung aus. Nicht nur in Parthien, auch in Armenien wurde den Arsakidenprinzen wegen ihrer griechisch-römischen Erziehung die Anerkennung verweigert. So kam es zu langwierigen Kämpfen um Armenien, den ständigen Zankapfel in der Auseinandersetzung mit Rom, bis es von Cn. Domitius Corbulo, einem Feldherrn Kaiser Neros, 58/59 n. Chr. erobert und, als es in seiner Abwesenheit verlorenging, 63 wieder zurückgewonnen wurde. Endlich schlossen beide Seiten einen Kompromiß. Der Bruder des Arsakiden Vologeses I., Tiridates, wurde armenischer König und erhielt seine Krone aus der Hand des römischen Kaisers.

Obwohl die Römer nicht davon abließen, in die inneren Verhältnisse des Partherreiches einzugreifen, haben sie doch grundsätzlich auf Eroberungspolitik verzichtet. Erst Trajan hat diese seit Augustus verfolgte Politik verlassen. Er unterwarf Dakien (107) und stieß dann in die östlichen Länder vor. Armenien wurde ebenso wie das Königreich Adiabene römische Provinz (114); die parthische Hauptstadt Ktesiphon wurde erobert, und römische Truppen zogen den Tigris abwärts bis an die Küste des Persischen Golfs (115–116).

Das Römische Reich hatte seine größte Ausdehnung erreicht. Da kam der Rückschlag. Die Juden von Nisibis, Edessa und der Adiabene erhoben sich gegen die römische Macht; Judäa schloß sich dem Aufstand an, und die Parther nutzten die Schwäche der Römer zu erfolgreichem Kleinkrieg. Auch Armenien wurde von der Bewegung erfaßt, und der Kaiser selbst wurde bei der Belagerung der Wüstenstadt Hatra entscheidend geschlagen. Bevor die Lage wiederhergestellt war, starb Trajan (117). Und Hadrian (117–138) verzichtete auf die

Gebiete im Osten. Der Euphrat wurde wieder Grenze und Armenien römischer Klientelstaat unter parthischem Königshaus.

Noch einmal versuchte Volageses III. (148-192), alte arsakidische Machtansprüche zu verwirklichen. Er nahm den Krieg mit Rom wieder auf, überschritt den Euphrat und besiegte die wenig kriegstüchtigen Legionen Syriens (162). Aber römische Verstärkungen trieben die eingedrungenen Parther wieder zurück. Sie überschritten den Tigris (164) und eroberten Ktesiphon aufs neue; der königliche Palast wurde eingeäschert. Diesmal war es die Pest, die die Parther um die Früchte ihres Sieges brachte. Sie breitete sich über den ganzen römischen Osten aus, dann auch in Griechenland und Italien. Rom zog sich aus Babylonien zurück, konnte sich aber die Gebiete und das Protektorat über Armenien erhalten.

Zu neuem Zusammenstoß kam es erst unter Septimius Severus (195-199). Obwohl das römische Heer bis nach Ktesiphon vordrang (198) und den Persischen Golf erreichte, vermochte es sich in dem verheerten Land nicht zu behaupten. Als schließlich Caracalla, Septimius Severus' Nachfolger, mit Heeresmacht angriff (216), zeigte die parthische Verteidigung nur noch ein letztes Aufleuchten dessen, was parthische Macht einst gewesen war. Ihr Niedergang sollte sich jedoch nicht zugunsten Roms auswirken. Die persischen Sasaniden wurden die Erben und wurden Nachfolger auch im Kampf gegen Rom.

## *Die Kultur der Partherzeit*

Die Lebensform der Parther entsprach in den Anfängen ganz ihrer nomadischen Herkunft. Die antiken Schilderungen heben Reiten und Reiterkampf hervor, und die archäologischen Funde lassen schon früh einen ausgeprägten Tierstil erkennen, dem der Skythen und Sarmaten, Reiterstämmen Mittelasiens und Südsibiriens, verwandt. Bis in spätere Zeit hat parthische Kunst ihre ererbte Eigenart erhalten. Die Jagd auf Eber, Wildesel, Löwen und Ziegen – immer eine Jagd zu Pferde – gehörte zu den beliebten Darstellungen. Aber es war nicht das friedliche Rind der Zarathustrier, das im Mittelpunkt ihres Denkens und Handelns stand; es war das Raubtier, das Wild überhaupt. Aber die größte Bedeutung hatte das Pferd; erst im Sattel fanden die Parther sich selbst, alle Angelegenheiten wurden vom Sattel aus erledigt. Das Auftreten zu Pferd unterschied den Freien vom Hörigen.

Reiterliches Dasein wirkte auch auf die Kunst. Die achaimenidische Zeit kannte noch nicht den reitenden Herrscher, wie dann die Arsakiden den Großkönig darstellten, zu Pferd auch bei der Huldigung. Auch nomadische Kampfesweise und Bewaffnung hatten sich in Iran erhalten. Der Bogen war die Hauptwaffe, vom Fußvolk, vor allem von der leichten Reiterei verwendet. Es gab auch eine gepanzerte Truppe, mit dem beweglichen Panzer, nomadischem Erbstück, und der langen Stoßlanze ausgerüstet. Die berittenen Bogenschützen bestanden aus Unfreien, die gepanzerten aber aus Adligen.

Die Stärke der Parther lag im überraschenden Angriff oder in der verstellten Flucht, die den Feind zu unvorsichtiger Verfolgung verlocken sollte. Der Pfeilhagel der überall ausschwärmenden Reiter zermürbte den Gegner, der dann in frontalem Angriff der Gepanzerten vernichtet wurde.

Der zweite Tag der Schlacht bei Karrhai wurde von dem Klang der Kriegspauken eingeleitet, die mit den Trommeln vereint jenes tiefe und furchtbare Dröhnen hervorbrachten, das die Römer mit dem Grollen des Donners verglichen. Pauke und Trommel waren von jeher die Geräte des mittelasiatischen Schamanen. Sie versetzten ihn in jenen Rauschzustand, der ihn befähigte, bis zum obersten Himmel vorzudringen; sie traten überall auf, wo Bezauberung und ekstatischer Taumel die Menschen erfaßten. Zunächst bedeutete parthische Herrschaft einen Einbruch nomadischen Wesens in die bäuerliche und städtische Welt Irans, bedeutete Umwälzung des Bisherigen, Erschütterung alles Bestehenden. Aber es war unvermeidlich, daß die Eroberer sich dem Vorgefundenen anpaßten.

Die Parther sprachen anfänglich einen »skythischen«, also einen nordiranischen Dialekt. Nach ihrer Festsetzung in Iran übernahmen sie den in Medien heimischen Dialekt, der von Sasanideninschriften und den manichäischen Bruchstücken aus Ostturkestan bekannt ist. Daneben wirkte sich griechischer Einfluß aus. Die Arsakiden verwendeten auf ihren Münzen überwiegend das Griechische. Sie fühlten sich der griechischen Kultur verbunden und bezeichneten sich als Philhellenen. Ein Königsbrief an Seleukeia am Eulaios (Susa) läßt erkennen, daß Bürger dieser Stadt zu höchsten Würden im Reich aufsteigen konnten, daß die Hofkanzlei griechisch schrieb und der Partherkönig nach griechischem Recht seine Urteile fällte. Die Herrscher verfolgten eine betont griechenfreundliche Politik. Das galt für die Griechen im Partherreich allgemein, vor allem aber für Seleukeia am Tigris. So standen die reichen griechischen Handelshäuser und Bankherren dieser Stadt, anders als der stets aufsässige Demos, mit unbedingter Treue auf seiten der Arsakiden. Der Nachbarschaft Seleukeias entstammte auch jener Grieche aus Artemita, der sein Geschichtswerk im Sinne des arsakidischen Philhellenismus verfaßt hat: Apollodoros, Zeitgenosse des großen Poseidonios (um 135–50). Wie sich dieser den führenden Schichten Roms verband, so wandte sich Apollodoros nach dem Untergang von Alexanders Nachfolgestaaten den neu heraufkommenden Mächten des Ostens zu. Vorurteilslos erkannte er die Unausweichlichkeit des vollzogenen Umsturzes an und stand ohne Vorbehalt zu dem philhellenisch gesinnten Hof der Arsakiden.

Diese Sympathie der Arsakiden für die griechische Kultur wirkte sich auch in anderer Richtung aus. Sie hat tief in die Geschichte der griechischen Literatur eingegriffen und im Streit zwischen Asianismus und Attizismus zu ihrem Teil dem Attizismus das Übergewicht gesichert. Asianismus war die Spätform späthellenistischer Prosa und Dichtung. So hat sich Antonius, der als Nachfolger der Ptolemäer ein hellenistischer Herrscher zu sein anstrebte, in asianischem Stil vernehmen lassen. Hingegen zeigt der erhaltene Brief Artabanos' IV. an die Stadt Seleukeia am Eulaios, daß die Kanzlei der Arsakiden sich um einen sorgfältigen Attizismus bemühte. Die parthischen Könige fühlten sich ganz als Parteigänger der »Griechen« gegen die »Makedonen«. Wie man politisch für die Freiheit der Hellenen einzutreten vorgab, so verteidigte man auch das, was Quell des griechischen Geistes und der griechischen Form zu sein schien – ein weiterer Hinweis auf den Philhellenismus der Arsakiden.

Wie mit ihrer griechischen Untertanenschaft hatten die Parther auch mit der verbreiteten und zahlreichen jüdischen Diaspora im Lande zu rechnen. Die Herrschaft der Arsakiden war für die Juden eine Zeit des Wohlergehens und der wirtschaftlichen Blüte. In Nisibis, Nehardea, Pumpeditha und Sura gab es wohlhabende jüdische Gemeinden, und die Doppelstadt Seleukeia-Ktesiphon wurde zum Markt für den jüdischen Handel. Unter Artabanos III. (12–41 n. Chr.) kam es gar zur Gründung eines jüdischen Staatswesens, das sich fünfzehn Jahre zu behaupten wußte. Seine Häupter, Anilaios und Anisaios, scheinen sich einer vorübergehenden Anerkennung erfreut zu haben. Wichtiger war die geistige Blüte, die sich in der Folgezeit fortsetzen sollte. Von den berühmten Rabbiner gehörten Hillel und Chija noch unter die Parther. Erneuten Aufschwung brachte der Zustrom von Volksgenossen, die nach der Zerstörung Jerusalems das gastliche Babylonien aufsuchten; dieses wurde damit zum Schwerpunkt des Judentums überhaupt.

Aber trotz aller Vorliebe für griechische Kultur blühte im Partherreich auch ein starkes iranisches Leben. Manichäische Bruchstücke aus Ostturkestan zeigen, daß es schon früher eine Literatur im parthischen Nordwestdialekt gab; die sprachliche und metrische Form konnte nicht über Nacht entstanden sein. Ritterbücher und Romane, aus sasanidischer oder islamischer Zeit überliefert, waren ursprünglich parthisch abgefaßt. Auf Inschriften und Urkunden bediente man sich nach wie vor des Aramäischen, das aber mit zahlreichen Wörtern parthischen Ursprungs durchsetzt war.

Parthisches und Iranisches überhaupt, längst schon miteinander verflochten, begannen, stärker noch als in Apollodoros' Werk, sich mit Griechischem zu verbinden. In der späteren Zeit der arsakidischen Herrschaft entfaltete sich eine hellenistisch-iranische und mehr noch: eine hellenistisch-orientalische Gemeinschaftskultur, eine »Koine«. Das Philhellenentum der Parther wirkte sich jetzt allgemein aus. Eine mehr oder weniger dichte Schicht mit hellenistischen Zügen bestimmte die Kultur in den Ländern zwischen Indus und Syrien, zwischen Pamir und dem Mittelmeer. Trotz aller Unterschiede der Völker und ihrer Kulturen entwickelte sich in Literatur und Kunst, in Schrift und Sprache ein Gemeinschaftsbewußtsein, das sich gegenüber dem Besonderen durchsetzte.

Schrittmacher dieser nun einsetzenden Entwicklung war der Roman. Die Babyloniaka des Syrers Iamblichos, nach der Mitte des 2. Jahrhunderts n. Chr. in vielen Fortsetzungen geschrieben, sind nur in Bruchstücken und in einem späteren Auszug erhalten. Ursprünglich soll der Roman fast vierzig Bücher umfaßt haben. Längst war der griechische Roman dazu übergegangen, seine Handlung in solchen Gegenden spielen zu lassen, da Orient und Hellenismus ineinander übergingen. Ägypten wurde bevorzugt, und das Geheimnisvolle und Ungewisse – die verborgenen Grotten, die geheimen Begehungen, Menschenopfer und Nekromantie – nahmen einen breiten Raum in Anspruch. Iamblichos ging noch einen Schritt weiter: er führte das babylonische Land unter parthischer Herrschaft als neuen Schauplatz ein. Er selbst berichtet, wie er von einem von dort stammenden Kriegsgefangenen babylonische Sprache und Weisheit, babylonische Sitten und Geschichten kennengelernt habe. Die Bruchstücke zeigen, daß in der Tat der Name seiner Heldin – der »Schwalbe« Sinonis – sowie die Bezeichnung für den Zauberer babylonisch-aramäischen Ursprungs sind.

Die Wahl des neuen Schauplatzes wirkte sich darin aus, daß der Mischkessel, den das Land zwischen Euphrat und Tigris in der nachchristlichen Zeit gebildet haben muß, den passenden Hintergrund für all die unerwarteten Ereignisse abgibt, die diesen Roman erfüllen. Chaldäer stehen neben Zarathustriern, Aphroditemysterien neben jeder Art von Magie und Zauberei, ja häufig auch von Spuk. Erinnerungen an die hellenistische Herrschaft kreuzen sich mit babylonischem Erbe; der parthische Hof und die neu ins Land eingedrungenen Araber sind bei Iamblichos Gegenwart. Im übrigen ist alles getan, um solche Mischung mit weiteren Varianten auszustatten: leichenfressende Hunde aus Hyrkanien, entlassene alanische Söldner, königlicher Aufzug, Priester und Tempelschlaf, Folter und Verstümmelung. Vermutlich trifft des Autors Versicherung zu, wonach er das Land, darin er seinen Roman spielen läßt, nicht nur durch seinen Lehrer, sondern später auch durch eigene Erfahrung kennengelernt habe. Solange die Erde das meiste noch in ihrem Schoße birgt, muß Iamblichos' Schilderung dazu verhelfen, jene Welt zu vergegenwärtigen, darin sich die verschiedensten Einflüsse trafen, einen Bund eingingen und sich wieder schieden. Das Partherreich in seiner Spätzeit aber war zum Schauplatz dieser gegenseitigen Einflüsse und des kulturellen Austauschs geworden.

In die parthische Spätzeit gehören auch mit den meisten ihrer Funde die zweite Stadt im nordwestindischen Taxila und die zweite Schicht von Begram in Afghanistan. Beide lagen allerdings am Rand eines Gebiets, das mit Parthern nur vorübergehend in Berührung gekommen war. Dura-Europos am Euphrat dagegen hatte fast drei Jahrhunderte lang unter arsakischer Herrschaft gestanden. Sie zeigt die Entwicklung einer makedonisch-griechischen Siedlung zur parthischen Kleinstadt.

Griechische Götter, zumal solche des seleukidischen Hauses, Apollon, Artemis und der olympische Zeus, verschwanden keineswegs, nahmen aber immer mehr orientalische Züge an. Das wiedererrichtete Heiligtum von Apollon und Artemis entsprach orientalischer Art. Neue Götter trugen aramäische, iranische und griechische Namen, ohne doch griechischen Ursprungs zu sein. Sie entstammten der Elymais, Babylonien und Mesopotamien, Nordsyrien und Phönikien, Arabien und Palmyra. Und vielfältig waren auch ihre Anhänger. Griechen riefen nicht nur Griechengötter, Semiten nicht nur semitische an. Ein Aramäer stiftete Apollon und Artemis einen Altar; Frauen der höchsten makedonischen Familien Duras wandten sich an Artemis Azzanatkona oder Atargatis. Gläubige in iranischer Tracht verehrten sowohl Anaitis wie Aphlad. In buntem Wechsel wurden eigene und fremde Götter angebetet. Die Parther trieben selbst keine Religionspolitik, ließen vielmehr jeden gewähren. Sie griffen ebensowenig in Duras innere Verhältnisse ein wie in die anderer Griechenstädte. Griechische Einwohner haben erst den kultischen Wandel eingeleitet und vollzogen.

Neben der religiösen entstand bald eine künstlerische »Koine«. Auch sie gab das hellenistische Erbe nicht auf, sondern verschmolz es mit östlichen Elementen zu höchst eigenwilligen Formen. In erster Linie prägte die Malerei den neuen Stil. Nicht Griechen, sondern Semiten schufen im einst griechischen Dura ihre Fresken. Frontalität, betonte Zwischenräume, der auf den Beschauer gerichtete Blick sind ihre künstlerischen Mittel; Plastisches tritt zugunsten von Linearem, körperliche Struktur vor dem Beiwerk zurück. Ähnliches zeigt sich im benachbarten Palmyra, wo indessen das Relief im Vordergrund steht. Eine weitere Bereicherung brachte die überall zu beobachtende Darstellungsweise, die zwei oder mehr einander folgende Geschehnisse im Rahmen eines einzigen Bildes zusammenfaßte und ineinander übergehen ließ. Diese »kontinuierende« Form übten die jüdischen Maler aus Babylonien, die die Fresken der Synagoge von Dura-Europos geschaffen haben, gemeinsam mit den Meistern des buddhistischen Reliefs in Sāñchi und Goli. Daneben zeigt sich in den Darstellungen der Schlachten, Jagden und Bankettszenen ein griechisch-iranischer Mischstil, vermutlich aus ostiranischem Gebiet stammend. Auch der ursprüngliche Tierstil der Parther findet sich in einigen Stücken, was ganz den allenthalben einströmenden und sich mischenden Einflüssen entspricht.

Die Plastik war durch die Verwendung von Gips und Stuck bestimmt. Diese Werkstoffe hatten von der Wanddekoration auf Relief und Rundfigur übergegriffen. Neben die tuckierte Wandbekleidung in Assur, Susa, Ktesiphon und Salihije, auf dem Kuh-i Chwasdscha tritt die reichentwickelte figurale Plastik der buddhistischen Heiligtümer in Ostiran, treten vereinzelte Stücke aus Susa und Dura-Europos. Ein Fund aus der Elymais (Schami) zeigt auch rundplastische Bronzefiguren. Griechische Plastik hatte sich an der Bewältigung des Marmors entwickelt, eines Stoffes, der den Formwillen zu knapper Geschlossenheit und Gestaltungskraft zwang. Ein leicht zu formender, nachgiebiger Stoff, wie Stuck oder Gips, mußte zu plastischer Ungestalt führen. Die Lösung fand sich rascher, einfacher, spielerischer, jeder Einfall ließ sich mühelos ausführen – ganz im Gegensatz zu dem spröden Stein, diesem nachhaltigen Erzieher der Griechen.

Das Land von Syrien bis nach Nordwestindien war von einer einheitlichen Kunst geprägt. Weit voneinander entfernt, entstanden Kunstwerke von gleichem Stil und ähnlichem Gehalt. Und Vermittler zwischen Ost und West war das parthische Reich. Aber das Gemeinsame hielt sich nicht an die Grenzen dieses Reiches. Ostiran und Nordwestindien etwa waren nur vorübergehend in arsakidischer Hand, Syrien und Ostturkestan aber, ebenso dieser Koine zugehörig, niemals. Die allenthalben spürbaren Gemeinsamkeiten zeugen vielmehr von einer Koine des Ostens. Das Partherreich war einer ihrer wichtigsten Träger, war es jedoch mit anderen zusammen.

Auch für die religiösen Bewegungen galten die politischen Grenzen zum erstenmal nicht mehr. Grenzen gab es sowenig für die Mithrasgläubigen wie für die östlichen Christen. Auch die Lehre Buddhas breitete sich weithin aus und ergriff ganz Ostiran bis zur Sogdiane, Ostturkestan und Indien. Selbst das Judentum hatte, wenn auch in bescheidenerem Ausmaß, missionarischen Erfolg aufzuweisen. Der parthische Vasallenstaat Adiabene am oberen Tigris bekannte sich zwischen 35 und 40 n. Chr. unter seinem Königshaus zum jüdischen Gesetz. In den Hauptstädten waren es die Proselyten, die die jüdischen Gemeinden beträchtlich anwachsen ließen.

Neben Christentum und Buddhismus als den großen religiösen Bewegungen der Zeit ist der Manichäismus zu nennen. Manis Geburt fiel noch in die Zeit der Arsakiden, wenn auch sein Wirken erst unter den Sasaniden begann und seine Lehre ganz der orientalischen Koine angehörte. Im Kampf mit den Manichäern fand die wiedererstarkte Nationalreligion Irans, der Zarathustrismus, jene Form, die er unter den Sasaniden beibehalten sollte.

Grundzug von Manis Lehre war der Gegensatz zwischen Licht und Finsternis, Gut und Böse. Aus beiden setzte sich die Welt zusammen und mit ihr auch der Mensch. Seine Seele war Licht, sein Körper Finsternis, und Ziel alles Heilsgeschehens war die Befreiung der Seele aus den Fesseln von Körper und Finsternis. In gewaltigen Bildern, eines das andere steigernd, stellte Manis mythenschaffende Phantasie diesen Vorgang dar. Sind die befreiten Seelen zur Sonne emporgestiegen, dann ist das Ende der bisherigen Welt gekommen, dann hebt die Herrschaft des Lichtes an, die ewig dauern wird.

Die Gläubigen schieden sich in »Hörer« und in die »Auserwählten«, die sich der Ehe und des Fleischgenusses zu enthalten, Neid und Lüge zu meiden hatten. Es gab Gesang und Gebet, Fasten und Kommunion, Taufe und Sündenvergebung. Von allen Seiten war übernommen, was unvergänglich schien. Der Gegensatz zwischen Gut und Böse entstammte Zarathustras Lehre, die dichterische Form der Gesänge den babylonischen Kulthymnen, Wanderung und Befreiung der Seele dem Buddhismus. Vieles war dem Christentum nachgebildet, wie denn Jesus innerhalb des manichäischen Systems eine ausgezeichnete Stellung zugewiesen war. Nur das Judentum wurde abgelehnt: Moses ebenso wie Jahve, den Mani als Gott der Finsternis bezeichnete.

Eine Religion, die von überall etwas nahm und jedem etwas bot, war von vornherein zu weitester Verbreitung bestimmt. Mani selbst hat bereits Weltmission betrieben. Auf den Spuren des Apostels Thomas zog er nach Osten. Manichäische Schriften paßten sich der iranischen und buddhistischen, der griechischen und römischen Gedankenwelt an. Doch die Anpassung veränderte nur Namen auf dem Grund ererbter Vorstellungen, Äußerliches, nicht die Sache; der Gehalt der manichäischen Lehre blieb unverändert. Mani selbst ging mit solchen »Namensübertragungen« voran, um seine Lehre dem Verständnis der Menschen zu erschließen. Mani war zugleich Künder und Übersetzer seiner Religion.

Er nannte seine Lehre »vorzüglicher und besser als die anderen, früheren Religionen«, weil sie sich an die ganze Menschheit wandte. »Die früheren Religionen herrschten nur in einem Land und in einer Sprache. Meine Religion ist derart, daß sie sich in jedem Land und in allen Sprachen zeigen kann und in den fernsten Ländern gelehrt werden wird.« In Mani gipfelt eine Epoche der Religionsgeschichte, die die Schranken von Nationalität und Sprache durchbrochen hatte.

Der äußeren Universalität entsprach die innere Einheit. In Manis System fiel die Zweckbestimmung der Welt mit der des Menschen zusammen, und um beides zu verwirklichen, galt dasselbe Gesetz: sittliches Handeln war Abbild der kosmischen Entwicklung. Der Einheit von Welt und Mensch entsprach die Einheit des Wissens. Alles Wissen und alle Verkündungen enthielten im Kern Wahrheit. So konnte Mani in den früheren Religionsverkündern seine Vorgänger erkennen, deren Lehren er der eigenen einfügte, denn göttliches Wissen war eins, unabhängig von den Besonderheiten der Kulturen, Völker und Zeiten.

Diese Universalität der religiösen Gemeinschaften mußte die Gegenkräfte der Völker mit ihrer unaufhebbaren kulturellen Eigenart hervorrufen. Den Weltreligionen trat die iranische Staatskirche entgegen, die getragen war durch ein Staatswesen von ausgesprochen nationaler Prägung. Nachdem die Herrschaft der Parther vergangen war, haben die persischen Sasaniden diese Entwicklung entscheidend gefördert.

## *Emporkommen der Sasaniden. Ardascher I.*

Die neue Dynastie heißt nach Sasan, dem Ahnherrn des Königshauses, dessen geschichtliche Züge sich freilich nicht fassen lassen. Ihm folgte 208 sein Sohn Pabek in der Würde eines Feuerpriesters am Tempel der Göttin Anahita, der sich zu Stachr in der Persis erhob. Die Heirat mit der Tochter eines örtlichen Dynasten erlaubte Pabek, sich eine weltliche Herrschaft zu gründen. Er stieß damit auf den Widerspruch seines parthischen Oberherrn und Königs, Ardewans V., der Pabeks Sohn Schapur die Nachfolge und Anerkennung verweigerte. Die Lage verwickelte sich noch, da ein zweiter Sohn, Ardascher, eingriff und sich gleichfalls gegen Schapurs Nachfolge wandte. Den drohenden Bruderkrieg verhinderte Schapurs plötzlicher Tod. Aber der Konflikt mit dem Oberherrn war damit nicht beseitigt.

Man blickt in die Verhältnisse, die den Ausgang der Partherzeit kennzeichneten. Das Zentralregiment war schwach und konnte sich nicht durchsetzen, im Lande kämpfte jeder gegen jeden. Das Maß war voll, als Ardascher daranging, das Erbe an sich zu reißen, alle Nachbarfürsten zu unterwerfen und in der Persis bis nach Isfahan und Kirman seine Herrschaft aufzurichten. Jetzt war der Zusammenstoß mit Ardewan unvermeidlich. Im ausbrechenden Krieg wußte sich der Rebell zu behaupten. Er schlug seinen Oberherrn in zwei Schlachten und tötete ihn in einer dritten (224). Zwei Jahre darauf zog er als Sieger in die Hauptstadt Ktesiphon ein (226) und bestieg den Thron. Ein Fürst aus der Persis hatte die Nachfolge des arsakidischen Hauses angetreten.

Anders erzählt es ein mittelpersisch verfaßtes Buch. Der berühmte »Roman von Ardascher, Pabeks Sohn« faßt die Ereignisse in einem Bild zusammen, das der Nachwelt vor Augen stehen sollte, wenn sie sich die Bedeutung der Ereignisse zu vergegenwärtigen wünschte.

Nach dem Tod Alexanders des Großen, so hebt es an, standen in Iran viele Könige nebeneinander. Ardewan, König der Parther, ließ Ardascher, Sohn Sasans, aus dem Haus der altpersischen Könige an den Hof kommen. Ardascher wuchs dort in ritterlicher Zucht und Umgebung auf. Eines Tages verriet ihm ein Mädchen König Ardewans ein Geheimnis: die Sternkundigen hätten ihrem Herrn geweissagt, ein neuer König werde kommen. Er werde die Welt wiederum in einem Reich vereinigen. Und dazu noch dies: daß jeder Diener, der in den nächsten drei Tagen seinem Herrn entfliehe, zu Größe und Herrschertum gelangen werde. Das Mädchen und Ardascher entflohen darauf mit des Königs besten Rossen und nahmen sein indisches Schwert, eine Krone und viele seiner Edelsteine mit.

Ardewan setzte den Flüchtigen nach. In drei Tagen müsse er sie fangen, verkündete der Oberste der Sterndeuter. Leute, die dem König begegneten, erzählten, des Morgens seien die beiden Reiter vorübergekommen, schnell wie der Wind. Ardewan eilte weiter. Wieder begegneten ihm Leute, sie sagten das gleiche. Rascher eilte Ardewan weiter. Am nächsten Tag traf er eine Karawane. »Wir haben bemerkt«, so sprachen ihre Leute, »daß mit einem jener Reiter ein sehr großer und kräftiger Widder zu Pferde saß.« Ardewan fragte den obersten Magier, und der antwortete: »Möget Ihr, Herr, unsterblich sein. Aber der Widder, der Glanz der königlichen Herrschaft, hat Ardascher erreicht, auf keine Weise könnt Ihr seiner mehr habhaft werden. Darum macht Euch und den Reitern keine Mühe, noch bemühet die Pferde, so daß sie zugrunde gehen. Sucht auf andere Weise ein Mittel gegen Ardascher.«

Der König sandte ein Heer gegen ihn aus. Da aber der Glanz der königlichen Herrschaft bei Ardascher war, gewann dieser den Sieg und tötete Ardewan, all dessen Eigentum kam in Ardaschers Hand, die Tochter Ardewans nahm er zur Frau.

Soweit die Erzählung über den Sturz der Arsakiden, die in dem mittelpersischen Buch, lange nach den Ereignissen, aufgezeichnet wurde. An die Stelle Ardewans, des letzten Herrschers seines Hauses, war Ardascher getreten. Über vier Jahrhunderte sollte Sasans Geschlecht den Thron behalten. Doch die Umwälzung bedeutete weit mehr, und gerade in der Sage tritt dies deutlich hervor.

Iran vollzog den großen Umbruch, der ihm die Besinnung auf die eigne Vergangenheit brachte. Man griff auf das achaimenidische Reich und auf Zarathustras Verkündigung, auf diese frühesten und gewaltigsten Schöpfungen der iranischen Geschichte zurück. Was in ihnen erstanden war, trat jetzt als verpflichtende Norm den parthischen Eindringlingen und der griechisch-orientalischen Mischkultur entgegen. So war das neue Reich der Sasaniden Erfüllung dessen, was in der Geschichte dieses Volkes angelegt war. Als »Reich« mit universalem Anspruch ist es dem Imperium Romanum vergleichbar.

Das Emporkommen der Sasaniden mag anderswo mehr nach Zusammenhängen und Ursachen beschrieben worden sein. Gleichwohl muß die Folgezeit etwas in diesem Roman gefunden haben, was sie fesselte, eine Wirklichkeit, die sie ansprach. Sowenig jener Bericht Geschichte enthält, ist er doch in anderem Sinne wertvoller als historische Schilderung: er ist der Mythos des Reichsgründers und der Reichsgründung. Geschichte im engsten Sinn zielt auf Geschehen, auf zeitlichen Verlauf; Mythos ist zeitlos und auf das Wesen ausgerichtet.

Vieles von dem, was gesagt wird, mag nur lose mit der Person Ardaschers verbunden sein. Es begegnet, wo immer von glücklichem Tun und Gelingen die Rede ist. Daß Frauen und daß Fortuna dem Helden sich antragen; daß diesem sich jegliches zum Guten wendet, wenn die Stunde gekommen ist; daß der Held die Stunde ohne Zaudern nutzt und daß Bereitsein alles ist – dies pflegt allenthalben in dergleichen Erzählungen wiederzukehren. Daneben steht anderes, das nur für Iran und nur für die Sasaniden Gültigkeit hat. Ein höfischritterlicher Stil verschlingt sich in einzigartiger Weise mit einer streng legitimistischen und zugleich universalen Haltung, und beides wird überhöht vom Bekenntnis zu zarathustrischer Rechtgläubigkeit, wie es sich so nur damals hat darbieten können.

## *Eine ritterliche Welt*

Der junge Ardascher hat sich am Partherhof bei den Söhnen der Ritter aufzuhalten. Mit Ardewan und seinen Reitern geht er auf die Jagd. Er sitzt im königlichen Marstall und schlägt die Handpauke, bei den Pferden auch entdeckt ihn das Mädchen des Königs, knüpft sich ihre Freundschaft. Und zu Pferde vollzieht sich das Wettrennen zwischen Ardewan und

Ardascher. Überall trifft man auf Pferd und Reiter. Es ist die Lebenshaltung, die den parthischen Königshof prägt: der junge Perser, der Ardewan dereinst stürzen wird, wächst selbst in diese Form hinein. Sie war den Parthern seit ihren Anfängen eigen und birgt zugleich das Neue, das sie in die iranische Geschichte einführten.

Gewiß nannte bereits Dareios I. die Persis ein »Land mit guten Rossen«, und in Medien lag das Nisäische Gefilde, Heimat einer berühmten Rasse und Weide ungezählter Herden. Und doch: wie gering blieb unter den Achaimeniden die Rolle des Reiters und des gerittenen Tieres. Siegelzylinder zeigen den Herrscher auf dem Streitwagen; sonst zeigen ihn altpersische Reliefs auf dem Thron, unter dem Schirm, im Kampf mit Löwen oder Drachen, vor dem Feueraltar oder vor Ahuramazdas Symbol betend – immer aber zu Fuß; zu Fuß ist er auf den Goldmünzen in seinem Triumph über die Lügenkönige dargestellt, zu Fuß schreiten die Scharen der Leibwache auf den Friesen der Paläste von Persepolis und Susa.

Die Felsreliefs der Sasaniden bezeugen, wie sich die Vorstellungen gewandelt haben. Bei der Huldigung oder in Begleitung der Paladine, bei Szenen der Unterwerfung und Belehnung, im ritterlichen Zweikampf, in der schweren Panzerrüstung und auf der Jagd – überall begegnet der sasanidische Großkönig zu Pferd. Eng ist das Bild der königlichen Majestät mit dem Erscheinen als Reiter verbunden.

Das Bild bestätigt sich bei der Kampfesweise. Reiterliche Taktik, Bogenschützen, flüchtig und dann wieder im Angriff, ausschwärmend und überraschend, mit einer gepanzerten Truppe verbunden, sicherte den Parthern militärische Überlegenheit, ließ sie den Sieg von Karrhai über die römischen Legionen erfechten. Auch in den Heeren der Sasaniden trat fortan der leichtbewaffnete Bogenschütze zu Pferd und ihm zur Seite der gepanzerte Ritter auf. Man kennt diesen, den Kataphrakten oder Klibanarier, aus den Ritzzeichnungen in der Grenzfeste Dura-Europos am Euphrat. Im Galopp sieht man ihn heranstürmen, Mann und Roß vom Schuppen- oder Plättchenpanzer geschirmt, mit langer Lanze und dem Bogen ausgerüstet, auf dem Kopf den schweren, hohen Helm. In großartiger Form wiederholt sich dieses Bild in der überlebensgroßen Reiterstatue vom Taq-i Bostan: Reiter und Pferd tragen den Panzer; Bogen und Köcher, schwerer Visierhelm, Rundschild und Stoßlanze vervollständigen die Bewaffnung. Die Schilderungen in Firdusis Schahnameh, die Fresken aus Chinesisch-Turkestan bestätigen das Bild.

Vorherrschen der Reiterwaffe, Panzerung von Mann und Roß, Visierhelm, Tartsche und Stoßlanze nehmen mittelalterliche Formen vorweg. Dem entspricht die Gesellschaft: mächtige Familien mit ausgedehntem Landbesitz und zahlreichem Gefolge bewaffneter Höriger kennzeichneten die parthische Zeit. Ihre Mitglieder beanspruchten die höchsten Würden und hatten sie oft in erblichem Besitz. Neben großen »Häusern«, wie den Mihran, Suren und Karen, standen halb selbständige Herrschaften, örtliche Dynasten und Stadtstaaten orientalischen oder hellenistischen Ursprungs. Die Könige von Edessa und Hatra, die Herren von Batnai und Singara, Städte wie Seleukeia und Susa hielten sich in mehr oder weniger loser Abhängigkeit vom Großkönig in Ktesiphon.

Das sasanidische Königtum trat mit neuem Anspruch hervor. Es wünschte die »Teilkönige« zu beseitigen und alles Land dem einzig rechtmäßigen Geschlecht zuzubringen. Eine Straffung der zentralen Gewalt unter den ersten Herrschern läßt sich nicht verkennen.

Dem parthischen Adel suchte man einen eignen entgegenzustellen, der dem Königshaus verbunden war und oft dessen Nebenlinien entstammte. Doch vermochte sich ein großer Teil der »Häuser« zu behaupten, vor allem die Mihran und Karen blieben im ungeschmälerten Besitz ihrer Macht. Sie besetzten nicht nur die Hof- und Staatsstellungen; auch in die Reihen des hohen Klerus fanden sie Eingang. Oft genug hat sich das Königtum den Ansprüchen der zarathustrischen Staatskirche und ihrer mächtigen Priesterschaft beugen müssen.

## *Parther und Perser*

Ardascher, so erzählte seine Geschichte an anderer Stelle, tat auf der Jagd einen Meisterschuß. Er durchbohrte einen Wildesel mit dem Pfeil; das Tier starb auf der Stelle. Doch Ardewans Sohn beanspruchte den Meisterschuß und wollte ihn dem Untergebenen nicht gönnen.

Warum dieses Zerwürfnis und was hat der Schuß auf den Wildesel zu bedeuten? Dieses Wild war in mehrfachem Sinn ein königliches. In allen Spielarten über Innerasien verbreitet, wurde es geradezu als Herrscher der Steppen bezeichnet. Assyrische Reliefs zeigen den Wildesel als Jagdtier vornehmlich des Königs. Ein Herrscher der Sasaniden ist bekannt, der nach dem Wildesel benannt war, weil er auf der Jagd einen Meisterschuß getan. Er hat das Tier mitsamt dem Löwen, der sich auf dieses gestürzt, mit einem einzige Schuß erlegt. Der Wildesel ist das königliche Wild, und in der Jagd auf ihn bewähren sich Hand und Glück des Herrschers. Als Ardascher sich herausnahm, was nur dem Herrscher anstand, kündigte Kommendes sich an; nicht ohne Grund begehrte Ardewans Sohn die Tat als die seine.

Ardascher, Ardewan und ihre Ebenbilder, wie sie das sasanidische Kunsthandwerk geschaffen hat – sie alle jagen zu Pferde. Wieder bedeutet das Jagen zu Pferd einen Wechsel gegenüber der vorangegangenen Zeit. Wenn die achaimenidischen Goldmünzen den bogenbewehrten König zu Fuß zeigten, so ist seit der Partherzeit der Schütze und Jäger zu Roß Ebenbild des Herrschers. Der reiterliche Stil macht auch vor der Frau nicht halt. Beliebt ist die Vorstellung von dem königlichen Jüngling Ardascher und seinem Mädchen, wie sie auf ihren Rossen die Lande durcheilen. Da ist etwas vom Zauber der persischen Miniaturen vorweggenommen, die Firdusis Heldenepos zieren werden.

Überall trifft man auf die reiterliche Welt, der die Parther seit ihren Anfängen zugehörten. Und doch: mag vieles in Stil und Lebensführung für die Dauer ihrer Herrschaft und darüber in Geltung geblieben sein, an entscheidender Stelle verläßt die sasanidische Zeit das, was ihr vorausging.

Immer wieder hat sich gezeigt: das Land der Räuber und das Land der Bauern, das der Nomaden und die festen Siedlungen, Dörfer, Burgen und Städte waren die Pole, zwischen die Iran seit den Anfängen gespannt war. Die Parther hatten Medien und alles Land bis zum Tigris und Euphrat in Besitz genommen. Iran hatte sich dem Willen der nomadischen Räuber gebeugt, die sich nach ihrer Weise einrichteten: Stadt und Ackerbau überließen sie den Unterworfenen und fügten sich selbst, wenn überhaupt, dieser Lebensform nur zögernd

Der besiegte Kaiser Valerianus vor König Schapur I.
Relief in Naqsch-i Rustam bei Persepolis, zweite Hälfte 3. Jahrhundert

Die Einsetzung Ardaschers II. zum König durch Ormuzd und Mithra
Relief am Taq-i Bostan bei Bisutun in Medien, zweite Hälfte 4. Jahrhundert

und unvollständig. In Dara, am Rande der Steppe, hatten die parthischen Könige ihre erste Residenz. Auch in Babylonien mieden sie jeden festen Ort. Auf dem nördlichen Tigrisufer, fern von der Metropole Seleukeia, hielten die Arsakiden Hof. Niemals haben die Parther ihre Lebensform aufgegeben, sie blieben der Steppe verhaftet und liebten das Leben im Aufbruch. Lager, nicht Dorf und Flur, sind die Heimat eines Reitervolkes. Als jetzt die parthischen Könige von dem neuen, dem persischen Herrscherhaus verdrängt wurden, kam jene Welt wieder empor, die die einstigen Nomaden stets gemieden hatten.

Auch die Persis hatte viel vom reiterlichen Leben übernommen. Doch hat parthische Herrschaft nie, sowenig wie die hellenistische, dort Fuß fassen können. Einheimische Dynasten blieben bestehen, wenn auch in Abhängigkeit von den Arsakiden und deren Unterkönigen. Ardaschers Vorfahren unterstanden, obwohl selbst »Könige«, einem anderen König, der auf der Weißen Burg östlich von Persepolis regierte. Auch Ardaschers Mutter entstammte einem fürstlichen Geschlecht, und der Sohn besaß die Anwartschaft auf die Burgvogtei und auf die Führung des Aufgebots in einer Nachbarstadt. Stachr, Nachfolgerin des zerstörten Persepolis, bedeutet nichts anderes als »Burg«. Und wie man in festen Schlössern und Städten hauste und untereinander versippt war, so hing man zäh am Althergebrachten. Die Vorschriften der zarathustrischen Religion wurden eingehalten, und kultischer Mittelpunkt war das Feuerhaus der Anahita, dessen Vorsteher Ardaschers Großvater einst gewesen war. Gewiß spielte sich alles in kleinen Verhältnissen ab. Aber diese Persis, mit der die großen Erinnerungen verknüpft waren, wo die Ruinen der Achaimenidenpaläste standen und Kyros' Grab über Jahrhunderte hinweg vom Wirken des Reichsgründers kündete, war gleichsam eine Burg der Überlieferung. Und sie war es noch in einem anderen Sinn.

Die Persis ist nach dem Tigris und dem Küstenland hin von Gebirgswällen abgeriegelt. Acht und neun Berglinien erheben sich hintereinander. Hier zog sich seit alter Zeit die »Fahrstraße« hin, die der achaimenidische Großkönig, von Susa kommend, benutzen mußte, um sein persisches Stammland zu erreichen; dabei hatte er noch den Bergstämmen Tribut zu entrichten. Erst Alexander hat die Unbotmäßigen in ihrem Bergversteck zu Paaren getrieben.

Es war kein Zufall, daß von solch natürlicher Festung die Erhebung gegen die Nachkommen der einstigen Nomaden ausging. Mit den Sasaniden erhob sich der Ackerbauer, der Städter, der Adlige, der seßhafte Mensch überhaupt. Wen hätte Ardaschers Flucht vom Königshof nicht an eine andere Sage erinnert? Als Walthari und Hilda vom Hofe Etzels entweichen, da eilen sie, eben wie der persische Prinz und sein Mädchen, einer Heimat zu. Sie fliehen nicht wie der Steppenbewohner in die Ferne, ins Grenzenlose, sondern sie eilen in ihre Heimat, in dessen Erde sie die Wurzeln ihres Daseins spüren. Bodenständige sind es, die Hunnenkönig wie Partherhof verlassen, um in ihrem heimischen Land sich selbst zu finden.

## Wiederkehr Zarathustras

Die Gleichgültigkeit in der Religion, die gemeinhin den Reitervölkern zugeschrieben wird, trifft zumindest auf die religiöse Haltung der Parther zu. Erst spät sind sie Zarathustra gefolgt, und auch dann zeichneten sie sich nicht immer durch Eifer aus. Die Perser dagegen, das neue Herrenvolk, zeigten eine andere Haltung.

Die entscheidende Macht in der Geschichte Ardaschers ist der Glanz der königlichen Majestät. Diese göttliche Wesenheit, in den heiligen Schriften der Iranier »Chwarna« genannt, schenkt dem Helden Erfolg. Auf den Münzen der griechisch-baktrischen Könige heißt sie »Tyche«, und im Mittelpersischen wird es mit einem aramäischen Ideogramm wiedergegeben, das »Glück« bedeutet. Dem sprachlichen Ursprung nach ist es dem Wort für die Sonne verwandt. Und feuriges Gold, vom Himmel herabgekommen, spielt anderen Orts eine Rolle, die sonst dem Chwarna eignet.

Wem der himmlische Glanz des Chwarna sich zugesellt, ist zum König berufen. Das ist der Sinn der Sage von Ardascher. Nur einem Herrscher von iranischem Blut gibt sich solcher Glanz zu eigen. Ardascher, der sein Geschlecht auf altpersische Könige zurückführte, gesellte sich der Widder zu; dagegen blieb der Parther Ardewan bloßer Usurpator und durfte nicht hoffen, gegen den rechtmäßigen Träger des Chwarna aufzukommen.

Dieser Vorstellungskreis mag nachträglich ins zarathustrische System eingedrungen sein. Für frühsasanidische Zeit aber war die Fuge nicht mehr sichtbar, und das Chwarna teilte sich mit Ahuramazda oder, wie er jetzt hieß, Ormuzd in die Rolle der königlichen Schutzgottheit. Ardascher wurde dargestellt, wie er auf Ormuzd zureitet und von dem Gott den Ring der Herrschaft entgegennimmt.

Die Geschichte Ardaschers läßt ihn an vielen Orten das heilige Bahram-Feuer anlegen. Das göttliche Element des Feuers galt als Ormuzds Sohn, und das Bahram-Feuer im besonderen war mit einem Namen bezeichnet, der einstmals »Drachentöter« oder »Feindtöter« bedeutet haben mag, jetzt aber den Sieger oder den Sieg bezeichnete. Als Träger des Chwarna ließ Ardascher die heilige Flamme an den eignen Erfolgen teilhaben. Von seinem Zug nach Osten – nach Merv, Balch und in die äußersten Bezirke Chorasans – sandte er die Köpfe der erschlagenen Feinde dem Feuertempel der Anahita, in Istachr, im Herzen des persischen Landes, eben dem Tempel, dessen Vorsteher Ardaschers Großvater gewesen war; und derselbe Tempel erscheint auf den Prägungen der Sasaniden, neben der königlichen Standarte, neben dem Herrscher in ehrfürchtiger Haltung.

Die Bewahrung des ererbten Kultes findet ihre Ergänzung in einer Tat der Erneuerung. Die Sammlung der heiligen Schriften der Zarathustrier ist die große Tat der ersten Sasaniden. Schon Ardascher verlieh seiner Schriftensammlung kanonischen Rang, alles, was dort nicht aufgenommen war, wurde in Acht und Bann getan.

Die Nachfolger Ardaschers schufen einen Gerichtshof, der Streitigkeiten über religiöse Fragen maßgeblich entschied. Nach des Königs Willen sollte, da das Licht des wahren Glaubens wieder strahlte, alles Wahrheitswidrige abgetan sein; keine falsche Lehre dürfe fortan geduldet werden. Diese Einstellung war etwas Neues in der Geschichte Irans. Religiöse Duldsamkeit war, von Ausnahmen abgesehen, ein Grundzug der achaimenidischen und arsakidischen Politik gewesen. Nun aber schufen Königtum und Priesterschaft gemeinsam den Begriff der Rechtgläubigkeit, und staatliche Gewalt sah sich veranlaßt, ihm innerhalb der Reichsgrenzen unbedingte Geltung zu sichern. Alsbald wandte sich das neue Prinzip gegen die anderen Religionen, vor allem gegen Manichäer und Christen. Mani genoß noch unter dem zweiten Sasaniden zeitweilig die königliche Gunst. Er befand sich auf einem seiner römischen Feldzüge im Gefolge Schapurs I. und durfte mit dessen Erlaubnis im Römerreich, in Ostiran und Indien Mission treiben. Doch unter einem der Nachfolger, Bahram II. (276-293), setzten es die Magier durch, daß der Religionsstifter verurteilt wurde (277). Gegen seine Anhänger wütete blutigste Verfolgung, und kaum weniger hatten die Christen zu leiden. Die syrischen Märtyrerakten bezeugen den Eifer der zarathustrischen Priesterschaft.

Selbst für die Juden waren die Zeiten des Gedeihens vorüber. Die Verfolgung seitens der Magier richtete sich gegen die Gemeinden, deren Selbstverwaltung eingeschränkt, deren eigne Gerichtsbarkeit aufgehoben wurde. Am schwersten lastete im 5. Jahrhundert das Geschick auf dem babylonischen Judentum. Vor allem Yazdgard II. (439-457), Peroz (459-481) und Kawadh I. (488-531) zeichneten sich durch ihren Verfolgungseifer aus. Es kam zu Verboten der Sabbatfeier und des Gesetzesstudiums, zur Zerstörung der Synagogen. Das Judentum ließ sich freilich in seiner Ergebenheit gegenüber den persischen Königen kaum beeinträchtigen und erreichte denn auch, daß unter Chusro I. Anoscharwan (531 bis 578) jenes Einvernehmen wiederhergestellt wurde, das noch unter Schapur I. (241-272) und Schapur II. (309-380) bestanden hatte.

Die Blüte der rabbinischen Gelehrsamkeit, die unter den Arsakiden begonnen hatte, setzte sich unter deren Nachfolgern fort. Es kam zur Gründung der Schulen von Nehardea und Sura, und beide sollten entscheidenden Anteil an der Sammlung und Redaktion des babylonischen Talmuds nehmen. Die Zeiten der Bedrängnis nötigten, vom Verbot der Aufzeichnung mündlicher Lehren abzusehen, da man befürchten mußte, der Zusammenhang der Überlieferung könne abreißen. So kam es zu der gewaltigen Kodifikation, die das Judentum dem Avesta zur Seite stellen und, wenig später als die Zarathustrier die ihre, abschließen sollten.

## Geschichte der Sasaniden

Ardaschers Erhebung war eine Tat der Befreiung. Er berief sich dabei auf das Reich der Achaimeniden und auf die Verkündung Zarathustras, diese größten Gestaltungen der iranischen Geschichte. Ardascher verstand sich als legitimer Erbe des Reiches, der seinen angestammten Besitz in den Kämpfen mit den Arsakiden zurückeroberte. Und sogleich wies er in Briefen an alle örtlichen Machthaber, die mit den Parthern emporgekommen waren, seine Rechte nach und forderte sie zu unbedingtem Gehorsam auf. Dem entsprach auch Ardaschers Vorgehen gegen das römische Nachbarreich im Westen. Als altes persisches Erbe forderte er alles Gebiet bis zum Bosporos zurück (230). Kyros, Ardaschers Ahn, habe es erobert, und dessen Geschlecht habe es besessen, bis Alexander das Reich zerstört habe. Nun sei es seine, des Erben, Pflicht, den einstigen Besitz wieder zu übernehmen. Nachdem Ardascher den Thron bestiegen hatte, nannte er sich »König der Könige von Iran«. Damit erhob er einen Anspruch auch auf die Herrschaft über die örtlichen Gewalthaber. Aber schon sein Nachfolger Schapur I. (241–272) führte den weit anspruchsvolleren Titel des »Königs der Könige von Iran und Nicht-Iran« und griff so in universalem Anspruch über die iranischen Grenzen hinaus. Dieser Anspruch gründete sich auf den Erfolgen im Osten, wo sich Chorasan und das Indusgebiet dem König unterworfen hatten. Nun wurde die römische Überlegenheit nicht mehr anerkannt. Als Gegenspieler der Weltmacht Rom ging man zur Goldprägung über, ein Recht, das die Arsakiden niemals beansprucht hatten. Und das Selbstgefühl steigerte sich zum Triumph, als der römische Kaiser Valerian (260) in persische Hand geriet. Schapur I. hat es niemals unterlassen, dieses große Ereignis auf seinen Denkmälern zu feiern.

Die Auseinandersetzung mit Rom bestimmte auch weiterhin den Gang der Ereignisse. Kaiser Severus Alexanders (222–235) Krieg mit Ardascher I. führte nach wechselvollen Kämpfen zur teilweisen Rückeroberung des verlorenen Mesopotamien. Gordianus III. (238–244) gelang mit Hilfe seines Schwiegervaters Timisitheus, ganz Mesopotamien zurückzuerobern. Doch fiel Gordianus den Nachstellungen seines Gardepräfekten M. Iulius Philippus zum Opfer. Dieser ließ sich selbst zum Kaiser ausrufen (Philippus Arabs 244–248) und beendete die Kämpfe durch Friedensschluß (244). Zwölf Jahre später begann Schapur I. mit neuem Angriff, eroberte Antiocheia (256) und die Grenzfestung Dura-Europos am Euphrat. Das Erscheinen Kaiser Valerians (253–260) auf dem Kriegsschauplatz führte zur Befreiung Antiocheias (257). Doch 260 wurde Valerian bei Edessa geschlagen und bei anschließenden Verhandlungen gefangengenommen; er beschloß sein Leben in persischer Haft. Nach weiterem, wechselvollem Hin und Her beauftragte Valerians Sohn und Nachfolger Gallienus (260–268) den Herrn der Wüstenstadt Palmyra, Odaenath, mit der Fortführung des Kampfes. Diesem gelang in mehrjährigen Kämpfen, die Perser aus Mesopotamien zu vertreiben (262–266).

Einen neuen Perserzug unternahm M. Aurelius Carus (282–283) zusammen mit seinem Sohn Numerianus. Ein rascher Siegeszug ließ ihn Seleukeia am Tigris und Ktesiphon zerstören (283), doch führte seine Ermordung noch im gleichen Jahr zur Beendigung der Feindseligkeiten. Mit ausgesprochenem Erfolg Roms endete der Perserkrieg Diokletians (284–305). Nach anfänglicher Niederlage, die der Caesar und Mitregent Galerius erlitt (296), kam es im folgenden Jahr zu einem entscheidenden Sieg über den Sasaniden Narseh (293–302), Kleinarmenien und das Gebiet östlich des Tigris gerieten unter römische Herrschaft. In Schapurs II. Jahren (309–379) hatte man einen neuen römischen Angriff zu bestehen, der aber vor Ktesiphon zum Stehen kam; der Tod Kaiser Iulians (363) brachte den Rückzug und einen Frieden, der Rom die umkämpften Grenzbezirke mit der starken Festung Nisibis und Armenien entriß. Aber die sasanidische Herrschaft konnte sich in diesem christlich gesinnten Land nicht halten: Parteienhader und blutige Christenverfolgungen ließen es keine Ruhe finden. Endlich kamen die beiden Großmächte zu einer Übereinkunft (384). Armenien wurde geteilt, der größere Teil davon fiel den Sasaniden zu.

## DAS ALTE IRAN

Yazdgard I. (399-420) erleichterte die Lage der christlichen Kirche, gewährte ihr einen Katholikos und fünf Metropoliten. Trotzdem hat ihn die zarathustrische Geistlichkeit als »Sünder« gebrandmarkt.

In Ostiran hatten in der Zwischenzeit die Kidariten oder Hephthaliten, ein hunnisch-türkischer Stamm, ein mächtiges Reich errichtet. Schapur II. hatte sie in den sechziger Jahren des 4. Jahrhunderts auf sasanidischem Gebiet angesiedelt; jetzt wurden sie unabhängig und zu höchst erfolgreichen Gegnern ihrer ehemaligen Oberherren. Bahram V. Gor (420-438), der nach Thronwirren mit Hilfe des arabischen Vasallenkönigs von Hira die Herrschaft übernommen hatte, konnte noch einmal die Hephthaliten unterwerfen. Aber in den folgenden Jahren wirkte sich der Kampf gegen Rom und gleichzeitig gegen die Hephthaliten in Iran verhängnisvoll aus.

Auch der eben den christlichen Untertanen gewährte Frieden hielt nicht lange an. Obwohl ihnen Bahram V. ein neues Oberhaupt zugestanden hatte, unter dessen Führung die Kirche Irans sich von der byzantinischen löste und ihre Selbständigkeit erringen konnte, setzten schon unter Yazdgard II. (438-457) die Glaubenskämpfe in Armenien wieder ein. Den König hinderten die Auseinandersetzungen mit den Hephthaliten lange am Eingreifen. Schließlich erstickte er aber die Revolte in einem Meer von Blut. Erst unter Peroz (459 bis 484) gelang es der rührigen Tätigkeit Barsaumas und der von ihm begründeten theologischen Schule in Nisibis, den Nestorianern eine gesicherte Stellung im Perserreich zu schaffen. Mit der Aufnahme der aus dem oströmischen Reich vertriebenen Anhänger des einstmaligen Patriarchen Nestorios (gestorben um 451) bildete sich eine christliche Kirche, die dem Nachbarreich gegenüber feindlich war und sich dazu verstand, ganz im Dienst der Sasaniden zu wirken. Die nestorianische Kirche hat neben dem bislang allein herrschenden Zarathustrismus zeitweilig die Rolle einer zweiten Staatsreligion eingenommen.

Entscheidend wirkte sich die weitere Auseinandersetzung mit den Hephthaliten aus, mit deren militärischer Hilfe Peroz auf den Thron gekommen war. In der Folge suchte er sich dann des fremden Einflusses zu entledigen, erlitt aber bei den Feldzügen gegen die Hephthaliten die schwersten Rückschläge; 465 geriet er in die Gefangenschaft des Chakan und fiel schließlich, nachdem er gegen Zahlungen freigekommen war, in erneutem Kampf mit dem größten Teil seines Heeres (484). Iran vermochte den Einfällen seiner östlichen Nachbarn keinen Widerstand mehr zu leisten, dies um so mehr, als gleichzeitig im Inneren das Königtum zum Spielball in den Händen der adligen Grundherren wurde. Hinzu kam die Revolte der Mazdakiten, die das Gefüge des Reiches und der herrschenden Gesellschaft erschütterte. Nach seiner Flucht vor den Wirren in den ersten Jahren seiner Regierung konnte Kawadh I. wiederum nur mit Unterstützung der Hephthaliten die Macht im Reich wiedergewinnen (498). Aber trotz dieser anfänglichen Schwäche gelang es Kawadh, mit Hilfe der Mazdakiten den aufsässigen Adel zu bezwingen und dann die Mazdakitenbewegung niederzuschlagen. Er nahm auch den Kampf gegen Rom wieder auf, der schließlich unter Kawadhs Nachfolger Chusro I. Anoscharwan (531-578) zum erstrebten Erfolg führte. Syrien wurde geplündert und Antiocheia eingeäschert. Ostrom wurde gegen schwere Zahlungen der Friede gewährt (562). Anoscharwan war es auch, der gemeinsam mit den Türken die Hephthaliten niederwarf (558) und die Ostflanke des Reiches gegen weitere Angriffe sicherte.

Anoscharwans Herrschaft brachte den Höhepunkt sasanidischer Macht. Schon sein Nachfolger Hormizd IV. (578–590) mußte aufs neue innere Widerstände bekämpfen. Die Militärbefehlshaber erhoben sich gegen den König, der gestürzt und geblendet wurde. Ein Nichtsasanide, der Führer des Grenzheeres Bahram Tschobin, konnte vorübergehend den Thron besteigen (590). Bald setzte sich der Sohn Hormizds IV., Chusro II. Parwez (590 bis 637), wenn auch mit oströmischer Hilfe, durch. Er hat aber wenige Jahre später den Kampf gegen Ostrom wieder begonnen. Die folgenden Jahre beherrschte die Auseinandersetzung zwischen den beiden Reichen. In schwersten Kämpfen stießen persische Heere nach Armenien und Kappadokien und bis an den Bosporos vor. Auch Syrien mit Antiocheia und Damaskos wurde von den Persern erobert, die Jerusalem plünderten (614) und unter den dortigen Christen ein Blutbad anrichteten; das heilige Kreuz wurde die Beute der Zarathustrier. Ein Zug nach Ägypten (161) war ebenfalls erfolgreich, in Kleinasien fiel Ankyra, und Konstantinopel wurde belagert. Byzanz war in höchster Gefahr. Aber Kaiser Herakleios (610–641) befreite Kleinasien in verzweifelten Kämpfen und eroberte Armenien und Aserbeidschan. Dann erreichte er das Tigristal (627), zerschlug in mehreren Schlachten das gegnerische Heer und bedrohte schließlich Ktesiphon, die persische Hauptstadt.

Der oströmische Feind, eben noch besiegt, stand im Herzen des persischen Reiches. Das persische Volk, von unerträglichem Steuerdruck ausgesogen, dezimiert von ständigen Feldzügen, die Generalität in der Furcht vor dem königlichen Strafgericht wegen ihres Versagens im Kampf – sie alle erhoben sich. Chusro II. erlag dieser Revolte unter der Führung seines Sohnes Schiroë, der mit dem Kaiser Herakleios einen demütigenden Frieden schließen mußte. Der Sieger brachte im Triumph die Kreuzesreliquie ins befreite Jerusalem zurück (628).

## *Niedergang der königlichen Gewalt*

Geld- und Steuerordnung und der auf ihnen beruhende Haushalt vermögen Vorstellungen vom Wesen eines Staates zu vermitteln, wie sie sich sonst höchstens aus dem Heereswesen gewinnen lassen. Es mag überraschen, daß überhaupt von einem Staatshaushalt der Sasaniden gesprochen werden kann, was doch voraussetzt, daß man Einnahmen und Ausgaben kennt und über Budgetzahlen verfügt. Solche Zahlen stehen selbst für das römische Kaiserreich oder für Byzanz, von den mittelalterlichen Staaten ganz zu schweigen, nur in bescheidenstem Maß zur Verfügung; für das Staatswesen der Sasaniden wird man sie noch weniger erwarten dürfen. Und doch enthalten die arabischen Geschichtswerke und Steuerbücher Angaben, die wirkliche Unterrichtung gewähren.

Diese Angaben beginnen freilich erst mit der Steuerreform Chusros I. Anoscharvan im 6. Jahrhundert. Aber die Berichte, die man über sie besitzt, stellen den neuen einem älteren Zustand gegenüber und erlauben damit, sich von dem Voraufgegangenen eine Vorstellung zu bilden. Die Steuerreform setzte die vollständige Vermessung des Landes voraus. Seit Anoscharwan wurde die Grundsteuer erstmals auf Grund des Katasters erhoben. Also mußte es vorher anders gewesen sein: Steuern wurden nicht nach Größe und Qualität des landwirtschaftlich nutzbaren Bodens, sondern nach dem Jahr für Jahr wechselnden Ernteertrag bemessen.

In der Tat: vor der Steuerreform wurde der Ertrag auf dem Halm geschätzt. Die Ernte durfte nicht beginnen, ehe die Steuerbehörde erschienen war und die Schätzung vollzogen hatte. Da dies erst zur Zeit der Fruchtreife geschah, lag die Gefahr des Verderbens nahe, ein Mißstand, der denn auch die Änderung des Verfahrens verursacht haben soll. Über die Normen der Schätzung ist ebensowenig bekannt wie über die Art der Steuerleistungen. Ob sie in Geld oder in Naturalien erfolgten, ob beides wechselte oder gleichzeitig Verwendung fand, darüber ist nirgends etwas gesagt. Aber allgemeine Erwägungen gestatten, sich ein Bild zu machen.

Wie schon in achaimenidischer Zeit wird die Regierung zu Lasten der Steuerzahler und zum Vorteil der eignen Kasse manipuliert haben. Demnach wurden bei Überangebot von Naturalien, also bei reicher Ernte oder reichen Vorräten, zu sinkendem Marktpreis die Abgaben in Geld verlangt, aber bei niedriger Ernte zu steigendem Marktpreis waren Naturalien zu liefern. Im ersten Fall kamen größere Geldsummen, im zweiten größere Mengen von Naturalien in die Hand der Steuerbehörde, die so den Marktpreis senken oder erhöhen konnte. Die zusätzlichen Geschäfte, die durch solches System den Steuererhebern zufielen, müssen bei der herrschenden Steuer- und Geldmoral erheblich gewesen sein.

Der Steuersatz der nach dem Ernteertrag erhobenen Grundsteuer war gestaffelt. Die Landkreise wurden nach festgesetzten Quoten besteuert, die zwischen einem Drittel und einem Sechstel oder zwischen der Hälfte und einem Zehntel des Ertrages schwankten. Bei guten Anbaubedingungen, besonders bei ausreichender Bewässerung, galt der höhere Satz, bei schlechten ein niedrigerer. Das steuerliche Verfahren hätte demnach auf gerechter Lastenverteilung beruht. Aber Gerechtigkeit, so oft sie im Munde geführt wird, ist selten einzige Norm für die Verteilung steuerlicher Lasten, und im Orient war sie es am allerwenigsten. Erfolgreichster Wettbewerber mit dem Prinzip gerechter Verteilung dürfte der privilegierte Grundbesitz gewesen sein.

Denn nicht nur die Gunst der Anbaubedingungen bestimmte die Höhe der Steuerquote, sondern auch die Entfernung von den Städten. Die Praxis der sasanidischen Städtegründung ging dahin, jeder Stadt tunlichst einen Landkreis zuzuweisen. Die stadtnahen Landkreise zahlten den höchsten Satz, mit zunehmender Entfernung von den Städten wurden die Quoten geringer. Das ergab folgendes Bild: um die städtischen Mittelpunkte lagen hochbesteuerte Landgebiete, während die abgelegenen Landkreise je nach Entfernung in abnehmender Quote ihre Steuern entrichteten.

Städte waren im Sasanidenreich königliche Gründungen, die dazugehörigen Landkreise königlicher Grund. Die Besitzungen der Grundherren lagen weit davon entfernt. Und nur die Grundherren waren, der gesellschaftlichen Struktur des Sasanidenreichs nach, in der Lage, der königlichen Kasse die Steuern teilweise zu entziehen oder sie ihr ganz vorzuenthalten. Die abgelegenen Gebiete führten also zu einer Minderung der Erträge wie der königlichen Gewalt.

Die sasanidische Wirtschaftslandschaft zerlegte sich in zwei Bereiche: auf der einen Seite die Gebiete, die der Königsherrschaft unmittelbar unterstanden, und auf der anderen die dem grundbesitzenden Adel gehörenden Ländereien, in denen sich die Zentralgewalt nur mittelbar auswirkte. Es mußte die Absicht einer kräftig durchgreifenden Königsgewalt sein, die Zahl der königlichen Städte und der ihnen zugewiesenen Landkreise zu vermehren. Denn dies bewirkte, daß aus mittelbar beherrschten Gebieten solche unmittelbarer Herrschaft wurden und aus steuerlich nur teilweise genutzten voll erfaßte. Die Geschichte der königlichen Städtegründungen spiegelt denn auch die Kämpfe der königlichen Gewalt gegen die Grundherren.

Königliche Gründungen, entweder Neuanlagen oder auch einfache Umbenennungen vorhandener Siedlungen, waren allein auf königlichem Boden möglich. Die Beseitigung der Teilkönige, Ardaschers I. Ziel, mit dem er, zumindest der Absicht nach, sein neues Königtum konstituierte, brachte überall speergewonnenes Gebiet in seine Hand. Damit erweiterte sich der unmittelbare Landbesitz Ardaschers, was ihm die Möglichkeit gab, Städte in eignem Namen zu gründen oder umzugründen.

Acht Städte soll Ardascher insgesamt gegründet haben. Von seinem Sohn Schapur I. stammt die Anlage von Gundischapur, darin römische Gefangene aus Antiocheia angesiedelt wurden. Auch Gundischapur lag, wie auch Schapurs sonstige Gründungen, auf Königsland, das Ardascher gewonnen hatte. Auf Gebieten, die nur der mittelbaren Herrschaft des Königs, doch unmittelbar den adligen Grundherren unterstanden, wurden keine königlichen Neugründungen vorgenommen.

Die weiteren Gründungen der Sasaniden bis hin zu Kawadh I. (488–531) bestätigen das Bild. Sämtlich waren sie auf dem Gebiet angelegt, das Ardascher I. erobert hatte. Nirgendwo ist das dem König unmittelbar unterstehende Gebiet erweitert worden. Allenfalls an den Landesgrenzen kam es zu vorübergehender Erweiterung des Königslandes und dabei zu Neugründungen, die aber meist keine Dauer hatten.

An den königlichen Städtegründungen bestätigt sich, was sich bei der Grundsteuer ergeben hatte. Nur vom Königsland empfing der Herrscher die volle Grundsteuer, und nur dort vermochte er Städte zu erbauen. Es blieb jedoch nicht bei einem Stillstand in den königlichen Gründungen. Schon bei der Thronbesteigung Bahrams V. Gor (420–438) verlangten die Grundherren eine Herabsetzung der Grundsteuer. Eine solche Forderung des Adels konnte keine Erleichterung für die Bauern meinen. Sie bekamen denn auch von der Erleichterung nichts zu spüren, die ganz den Grundherren zugute kam. Die Besetzung des entscheidenden Amtes, das über die Beitreibung der Steuer wachte, mit einem Vertreter des grundherrlichen Standes sorgte dafür, daß es nicht bei jener einmaligen Verringerung blieb. Nach einem Sieg über seine östlichen Nachbarn sah sich Bahram veranlaßt, die Grundsteuer für drei volle Jahre zu erlassen.

Solche Einbußen an den wichtigsten Einnahmen mußten ausgeglichen werden. Was der ordentliche Haushalt nicht hergab, sollte tunlichst der außerordentliche leisten: Kriegsbeute mußte die Lücken des ordentlichen Budgets ausfüllen. Aber auch da hatten die Grundherren mitzureden. Wieder verlangten und erhielten die Angehörigen der großen Häuser und des Adels hohe Summen aus dem Beuteerlös.

Sasanidischer König
Spätsasanidische Bronzebüste. Paris, Louvre

König Bahram V. Gor auf der Löwenjagd
Sasanidische Silberschale, erste Hälfte 5. Jahrhundert
London, British Museum

In dem Maße, wie die Erträge der Grundsteuer zurückgingen, die Beute zur Belohnung der Ritterschaft diente und die Anlage von Städten auf Schwierigkeiten stieß, gewann die letzte Geldquelle an Bedeutung, die dem königlichen Haushalt geblieben war: die Zahlungen, die man sich bei Friedensschlüssen sicherte. Es kam so weit, daß der königliche Haushalt von römischen Zuschüssen abhängig wurde, die um so wichtiger waren, als nicht nur das Ritterheer entlohnt, sondern auch stehende Truppen und Besatzungen erhalten werden mußten.

Da waren Anlagen gegen die Araber oder andere räuberische Stämme; da gab es die Grenzfestungen gegen Rom oder die Sperrmauer am Paß von Derbend, die gegen Einfälle der Kaukasosstämme errichtet war. Rom hatte sich wiederholt verpflichtet, den Sasaniden zur Unterhaltung dieser Anlagen und ihrer Besatzungen Zuschüsse zu zahlen. Auf persischer Seite betrachtete man solch regelmäßige Zahlungen als eine Art Tribut und hielt sich darum für berechtigt, die Summen auch für andere Zwecke zu verwenden. Peroz (459–484) verbrauchte die römischen Zuschüsse zur Führung seines Krieges gegen die Hephthaliten im Nordosten. Das Unglück wollte es, daß dieser Krieg mißlang. Nicht nur Peroz geriet in die Hand seiner Gegner und mußte ausgelöst werden, auch die königliche Kasse ging verloren. So war der König in ständigen Geldschwierigkeiten und suchte durch mannigfache Mittel Rom zur Erhöhung seiner Beiträge zu veranlassen.

Als Peroz auf seinem letzten Feldzug fiel, fehlte das Geld, um die Truppen weiter zu unterhalten. Das Schatzhaus war leer, das Land verödet, und die Römer zahlten nichts mehr. Denn sie bestanden auf der Rückgabe der 363 verlorengegangenen Grenzfestung Nisibis, und da die Perser diese Forderung nicht erfüllen wollten oder nicht konnten, wurde jeder weitere Beitrag von Rom verweigert. Das Ausbleiben des römischen Goldes besiegelte die Machtlosigkeit des Königtums.

In dieser Notlage kündete sich Hilfe von einer Seite an, von der niemand sie erwarten konnte. Sie kam vom untersten Stand im Reich. Denn auch die Bauern waren unter den Betroffenen. Das Königtum, vom Adel bedrängt und aus einer Machtstellung nach der anderen vertrieben, suchte die einfache Landbevölkerung zu begünstigen: die Frondienste wurden gemindert und die Vorratshäuser geöffnet, wenn eine Hungersnot drohte. Lange Zeit blieb der Bund zwischen Bauerntum und König wirkungslos. Erst die soziale Revolte, die mit dem Namen Mazdaks verknüpft ist, brachte den Umschlag. Die von Mazdak und seinen Anhängern aufgewiegelten Bauern waren die natürlichen Parteigänger des Königs gegen den Grundadel, denn auf beiden lastete das Joch der Klasse, die sich der Herrschaft im Reich bemächtigt hatte.

## *Die mazdakitische Revolte. Neue Ordnung der Gesellschaft*

Die äußeren Rückschläge, vereint mit der zunehmenden Entmachtung des Königtums, führten unausbleiblich zu Schwierigkeiten im Inneren. Zum chronisch gewordenen Geldmangel trat eine lang anhaltende Hungersnot. Hervorgerufen durch Ausbleiben der Niederschläge, traf sie die arme Bevölkerung am schwersten. Was unter den Achaimeniden sich schon abgezeichnet hatte, ein sozialer und wirtschaftlicher Umsturzversuch, sollte sich nun in großem Maßstab verwirklichen. Wieder sollte es ein Angehöriger der zarathustrischen Kirche sein, der den Anstoß gab. War Gaumata ein einfacher Magier gewesen, so gehörte Mazdak als »Erklärer« des Avesta zur hohen Geistlichkeit.

Die Bedeutung der Bewegung lag in den sozialen Forderungen, die sie sich zu eigen machte. Die bisherige Ordnung gründete sich auf strenge Scheidung der Klassen. Wirtschaftliche und politische Macht lag ausschließlich in der Hand des grundbesitzenden Adels. Weder Bauern noch städtische Bevölkerung zählten, keiner durfte hoffen, sich über den Stand, darin er geboren war, zu erheben. Gegen diese starre Ordnung wandten sich die Lehren, die Mazdak und seine Anhänger den besitz- und rechtlosen Massen predigten und die in der Tat geeignet waren, einen Umsturz herbeizuführen.

Was man verlangte, war auf breiteste Wirkung zugeschnitten und eingängig formuliert; die handgreiflichsten Folgen lagen nahe. Die Mazdakiten forderten gleiche Verteilung aller irdischen Güter, sie wollten den Reichen nehmen, um den Armen zu geben; den Kleinen sollte das Ihre auf Rechnung der Großen zukommen. Die Forderungen erstreckten sich auf Geld und Besitz, auf Frauen und bewegliche Habe. Binnen kurzem waren die Mazdakiten, deren Ruf die Massen folgten, so mächtig, daß sie in die Häuser der Adligen gingen und sich Wohnung, Frauen und Geld nahmen.

Die Folgen dieser Weiber- und Besitzgemeinschaft waren für den Adel verheerend. Kein Mann kannte mehr sein Kind, kein Kind seinen Vater. Niemand besaß noch, was er Rechtens erworben oder ererbt hatte. Die Reinheit des Blutes war beseitigt und mit ihr die ebenbürtige Abstammung, auf der aller ererbter Anspruch beruhte. Mazdak hetzte die Niedrigen gegen den Adel auf. Sie vergriffen sich an fremdem Gut, an hohen und vornehmen Frauen und verlangten sogar die Auslieferung der königlichen Gemahlinnen. Tiefgreifend zerstörte die mazdakitische Herrschaft das Gefüge der adligen Gesellschaft.

Mazdak war ursprünglich idealen Antrieben gefolgt. Einflüsse neuplatonischer Lehren, vor allem des Porphyrios, wirkten sich bei ihm aus, die während des 5. und 6. Jahrhunderts in Iran Fuß faßten. Aber bald wuchs Mazdak die von ihm ausgelöste Bewegung über den Kopf. Vom Antreiber und Aufpeitscher der Massen wurde er selbst zum Getriebenen. Der damalige Herrscher, Kawadh I. (488–531), litt wie seine Vorgänger unter den Übergriffen des Adels. Ob er zum Anhänger Mazdaks wurde, läßt sich mit Sicherheit nicht sagen. Seine Macht war zu gering, um sich gleichzeitig gegen Adel und Mazdakiten durchzusetzen, und so beschränkte er sich darauf, die beiden Parteien gegeneinander auszuspielen. Schließlich wurde seine Stellung unhaltbar, und er floh zu den Hephthaliten. Nach längerem Warten erhielt er vom Herrscher dieses Volkes ein Heer zur Unterstützung, mit dessen Hilfe er zurückkehrte, um dem Königtum die überragende Stellung zurückzugewinnen, die es einst besessen hatte.

Die Vorherrschaft des Grundadels war von den Mazdakiten gebrochen. So konnte der Adel nicht mehr daran denken, Kawadh Widerstand zu leisten, als dieser an der Spitze eines hephthalitischen Heeres zurückkehrte. Vor allem mußten sich die Grundherren darein fügen, daß das gesamte Land vermessen wurde. Der Zweck war eindeutig: die restlose Erfassung der Grundsteuer war geplant, die bisherige Abstufung der Steuersätze sollte zugunsten eines einheitlichen Satzes beseitigt werden. Der Steuersatz für das Königsland sollte auch für die Besitzungen des Grundadels Geltung haben.

Jetzt konnte Kawadh sich der anderen Aufgabe zuwenden. Die Mazdakiten mußten niedergeworfen werden. Kawadh schloß seinen älteren Sohn, der als erklärter Anhänger Mazdaks galt, zugunsten des jüngeren Chusro von der Thronfolge aus. Chusro gelang es noch zu seines Vaters Lebzeiten, die Mazdakiten blutig zu unterdrücken. Endlich mußte Rom genötigt werden, die Zahlungen wiederaufzunehmen. Kawadh erklärte dem Nachbarn nur um dieses Geldes willen den Krieg. Doch erlebte er nicht mehr den Abschluß des Friedensvertrages (532), der Ostrom zur Zahlung von elftausend Pfund Gold verpflichtete.

Alles zeigt, daß Kawadh ein bedeutender Herrscher war. Er hat über vier Jahrzehnte regiert, und bittere Prüfungen wurden ihm auferlegt. Er hat die Parteien wechseln und sie gegeneinander ausspielen müssen. Grundadel und Mazdakiten haben ihn um die Wette zu demütigen versucht. Gefängnis und Verbannung waren ihm nicht erspart geblieben. Er mußte zusehen, wie das Reich seiner Väter vollends aus den Fugen ging. Aber Kawadh hat die Prüfungen bestanden und zuletzt die Oberhand gewonnen.

Sein Werk vollendete sein Sohn Chusro I. Anoscharwan (531–579). Zunächst war die Landvermessung zu Ende zu führen, die von einer Zählung der Dattelpalmen und Ölbäume ergänzt wurde. Alles sollte für die Grundsteuer erfaßt werden. Gleichzeitig erfolgte eine Zählung der Einwohnerschaft, was darauf hindeutete, daß eine Reform auch der Kopfsteuer beabsichtigt war.

In der Tat war etwas Neues geplant. Das alte Verfahren, die Ernte auf dem Halm zu schätzen und danach die Grundsteuer festzusetzen, wurde aufgegeben. Die königliche Verwaltung war nicht mehr gewillt, weiterhin mit jährlich wechselnden Erträgen zu wirtschaften und sich auf die mehr oder weniger zuverlässigen Schätzungen der Beamten zu verlassen. Sie schob das damit verbundene Risiko auf den Eigentümer ab und belegte das Objekt mit einem feststehenden Steuersatz. An die Stelle wechselnder Ertragssteuern trat das steuerliche Soll. Dieses Soll war in drei Raten zu entrichten, was zum mindesten für die erste Rate Vorauszahlung bedeutete. Man wünschte rechtzeitig mit festen Summen rechnen zu können.

Der König wählte selbst die Kommission aus, die das Steuergesetz auszuarbeiten hatte. Es waren Männer des königlichen Vertrauens, die die Absichten ihres Herrn bedingungslos ausführten. Die Grundsteuer wurde jetzt auf alle Feldfrüchte erhoben, die Mensch und Tier ernährten. Genannt werden Weizen, Gerste, Reis, Weinrebe, Luzerne, Dattelpalmen und Ölbäume. Die niedrigste Steuer erhielt das mit Weizen und Gerste bebaute Areal; wo Luzerne gepflanzt war, mußte man das Siebenfache, bei Weinland gar das Achtfache entrichten. Mit gleicher Steuer wie für Weizen und Gerste wurden vier Dattelpalmen besserer Qualität, sechs gemeiner Art oder ebenso viele Ölbäume belegt. Alles übrige blieb unversteuert, so Gemüse, Sesam, Gurken und Baumwolle, aber auch Dattelpalmen, die am Wege standen. Man setzte voraus, daß jeder von diesen Palmen aß, also für den Eigentümer nichts übrigblieb.

Gegenüber dem bisherigen Verfahren war ein einschneidender Wechsel eingetreten. Woher diese neue Einrichtung stammte, läßt sich noch erkennen. In allem Wesentlichen war die spätrömische Steuerordnung nachgeahmt worden, die Diokletian (284–305) aus der Verbindung von Abgaben auf Grund und Boden mit personalen, die bäuerliche Arbeitskraft erfassenden Leistungen eingeführt hatte. Auch da wurde nicht der Ertrag versteuert, sondern die Steuersumme wurde im voraus bestimmt und auf die einzelnen Grundstücke umgelegt. Selbst die Steuersätze und deren Objekte entsprachen der Neuordnung Anoscharwans, die er in einzelnen Fällen höchstens vereinfachte. Die Übereinstimmung erstreckte sich bis auf die Kopfsteuer, die nach der körperlichen Leistungsfähigkeit der Bauern abgestuft und daher Jugendliche und Leute über fünfzig Jahre ausnahm.

Die Steuern betrafen allein die Landbevölkerung. Aber auch die Städte mußten besteuert werden. Einzelheiten kennt man nicht, aber man darf vermuten, daß die direkten Steuern nur auf dem Land, dagegen in den Städten die indirekten erhoben wurden, vor allem Zölle. Sie erbrachten freilich einen weit geringeren Ertrag als die direkten Steuern: wohl weniger als ein Achtel dessen, was an Grund- und Kopfsteuern einging.

Noch zwei weitere Einnahmequellen wußte Anoscharwan, unersättlich, wie er in seinen finanziellen Bedürfnissen war, zu erschließen. Beide entsprangen der Ausbeutung feindlicher Nachbarländer, vor allem des Oströmischen Reiches.

Iustinians (527–565) Eroberungspolitik im Westen, vor allem seine Gotenkriege, waren für Anoscharwan willkommener Anlaß, die von Truppen entblößten oströmischen Grenzprovinzen schonungslos auszuplündern. Zur Niederbrennung großer Städte, zur Aussiedlung ganzer Bevölkerungsteile kamen gewaltige Kontributionen, die den verschont gebliebenen Gebieten auferlegt wurden. Unter dem Druck der feindlichen Heere wurde das Letzte den Einwohnern abgepreßt. Trotzdem blieben die erbeuteten Summen im Vergleich zu dem, was Grund- und Kopfsteuer aus den heimischen Wirtschaften herausholten, gering. Die Zeiten waren vorüber, da ein persischer König auf römische Zahlungen allein oder vorzugsweise bauen konnte.

Nachhaltiger wirkte sich die Wegführung der gewerbetreibenden Bevölkerung aus den zerstörten Städten Syriens, vor allem aus Antiocheia, aus. Sie wurden in eine Neugründung eingewiesen, die den Massenquartieren der syrischen Großstädte nachgebildet war. Jeder erhielt seinen Platz in der Arbeitskaserne. Die neuen Bewohner wurden auf Kosten der königlichen Kasse ernährt, die auch für die Vergnügungen des Pöbels – Bäder, Zirkus, Wagenrennen und musikalische Unterhaltung – sorgte. Die Stadt wurde von einem königlichen Vogt regiert, der zur Schonung der Gefühle christlichen Glaubens sein mußte. Alle Bewohner galten als Leute des Königs und als sein Eigentum; sie arbeiteten als Handwerker für die Rechnung ihres Herrn. Dafür, daß er ihnen den Lebensunterhalt zuwies, hatten sie ihm die Erzeugnisse ihres Gewerbefleißes abzuliefern.

Anoscharwans nächstes Anliegen mußte die Heilung der Wunden sein, die dem Reich von den Mazdakiten geschlagen worden waren. Schon die Steuerreform hatte mehr bedeutet als eine Änderung vorhandener Mißstände, hatte die Schaffung eines neuen Staatswesens zum Ziel gehabt. Anoscharwan begnügte sich nicht mit Herstellung und Wiedergutmachung, sondern schuf vor allem für Adel und Heer eine neue Ordnung.

Mazdaks Anhänger hatten den Adel in seinem Rang, in der Echtbürtigkeit seiner Kinder und in seinen wirtschaftlichen Grundlagen schwer getroffen. So genügte es nicht, die Führer der Revolte zu enthaupten und den Geschädigten ihre Habe zurückzuerstatten. Eine neue Gesellschaft mußte entstehen, nachdem die alte unter den Eingriffen der Mazdakiten zerstört worden war. Vor allem mußten die Fragen geregelt werden, die sich aus der Weiber- und Kindergemeinschaft ergaben.

Alle Kinder, so verordnete der König, über deren Herkunft man im Zweifel war, wurden der Familie übereignet, bei der sie lebten, und sollten den auf sie entfallenden Teil des Vermögens erben. Wer eine Frau vergewaltigt hatte, mußte die Heiratsgabe bezahlen. Da diese Bestimmung in erster Linie für vornehme Frauen galt, hatte der Schuldige erhebliche Beträge, meist den ganzen Besitz daranzugeben. Auch dann, wenn er bezahlt hatte, besaß er noch keineswegs den Anspruch auf Ehe; es blieb der Frau überlassen, ob sie ihn heiraten wollte oder nicht. Für Frauen, die zum Zeitpunkt der Tat bereits verehelicht waren, sah der Gesetzgeber die Rückkehr zum Gatten vor. Auch wo Besitz geraubt worden war, hatte der Täter dem Geschädigten vollen Ersatz zu leisten und überdies Strafe zu zahlen.

Parallel zur Herstellung der gesellschaftlichen Ordnung gingen Maßnahmen zur Förderung des adligen Grundbesitzes. Wieder galten alle Bemühungen der Wiederherstellung dessen, was der Mazdakitenaufstand beseitigt hatte. Diese Restauration unterschied sich von früheren Maßnahmen dadurch, daß sie aus königlichen Mitteln und unter königlicher Gewähr erfolgte und die adligen Nutznießer alsbald zu Schuldnern der königlichen Kasse werden ließ. Wenn Anoscharwan die Darlehen unverzinslich gewährte, so suchte und fand er seinen Vorteil an anderer Stelle.

Natürlich behielt sich der König, wenn er die Herstellung der Dörfer und Güter aus eigner Kasse bezahlte, die Vergebung der herrschaftlichen Rechte vor. Die Reihen der Grundbesitzer wurden mit solchen durchsetzt, die vom König abhängig waren. Eine ganze Schicht kleiner adliger Grundbesitzer wurde von Anoscharwan – durch Hergabe von Land, Geld und sonstigen Beihilfen – neu geschaffen. Hand in Hand damit ging die Einrichtung eines neuen Ritterheeres.

Bisher hatte der Adlige, der zum Heere stieß, sich selbst ausgerüstet. Nach den schweren Einbußen der mazdakitischen Revolte war er dazu nicht mehr imstande. Hier sprang die königliche Kasse ein, der Ritter erhielt Pferd und Ausrüstung gestellt und überdies eine geldliche Beihilfe. Über all dies – Pferd, Ausrüstung und Geld – wurde Buch geführt und seine sachgemäße Verwendung kontrolliert. Selbstverständlich waren die neugeschaffenen Grundbesitzer im Kriegsfall zum Ritterdienst verpflichtet. Daneben gab es eine stehende Truppe, die gleichfalls mit Landlehen entschädigt wurde. Das Ritterheer, Kern der sasanidischen Streitmacht, war jetzt ebenso wie der kleinere Adel mit seinen Liegenschaften weitgehend vom Königtum abhängig. Die von Anoscharwan betriebene Restauration bedeutete in Wirklichkeit Festigung der zentralen Gewalt.

Die Erblichkeit der militärischen Pflichten und die Ansiedlung der Verpflichteten auf gewährtem Land schufen die Schicht der Dēhkān, die in der Folgezeit zunehmend an Bedeutung gewann und noch unter islamischer Herrschaft ihren Rang zu behaupten vermochte. Diese Ordnung ist der byzantinischen »Themenverfassung« vergleichbar, die seit dem 7. Jahrhundert den sasanidischen Einrichtungen nachgebildet worden war. Sie hat es ihm erlaubt, den Bestand des Oströmischen Reichs für Jahrhunderte zu sichern. Byzanz und das Sasanidenreich, durch Jahrhunderte erbitterte Gegner, verstanden auch hier, voneinander zu lernen.

## *Religion als politische Macht*

Die Stellung der Juden in Iran hatte bisher verschiedene Stufen durchlaufen. Duldung der jüdischen Religion und wirtschaftliche Blüte unter den Arsakiden und noch unter den frühen Sasaniden waren seit dem 5. Jahrhundert von Verfolgungen abgelöst worden. Sie trafen die Juden, treueste Anhänger ihrer Könige, um so schwerer, als sie sich keine feindliche Haltung vorwerfen konnten. Bis zuletzt hatten sie bei allen Auseinandersetzungen mit Rom unbeirrbar auf persischer Seite gestanden. Jetzt traf zarathustrischer Verfolgungseifer auch sie, und ihre Treue und Ergebenheit drohten für Staat und Wirtschaft verlorenzugehen. Doch die arabischen Vasallen der Sasaniden am unteren Euphrat, die Lachmiden von Hira, verstanden, ihre Judenschaft zu verwenden.

Ihnen wurde die Verwaltung und Steuererhebung in den arabischen Gebieten übertragen, die unter sasanidischer Oberhoheit standen. Sie hatten nicht nur die Beduinen am Rand der Wüste und an den römischen Grenzen, sondern auch die innerarabischen Besitzungen unter Kontrolle zu halten. Im Hidschaz, vor allem in Medina, wo die Lachmiden für ihre sasanidischen Oberherren die Grundsteuer erhoben, wählte man als Stütze der eignen Macht das ansässige Judentum, dem als zuverlässigem Parteigänger eine feste Stellung zugewiesen wurde; die Juden durften Burgen innerhalb des Oasengebietes anlegen und sich mit Waffen aller Art, vor allem den begehrten Rüstungen, ausstatten. Auch in der nahe Medina gelegenen Oase Chaibar, wegen ihrer reichen Erträge weithin berühmt, war man ähnlich vorgegangen.

Neben diesen beiden Oasen gab es im Norden und bis an den Golf von Akaba eine Reihe anderer, die von Juden ertragreich bewirtschaftet wurden. In Taima, bereits aus Nabonids Geschichte bekannt, regierte jetzt ein jüdischer König, der durch eine Tat der Treue in die arabische Dichtung eingegangen ist. Ein entscheidender Machtgewinn fiel den Juden zu, als Volk und Königshaus der südarabischen Himyar den Übertritt zum jüdischen Glauben vollzogen. Doch eben hier trat ein Gegner auf, dessen Stärke nicht unterschätzt werden durfte.

Im gegenüberliegenden Abessinien waren die Herrscher von Aksum, die von dort aus über die Nordküste der Halbinsel geboten, zum Christentum übergetreten. Sie beanspruchten gleichzeitig die Oberherrschaft über die Himyar und andere südarabische Gebiete und dachten nicht daran, dem Judentum Raum zu gewähren. Der abessinische Vizekönig setzte den Herrn der Himyar ab; dessen Sohn Dhu Nuwas oder, wie er sich nannte: Yusuf, mußte das Land verlassen.

Yusuf wandte sich an die Lachmiden von Hira mit der Bitte um Unterstützung. Diese hatten allen Grund, in die Verhältnisse in Yemen einzugreifen, denn die Himyar hatten die erbitterten Gegner der Lachmiden, das arabische Königshaus der Kinda, in allen Unternehmungen gefördert und ihnen bei Rückschlägen Zuflucht gewährt. Dieser Umstand wog um so schwerer, als es 503 den Kinda gelungen war, sich Hiras, wenn auch nur vorübergehend, zu bemächtigen. Die Lachmiden zögerten nicht, Yusuf zu unterstützen und ihm zu Thron und Herrschaft zu verhelfen. Der neue Herrscher, fanatischer Anhänger der jüdischen Lehre, trug sich mit weitreichenden Plänen. Das gesamte jüdische Westarabien, bis hinauf nach Taima und zum Golf von Akaba, sollte mit Himyar zu einheitlicher Herrschaft vereinigt werden.

Zunächst ging Yusuf daran, abessinische Besatzungen aus dem Land zu treiben, Kirchen zu verbrennen und die Rechte des Judentums wiederherzustellen. Einer weiteren Ausdehnung nach Norden stand das reiche Nedschran im Wege. Hier bekannte man sich zum Christentum und war nicht gewillt, davon zu lassen. Man durfte um so mehr auf abessinische Hilfe hoffen, als man sich beiderseits zur monophysitischen Lehre bekannte. Der Abwehr entsprach die Heftigkeit von Yusufs Unterdrückungsmaßnahmen (524). Ihre Grausamkeit rief nicht nur den Negus von Aksum, sondern auch den oströmischen Kaiser auf den Plan, der sich als Schutzherr aller Christen fühlte. Dieser stellte dem Negus die Schiffe, die das abessinische Heer nach Yemens Küsten brachten. Yusuf erlag dem Bund der beiden Mächte, denn seinen Bundesgenossen in Hira war es verwehrt, ihn auch diesmal zu unterstützen. Die Kinda hatten, sei es zufällig, sei es von Ostrom und Aksum aufgewiegelt, sich der Stadt erneut und diesmal für länger bemächtigt (525–528). Der Plan eines jüdischen Westarabiens war gescheitert, das Christentum monophysitischer Prägung wurde die herrschende Religion im Land der Himyar, und von neuem gebot dort ein abessinischer Vizekönig (526).

Ostrom erkannte, in welchem Maße der gemeinsame Glaube sich als einigendes politisches Band erwiesen hatte. Selbst die Tatsache, daß Aksum und Nedschran sich nicht zum orthodoxen Glauben, sondern zur monophysitischen Häresie bekannten, hatte dieser Gemeinsamkeit keinen Abbruch zu tun vermocht. So baute Ostrom den Erfolg, der ihm zugefallen war, in der Folgezeit weiter aus. Überall an den Grenzen des sasanidischen Irans trieb man Mission, um sich auf diese Weise mögliche Bundesgenossen, dem Widersacher aber mögliche Gegner zu schaffen. Die feindlichen Brüder, orthodoxe Reichskirche und Monophysiten, duldeten sich gegenseitig, und so gelang ihnen, einzeln oder nebeneinander, im Laufe des 6. Jahrhunderts Nubien zu bekehren, die Araber an der syrischen und mesopotamischen Grenze zu erfassen und auch die Stämme des Kaukasus dem christlichen Glauben zuzuführen. Ein Alarmzeichen für die Sasaniden war die Gründung einer orthodoxen Gemeinde am unteren Oxos, in Chwarezm im Nordosten Irans. Es bedurfte nur noch eines weiteren Schrittes, um die Hephthaliten, die ständigen und gefährlichen Feinde der Perser, mit christlichen Sendboten zu erreichen.

Zunächst waren die Sasaniden machtlos. Die zarathustrische Staatskirche war zur Mission unfähig, ihre Glaubenslehren besaßen keine werbende Kraft. Und daheim hatten die Magier alle Hände voll zu tun, um sich gegen Christen, Manichäer und Buddhisten zu behaupten. Da kam den Sasaniden Hilfe von einer Seite, von der sie sie schwerlich erwartet hatten. Unter Peroz (459–484) waren die aus dem Oströmischen Reich vertriebenen Christen, Anhänger der auf zwei Konzilien verdammten Richtung des Patriarchen Nestorios, zu natürlichen Parteigängern der persischen Sache geworden. Diese Nestorianer standen im Begriff, zu einer Art zweiten Staatskirche aufzusteigen. Ihnen wurde nun die Gegenmission übertragen.

Die Nestorianer zögerten keinen Augenblick, diesem Auftrag nachzukommen. Ihre Sendboten ließen Südarabien, Abessinien und Nubien beiseite: Länder, in denen die oströmische Mission ihnen zuvorgekommen war oder die keine Gewähr für erfolgreiches Wirken zu bieten schienen. Um so stärker wandten sie sich den arabischen Beduinen, dem iranischen Nordwesten und Nordosten zu. Überall gelang es, die monophysitischen Missionare zurückzudrängen. Hira und die Lachmiden nahmen das nestorianische Bekenntnis an und warfen sich zu dessen Vorkämpfern auf. Kurz nach 540 hatte die nestorianische Mission die Nordwestprovinz Aserbeidschan erreicht und gleichzeitig in Merv, der Hauptstadt Chorasans, einen kirchlichen Mittelpunkt geschaffen. Nach Chwarezm vorzudringen war damals nicht möglich. Aber bei den Hephthaliten faßten die Nestorianer erfolgreich Fuß und schoben einem weiteren Vordringen der orthodoxen Mission nach Osten einen Riegel vor. Noch vor der Mitte des 7. Jahrhunderts erschienen die ersten Glaubensboten am chinesischen Kaiserhof.

## *Die letzten Sasaniden*

Die Umschichtung der Gesellschaft, die Anoscharwans Reform zur Folge hatte, fand im Heraufkommen eines Militäradels den sinnfälligsten Ausdruck. Dieser Militäradel trat neben die Reste des grundherrlichen Adels von einst. Die neuen Ritterlehen waren dort am zahlreichsten, wo man ihrer am meisten bedurfte: in den Grenzgebieten. Die »Leute von den Militärgrenzen« bildeten jetzt eine eigne Macht, und mehr noch waren es ihre Kommandeure, die die Befehlsgewalt über die Grenztruppe in der Hand hatten. Bald war es so weit, daß man die vier Spahbed, denen die Grenzgebiete mit ihren Truppen unterstanden, Regenten des Reichs nannte.

Anoscharwan wußte die mächtige Generalität noch zu bändigen. Aber schon unter seinem Nachfolger traten die Schwierigkeiten deutlich hervor. Hormizd IV. (579-590) suchte ihnen zu begegnen, indem er sich gegen die Generalität auf den niederen Adel stützte. Der Versuch blieb erfolglos: gerade in seine Regierungszeit fällt die erste Revolte eines Heerführers, Bahram Tschobin, der sogar die Hand nach der Krone auszustrecken wagte.

Die Vereinigung der Grenzverteidigung in der Hand der vier Spahbed scheint bald dahin geführt zu haben, daß ihnen, um die Schlagkraft der Grenzheere zu erhöhen, die Erhebung der Grundsteuer in ihren Bezirken zugewiesen wurde. Im Römischen Reich des 3. Jahrhunderts n. Chr. war es ähnlich geordnet; Steuererhebung und Militärkommando lagen in der Hand des örtlichen Befehlshabers. Was das bedeutete, zeigte sich sogleich. Die Befehlshaber wurden so mächtig, daß sie sich von der Zentralregierung unabhängig zu machen strebten und gegebenenfalls als Prätendenten auf den Thron auftraten. Im Sasanidenreich war es nicht anders. Militärische Macht und Verfügung über die Grundsteuer in einer Hand waren eine Verführung, der schwer zu widerstehen war. Als Bahram Tschobin, der Spahbed von Chorasan, sich gegen Hormizd IV. erhob (590), war dies das Signal für den Aufstand der Generalität auch in anderen Reichsteilen.

Sobald Chusro II. Parwez (590-627) die Nachfolge seines Vaters gewonnen und Bahrams Aufstand niedergeschlagen hatte, stand er vor der Frage, wie er auch in Zukunft mit dem mächtigen Militäradel fertig werden sollte. Mittel, die sein Vorgänger versucht, hatten nicht verfangen. Parwez griff auf Anoscharwan zurück und setzte auf fiskalischem Gebiet an. Zunächst wurde die Steuerhoheit der Kommandeure in den Grenzbezirken beseitigt und die gesamte Finanzverwaltung wieder in der Hand des Königs vereinigt. Sodann zog Parwez die Steuerschraube ungleich schärfer an. Mit voller Schwere bekam man zu spüren, was eine zentralisierte Steuererhebung und die strenge Auflage eines steuerlichen Solls bedeuteten. Unerbittlich gehandhabte Steuerpolitik gab nun dem König dauernd große Summen in die Hand und gewährte ihm eine Macht, der kein Untergebener ähnliches entgegenstellen konnte. Heer und Militäradel waren erneut von der königlichen Kasse abhängig.

Parwez begnügte sich aber nicht mit fiskalischen Maßnahmen. Bahram Tschobins Erhebung hatte gezeigt, daß große Teile des Heeres sich unter fester Verfügung der Spahbed befanden und daß diese die Neigung hatten, mit ihren Truppen eine selbständige Politik zu treiben. Um dem zu begegnen, sah sich der König veranlaßt, alle Generale zu beseitigen, auf deren unbedingte Verläßlichkeit er nicht rechnen konnte. Die Säuberung führender Stellen, besonders der militärischen, von Ungehorsamen und Unzuverlässigen wurde zum regelmäßig angewandten Mittel königlicher Politik.

Auch Kawadh und Anoscharwan hatten unter ihren Gegnern kräftig aufgeräumt, und Anoscharwan hatte aus den eingekerkerten Vertretern des aufsässigen Militäradels eigne Abteilungen gebildet, die sich in schwierigen Aufgaben bewähren oder auf verlorenen Posten kämpfen mußten. Die Eroberung Südarabiens (572) war einer solchen Truppe anvertraut worden. Bei Aufständen wurde gegen die aufsässigen Ritter schärfer vorgegangen als gegen das gemeine Volk. Man weiß, daß bereits unter Anoscharwan die Zahl der festgesetzten oder zum Tod verurteilten Adligen beträchtlich war. Und doch sollten die eigentlichen Säuberungsaktionen erst beginnen.

Hormizd IV. tötete dreizehntausendsechshundert der Großen, vor allem Angehörige des Militäradels, aber auch Priester, die ebenfalls dem Adel entstammten. Von den Säuberungen unter Parwez sind keine Gesamtzahlen überliefert, zuletzt befanden sich aber sechsunddreißigtausend Gefangene vornehmen Standes in den Kerkern. Parwez' Maßnahmen erhielten ihre volle Schärfe, als sich im Kampf mit Ostrom das Kriegsglück gegen ihn wandte. Er verlangte von den Feldherren, daß sie ihm die Feigen unter ihren Truppen nachwiesen. Die Forderung mußte sich auch auf die Generalität selbst erstrecken, wenn sie dem Feind unterlegen war. So kam es, daß diese den Anordnungen des Königs Widerstand leistete und auf eigne Rettung bedacht war.

Als sich der erste Feldherr gegen seinen König erhob und mit dem Feind verständigte, erwies sich, wie stark die Opposition im geheimen war. Alsbald gingen auch andere Heeresteile zu den Rebellen über. Selbst Parwez' Leibwache versagte, und zuletzt erhob die aufsässige Generalität Parwez' Sohn Schiroë zum König. In einer Anklageschrift wurden alle Beschwerden, Punkt für Punkt, gegen den Gestürzten vorgebracht. Man verschwieg freilich, daß der Militäradel die Erhebung angezettelt hatte: Gott habe die Strafe für des Königs Missetaten gesandt.

In Wirklichkeit war ein neuer Umschlag erfolgt, mit Schiroë geriet das Königtum wiederum unter die Gewalt des Militäradels. Kurzlebige Herrscher folgten einander auf dem Thron, von Gruppen der Generalität erhoben und wieder gestürzt. Zum zweitenmal versuchte ein Heerführer, Schahrbaraz (629-630), die Hand nach der Krone auszustrecken; er hatte freilich ebensowenig Glück wie einst Bahram Tschobin. Vom Haus der Sasaniden waren zuletzt nur noch wenige am Leben; jetzt bestieg eine Frau den Thron. Letzter in der Reihe war Yazdgard III. (632-651).

Schon 637 erlag der Reichsfeldherr Irans, Rustam, den Arabern in der mehrtägigen Schlacht bei Qadisiya. Ktesiphon mit seinen Schätzen fiel den räuberischen Horden der Sieger zur Beute. Bei Nihawend, südlich von Hamadan, entschied das Schicksal endgültig gegen die Perser (642). Yazdgard III. floh in den Osten seines Reiches. In den sich dort abspielenden Kämpfen mit den arabischen Verfolgern, die sich fast ganz Irans bemächtigten, fand Yazdgard III. den Tod, ermordet in der Nachbarschaft der Stadt Merw (651).

## *Früh- und spätsasanidisches Herrschertum*

Die Geschichte des Sasanidenreiches vollzog sich in einem ständigen Auf und Ab. Manchmal mag es scheinen, als sei sie schwer auf einen Nenner zu bringen. Aber durch alle Schattierungen und Übergänge zeichnen sich zwei grundsätzliche Haltungen ab: Pole, dazwischen die Fülle wechselnder Geschehnisse gespannt war. Den Versuchen, die königliche Gewalt zu stärken und sie tunlichst zu alleiniger Geltung zu bringen, stehen Bewegungen gegenüber, darauf gerichtet, Machtkonzentrationen zu verhindern, sie zu schwächen oder aufzulösen.

Vorkämpfer einer zentralisierten Königsgewalt waren Ardascher I. und Chusro I. Anoscharwan. Dem Reichsgründer fiel nicht oder doch nicht in vollem Ausmaß zu, was er beabsichtigt hatte: immerhin erreichte er eine erhebliche Steigerung der königlichen Gewalt, die die unmittelbaren Nachfolger zu behaupten wußten. Aber schwächeren Händen entglitt, was der erste Sasanide gewonnen hatte. Erst Kawadh I. gelang es, von besonderen Umständen begünstigt, die Gewalt des Grundadels zu brechen und erneut die königliche Gewalt aufzurichten. Auf den vom Vater geschaffenen Machtverhältnissen baute der Sohn, Anoscharwan, auf. Nur daß er, was Kawadh ausschließlich auf Verschiebungen der tatsächlichen Macht gegründet hatte, in einer grundsätzlichen Neuordnung zu festigen trachtete.

Das Erreichte ließ sich jedoch nicht halten. Chusro II. Parwez unternahm es noch einmal, die königliche Macht zur vollen Geltung zu bringen. Aber die Staatsordnung, die als Idealvorstellung hinter allen noch so zielbewußten Maßnahmen Anoscharwans stand und diese rechtfertigte, wurde von Parwez zugunsten der tatsächlichen Macht vernachlässigt. Die Ordnung zerbrach, und mit ihr zerbrach auch das Reich. Als die allgemeine Erhebung gegen Parwez siegte, war das Sasanidenreich vernichtet, bevor noch die arabische Eroberung ihm äußerlich ein Ende setzte.

In den langen Zeiten der Zersplitterung heben sich zwei Höhepunkte heraus. Sie fallen mit Ardaschers I. und Chusros I. Anoscharwan Regierung zusammen. Beiden Herrschern lag die Straffung der königlichen Gewalt am Herzen, womit sich allerdings das Gemeinsame ihrer Regierungszeiten erschöpft. Sie unterschieden sich wesentlich in ihrer Auffassung von König und Staat. Ardascher erstrebte eine Erneuerung altpersischer Größe und Macht, vor seinen geistigen Augen stand das Achaimenidenreich, das ein frevelnder Eroberer dem rechtmäßigen Besitzer entrissen hatte und das er, Ardascher, wiedergewinnen wollte. Anoscharwan hingegen dachte nicht an die Wiederherstellung von Familienbesitz. Ihm schwebte ein neuer, ein ständischer Staat vor, in dem alles sich nach Rängen und Ordnungen gliederte. Wollte Ardascher die Festigung der Patrimonialherrschaft, so schuf Anoscharwan den ersten feudalen Staat.

Die Achaimeniden nahmen in Anoscharwans Vorstellungswelt keinen Raum mehr ein. Sein wahres Vorbild war, wenn er es auch aus naheliegenden Gründen nicht nannte, der spätrömisch-byzantinische Staat, seine Ideologie die neuplatonische. Von jenem übernahm er die Steuerordnung und baute, auf diese gestützt, seine staatliche Hierarchie auf. Steuerordnung und Hierarchie zusammen prägten das Bild des Heeres und der Beamtenschaft.

Die Inschriften der ersten Sasaniden zeigen, daß das Titelwesen unter ihnen reich entwickelt war; doch gab es keine als Ämterlaufbahn geregelte Abfolge von Ständen, die mit solchen Titeln festgelegt waren. Den Rang bestimmte die Geburt. Unter Anoscharwan war es dagegen so geordnet, daß ausschließlich der vom König verliehene Rang und Titel die Stellung des Mannes angab. Die Abkunft reichte nicht mehr für einen solchen Rang aus, der im Gegenteil dem Mitglied auch eines hochadligen Hauses, wenn es dem König beliebte, wieder genommen werden konnte. Ein griechischer Geschichtsschreiber der Zeit bemerkte, daß die Perser Rang höher schätzten als Namen und Herkunft. Titel und Würden bildeten jetzt die Maßstäbe, die alles bestimmten und dem Mann seine Stellung zuwiesen.

Was daraus entstanden war, hatte mit dem frühen Sasanidentum nur noch wenig zu tun. Die neue, von Anoscharwan geschaffene Ordnung brachte eine unerhörte Reglementierung mit sich. Aber niemand ahnte, daß aus solcher Reglementierung in kurzer Zeit ein handfester Individualismus schärfster Prägung erwachsen sollte.

Der neue Würdenträger in Anoscharwans Staat war durch eine Schule besonderer Art gegangen. Er hatte viele seiner Vorgänger und manchen seinesgleichen straucheln und fallen sehen; er kannte die Unbarmherzigkeit der periodisch wiederkehrenden Säuberungen. Er wußte, daß königliche Anordnungen um jeden Preis vollzogen werden mußten. Zögerte er oder hielt er sich ängstlich an einen Ehrenkodex, so war sein Schicksal in kürzerer oder längerer Frist besiegelt. Oft genügte schon ein geringfügiges Abweichen von des Königs Wunsch, um das Verderben herbeizuziehen.

Der neue Würdenträger lebte gefährlicher als sein Vorgänger, er mußte wendiger, bedenkenloser sein. Immer hatte er sich ohne Zögern nach dem Wunsch und oft genug nach den Launen des Königs zu richten; ständig mußte er Fühlung mit der Gruppe halten, die gerade am Hofe oder im Reich an der Macht war. Solange er seinen Rang behielt, war er gut gestellt. Aber keiner konnte sich geborgen fühlen. Schon morgen mochte das grausamste Urteil über ihn ergehen, ihm Tod oder Verstümmelung, der Familie Verarmung und Schande bringen. In harter Schule wuchsen Männer auf, die gewohnt waren, alles zu wagen. Und je höher sie durch ihre Fähigkeiten und ihre Ergebenheit stiegen, um so drückender empfanden sie Zwang, Unsicherheit und Bevormundung. In äußerster Not wagten sie dann bedenkenlos das höchste Spiel: sie scheuten sich nicht, nach der Krone zu greifen.

Auch unter Ardascher I. und seinen Nachfolgern gab es eine adlige Fronde. Sie unterschied sich von der späteren, wie sich die beiden Regierungsformen unterschieden. Für Ardascher waren Reich und persönlicher Besitz ein und dasselbe. Auch die Grundherren vertraten jene Auffassung; beanspruchte dieser alles Vorhandene als persönlichen Besitz, so verteidigten sich jene gegen diesen königlichen Anspruch. So war die Fronde unter Ardascher I. und seinen Nachfolgern auf Bewahrung des Überkommenen gerichtet, dagegen sann sie unter den beiden Chusro und ihren Nachfolgern auf Umsturz. Suchten jene die königliche Macht zu beschränken, so strebten diese selbst nach der Macht. Auch dieser Unterschied verweist auf das, was beiden Typen von Herrschaft zugrunde liegt. Er ist der Unterschied von Patrimonialherrschaft und Feudalismus.

Widerstand örtlicher Gewalten macht nie das Wesen des Feudalismus aus. Auch Königtum, das sich innerhalb einer Familie forterbt, hat mit Feudalismus nichts zu tun. Beides gehört der patrimonialen Ordnung an, in der Privates und Öffentliches zusammenfällt. Feudalismus bringt demgegenüber ein Anstaltsmäßiges und Objektives zur Geltung. Was einer ist, wird er durch Auftrag des Königs und der in ihm verkörperten Staatsgewalt. Erbkönigtum, wesenhaft zu patrimonialer Herrschaft gehörig, hielt sich zwar bis zum Untergang des Reichs. Aber seit Hormizd IV. war es immer wieder Durchbrechungen ausgesetzt. Wenn auch mit Yazdgards III. Erhebung (632) zuletzt noch einmal das Erbkönigtum triumphierte: wahrer Machthaber war die Generalität, die jenen auf den Thron gebracht hatte. Das zeigt: wenn feudale Fronde sich aus Männern zusammensetzte, die im königlichen Dienst emporgestiegen und zur Macht gelangt waren, so mußte es bei folgerichtiger Weiterführung dazu kommen, daß ein Frondeur einmal die Stelle des Königs einnahm. Der neue Herrscher konnte sich dann auf die Zustimmung der Gefolgschaft berufen, die ihn emporgetragen hatte. Feudalismus führte folgerichtig vom Erbkönigtum zum Wahlkönigtum.

Ideal und Wirklichkeit, Hohes und Niedriges, Theorie und Praxis stehen sich in Anoscharvans Ordnung gegenseitig im Wege und sind doch auf besondere Weise miteinander verflochten. Hier ist der Ort, wo nochmals nach Mazdaks Bedeutung – genauer: nach seiner Einwirkung auf das Staatswesen – gefragt werden darf, das nicht ohne seine Hilfe geschaffen wurde und sich doch erst nach dem Tode des Revolutionärs verwirklichte.

Mazdaks Schriften sind verloren. Nur ein umfangreiches Bruchstück hat sich in arabischer Übersetzung erhalten. Es umfaßt eine Rangordnung der Welt, der jenseitigen wie der diesseitigen, und auf sie geht zurück, was zuvor als neuplatonischer Einfluß auf Mazdak bezeichnet wurde. Diese religiös oder, wenn man will, philosophisch bestimmte Ordnung

Spätsasanidischer Seidenstoff
Città del Vaticano, Biblioteca Apostolica Vaticana

Ruinen des Palastes Taq-i Kisra in Ktesiphon/Mesopotamien, Mitte 6. Jahrhundert

läßt sich dem spätsasanidischen Feudalstaat an die Seite stellen. Die Übereinstimmungen liegen auf der Hand. Nur daß bei Mazdak nicht der König, sondern dessen himmlisches Urbild, der Lichtgott, die Spitze bildete. Und daß nicht menschliche Schreiber und Schriftstücke, sondern die Buchstaben, ideale Urbilder der menschlichen Schrift, die Anordnungen erteilten. Mazdaks Ordnung hat weiterhin mit der feudalen Anoscharwans gemein, daß ein Aufstieg innerhalb der Ränge möglich war. Wie der sasanidische Würdenträger avancierte auch der Anhänger Mazdaks, der gottgleich zu werden vermochte. Mazdak und Anoscharwan kannten zuunterst die Schichten, die den Lebensunterhalt beschafften und sich in dessen Verzehr und Verbrauch erschöpften. Hier wie dort erhoben sich darüber »Wezire«, gegliedert nach Auftrag und Aufgabe, und die vier Oberämter, unmittelbar dem König unterstehend. Endlich wünschte auch Anoscharwan eine gerechte Ordnung. Aber der feudale Staat war kein klassenloser Staat. Besitz und Frauen, bei Mazdak unterschiedslos allen gehörend, waren nur solchen vorbehalten, denen sie der König garantierte. Nur dem Adel standen die Ränge offen, wie sie den Weziren und Mächten Mazdaks entsprachen.

Anoscharwans feudaler Staat war das irdische, höchst irdische Abbild dessen, was Mazdak erträumt und gelehrt hatte. Ohne Zweifel stand dem Herrscher die Ordnung des Revolutionärs vor Augen, beeinflußte ihn und rief ihn zum Wettstreit auf. Aber Anoscharwan warf die Mazdakiten nieder und setzte an die Stelle des Lichtreiches, das bereit war, alle Menschen in sich aufzunehmen, die staatliche Gewalt. Seine Gerechtigkeit bestand darin, Schranken aufzurichten gegen die Unbeschränktheit, Klassen gegen die Klassenlosigkeit.

## *Sasanidische Kultur*

Auch in der sasanidischen Kultur zeichnen sich die Entwicklungsstufen ab, die an der politischen und der Wirtschaftsgeschichte sich beobachten lassen. Die frühen Sasaniden suchten eine große Vergangenheit zu erwecken, die in Vergessenheit geraten war. Sie stellten Zarathustras Verkündung wieder her und sammelten, um sich eine verbindliche Grundlage zu sichern, alle zarathustrischen Schriften, deren sie habhaft werden konnten. So entstand das »Buch« dieser Religion, ein Kanon anerkannter religiöser Urkunden, das Avesta, und das bedeutet der »Auftrag«, den Ahuramazda durch seines Propheten Mund verkündet hatte. Aus einer Reihe von Sammlungen von Ardascher I. bis Schapur II. erwuchs jene Fassung, deren Reste heute vorliegen.

Man war freilich nicht in der Lage, die frühere Schreibung des Avesta in aramäischen Buchstaben beizubehalten. Nach dem Vorbild des griechischen Vokalalphabets hatte man in Ostiran gegen Ende des 2. Jahrhunderts n. Chr. das avestische Alphabet geschaffen. Man muß annehmen, daß die Kodifikation unter den frühen Sasaniden sich bereits dieses Alphabetes bediente. Anderswo berücksichtigte man das achaimenidische Vorbild in höherem Maß. Zwar wandte man sich jetzt von der überlieferten aramäischen Verwaltungssprache ab, die noch unter den Arsakiden gebraucht worden war. Doch behielt man aramäische Ideogramme bei: erstarrte Formen, die zwar in bisheriger Weise geschrieben, aber mit iranischen Endungen versehen und als Ganzes iranisch gelesen wurden. Diese »ideographische« Schreibweise zeigt, daß man den Erfordernissen der Gegenwart, die endlich nach einer iranischen Verwaltungssprache verlangte, genügen wollte, aber auf die Überlieferung, die sich von den ersten Achaimeniden herleitete, nicht ganz verzichten mochte.

Auch in der Kunst griff man auf das achaimenidische Vorbild zurück. An die bodenständige Überlieferung der Persis und ihrer Nachbargebiete anknüpfend, schuf man wiederum Felsreliefs geschichtlichen und repräsentativen Inhalts. Rasch gelangte diese Kunst unter Schapur I. auf ihren Höhepunkt; in Auseinandersetzung mit der gleichzeitigen Kunst des römischen Nachbarreichs erwuchs sie zu eignem, königliche Größe verherrlichendem Stil. Noch unter Bahram I. (273–276) und Bahram II. (276–293) entstanden bedeutende Leistungen. Doch mit der Wende zum 4. Jahrhundert brach diese Kunst ab; sie erlebte unter Peroz eine Nachblüte im Taq-i bostan, vornehmlich in der monumentalen Reiterstatue des Herrschers.

Daneben entstehen die frühen Palastbauten, zuweilen in Verbindung mit Feuerheiligtümern (Firuzabad, Sarvistan). Auch die Stuckplastik setzte sich unter den Sasaniden fort, und das mit Figuren verzierte Silbergeschirr erlebte seine erste Blüte, vermutlich auch die Malerei mit geschichtlichem Inhalt. Das meiste ging freilich in den Stürmen der Hephthalitenkriege und der mazdakitischen Revolte verloren. Was seit Chusro I. Anoscharwan an seine Stelle trat, trug wesentlich veränderte Züge.

Wiedererweckung der Vergangenheit spielte nun eine weit geringere Rolle. Spätsasanidische Kultur schloß sich dem Fremden gegenüber auf und versteifte sich nicht mehr auf die Pflege nationalen Erbes. Indische Einflüsse zeichneten sich in Mathematik, Astronomie und Medizin ab, das Buch »Kalila und Dimna« war aus dem Sanskrit übersetzt. Auch zwischen dem Reich der Mitte und Iran scheint unter den letzten Sasaniden der kulturelle Austausch sich verstärkt zu haben, dem in und nach den Schlußkämpfen Yazdgards III. im Osten eine politische Annäherung folgte.

Chusro I. gefiel sich überdies als Bewunderer der griechischen Philosophie; Zeitgenossen schrieben ihm Kenntnis aller Feinheiten der platonischen und aristotelischen Lehren zu. Die Neuplatoniker, deren letzte Wirkungsstätte, die Schule zu Athen, geschlossen worden war, nahm er an seinem Hofe auf. Lebhafte Übersetzertätigkeit, meist ins Syrische, hat uns Verlorenes gerettet. Auch lassen sich noch Werke nennen, die unter Chusro I. die westliche Gedankenwelt dem Osten zugänglich gemacht haben.

Solche hohe Einschätzung der griechischen Philosophie blieb freilich auf einen Herrscher beschränkt; Chusro I. fand darin keine Nachfolge. Der Zarathustrismus behielt seine Stellung als Staatsreligion. Und doch war es eine Besonderheit, daß griechische Philosophen mit den Magiern bei Hofe über die Grundfragen disputierten; daß der König selbst den Philosophen schwierige Fragen vorlegte und man ihre Antworten in einem Buch zusammenstellte. Was blieb, war weitgehende Skepsis gegenüber den philosophischen Lehren, den fremden Religionen wie der eignen. In dem Vorwort Burzoës zur mittelpersischen Übersetzung von »Kalila und Dimna« hat diese Haltung klassischen Ausdruck gefunden. Vor allem aber gewann die Astrologie unter den letzten Sasaniden Anhänger in den höchsten Kreisen. Chusro II. Parwez und der Reichsfeldherr Rustam richteten sich in ihrem Tun ganz nach den Hinweisen der Sterndeuter.

Skepsis führte zu allgemeiner religiöser Duldsamkeit. Auch darin unterschied sich die spätsasanidische Zeit von dem, was ihr vorausging. Den Nestorianern, aus dem oströmischen Reich vertrieben, wurde eine kirchliche Organisation zugestanden, und zuletzt wurde nestorianische Lehre zu einer Art zweiter Staatsreligion. Es konnte geschehen, daß der nestorianische Katholikos in der Hofordnung unmittelbar nach dem obersten Magier rangierte. Chusro I. Anoscharwans Mutter ließ sich von einem nestorianischen Abt heilen und baute zum Dank heimlich ein Oratorium. Wieder kam es zu ausgedehnter Übersetzungstätigkeit, darüber hinaus zu nestorianischer Mission in Mittelasien, die zu Beginn des 7. Jahrhunderts ihren Höhepunkt erreichte. Auch das Judentum erhielt die so lange vermißte Anerkennung. Als Oberhaupt der jüdischen Gemeinden Babyloniens wurde der Exilarch bestätigt, der in Seleukeia (Machoza) inmitten einer blühenden Gemeinde von Juden und Proselyten residierte. Unter Anoscharwan konnte die Redaktion des babylonischen Talmuds abgeschlossen werden.

In der Architektur äußerte sich die gefestigte Macht des Königtums in dem gewaltigen Schloßbau, der in Resten im Taq-i Kisra in Ktesiphon erhalten ist. Auch die Trümmer von Qasr-i Schirin zeugen von dem Anspruch, den man damals an bauliche Repräsentation stellte.

Neben dem Königtum beherrschte der neue Adel das gesellschaftliche Leben, das seinen natürlichen Mittelpunkt im Hof fand. Unter adligem Einfluß wandelten sich alle Lebensformen ins Leichte und Gefällige. Zu Jagd und Kriegführung, alten Vorrechten der adligen Oberschicht, traten Polo, Saitenspiel und Schach, literarische Bildung und aufs höchste verfeinertes Benehmen, kulinarischer Geschmack und Verehrung, die den Frauen dargebracht wurde. Überhaupt gewannen die angenehmen Seiten des Lebens einen vordem unbekannten Rang: Musik, Falkenbeize und heiteres Spiel, Körperpflege und Wohlgerüche, Sängerinnen und Tänzerinnen.

Mit der Verfeinerung des Lebens ging eine Eleganz der Tracht einher, die zuweilen stutzerhaft anmutet. Teppiche, Brokat und sämtliche Künste des Wirkens und Webens traten in den Vordergrund; die Silberschmiedekunst, schon unter den frühen Sasaniden auf hoher Stufe, erlebte eine zweite Blüte. Möglicherweise ist auch die neue Form des Emails, der Zellenschmelz, vom spätsasanidischen Iran ausgegangen. Sein hochgezüchtetes Kunsthandwerk hat die arabische Eroberung überlebt oder, mehr noch: mit ihr hat sein Siegeszug seinen Anfang genommen. Nachsasanidische Kunst, in ihrer Auswirkung kaum zu übersehen und von der Forschung noch keinesfalls erschlossen, hat das China der Tang erobert, das abbasidische Bagdad, das fatimidische Kairo, Byzanz und ein wenig auch den frühmittelalterlichen Westen. Ohne ihre Einflüsse ist die Kunst der Chazaren ebensowenig denkbar wie die der eroberungsfreudigen Magyaren. Nachsasanidische Kunst wurde zur Grundlage für die iranische Renaissance unter den Samaniden im 9. und 10. Jahrhundert.

*Hans-Joachim Kraus*

ISRAEL

## Durchgangsland und Brücke

Zwischen der Ostküste des Mittelmeeres und der syrisch-arabischen Wüste liegt ein schmaler Küstenstreifen, dessen nördlichen, größeren Teil man herkömmlich »Syrien« nennt und dessen kleinerer, südlicher Teil – das Land der biblischen Geschichte – in der altchristlichen Literatur den Namen »Palästina« erhalten hat. Die eigenartige Randlage ist beiden Teilen gemein. Der gesamte Streifen zwischen Wüste und Meer ist Kulturland. Er wird durchzogen von einem gewaltigen Grabenbruch, der in Nordsyrien das Tal des Orontes bildet, sich in der Senke zwischen Libanon und Antilibanon fortsetzt, im Jordantal bis in eine Tiefe von vierhundert Metern unter dem Meeresspiegel absinkt, aber auch noch südlich vom Toten Meer bis zum Golf von El-Akaba reicht. Zu beiden Seiten des spaltenden Grabens, der durch einen geologischen Einbruch entstanden ist, liegen Gebirgsschollen und -tafeln, immer wieder von zerklüfteten Tälern zerrissen. Schroffe Kontraste zeichnen das Land: weite Täler, enge Spalten, Hochflächen, felsiges und bewaldetes Bergland, Wüstenstreifen, Oasen; landschaftlich und klimatisch ist der schmale Raum äußerst vielfältig. Dem syrisch-palästinischen Küstenland fehlt die für Ägypten und Mesopotamien so wichtige fruchtbare und verbindende Kraft großer Ströme: Orontes und Jordan fließen in der Tiefe des Grabens und können das Land nur in geringem Maße fruchtbar machen. Regen und Tau müssen für Bewässerung sorgen. Für die Flora ist das subtropische Klima der Mittelmeerwelt bestimmend: von Oktober bis März währt die winterliche Regenzeit, auf die eine trockene, heiße Sommerzeit folgt.

Zur Besiedlung eigneten sich in diesem Küstenstreifen vor allem die fruchtbaren Ebenen, die quellreichen Gebirgsausläufer und die Umgebung der natürlichen Häfen. Die Bevölkerung, von der in Dokumenten aus dem zweiten vorchristlichen Jahrtausend die Rede ist, war weder der Herkunft noch der Sprache nach einheitlich: das vorderasiatische Element aus dem Norden begegnet Einflüssen aus dem östlich-orientalischen Bereich; in der Sprache dominieren die semitischen Dialekte. – Die zerklüftete Landschaft führte dazu, daß die Volksgruppen, die sich hier niederließen, Zwergstaaten in großer Zahl ins Leben riefen. Jeden dieser Stadtstaaten mit dem von ihm beherrschten Einflußgebiet und Hinterland regierte ein Fürst, der sich zwar »König« nannte, aber in der Regel weder selbständig noch souverän war. Da der Küstensaum die Brücke zwischen Großmachtterritorien bildete, war er ständig bedroht. Er war nicht nur Durchgangsland für Karawanen, die ihn auf dem Weg von Ägypten nach Mesopotamien, von Kleinasien zum Golf von El-Akaba und zurück durchwanderten, sondern auch Einbruchs- und Durchmarschgebiet für stärkere Mächte. Jede expandierende Großmacht nahm das schwache Zwischengebiet für sich in Anspruch.

Am Anfang des zweiten Jahrtausends lagen Syrien und Palästina in der Macht- und Einflußsphäre des ägyptischen Mittleren Reiches. Aus dem Briefarchiv der alten Königsstadt Mari am mittleren Euphrat weiß man seit einiger Zeit, daß das syrische Binnenland ungefähr in derselben Periode enge Beziehungen zur mesopotamisch-babylonischen Macht unterhielt. Dann schob sich die fremde Herrenschicht der Hyksos über den Küstenrand, drang bis nach Ägypten vor und brachte einen starken Zustrom nichtsemitischer, horitischer Menschengruppen. Der Gegenstoß kam im 16. Jahrhundert aus Ägypten, und wieder gerieten Syrien und Palästina unter die Oberherrschaft des Reiches am Nil. Unterdes brachen vom Norden her Hethiter in den syrischen Raum ein; im 14. und 13. Jahrhundert konnten sie ihren Einfluß auf das nördliche Gebiet bis zum Libanon hin durchsetzen und wahren. Die Stadtfürsten Syriens und Palästinas waren Vasallen, nur die Oberherren wechselten. Die in Ägypten gefundenen »Amarna-Briefe« vermitteln einen Einblick in die abhängige Stellung der Kleinkönige, die den Oberherren in unterwürfigen Schreiben über Vorgänge in ihrem Gebiet zu berichten hatten, zu Abgaben verpflichtet waren, zum Teil ägyptische Besatzungstruppen unterhalten mußten. Daraus, daß die diplomatische Korrespondenz in babylonischer Schrift und Sprache geführt wurde, kann man schließen, daß die mesopotamische Macht besonders einflußreich gewesen ist.

Handelsverkehr, Invasionen und Unterwerfung unter fremde Herrschaft haben immer wieder neue Menschengruppen in den syrisch-palästinischen Raum einwandern lassen. Wenn in Genesis 15 das den Nachkommen Abrahams zugedachte Gebiet umschrieben wird, ist von »Kenitern, Kenissitern, Kadmonitern, Hethitern, Pheresitern, Rephaitern, Amoritern, Kanaanitern, Girgasitern und Jebusitern« die Rede: hier spiegelt sich die Vielzahl und Buntheit der Bevölkerungselemente vor allem des südlichen Bereiches. Vielfältig waren auch die kulturellen und religiösen Einflüsse aus den Großreichen am Nil und im Zweistromland, aber auch aus Kleinasien und aus der insularen Mittelmeerwelt. Die Wellen überschnitten sich, und die Machtwirkungen des Fremden waren verschieden. Religion, Kultur und Kunst waren durchpulst von den Kräften der Großreiche. Im Kreuzfeuer dieser mannigfaltigen Einflüsse stellten Syrien und Palästina geschichtlich und kulturell kaum eine Einheit dar; gemeinsam war ihnen nur, daß sie dasselbe Schicksal der unglücklichen Brückenlage zu erleiden, fremde Herren zu erdulden, den Einfluß der ihnen zufließenden Kultur- und Ideengüter aufzunehmen und zu verarbeiten hatten.

Noch andere Bewegungen kamen hinzu, die schon unmittelbar an die Schwelle der Geschichte Israels heranführen. Auch die Wüste hatte ihren Anteil an der Gestaltung der Siedlungs- und Lebensverhältnisse in Syrien und Palästina; sowohl die sich von Nord nach Süd erstreckende syrisch-arabische Wüste als auch die südlich von Palästina liegende Sinai-Wüste. Der fließende Übergang von Wüste zu Kulturland deutet auf eine Symbiose der nomadischen Wüstenbewohner mit den Kultursiedlern hin. Ihren Rhythmus bestimmten klimatische Besonderheiten. Während die winterliche Regenzeit mit spärlichen Güssen auch die Randgebiete der Wüste feuchtet und den Kleinviehherden der Nomaden die nötige Nahrung bietet, läßt die sommerliche Trockenzeit die Nahrungsquellen versiegen. Die Großfamilien ziehen mit ihren Herden ins Kulturland, suchen Quell- und Weideplätze und nähern sich der ansässigen Bevölkerung. Verträge über Brunnen- und Weiderechte werden abgeschlossen, Wirtschaftsprodukte ausgetauscht und Regeln für ein friedliches Zusammenleben vereinbart. Immer wieder führt der Weidewechsel die Nomaden im Rhythmus der Jahreszeiten an die Siedlungsgebiete des Kulturlandes heran. Der Wüstenbewohner strebt einem ersehnten Land zu, das »von Milch und Honig fließt«. Mit der Zeit sucht er sich festzusetzen: er fügt sich allmählich in die Ackerbaukultur ein, gründet dörfliche Siedlungen vor den Toren der Städte, akzeptiert die Herrschaftsordnung des Stadtfürsten. Auf diesem Wege der »Transhumanz« zogen immer von neuem Menschengruppen aus der Wüste ins syrisch-palästinische Kulturland; auch sie mußten sich dem Schicksal des Brückenstreifens an der Küste fügen.

## »Umherirrende Aramäer«

Die Väter Israels waren wandernde Nomaden, die auf dem Wege des Weidewechsels nach Palästina einsickerten. In einem bedeutungsvollen kultischen Bekenntnis (Deuteronomium 26) gedachte der Israelit später dieser Anfänge: »Ein umherirrender Aramäer war mein Vater.« Das mit »Umherirren« wiedergegebene hebräische Wort bezeichnete die Existenzweise des zwischen Wüste und Kulturland hin- und herpendelnden Wanderhirten. Auf der Suche nach Weideland durchzog er die fruchtbaren Gegenden und bemühte sich um Verträge mit der seßhaften Bevölkerung. In der Tradition Israels gab es so manche Erzählung über die Schicksale der wandernden, landsuchenden Väter. Von Abraham, Isaak und Jakob handeln die Patriarchengeschichten, in denen sich drei ursprünglich selbständige Überlieferungskreise miteinander genealogisch verbinden. Das spätere Israel sah in Isaak den Sohn Abrahams und in Jakob den Nachkommen Isaaks. Getrennte Komplexe traten so in eine geschichtliche Kontinuität und zugleich in eine lebendige Nähe zur rückschauenden Gemeinschaft. In der ältesten Schicht der Patriarchenerzählungen findet man das typische Bild der landsuchenden Nomaden, die mit ihren Familien in Zelten wohnen, große Herden von Weide zu Weide führen und sich im Kulturland ungestört aufhalten möchten. Brunnen- und Weiderechte werden ausgehandelt: mit dem Stadtkönig Abimelech streitet sich Isaak (Genesis 26) um einen Brunnen, den seine Leute benutzen wollen. Weil sie keinen Boden besitzen, sind die Wanderhirten auf Bündnisse und eidliche Verpflichtungen der ansässigen Bevölkerung angewiesen. Um Sara bestatten zu können, muß Abraham (Genesis 23) die Leute rings um Hebron bitten, ihm einen Acker zu verkaufen: »Ich bin bei euch ein Fremdling und Beisasse; gebt mir eine Grabstätte bei euch zu eigen, daß ich meine Tote hinausbringe und begrabe!« Die Väter, die aus der Wüste kommen, sind »Fremdlinge«; nur als »Beisassen« (Metoiken) dürfen sie in der Nähe der Stammbevölkerung ihre Zelte aufschlagen.

Die im Kulturland ansässige Bevölkerung hatte ihre festen Lokalheiligtümer und verehrte die ortsgebundene Gottheit. Dagegen wußten die wandernden Väter ihr Leben auf einen Gott bezogen, der sie auf ihren Wanderungen begleitete. Nach der Tradition haben die Erzväter die Offenbarung empfangen, die Verheißung des »Gottes der Väter« vernommen, daß das von ihnen immer wieder durchstreifte und ersehnte Kulturland ihren Nachkommen übergeben werden würde. Jüngere Schichten der Erzvätertradition handeln vom Seßhaftwerden der Wanderhirten im Raume Palästina, und hier verschmelzen die Patriarchentraditionen mit den Heiligtumslegenden des Kulturlandes. Jetzt gelten die Erzväter als Kultstifter der kanaanitischen Heiligtümer. Die Abraham-Erzählungen finden ihren Haftpunkt in Mamre bei Hebron (Genesis 13, 18; 18,1 ff.), die Isaaksagen leben fort in Beerseba (Genesis 21, 22 ff.), die Jakob-Geschichten in Bethel (Genesis 28, 11 ff.; 35,1 ff.), und die allerjüngste Überlieferungsschicht bringt die genealogische Verknüpfung der drei Traditionskreise; hier werden die Stoffe auch religiös von neuen Gesichtspunkten aus gestaltet.

Was die Urheimat der Erzväter betrifft, finden sich in den Patriarchenerzählungen zwei Hinweise: einmal wird Ur in Chaldäa, weit östlich der syrisch-arabischen Wüste, ein andermal Haran in Mesopotamien genannt, und dann ist, wie gesagt, von den Vätern Israels als »Aramäern« die Rede. Die rhythmische Saisonbewegung des Weidewechsels rückt somit in das Kraftfeld einer größeren von Osten oder Nordosten nach Westen hin weisenden »aramäischen Wanderung«, deren Intensivierungs- und Abschlußphasen wohl ins 13. Jahrhundert fallen. Glieder eines großen aramäischen Mutterverbandes werden aus dem Gebiete des Zweistromlandes nach Westen abgedrängt und gelangen in einem Wanderungsprozeß, der sich über fast zwei Jahrhunderte hinzuziehen scheint, in den syrisch-palästinischen Küstenstreifen. Möglicherweise berichten die biblischen Patriarchengeschichten von einem sehr frühen Stadium dieser Wanderung und von den ersten Gruppen, die in das westliche Kulturland vorstoßen; genau läßt sich das nicht fixieren. Beziehungen einzelner Motive der Erzvätergeschichten zu altorientalischen Texten, wie sie in neueren Ausgrabungen zutage treten, stecken bestenfalls einen größeren Rahmen ab, in dem das Bild der Bewegungen und Wanderungen zu betrachten wäre. Im übrigen sind die Traditionen von Abraham, Isaak und Jakob nur drei Wurzelspitzen des weitverzweigten vorgeschichtlichen Wurzelwerks; daß gerade sie einen bevorzugten Platz erhalten haben, liegt an der großen Bedeutung der kultischen Haftpunkte Hebron, Beerseba und Bethel im späteren Israel.

## *Einbruch der israelitischen Stämme*

Nach der alttestamentlichen Überlieferung stellt sich die Einwanderung und Ansiedlung der israelitischen Stämme einfach und einheitlich dar: von Jakobs zwölf Söhnen wurde einer, Joseph, nach Ägypten verschleppt, und anläßlich einer großen Hungersnot zogen auch seine Brüder an den Nil; die Nachkommen gerieten in den Frondienst des Pharaos, brachen aber aus, wurden auf wunderbare Weise durchs Meer geführt und gelangten nach einer mühseligen Wanderung durch die Wüste ins verheißene Land Kanaan. Die differenzierten und zeitlich weit auseinanderliegenden Ereignisse der Einwanderung und Ansiedlung der einzelnen Stämme waren offenbar den späteren Betrachtern nicht mehr gegenwärtig; sie waren in einem langen Überlieferungsprozeß zusammengewachsen und genealogisch gerafft worden. Aus den im Alten Testament verstreuten Traditionen und Mitteilungen über die einzelnen Stämme Israels, aus altorientalischen Quellen und aus Ausgrabungsberichten läßt sich in Umrissen ein komplexer Siedlungsvorgang rekonstruieren, in dessen Rahmen den einzelnen Stämmen und Stämmegruppen eine bewegte Sondergeschichte zukommt. Was ist hier aber überhaupt ein »Stamm«? In den Erzvätergeschichten sind Wanderung und Seßhaftwerden Schicksale von Familien oder Großfamilien, die verwandtschaftlich zusammengehören und sich in umfassenderen, ebenfalls abstammungsmäßig begründeten Bereichen größeren Sippen zugeordnet wissen; so treten in den Patriarchenerzählungen Lot und Laban als Angehörige größerer Sippen auf. Aber aus den alten Erzählungen geht hervor, daß sich Familien oder Großfamilien gelegentlich aus dem weiteren Sippenzusammenhang lösen und eigenen Zielen nachgehen, ohne daß die Zusammengehörigkeit mit dem größeren Verband vergessen würde. Dagegen sind die Stämme nicht aus gemeinsamer Abstammung, sondern aus dem Zusammenschluß verschiedener Familien und Großfamilien mit gemeinsamen geschichtlichen Schicksalen hervorgegangen; der Anlaß zum Zusammenschluß kann gemeinsame Wanderung, gemeinsame Landnahme oder Abwehr feindlicher Kräfte gewesen sein.

Die »aramäische Wanderung« zog zahlreiche Familien und Großfamilien in die große ost-westliche Bewegung hinein. Wo sich größere Gruppen zusammenfanden, bildeten sich Stämme. Zu verschiedenen, nicht mehr erkennbaren Zeiten und an auseinanderliegenden, nicht mehr feststellbaren Orten müssen in vielschichtigen Vorgängen die israelitischen Stämme entstanden sein. Nur vermuten läßt sich, daß die Nordstämme Sebulon, Issachar und Naphtali schon sehr früh, etwa im 15. vorchristlichen Jahrhundert, in Palästina seßhaft geworden sind. Anscheinend (Genesis 49,15) waren die Angehörigen des Stammes Issachar, vielleicht auch die benachbarten Stämme, den Kanaanitern als »Lohnarbeiter« dienstbar. Nur um den Preis der Freiheit konnten die Stämme des Nordens im Kulturland leben. Sie hatten sich auf den noch unbesiedelten Höhen niedergelassen, galten als »Fremdlinge« und waren von den herrschenden Stadtstaaten abhängig. Zu kultischen Festen auf dem Grenzheiligtum des Thabor vereinigten sich (Deuteronomium 33,18 f.) die drei bereits seßhaften Stämme: an einem gemeinsamen sakralen Ort manifestierte sich die übergeordnete Gemeinschaft eines Stämmebundes als Schutz- und Trutzbündnis. Zu welcher Zeit ähnliche Stämmebünde in Mittelpalästina und im Süden entstanden sein mögen, läßt sich nicht feststellen; die genealogische Einteilung der Jakobssöhne in eine Lea-Gruppe und eine Rahel-Gruppe deutet darauf hin, daß in vorisraelitischer Zeit zwei Stämmebünde in Mittel- und Südpalästina bestanden haben; später wurden auch die länger seßhaften Nordstämme in diese Ordnung einbezogen. Die soziologische Einheit, die nach den Patriarchengeschichten beim Vorgang der Landnahme aktiv auftritt, ist die Großfamilie; das entspricht den ersten Anfängen einer großen Wanderbewegung. Wo von Stämmen und kleineren Stämmebünden die Rede ist, müssen bereits größere Einzugsunternehmungen möglich gewesen sein. Auch wenn man annimmt, daß sich einzelne Stämme erst in Palästina durch den Zusammenschluß schon seßhafter Großfamilien gebildet haben, kann das erst zu einem Zeitpunkt stattgefunden haben, zu dem auch ein stärkerer Zustrom von Einwanderern auf keine ernsthafteren Hindernisse mehr stieß. Wann kann das gewesen sein? Wann konnten sich im noch unbesiedelten Gebirgsland Palästinas größere Gemeinschaften gebildet haben?

Die im 14. und 13. Jahrhundert vorherrschende Machtkonstellation, die den Hethitern den Norden und den Ägyptern den Süden des syrisch-palästinischen Raumes als Einflußsphäre sicherte, geriet gegen Ende des 13. Jahrhunderts ins Wanken. Aus dem Norden brachen die »Seevölker« ein, die das Hethiterreich zerstörten und die Ägypter auf ihr Stammland am Nil zurückwarfen. An der Küste Palästinas entstanden Niederlassungen dieser fremden Schicht, vor allem der Staatenbund der Philister; der übrige, vom hethitischen und ägyptischen Einfluß befreite syrisch-palästinische Raum erlebte dagegen einen neuartigen, außergewöhnlichen Zwischenzustand. Die Stadtfürsten der kleinen Zwergstaaten hatten weder im Norden noch im Süden Oberherren, denen sie Rechenschaft schuldig gewesen wären. In Syrien war das Netz diplomatischer Beziehungen und Verbindungen völlig zerfallen, in Palästina nach Süden hin zusammengerollt worden. In dieses Vakuum stießen die Gruppen und Stämme der »aramäischen Wanderung« mit aller Kraft vor. War bis dahin das Auftreten größerer, gefährlicherer Einwanderertrecks von den Großmächten sorgfältig beobachtet und überwacht worden, so standen die jetzt unbeschützten Zwergstaaten dem Hereinfluten der sich rasch ausbreitenden landsuchenden Elemente mehr oder minder hilflos gegenüber. In Syrien begannen die Aramäer mit der Gründung kleinerer Staatsgebilde; in Palästina entstanden östlich des Jordans und des Toten Meeres die von aramäischen Einwanderern getragenen Staaten Ammon, Moab und Edom. Zwischen die Machtsphäre der Seevölker an der palästinischen Küste und diese neuen ostjordanischen Staaten schoben sich die israelitischen Stämme, deren Einwanderung um etwa 1200 v. Chr. ihren Höhepunkt erreicht haben muß. Um diese Zeit dürften die letzten größeren Schübe das westjordanische Land überlagert und damit den Anstoß zur Gründung des Zwölfstämmeverbandes Israel gegeben haben.

Wahrscheinlich ist die Landnahme in mehreren Phasen vor sich gegangen: zuerst langsames Einsickern einzelner Großfamilien, die als Wanderhirten im Kulturland Fuß faßten; dann, immer stärker anschwellend, Zuzug größerer Gruppen; schließlich, in der Zeit, da die Oberhoheit der großen Reiche auseinanderfiel, Nachrücken machtvoller Verbände. In den Anfängen wird die große Einwanderung ohne kriegerische Auseinandersetzung verlaufen sein. Die Wandererfamilien machten von der Möglichkeit Gebrauch, sich vor den Toren der Stadtstaaten niederzulassen; sie besiedelten die gerodeten Höhen; in den Einflußsphären der Stadtstaaten suchten sie ein schiedlich-friedliches Zusammenleben, nötigenfalls auch entsprechende vertragliche Regelungen. Aber je größer der Zustrom wurde, um so weniger funktionierte das gewohnte Verfahren der »Transhumanz« und ruhigen Ansiedlung. Bewaffnete Auseinandersetzungen werden nicht mehr zu vermeiden gewesen sein, nachdem auch die letzten Schübe der Einwanderung zu einer Zeit ins Land gedrungen waren, da die Stadtstaaten ihre Oberherren verloren hatten. Da gab es ohne Zweifel

Der Gottesberg im Sinai-Massiv

Das Tal von Sichem: Kultisches Zentrum des Zwölfstämmeverbandes
Links der Berg Garizim, rechts der Ebal

Schlachten und Eroberungen. Von Krieg und Kämpfen spricht die Überlieferung im Josua-Buch; allerdings muß man bei solchen Berichten prüfen, ob sie nicht Sagen wiedergeben, die Vorgefundenes ursächlich aufhellen sollten, oder Ereignisse einer späteren Zeit in die Periode der Landnahme zurückverlegen. Wie die fünf Bücher Mose, das Pentateuch, zeigt auch das Buch Josua die Neigung, die vielgestaltigen geschichtlichen Ereignisse zu vereinfachen und zu vereinheitlichen.

## *Der Bund*

Verstreut im Lande – meistens in den Ebenen – lagen noch um 1200 v. Chr. die kanaanitischen Zwergstaaten, im Küstengebiet bereits von der neuen Herrenschicht der Seevölker überlagert. Auf den gerodeten Höhen, im freien Gebiet zwischen den Stadtstaaten der Urbevölkerung, saßen Einwandererstämme aus dem Osten und zum Teil auch aus dem Süden, größtenteils aus Familien und Sippen aramäischer Herkunft zusammengesetzt. Sehr unterschiedlich dürfte das Verhältnis der Einwanderergruppen zur Urbevölkerung gewesen sein: von der »Fronknechtschaft« im streng kontrollierten Machtbereich der Stadtstaaten über vertragsmäßig geordnete Koexistenzverhältnisse bis zu voller Freiheit und Selbständigkeit. War der Stamm Issachar typisch für die Gruppen, die im strengen Dienstverhältnis zur einheimischen Bevölkerung standen, so waren das »Haus Joseph« in Mittelpalästina und der Stamm Juda im Süden repräsentativ für Teile der Einwandererbevölkerung, die sich frei entfalten konnten. Die zwischen den kanaanitischen Stadtstaaten lebenden Stämme bildeten Stämmeverbände, um ihre Interessen gemeinsam zu verfechten. Bevor der große Zwölfstämmeverband Israel zustande kam, scheinen zwei Sechserverbände – einer im Süden und einer im Norden – bestanden zu haben; den Mittelpunkt der südlichen Gruppierung darf man in Hebron, den der nördlichen in der Gegend um Sichem vermuten.

Als der überstaatliche Zusammenhang ganz geschwunden war und von den kanaanitischen Kleinstaaten keine Macht mehr in die von Einwanderern besetzten Räume zwischen ihnen ausstrahlte, vereinigten sich zwölf Stämme der unterdes in Palästina ansässigen Aramäer in einem Stämmebund. Vermutlich hatten Verhandlungen zwischen den Stammesältesten der kleineren Verbände in Nord und Süd den Zusammenschluß vorbereitet. Daß sie näher zusammenrückten, war verständlich: in dieselbe Zeit fiel die Gründung des philistäischen Stadtstaatenbundes an der Küste und der Staaten Ammon, Moab und Edom im Osten. Auch gegenüber den kanaanitischen Stadtstaaten bedurfte es einer wirksameren Organisationsform. Die Initiative ging von den starken mittelpalästinischen Gruppen aus, und offenbar war Sichem das Zentrum der neuen Sammlung. Von den bedeutsamen Ereignissen berichtet im Alten Testament (Josua 24) ein Dokument, das Klaus Baltzer das »Bundesformular« des Zwölfstämmeverbandes nennt. Josua, eine führende Person des »Hauses Joseph«, beruft die zwölf Stämme zu einer großen Zusammenkunft nach Sichem. Die Präambel des Bundesformulars, das in seiner literarischen Gestalt den hethitischen Vertragsurkunden gleicht, geht davon aus, daß alle versammelten Stämme aus dem Lande »jenseits des Euphrats« stammen, daß aber in ihren Reihen verschiedene fremde Götter verehrt werden. Voraussetzung des Zusammenschlusses ist das Bewußtsein der gemeinsamen Herkunft aus dem aramäischen Mutterverband, das durch die Gemeinsamkeit der Wanderungs- und Ansiedlungsschicksale gestärkt worden ist und das durch den Anschluß von Gruppen anderer Herkunft (etwa der Keniter) nicht gemindert wird. Dem verbindenden Element steht aber ein trennendes gegenüber: der religiöse Zwiespalt, der durch den Zusammenschluß überwunden werden soll. Josua und mit ihm wohl auch die im Norden dominierende Stämmegruppe des »Hauses Joseph« (die Stämme Ephraim und Manasse) verehrten den Gott Jahve, der sich am Berg Sinai offenbart und Gebot und Recht mitgeteilt hat. Und nun ruft Josua die versammelten Stämme auf, in den Kult des Gottes Jahve einzutreten und sein heiliges Recht als verpflichtende Lebensordnung zu übernehmen. »Jahve ist unser Gott«, »Jahve wollen wir dienen«, antworten die Stämme – und empfangen von Josua »Gebot und Recht«. Mit symbolischen Handlungen wird die feierliche Bundesverpflichtung abgeschlossen und der Gründungsort zum Gedenken an den konstituierenden Akt besonders gekennzeichnet. Verbunden mit dem Bekenntnis zu Jahve als dem Einen Gott ist die Abschwörung, mit der alle fremden Kulte und Götter fortan verbannt sind.

Das »Bundesformular«, das die Entstehungsgeschichte des Stämmeverbandes enthält, eröffnet wichtige Perspektiven. Die in Sichem gegründete Gemeinschaftsordnung war vor allem sakral fundiert. Die Lebensmitte, von der aus der Zusammenschluß zustande gekommen war, war religiös. An einem zentralen Heiligtum trafen sich die zwölf Stämme und kamen überein, einen einzigen Gott zu verehren. Diese Lebensordnung eines Stämmebundes hat Parallelen in aramäischen, ismaelitischen und edomitischen Bereichen, vor allem aber in den uns besser bekannten griechischen Stämmebünden (Amphiktyonien), die ebenfalls sakral fundiert waren. Die Zahl Zwölf, die in der Struktur der Verbände eine so große Rolle spielte, ursprünglich wohl astralmythologischer Natur, dürfte später zu einem festen Ordnungsfaktor erstarrt sein. Gemeinschaftsverbände mit sechs oder zwölf Stämmen sind sakrale, vorpolitische Lebensordnungen, in denen gemeinsame Herkunft, gemeinsames Schicksal, gemeinsamer Wohnbereich, gemeinsame Sprache und andere Determinanten des Volksdaseins zwar vorausgesetzt, aber für die Konstituierung und das Leben der Gemeinschaft nicht entscheidend sind. Das Entscheidende ist das in der sakralen Sphäre gefundene verbindende Element: die religiöse Verehrung des Einen Gottes. In diesem Sinne wäre es problematisch, von einem »Volk« Israel zu sprechen; die Bezeichnung »Israel« bezog sich auf den sakralen Stämmeverband, dessen Lebensordnung deswegen besondere Beachtung beansprucht.

## *Sakrale Lebensordnung*

Das führende Organ des vorpolitischen Stämmeverbandes war nach allem, was wir heute wissen, ein Amphiktyonenrat. Stammessprecher *(nasi)* gehörten diesem Kollegium an, das die Geschicke der Gemeinschaft verantwortlich leitete. Im Kreise der Ältesten wurden vermutlich in erster Linie Spannungen zwischen den einzelnen Gruppen, aber auch

ISRAEL

Auseinandersetzungen mit der Urbevölkerung des Landes beraten. Im einzelnen sind die Funktionen dieses Rates nicht mehr klar ersichtlich. Mehr wissen wir dagegen über die Ämter, die der sakralen Lebensmitte des Gesamtverbandes unmittelbar zugeordnet waren: die der Priester und des »Richters in Israel«. Der Gott Israels war ein Gott des Rechtes. Wer ihm dienen wollte, mußte seine Gebote und Gesetze gehorsam aufnehmen und in allen Bereichen des Lebens wirken lassen. In der Tradition des Alten Testaments herrschten zwei Typen des Rechts vor: der kasuistische und der apodiktische. Israels kasuistisches Recht entsprach der formalen Anlage nach dem Gewohnheitsrecht des alten Orients, wie es etwa in den Gesetzen Hammurabis zutage tritt; zunächst wurde ein Rechtsfall statuiert, an den dann die vorgesehene Rechtsfolge geknüpft wurde; etwa so (Exodus 22,7): »Wenn jemand einem anderen Geld oder Kostbarkeiten zu verwahren gibt und es wird diesem aus dem Hause gestohlen, dann soll der Dieb, wenn man ihn findet, doppelten Ersatz leisten.« Zahlreiche Gesetze dieser Art – alle mit der Sequenz »Wenn..., dann...« – wurden im Laufe der Zeit entwickelt. Eine kundige Priesterschaft mußte im Bereiche des Zentralheiligtums das umfangreiche Korpus ständig bearbeiten und normieren. Die altorientalische Rechtstradition, wie sie die Stämme Israels auch bei der Urbevölkerung Palästinas vorfanden, mußte geprüft, geändert und nach den Prinzipien des Jahve-Glaubens neu formuliert werden. Levitische Priester hatten für die Gerichtsbarkeit, die in den Toren der Städte von den Ortsältesten gehandhabt wurde, alle nach dem göttlichen Recht möglichen Rechtsfälle mit ihren Rechtsfolgen bereitzustellen. Dieser Rechtspflege kam in Israel zentrale Bedeutung zu. Unter der Devise »Das Gerichtsamt ist Gottes« (Deuteronomium 1,17) wußten sich die Priester und die in den Ortschaften tätigen Ältesten in einen pansakralen Rechtsakt hineingestellt. Bei Streitfragen in der lokalen Rechtsprechung (Deuteronomium 17,8ff.) scheinen die Priester des zentralen Heiligtums als »höchster Gerichtshof« fungiert zu haben; ihnen standen technische und divinatorische Mittel zur Einholung eines Gottesurteils oder Orakels (Deuteronomium 33,8ff.) zu Gebote; sie waren (Deuteronomium 33,10) die Hüter und Lehrer des Rechts in letzter Instanz. Natürlich fiel den Priestern auch die Pflege des Zentralheiligtums zu, darunter die Bewahrung und rituelle Handhabung der Kultgegenstände. Daß der zentralen Priesterschaft auch Opferhandlungen anvertraut gewesen seien, ist dagegen wenig wahrscheinlich; die Überlieferung weiß von keiner bedeutungsvollen Opferpraxis im Zentralheiligtum Sichem. Man darf annehmen, daß die spätere Forderung der großen Propheten: »Nicht opfern sollt ihr, sondern Recht und Gerechtigkeit üben«, auf den frühen Rechtskultus des Zwölfstämmeverbandes zurückgeht. Falls es Opferhandlungen in der Frühzeit gegeben hat, müssen sie auf Bräuchen beruht haben, die für das sakrale Leben des Stämmeverbandes keine wesentliche Bedeutung hatten.

Hinter der levitischen Priesterschaft, deren Hauptaufgabe der Überlieferung und Gestaltung des kasuistischen Rechtskorpus galt, stand in der sakralen Gemeinschaft – hauptsächlich als Träger des apodiktischen Rechts – eine Einzelgestalt: der »Richter in Israel«. Im Unterschied zur konditionalen Wirksamkeit der kasuistischen Rechtsfolge galt apodiktisches Recht unbedingt, durchdringend und gebieterisch; es war überall verbindlich. Die Zehn Gebote waren apodiktisches Gottesrecht; die Forderungen, die mit prophetischer

Gewalt als Ich-Wort Jahves an Israel und an den Einzelnen herantraten, hatten absolute Geltung. Das apodiktische Gottesrecht wurde bei einer kultischen Gelegenheit verkündigt, und der auf Lebenszeit berufene »Richter Israels«, ein Mann mit prophetischer Gabe, war der verantwortliche Übermittler. Für das gesamte sakrale Rechtsleben Israels war er die Schlüsselfigur: die über der Priesterschaft stehende höchste Berufungsinstanz (Deuteronomium 17,8f.) und der mit den größten Vollmachten versehene Rechtsprecher (1. Samuel 7,15 ff.). Nach einer Formulierung von Martin Noth war er der Mann, der das gesamte Recht »kennen, auslegen und darüber Auskunft geben mußte, der über seine Beachtung zu wachen und vielleicht selbst es öffentlich zu verkündigen hatte, dem es schließlich auch oblag, seine Anwendung auf neue Situationen und damit seine Weiterbildung verantwortlich vorzunehmen und überhaupt die einzelnen Stämme über die Bedeutung und Anwendung seiner einzelnen Sätze ständig zu belehren«.

Die Herrschaft Jahves, des Gottes Israels, äußerte sich im Recht. Auf seiner Autorität beruhten, in seinem Dienst standen die wichtigsten Ämter. Das Recht durchzusetzen war eine zentrale Aufgabe; das Böse aus der Mitte der Gemeinschaft auszurotten war vordringlich. Schwerer Rechtsbruch wurde mit der Steinigung bestraft, und strenge Maßnahmen wurden auch gegen Stämme ergriffen, die sich am heiligen Recht versündigten. In Gibea, einem Ort im Stammesgebiet Benjamins, hatten sich die Einwohner an der Frau eines levitischen Gastes vergangen. Sofort erging an den Stamm Benjamin die Aufforderung (Richter 19,30): »Richtet eure Aufmerksamkeit darauf und fällt einen Spruch!« Die Benjaminiten aber deckten die Einwohner von Gibea und mißachteten das Geheiß des Zentralheiligtums. Die Verletzung des Gottesrechts wurde von den übrigen Stämmen als Anschlag auf die Grundlagen des Zwölfstämmeverbandes empfunden und mit einem Krieg gegen Benjamin beantwortet. Benjamin unterlag, und das Vergehen von Gibea wurde geahndet. Das verletzte Recht war wiederhergestellt. Überhaupt war die Institution der Rechtsetzung und Rechtsprechung, da sie ihren Urgrund in Jahve hatte, unantastbar, und die mit der Wahrung des Rechts betrauten Ämter verfügten über eine einschneidende Vollzugsgewalt.

Zu den sakral geschützten Einrichtungen des Zwölfstämmeverbandes gehörte vor allem auch das Bodenrecht, das auf der in einem kultischen Akt vorgenommenen Auslosung der Landanteile beruhte. Der Landanteil, der dem einzelnen Israeliten zufiel, durfte nicht veräußert werden. Der Gefahr der ungerechten Veränderung der Eigentumsverteilung durch Mißernte oder Verschuldung wurde mit der kultischen Einrichtung des Erlaßjahres (Deuteronomium 15,1 ff.) entgegengetreten, das alle sieben Jahre mit der Streichung aller Schuldtitel die gerechte Grundordnung wiederherstellte. Israels Land galt dem Stämmeverband als Jahves Land und der Bodenanteil der einzelnen Familie gleichsam als Lehen. Wenn im Bodenrecht der kanaanitischen Urbevölkerung der Erwerb größeren Grundbesitzes möglich gewesen war, so hatten die aus der Wüste einwandernden Stämme Israels ein freieres Verhältnis zum Lande, das gegen die Konzentration von Grundeigentum in den Händen Einzelner wirkte. Die Auslosungs- und Verteilungsaktionen wurden vom sakralen Zentrum aus geleitet und überwacht und Übergriffen entzogen.

Wie fügte sich der sakral organisierte Stämmeverband in die politisch-geschichtliche Wirklichkeit der Umwelt ein? Wie verhielt er sich bei feindlichen Angriffen oder angesichts einer Bedrohung durch die umliegenden Staaten und Gruppen? Der Abwehr äußerer Gefahren galt die Institution des »heiligen Krieges«. Auch der Krieg war eine sakrale Angelegenheit, die der Verteidigung des Zwölfstämmeverbandes Israel diente, denn für sein angegriffenes Volk trat Jahve als schützender Gott auf den Plan. Drohte in irgendeinem Stammesgebiet ein Angriff von außen, so wurde die Gefahr zunächst durch Hornsignale überallhin gemeldet; Boten eilten durchs Land und riefen die kriegstüchtigen freien Männer in den Heerbann. Im Heerlager bereiteten sich dann die Krieger unter heiligen Riten auf den Kampf vor; jetzt waren sie »Jahves Schar«. Gottes Wille wurde durch Orakel erforscht. Hatte Jahve den Feind Israel »in die Hand gegeben«, so konnte das Heer ausziehen und das Kriegsgeschrei anstellen. Ein Gottesschrecken überfiel sodann die Feinde und bewirkte das Wunder ihrer Bezwingung. Das alles geschah freilich nur im optimalen Fall, der der Theorie der sakralen Institution gerecht wurde. In Wirklichkeit waren jedesmal große Schwierigkeiten zu überwinden, ehe sich die Ordnung des heiligen Krieges durchsetzen konnte. Ein starker Hang zum Partikularismus verleitete die Stämme immer wieder, den bedrohten Gruppen die Hilfe zu versagen. Im Bereich der unmittelbaren Gefahren mußten kleinere Verbände der feindlichen Macht entgegentreten. Und mit der Zeit zeigte sich, daß die sakrale Institution den Erfordernissen der politischen Wirklichkeit nicht mehr gewachsen war.

Die Lebensmitte des Zwölfstämmeverbandes war der Kultus. Im Zentralheiligtum wurde Israel in seiner Ganzheit sichtbar. Beim Konstituierungsakt in Sichem war die heilige Stätte mit einem von Josua errichteten Denkstein gekennzeichnet worden. War das für das zentrale Heiligtum des Zwölfstämmeverbandes eindrucksvoll genug? Von der Errichtung eines Tempels in Sichem weiß die alttestamentliche Überlieferung nichts; im Zentrum steht ein anderes symbolisches Gebilde. In den ältesten Traditionen des Alten Testaments finden sich Hinweise auf zwei symbolträchtige Elemente. Stets fungiert als zentrales Sanktissimum des Zwölfstämmeverbandes die Lade, einmal als kastenförmiger Behälter der Gesetzestafeln, dann aber auch als leerer Thronsitz des unsichtbar in Israel gegenwärtigen Gottes Jahve Zebaoth. Am deutlichsten wird diese Funktion der Lade bei ihrer Überführung nach Jerusalem zur Zeit Davids: erst als Standort der Lade wird die Stadt zum Zentralheiligtum Israels. Doch neben der Lade gibt es noch ein anderes: schon in frühen Schichten der Pentateuchtradition wird mit kultischer Betonung die Lagerordnung der in Zelten untergebrachten Zwölf Stämme Israels geschildert, und in der Mitte der nach Vorschrift angeordneten Zelte steht das heilige Zelt, in dem Jahves Herrlichkeit »erscheint« und sich in Orakeln kundgibt. In der späteren Überlieferung wurden Lade und Zelt miteinander verbunden; es hatte aber vordem eine Zeit gegeben, in der sie getrennt waren und die sakrale Mitte des amphiktyonischen Kultus bezeichneten. Hätten demnach zwei Zentren gleichzeitig bestanden? Vielleicht. Der Zwölfstämmeverband hatte in den ersten Jahrzehnten seines Bestehens eine recht bewegte Geschichte. Nicht immer war Sichem das Zentralheiligtum; zur Wahrung der Parität unter den Stämmen wurde die sakrale Mitte in nicht mehr feststellbaren Zeitabständen verlagert. Mit der Verlagerung konnte sich die symbolische Kennzeichnung des Zentralheiligtums ändern. Wegen der Armut der Quellen läßt sich zwar die Kultgeschichte des Zwölfstämmeverbandes nicht rekonstruieren; bezeugt sind aber in den ältesten Traditionen als Zentralheiligtümer außer Sichem auch die Orte Gilgal, Bethel und Silo, und in denselben Orten wird zu verschiedenen Zeiten auch die Lade erwähnt. Vielleicht kommen als zentrale Stätten auch noch andere Orte – Thabor? Beerseba? – in Frage.

Wo immer der amphiktyonische Kultort gewesen sein mag, er diente auch als Sammelpunkt für die regelmäßigen Treffen der Stämme, die der kultischen Feier der Jahresfeste galten. Das Gebot (Exodus 23,14-16) ordnete an: »Dreimal im Jahr sollst du mir ein Fest feiern. Das Fest der ungesäuerten Brote sollst du halten: sieben Tage sollst du ungesäuertes Brot essen, wie ich dir geboten habe, zur bestimmten Zeit im Monat Abib; denn in diesem (Monat) bist du aus Ägypten ausgezogen. Und man soll nicht mit leeren Händen vor meinem Angesicht erscheinen. Sodann das Fest der Kornernte, der Erstlinge vom Ertrag deiner Aussaat auf dem Felde, und das Fest der Lese beim Herausgehen des Jahres, wenn du deinen Ertrag vom Felde einsammelst.« Die Ordnung des Kultkalenders gibt dem Ablauf des Jahres ein festes Gefüge, in dem sich die sakral geregelte Lebensweise des Zwölfstämmeverbandes in fester Zeitabfolge widerspiegelt.

## *Die Sinai-Offenbarung*

In den Kultkalendern des Alten Testaments tragen die drei großen Jahresfeste die Merkmale der Jahreszeiten, die für das Kulturland wichtig sind: Gerstenernte, Weizenernte, Lese. Von der Urbevölkerung des Landes hatte Israel die Termine übernommen, die dem Rhythmus des landwirtschaftlichen Jahres entsprachen. Immer mehr entkleidete Israel jedoch die Saisonfeste ihres naturhaften, von Vegetationsmythen bestimmten Charakters und rückte geschichtliche Erinnerungen aus der Zeit vor der Begründung des Zwölfstämmeverbandes in den Mittelpunkt der festlichen Kultveranstaltungen. In der alten Zeit ragte aus der Reihe der Feste als Abschluß des Erntejahres das »Fest der Lese«, das herbstliche Laubhüttenfest, heraus. In dieses Fest wurde nun in Israel die Vergegenwärtigung einer grundlegenden Geschichtstradition hineinverlegt: im Herbstfest wurde das Sinai-Ereignis von neuem erlebt und bekräftigt. Besonders treten im kultischen Vergegenwärtigungsgeschehen drei Akte hervor: die Selbstvorstellung Jahves im Vorgang der Theophanie, die Bundesschließung und die Mitteilung der Gebote. Die Tradition weiß, daß der Gottesname Jahve zum erstenmal in der offenbarenden Selbstvorstellung auf dem Sinai gefallen ist. Verbunden mit der Kundgebung »Ich bin Jahve« war die Bundeszusage: »Ich bin Jahve, dein Gott.« Im Gottesdienst des Herbstfestes erinnerte sich der Zwölfstämmeverband des nicht erst in Sichem, sondern schon am Sinai versprochenen Gottesbundes, und im kultischen Akt wurden die Bundesordnungen, die Gebote Jahves, jeweils neu verkündigt. Im Zeremoniell von Sichem (Deuteronomium 27) teilte sich der Zwölfstämmeverband in zwei Halbchöre, am Hange des Ebal und auf dem gegenüberliegenden Berg Garizim; die Leviten verkündigten die apodiktischen Gebote, und die Chöre antworteten jedesmal mit einem bestätigenden »Amen«. Das Sinai-Ereignis wurde kultisch vergegenwärtigt, wie man überhaupt gerade an Hand der alttestamentlichen Sinai-Berichte beobachten kann, wie sehr das Moment der kultischen Aktualisierung die Traditionen durchwirkt. Als Festlegende lebte die Sinai-Tradition in der kultischen Rezeption durch den Zwölfstämmeverband.

Charakteristisch für das Leben Israels vor Jahve waren zwei Gebote. Als Jahve sich selbst kundtat und Israel in den Gottesbund einholte, lautete die erste Forderung: »Du sollst keine anderen Götter neben mir haben!« Über den »Monotheismus« Israels ist viel geschrieben und dabei die Eigenart der »Monolatrie« in den frühen Stadien der religiösen Entwicklung hervorgehoben worden. Solche Kategorien reichen zur Erfassung der Wirklichkeit nicht aus. Die Idee des »Monotheismus« geht von einem statisch fixierbaren »Theismus« aus, während für den religiösen Glauben Israels die dynamische Expansion eines Herrschaftsanspruches kennzeichnend ist, der auf der Selbstvorstellung Jahves und der prophetischen Übermittlung des Gottesrechts beruht. Der Herrschaftswille Jahves duldet keine anderen Mächte, ohne tyrannisch und despotisch zu sein, denn er ist mit dem Heilswillen Jahves identisch. So würde sich Israel, wenn es anderen Göttern folgte, in unheilvolle Koalitionen verstricken und Schaden nehmen; Jahve befreit die Seinen aus dem Bann der numinosen Mächte und aus der Sphäre der geschichtlichen Gewalten (etwa Ägyptens). An der Befolgung des ersten Gebots entscheidet sich daher das Schicksal Israels. Zu den eigenartigen Lebensfundamenten des alttestamentlichen Gottesvolkes gehört indes auch das zweite Gebot: »Du sollst dir kein Gottesbild machen, keinerlei Abbild, weder dessen, was oben im Himmel, noch dessen, was unten auf Erden, noch dessen, was in den Wassern unter der Erde ist!« Dies Verbot der Abbildung Gottes ist vielen Mißverständnissen ausgesetzt. Die Erklärung, daß Israel dem am Sichtbaren und Dinglichen orientierten Kultus der Heiden eine nur auf das Unsichtbare und Geistige ausgerichtete Gottesverehrung entgegengesetzt habe, trifft nicht zu: auch bei den Heiden wurden die Bilder nur in den seltensten Fällen mit der Gottheit wirklich identifiziert; vielmehr glaubte man die Gottheit im Bilde gegenwärtig, und diese Gegenwart stattete den Menschen mit einer gewissen Verfügungsgewalt aus. Solche Fixierungen und Verfügungsmöglichkeiten wurden aber Israel im Alten Testament genommen, und deswegen wurde es zum Fremdling unter den Völkern. Die religiöse Lebensquelle des Zwölfstämmeverbandes war von Anfang an nicht das Kultbild, sondern das prophetisch übermittelte Wort.

Eben darum kam auch den Festlegenden eine wichtige glaubens- und lebensbegründende Funktion zu. Es ist aber nun eine Frage, ob eine Festlegende als Quelle für die Rekonstruktion geschichtlicher Vorgänge in Anspruch genommen werden kann. Als Zwölfstämmeverband hatte sich Israel erst im Kulturland konstituiert. Daß die Sinai-Tradition über die Vorgeschichte etwas hätte aussagen können, war wohl nicht gut möglich, denn die einzelnen Stämme hatten vor der Gründung des Verbandes ihre geschichtlich wesentlichen Erfahrungen in verschiedenen Räumen und zu verschiedenen Zeiten gesammelt. Allenfalls können kleinere Gruppen des späteren Israels die im Buch Exodus überlieferten Ereignisse – Auszug aus Ägypten, Wüstenwanderung, Offenbarung am Sinai – erlebt haben, und es muß noch nicht einmal ein und dieselbe Gruppe Zeuge und Überlieferer aller dieser Ereignisse gewesen sein. Die Sinai-Überlieferung hätte von einer, die Auszugstradition von einer anderen Gruppe bewahrt worden sein, und nur das Schicksal einer kleineren Gruppe wäre durch die historischen Konturen der Sinai-Erzählungen angedeutet. Aber schon die »Konturen« sind fragwürdig. Bei der Frage nach dem Namen und Ort des Gottesberges setzen bereits die Unklarheiten ein: der Berg kann »Sinai«, aber auch »Horeb« genannt werden, und vielleicht waren sogar zwei verschiedene Berge gemeint. Nur mit Vorbehalt kann man aus den Texten herauslesen, daß der Ort der Handlung im südlichen Gebirgsmassiv der Sinai-Halbinsel gelegen haben muß; eine überzeugende topographische Identifizierung fehlt bis jetzt. Was feststeht, ist also nur, daß die Sinai-Tradition in Sichem zur gemeinsamen geschichtlichen Überlieferung des Stämmeverbandes erhoben wurde. Als Josua die versammelten Stämme aufrief, in den Dienst Jahves einzutreten, wurde die religiöse Tradition *einer* Gruppe zur Kultbasis für den gesamten Verband; die Sinai-Tradition wurde vom Volk im Festkult aufgenommen und verarbeitet, mußte also künftighin lebendig bleiben. Die Motive und Tendenzen der in die Vergangenheit zurückgestrahlten Vereinheitlichung des Geschichtsbildes schälen sich nun deutlicher heraus: nimmt ganz Israel an der Vergegenwärtigung des Sinai-Ereignisses im Festkult teil, so muß auch die Geschichtsschreibung alle Stämme am Originalmodell des vergegenwärtigten Geschehens teilhaben lassen.

Welche Bedeutung kommt nun in diesem Geschichtsbild der Gestalt des Mose zu? Durch eine gewaltig ausgreifende Traditionsbildung wurde diese Gestalt in alle Ämter und Bereiche der vorisraelitischen Zeit hineinprojiziert, mit den Mitteln historischer Kritik ist an sie nicht mehr heranzukommen. In den Sinai-Abschnitten des Alten Testaments gilt Moses vor allem als prophetisch begabter Übermittler des heiligen Gottesrechtes. Das Deuteronomium läßt ihn sagen: »Ich stand damals am Sinai zwischen Jahve und euch, um euch die Worte Jahves zu verkündigen.« An keiner Stelle im Alten Testament erscheint Moses als Religionsstifter. Moses »stiftet« keine Religion; er übermittelt Jahves Selbstvorstellung, Bundesschließung und Bundesordnung. Jede Möglichkeit der Verehrung eines religiösen Genius schneidet das Alte Testament ab; andere Gottesmänner können und sollen später die Stelle des Mose einnehmen. Der Gott Israels ist, wie in den Erzvätergeschichten häufig genug betont wird, kein Lokalnumen, das infolge günstiger Zufälle über die lokale Bedeutung hinausgehoben wird und durch einen »Stiftungsakt« in die Welt getragen werden muß; er ist der sich selbst bezeugende Gott, dessen Offenbarung in der Geschichte zum Ziel kommt.

## *Auszug aus Ägypten: Kultdrama und Geschichte*

Im Alten Testament sind die Errettung aus Ägypten und die wunderbaren Ereignisse beim Zug durchs Meer die inhaltliche Grundlage eines immer wieder ausgesprochenen Glaubensbekenntnisses. Stets von neuem wurde die Kultgemeinschaft Israel durch prophetische Verkündigung angeleitet, das Geschehen der Frühzeit als Walten Gottes zu erkennen. Ständig erneuert wurde die Erklärung (2. Samuel 7,23): »Wo ist eine andere Nation auf Erden wie dein Volk Israel, um derentwillen ein Gott hingegangen wäre, sie sich zum Volke

Ausländische Fronarbeiter beim Bau eines Hauses in Ägypten
In der Mitte ein Semit beim Vermessen einer Mauer
Aus einem Wandgemälde im Grab des Rechmirê in Theben, um 1450 v. Chr.

Gefangene Phöniker beim Fällen von Zedern auf dem Libanon
Relief vom Amun-Tempel in Karnak, um 1310 v. Chr.

zu erkaufen und ihr einen Namen zu machen und für sie so große und wunderbare Dinge zu tun...?« Wenn sich die Stämmegemeinschaft am heiligen Ort versammelte, bekannte sich auch der einzelne Israelit zur geschichtlichen Darstellung, die das besondere Verhältnis zum Gott der Väter bekräftigte. Bei der Ablieferung der Ernte-»Erstlinge« stimmte der Opfernde in das große Credo (Deuteronomium 26,5 ff.) ein: »Ein umherirrender Aramäer war mein Vater; der zog hinab mit wenigen Leuten nach Ägypten und blieb daselbst als Fremdling und ward dort zu einem großen, starken und zahlreichen Volke. Aber die Ägypter mißhandelten uns und bedrückten uns und legten uns harte Arbeit auf. Da schrien wir zu Jahve, dem Gott unserer Väter, und Jahve erhörte uns und sah unser Elend, unsere Mühsal und Bedrückung, und Jahve führte uns heraus aus Ägypten mit starker Hand und ausgerecktem Arm, unter großen Schrecknissen, unter Zeichen und Wundern, und brachte uns an diesen Ort und gab uns dieses Land, ein Land, das von Milch und Honig fließt.« Der geschichtliche Bericht war Teil des Bekenntnisses, im Bekenntnis antwortete der Einzelne auf die prophetische Verkündigung der großen Taten Gottes. Vornehmlich war auch die Tradition vom Auszug aus Ägypten »Festlegende«; religiöse Aussagegehalte verflochten sich mit der Geschichtsüberlieferung. Als »geschichtliche Urkunden«, als die sie der Historiker gern aufnehmen möchte, müssen daher die Texte zurücktreten. Nur noch in fernen Umrissen ist das tatsächliche Geschehen in den Traditionen erkennbar.

Wie stellt sich dann aber das ganze Geschehen der historischen Kritik dar? Die glaubende Aneignung der Geschichte ist nicht dasselbe wie die historische Sichtung, um die sich die moderne Geschichtsschreibung mit allen brauchbaren Forschungsmitteln bemüht. Und der Historiker, der sich mit dem Alten Testament beschäftigt, kann nicht übersehen, daß nicht allein das alte Israel die alttestamentliche Geschichte glaubend übernahm; noch heute leben Synagoge und Kirche im Glauben an die im Alten Testament bezeugte Geschichte. Daß das dort Berichtete auch in der Gegenwart und mit mächtigen Rückwirkungen auf die Gegenwart aus dem Glauben akzeptiert wird, muß von der historischen Kritik respektiert werden. Auch an der Errettung aus Ägypten sehen die alttestamentlichen Texte grundsätzlich ganz Israel beteiligt. Nach dem bisher über die Sondergeschichte der Stämme und die Hintergründe der Sinai-Tradition Gesagten wird man diese Darstellung auf eine spätere Ausweitung zurückführen müssen. Die Annahme liegt nahe, daß die Erlebnisse in Ägypten einst in Sonderüberlieferungen einzelner Gruppen des späteren Israels lebendig gewesen sein dürften.

Welches Schicksal haben diese Gruppen erlitten? Die als »Hebräer« bezeichneten Verbände hatten Dienstleistungen in Ägypten auf sich nehmen müssen und waren mit ihren Aufsichtsbehörden in Konflikt geraten. Heute weiß man, daß sich die Benennung »Hebräer« *(hapiru)* nicht auf die Zugehörigkeit zu einer ethnischen Gruppe, sondern auf einen sozialen Status bezog. »Hebräer« wurden im alten Orient heimatlos gewordene Menschen oder Menschengruppen genannt, die sich freiwillig zu Dienstleistungen in einem fremden Gemeinwesen verpflichteten. In diesem Sinne waren die Vorfahren Israels, die sich in Ägypten aufhielten, »Hebräer«: dienstverpflichtete Lohnarbeiter. Sie mußten aus Nilschlamm und Häcksel Lehmziegel formen; sie wurden bei der Erbauung der Vorratsstädte Pithom und Ramses beschäftigt; sie arbeiteten an Bewässerungsanlagen. Allmählich wurden ihnen diese Dienstleistungen unerträglich. Die Flucht wurde vorbereitet und eines Tages zur Überraschung der ägyptischen Aufseher ausgeführt. Nachdem der Ausbruch der Hebräer bekanntgeworden war, wurde eine Streitwagenabteilung aufgeboten, die die fliehenden Gruppen abfangen, die wertvollen Arbeitskräfte zurückholen sollte. Nach den im Buch Exodus überlieferten Erzählungen waren die Streitwagen der Ägypter in der Nähe eines Meeres dicht an die fliehenden Hebräer herangekommen, und in diesem Augenblick ereignete sich das Wunder, daß die Verfolgten durch das Meer hindurchziehen konnten, die Verfolger aber von den Fluten verschlungen wurden. Wo ist das Meereswunder geschehen? Wie soll man sich den Vorgang nach den überlieferten Hinweisen vorstellen? An einer Stelle (Exodus 14,2) ist die Ortsbestimmung überraschend genau: »Befiehl den Israeliten, umzukehren und sich bei Piharirot zu lagern, zwischen Migdal und dem Meer, angesichts von Baal Zaphon, diesem gegenüber.« Diese Angaben führen in das Gebiet des Sirbonischen Sees nordöstlich des Nildeltas. Allerdings sind sie einer verhältnismäßig jungen Quelle entnommen, die sich möglicherweise auf lokale Traditionen ihrer Zeit stützte; die älteren Quellen sagen nichts über die Stätte des Wunders, sondern berichten nur, es habe sich »am Meere« zugetragen. Verwirrend wird die Sache, wenn eine andere Stelle (Josua 2,10; 4,23) das Wunder ans »Schilfmeer«, also wohl an den östlichen Arm des Roten Meeres, den Golf von El-Akaba, verlegt; im übrigen ließen sich aus den Quellen auch noch andere Ortsbestimmungsversuche entwickeln. Sicher ist nur, daß die ältere Tradition von den Vorgängen »am Meer« topographisch keine genaue Kenntnis mehr hatte.

Was aber war »am Meer« geschehen? Auch in dieser Beziehung weichen die Quellen voneinander ab. Zunächst zeigte sich im Alten Testament das Bestreben, das Ereignis als Wunder, als plötzliches und staunend wahrgenommenes Eingreifen Gottes darzustellen. Ein alter Hymnus (Exodus 15,1) feierte die Gottestat: »Singen will ich Jahve, denn hoch erhaben ist er; Roß und Reiter warf er ins Meer.« Doch bereits in einem sehr frühen Quellenwerk (Exodus 14,21) wurde eine kausale, rationale Aufhellung des Ereignisses versucht: »Jahve trieb das Meer die ganze Nacht durch einen starken Ostwind zurück und legte das Meer trocken.« Offenbar schwebte dem Erzähler die Möglichkeit vor, daß die fliehenden Hebräer eine durch günstige Windverhältnisse hervorgerufene Ebbe gerade noch ausnutzen konnten, während die ägyptische Streitwagenabteilung bereits in die aufkommende Flut hineingeriet: »Beim Anbruch des Morgens strömte das Meer in sein Bett zurück.« Danach hätten die Verfolger den Fehler begangen, durch das Meer bei Nacht zu waten, so daß sie das Aufkommen der Flut in einen Zustand der Verirrung und Verwirrung (Exodus 14,24) versetzte und sie dem im Morgengrauen zurückflutenden Wasser nicht mehr entrinnen konnten. Bei näherer Prüfung der Quellen läßt sich feststellen, daß der wunderhafte Charakter des Geschehens in späterer Zeit – unter dem Impuls der Kultverkündigung – immer mehr ausgemalt wurde. Ein jüngerer Text (Exodus 14,22) erzählt: »Die Israeliten gingen mitten im Meer auf dem Trockenen, während die Wasser ihnen zur Rechten und zur Linken wie eine Mauer standen.« Zweifellos sah das spätere Israel im wunderbaren Geschehen »am Meere« zuvörderst Gottes machtvolles Eingreifen. Dieser Aspekt steigerte die berichtenden Geschehnisse zu Grundbildern von typischer Gültigkeit: der Gott Israels reißt sein Volk aus der Machtsphäre des ägyptischen Großkönigs heraus,

# Das alte Palästina

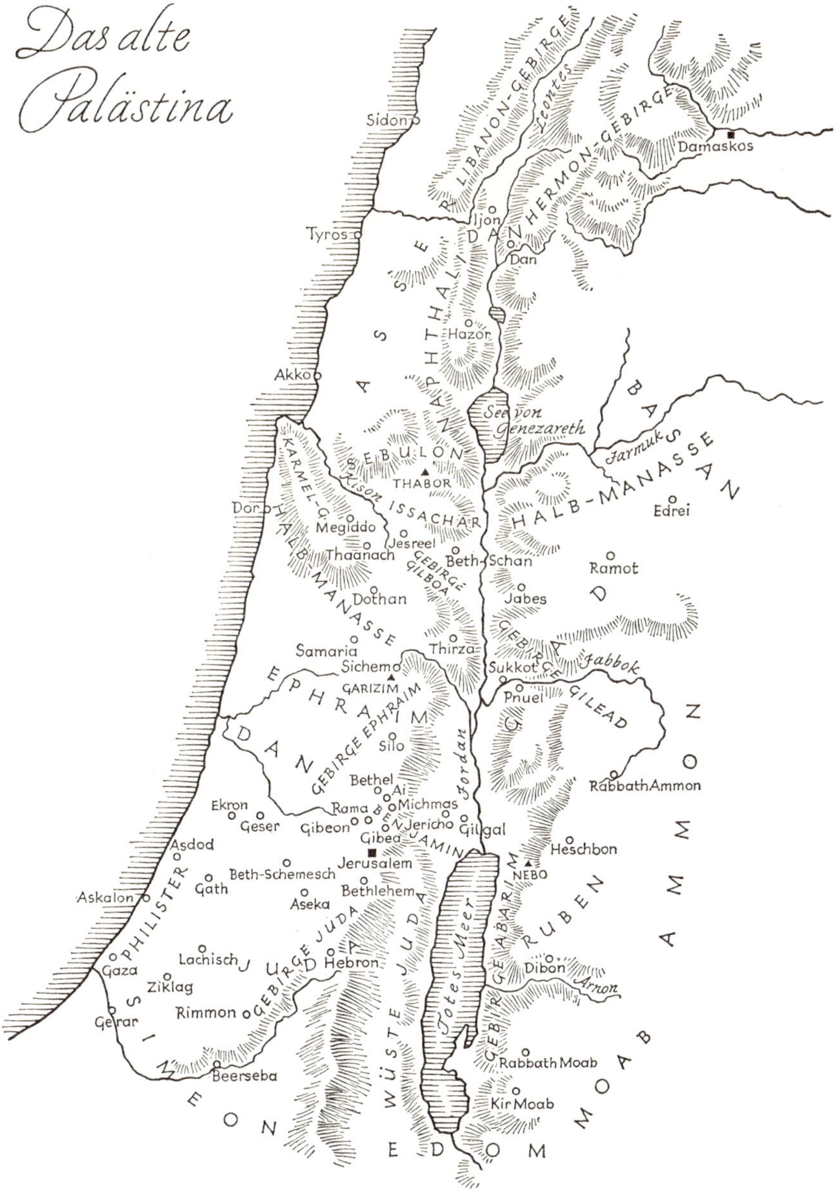

errettet die Seinen und vernichtet die Großmacht. Dagegen wissen die ägyptischen Quellen von den Ereignissen im nordöstlichen Grenzbezirk überhaupt nichts zu berichten; fraglos waren sie für den Bestand des großen Reiches von geringer Bedeutung. – Der Auszug aus Ägypten fällt nach den alttestamentlichen Berichten wohl in die Regierungszeit Ramses' II.

Lassen sich die Gruppen des späteren Israels, die in Ägypten waren und also vom Süden her ins Kulturland Palästina einwanderten, näher bestimmen? Man hat gemeint, in den Josephsgeschichten Anhaltspunkte zu finden: die letzten Kapitel der Genesis berichten von Josephs Aufenthalt in Ägypten, und man fragt sich, ob es Gruppen des späteren »Hauses Joseph«, der Stämme Ephraim und Manasse, waren, die am Nil gelebt und den Auszug mitgemacht hatten. Es ist schwer, eine begründete Antwort zu geben: die Verästelung der vorisraelitischen Gruppen ist zu stark, kaum übersehbar. Es bleibt dabei, daß die Sondertradition einer Gruppe, die sich auf den Exodus bezog, vom Zwölfstämmeverband als geschichtliche Hauptüberlieferung übernommen und auf die gesamte Gemeinschaft übertragen wurde. Die Ausweitung eines Gruppenerlebnisses auf den Stämmeverband wird durch den Kultus vermittelt: ihr Instrument ist die Vergegenwärtigung geschichtlicher Ereignisse im Festkult.

Die Sinai-Tradition war die Festlegende des Laubhüttenfestes im Herbst. Die Überlieferung vom Auszug aus Ägypten hingegen wurde im Passah-Mazzoth-Fest im Frühjahr kultisch aktualisiert. Vielleicht spiegelte diese Aktualisierung ein altes kultisches Zeremoniell aus der Umgebung des alt-israelitischen Zentralheiligtums Gilgal wider (Josua 3–5). Der Kultakt hatte sein festes Programm: die Zwölf Stämme sind am Jordan versammelt, um den Fluß feierlich zu durchschreiten; Priester tragen die Lade voran; jeder Akt atmet die Atmosphäre einer kultischen Feier; zum Schluß heißt es (Josua 4): »Jahve, euer Gott, ließ die Wasser des Jordans vor euch vertrocknen, bis ihr drüben wart, wie Jahve, euer Gott, mit dem Schilfmeer getan hat, das er vor uns vertrocknen ließ, bis wir drüben waren…« Die feierliche Überschreitung des Flusses durch die Furt bei Gilgal kann eine kultisch-dramatische Vergegenwärtigung des Meereswunders gewesen sein. »Ganz Israel« nahm an dem Kultakt teil; als das Volk den Jordan hinter sich ließ, betrat es das verheißene Land. Der Kultakt umspannte alle Inhalte des Credos. Auch hier lassen sich die Motive und Tendenzen der Einbeziehung »ganz Israels« in das Auszugsgeschehen ablesen: die kultische Vergegenwärtigung der Ereignisse glich dem Wiedererleben der Geschichte; anders ausgedrückt: im festlichen Ritus nahm »ganz Israel« an den Ereignissen in Ägypten teil. Die Passahordnung sorgte dafür, daß jeder Teilnehmer die Nacht der Flucht dramatisch-aktuell erlebe. Über das Passahlamm sagte die Vorschrift (Exodus 12,11): »So sollt ihr es essen: die Lenden gegürtet, die Schuhe an den Füßen und den Stab in der Hand. Ihr sollt es essen in angstvoller Eile; ein Passah für Jahve ist es.« In der gottesdienstlichen Aktualisierung, die sogar Gebärden reproduzierte, wurde alles Geschehen der Vergangenheit unmittelbare Gegenwart. Am Rande mag angemerkt werden, daß die Praxis der kultisch-dramatischen Darstellung mit all ihren Abwandlungen auch die Tradition bis in Einzelheiten hinein beeinflußte.

Götzenbilder
Bronzestatuetten fremder Gottheiten aus Kanaan. Paris, Louvre

Der Jordan und seine Mündung ins Tote Meer
Das Eintrittsgebiet des Volkes Israel ins Gelobte Land

## Israel und die Kanaaniter

Im Siedlungsgebiet zwischen den kanaanitischen Städten und Stadtstaaten lebte die vorpolitische Stämmegemeinschaft Israel. Aus der Wüste waren die Sippen und Stämme gekommen, und im Kulturland suchten sie ihre andere Wesensart durchzusetzen; so wurde die Naturgebundenheit der Erntefeste mit den Geschichtstraditionen, von denen Israel erfüllt war, durchtränkt oder von ihnen verdrängt. Das Verhältnis der neuen Siedler zur seßhaften Bevölkerung Palästinas war unterschiedlich. Mit der Zeit gewannen die Einwandererstämme, die sich zusammengeschlossen hatten, an Macht und Einfluß. Sie lernten von der ansässigen Bevölkerung. Täglich sahen sie die von Ringmauern und Glacisanlagen umgebenen Städte, in deren Mitte sich die Zitadelle erhob. Die aristokratische Herrenschicht dieser fremden Gemeinwesen benutzte im Krieg »eiserne Wagen«, Streitwagen, wie sie die Hyksos der altorientalischen Welt gebracht hatten. Die Städte schienen uneinnehmbar. An einzelnen Stellen hatten die Stämme Israels schon in früher Zeit Erfolg mit ihren Eroberungsversuchen, doch mußten sie sich, wenn sie Siedlungen gründen wollten, größtenteils nach den Bedingungen richten, die sie vorfanden. Für das fremde Heereswesen gab es zunächst keinen Platz in der Welt des sakral begründeten Stämmebundes; indes machten sich kanaanitische Vorbilder in der Siedlungsweise der Israeliten deutlich bemerkbar. Vor allem machten sich die Stämme die Errungenschaften der kanaanitischen Stadtkultur zunutze, die sich in der Bronzezeit entfaltet und beachtliche Leistungen hervorgebracht hatte. Die Menschen aus der Wüste übernahmen die Geräte, aber auch die Lebensformen und geistigen Güter der Einheimischen. Der Übergang von der Kleinviehzucht der Nomaden zur Ackerbaukultur brachte eine nicht geringe Umstellung mit sich. Die Bearbeitung und Bewässerung der Felder, die Herstellung der Geräte und andere mit dem Ackerbau verbundene Arbeiten mußten erlernt werden, und lernen konnten sie die Israeliten nur von den Kanaanitern. Eine völlig neue Arbeitssphäre war die Großviehzucht. Überall mußten sich die neuen Bewohner des Landes Verhältnissen anpassen, die ihnen fremd waren. Auch die geistige Wirkung der kanaanitischen Kultur war beträchtlich: Dichtungen, Mythen und Erfahrungsweisheiten der Eingeborenen gingen auf die Einwanderer über. Aus der Begegnung mit der Sprachwelt der einheimischen Bevölkerung entstand die hebräische Sprache; aus dem unter den Stämmen Israels wahrscheinlich vorherrschenden frühoramäischen Sprachtypus bildete sich ein dem Kanaanitischen ähnlicher Dialekt heraus.

Zahlreich waren die kulturellen Impulse, die von den Kanaanitern ausgingen. In der Begegnung mit der seßhaften Bevölkerung sprang auf die Einwanderer ein zündender Funke über. Anderseits sah sich der Zwölfstämmeverband in der Berührung mit der kanaanitischen Urbevölkerung auch großen Gefahren ausgesetzt. Vor allem war das religiöse Eigenleben Israels von den Kanaanitern in seinen Wurzeln bedroht. Die Sphäre der Ackerbaukultur trägt den Nimbus eigener religiöser Voraussetzungen und Tendenzen. Orte, an denen geheimnisvoll mächtige Wesen erscheinen, gehören zur Eigenart des Kulturlandes. An den Quellen, unter rauschenden Bäumen und auf ragenden Höhen manifestieren sich die »besitzenden Geister« der Ortschaft, die *Baalim* (Singular: *Baal*); ihnen sind weibliche Gottheiten zugeordnet, die *Astarte* heißen. Diesen Gottheiten fühlt sich der ackerbauende

Kanaaniter zu Dienst und Verehrung verpflichtet; er bringt ihnen an den »heiligen Orten« Opfer dar und erwartet von ihnen Fruchtbarkeit und reichen Ernteertrag. Die Fruchtbarkeitskulte zielen darauf ab, die Potenzen der göttlichen Wesen wirksam werden zu lassen: mit Mythen, Riten und kultdramatischen Akten soll die sexuelle Begegnung der Götter im Akt der »heiligen Hochzeit« herbeigeführt und die Fruchtbarkeit gesteigert werden. Orgiastisches Analogiehandeln der Kultgenossen führt zu ekstatischen Exzessen, die gerade für den Baalskult charakteristisch sind. Frauen weihen sich der sakralen Prostitution. Das religiöse Leben ist vom Rausch der Fruchtbarkeitserweckung beherrscht.

Die aus der unfruchtbaren Wüste kommenden Stämme Israels empfanden das kultische Leben der Kanaaniter, das auch ins alltägliche Verhalten ausstrahlte, als unheimlich, schamlos und pervers. Dennoch drang das fremde Unwesen in die Lebensbereiche des Zwölfstämmeverbandes ein. Gewiß strömte der zentrale Kultus Israels seine in Geschichte und Gottesgebot gegründeten Festverkündigungen aus, aber im Spannungsfeld der alltäglichen Berührungen mit der kanaanitischen Ackerbaureligion sickerte unvermeidlich der Fruchtbarkeitskult ein. Auch im gesellschaftlichen Leben lassen sich analoge Erscheinungen nachweisen. Die kanaanitischen Stadtstaaten standen unter aristokratischer Herrschaft: den Häuptern der Städte gehörten Länder, Paläste und Schmuck; der Besitz war ungleich verteilt; wer sich am florierenden Handel der kanaanitischen Städte beteiligte und Erfolg hatte, konnte in die einflußreiche Oberschicht der Besitzenden aufsteigen. Umgekehrt herrschte in Israel das Prinzip der Gleichheit aller Stammesgenossen: die Ackeranteile wurden in unbestechlicher Gerechtigkeit ausgelost und gestörte Besitzverhältnisse durch die sakrale Ordnung des Zentralheiligtums reguliert; nomadische, patriarchalische und vor allem religiöse Kräfte gaben den Ausschlag. Aber das starke Gefälle der sozialen Unterschiede in der kanaanitischen Gesellschaft erschütterte die Stabilität dieses Systems. Der kulturelle Gewinn, den der Zwölfstämmeverband aus der Berührung mit der Urbevölkerung zog, wog die Gefahr der Zersetzung nicht auf, die der ständige Kontakt mit sich brachte. Im Alten Testament hat dieser Prozeß viele tiefe Spuren hinterlassen.

## *Richter und charismatische Helden*

In der vorpolitischen Lebensordnung des Zwölfstämmeverbandes war das Zentralheiligtum der Brennpunkt des Geschehens für alle Gruppen Israels. Der Gottesdienst und die ihm zugeordneten sakralen Institutionen regelten gleichsam den Blutkreislauf des Jahve-Verbandes. Von entscheidender Bedeutung für das Leben der Gemeinschaft war die Institution des »Richters in Israel«. Die Männer, die dieses Amt bekleideten, haben einem längeren Abschnitt der Frühgeschichte Israels das Gepräge gegeben. Die von der Tradition überlieferten Listen der Richter (Richter 10,1-5; 12,8-15) zeigen, daß der Stämmeverband bestrebt war, möglichst alle Stammesgruppen abwechselnd an der Amtsführung zu beteiligen, die zentrale vorpolitische Vertretung auch tatsächlich zu einem Organ aller dem Verband angeschlossenen Gruppen zu machen. Ein eigenartiger Angleichungsprozeß in der alttestamentlichen Überlieferung hat aber auch andere Männer als »Richter« erscheinen lassen, die mit Rechtsprechung nichts zu tun hatten und denen die Tradition eine außergewöhnliche Funktion für außergewöhnliche Situationen zuweist. Typisch dafür sind in den Erzählungen des Alten Testaments Barak und Gideon, keine ständigen Amtsträger, sondern für die Verrichtung bestimmter außergewöhnlicher Gottestaten durch einen plötzlichen Designationsakt auserwählte Helden. Der Geist Jahves, so heißt es, kam über sie und ließ sie gewaltige Heldentaten vollbringen; sie traten ab, nachdem sie ihr Werk vollbracht hatten. Nur für eine kurze Zeit zog sie eine von Gott ausgehende Kraft in ihren Bann, eine Inspiration, die sie zu Heroischem befähigte, ein Charisma; so hat man denn in diesem Zusammenhang von »charismatischen Führern«, »charismatischen Helden« gesprochen. Bei näherem Zusehen stellt man fest, daß diese Auserwählten in direkter Beziehung zur Verteidigungsaufgabe im »heiligen Krieg« standen: sie traten plötzlich auf, wenn Gruppen der Zwölfstämmeverbandes bedroht waren. Wichtig ist hier die Gruppensicht: obwohl der »heilige Krieg« in der Idee dem Schutz des gesamten Stämmeverbandes galt, waren gesamtisraelitische Kriegsaktionen selten und die bedrängten Stämme zumeist auf sich allein gestellt; in ihren Sonderkriegen kamen ihnen die Männer des Charismas zu Hilfe, die also recht eigentlich Stammeshelden waren, nicht institutionelle Vertreter des Gesamtverbandes wie die »Richter in Israel«. Aber die Tradition mit ihrer vereinheitlichenden Geschichtsschreibung hat alle Einzelereignisse und Gruppenerlebnisse zu einem von ganz Israel erlebten, erlittenen Geschehen zusammengefügt.

Genau lassen sich die Ereignisse der Richterzeit nicht datieren. Was in den Büchern Josua und Richter erzählt wird, dürfte sich etwa zwischen 1200 und 1000 v. Chr. abgespielt haben. Der Zwölfstämmeverband Israel mit seinen Gruppen lebte im Spannungsfeld zwischen den kleinen kanaanitischen Stadtstaaten und den an den Grenzen entstehenden größeren Machtgebilden. Zusammenstöße und Kriege von lokaler, aber auch von überregionaler Bedeutung waren nicht ungewöhnlich, aber in der Regel betrafen sie nur Teile des Zwölfstämmeverbandes. Lokale Auseinandersetzungen ergaben sich daraus, daß die Stämme Israels in Nord und Süd eine Regelung der Koexistenz mit den Kanaanitern finden mußten, was nicht immer auf friedliche Weise gelang. So kam es im Gebiet der kanaanitischen Stadt Gibeon zu einem Kampf, durch den die kritische Situation im Siedlungsbereich Benjamins entschieden wurde. Die Einwohner von Gibeon wurden geschlagen, in einem heiligen Krieg, in dem Jahve »für Israel stritt« (Josua 10, 14), besiegt. Im Süden des Siedlungsgebietes Israels gelang es (Richter 1,10–15) den Kalibitern, einer dem »Hause Juda« angeschlossenen Gruppe, die kanaanitische Stadt Hebron zu erobern. Offensichtlich vermochte sich die Urbevölkerung des Landes an einzelnen Orten gegen die zunehmende Macht der Stämme nicht mehr durchzusetzen; möglicherweise wurden die kämpfenden Gruppen oder Stämme Israels von Nachbarn, die zum Zwölfstämmeverband gehörten, unterstützt. Langsam verschoben sich die Gewichte zuungunsten der Kanaaniter.

Aus der Reihe der Berichte über größere Aktionen ragt die Erzählung (Richter 5) über die Schlacht gegen Sisera bei Thaanach, am Wasser Megiddo, heraus, die vor allem für das Schicksal der Nordstämme von außerordentlicher Bedeutung gewesen sein muß. In einem schwungvollen, hinreißenden Gesang, dem »Debora-Lied«, einer der ältesten und imposantesten Dichtungen Israels, sind die Ereignisse festgehalten. Ausgegangen war der Kampf von den Stämmen Naphtali und Sebulon, die für die einheimischen Küstenbewohner Dienstleistungen verrichten mußten. Die Stämme führten einen Befreiungskrieg und erhielten Hilfe vom Zwölfstämmeverband. Bei Thaanach prallten die Heere aufeinander. Unter der Führung Siseras traten die gutausgerüsteten Streitwagenabteilungen der Kanaaniter an. Führer des Heerbannes Israels war der von der Prophetin Debora auserkorene Held Barak. Siseras Heer wurde in die Flucht geschlagen, Sisera selbst, als er auf der Flucht seinen Streitwagen verließ, getötet. Das Debora-Lied, das den Sieg feiert, gibt gleich in den ersten Zeilen die Glaubenserfahrungen des »heiligen Krieges« wieder (Richter 5):

> Daß Führer führten Israel,
> daß sich willig zeigte das Volk,
> darob preiset Jahve!
> Höret, ihr Könige, merkt auf, ihr Fürsten!
> Ich, ja, ich will singen Jahve,
> will spielen Jahve, dem Gott Israels.
>
> Jahve, als du auszogst von Seir,
> einherschrittest von Edoms Gefilden,
> erbebte die Erde, es troffen die Himmel,
> ja die Wolken troffen von Wasser.
> Die Berge wankten vor Jahve,
> vor Jahve, dem Gott Israels.

Jahve, der am Sinai hervorgetreten war, ist auch in Kanaan gegenwärtig. Er eilt aus dem Süden herbei, erscheint unter gewaltigem Beben der Erde und vollbringt das Wunder der Befreiung. Was bei Thaanach konkret geschah, verbirgt das Hymnische der historischen Erkenntnis. Wahrscheinlich wurde das Heer Siseras von einem Unwetter überrascht, in dem die Streitwagen nicht operieren konnten, weil der Boden aufgeweicht war und die Bäche überquollen: »Der Kidronbach riß sie fort, der Bach wogte ihnen entgegen – der Kisonbach.« Das Ergebnis der Schlacht war, daß die Nordstämme den Frondienst abwerfen konnten.

Beträchtliche Gefahren drohten dem Stämmeverband aus der westlichen Küstenebene. Hier hatten sich die Seevölker niedergelassen, eine neue Herrenschicht, die die Gebiete am Meer beherrschte. Der Name Sisera deutet auf fremde Herkunft, und man darf vermuten, daß die Kanaaniter in der Nähe der Jesreel-Ebene zur Zeit der Schlacht bei Thaanach unter neuer Oberherrschaft lebten. Im südlicher gelegenen Küstenbezirk war die Machtverteilung bereits eindeutig: die Fürstentümer Asdod, Ekron, Askalon, Gaza und Gath hatten sich im Stadtstaatenbund der Philister zusammengeschlossen, der künftighin ein Dorn im Fleische Israels sein sollte. Zunächst allerdings spürte die Macht des neuen Gemeinwesens nur der den fünf Stadtstaaten unmittelbar benachbarte Stamm Dan, der sich in der Nähe der Philister auf die Dauer nicht zu halten vermochte und ein neues Siedlungsgebiet im Norden bezog. In die Zeit der Reibungen und Grenzauseinandersetzungen führen die Simson-Erzählungen, alte Sagen von einem Helden, der den Philistern durch verwegene Streiche auf eigene Faust Schaden zufügen wollte. Den historischen Kern bildeten die Konflikte an den Grenzen des philistäischen Stadtstaatenbundes. Die Philister wurden später mit dem kriegerischen Einbruch in alle Teile des israelitischen Siedlungsgebiets zu einem für den Zwölfstämmeverband schicksalhaften Faktor. In der Richterzeit waren sie noch im Aufbaustadium und verhielten sich ruhig.

Ruhig waren auch die Aramäer im Nordosten. Die gerade entstehenden Staaten des syrischen Raumes machten sich in der Frühzeit des Zwölfstämmeverbandes noch nicht durch Expansionsbestrebungen bemerkbar, und es gab auch noch keine unmittelbaren Berührungspunkte, da die ostjordanischen Siedler aus dem »Hause Joseph« nicht weit in den Nordosten vordrangen. Wirklich gefährlich waren diesen ostjordanischen Gruppen die alteingesessenen Stadtstaaten und die neuen Reiche der Ammoniter und Moabiter. So mußten sich die ostjordanischen Siedler mit König Og von Basan auseinandersetzen, aber diesen alten Staat konnten die Heere Israels leicht bezwingen. Schwieriger waren die Kämpfe mit den ostjordanischen Reichen, die gleich Israel aus eingewanderten Aramäergruppen hervorgegangen waren. Unmittelbare Nachbarn der Ammoniter wurden die in der Landschaft Gilead siedelnden Glieder des Stammes Ephraim. Unter der Führung des Helden Jephta warfen sie die in ihr Gebiet eindringenden Ammoniter in einem heiligen Krieg zurück und sicherten die Besitzungen Israels »jenseits des Jordans«. Kritischer scheinen die Kämpfe mit den Moabitern gewesen zu sein. Nach der alttestamentlichen Überlieferung des Buches Numeri teilten sich die Moabiter und der israelitische Stamm Gad in das gemeinsame Grenzheiligtum Baal Peor. Aber die gemeinsame Benutzung des Grenzheiligtums brachte keine Abschwächung der Konflikte. Da der Stamm Gad dem Zwölfstämmeverband angehörte, schlugen die regionalen Annäherungen in weitgespannte Zwistigkeiten um, und eines Tages wagten die Moabiter einen Übergriff, der ins westjordanische Gebiet hineinreichte; das Stammesgebiet Benjamins wurde besetzt und Benjamin tributpflichtig gemacht. Bei einer Tributablieferung wurde nun der Moabiterkönig vom charismatischen Helden Ehud ermordet, und diese überraschende Tat verwirrte die Moabiter so sehr, daß sie das benjaminitische Heer, das unmittelbar nach dem Mord angriff, nicht abzuwehren vermochten.

Im wesentlichen scheinen die Kriege der Richterzeit Befreiungskriege gewesen zu sein, in denen die Stämme des Jahve-Verbandes ihre Selbständigkeit gegen nahe oder entfernte Nachbarn zu behaupten suchten. Ganz anderer Art war die große Schlacht der Frühzeit, die sich an den Namen Gideon (Richter 6-8) knüpft. Im südlich und südöstlich ans Kulturland Palästina angrenzenden Steppen- und Wüstengebiet lebten große Verbände von Kleinviehnomaden, unter denen um 1200 v. Chr. keine großen Wanderbewegungen mehr zu beobachten waren und mit denen der Zwölfstämmeverband deswegen auch friedlich auskam. Aber nun stießen aus dem Innern der Wüste Schrecken verbreitende Midianiter vor, kriegerische Kamelnomaden, die wiederholt plündernd und friedliches Leben zerstörend ins Kulturland einfielen. Zur Zeit der aufgehenden Saat brachen sie vom Osten her ins westjordanische Land ein, ließen von ihren Kamelen die junge Saat abweiden, raubten die Siedlungen aus und trieben ganze Viehherden von dannen. Bei einem dieser Einbrüche erhob sich aus der Mitte der bedrohten Stämme als charismatischer Führer der Held Gideon vom Stamme Manasse. Die Midianiter waren inzwischen bis zur Küste vorgedrungen und hatten die Jesreel-Ebene überflutet. Am Südwestausgang der großen Ebene trat Gideon mit einem Heerbann den Midianiterhorden entgegen und schlug sie vernichtend. Zersprengte Reste flohen über den Jordan und wurden in die Wüste zurückgeworfen. Das war das Ende der Midianitereinfälle. Gideons großer Sieg war wieder ein Gotteswunder im heiligen Krieg, das von Geschlecht zu Geschlecht weitererzählt wurde. Noch bei Jesaja wird die Freude darüber nachklingen. Waren aber solche Siege von Bestand? Konnte sich die vorpolitische Lebensordnung des Zwölfstämmeverbandes bei zunehmender äußerer Gefahr auch noch halten? Genügte sie zur Abwehr der wachsenden Macht der neuen palästinischen Staaten?

## *Auf dem Weg zur monarchischen Staatsgewalt*

Schon zu einer frühen Zeit waren die Ältesten der Stämme voller Sorge um die politisch-militärische Schwäche des Zwölfstämmeverbandes. Nur zu deutlich war spürbar, daß Feinde, die ins Land einbrachen, nach Belieben schalten und walten konnten, bis sich ein charismatischer Führer als Retter erhob. Das sakral begründete charismatische Führertum als Aktionszentrum des »heiligen Krieges« war kein politisches Machtmittel, sondern eine religiöse Erscheinung, über die man nicht je nach Bedarf verfügen konnte: daß der »Geist Jahves« über den noch unbekannten Helden komme, ließ sich nicht befehlen. Wie ungleich besser war doch die politische Ausgangsposition der Ammoniter oder der Edomiter, die schon früh zu einem staatlich fundierten Königtum und damit zu einem sicheren zentralen Machtorgan gekommen waren! Da brauchte im Kriegsfall kein freier Heerbann charismatisch aufgerufen zu werden: der König verfügte über eine stehende Truppe, die im Notfall schnell erweitert und als militärisches Machtmittel verwendet werden konnte. Sollten die Ältesten Israels in diesen fremden Einrichtungen nicht eine wünschenswerte Neuerung für Israel sehen? Nach dem Sieg über die Midianiter glaubten sie, so sagt die Überlieferung (Richter 8,22 ff.), in Gideon einen ersten König gefunden zu haben: »Herrsche über uns, du sowohl wie dein Sohn und dein Enkel, denn du hast uns aus der Hand der Midianiter errettet!« Das kraftvolle Charisma sollte gleichsam in einem Amt konserviert werden und ständig verfügbar sein. Gideon lehnte ab – mit der bezeichnenden Erklärung: »Ich will nicht über euch herrschen, und auch mein Sohn soll nicht über euch herrschen; Jahve soll über euch herrschen.« Immer noch war das Fundament Israels die Herrschaft Jahves; die Errichtung eines erblichen Königtums schien der souveränen Freiheit Gottes Abbruch zu tun. Historiker sprechen in diesem Zusammenhang gern von einer altisraelitischen »Theokratie«. Der Begriff führt in die Irre: zur »Theokratie«, so verschieden sie sein kann, gehören feste Formen und Strukturen, während die Eigentümlichkeit der im Alten Testament für die Frühgeschichte bezeugten Gottesherrschaft darin bestand, daß sie sich in der Freiheit prophetisch übermittelten Wortes und charismatisch hervorbrechender Taten manifestierte. Sie war dynamisch-expansiv. Obwohl sie in den sakralen Formen eines vorpolitischen Stämmeverbandes hervortrat, sprengte sie jeden regulativen Schematismus; auch in den dunkelsten Spätzeiten blieb sie in ihrer ursprünglichen religiösen Macht im Worte der Propheten lebendig.

Die politischen Bestrebungen, die zur Zeit Gideons sichtbar geworden waren, machten sich auch in der Folgezeit geltend. Gideons Sohn Abimelech war keineswegs bereit, die Herrschaft über Israel Jahve zu überlassen, sondern versuchte auf eigene Faust, sich zum König zu machen. Er errichtete ein Gewaltregiment in Sichem, offenbar in der Absicht, seinen Machtbereich nach und nach zu erweitern. Das Unternehmen scheiterte, und Abimelech ereilte ein schmachvolles Ende. Aus dieser Zeit stammt die meisterhafte Fabel des Jotham (Richter 9,7 ff.), die Martin Buber die »stärkste antimonarchische Dichtung der Weltliteratur« genannt hat, ein Spottgedicht auf den Machtrausch eines Herrschsüchtigen, der andere unter seinen Willen zwingen und lenken will. Für die Errichtung einer erblichen königlichen Gewalt war Israel offenbar noch nicht reif. Ohne Zweifel gingen aber im Zwölfstämmeverband wesentliche Veränderungen vor, die auch das religiöskultische Leben nicht unberührt ließen. So schwierig es ist, die Ereignisse chronologisch festzuhalten oder auch nur die Ortsveränderungen des Zentralheiligtums zeitlich zu bestimmen, so läßt sich doch sagen, daß am Ende der Richterzeit, also etwa um 1000 v. Chr., Silo das Hauptheiligtum Israels war und die Lade beherbergte. Mit dem Ortswechsel ging ein weitreichender Umbruch im kultischen und religiösen Leben einher. Entsprechend der nomadischen Herkunft der Stämme war die Lade bis zu diesem Zeitpunkt in einem Zelt untergebracht; zum erstenmal übernahm jetzt Israel vom Kulturland Kanaan die Tradition des Tempelbaus, und die Lade erhielt einen eigenen Bau. Die Sakralarchitektur dieses Bauwerks mit allen von der Existenz des Tempels bedingten kultischen Neuerungen gab dem gottesdienstlichen Leben des Zwölfstämmeverbandes sogleich ein neues Gepräge. Die Quellen wissen zu berichten, daß der Oberpriester Eli mit seinen Söhnen nunmehr in der Hauptsache den Opferdienst versah. Die Opferpriesterschaft trat in den Vordergrund und verschob das Schwergewicht des zentralen Kultus vom Recht zum Opfer. Damit aber schlichen sich ins Zentralheiligtum Zersetzungserscheinungen ein (1. Samuel 2). Der Gottesdienst öffnete sich den religiösen Bräuchen der Umwelt, auch der Naturkult der Urbevölkerung fand in Silo freundliche Aufnahme, und bald wurde über sittlichen Zerfall im Hauptheiligtum geklagt: die Söhne des Oberpriesters Eli eigneten sich die Jahve geweihten Opfergaben an und führten das an kanaanitischen Kultorten übliche Tempeldirnentum ein. Der sexuell-orgiastische Naturkult der kanaanitischen Umwelt verdrängte das Prophetisch-Charismatische: »Offenbarungen Jahves waren selten, Gesichte waren nicht häufig.« (1. Samuel 3,1)

Auf dem dunklen Hintergrund des Zerfalls des zentralen Kultus zeichnen sich Geburt, Kindheit und Berufung des Mannes Samuel ab, der am Ausgang der Richterzeit noch einmal wahres Richteramt und Prophetentum repräsentiert. Als leidenschaftlicher Hüter des Erbes des Zwölfstämmeverbandes erlebt der Gottesmann den beginnenden Zusammenbruch Israels und die Übergangszeit, in der das Königtum heraufzieht. Aus der Fülle der Ämter und charismatischen Missionen, mit denen die Traditionen Samuel bedenken, heben sich zwei Momente heraus: seine prophetische Gabe und seine Tätigkeit als »Richter in Israel«. »Ganz Israel, von Dan bis Beerseba«, sagt der Bericht (1. Samuel 3) über seine

Berufung zum Propheten, »erkannte, daß Samuel damit betraut war, Prophet Jahves zu sein.« In seiner politisch-sakralen Funktion setzte sich noch einmal die Rechtsverkündigung gegen den Opferdienst durch.

Die Katastrophe brach herein, als Eli noch als Oberpriester in Silo amtierte. Die Philister stießen über die Grenzen ihrer fünf Stadtstaaten vor, um sich als Herren auch des westjordanischen Bereichs zu etablieren. In der ersten Schlacht wurden die Heere der Israeliten geschlagen; auch die weiteren Abwehrversuche scheiterten. In höchster Not besann sich der Heerbann Israels auf ein magisches Zaubermittel: die Lade wurde als Palladium des heiligen Krieges auf das Schlachtfeld geholt. Umsonst: die Israeliten unterlagen, und die Lade fiel in die Hände der Philister. Nun waren die Sieger, die sich bald ganz Mittelpalästinas bemächtigten, nicht mehr aufzuhalten. Im ganzen Land wurden philistäische Besatzungstruppen stationiert und Gouverneure eingesetzt. Auf die Nachricht vom Verlust der Lade hin brach der Oberpriester Eli tot zusammen. Das zentrale Sanktissimum Israels wurde als Siegestrophäe in den Tempel des Gottes Dagon verschleppt, der Tempel von Silo zerstört. Die Lebensmitte des Zwölfstämmeverbandes war zersprengt, eine gemeinsame Aktion der Stämme kaum noch denkbar. Die Absicht der Philister, die einzelnen Bestandteile des Verbandes nur noch isoliert fortexistieren und allmählich der Auflösung verfallen zu lassen, schien der Verwirklichung nahe. In dieser Zeit der Unterjochung und Zersplitterung war Samuel der einzige Rückhalt, der persönliche Mittelpunkt der Zwölfstämmegemeinschaft. Mit seinen Söhnen, die in Beerseba – wahrscheinlich außerhalb des besetzten Gebietes – »richteten«, setzte Samuel alle seine Kraft daran, die Grundlagen der Rechtsordnung zu erhalten.

Da das besetzte Land gemeinsamer Aktionen nicht mehr fähig war, nutzten die Ammoniter die Gunst der Stunde und fielen in die Landschaft Gilead im Ostjordanland ein. Erst jetzt griff die Erregung wirklich um sich: Israel entdeckte, daß es ohnmächtig, nur noch ein Spielball der Nachbarn war. Da wurde der charismatische Auftrag lebendig. Eines Abends (1. Samuel 11) erfuhr der Benjaminit Saul, als er mit seinen Rindern vom Felde heimkam, von der Invasion der Ammoniter und von der Einnahme der Stadt Jabes. »Da kam der Geist Gottes über Saul, als er die Botschaft hörte, und sein Zorn entbrannte heftig.« Im heiligen Zorn riß Saul seine Rinder in Stücke und sandte die einzelnen Teile in alle Stammesgebiete mit der Botschaft: »Wer nicht auszieht Saul und Samuel nach, dessen Rindern wird man ebenso tun.« Entsetzen befiel alle, die die Botschaft vernahmen. Trotz Besatzung und Fremdherrschaft war der Held erstanden, der – wahrscheinlich nach bekanntem Brauch – zum heiligen Krieg aufrief! Der Heerbann versammelte sich, und aus den Überlieferungen geht hervor, daß in diesem Augenblick sogar »ganz Israel« zum Kampf antrat. Warum die Philister einen solchen Aufmarsch im besetzten Land duldeten, läßt sich nur vermuten: vielleicht erhofften sie vom Krieg eine Schwächung der Mächte Palästinas, und vielleicht war ihnen eine Aktion willkommen, die der aufstrebenden Ammonitermacht einen Riegel vorschob. Daß das gemeinsame Vorgehen den zerfallenden Zwölfstämmeverband zu neuem Leben erweckte, mögen die Philister nicht sofort erkannt haben, weil der israelitische Heerbann im Ostjordanland, also außerhalb ihres Kontrollbereichs, aufgestellt wurde. Wie dem auch sei: das von Saul geleitete Unternehmen gelang, die

Ammoniter wurden aus Jabes vertrieben und mußten sich in ihr angestammtes Gebiet zurückziehen.

Der Sieg über die Ammoniter ließ unter den Ältesten Israels von neuem den Wunsch nach Errichtung des Königtums aufkommen. Die Kraft, die in der Zeit der Not plötzlich entstanden war, sollte in einem zentralen Machtorgan zusammengefaßt und erhalten werden. Nach der Schlacht gegen die Ammoniter trat der Zwölfstämmeverband – oder eine Gruppe von Stammesabgesandten – in Gilgal, einem alten Gemeinschaftsheiligtum in der Jordansenke nahe Jericho, wahrscheinlich außerhalb des Kontrollbereiches der Philister, zusammen und rief Saul zum König aus. Gewiß war Saul schon vorher ein Auserwählter, da Israel ihn als charismatischen Führer anerkannt hatte. Dazu kam jetzt die Akklamation des versammelten Verbandes, der im begnadeten Helden einen erfolgreichen Organisator sah und mit der Erblichkeit des ihm anvertrauten Amtes eine neue zentrale Instanz begründete. Die politischen Notwendigkeiten hatten den Weg zur Schaffung einer königlichen Zentralgewalt freigelegt, aber auch die Zerreißung aller archaisch-sakralen Ordnungen des alten Verbandes eingeleitet. Zunächst sollte das neue politische Machtgebilde mit einer stabilen militärischen Führung den Philistern entgegentreten, und natürlich mußten dabei innere Spannungen zutage treten. Als Hüter des sakralen Erbes dürfte namentlich Samuel in einer schwierigen Lage gewesen sein. Die militärischen und organisatorischen Erfordernisse, die in der Errichtung des Königtums ihren Niederschlag fanden, waren kaum zu bestreiten. Den Überlieferungen läßt sich entnehmen, daß Zweifel und gegensätzliche Meinungen auch im Volk laut wurden.

Dem neueingesetzten König lag zuallererst die Aufgabe ob, das Land von den Philistern zu befreien. Nach der Tradition griff er mit seinem Sohn Jonathan, der als Feldhauptmann einer ständig unter Waffen stehenden Truppe fungierte, und einem kleinen Heer zunächst einen Militärposten der Philister auf dem Paß von Michmas an, der auch prompt vernichtet wurde. Dieser erste Sieg machte großen Eindruck, und nun wurden die philistäischen Garnisonen von Saul ohne Unterlaß beunruhigt, überfallen und zersprengt. Anfänglich reagierten die Philister kaum, aber lange konnten sie einer entscheidenden Kraftprobe nicht ausweichen. Saul rüstete seine Truppen, berief als weiteren Feldhauptmann seinen Verwandten Abner und schlug eine Anzahl von Grenzgefechten. Aber er muß noch einige Monate Zeit gehabt haben, denn er lebte zurückgezogen auf einer kleinen Burg seiner Heimatstadt Gibea und traf seine Vorbereitungen. Um diese Zeit wurde zu seinem Waffenträger ein junger Krieger namens David, der sich bei einem Grenzgefecht mit den Philistern besonders hervorgetan hatte. Ob in dieselbe Zeit auch der Kampf gegen den südlichen Nomadenverband der Amalekiter (1. Samuel 15) fällt, läßt sich nicht ermitteln, jedenfalls wurden die Amalekiter, die angesichts der Siege der Philister den Einfall ins Kulturland der Israeliten riskiert hatten, in der kurzen Regierungszeit Sauls geschlagen.

Sauls militärische und organisatorische Erfolge hinderten nicht das Anwachsen der inneren Spannungen. Saul wurde nachgesagt, daß er die sakralen Grundrechte des Zwölfstämmeverbandes nicht mehr beachte, sich über heilige Ordnungen hinwegsetze, bedenkenlos in den Opferkult eingreife und für das Königtum eine absolute Verfügungsgewalt in Anspruch nehme. Es kam zu einem heftigen Konflikt mit Samuel, der schließlich kraft seiner prophetischen Vollmacht die charismatische Designation Sauls zurückzog; die Texte deuten an, der Geist Jahves sei von Saul gewichen, Gott habe den Auserwählten verworfen. Saul wurde unsicher und mißtrauisch: »Es quälte ihn ein böser Geist.« Argwöhnisch sah Saul auf David, den strahlenden jungen Helden, von dem schon auf den Straßen gesungen wurde: »Saul hat Tausende geschlagen, David aber Zehntausende!« Gehetzt von Mißtrauen und Eifersucht, geplagt von einer seltsamen Haßliebe zu David, ging der erste König Israels in die entscheidungsschweren Tage des Krieges, den er nach wohl kaum zweijähriger Regierungszeit führen mußte.

Die Philister waren klug und geschickt vorgegangen. Sie hatten sich auf den Feldzug gründlich vorbereitet und ihn gut geplant. Saul wurde zunächst hingehalten und seine stehende Truppe in kleine Grenzplänkeleien verwickelt. Zwar hatte Saul alles getan, um Israels wehrtüchtige Männer in Alarmbereitschaft zu halten, aber der entscheidende Schlag kam dennoch überraschend. Das philistäische Heer zog unbemerkt an der Küste nordwärts, stieß dann in Höhe der Jesreel-Ebene in einer plötzlichen Ostschwenkung nach Mittelpalästina vor und schnitt Israels Nordstämme von Sauls im Süden stehender Truppe ab. Saul kam gar nicht mehr dazu, den Heerbann aus ganz Israel zu sammeln. In der Entscheidungsschlacht an der Harod-Quelle bei Aphek wurde Sauls Heer vernichtend geschlagen, Jonathan fiel, der König mußte fliehen. In tiefster Verzweiflung stürzte er sich ins eigene Schwert. Die Philister gaben keinen Pardon, sie verbreiteten Schrecken, schändeten Leichen, besetzten ganz Israel, nahmen diesmal auch das Ostjordanland unter ihre Kontrolle. So endete der erste Versuch Israels, die Lebensordnung des vorpolitischen Stämmeverbandes mit Hilfe einer königlichen Spitze zu stabilisieren. Samuel war vor der Schlacht an der Harod-Quelle gestorben. Der junge Held David jedoch hatte das Ende des Hauses Saul überlebt. Sein Stern war im Aufstieg.

## *Der Reichsgründer*

Mit David beginnt in Israel die Geschichtsschreibung. Was die Quellen bis dahin – aus der Zeit der Richter oder aus der Sauls – übermitteln, sind Erzählungen, die in vielem noch Sagen sind, und der Beitrag des Erzählers ist reich an tendenziösen Aktualisierungen. Dagegen berichten über den Aufstieg Davids und seine Thronnachfolge exakt abgefaßte annalistische Darstellungen. Zwar sind auch hier mehr sagenhaft geprägte Erzählungen eingeschaltet, aber im wesentlichen befleißigt sich der Erzähler einer genauen Berichterstattung, die den inneren und äußeren Zusammenhang der Geschehnisse scharf erfaßt und alle wunderhaften Züge an den Rand treten läßt. Nur an wenigen Stellen rückt Jahve als die in der Geschichte leitende und wirkende Macht in den Vordergrund.

Den Jüngling David lernen wir als ungewöhnlich begabt, tapfer und liebenswert kennen. Wir wissen von seinem Aufstieg im Dienste des Hofes, in unmittelbarer Nähe Sauls. Lange kann David allerdings nicht in Gibea gewesen sein. Der Entzug des Charismas hatte den

König in Verfolgungswahn fallen lassen, der sein Mißtrauen gegen David, den allgemein Beliebten, lenkte. David floh in den Stammesbereich Judas und scharte dort eine Horde um sich, die in der Krisenzeit Israels von Raubzügen lebte. Das Leben eines Bandenführers gab er erst auf, als seine Bande als Söldnertruppe im Dienste des Philisterfürsten Achis von Gath Beschäftigung fand; die Stadt Ziklag wurde dem Söldnerführer als Lehen gegeben. Natürlich war Davids Dienst bei den Philistern skrupelloser Verrat; aber er war auf diese Weise endlich vor Sauls Verfolgungswahn sicher. Die Lage wurde mehr als schwierig, als das Heer der Philister zur Entscheidungsschlacht gegen Israel aufgeboten wurde und Davids Söldnerschar gegen Saul ins Feld ziehen sollte. Von der verhängnisvollen Pflicht, gegen das eigene Volk zu kämpfen, wurde der spätere König von Israel nur dadurch befreit, daß die anderen Führer des Philisterheeres in ihm einen Verräter witterten und den Ausschluß seiner Truppe aus dem Heer verlangten. Während die Entscheidungsschlacht in der Jesreel-Ebene tobte, ließ sich David mit seinen Leuten in Hebron, dem Zentrum des Südstammes Juda, nieder. In Juda gelang es ihm nach Sauls Tod, zu Macht und Einfluß zu kommen, und es geschah das Überraschende, daß er vom »Haus Juda« (dem Stamm Juda mit den angeschlossenen Gruppen) zum König gesalbt wurde. Offenbar hatte der Räuber- und Söldnerführer die hoffnungslose Lage des Zwölfstämmeverbandes geschickt dazu ausgenutzt, im Süden Palästinas ein kleines Königreich zu begründen, das als Splittergebilde wahrscheinlich auch den Philistern willkommen war.

Gewiß ist David eine der rätselhaftesten und großartigsten Gestalten des Alten Testaments. Was er auch tat, er wußte dafür immer klug und instinktsicher die rechte Stunde zu finden. Er war ungewöhnlich geschickt und konnte sich jeder Bedrängnis entledigen. Selbst der absurdeste Weg war ihm recht, wenn er nur zum Ziel führte. Dabei war David ein Mann von hinreißender Tapferkeit. Es war ihm aber auch keine Schuld fremd, alle menschlichen Tiefen hatte er durchwatet. Dennoch: er liebte Israel und stellte all sein Bemühen konsequent in den Dienst des Zwölfstämmeverbandes; er verehrte den Gott Israels und diente ihm in der vollen Kraft seiner schuldigen Menschlichkeit. Die alttestamentliche Geschichtsschreibung hat alle Seiten seines Wesens rückhaltlos aufgedeckt; sie hat ihn weder idealisiert noch in übermenschliche Größe hineingesteigert. Überhaupt liegt die Bedeutung des Alten Testaments darin, daß es unbestechlich die Wahrheit aufdeckt. Die Tradition fühlt sich nicht einem Menschen oder einem Volk verpflichtet, sondern dem Gott, der Recht, Gerechtigkeit und Wahrheit liebt.

Die Begründung eines Königtums in der judäischen Stadt Hebron hatte zunächst Zerreißung des freilich ohnehin aufgelösten Zwölfstämmeverbandes zur Folge. Die Möglichkeit einer solchen Spaltung war wohl schon in der voramphiktyonischen Gruppierung der in Nord und Süd gebildeten Stämmebünde angelegt. Dieser für die Geschichte Israels verhängnisvolle Dualismus sollte sich politisch vor allem nach dem Tode Salomos auswirken. David bot er den Ansatz zu einer Machtbildung, die von den Philistern geduldet werden mußte. Daß David weitere Ziele verfolgte, zeigt (2. Samuel 2,4–7) sein frühzeitiges Werben um die Herzen der Nordisraeliten: »Als nun David gemeldet wurde, die Männer von Jabes hätten Saul begraben, sandte David Boten an die Männer von Jabes in Gilead und ließ ihnen sagen: Gesegnet seid ihr von Jahve, daß ihr Saul, eurem Herrn, diesen Liebesdienst erwiesen und ihn begraben habt. So erweise euch nun Jahve Liebe und Treue, und auch ich will euch Gutes tun dafür, daß ihr das getan habt. So fasset nun Mut und zeigt euch als wackere Männer, denn Saul, euer Herr, ist tot. Auch hat mich das Haus Juda zum König über sich gesalbt.« Die geschickte Selbstempfehlung – solche Äußerungen sprechen sich schnell herum – war ein erster Versuch, den Norden zu beeindrucken. Indes war die von Saul ins Leben gerufene Dynastie noch nicht von der Bühne der Geschichte abgetreten. Die Nachfolge übernahm Sauls Sohn Esbaal, den man, um ihn dem Zugriff der Philister zu entziehen, in einen entlegenen Teil des Ostjordanlandes gebracht hatte und der nun von Mahanaim aus zu regieren suchte; mit einer kleinen Truppe beschützte ihn der Feldhauptmann Abner. Esbaal nannte sich »König von Israel«, was allerdings auf das »Haus Juda« keinen Eindruck machte: es hatte sich für David entschieden. Faktisch standen zwei getrennte Reiche einander gegenüber, und auch kriegerische Verwicklungen zwischen Juda und Israel blieben nicht aus. Abners Heer wurde von Davids Männern geschlagen. Die Philister hatten keinen Anlaß, darüber unglücklich zu sein.

Der Chronist (2. Samuel 3,1) berichtet: »Und der Krieg zwischen dem Hause Sauls und dem Hause Davids zog sich lange hin; David wurde immer stärker, das Haus Sauls aber wurde immer schwächer.« Die nachteilige Position des Hauses Saul wurde durch ein Zerwürfnis zwischen Esbaal und Abner noch verschlimmert. Abner durchschaute die Schwächen Esbaals und entschloß sich zu Verhandlungen mit David. Die Diplomatie scheiterte an persönlicher Rache. Abner hatte im Kampf einen Bruder Joabs, des Feldhauptmanns Davids, getötet und Joabs Racheschwur auf sich geladen. Als David nach hoffnungsvollen Verhandlungen Abner in den Norden heimkehren ließ, ging Joab dem Feinde nach und tötete ihn. Der Verständigungsversuch war auf tragische Weise fehlgeschlagen. Da stimmte David, der königliche Sänger, ein Lied der Klage an, das im Lande gehört werden sollte:

> Mußte Abner sterben wie ein Gottloser stirbt?
> Deine Hände waren nicht gebunden
> noch deine Füße in Ketten geschlagen.
> Wie ein Ruchloser fällt, bist du gefallen.

Der Klagegesang trug die Kunde durch die Lande, daß der König von Juda Abner nicht zum Gefangenen gemacht und seine Ermordung nicht gewollt hatte. Aber die Wirren wurden dadurch nicht geringer. In Mahanaim wurde Esbaal im Schlaf ermordet. Die Mörder glaubten, sie hätten David einen Gefallen getan, und überreichten ihm das Haupt des Opfers. Das gab David die Gelegenheit zu einer neuen Demonstration: er ließ die Mörder umbringen und das Haupt Esbaals mit allen Ehren neben dem Grab Abners beisetzen. Das Volk sollte erfahren: der König von Juda verabscheut den Mord an Sauls Sohn! Mit der Ermordung Esbaals war indes das Königtum im Norden praktisch erloschen; nur noch ein lahmer Sohn Jonathans konnte das Haus Saul fortführen. Was blieb den Ältesten der Nordstämme übrig, als mit David zu verhandeln? Sie gingen nach Hebron und setzten einen Vertrag auf, der den König von Juda auch zum König über Israel machte. Der Zwiespalt innerhalb des Zwölfstämmeverbandes wurde vorerst durch diese Art Personalunion überbrückt. Er blieb aber latent bestehen; die vertragliche Regelung machte die Königswürde zweiteilig und kündbar.

Wenn die Lage der getrennten und in ihren Bewegungen beaufsichtigten Reiche »Israel« und »Juda« für die Philister noch akzeptabel gewesen sein mochte, gab die neue Regelung den Fürsten der Stadtstaaten akuten Anlaß zum militärischen Eingriff. Die philistäischen Heere wurden in der Nähe der jebusitischen Stadt Jerusalem zusammengezogen und mit der Aufgabe betraut, im Grenzbezirk zwischen Juda und Israel eine Vereinigung der feindlichen Streitmacht zu verhindern. Davids Truppe erwies sich aber als unerwartet schlagkräftig: in einem Überraschungsangriff besiegte sie die Heere der Philister bei Baal-Perazim. Ebenso mißglückte ein zweiter Versuch der Philister, ihre Vorherrschaft in Palästina militärisch zu behaupten. Der Rückzug ihrer Truppen besiegelte das Ende ihrer Oberhoheit im westjordanischen Raum.

Nun stand David vor der Aufgabe der inneren Neuordnung. Das erste Problem war die Schaffung einer zentral gelegenen Hauptstadt, von der aus die Herrschaft über Nord und Süd ausgeübt werden konnte. David entschied sich für Jerusalem, das allerdings noch Stadtstaat der jebusitischen Urbevölkerung war und erst erobert werden mußte. Die Eroberung diente einem weitgesteckten politischen Ziel: David ging systematisch an die Unterwerfung der noch bestehenden kanaanitischen Stadtstaaten, die er dann in sein Staatswesen aufnahm. Jedoch wurde Jerusalem eine Sonderstellung zugewiesen: es ging als Krongut in Davids persönlichen Besitz über, und der König von Israel und Juda wurde Stadtkönig von Jerusalem, das dann auch Erbgut seiner Dynastie blieb. Um das Ansehen der neuen Metropole zu erhöhen und »ganz Israel« an sie zu binden, erneuerte David das vergessene Zentralheiligtum des Zwölfstämmeverbandes und brachte die Lade Jahves, die von den Philistern nach Kirjat-Jearim ausgeliefert worden war, nach Jerusalem. Gleichsam demonstrativ machte er die institutionelle Hinterlassenschaft des Verbandes der Zwölf Stämme zur Grundlage seines Staates. Zugleich wurden in Jerusalem sakrale Fundamente gelegt, die Stämmebund und Königtum auch religiös zusammenschlossen.

Nach der Einverleibung der kanaanitischen Stadtstaaten wandte sich David den Nachbarn Israels zu. Die Philister wurden auf schmalstem Raum zusammengedrängt. Im Südosten wurden die Staaten der Moabiter und Edomiter unterworfen und dem Herrschaftsbereich Davids eingegliedert. Dasselbe Schicksal ereilte die Ammoniter; in ihrer Hauptstadt Rabbat-Ammon setzte sich David die ammonitische Königskrone aufs Haupt. Im Süden wurde der Nomadenverband der Amalekiter in die Wüste zurückgeworfen. Davids Machtsphäre erstreckte sich nun bis zum Golf von El-Akaba. Aus den Aramäerreichen im Nordosten wurden Provinzen des Staates Israel. Um das alles zu erreichen, mußte man wohl verschiedene Kriege gleichzeitig führen. Der neue Staat konnte sich das erlauben: er wurde nach und nach zu einem mächtigen Großreich, das mit Ausnahme der phönikischen Stadtstaaten sämtliche Abschnitte der Länderbrücke Syrien und Palästina umfaßte, mit den Phönikern verbanden David freundschaftliche Abkommen. Das war kaum faßbar: nach einem völligen Zusammenbruch hatte sich aus den Trümmern in wenigen Jahren ein großes Reich erhoben, das vom Golf von El-Akaba bis an den Euphrat reichte, und das alles dank der Klugheit und Kühnheit eines einzigen Mannes!

Unter einem Großreich verstand man im alten Orient ein über die Grenzen des Nationalstaates hinausgreifendes Machtgebilde, das sich über ein großes Gebiet erstreckte, mehrere fremde Vasallenstaaten in sich schloß, von einer straff zentralisierten Staatsgewalt regiert wurde und in seinem großen Heer hauptsächlich Söldner aus den Vasallenstaaten verwendete. Solche Großreiche bestanden im Gebiete des Zweistromlandes, in Ägypten und in Kleinasien. Israel war der erste Staat dieser Art im syrisch-palästinischen Raum. Natürlich mußte ein so umfangreiches Gebilde von einer starken Hand zusammengehalten werden. David sorgte für eine straffe Gliederung des Heeres und für einen Verwaltungsapparat von Ministern und Schreibern, der sich sowohl für das Innere als auch für die Organisation der beherrschten Gebiete eignete. Als Vorbild scheint vornehmlich das ägyptische Reich gedient zu haben. Obgleich der Zwölfstämmeverband im Gefüge des Großreiches vor ganz neue Aufgaben gestellt war, gelang es David, mit der Stabilisierung des zentralen Kultes einen ruhenden Pol zu schaffen, mit dessen Hilfe sich die sakrale Lebensordnung Israels an die neue Machtorganisation anpassen konnte. Wahrscheinlich war es weise, der Stämmegemeinschaft die religiöse Ausdrucksform der alten kanaanitischen Gesellschaft, den Tempelbau, nicht aufzunötigen und in Jerusalem keinen Tempel zu errichten. Unter David blieb es bei der schlichten Kultform, die der Herkunft der Stämme entsprach: die Lade verblieb in einem Zelt.

Mit der Zeit führten in Davids Großreich zwei Schwierigkeiten zu gefährlichen Krisen; einerseits verlagerten die weitreichenden Verwaltungsaufgaben das Schwergewicht vom eigentlichen Kern Israels zu den unterworfenen Gebieten, so daß sich die Stammesältesten in Juda und Israel über die Vernachlässigung der Stämme durch den König beklagten; anderseits zeigte sich immer deutlicher, daß eine gedeihliche Ordnung im großen Reich eng von der Person und Autorität des Königs abhing, womit das Problem der Thronfolge akut und gravierend wurde. David hatte sich nicht entschließen können, seinen Nachfolger früh genug selbst zu bestimmen, obgleich er sich immerhin auf den in Israel bekannten Spruch des Propheten Nathan, der die Fortdauer der Dynastie Davids vorausgesagt hatte, hätte stützen können. So wurde die Thronfolge zum Zankapfel, der Davids Söhne in einen blutigen Zwist stürzte. Davids ältester Sohn Ammon wurde von Absalom, dem nächstfolgenden, ermordet. Absalom fiel in Ungnade, konnte sich aber dank der Fürsprache des Feldhauptmanns Joab mit dem Vater versöhnen. Dadurch sicherer geworden, versuchte er es mit einem Aufstand. Mit Hilfe der von David vernachlässigten Stämme, unter denen das Haus Juda ihm besonders bereitwillig entgegenkam, ließ er sich in Hebron noch zu Lebzeiten des Vaters zum König ausrufen. David war durch den überraschenden Aufstand praktisch abgesetzt, wußte sich aber zu helfen: er zog sich mit seinen Söldnern ins Ostjordanland zurück, bezog in Mahanaim Quartier, nahm offenbar von dort aus Kontakte zu den Vasallenstaaten auf und warb neue Söldner an. Gut gerüstet konnte er in die Schlacht ziehen, in der sich die Überlegenheit der Berufssoldaten über die Stammeskrieger zeigte. Die Aufständischen wurden geschlagen, Absalom auf der Flucht getötet. Doch vermochte David das Vertrauen der Stämme nicht wiederzugewinnen. Auch in Nordisrael brach eine Abfallbewegung aus: die Nordstämme unter der Führung Schebas wollten den Vertrag mit David kündigen und gaben die Kampfparole aus: »Wir haben keinen Teil an David und keinen Erbanteil am Sohne Isais! Jeder kehre heim in seine Zelte, Israel!« Wieder mußte David, um das Auseinanderbrechen des Großreichs in seinem Kern zu verhindern, die Rebellion von Söldnern niederwerfen lassen. Die Zweiteilung Israels, die nach dem Tode Salomos Wirklichkeit werden sollte, warf ihre Schatten voraus.

Der letzte Akt im Nachfolgedrama spielte sich ab, als David im Sterben lag. Als Thronanwärter trat jetzt der Davidssohn Adonia auf, dem am Königshof überaus einflußreiche Männer, vor allem Joab und der Oberpriester Abjathar, zur Seite standen. Alte Rivalitäten führten zur Bildung einer Gegenpartei um den Söldnerführer Benaja, den Priester Sadok und den Propheten Nathan: ihr Kandidat war Salomo, dessen Mutter Bathseba (2. Samuel 12) auf David einen nicht geringen Einfluß ausübte. Der Konflikt erreichte seinen höchst dramatischen Höhepunkt, als die Partei Adonias ihren Anwärter übermütigerweise zum König ausrief, bevor der alte König gestorben war. Natürlich wurde dieser Frevel dem sterbenden David von der Gegenpartei gemeldet, und endlich raffte sich der Unentschlossene auf, den Sohn zu nennen, den er auf seinem Thron sehen wollte. Seine Wahl fiel auf Salomo. Adonia mußte sich dem jüngeren Halbbruder unterwerfen.

## *Salomo: Potentat und Tempelherr*

Wer die biblischen Erzählungen aus der Zeit Salomos mit denen aus der Ära Davids vergleicht, wird feststellen, daß die Berichte über die Taten Salomos weniger farbig und lebendig sind als die über den Aufstieg und die Nachfolge Davids. Das hat seinen guten Grund: gegenüber den beispiellosen Triumphen Davids verblassen die Geschehnisse in der Regierungszeit seines Sohnes, obgleich auch sie ihre erregenden Aspekte boten. Die Staatsschreiber, die wohl noch zu Lebzeiten Salomos die Annalen verfaßten, auf denen die Darstellung des Alten Testaments im wesentlichen beruht, hatten weniger bedrohliche, aber auch weniger strahlenreiche Ereignisse zu registrieren, als sie sich zu Zeiten Davids abspielten. Und auch in den sagenhaften Erzählungen und Anekdoten aus dem Leben Salomos, die die offizielle Chronik ergänzen, findet sich wenig Epochemachendes. Die Zeit Salomos verlief ohne sensationelle Höhepunkte und Krisen, auch wenn sie die Erinnerung an viel Ruhm, Glanz und Prunk hinterlassen hat.

Salomo begann seine Herrschaft damit, daß er alle Widerstände aus dem Wege räumte, die ihm den Weg zur Macht versperrt hatten. Um jede Gefahr auszuschalten, ließ er Adonia und den verdienten Feldhauptmann Joab töten. Der Oberpriester Abjathar bezahlte seine Parteinahme für Adonia mit dem Exil in Anathot. Als Priester erhielt Sadok eine bevorzugte Stellung, und das Privileg, im Jerusalemer Heiligtum priesterliche Funktionen zu verrichten, vererbte sich auf seine Nachkommen. Nach der blutigen Säuberungsaktion am königlichen Hof ging Salomo daran, seine eigenen Vorstellungen vom Königtum in die Tat umzusetzen. War David ein dynamischer, erobernder und aufbauender Regent, so war Salomo darauf bedacht, dem Königtum einen repräsentiven Charakter zu geben und eine glanzvolle Machtentfaltung zu sichern. Trotz allen umstürzenden und revolutionierenden Erfolgen hatte der Vater seine Wurzeln in den patriarchalischen Lebensordnungen des Zwölfstämmeverbandes; der Sohn akzeptierte freudig den vielgestaltigen Einfluß der altorientalischen Kultur, die immer mehr ins Zentrum des Großreichs eindrang. Das Vorbild, dem er nacheiferte, war der altorientalische Königshof mit seiner mythischen Würde, seinem Prunk, seiner strahlenden Machtbekundung. Da man einen mächtigen orientalischen Regenten an der Zahl seiner Frauen erkennt, wurde der Harem vergrößert. Mit Vorbedacht wurden als Hauptfrauen des Königs Töchter bedeutender ausländischer Herrscher ausgewählt. Soweit die Väter von Israel besiegt worden oder von ihm abhängig waren, war das nicht schwer; es bedurfte aber schwieriger diplomatischer Verhandlungen und einer gewichtigen Gegengabe, wenn eine Pharaonentochter den Königsharem zu Jerusalem zieren sollte. Daß das Salomo gelang, daß sein ehrgeiziger Wunsch, sich mit den Großreichen, namentlich mit Ägypten, zu verschwägern, in Erfüllung ging, war ein großer Erfolg; im Vergleich dazu spielten die moabitischen, edomitischen und ammonitischen Haremserwerbungen, die Salomo mehr und mehr zum Verhängnis wurden, politisch eine geringere Rolle. Mit der Schaffung eines Großmachtharems wurde die Hofhaltung anspruchsvoll, luxuriös und kostspielig; aber zum prunkvollen Hof eines Großreichs gehörte auch eine Atmosphäre, die nur weltbejahende und aufgeklärte Menschen hervorbringen können, und in dieser Atmosphäre gedieh das kulturelle Leben. Die Staatsschreiber *(sopherim)* wurden zu Kulturübermittlern, die Verkehr und Austausch mit den umliegenden Reichen und Ländern zu betreuen hatten. Es war ihr Werk, daß die weltliche ägyptische Weisheitslehre nach Jerusalem gebracht wurde. In ihr liegen die Wurzeln der alttestamentlichen Spruchweisheit, in der das ägyptische Ideengut auf recht eigene Art verarbeitet ist.

Natürlich erschöpfte sich Salomos Wirksamkeit nicht in der Entfaltung eines brillanten Hoflebens. Salomo war ein harter, tatkräftiger und umsichtiger Regent, und seine Hauptarbeit galt der Erhaltung und Festigung des ererbten Großreichs. Er teilte Israel in Verwaltungsbezirke ein und stellte das vertraglich besiegelte Königsrecht auf eine feste organisatorische Basis. Zwölf vom König ernannte Statthalter waren die verantwortlichen Vorsteher der Verwaltungsbezirke, die sich nicht ganz mit dem Siedlungsgebiet der einzelnen Stämme deckten, die alte Siedlungsordnung aber nicht grundsätzlich durchbrachen. Die Statthalter waren die Vollzugsbeamten der Königsgewalt, sie mußten vor allem die vertraglich festgelegten Naturalabgaben der Stämme eintreiben und nach Jerusalem abführen. Die Ansätze dieses Systems stammten wahrscheinlich schon aus der Zeit Davids; Salomos anspruchsvolle Hofhaltung machte indes eine straffe Abgabenverwaltung erst wirklich unabweisbar. Bezeichnenderweise war trotz der Feststellung der traditionellen Quellen, daß Salomo »ganz Israel« in Gaue eingeteilt habe, der Stammesbereich Judas in das System der Verwaltungsbezirke nicht einbezogen: das »Haus Juda« existierte, getrennt von den »Zwölf Gauen Israels«, als ein Bereich für sich. Wieder äußerte sich hier die Zweiteilung des Reiches in Nord und Süd; das vertragliche Königsrecht beruhte weiterhin auf der Teilnahme zweier Partner. Salomo ging es offenbar in erster Linie darum, das labile Nordreich in die Hand zu bekommen und mit Hilfe einer straffen Organisation der zentralen Ordnungsmacht zu unterwerfen. Möglicherweise hatten sich nach Davids Tod gerade in diesem Nordbereich Loslösungs- und Selbständigkeitsbestrebungen geltend gemacht.

Luxus, Aufklärung, Verwaltung, Steuereintreibung waren die charakteristischen Merkmale der neuen Atmosphäre. Der Staat öffnete sich allen Einflüssen, die aus der

Jerusalem von Südwesten

Ruinen der Pferdeställe des Königs Salomo in Megiddo

ISRAEL

altorientalischen Welt einströmten; ähnliche Einflüsse waren aber auch im Innern erstarkt. Schon unter David waren die Kanaaniter in den israelitischen Staat eingegliedert worden. Über die Grenzen der bis dahin gesondert existierenden Bereiche brachen in Israel in verstärktem Maße die Stadtkultur, die Praktiken des Handels und die fremden Sitten ein. Von innen und außen wogte das Leben der altorientalischen Welt heran und höhlte die noch in der Wüste gelegten Fundamente des Zwölfstämmeverbandes aus. Nachdem die Schleusen einmal geöffnet waren, ließ sich die Flut nicht mehr eindämmen. Diplomatie und höfische Beziehungen ermöglichten den Ausbau eines schwunghaften Außenhandels. Zwei Flotten befuhren die Meere: die im Golf von El-Akaba stationierte durchkreuzte das Rote Meer, landete in Afrika und Südarabien und dürfte sogar in den Indischen Ozean vorgestoßen sein; eine zweite Flotte, die Israel in enger Zusammenarbeit mit dem ihm verbündeten König von

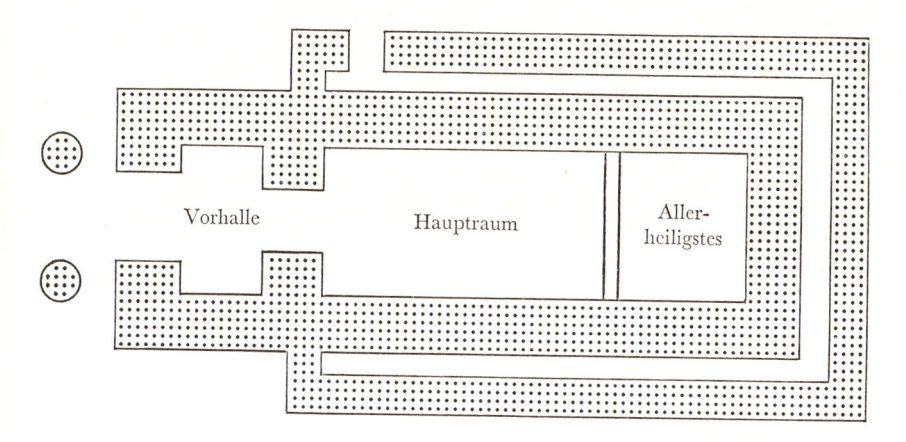

Der Tempel von Jerusalem

Tyros unterhielt, stellte die Verbindung zwischen der syrischen Küste und dem Mittelmeer her. Die Handelsflotten brachten Gold, Silber, kostbares Holz, Elfenbein und – zum Amüsement des Hofes – exotische Tiere. Nach allen Seiten hin wurden Handelsbeziehungen geknüpft. Der Ruhm des israelitischen Großreichs ging in die Welt hinaus. Prominente Besucher – wie die im Alten Testament erwähnte Königin des südarabischen Reiches Saba – kamen mit prachtvollen Geschenken nach Jerusalem und wurden mit Pomp empfangen. Der aufgeklärte, in aller Weisheit geschulte Regent mit seinem großen Reichtum war ein Magnet, der fremde Gäste anzog.

Es gab auch Verluste und Rückschläge. Die aramäischen Provinzen, die David in sein Reich eingegliedert hatte, konnte Salomo nicht halten; es entstand ein neues aramäisches Staatswesen mit dem Zentrum Damaskos. Ein Teil Edoms gewann seine Selbständigkeit wieder und stellte das eigene Königtum wieder her. Die Ammoniter und Moabiter scheinen weiterhin unter israelitischer Oberhoheit geblieben zu sein, aber leicht fiel es Salomo offenbar nicht, die nicht zum eigentlichen Kernland gehörenden Teile des zusammenschrumpfenden Reiches zusammenzuhalten. Das geschah allerdings ohne ernsthafte Krisen oder Kriege, so daß sich Salomo im wesentlichen dem inneren Ausbau seines Staates widmen konnte. Vor allem wurden umfangreiche Bauprojekte verwirklicht. An zahlreichen Stellen ließ Salomo – wahrscheinlich auch hierin dem Vorbild Davids folgend – Magazine und Festungen anlegen; um alle gefährdeten Teile des Landes sollte zum Schutze nicht nur der Nord- und Südgrenzen, sondern auch der großen Verkehrs- und Handelsstraßen ein Festungsgürtel gezogen werden. Starke Festungswerke und Garnisonen wurden in Hazor und Megiddo errichtet. In der Kriegführung gewannen Streitwagen erhöhte Bedeutung, und für das Heer wurden viele Pferde gekauft. Zahlreiche Spuren dieser gewappneten Welt sind bei Ausgrabungen in Megiddo und Hasor ans Licht gekommen; in Megiddo haben sich die Grundmauern eines Bauwerks mit einer Anzahl kleiner Boxen erhalten, das wohl als Pferdestall benutzt wurde.

Der Höhepunkt der von Salomo eifrig geförderten Bautätigkeit war der Ausbau Jerusalems, das eine Akropolis mit Palast und Tempel erhielt. Die alte Jebusiterstadt war auf dem schmalen Bergrücken erbaut worden, der sich im Südosten des heutigen Jerusalems zwischen Kidrontal und Stadttal erhebt; dort stand auch eine Burg. Für die wachsende Hauptstadt eines mächtigen Reiches war das schmale und enge Berggelände zu klein. Nach Salomos Plan sollte die Stadt nach dem Norden zu ausgeweitet und die Akropolis auf der Anhöhe nördlich der Davidsstadt errichtet werden. Während David auf einen Tempelbau verzichtet hatte, um die sakrale Ordnung des Zwölfstämmeverbandes nicht mit traditionswidrigem Prunk zu belasten, richtete Salomo, dem als Modell das Bild einer altorientalischen Metropole vorschwebte, all sein Trachten auf einen repräsentativen Tempelkomplex. Im alten Orient machte die enge Verbindung zwischen Religion und Königsmacht den König zum Haupt der Kultushierarchie, zum Tempelherrn und obersten Bauherrn. Er hatte in der Regel im Rahmen des Palastkomplexes auch seinen eigenen Tempel, in dem der Staatskult seinen sichtbarsten Ausdruck fand. Diesem Vorbild folgte Salomo: Palast und Tempel sollten zwar selbständige Gebäude, aber doch miteinander verbunden sein, eine bauliche Einheit bilden.

Für das gewaltige Bauprojekt wurde zunächst einmal in großen Mengen Zedernholz aus dem Libanongebirge benötigt; um sich die Lieferung zu sichern, trat Salomo in nähere Verbindung mit dem phönikischen König Hiram von Tyros. Sodann wurde eine ansehnliche Arbeitskolonne zusammengestellt, die unter der Leitung erfahrener Baumeister die Bauarbeiten ausführen sollte; zu einer wichtigen Figur im Staatsgefüge wurde der Arbeitshauptmann, der die Arbeiter und Fronsklaven zusammenzuholen und zu beaufsichtigen hatte. Zu Dienstleistungen wurden Arbeitskräfte nicht nur aus unterworfenen Bezirken, sondern auch aus den Verwaltungsbezirken Israels herangezogen; nur Jerusalem und Juda waren, wie es scheint, von Dienstleistungen laut Staatsvertrags ausgenommen, und aus dieser Vorzugsbehandlung sollten sich später beträchtliche Reibungen und Schwierigkeiten ergeben. Das Baugelände, die Tenne des Jebusiters Arauna, galt als auserwählt; wahrscheinlich war sie die Stätte des alten jebusitischen Lokalheiligtums. Als Vorbild für den dreiteiligen Tempel diente die kanaanitisch-syrische Sakralarchitektur. Eine Vorhalle führte in den heiligen Zentralraum, hinter dem sich das Allerheiligste, ein erhöhter Adyton über dem heiligen Felsen, befand. Der Tempel hatte einen Grundriß von etwa elf mal achtunddreißigeinhalb Metern bei einer Höhe von sechzehneinhalb Metern. Die drei Haupträume waren von Priesterkammern umgeben. Durch Fenster strömte Licht in die Vorhalle und den Zentralraum; dagegen war die Cella, das Allerheiligste, ein lichtloser kubischer Raum. Ein innerer und ein äußerer Vorhof schlossen das heilige Gelände von der Außenwelt ab; sie beherbergten den großen Brandopferaltar und das »Eherne Meer«, einen riesigen Wasserbehälter, der auf zwölf bronzenen Stieren ruhte. Der Tempelgottesdienst wurde hauptsächlich in den Vorhöfen verrichtet: hier wurden die Opfer dargebracht und die festlichen Mahlzeiten abgehalten. Während der Festtage durfte jeder Israelit den eigentlichen Tempel betreten, um niederzufallen und Jahve anzubeten.

Der Bau des Tempels erforderte viel Mühe und Aufwand, zumal der Wunsch des Königs, die Vollendung des Werkes zu erleben, zur Eile zwang. Nach der Darstellung des Alten Testaments wurde an dem Bau sieben Jahre gearbeitet. Damit waren natürlich gewaltige Kosten verbunden, und sogar dem reichen Salomo ging zeitweilig das Geld aus. Schließlich sah er keinen anderen Ausweg, als seine Schulden beim König von Tyros mit der Abtretung einiger Städte Nordisraels zu begleichen. Darin äußerte sich zum erstenmal der Verlust an materieller Substanz, den das Bauunternehmen mit sich brachte; darin zeigte sich aber auch, wie rücksichtslos Salomo mit dem Territorium Nordisraels umsprang, wenn es darum ging, die Kosten seiner luxuriösen Machtentfaltung aufzubringen. Noch anspruchsvoller war der Bau des Palastbezirks, der dreizehn Jahre dauerte. Der Komplex bestand aus vier Einzelgebäuden: dem Libanonwaldhaus, der Säulenhalle, der Thronhalle und dem eigentlichen Wohnpalast. Das Libanonwaldhaus, ebenso hoch wie der Tempel, war ein einziger großer Saalbau mit einem Grundriß von fünfundfünfzig mal siebenundzwanzigeinhalb Metern; seinen Namen hatte das Gebäude wohl von den in drei Reihen angeordneten fünfundvierzig Baumsäulen, die, mit kunstvollen Blattornamenten aus Gold belegt, sein Dach trugen. Weniger ist über die anderen Palastbauten bekannt. In der Thronhalle stand ein mit Elfenbein gezierter Thronsessel, zu dem sechs Stufen hinaufführten. In der südwestlichen Ecke des Geländes lag der Wohnplatz, vermutlich ein vielschichtiger Gebäudekomplex, der in voneinander abgesonderten Bereichen nicht nur den vielen Frauen des Königs, sondern auch den Prinzen und anderen Angehörigen des Königshauses als Residenz dienen mußte.

Ein bedeutungsvoller Akt im Leben Salomos (1. Könige 8) war die feierliche Einweihung des Tempels. In einem festlichen Aufzug wurde die Lade Jahves in den Tempelbereich geleitet und im Allerheiligsten niedergestellt. Wir kennen den Tempelweihspruch Salomos:

> Die Sonne hat Jahve an den Himmel gesetzt.
> Er selbst hat erklärt, im Dunkel wohnen zu wollen.
> So habe ich nun ein Haus erbaut, dir zur Wohnung,
> eine Stätte, damit du dort ewiglich thronest.

Der Spruch bezeichnet den Charakter des Tempels. Er gilt als Wohntempel: im Allerheiligsten ist der Gott Israels gegenwärtig. Die Lade, die im alten Israel als zentrales Sanktissimum und Palladium des heiligen Krieges gedient hatte, war der leere Thronsitz, über dem Jahve Zebaoth unsichtbar gegenwärtig war. Sie verwandelte sich jetzt in ein

Prozessionsheiligtum: nach alttestamentlichen Texten soll die Kultgemeinde von Jerusalem in späteren Zeiten das Heiligtum der Lade alljährlich feierlich in den Tempel hineingeführt haben (Psalm 132). Im neugestalteten kultischen Geschehen rückte der König als Tempelherr in den Mittelpunkt. Nach der Überlieferung trat Salomo selbst wie ein Priester auf; er segnete die anwesende Volksgemeinde und verrichtete den priesterlichen Dienst der Fürbitte. Der Bau des Tempels hatte wesentliche kultische Veränderungen nach sich gezogen, und die Rückwirkungen dieser Veränderungen auf die Gesamtstruktur des Gemeinwesens deuteten eine einschneidende geschichtliche Wende an.

## *Zersetzung und Spaltung*

Salomo hatte einen königlichen Eigentempel, ein Staatsheiligtum erbaut, war selbst der Kultherr geworden und hatte damit unabsehbare Gefahren heraufbeschworen. Während David aus kluger Berechnung, aber auch in sichtlicher Frömmigkeit beim zentralen Gottesdienst des Zwölfstämmeverbandes in seiner ursprünglichen Form geblieben war, zog Salomo mit der Lade, dem Zentralheiligtum Israels, auch die ganze Kultinstitution des alten Verbandes in die Sphäre des neuen Staatskults hinein. War es nun Sache des Königs als Herrn des Kultus geworden, darüber zu bestimmen, ob Jahve oder ein anderer Gott in Jerusalem angebetet werden sollte? Die alttestamentlichen Bücher, die aus der Zeit der Könige berichten, lassen erkennen, daß die Entscheidung über das gesamte religiöse Leben Israels jetzt tatsächlich beim König lag. Damit wurde die Gefahr, die sich schon abgezeichnet hatte, als David die Rechtsnachfolge der jebusitischen Stadtfürsten antrat, wirklich akut: sakrale und mythische Elemente des altorientalischen Königskultes begannen in das israelitische Leben einzudringen. Da Salomo mancherlei Elemente aus dem Herrschaftssystem der altorientalischen Großkönige übernahm, gewann auch die Idee der göttlichen Herrschaft eines menschlichen Königs an Bedeutung. Was sollte nun in Zukunft geschehen? Würde der gesamte Kultus in den Dienst des göttlichen Königtums gestellt werden? Würden die Tempelherren mit dem Jahve-Gottesdienst am Ende nur sich selbst feiern und bestrahlen?

Nachdem die Schranken zwischen Israel und den Kanaanitern gefallen waren, erweiterte sich der Einflußbereich der fremden Naturkultreligion: Israeliten suchten immer häufiger die Höhenheiligtümer der Baalim und fanden Gefallen an vielen heidnischen Riten; das Ansehen des Zentralheiligtums, das in den Rang eines Staatsheiligtums erhoben worden war, konnte nicht verhindern, daß in den Ortschaften der lokale Naturkult auch die israelitische Bevölkerung mächtig beeindruckte und anzog. Hinzu kam, daß der König nach der Darstellung der Quellen immer nachhaltiger unter den Einfluß seiner ausländischen Frauen geriet. So heißt es im Buch der Könige, Salomo habe sich von seinen moabitischen und ammonitischen Frauen verführen lassen, von Jahve abzufallen, fremden Göttern zu dienen und ihnen sogar eine Opferhöhe zu errichten. Sichtlich kündigte sich in einer Welt des Glanzes, des Luxus und der religiösen Großveranstaltungen ein gefährlicher innerer Verfall an.

Eine der großen Errungenschaften der Zeit Davids war die Geschichtsschreibung. Auch zu Lebzeiten Salomos wirkten die neuerwachten geistigen Kräfte sich aus. Es entstand das jahvistische Geschichtswerk, eines der drei großen Erzählwerke, die in die Fünf Bücher Mose eingegangen, aber durch die Quellenscheidung der literaturkritischen Analyse als einst selbständige epische Darstellungen ermittelt worden sind. Aus einem kurzgefaßten Bekenntnis hatte sich das ursprüngliche heilsgeschichtliche Credo im Laufe der Zeit zu einer immer stärker anwachsenden Rekapitulation der Anfänge Israels entwickelt. Diese Traditionsmaterialien verarbeitete der Geschichtsschreiber der davidisch-salomonischen Epoche, den die Wissenschaft den »Jahvisten« zu nennen pflegt, in einer Darstellung, die nicht nur die Epoche von den Erzvätern (Genesis 12,1 ff.) bis zum Einzug ins gelobte Land behandelte, sondern ihr auch eine Urgeschichte vorordnete und so den universalen Horizont der bei den Erzvätern anhebenden und in Israel fortgeführten Heilsgeschichte heraushob. Erst die Hofkultur des Großreiches ermöglichte eine Weite des Ausblicks, von der aus die Schöpfung der Welt (Genesis 2) auf den Menschen als Mittelpunkt bezogen werden konnte; das große Interesse an *adam*, dem Menschen, entsprach dem kraftvollen Aufbruch einer dem Humanum zugewandten Aufklärung. Mit dem jahvistischen Werk nahm der Jahve-Glaube zeitnahe Ideen in sich auf und ordnete sie in ein geschlossenes Weltbild ein. Von der Urgeschichte aber wurde ein düsteres Bild gezeichnet: der Abfall des Menschen von seinem Schöpfer und Herrn wurde zum Urdatum der Geschichte, die fortan im Zeichen von Schuld und Gnade, von Gericht und Heil stehen sollte. In einer weitgespannten Typologie erscheinen die Taten der Völker auf dem Hintergrund des souveränen und heilvollen Wirkens des von Anfang an Jahve genannten Gottes (weswegen denn auch die Forschung diesem Geschichtsdeuter den Namen »Jahvist« beigelegt hat). Jahves Gericht dämmt die Schuld ein, wirft den hybriden Menschen an seinen Ort zurück und schafft neue Anfänge. Mit Abraham tritt in die Völkerwelt der eigentliche Heilsträger und erwählte Segensmittler ein, der Erzvater des erwählten Volkes, dessen Weg von diesem Beginn bis zu den Grenzen des Landes Kanaan verfolgt wird. Die Vielzahl der Traditionen ist konsequent dem zentralen Thema des Heils der Völker zugeordnet, das der Menschheit auf dem geschichtlichen Wege über Israel zuteil wird: nicht in einem spontanen Akt, sondern dadurch, daß sich Gott in die Irrungen und Wirrungen menschlichen Wollens, die gerade unter den Erwählten offenbar werden, liebevoll hinabneigt, auch in Perioden der Mühsal, die unter seinem fortgesetzten Walten von Verheißungen schrittweise zu Erfüllungen führen.

Verständlicherweise mußte man sich in der Zeit Davids und Salomos nach den Uranfängen des großen Reiches fragen, das sich so machtvoll entfaltet hatte; man suchte aber auch nach dem universalen Rahmen, in dem sich all das abspielte, was in Israel lebenbestimmend vom sakralen Zentrum des Jahve-Glaubens ausging. Der Jahvist gab die Antwort. Sein Werk ist die erste umfangreiche, größere Zeiträume erfassende Geschichtsdarstellung; es zeigt die Richtung einer Geistestätigkeit an, die in keinem anderen Bereich der antiken Welt einen so klaren und in sich geschlossenen Ausdruck gefunden hat. Geschichte, die sich von den dürren Strukturfäden der Chronologie befreit und zugleich das Zyklisch-Mythische eines der Natur verhafteten Schicksals sprengt, ist recht eigentlich eine Errungenschaft der alttestamentlichen Welt, die ihren Ausgangspunkt und ihre Antriebskraft im Gottesglauben Israels hat. Auch wenn dieser alttestamentliche Glaube beim Durchschreiten fremder Kulturbereiche und Geistessphären vielfach einer synkretistischen Zersetzung anheimfällt, erfährt er immer wieder eine Läuterung, die dem religiösen Rezeptionsvermögen neue Seiten der Machtwirkungen Jahves erschließt. Die Läuterung lebt aus dem Geist der Prophetie, der in Israel in den verschiedenen Geschichtsperioden lebendig ist.

Die einzigartige Leistung des Jahvisten mochte Israel größere Immunität gegenüber zersetzenden Einwirkungen von außen verleihen, aber sie konnte die Folgen der schweren inneren Schäden nicht bannen, die Salomos anspruchsvollen Staatsbau zerfraßen. Das prunkvolle Hofleben hatte seine düstere Kehrseite im Frondienst der Arbeitskolonnen. Salomo hatte Israel die Last der altorientalischen Welt aufgeladen, in der sich hinter staunenerregenden Leistungen stets das unlösbare und meistens verschwiegene soziale Problem verbarg. Solange Salomo König war, fronten die Arbeitskolonnen. In drei Schichten sollen unter der höchsten Führung des Arbeitshauptmanns fast zehntausend Mann pausenlos gearbeitet haben, und eine andere Mannschaft war mehr oder minder ständig mit der Holzzubereitung im Libanongebirge beschäftigt. Von Jahr zu Jahr wurde die Fronlast schwerer, aber nach wie vor blieb der Stamm Juda von Dienstleistungen verschont. Da die Rivalität zwischen Nord und Süd ohnehin zunahm, war der Ausbruch des Konflikts über kurz oder lang unvermeidlich. Die Krise begann, als sich ein Ephraimit namens Jerobeam, der sich als Bauarbeiter hervorgetan hatte und von Salomo zum Aufseher gemacht worden war, an die Spitze einer nordisraelitischen Aufstandsbewegung (1. Könige 11) stellte. Die Bewegung, der auch Propheten, namentlich Ahia von Silo, ihren Beistand liehen, erstrebte die Loslösung Nordisraels vom Reiche Salomos. Natürlich sah Salomo nicht tatenlos zu: »Da trachtete Salomo dem Jerobeam nach dem Leben; Jerobeam aber machte sich auf und floh nach Ägypten zu Sisak und blieb in Ägypten bis zum Tode Salomos.« Bezeichnenderweise machte Sisak – wahrscheinlich der Pharao Scheschonk – keine Anstalten, den politischen Flüchtling auszuliefern. Jerobeam konnte in Ruhe auf den günstigen Augenblick warten, der sich allerdings nicht einstellte, solange Salomo noch am Leben war. Mit um so elementarerer Gewalt sollte die Krise nach seinem Tod zum Durchbruch kommen.

Salomo starb im Jahre 926 v. Chr., und zur Jahreswende, die das alte Israel im Herbst feierte, wurde traditionsgemäß sein Nachfolger auf den Thron erhoben. Das ist das erste Datum in der Geschichte Israels, das sich verhältnismäßig sicher ermitteln läßt. Die Chronologie ist von diesem Zeitpunkt an für Juda und Israel auf eine ziemlich solide Basis gestellt. Der Chronologie des deuteronomistischen Geschichtswerks (im Alten Testament von Josua 1 bis einschließlich 2. Könige 25) lagen neben anderem königliche Annalen von Juda und Israel zugrunde, deren Angaben für die getrennten Königreiche die Gleichzeitigkeit bestimmter Ereignisse und die zeitliche Abfolge der berichteten Geschehnisse überhaupt mit einiger Sicherheit festlegten. Soweit diese relative Chronologie Ereignisse festhält, die auch in den Chroniken des neuassyrischen Reiches registriert sind, ist eine verläßliche Zeitbestimmung möglich. Für die Zeit vor dem Tod Salomos sind entsprechende Zeitangaben im deuteronomistischen Geschichtswerk nicht enthalten. Nimmt man indes für David und Salomo auf Grund alttestamentlicher Hinweise eine Regierungszeit von ungefähr je vierzig

Jahren an, so darf man vermuten, daß die Königsherrschaft Davids knapp vor dem Jahr 1000 v. Chr. angefangen hatte.

Nach dem Tod Salomos erfuhr der innere Dualismus in Israel eine fatale Zuspitzung. Zur Jahreswende 926/925 hatte Salomos Sohn Rehabeam den Thron in Jerusalem bestiegen, ohne auf ernsthaften Widerstand in Juda oder Jerusalem zu stoßen. Anders lagen die Dinge in Nordisrael. Jerobeam war aus Ägypten zurückgekehrt und hatte seine separatistische Politik von neuem aufgenommen. Seiner Erhebung zum König kam allerdings Rehabeam zuvor, indem er sich um Verhandlungen mit den Ältesten Israels über die Gültigkeit des alten Königsvertrages bemühte. Wahrscheinlich konnten sich, solange Rehabeams Pläne nicht feststanden, auch die verantwortlichen Männer der Nordstämme nur schwer entschließen, das Wagnis eines sofortigen Bruches auf sich zu nehmen. So zog Rehabeam nach Sichem in Nordisrael, um sich mit den Ältesten zu treffen. Die Nordstämme schienen nicht abgeneigt, Rehabeam als König anzuerkennen, verlangten aber (1. Könige 12,4) eine Einschränkung des offenbar früher vertraglich vereinbarten und von Salomo arg mißbrauchten Rechts des Königs, Angehörige der einzelnen Stämme je nach Bedarf zu Dienstleistungen heranzuziehen: »Dein Vater hat unser Joch hart gemacht; mache du uns die harte Fron deines Vaters und das schwere Joch, das er uns auferlegt hat, leichter, so wollen wir dir untertan sein!« Rehabeam erbat sich Bedenkzeit. Die älteren unter seinen Ratgebern waren für Annahme der Bedingungen des Nordens; doch die jüngeren, in der ehrgeizigen, maßlosen, großspurigen Atmosphäre der Zeit Salomos erzogen, hielten den neuen König zur Unnachgiebigkeit und Strenge an, und Rehabeam hörte auf sie. Töricht und großmäulig herrschte er die Nordstämme an: »Hat mein Vater euer Joch schwer gemacht, so will ich es euch noch schwerer machen; hat mein Vater euch mit Geißeln gezüchtigt, so will ich euch mit Skorpionen züchtigen!« Mit diesem dummen Affront war das Reich Davids und Salomos zerrissen. Von Mund zu Mund ging die alte Parole: »Wir haben keinen Teil an David und keinen Erbanteil am Sohne Isais! Jeder kehre heim in seine Zelte, Israel!« Was das bedeutete, war zwar Rehabeam klar, aber das hinderte ihn nicht daran, der ersten Torheit eine zweite folgen zu lassen: er entsandte den Arbeitshauptmann nach dem Norden mit dem Auftrag, neue Sklaven zu rekrutieren und keine Milde walten zu lassen. Diese königliche Provokation bezahlte der Arbeitshauptmann mit dem Leben: er wurde gesteinigt. Vom Propheten Ahia designiert, wurde Jerobeam von den Nordstämmen zum König ausgerufen.

Nun standen die beiden Reiche Israel und Juda nebeneinander. Was sollte aus dem Großreich Davids und Salomos werden? Von den zwei Reichen war Israel das größere und mächtigere. Juda hatte indes den Vorteil, daß seine Staatsordnung im erblichen Königtum gefestigt war. Von den Vasallenstaaten, die David unterworfen hatte, blieb nicht viel übrig. Ein Teil Edoms war schon vorher abgefallen. Die Loslösung der aramäischen Provinzen wurde jetzt endgültig. Ammon, das David zum König erkoren hatte und das Salomo anscheinend gerade noch hatte halten können, benutzte die Spaltung zur Wiedererringung der Unabhängigkeit. Nur Moab trat noch in dieser Situation als tributzahlender Vasall unter die Oberhoheit Israels. In Wirklichkeit war das Großreich völlig auseinandergebrochen und Israel als das größere Machtgebilde aus dem Zusammenbruch hervorgegangen.

Aber diesem Gebilde fehlte das staatliche Fundament; die kurze Episode Esbaal hatte gewiß keinen Weg zur Staatsbildung gewiesen. Während sich im Staat Juda die Davidsdynastie bis zum Untergang des Staates im Jahre 587 v. Chr. halten konnte, kam im Nordstaat eine stabile erbliche Monarchie nicht zustande. Mit der Designierung Jerobeams durch den Propheten Ahia hatte Nordisrael an den älteren Brauch angeknüpft, der schon zur Entstehung des charismatischen Königtums Sauls beigetragen hatte, und an der durch Akklamation erfolgenden Thronerhebung eines Designierten wurde auch später festgehalten. Immer wieder traten neue, von Propheten designierte Herrscher auf den Plan, und das Königtum blieb labil und ständigen Gefahren ausgesetzt. Wiederholte Versuche, eine feste Erbfolge zu begründen, scheiterten zumeist nach zwei oder drei Generationen am plötzlichen Einbruch eines neuen Designierten.

## *Durch Wirren zur Dynastie der Omriden*

Die Situation der beiden Kleinstaaten Israel und Juda war unmittelbar nach der Trennung sehr verschieden. Dem größeren, aber labilen Reich im Norden stand im Süden ein in Königtum und Kultus gefestigtes Staatswesen gegenüber; außerdem hatte Juda ein ausgebautes Heerwesen, während Jerobeam dies wichtige Machtinstrument erst herstellen mußte. Zuerst residierte Jerobeam in Sichem, später in Pnuel im Ostjordanland; offenbar hatte Rehabeam den Versuch unternommen, das abgefallene Nordreich durch einen Feldzug zurückzugewinnen, so daß der König des Nordstaates ausweichen mußte. Lange Zeit lagen die beiden Reiche miteinander im Krieg. Aus der späteren Mitteilung, daß Jerobeam seine Residenz nach Thirza im Westjordanland verlegt habe, scheint hervorzugehen, daß sich Israel zu diesem Zeitpunkt nicht mehr bedroht fühlte. Aber schwieriger als die äußere Sicherung muß die innere Stabilisierung gewesen sein.

Juda hatte mit Tempel und Lade ein anerkanntes Zentralheiligtum, zu dem Angehörige aller Stämme zu den großen Festen zu wallfahrten pflegten. Bei allen Veränderungen in der Struktur des Zwölfstämmeverbandes war auch im königlichen Staat das gemeinsame gottesdienstliche Leben das feste Einheitsband geblieben, das die Stämme zusammenhielt. Es war nicht ausgeschlossen, daß Angehörige der Nordstämme auch nach der Zweiteilung des Reichs zur Festzeit nach Jerusalem würden pilgern wollen, und vielleicht wartete Rehabeam nur auf diese Gelegenheit, die Abtrünnigen zurückzugewinnen. Jerobeam verbot kurzerhand alle Wallfahrt nach Jerusalem und gründete seinen eigenen Kultus. In den Orten Bethel und Dan wurden Stierbilder errichtet; vor allem Bethel, das schon zur Richterzeit als Heiligtum der Stämme anerkannt war, sollte zum »Reichsheiligtum« werden. Aus religionsgeschichtlichen Parallelen kann man schließen, daß die Stierbilder kleine Postamente waren, auf denen die Gottheit stand; sie sollten also wohl in erster Linie ein Ersatz für die Lade als leerer Thronsitz des unsichtbar gegenwärtigen Gottkönigs sein. Auch wenn die Stiere wahrscheinlich kein absolutes Novum in Israel waren (Exodus 32), wurde mit ihnen ins kultische Leben ein religiöses Fremdelement eingeschleust. In der Umwelt galt

Reste der Palastbauten des Königs Omri in Samaria, 9. Jahrhundert v. Chr.

Ruinen der Stadt Hazor mit den Resten einer Säulenhalle
aus der Zeit des Königs Ahab, 9. Jahrhundert v. Chr.

der Stier als Symbol der Zeugungskraft, und die Fruchtbarkeitsreligion fand in seinem Abbild ihren kraftvollsten Ausdruck. Die Quellen berichten denn auch aus der Folgezeit, in Israel habe der Vegetationskultus immer stärker um sich gegriffen, und der deuteronomistische Geschichtsschreiber verurteilte die »Sünde Jerobeams« in der schärfsten Form; vielleicht war auch die Reaktion der Nordisraeliten, die dem Zwölfstämmeverband treu geblieben waren, nicht anders. Dennoch gelang es Jerobeam, den Staatskultus in Bethel und Dan durchzusetzen. Mit Hilfe einer ihm hörigen Priesterschaft festigte er die sakrale Lebensmitte des Nordreiches. Doch lag es ihm zweifellos fern, einen neuen Nationalgott einführen zu wollen: im Zeichen des Stierbildes sollte der Jahve-Kult nur eine neue Bestimmung erfahren.

Von einer Wiederangliederung Israels an Juda war keine Rede. An der Erreichung dieses Ziels hinderten Rehabeam außer allem anderen schwere Grenzbedrohungen im Süden. Der Pharao Scheschonk (Sisak) fiel 921 in Juda ein, nahm Jerusalem im Handstreich und stieß auch ins Gebiet Israels vor. Das Unternehmen war ein Beutefeldzug, nicht ein Eroberungskrieg. Die Ägypter plünderten den Tempel- und Palastschatz Jerusalems und fügten namentlich dem König von Juda empfindliche Verluste zu; eine Inschrift im Ammontempel von Karnak in Oberägypten gibt Aufschluß über die Erfolge Scheschonks und registriert die reiche Beute. Wahrscheinlich war der Festungsgürtel, den Rehabeam in Juda ziehen ließ, die unmittelbare Reaktion. Im Innern zeigten sich unter Rehabeam Zersetzungserscheinungen: im ganzen Lande entstanden Höhenheiligtümer der Naturreligion, die mit dem kultischen Zentrum in Jerusalem rivalisierten. Den Abstieg des Staatslebens konnte auch Rehabeams Sohn Abia, der überdies in kriegerische Auseinandersetzungen mit Jerobeam verstrickt war, nicht aufhalten. Erst Asa, der nach der dreijährigen Herrschaft Abias auf den Thron kam, schaffte es in seinen einundvierzig Regierungsjahren, die Lebensordnungen des Reiches Juda neu zu festigen. Sein religiöser Erneuerungswille galt der Austilgung der sittenlosen Fremdkulte und der Durchsetzung des zentralen Gottesdienstes, der dem Staat sein eigentliches Fundament gab.

Zweiundzwanzig Jahre hatte Jerobeam über Israel geherrscht. Nach seinem Tod mußte Israel zunächst die akute Frage der Nachfolge lösen. Da kein Prophet einen neuen König designiert hatte, fiel der Thron an Jerobeams Sohn Nadab; aber schon zwei Jahre später, als Nadab gegen die wieder emporstrebenden Philister kämpfte, zettelte ein Rivale, Baesa, eine Verschwörung gegen ihn an. Nadab wurde ermordet. Damit begann eine nicht abreißende Kette von Thronwirren: kurzlebige Dynastien, charismatisch Berufene, Verschwörer und Usurpatoren lösten einander in rascher Folge ab. Nadabs Gegenspieler, der von Thirza aus regierte, ließ alle Nachkommen des Hauses Jerobeam ausrotten. Ungefähr um 890 v. Chr. kam es erneut zu ernsten Kämpfen zwischen Juda und Israel. Baesa fiel in das von Juda besetzte Vorfeld Jerusalems im Stammesbereich Benjamins ein und bedrohte die Metropole. In dieser gefährlichen Lage griff Asa zu einem verzweifelten Mittel: mit hohen Zahlungen sicherte er sich die Bundesgenossenschaft des Königs von Aram-Damaskos und veranlaßte die syrische Streitmacht, Israel vom Norden her anzugreifen. Jerusalem wurde entlastet, und Baesa mußte sich nach Norden zurückziehen. Das Heer Asas stieß sogleich in den benjaminitischen Raum nach und baute gegen Israel die Festungen Geba und Mizpa aus, die eine dauerhafte Grenzregelung garantieren sollten. Über den Ausgang der Kämpfe zwischen Israel und Aram-Damaskos gibt es keine Kunde. Die biblischen Quellen berichten nur vom Ende Baesas: wie Saul zerbricht Baesa an der Aufhebung und Tilgung des Charismas (1.Könige 16,3), nachdem der Prophet Jehu seinem Hause den Untergang geweissagt hat. Das Prophetenwort erfüllte sich allerdings nicht gleich nach dem Tod Baesas. Zunächst folgte ihm noch sein Sohn Ela, der aber nach zweijähriger Regierung von einem neuen Usurpator, Simri, bei einem Trinkgelage umgebracht wurde; auch diesmal wurden die Nachkommen des Königs ermordet. Die Gelegenheit der anhaltenden Krise in Israel ließ Asa, der König von Juda, verstreichen, ohne zum entscheidenden Schlag auszuholen. Im ständig schwelenden Konflikt der beiden Staaten trat damit eine fühlbare Entspannung ein.

In Israel konnte der siegreiche Usurpator Simri seine Herrschaft nicht lange behaupten. Das Heer, das seine Stellungen wieder einmal an den Grenzen Philistäas bezogen hatte, proklamierte einen Gegenkönig, den Feldhauptmann Omri, der auch sofort den Marsch nach Thirza antrat. Ohne den Kampf aufzunehmen, gab Simri das Spiel verloren, zündete den königlichen Palast an und starb in den Flammen. Doch die Entscheidung des Heeres fand im Lande keine ungeteilte Zustimmung, und Omri mußte den Kampf gegen einen neuen Thronanwärter, Thibni, aufnehmen. Omri siegte, und der plötzliche Tod Thibnis ermöglichte eine rasche Konsolidierung des militärischen Erfolges.

Mit Omri begann eine neue Ära. Thirza mußte nach der Vernichtung des Palastes als Hauptstadt aufgegeben werden. Diesen Anlaß benutzte Omri dazu, eine eigenartige neue Ordnung zu etablieren. Er gründete zwei Regierungsmetropolen: Jesreel und Samaria. Während Jesreel zunächst die alte Hauptstadt ablöste, verfolgte Omri mit Samaria einen besonderen Plan. In Israel hatten sich noch kanaanitische Großgrundbesitzer erhalten, die ihre alten Bodenrechte gegen die israelitische Bodenordnung zu behaupten wußten und immer noch über ansehnliche Ländereien verfügten. Von einem solchen reichen Kanaaniter konnte nun Omri als Privatbesitz die hervorragend gelegene Berghöhe Samaria erwerben, auf der sich eine ganz neue Stadt errichten ließ. Hier gründete er nach dem Vorbild Davids einen königseigenen Stadtstaat. In Jesreel war er nun König von Israel und in Samaria Stadtkönig aus eigener Machtvollkommenheit. Was er damit bezweckte, ist leicht zu erkennen: in dem aus der Staatsordnung Israels herausgenommenen Eigenbereich sollte eine neue Omri-Dynastie entstehen, die nicht mehr an das charismatische Designationskönigtum gebunden wäre. Mit Umsicht und Klugheit suchte Omri als erster König des Nordreiches einen Weg zur Festigung der Regierungsgewalt. Da er selbst kein designierter König war, mußte er um die Erhaltung der Macht besonders besorgt sein; es ist auch nicht unwahrscheinlich, daß ihm die Verhältnisse in Juda als Modell vorschwebten, nur daß er es riskieren konnte, alle Regierungsgewalt in Samaria zu zentralisieren. Daher die Lösung mit den zwei Hauptstädten. Daß Samaria mehr und mehr in den Mittelpunkt gerückt werden sollte, ist nicht zweifelhaft; Omri tat alles, um seiner Stadt Jerusalems Rang und Würde zu geben. Vielleicht hatte bereits er das Stierbild aufstellen lassen, das die biblische Tradition (Hosea 8,6) in Samaria im 8.Jahrhundert verzeichnet. Samaria sollte sich als sakrales und dynastisches Zentrum durchsetzen und die Kultorte Bethel und Dan ablösen. Unverkennbar rang das Nordreich um eine bleibende Ordnung, und Omri war auf seine kluge Art bemüht, dem labilen Königtum eine feste politische und sakrale Grundlage zu geben.

Auch die auswärtige Politik Omris war realistisch und weitsichtig. Die Streitigkeiten mit Juda wurden abgeschlossen. Wahrscheinlich hatte Omri ein freundliches Einvernehmen mit Asa gesucht; jedenfalls zeigt sich aus der weiteren Entwicklung des Verhältnisses zwischen Israel und Juda, daß Omri bereit war, neue Wege zu gehen. Gewiß hatte er allen Anlaß, sich nach Süden hin zu sichern, denn im Norden war die Macht der Aramäer im Aufstieg und erforderte die größte Wachsamkeit und Kampfbereitschaft. Daß Omri den Anspruch auf Moab durchsetzte und Israels Oberhoheit über Moab behauptete, ist aus der »Mesa-Stele«, einer moabitischen Inschrift, bekannt. Assyrische Inschriften bezeugen, daß sich Omri weit über die Grenzen seines Reiches hinaus so großes Ansehen verschafft hatte, daß Israel das »Land Omris« oder das »Land des Hauses Omris« genannt wurde. Der schwarze Obelisk Salmanassars III. nennt irrtümlich noch den König Jehu, der die Nachkommen Omris hat umbringen lassen, einen Mann »aus dem Hause Omris«. Die Dynastiegründung in Samaria hatte in kurzer Zeit Anerkennung und Ruhm gefunden.

Nachfolger Omris in Jesreel und Samaria wurde sein Sohn Ahab, der von 870 bis 852 v. Chr. regierte, der mächtigste Herrscher aus der Dynastie der Omriden. Anfänglich baute Ahab auf dem von seinem Vater gelegten Fundament weiter. Eine seiner Hauptsorgen war der Ausbau des Krongutes, denn er wußte wohl, daß mit dem Besitz auch sein Ansehen stieg und die Erhaltung der Dynastie aussichtsreicher wurde. Nicht nur in Samaria wurden prachtvolle Bauten errichtet; auch in Jesreel war Ahab auf die Mehrung seines persönlichen Besitztums bedacht. Die Geschichte von der ungerechten Aneignung des Weinberges Naboths (1. Könige 21) illustriert den rastlosen Eifer, mit dem der König seinen Grundbesitz zu erweitern suchte, um die dynastische Machtposition zu festigen. In der Geschichte Israels hatte das konsequente und straffe Regiment der Omriden eine eigene Note. Zum Schutz gegen auswärtige Mächte wurden Festungen angelegt; vor allem gegen Aram-Damaskos wurde ein Schutzwall aufgeworfen. In mancher Hinsicht erinnerte die Regierungspraxis Ahabs an die Zeiten Salomos. Auch Ahab heiratete zu politisch-dynastischen Zwecken. Nach dem Alten Testament war seine Frau Isebel eine Tochter Etba'als, des Königs der Sidonier; nach dem phönikischen Geschichtsschreiber Menander eine Tochter König Ittobals von Tyros. Unrecht hat hier vermutlich die alttestamentliche Tradition. Es ist wahrscheinlich, daß Ahab mit der dynastischen Heirat darauf aus war, Anschluß an den Überseehandel der Phöniker zu gewinnen und seine ausgedehnten privaten Besitzungen am Strom des internationalen Handels zu beteiligen; außerdem konnte ein Bündnis mit den Phönikern in den Auseinandersetzungen mit den Aramäern von Nutzen sein und seinem Reich Ansehen und Geltung unter den Nachbarn verschaffen. Wie Salomo wurde aber auch ihm der Einfluß der Ausländerin am königlichen Hof zum Verhängnis.

## Königinnen, Propheten, Priester

Daß ausländische Prinzessinnen bei der Übersiedlung in die Residenzstadt des königlichen Gemahls den heimischen Glauben mit Priestern und Kultgeräten mitnahmen, war normale altorientalische Praxis. Aber sogar über die normale Praxis hinaus hatte Ahab der tyrischen Prinzessin Isebel viele Sonderrechte einräumen müssen, und in der königseigenen Stadt Samaria wurde eigens für sie ein Baalstempel erbaut. Das hatte schwere religiöse Konflikte zur Folge. Gewiß war Jahve nicht als »Gott Israels« entthront; aber die Einrichtung eines Baalstempels, die ständige Anwesenheit zahlreicher fremder Kultdiener und die despotische Gewalt der Ausländerin Isebel wurden von den Kreisen, die in Israel nur Jahve verehrt wissen wollten und ihm mit Eifer dienten, als erregend und empörend genug empfunden. Zunächst wurden offene Protestäußerungen dadurch gedämpft, daß das Land eine verheerende Zeit absoluter Regenlosigkeit durchmachte. In diese Zeit führen die Elia-Geschichten, die die alttestamentliche Tradition überliefert hat. In Elia erstand Israel ein machtvoller Prophet, den die Zeitgenossen wie einen zweiten Moses verehrten. Die Erzählungen berichten von seinen Wundertaten, von der Wallfahrt zum heiligen Berg Horeb, von seinem autoritativen Eintreten für das alte Jahve-Recht, von seiner kategorischen Forderung, daß nur Jahve und kein anderer Gott verehrt werde. Offen nahm Elia den Kampf gegen Ahab, Isebel und die Baalspriester auf. Noch einmal erwachte in einer Zeit, da Fremdkulte mit Gewalt einbrachen und der verflachte, synkretistische Jahve-Staatskult dahinsiechte, die Urbotschaft des Alten Testaments. Die von Elia ins Leben gerufene Bewegung nahm in Elisa, dem Nachfolger Elias, eine eigenartige Entwicklung. Mit Elisa sollte sie auch auf die politische Sphäre übergreifen: ihm blieb es vorbehalten, den Mann zu designieren, der die Omriden vom Throne stoßen und die charismatischen Ordnungen des Nordreiches wiederherstellen sollte.

Beschleunigt wurde der Niedergang der Dynastie durch die zunehmende Erschwerung der außenpolitischen Lage Israels. Während seiner im Anfang so glanzvollen Regierungszeit mußte Ahab die Energie des Staates in zunehmendem Maße auf kriegerische Auseinandersetzungen konzentrieren. Geführt von ihrem König Benhadad, drangen die Aramäer ins Herz Israels vor und belagerten Samaria, das offensichtlich mehr und mehr als die eigentliche Hauptstadt des Landes akzeptiert wurde. In der umzingelten Residenzstadt eingeschlossen, versuchte Ahab mit Verhandlungen und Tributangeboten die Belagerer zum Abzug zu bewegen. Benhadads unannehmbare Bedingungen erzwangen jedoch den Waffengang. Eine israelitische Elitetruppe wurde dazu auserkoren, in einem kühnen Handstreich die Aramäer so zu verwirren, daß sie die Belagerung aufgeben mußten. Zu Hilfe kamen Israel die Siegestrunkenheit und Undiszipliniertheit des aramäischen Heeres. Der geplante Ausfall gelang während eines von Benhadad veranstalteten Trinkgelages. Das aramäische Heer floh in voller Auflösung. Später trat zwar Benhadad mit einem neuen Heer wieder zum Kampf an, wurde aber erneut geschlagen und mußte einen unvorteilhaften Friedensschluß hinnehmen. Unterdes zeichnete sich am Horizont eine viel größere Gefahr ab. Einen neuen Aufstieg erlebte im 9. Jahrhundert im Norden des Zweistromlandes eine alte Großmacht, die in der Folgezeit den gesamten palästinisch-syrischen Küstensaum in ständiger Unruhe halten sollte: Assyrien. Der assyrische König Assurnasirpal II. (884 bis 859) zog als erster gen Westen. Dann folgte sein Sohn Salmanassar III., der auf ein Heer Israels stieß und Ahab schlug. Über die unmittelbaren Folgen dieser Niederlage fehlen nähere Nachrichten; auf jeden Fall war allen Staaten Syriens und Palästinas vorgeführt worden, daß sich eine neue Macht erhoben hatte. Möglicherweise hatte die Bedrohung durch die Assyrer die Spannungen zwischen Israel und Aram-Damaskus abklingen lassen; eine Weile ließen die Gegensätze nach – bis Ahab einen neuen Vorstoß unternahm, um den Aramäern Ramot in Gilead zu entreißen. Als Bundesgenosse trat jetzt Ahab erstmalig ein König von Juda, Josaphat, zur Seite, ein Zeichen der freundschaftlichen Beziehungen zwischen Nord und Süd, die Asa und die Omriden zuwege gebracht hatten. Der Ausgang des Kampfes ist unklar. Der Tod Ahabs, der, von einem Zufallspfeil getroffen, verblutete, ließ ihn in den Hintergrund treten. Zum herbstlichen Jahreswechsel 852 bestieg sein Sohn Ahasja den verwaisten Thron.

Den Königswechsel nahmen die Moabiter, denen die Last der Tributzahlungen an Israel unerträglich geworden war, zum Anlaß, die Botmäßigkeit abzuwerfen. Der Einflußbereich Israels schrumpfte weiter zusammen. Nur kurze Zeit blieb Ahasja am Ruder. Nach der Überlieferung wurde er durch einen schweren Sturz verletzt, an dessen Folgen er starb. Sein Bruder Joram, der ihm folgte, traf sofort Vorbereitungen zu einem Feldzug gegen die Moabiter, um das verlorene Gebiet zurückzuerobern, und gewann als Bundesgenossen den König von Juda und den König von Edom. Das Unternehmen mißlang, Moab blieb verloren. Weiteres Territorium büßte Israel im Norden ein: ein neuer Angriff der Aramäer endete mit Landabtretung und Tributzahlungen; er hätte mit einer viel größeren Katastrophe ausgehen können, wäre nicht Aram-Damaskus seinerseits von den Assyrern bedrängt worden. Wie so oft folgte auf die Niederlagen eine schwere Krise im Innern.

Während Joram in Jesreel krank daniederlag und der König Ahasja von Juda bei ihm weilte, lancierte der Prophet Elisa seinen Angriff gegen das Königshaus und benannte den Feldhauptmann Jehu als den zum König Erwählten. Jehu, als tollkühner Krieger und rasender Streitwagenfahrer bekannt, befand sich gerade im Heerlager bei Ramot. Das Heer war für ihn, die Soldaten umjubelten ihn mit dem Inthronisationsruf »Jehu ist König geworden!« Um etwaigen Gegenmaßnahmen Jorams zuvorzukommen, galoppierte nun Jehu mit seinem Streitwagen, von einem kleinen Kriegertrupp begleitet, nach Jesreel. Das Herannahen der Krieger, von deren Rebellion die Hauptstadt nichts wußte, wurde dem Palast gemeldet. Da mit bösen Nachrichten von der Front gerechnet werden konnte, fuhr der kranke König selbst voller Sorge dem Trupp entgegen, und der König von Juda begleitete ihn. Jehu ließ es gar nicht erst zu einer Begegnung kommen: in voller Fahrt schoß er seine Pfeile ab. Joram war auf der Stelle tot; Ahasja ereilte ein Pfeil auf der Flucht, er starb am selben Abend in Megiddo. Nachdem er die Könige von Israel und Juda an einem Tag ums Leben gebracht hatte, besetzte Jehu den königlichen Palast und trat die Regierung an.

Aber noch war der von Elisa Erwählte nicht Stadtkönig von Samaria. Ihm standen noch siebzig Prinzen – die gesamte Nachkommenschaft der Omriden – im Wege, die in Samaria residierten. Auch hier machte Jehu kurzen Prozeß: als Treuebeweis verlangte er von den

Stadtältesten von Samaria die Ermordung der Prinzen –, und sein Wille geschah; zusätzlich verzichteten die Stadtväter auf alle Sonderrechte des Stadtstaates. Jehu war aber nicht nur Krieger, sondern auch Glaubenseiferer; in einem weiteren Blutbad wurden die Baalspriester hingeschlachtet. Weniger erfolgreich dagegen war der bewährte Feldhauptmann in der Regelung der Beziehungen zu den Nachbarstaaten. Ihr freundschaftliches Verhältnis zu Juda ging in die Brüche, die Aramäer bemächtigten sich großer Teile des Ostjordanlandes, die mächtigen Assyrer forderten hohe Tributzahlungen. Trotzdem blieb Jehu achtundzwanzig Jahre auf dem Thron und sicherte sogar noch dem Sohn Joahas und dem Enkel Joas die Nachfolge. Ständige Grenzkämpfe und Tributzahlungen belasteten das Land, und nur mit Mühe gelang es den Nachkommen Jehus, das in seinen Grundlagen erschütterte Reich zusammenzuhalten.

Kaum weniger unruhig, wenn auch vielleicht weniger unheilvoll, verlief die zweite Hälfte des 9. Jahrhunderts im Reich Juda. Die lange und ruhige Regierungszeit Asas hatte die Verständigung mit Israel gebracht, die vor allem im Grenzraum Benjamin nach Jahren der Grenzauseinandersetzung eine friedliche Regelung ermöglichte. Und Asas Sohn Josaphat zog sogar mit dem König von Israel als Verbündeten in den Krieg. Noch enger wurde das freundschaftliche Verhältnis mit der Anknüpfung verwandtschaftlicher Bande: Josaphats Sohn Joram heiratete Athalja, eine Tochter des Ahab und der Isebel. Zur selben Zeit wie sein Schwager Ahasja in Jesreel kam Joram auf den Thron in Jerusalem, wo er seiner israelitisch-tyrischen Frau beträchtlichen Einfluß am Hofe einräumte. Gleich ihrer Mutter Isebel wurde auch Athalja zur Wegbereiterin des Baalskultes. Parallelen gab es noch mehr. Auffallend ist schon die Übereinstimmung der Königsnamen: in Israel und in Juda gab es je einen Joram, je einen Ahasja, je einen Joas. Schon daraus kann man auf enge Beziehungen zwischen Nord und Süd schließen. Vor allem der judäische Joram war mit dem Hof seines israelitischen Schwagers eng verbunden: er beteiligte sich an Ahasjas Feldzügen und bemühte sich auch sonst, die aus der Heirat mit Athalja erwachsenden Verpflichtungen gegenüber dem Königshof der Omriden gewissenhaft zu erfüllen. Nur kurze Zeit regierte Joram in Jerusalem. Als ihm sein und Athaljas Sohn Ahasja folgte, konnte die Königinmutter ihren Einfluß auf die Geschicke Judas vermehren. Die Beziehungen zum Throne Israels, auf dem jetzt ihr zweiter Bruder Joram saß, wurden noch intensiver. Nicht zufällig war Ahasja 845, als Jehu losschlug, bei seinem Onkel zu Gast, und vielleicht war es auch kein Zufall, daß er des Onkels Schicksal teilte. Bis nach Jerusalem reichte Jehus Arm indes nicht; was Isebel in Israel nicht gelungen war, gelang ihrer Tochter in Juda: hier konnte Athalja die Macht an sich reißen und ein Gewaltregiment errichten. Sie griff mit besonderer Brutalität gegen ihre Gegner durch; die Nachkommen der Davidsdynastie, die ihr hätten gefährlich werden können, kamen ums Leben. Der Staat machte eine schwere Krise durch.

Womit Athalja nicht gerechnet hatte, war die Macht der jahvetreuen Jerusalemer Priesterschaft. Die Priester hatten einen Nachkommen der Davidsdynastie, den Knaben Joas, gerettet und ihn in den Priesterkammern des Tempels großgezogen. Als Joas sieben Jahre alt war, rief der Oberpriester Jojada die Leibwache der Königin und vereidigte die Soldaten auf den legitimen Davidserben. Als die Judäer zum Laubhüttenfest 839 nach Jerusalem kamen, wurde das Geheimnis bekanntgemacht: Joas wurde auf ein Podium gehoben, wie man es bei der Thronbesteigung zu errichten pflegte, und das Volk brach in Jubel aus. Statt Athalja beizustehen, nahm die von den Priestern rechtzeitig für Joas gewonnene Leibwache sie fest. Die eben erst so Mächtige wurde aus dem Tempelbezirk geführt und außerhalb des geweihten Geländes getötet. Nach alten Bräuchen des Zwölfstämmeverbandes konnte die feierliche Erneuerung des Gottesbundes (2. Könige 11,17) vorgenommen werden: »Nun schloß Jojada den Bund zwischen Jahve, dem König und dem Volk, daß sie ein Volk Jahves sein wollten.« Seit Davids Zeiten war der König in den Bund zwischen Jahve und seinem Volk eingeschlossen, aber seit Salomo hatte sich immer wieder die Tendenz zur Unterstellung des Kultus unter die vom König bestimmte Lebensordnung geltend gemacht. Jetzt sorgte die Priesterschaft, der die Dynastie ihre Rettung verdankte, daß sich der König ihr (2. Könige 12,2) unterwarf. »Joas tat, was Jahve wohlgefiel, sein ganzes Leben lang, weil ihn der Priester Jojada unterwies.« Schnell kam der Feldzug gegen die fremden Kulte in Gang. Nicht nur die unter dem Einfluß Athaljas in Jerusalem aufgerichteten Baalszeichen wurden zerstört, sondern auch die Höhenheiligtümer des Baalskultes im ganzen Lande. Immer wieder waren diese Heiligtümer aus der Symbiose mit den Kanaanitern entstanden; setzte sich in Jerusalem das feuchtwarme Wetter eines allgemeinen Synkretismus durch, so schossen sie jedesmal von neuem wie Pilze aus dem Boden. Aber schon im alten Zwölfstämmeverband hatte es zum gottesdienstlichen Handeln gehört, daß die Verehrung des Einen Gottes auch in der periodischen Reinigung von allen fremden Kultelementen ihren Ausdruck fand. Trotz der Wiederherstellung der Grundlagen der alten Ordnung war aber auch die Regierungszeit Joas' nicht krisenfrei. Die Aramäerheere, die den israelitischen Joas schwer bedrängten, stießen weit nach dem Süden vor: wiederholt mußte auch Juda alle Kräfte aufbieten, um die aramäische Expansion abzuwehren; sogar Jerusalem wurde vom Aramäerkönig Haza'el bedroht, und der judäische Joas mußte aus dem Tempelschatz einen großen Tribut entrichten, um sich loszukaufen. Darüber hinaus ist über diesen Joas nur bekannt, daß er 800 v. Chr. von seinen Dienern ermordet wurde und daß ihm sein Sohn Amazja auf dem Thron Davids nachfolgte.

## *Assyrer vernichten das Nordreich*

Die stärkste Macht im syrisch-palästinischen Raum war zu Beginn des 8. Jahrhunderts der syrische Großstaat von Damaskos; unter seiner Oberhoheit stand der nördliche Teil des Ostjordanlands, und ein festes Bündnis verband ihn mit Philistäa. Israel war gefährlich umklammert; daß es nicht erobert wurde, lag hauptsächlich daran, daß die Großmacht Assyrien mit ihren wiederholten Raub- und Beutezügen auch Damaskos in Atem hielt. Um 800 v. Chr. rückten die Assyrer wieder gegen Westen vor. Auf einer Reliefstele hat der Großkönig Adadnerari III. der Nachwelt mitgeteilt: »Als ich mich im fünften Jahre auf meinen königlichen Thron erhaben setzte, bot ich das Land auf; den ausgedehnten Truppen Assurs nach dem Lande Philistäa zu ziehen befahl ich. Den Euphrat überschritt ich bei seinem Hochwasser; die Könige, die feindlichen, die zur Zeit meines Vaters Schamschiadad abgefallen waren,... meine Füße faßten sie. Steuer, Tribut... brachten sie nach Assur, ich nahm es in Empfang. Nach dem Lande Damaskos zu ziehen befahl ich. Mari in Damaskos schloß ich ein, es unterwarf sich. Hundert Talente Gold, tausend Talente Silber als seinen Tribut empfing ich. Damals ließ ich ein Denkmal meiner Herrschaft anfertigen, die Taten meiner Hände schrieb ich auf, in der Stadt Zabanni stellte ich es auf.« Immer wieder strebten die Assyrer zur westlichen Küste, und wo sie hinkamen, erhoben sie Tribut. Natürlich benutzten die tributpflichtigen Staaten jede Gelegenheit – Thronwechsel in Assur oder Ausbleiben des periodischen assyrischen Demonstrationsfeldzugs –, die Abgaben zu verweigern. Das hatte auch das schwer belastete Damaskos versucht, dem daraufhin Adadnerari mit einer Strafexpedition eine Lektion erteilte. Vermutlich war auch Israel in Mitleidenschaft gezogen worden. Jehu war jedenfalls tributzahlender Vasall Assyriens. Wahrscheinlich hatten die Assyrer Anlaß, Jehus Nachfolger zu Zahlungen zu zwingen. Nach dem Feldzug Adadneraris III. hatte Assyrien allerdings genug mit inneren Angelegenheiten zu tun und mußte seinen Expansionsdrang mäßigen. Erst um 740 v. Chr. rückten assyrische Truppen von neuem ins syrische Gebiet ein.

Im Südreich Juda hatte sich mittlerweile, nachdem er die Mörder seines Vaters hatte töten lassen, Amazja (802–785) durchgesetzt. Der Einfluß der Priesterschaft machte sich weiter geltend, wenn auch Amazja den Höhenkulten großzügiger gegenüberstand und gegen sie nicht mehr so streng durchgriff wie Joas. Dafür entfaltete Amazja eine größere außenpolitische Aktivität. Er unternahm einen Feldzug gegen die Edomiter, um alte Ansprüche zur Geltung zu bringen, siegte und entriß den Edomitern, die sich südlich des Toten Meeres weit nach dem Westen vorgeschoben hatten, erhebliche Gebietsteile. Nach dem Sieg über die Edomiter übermütig geworden, wagte es Amazja, Israel den Krieg zu erklären. Aber Jehus Enkel Joas (800–787) kam den Judäern zuvor, fiel in Juda ein und fügte Amazja bei Beth-Schemesch eine vernichtende Niederlage zu. Ja, er zog sogar als Sieger in Jerusalem ein und nahm den König von Juda gefangen. Doch war er klug genug, das Gleichgewicht zwischen den beiden Kleinstaaten nicht anzutasten. Er ließ Amazja frei und hielt sich am Tempel- und Palastschatz schadlos. In die Mauern Jerusalems wurden auf seinen Befehl große Breschen gerissen. Später erhob sich gegen das geschwächte Königtum eine Verschwörung; Amazja mußte nach Lachisch fliehen, wurde dort überwunden und getötet. Offenbar hatte die Herrschaft der Athalja eine Ära der Palastrevolutionen und Verschwörungen eingeleitet.

Auf den Thron kam Usia (auch Asarja genannt), unter dessen Herrschaft Juda einen erstaunlichen neuen Aufstieg nahm. Von Anfang an erstrebte der tatkräftige junge König eine Erweiterung seines Reiches nach Süden und Westen. Im Süden ging es gegen die Edomiter und die nomadischen Wüstenstämme, im Westen gegen die Philister. Schon frühzeitig bemühte sich Usia um den Ausbau des Heeres: eine große Söldnertruppe wurde aufgestellt und mit mechanischen Eroberungswerkzeugen, Steinschleudern und anderen neuen Waffen ausgerüstet; augenscheinlich hatte Usia den Assyrern einige Geheimnisse der neueren Kriegstechnik abgelauscht. Beim Vorstoß gegen die südlichen Nachbarn gewann Usia die Nordspitze des Golfes von El-Akaba wieder; den Philistern wurden Gath und Jabne abgenommen. Damit waren südlich und westlich zwei Keile vorgetrieben, die Juda den

Die Stele des Königs Mesa von Moab
Bericht über seine Erfolge gegen Israel, um 840 v. Chr. Paris, Louvre

Der gedemütigte König Jehu mit Tributen vor Salmanassar III.
Relief vom Schwarzen Obelisken aus Kalach, 828 v. Chr. London, British Museum

ISRAEL

Zugang zu den Meeren eröffnen und den Anschluß an den Überseehandel ermöglichen sollten. Zum erstenmal seit Salomo verfolgte wieder ein judäischer Herrscher so weitgespannte Pläne.

Auch in anderer Beziehung folgte Usia dem Beispiel Salomos. Er ließ einen Festungsgürtel ausbauen, der das gewonnene Gebiet decken und die Handelsstraßen sichern sollte. Jerusalem wurde neu ausgebaut: die Stadtmauern wurden erneuert und an strategisch wichtigen Punkten Wehrtürme gesetzt. Das Festungssystem wurde mit neuen Waffen ausgestattet; auch in kriegstechnischen Neuerungen, die er hauptsächlich von den Assyrern übernahm, folgte Usia dem Vorbild Salomos, dessen Streitwagenabteilung mit pferdebespannten Kriegswagen zu seiner Zeit eine Revolution im israelitischen Heerwesen bedeutet hatte. Nach außen und innen wurde das Reich Juda gefestigt. Der Handel blühte, der Wohlstand wuchs. Auf diesem Boden entstanden jedoch schwerwiegende soziale Probleme, die später vor allem von den Propheten Jesaja und Micha aufgegriffen werden sollten. Auf die glanzvolle Regierungszeit Usias (die wohl bis 755 v. Chr. dauerte) warf sein düsteres persönliches Schicksal einen schweren Schatten: der König erkrankte am Aussatz und mußte sich aus dem öffentlichen Leben zurückziehen. Als Mitregent amtierte sein Sohn Jotham.

Zwei Jahre vor dem Regierungsantritt Usias in Juda war im Nordreich Israels Joas' Sohn Jerobeam II. auf den Thron gekommen. In den vier langen Jahrzehnten seiner Herrschaft erlebte bemerkenswerterweise auch Israel eine Zeit des Aufschwungs und Wohlstands. Zu einem erheblichen Teil hing das damit zusammen, daß sich Assyrien ruhig verhielt. Und auch in Israel wurde in der ersten Hälfte des 8. Jahrhunderts – wie unter Usia in Juda – an die große Vergangenheit angeknüpft. Vielleicht war schon das Wiederauftauchen des Königsnamens Jerobeam bezeichnend. Die Jahre der Staatsgründung wurden wieder lebendig, das Königsheiligtum Bethel gewann seinen alten Rang zurück. Das Reich blühte auf. Von Aram-Damaskos wurde Israel nicht mehr überfallen, vielleicht weil der Aramäerstaat selbst Zeiten des Niedergangs durchmachte. Philistäa hatte von Juda Schläge hinnehmen müssen und rührte sich nicht. So konnte Jerobeam ostjordanische Landstriche zurückerobern, den auswärtigen Handel intensivieren und das Königsregiment festigen. Aber schon in dieser ruhigen Zeit wurden kommende Katastrophen von den Propheten Amos und Hosea angekündigt. Beide ließen ihre Stimmen gegen Ende der Ära Jerobeam vernehmen: Amos zuerst um 760 v. Chr., Hosea etwa ein Jahrzehnt später. Eine dunkle Gerichtsbotschaft beunruhigte das Land: »Durch das Schwert«, verkündete Amos, »soll Jerobeam umkommen, und Israel muß in die Verbannung – hinweg aus seinem Lande.« Der Prophet, der am Reichsheiligtum in Bethel auftrat, wurde verbannt. Das brachte die unheilvollen Prophezeiungen nicht zum Schweigen. Nach Hoseas erstem Wort lautete Jahves Urteil: »In kurzem suche ich die Bluttat von Jesreel heim am Hause Jehus und mache dem Königreich Israel ein Ende!«

Die Propheten des Gerichts treten plötzlich auf die Bühne der Geschichte. Als Gottesboten weisen sie sich aus und leiten ihre Sprüche und Reden mit der Ankündigungsformel »So spricht Jahve« ein. Unergründlich ist das Geheimnis ihrer Inspiration und Sendung, die weder auf einer kultischen noch auf einer hierarchischen Amtsvollmacht beruht. Ja, diese Propheten treten sogar dem in Magie und Synkretismus abgesunkenen Kultus aggressiv entgegen, sie kündigen der religiösen Selbstsicherheit das kommende Gottesgericht an. Doch in ihrer unvergleichlichen Freiheit und Größe haben die Gottesmänner zwei entscheidende Bindungen, von denen sie immer wieder sprechen. Sie wissen sich als die Hüter und Verfechter des alten Gottesrechts: »Recht und Gerechtigkeit« fordern sie als die dem Gottesvolk im Bunde gebührende Verhaltensweise. Jeden Rechtsbruch, jede Verletzung der Gebote decken sie mit unnachsichtiger Strenge auf. Zu dieser Bindung an das Gottesrecht tritt eine andere: das ständige Bezogensein auf die Mitteilung Jahves, auf die Inspiration und die visionäre Enthüllung des Kommenden. Unter einem übermächtigen Zwang kommt das Wort Jahves über den Propheten. Er wird mitgerissen von der Erkenntnis der in der Geschichte anhebenden Gottestat und wird zum Herold einer neuen Begegnung zwischen Jahve und Israel, zum »Sturmvogel des Gerichtes«, in dem Gott seine Macht und Freiheit erweist.

Als Jerobeam II. im Jahre 747 v. Chr. starb, ging für Israel die letzte Blütezeit zu Ende. Auf den Tod des Königs folgten turbulente Thronwirren. Im selben Jahr kam zwar noch Jerobeams Sohn Sacharja auf den Thron, aber schon sechs Monate später ermordeten ihn Verschwörer, an deren Spitze ein Mann namens Sallum stand. Bereits nach einem Monat wurde auch er von einem neuen Usurpator, Menahem, gestürzt. Immerhin konnte Menahem zehn Jahre regieren, doch wurden in dieser letzten Lebensperiode des Reiches Israel die Grundlagen der Königsherrschaft immer wieder im Namen Jahves angezweifelt. Eine charismatische Designation war keinem der letzten Könige des Nordreiches zuteil geworden. Der Prophet Hosea erklärte im Namen Jahves: »Sie haben Könige eingesetzt, doch ohne meinen Willen; haben sich Fürsten erwählt, doch ohne mein Wissen.« Menahem konnte seine Herrschaft nur mit brutaler Gewalt aufrechterhalten. Eine Stadt Tappuah, die sich widerspenstig gezeigt hatte, wurde militärisch niedergeworfen und ihre Bevölkerung ausgerottet. Bald allerdings setzte das Wiederauftauchen der assyrischen Heere dem Wüten Menahems ein Ende.

Im Zweistromland hatte sich um 740 v. Chr. ein mächtiger Herrscher emporgeschwungen, der das assyrische Großreich auf den Gipfel des Ruhmes führte: Tiglatpilesar III., im Alten Testament Phul genannt. Von 745 bis 727 regierte er in der von ihm bevorzugten Residenzstadt Kalach, in der bei Ausgrabungen viele aufschlußreiche Angaben über seine kriegerischen Unternehmungen ans Tageslicht gekommen sind. Zunächst baute Tiglatpilesar das Heer aus, auf das er sich in erster Linie stützen mußte, da ihm die Großen Assyriens wenig Sympathie entgegenbrachten. Das hervorragend gegliederte und mit den neuesten Waffen ausgestattete assyrische Heer wurde von Tiglatpilesar bedeutend vergrößert und in seiner Organisation gestrafft. Vor allem wurden die Streitwagenabteilungen und die technischen Truppen vermehrt und mit Belagerungsmaschinen und Pionierwerkzeugen ausgerüstet. Alte Abbildungen der assyrischen Truppen vermitteln den Eindruck einer geschlossenen Phalanx, die alles, was sich ihr in den Weg stellt, niederwalzt. Kunstvoll konstruierte Belagerungsmaschinen wurden vor feindlichen Städten aufgestellt; unter einem Dach, das Schutz vor Pfeilen bot, wurden mit einer Schwungvorrichtung versehene Rammpfähle gegen die Mauern der belagerten Städte getrieben. Die technische Vollkommenheit der assyrischen Kriegsmaschine war um so unwiderstehlicher, als hinter ihr ein mächtiger religiöser Antrieb stand. Die Großkönige führten ihre Feldzüge nicht aus imperialistischer Machtgier allein. Der assyrische Gott Assur, dessen feierliche Erhöhung jedes Frühjahr kultisch begangen wurde, galt als Schöpfer und Herr der Welt, und als Repräsentant dieser Weltherrschaft des Gottes wurde der Großkönig gefeiert. Von Assur empfing er den Auftrag, die ganze Welt der Gottheit zu unterwerfen; in diesem Sinne wurde der Krieg zu einem einzigen großen Gottesdienst. In einem ekstatischen Kampfesrausch gingen die Truppen gegen den Feind vor. In einem alten Text heißt es: »Feurig, voll Wut sind sie, wie der Sturmgott gewandelten Wesens; sie stürmen im Grimm ins Getümmel ohne Obergewand... Es tanzen im verderblichen Waffenspiel die kriegsgewaltigen Mannen.« Der Gott Assur sollte der Herr der Welt sein, und kein assyrischer Herrscher verfolgte dies Ziel so konsequent wie Tiglatpilesar III. Seine Politik wies der assyrischen Großmacht ihren künftigen Weg, und seine neuartige Unterwerfungstechnik, der eine konsequente Umsiedlungspolitik zugrunde lag, verbreitete unter den Völkern den größten Schrecken. Indem sie die einflußreiche Oberschicht der besiegten Länder deportierten, veränderten die Assyrer von Grund auf die Struktur der unterworfenen Staaten. Die Deportierten wurden in die entlegensten Länder verschleppt, und an ihrer Stelle zwangen die Eroberer dem besiegten Volk die Herrenschicht eines anderen von ihnen unterworfenen, wiederum möglichst fernen Staates auf. Das Leben des eroberten Gemeinwesens wurde so grundlegend umgestaltet, daß ein nationales Freiheitsbegehren nicht mehr erwachen konnte. Darüber hinaus wurden die unterworfenen Länder in ein straff gegliedertes Provinzialsystem eingefügt und die neuen Provinzen von verläßlichen Untertanen des Großkönigs unter Kontrolle gehalten und verwaltet. Im Westen wirkte sich diese Umsiedlungs- und Eingliederungspraxis zum erstenmal voll aus, als Tiglatpilesar im Jahre 738 in den syrisch-palästinischen Raum einbrach.

Zuerst richtete sich der Angriff des Großkönigs gegen den aufsteigenden Stadtstaat Hama, der in den voraufgehenden Jahrzehnten Aram-Damaskos überflügelt hatte. Der Kampf dauerte nicht lange; der größte Teil des Hama-Gebietes wurde dem assyrischen Machtblock als reichsunmittelbare Provinz angegliedert, nur ein kleiner Rest blieb als tributpflichtiger Rumpfstaat, der nicht leben und nicht sterben konnte, bestehen. Auch dies Verfahren gehörte zu Tiglatpilesars treffsicherer Unterwerfungsstrategie. Das assyrische Heer drang nun weiter vor und zwang ganz Syrien in die Knie. Der König Rezin von Damaskos mußte erneut einen hohen Tribut entrichten; da er sich frühzeitig unterwarf, ersparte er seinem geschwächten Staat die militärische Niederlage und Besetzung und wurde zum Vasallen des Großreichs. Diesen Weg beschritten auch andere syrische Stadtstaaten, darunter die phönikischen Küstenstädte. Das gleiche Schicksal (2.Könige 15,19f.) wählte das Nordreich Israel: »Zu seiner Zeit kam Phul, der König von Assyrien, über das Land. Da zahlte Menahem an Phul tausend Talente Silber, damit er ihm helfe, die Herrschaft in seiner Hand zu befestigen.« Und Menahem, der sich nur mit Waffengewalt auf dem Thron halten konnte, war die Unterwerfung ein willkommenes Mittel, sein wankendes Regime zu stützen; aber die schweren Lasten, die er den Vornehmen und Begüterten auferlegte, riefen erbitterten Widerstand hervor, der sich, als er 736 v.Chr. starb, zu einer

Verschwörung verdichtete. Schon kurz nach der Thronbesteigung wurde sein Sohn Pekachja von einem Adjutanten namens Pekach ermordet, der sich sogleich selbst zum König erhob. Die Revolte richtete sich natürlich nicht nur gegen das Haus Menahem, sondern vor allem auch gegen die Abgaben und Tribute an die assyrische Großmacht. Da Israel allein nicht daran denken konnte, das assyrische Joch abzuschütteln, bemühte sich Pekach um ein gemeinsames Vorgehen mit den anderen vom assyrischen Großkönig unterworfenen Regenten des syrisch-palästinischen Raumes. Die von Tiglatpilesar III. überfallenen Reiche fanden sich schnell zu gemeinsamer Abwehr bereit; die Tributzahlungen wurden eingestellt und ein großes Koalitionsheer gegen den im Osten weilenden Eroberer aufgeboten.

Zur Verstärkung der Koalition schien es logisch, den einzigen von Assyrien noch nicht bezwungenen Nachbarstaat, das militärisch schlagkräftige und gutgerüstete Juda, in die gemeinsame Front einzureihen. In Juda regierte Ahas, ein Enkel Usias, und ihn versuchten die gegen Assyrien verbündeten Staaten zu gewinnen. Aus seiner Weigerung, der Koalition beizutreten, ergaben sich scharfe Auseinandersetzungen, die den Häuptern der antiassyrischen Verschwörung, Pekach von Israel und Rezin von Damaskos, die Idee eingaben, Juda militärisch anzufallen, um Ahas zu stürzen und das judäische Heer in die Bewegung einzubeziehen. In diesem »syrisch-ephraimitischen« Krieg, der 734 begann, rückte das Koalitionsheer bald bis Jerusalem vor: die Hauptstadt des Südreiches konnte kaum noch der Kapitulation ausweichen. Angesichts dieser Bedrohung sandte Ahas Geschenke an den assyrischen Großkönig und erbat Beistand. Ohne zu zögern eilte Tiglatpilesar nach dem Westen. Nicht nur mußten Rezin und Pekach die Belagerung Jerusalems aufgeben, sondern es brach auch jeder Gedanke an Widerstand zusammen. Mit unerbittlicher Gewalt traf sie die Strafaktion des assyrischen Großkönigs. Tiglatpilesar riß ganz Israel an sich und ließ nur einen winzigen Bezirk – das Gebirge Ephraim mit der Hauptstadt Samaria – als tributpflichtigen Reststaat fortbestehen. Im übrigen Israel begann sofort die Umsiedlungsaktion: die Oberschicht wurde deportiert, das annektierte Land mit den Provinzen Megiddo, Dor und Gilead ins assyrische Verwaltungssystem eingegliedert. Das war das faktische Ende Israels. Der kleine Reststaat führte nur noch ein Schattendasein. Pekachs Königsherrschaft fand einen blutigen Abschluß. Ein Mann namens Hosea stürzte Pekach und übernahm mit Hilfe der Assyrer die Überreste der königlichen Macht. Damit war Tiglatpilesars Strafaktion noch nicht zu Ende. Außer Israel warf er die philistäische Stadt Gaza, in der der assyrienfeindliche König Hanun regierte, dann Damaskos zu Boden; die Residenz wurde 732 erobert und furchtbar verwüstet. Auf einer beschädigt aufgefundenen assyrischen Steintafel kann man heute noch einen Triumphbericht über Tiglatpilesars Rachefeldzug wenigstens in Bruchstücken lesen: »Hanunu von Gaza, der vor meinen Waffen geflohen war und sich nach Musri geflüchtet hatte – dessen Stadt Gaza eroberte ich; seine Habe, seinen Besitz, seine Götter führte ich weg, mein... und das Bild meines Königtums... stellte ich in der Mitte des Palastes Hanunus auf und... rechnete es zu den Göttern ihres Landes, und Abgabe und Tribut legte ich ihnen auf... warf ihn nieder und wie einen Vogel... brachte ihn an seinen Ort zurück und... Gold, Silber, buntgewirkte Kleider, Leinen...« Über Israel heißt es da: »Die Gesamtheit seiner Leute, ihren Besitz führte ich weg nach Assyrien;

Der Gewittergott Hadad
Stele aus der Gegend von Karkemisch, 7. Jahrhundert v. Chr.
Paris, Louvre

Der Siloah-Stein aus Jerusalem
Bericht über die Vollendung einer Wasserleitung unter König Hiskia von Juda (?), um 700 v. Chr.
Istanbul, Archäologisches Museum

Pekach, ihren König, stürzten sie, und Hosea setzte ich zur Königsherrschaft über sie...« Tiglatpilesar III., nun Herr über den gesamten westlichen Raum bis zu den Grenzen Ägyptens, starb 727 auf dem Gipfel des Ruhmes; sein Werk führte sein Sohn und Nachfolger Salmanassar V. fort. Trotz allen Vorkehrungen zur »Befriedung« der unterworfenen Völker lebte die antiassyrische Bewegung im syrisch-palästinischen Raume von neuem auf. Auf alle erdenkliche Weise suchten die geknechteten Staaten einen Weg in die Freiheit. Zu Herden der Unruhe wurden vor allem die Reststaaten Hama und Samaria. Fortgesetzt wurde insgeheim konspiriert. In diesen antiassyrischen Bestrebungen tauchte ein neuer Machtfaktor auf: Ägypten. Durch die Vormachtstellung der Assyrer in Palästina war das Reich am Nil aus einem Stadium völliger Zurückhaltung aufgeweckt worden: die unmittelbare Nachbarschaft war ein zu ernstes Alarmzeichen. Die assyrischen Vasallenkönige in Syrien und Palästina gewannen nun Kontakt mit Ägypten, erhielten weitgehende Unterstützungszusicherungen und riskierten mit der Kündigung der tributpflichtigen Abhängigkeit einen neuen Vorstoß. Sofort setzte Salmanassar V. zur Strafexpedition an. Irgendwie gelang es ihm 724, Hosea zu fangen. Dann wurde drei Jahre lang Samaria belagert: wahrscheinlich hatte Salmanassar nur eine kleine Truppe abgeordnet, um die einstige Hauptstadt Israels langsam auszuhungern und abzuwürgen; sie fiel 722. Der letzte Rest des Reiches Israel hatte aufgehört zu existieren. Zwar wurde im selben Jahr Salmanassar ermordet, aber das schmälerte nicht den assyrischen Sieg. Der neue Großkönig Sargon II. führte das Werk der Eroberung zu Ende. An den Palastwänden der Sargonsburg in Chorsabad fanden sich Sargons Annalen, in denen ein beschädigter Text über die Belagerung Samarias sagt: »Am Anfang meiner Regierung, in meinem ersten Regierungsjahr,... belagerte und eroberte ich Samaria... führte ich weg. Fünfzig Wagen als Streitmacht meines Königtums hob ich unter ihnen aus... Leute der Länder, Kriegsgefangene meiner Hände, ließ ich in ihr wohnen. Meine Beamten setzte ich als Statthalter über sie, und Abgabe und Tribut... legte ich ihnen auf.« Die Oberschicht Samarias und des Gebirges Ephraim wurde nach Assyrien verbannt, teilweise sogar in die Berge Mediens, in denen einheimische Rebellen wohl ebenfalls durch Fremde ersetzt werden sollten. Zwangsneusiedler wurden dafür nach Samaria gebracht: geschlagene Teilnehmer einer babylonischen Aufstandsbewegung und Leute aus Hama. Da jeder seine Religion und Kultur mitbrachte, entstand ein buntes Völkergemisch. Als neue Provinz wurde Samaria dem Großkönig unmittelbar unterstellt, die vierte assyrische Provinz im ehemaligen Staatsgebiet Israels. Die assyrische Provinzeinteilung sollte sich zwei Jahrhunderte halten, auch nach dem Untergang Assyriens unter den Babyloniern und später unter den Persern.

## *Juda als assyrischer Vasall*

Den Staat Israel gab es nicht mehr. Zersplittert in assyrische Provinzen und überfremdet von heidnischen Bevölkerungselementen lag das Land des Nordens. Vom Zwölfstämmeverband, der als religiöse Ordnung noch lebendig war, blieb als politische Größe nur der Südstaat Juda, tributzahlender Vasall Assyriens, übrig. Im Südstaat lag aber das zentrale

Heiligtum des alten Verbandes Israel, und dorthin verlagerten sich nunmehr viele nordisraelische Traditionen: sowohl die in Nordisrael überlieferten Elemente der Vorgeschichte und Geschichte des Zwölfstämmeverbandes als auch die Überlieferungen aus den Kreisen der Propheten und Priester und wahrscheinlich auch die Bestandteile der Königsannalen Israels. Jerusalem wurde zum Zentrum der Tradition. Vermutlich pilgerten in der folgenden Periode viele Angehörige der Nordstämme aus den nun assyrischen Provinzen zu den großen Jahresfesten nach Jerusalem; von anderen nördlichen Gruppen kann man annehmen, daß sie sich vom synkretistischen Kultus der neuen Mischbevölkerung anziehen ließen.

Die Vorherrschaft Assyriens blieb unangreifbar. Nach der Zerstörung Samarias unterwarf Sargon II. die philistäische Stadt Gaza, die sich erneut an antiassyrischen Komplotten beteiligt hatte, und den Reststaat Hama. Davon erzählt eine Prunkinschrift aus Chorsabad: »Hanunu, der König von Gaza, und Sib'e, der Oberbefehlshaber des Landes Musri, erhoben sich in Rapihu, um Treffen und Schlacht gegen mich zu liefern. Ihre Niederlage brachte ich fertig. Sib'e fürchtete sich vor dem Lärm meiner Waffen, er floh, und sein Aufenthaltsort wurde nicht mehr gefunden. Den Tribut von Pir'u, dem König von Musri, von Samse, der Königin des Landes Arabien, von It'amara, dem Sabäer: Gold, Bergerzeugnisse, Pferde, Kamele, empfing ich. Jaubi'di vom Lande Hama, ein Troßknecht, kein Thronanwärter, ein schlechter Hethiter, hatte seinen Sinn auf das Königtum von Hama gesetzt und die Stadt Arpad, das phönikische Simyra, Damaskos und die Stadt Samaria zum Abfall von mir gebracht und sie einig gemacht und sich zur Schlacht gerüstet. Die Truppen Assurs bot ich massenhaft auf, und in der Stadt Qarqar, seiner Lieblingsstadt, belagerte ich ihn und seine Krieger und eroberte sie. Die Stadt Qarqar verbrannte ich. Ihm zog ich seine Haut ab. In jenen Städten erschlug ich die Schuldigen und führte Frieden herbei. Zweitausend Streitwagen und sechstausend Schlachtrosse hob ich unter den Leuten des Landes Hama aus und gliederte sie der Streitmacht meines Königtums an.« Und Ägypten? Im äußersten Südwesten Palästinas kam es 720 zu einer Begegnung zwischen assyrischen und ägyptischen Truppen, doch zogen sich die Ägypter schnell zurück. Assyrien behauptete seine Vormachtstellung in Syrien und Palästina. Das bestimmte die Lage Judas.

Usias Sohn Jotham hatte, soweit Nachrichten darüber vorliegen, das innere und äußere Aufbauwerk des Vaters fortsetzen können. Nach der Überlieferung soll in seiner Regierungszeit sogar ein erfolgreicher Feldzug gegen die Ammoniter geführt worden sein; das spräche für eine politische Renaissance mit der Tendenz zur Wiederherstellung alter Ordnungen und alten Besitzstandes. Wichtiger war die Wiederaufnahme und Neubelebung der prophetischen Tradition. Nach der alttestamentlichen Tradition fiel ins Todesjahr Usias ein hochbedeutsames Ereignis: die Berufung des Propheten Jesaja. Im Tempel, angesichts der Lade, erschaute Jesaja in einer Vision Jahve als König. Urphänomene des Zwölfstämmeverbandes Israel treten in der Schilderung hervor: über dem leeren Gottesthron der Lade erhebt sich unsichtbar, nur der prophetischen Schau erschlossen, der Herrscher und König Israels, Jahve Zebaoth. Da Jesaja dem Gott Israels begegnet, ertönt der gewaltige Hymnus: »Heilig, heilig, heilig ist Jahve Zebaoth, alle Lande sind erfüllt von seiner Herrlichkeit!« Hier zeigt sich ein Ausschnitt aus der Tempelliturgie: Jahve wird geehrt und angebetet als Gott, von dessen strahlendem Lichtglanz alle Lande erfüllt sind; Jahve ist nicht der Volksgott Israels, sondern der Schöpfer und Weltherr; deutlich hebt sich seine Herrschaft von der Art ab, in der der assyrische Gott Assur das Weltregiment durchsetzt. In einer der Zukunftsvisionen des Propheten (Jesaja 2,2–4) heißt es: »Und es wird geschehen in den letzten Tagen, da wird der Berg mit dem Hause Jahves festgegründet stehen an der Spitze der Berge und die Hügel überragen; und alle Völker werden zu ihm hinströmen, und viele Nationen werden sich aufmachen und sprechen: Kommt, laßt uns hinaufziehen zum Berge Jahves, zu dem Hause des Gottes Jakobs, daß er uns seine Wege lehre und wir wandeln auf seinen Pfaden, denn von Zion wird die Weisung ausgehen und das Wort Jahves von Jerusalem! Und er wird Recht sprechen zwischen den Völkern und Weisung geben vielen Nationen; und sie werden ihre Schwerter zu Pflugscharen schmieden und ihre Spieße zu Rebmessern. Kein Volk wird sich gegen das andere erheben, und sie werden den Krieg nicht mehr lernen.«

Auf Jotham war in Jerusalem Ahas gefolgt, ein König, den das deuteronomistische Geschichtswerk im düstersten Licht erscheinen läßt: Ahas habe sich dem heidnischen Naturkult zugewandt, Höhenheiligtümer errichtet, den Baalim geopfert, überdies aber noch einem heidnischen Kult gehuldigt, dem zuliebe er seinen Sohn habe durchs Feuer schreiten lassen, um dem Gott Moloch mit einem Menschenopfer zu dienen. Des Königs Vergehen machten es dem alttestamentlichen Chronisten leichter, sein Verhalten im »syrisch-ephraimitischen« Krieg, das den Assyrern in die Hände spielte, erklärlich zu machen. Als Ahas' Weigerung, sich dem Aufstand des Nordreiches und der Aramäer gegen die Assyrer anzuschließen, zum aramäisch-israelitischen Einfall in Juda und zum Marsch der verbündeten Heere auf Jerusalem geführt hatte, unternahm Jesaja noch den Versuch, den König zur Umkehr zu rufen. In der Prophetie (Jesaja 7) heißt es: »Und es begab sich in den Tagen des Ahas, des Sohnes Jothams, des Sohnes Usias, des Königs von Juda, da zogen Rezin, der König von Aram, und Pekach, der Sohn Remaljas, der König von Israel, gegen Jerusalem heran, es zu bestürmen; aber sie konnten es nicht einnehmen. Als nun dem Hause Davids angesagt war: Die Aramäer haben sich in Ephraim gelagert, da bebte sein Herz und das Herz seines Volkes – wie die Bäume des Waldes beben vor dem Winde. Jahve aber sprach zu Jesaja: Gehe doch... dem Ahas entgegen... und sprich zu ihm: Hüte dich und bleibe ruhig! Fürchte dich nicht... Weil Aram, Ephraim und der Sohn Remaljas Böses gegen dich beschlossen haben und sprechen: Hinauf gegen Juda wollen wir ziehen, es bedrängen und für uns erobern..., so spricht der Herr Jahve: Es soll nicht zustande kommen noch geschehen! Denn das Haupt Arams ist Damaskos und das Haupt von Damaskos ist Rezin. Noch fünfundsechzig Jahre – und Ephraim wird zertrümmert, daß es kein Volk mehr ist... Glaubt ihr nicht, so bleibt ihr nicht!«

Der Prophet rief den König auf, zu »glauben«, daß Jahve das Unternehmen Rezins und Pekachs nicht gelingen lassen werde. Offensichtlich sollte die alte Stämmeverbandsinstitution des heiligen Krieges zu später Stunde erneuert werden: der König sollte allein auf Jahve vertrauen und alles seinem wirksamen Eingreifen überlassen. Aber Ahas war ja ein Moloch-Anbeter, der Gott Jahve für ihn also keine geschichtsmächtige Wirklichkeit mehr. Es war demnach fast unvermeidlich, daß er eine Unterwerfungsbotschaft (2. Könige 16,7) an Tiglatpilesar richtete: »Dein Sklave und dein Sohn bin ich, komm herauf und rette mich aus der Hand des Königs von Aram und aus der Hand des Königs von Israel, die sich gegen mich aufgemacht haben!« Nachdem Tiglatpilesar Ahas erhört und die antiassyrische Koalition zersprengt hatte, warb der König von Juda weiter um seine Gunst. Tiglatpilesar hielt sich damals in der Nähe von Damaskos auf. Dorthin entsandte Ahas den Oberpriester Uria und ließ dem assyrischen Großkönig melden, er sei bereit, dessen Kultinsignien im Jerusalemer Tempel aufrichten zu lassen. Aber schon warnte der Prophet (Jesaja 8,5f.) vor den Folgen des Kniefalls: »Und Jahve fuhr fort, zu mir zu reden: Weil dieses Volk die sanftrinnenden Wasser Siloahs verachtet, weil es verzagte vor Rezin und dem Sohne Remaljas, darum, siehe, läßt Jahve über sie emporsteigen die starken und großen Wasser des Euphrats. Der wird steigen über alle seine Kanäle und über alle seine Ufer treten und wird eindringen in Juda, wird überschwemmen und überfluten, daß es bis zum Halse reicht...« Allzu große Erfolge brachte Ahas die Unterwerfung unter die Assyrer nicht ein: die Überseepositionen, die Usia erobert hatte, gingen wieder verloren; das südlich des Toten Meeres gelegene Gebiet fiel wieder an die Edomiter; die Philister drangen sogar ins judäische Gebiet ein und verbreiteten Furcht und Schrecken. Immerhin gelang es Ahas zu der Zeit, da die Assyrer am grausamsten hausten, im Vasallenverhältnis glimpflich durchzukommen. Für seinen Nachfolger war es allerdings keine reine Freude, daß die assyrische Provinz Samaria ab 722 unmittelbar an Juda grenzte. Nach dem Tode des judäischen Königs Ahas bestieg dessen Sohn Hiskia den Thron Davids. Freilich haben sich die Komplikationen, die durch die Mitregentschaft Jothams in der Chronologie der Könige von Juda entstanden sind, auch jetzt noch ausgewirkt.

Das Todesjahr Ahas' ist nicht genau zu ermitteln. Wenn die Königsbücher des Alten Testaments damit recht haben, daß sein Sohn Hiskia zur Zeit der Zerstörung Samarias in Jerusalem regierte, spricht einiges für die Annahme, daß Hiskia um 725 König geworden war. Der deuteronomistische Geschichtsschreiber lobt Hiskia über die Maßen. Daß der König eine Säuberung des Kultus durchführte, kann kaum der einzige Grund gewesen sein. Der Chronist erwähnt aber, daß Hiskia, wie es in den Tagen des jungen Joas geschehen war, ausdrücklich den Bund mit Jahve erneuerte, was für einen assyrischen Vasallen zweifellos eine symptomatische politische Handlung war. Mehr noch: Hiskia sandte Boten ins Land, die sowohl in Juda als auch in den Ortschaften des aufgelösten Nordreichs zum zentralen Gottesdienst einladen sollten. In ganz Israel von Dan (im hohen Norden) bis Beerseba (im Süden) wurde die Kunde von einem alle Stämme erfassenden Fest weitergegeben. Die meisten Nordisraeliten lachten Hiskias Boten aus und lehnten die Einladung ab. Aber so manche kamen doch; der Versuch, Jerusalem als zentralen Kultort zu deklarieren, war nicht ganz mißglückt.

Natürlich muß man sich fragen, wie denn überhaupt ein legitimer Jahve-Gottesdienst in Jerusalem im Angesicht der Kultinsignien Assurs abgehalten werden konnte. Wie sah überhaupt das Vasallenverhältnis aus? Hiskia hatte von Ahas das Erbteil übernommen, ein Untergebener des assyrischen Königs zu sein. Aber er lehnte sich dagegen auf. Nachdem Nordpalästina und Syrien völlig unterworfen waren, erwachte im Süden die antiassyrische Bewegung, die im Norden gescheitert war und den Fall Samarias nach sich gezogen hatte. Um etwa 715 v. Chr. mag Hiskia die ersten Schritte zur Lösung von Assyrien unternommen und die Reinigung des Tempels von den Symbolen fremder Kulte gewagt haben. Wieder schlossen sich die Staaten zusammen, die unter den Tributlasten stöhnten und noch nicht ganz zermürbt waren: der philistäische Stadtstaat Asdod, Moab, Edom und Juda. Hinter dieser südpalästinischen Koalition stand unter dem aus Äthiopien stammenden Pharao Schabaka die Macht Ägyptens, das ein Interesse an der Stabilisierung der Abwehrfront in Südpalästina bekundete. Zwischen 713 und 711 machten sich die antiassyrischen Bestrebungen der Koalition intensiver bemerkbar; das Zentrum der Rebellion war Asdod. Aber schon 711 schritt Sargon II. ein. Die Prunkinschrift aus Chorsabad meldet: »Mit meinen Heldenmütigen, die auch am Ort des Friedens nicht weichen, zur Stadt Asdod zog ich; und jener Jamani: von fern hörte er das Heranziehen meines Feldzuges, und er floh ins Grenzgebiet des Landes Musri, das an der Grenze des Landes Meluhha liegt, und nicht mehr gefunden wurde sein Aufenthaltsort. Die Stadt Asdod, die Stadt Gath, die Stadt Asdudimmu belagerte und eroberte ich...« Das Unternehmen gegen Asdod leitete für Sargon ein Oberfeldherr, Turtanu (im Alten Testament »Tartan«). Die Rückwirkungen auf Juda behandelt wieder die Botschaft des Jesaja: »Im Jahre, als der Tartan im Auftrage Sargons, des Königs von Assyrien, nach Asdod kam und die Stadt belagerte und einnahm – zu jener Zeit hatte Jahve durch Jesaja, den Sohn des Amos, also geredet: Geh und löse das härene Gewand von deinen Hüften und zieh die Schuhe aus von deinen Füßen! Und er tat es, ging nackt und barfuß. Da sprach Jahve: Gleich wie mein Knecht Jesaja nackt und barfuß gegangen ist drei Jahre lang, als Zeichen und Vorbedeutung gegen Ägypten und Äthiopien, so wird der König von Assyrien die gefangenen Ägypter und weggeführten Äthiopier forttreiben, Junge, Alte, nackt und barfuß und mit entblößtem Gesäß. Da werden sie erschrecken und beschämt sein wegen Äthiopiens, nach dem sie ausschauen, und wegen Ägyptens, mit dem sie prahlen.« Unter keinen Umständen sollte sich Juda auf Ägypten und Äthiopien verlassen: zu gewaltig erschien dem Propheten die Macht Assyriens! Was sich nach der Niederwerfung Asdods, das gewohnheitsgemäß dem assyrischen Provinzialsystem einverleibt wurde, tatsächlich ereignet hat, ist nicht überliefert. Wahrscheinlich hatten Juda, Moab und Edom vorgezogen, rechtzeitig umzukehren und weiterhin dem König von Assyrien Tribut zu zahlen. Vielleicht war aber auch der Großkönig aus inneren Gründen nicht in der Lage, den Feldzug weiterzuführen.

Erwähnt wird in den Jesaja-Erzählungen eine schwere Erkrankung Hiskias, bei deren Heilung Jesaja mitgewirkt habe, offenbar zwischen 711 und 705. Wichtig ist der Hinweis in den Königsbüchern, daß anläßlich der Genesung des Königs Abgesandte aus Babylonien in Jerusalem mit Glückwünschen erschienen. Die Babylonier bereiteten dem assyrischen Großkönig nicht unerhebliche Schwierigkeiten; nicht ohne Grund hatte Sargon II. nach der Vernichtung des Reststaates Samaria Angehörige der babylonischen Oberschicht in die neue Provinz Samaria ausgesiedelt. Daß Hiskia mit Babylonien Kontakt aufgenommen hatte, deutete auf neue Koalitionsbestrebungen hin. Die konspiratorische Tätigkeit verstärkte sich zusehends, nachdem Sargon II. 705 gestorben war: jetzt sah man eine neue Chance zur Befreiung. Führer der neuen Koalition in Südpalästina wurde Hiskia; diesmal waren seine Bundesgenossen die Ägypter, der philistäische Stadtstaat Ekron, Moab, Edom und die Babylonier. In aller Eile trafen die Koalitionsgenossen Vorkehrungen, um die Machtkonstellation im Vorderen Orient grundlegend zu ändern; namentlich mit Ägypten wurde fieberhaft verhandelt. In Jerusalem erhob wieder der Prophet (Jesaja 30) seine Stimme: »Wehe den widerspenstigen Söhnen, spricht Jahve, die einen Plan durchführen, der nicht von mir kommt, und ein Bündnis schließen, doch nicht durch meinen Geist, um Schuld auf Schuld zu häufen! Die, ohne meinen Mund zu befragen, hingehen, nach Ägypten hinunter, um mit dem Schutze des Pharaos sich zu schützen und Zuflucht zu suchen im Schutze Ägyptens. Doch der Schutz Pharaos bringt euch Schande, die Zuflucht im Schatten Ägyptens Schmach...« Nach der Meinung des Propheten ist das Volk, das im Gottesbund steht, nicht bündnisfähig für andere Mächte.

Auch diesmal war der Koalition kein Erfolg beschieden. Die Strafaktion, die Sargons Nachfolger Sanherib zunächst im Zweistromland unternahm, war noch grausamer als frühere Repressalien. Indes hatte das assyrische Großreich mit zunehmenden inneren Schwierigkeiten zu tun, und erst 701 machte sich Sanherib mit seinen Truppen auf den Weg nach dem Westen. Mühelos unterwarf Sanherib alle Rebellen; in der Südwestecke Palästinas stieß er sogar mit einem ägyptischen Heer zusammen, das sich geschlagen zurückziehen mußte. Über Hiskia sagen die assyrischen Siegesannalen: »Ihn selbst schloß ich wie einen Käfigvogel inmitten der Stadt Jerusalem, der Stadt seines Königtums, ein.« Die Situation schien trostlos. Die Festung Lachisch konnte sich noch eine Zeitlang halten, dann aber war nur noch Jerusalem übrig. Hiskia mußte die Kapitulationsforderung annehmen, hohe Tributzahlungen leisten und dem Sieger den Palast- und Tempelschatz ausliefern. Ob Sanherib Jerusalem besetzt hat, ist nicht klar. Nach alttestamentlichen Berichten soll Sanherib auf die Besetzung verzichtet haben: entweder wegen eines Aufruhrs im Zweistromland oder wegen einer Pestepidemie im assyrischen Heer. Jedenfalls zogen die assyrischen Truppen so plötzlich aus Juda ab, daß das Land darin ein Gotteswunder erblickte. An der Niederlage änderte das nichts. Hiskia mußte Land abtreten, Tribut zahlen und die Kultinsignien Assyriens wieder in den Tempel aufnehmen. Die südpalästinische Koalition hatte ein schmachvolles Ende gefunden. Statt der erhofften Umschichtung der Machtverhältnisse hatte sie nur eine neue Machtsteigerung Assyriens hervorgebracht.

## *Zerfall und Reform*

Um 690 v. Chr. fiel die Königsherrschaft in Jerusalem an Hiskias Sohn Manasse, der mit seinen etwa fünfzig Regierungsjahren in der Geschichte Judas einen Rekord aufstellte. Ihm war ein zerstörtes und auf einen kleinen Rest zusammengeschmolzenes Reich zugefallen. Fast ganz Südjuda war von fremden Mächten beherrscht; sehr viel mehr als Jerusalem unterstand dem neuen König nicht, als er auf den Thron kam. Als getreuem Vasallen der Assyrer scheint es aber Manasse mit einer klugen Verhandlungspolitik gelungen zu sein, die abgetrennten Territorien zurückzugewinnen. Viele Nachrichten haben sich über den Vasallenstaat aus der Zeit zwischen 690 und 640 v. Chr. nicht erhalten; viel konnte auch nicht geschehen, da die Geschicke des Landes in der Hand der assyrischen Großmacht lagen. Dafür hat der deuteronomistische Geschichtsschreiber ein überaus finsteres Bild von den inneren Zuständen in Jerusalem und Juda unter Manasse überliefert. Die Stellung des Herrschers zum Kultus ist das zentrale Problem der deuteronomistischen Geschichtsdarstellung, und in dieser Hinsicht schneidet Manasse, der sogar mit Ahab von Israel verglichen wird, von allen Königen Judas am schlechtesten ab. Freilich nahm die unter Manasse anschwellende Welle des allgemeinen Synkretismus ihren Ausgang davon, daß im Jerusalemer Tempel assyrische Kultinsignien und Bräuche offizielle Anerkennung gefunden hatten; in der alten Welt bedeutete politische Unterwerfung zugleich auch religiöse Einordnung des Besiegten in den Staatskult des Siegers.

Mit den assyrischen Kultelementen erfuhren aber auch die bodenständigen kanaanitischen Fruchtbarkeitskulte einen neuen Aufschwung; die Quellen berichten vom Eindringen der Baalim und Astarten in den Bereich des Jerusalemer Heiligtums. Im Tempel selbst ließ Manasse eine Astarte, eine heidnische Fruchtbarkeitsgöttin, aufstellen. Mit dem stürmischen Einbruch der alten Landeskulte in den Tempel entstanden von neuem im ganzen Lande Höhenheiligtümer. Erwähnt wird noch ein anderer Kult, der unter Manasse besondere Verbreitung gefunden habe: die Verehrung des Himmelsheeres, der Engel- und Gestirnmächte; besondere Altäre seien für diesen Kult im Tempelvorhof erbaut worden. Den in altorientalischen Großreichen beheimateten Himmelskult, der auch im kanaanitischen Raum Verbreitung gefunden hatte, hatte Israel schon früh überwunden; sein Gott war Jahve Zebaoth, der Jahve der Heerscharen, unumschränkter Gebieter aller himmlischen Mächte. Wurde die Wirklichkeit der Herrschaft Jahves – wie zur Zeit Manasses – in Frage gestellt, so mußte die eigenständige Macht der himmlischen Kräfte und »Heerscharen« in den Vordergrund rücken. Alle Grundlagen des Jahve-Stämmeverbandes zerbröckelten in der ersten Hälfte des 7. Jahrhunderts. Ins zentrale Heiligtum Israels waren fremde Numina, Mächte und Geister, eingezogen. Zu allem Überfluß huldigte Manasse auch dem Menschenopfer fordernden Moloch-Kult im Tale Ben Hinnom: er ließ seinen Sohn durchs Feuer schreiten und zeigte sich überaus empfänglich für die obskure Mantik der Zeichendeuter, Totenbeschwörer und Schlangenkundigen. In kürzester Zeit wurde aus dem zentralen Heiligtum ein Tummelplatz für alle Kulte und Bräuche des Landes. Die Wirkungen dieses Wandels sind kaum zu rekonstruieren. Wenn die alttestamentliche Überlieferung sagt, zur Zeit Manasses sei unschuldig Blut vergossen worden, sind wahrscheinlich nicht nur Verfall der Gerichtsbarkeit, Korruption und Bestechung gemeint, sondern auch die gewalttätige Unterdrückung derer, die sich allen heidnischen Greueln zum Trotz zu Jahve, dem Gott Israels, bekannten. Die Vermutung liegt nahe, daß schwere innere Kämpfe ausgetragen wurden, daß der Widerstand prophetischer und priesterlicher Kreise niedergeschlagen werden mußte; nach einer apokryphen Tradition soll Jesaja, zur Zeit Manasses, auf grausame Weise getötet worden sein. Vermutlich sind dem Herrschaftssystem, das die heidnischen Kulte förderte, nicht wenige Märtyrer zum Opfer gefallen.

Manasses lange Regierungszeit war eine Periode wesentlicher Veränderungen in der vorderorientalischen Welt. Sanherib war es noch gelungen, Assyrien durch mancherlei Schwierigkeiten geschickt hindurchzusteuern und die inneren Unruhen im Zweistromland niederzuringen. Unter seinem Sohn Assarhaddon erlebte das Großreich erneut eine gewaltige Expansion, die es über die Südwestgrenze hinaus ins ägyptische Gebiet führte. Ein großer Teil des Landes am Nil wurde erobert und nach bewährtem Vorbild reorganisiert. Aber schon wenige Jahre nach der Unterwerfung begannen die ersten Aufstände im nicht unterworfenen Südbereich Oberägyptens. Sofort brach Assarhaddon nach Ägypten auf, erlag aber in Syrien oder Palästina einer plötzlichen Krankheit; immerhin konnte die Aufstandsbewegung von dem assyrischen Feldherrn noch einmal niedergeworfen werden. Der neue Großkönig Assurbanipal (669–632) hatte an Kriegen und Eroberungen kein Interesse mehr. Seine Aufmerksamkeit galt der Literatur und der Erforschung der großen Traditionen der Vergangenheit; seinem Sammlungs- und Sichtungswerk ist zu verdanken, daß sich viele Dokumente aus uralter Zeit bis in unsere Tage erhalten haben. Die Abkehr des Königs von jeder kriegerischen Aktivität hatte freilich zur Folge, daß die weit vorgeschobenen Grenzen des Großreichs nicht mehr gehalten werden konnten. Ägypten machte sich 664 selbständig; dann fielen die phönikischen Küstenstädte ab. Noch waren Syrien und Palästina fest in assyrischen Händen; aber unter der Asche der zerstörten Staaten schwelte leidenschaftlicher Haß gegen die Unterdrücker. Auch schon im Zweistromland regte sich die Rebellion: die Babylonier erhoben sich im Bunde mit den Elamitern; zwar konnten die assyrischen Heerführer den Aufstand niederschlagen, wobei sie auch noch 639 die uralte elamische Hauptstadt Susa zerstörten, aber das war auch ihr letzter Sieg.

Als Assurbanipal sieben Jahre später in Ninive starb, war das Großreich bereits im Verfall. Allmählich zeichnete sich Babylonien – genauer das »neubabylonische Reich« – als die neue führende Macht ab. Träger der babylonischen Auferstehung waren chaldäische Stämme aus dem Gebiet südlich der Euphratmündung. Sie hatten sich 625 von Assyrien unabhängig gemacht; ihr erster König, der eigentliche Begründer des neubabylonischen Reiches, war Nabupolassar (626–605), dessen Erfolge dem geschwächten Assyrien Furcht einflößten, zumal am getrübten Horizont des Großreichs neue Gefahren sichtbar wurden. Vom Osten ebenso wie vom Norden und Nordosten rückten neue Völkerschaften heran. Vom iranischen Hochland waren die Meder aufgebrochen; schon früh hatten sie sich ein Königtum gegeben; jetzt zogen sie westwärts und bedrohten Assyrien. Und aus der südrussischen Steppe wälzte sich die Flut eines skythischen Eroberungsvolkes heran, der Umman-Manda. Immer mehr wurde Assyrien von den Umman-Manda, den Medern und den Babyloniern eingeschnürt: 616 war es bereits auf sein eigentliches Kernland, das angestammte Gebiet im nördlichen Zweistromland, reduziert; 612 belagerten die feindlichen Heere die assyrische Hauptstadt Ninive, erstürmten und vernichteten sie. Nur noch kurz flackerte die erlöschende Flamme auf: in Harran versuchte Assuruballit den westlichen Restbestand des einstigen Großreichs zu halten, aber 610 wurde auch Harran erobert. Assuruballit floh in die syrischen Provinzen, von wo aus er die Ägypter zu Hilfe rief. Alles mißlang, der Pharao Necho (609–595) mußte auf jede Hilfeleistung verzichten. Die Babylonier stießen nach und gingen daran, das Erbe der assyrischen Provinzen in Syrien und Palästina zu übernehmen.

In Juda war nach Manasse sein Sohn Amon auf den Thron gekommen. Auch er förderte die heidnisch-synkretistischen Tendenzen. Viel Zeit war ihm allerdings nicht beschieden: schon in seinem zweiten Regierungsjahr fiel er einer Verschwörung zum Opfer; die »Knechte

Bericht des Königs Sanherib
über seine Taten und über die Unterwerfung Palästinas
Tonprisma, um 700 v. Chr. Bagdad, Museum

Einnahme einer Stadt und Verschleppung ihrer Einwohner durch assyrische Truppen
Relief vom Palast Assurbanipals in Ninive, um 640 v. Chr.
London, British Museum

des Königs«, sagt das Alte Testament, hätten ihn ermordet. Ob die »Knechte« Palastdiener oder Minister waren, ist ebensowenig zu ergründen wie das Motiv der Tat. Denkbar wäre, daß höhere Würdenträger, auf diplomatischem Weg über die anhaltende Schwächung Assyriens unterrichtet, beschlossen hatten, den assyrienfreundlichen König aus dem Wege zu räumen. Wenn es eine solche Verschwörung gegeben hat, ist sie jedenfalls nicht zum Ziel gekommen: die Mörder wurden gerichtet; die freie alteingesessene Landbevölkerung hatte sich zusammengeschlossen, um Ruhe und Ordnung in Jerusalem wiederherzustellen und für die rechtmäßige Erbfolge Sorge zu tragen. Auch nach Jahrzehnten des Verfalls waren in Juda immer noch Kräfte lebendig, die sich für die alten Ordnungen einsetzten. Das einst so einflußreiche Priestertum schien allerdings kein bedeutender Faktor mehr zu sein; nach der Überfremdung des Tempelheiligtums und seines Personals unter Manasse war sein Ansehen erheblich gesunken. Es gab aber noch andere konservative Kreise, die zur dynastischen Tradition standen, und von ihnen wurde im Herbst 639 der achtjährige Thronfolger Josia als König eingesetzt, wobei natürlich hohe Beamte die Regierungsgeschäfte übernahmen, vermutlich Männer, die in der freien Landbevölkerung verwurzelt waren. Man darf mit Sicherheit annehmen, daß diese Kreise Josia erzogen und die Voraussetzungen für seine künftige Reformtätigkeit schufen. Möglicherweise ist in der Zeit der Minderjährigkeit des Königs auch eine Umgruppierung in der Priesterschaft durchgeführt worden. Mit selbständigen Taten trat Josia erst um 622 hervor. Unterdes hatte sich in der umliegenden Welt vieles verändert. Seit 625 war Babylonien selbständig, und Assyrien hatte nicht mehr die Kraft, im Bereich der westlichen Provinzen Machtdemonstrationen vorzunehmen.

In dieser veränderten Weltlage begann die Kultus- und Staatsreform Josias. Den Anfang machte die Beseitigung der assyrischen Kultinsignien, die einer Kündigung des Vasallenverhältnisses gleichkam. Dann ging Josia an die allgemeine Neuordnung der Lebensgrundlagen, die im Rückgriff auf die ältesten Traditionen und Lebensordnungen die eigentlichen Daseinswurzeln der Überreste Israels im Rumpfstaat Juda sichtbar werden ließ. Symbolisch für den Geist der Reform war das Zutagetreten eines alten Gesetzbuches, von dem es hieß, es sei im Tempelarchiv oder sogar in der Lade (die nach einigen Traditionen des Alten Testaments als kastenförmiger Behälter heiliger Schriften galt) aufgefunden worden. Schon Anfang des 19. Jahrhunderts war die alttestamentliche Forschung zu dem Schluß gelangt, daß die unter Josia entdeckte Gesetzesrolle das »Urdeuteronomium«, die ursprüngliche Grundlage des uns heute bekannten fünften Buches Mose, gewesen sein muß.

Wie war dies Urdeuteronomium entstanden? Aus welchen Kreisen stammte es? Zugrunde lagen ihm alte Überlieferungen des Zwölfstämmeverbandes; seinen Gedanken entstammte die im Gesetzesbuch verankerte und zur Zeit Josias neu proklamierte Forderung, Jahve dürfe nur an einer einzigen Stelle, an dem von ihm selbst erwählten Ort, angebetet und kultisch verehrt werden. Im Reformwirken Josias gab diese alte sakrale Tradition Anlaß zur Zentralisation des zur Zeit Manasses zersplitterten und aufgelösten Kultus. Über die Kreise, aus denen das Urdeuteronomium hervorgegangen war, bekommt man Aufschluß, wenn man an Hand der neueren Untersuchungen Gerhard von Rads in das vorliegende endgültige Deuteronomium hineinhorcht. Außer von der höchsten Autorität Mose spricht der Text immer wieder von den Leviten: während Moses als der erste Sprecher des

Gottesrechtes gilt, erscheinen die Leviten als die Priesterschaft, der das »Gesetz Mose« anvertraut war, die von Geschlecht zu Geschlecht die heiligen Ordnungen weiterzugeben hatten.

Wer aber waren diese Leviten? Niemand anders als die übers ganze Land verstreuten, in den Landstädten wohnenden, den Traditionen des Zwölfstämmeverbandes verpflichteten Hüter und Wahrer der Gesetze. Diese »Landleviten« verrichteten nicht den Tempeldienst in Jerusalem, sondern interpretierten das göttliche Recht in den Ortschaften, in unmittelbarer Nähe der Landbevölkerung. In neuer Zeit neigt man sogar zu der Annahme, daß ein großer Teil dieser Priesterschaft ursprünglich in Nordisrael beheimatet war und erst nach der Zerstörung Samarias in den Landstädten Judas Zuflucht gefunden hatte. Zur Zeit Josias war aus ihr eine »deuteronomische Bewegung« hervorgegangen; wahrscheinlich hatten auch Leviten hinter der freien Landbevölkerung gestanden, die bei der Thronerhebung des achtjährigen Josia den Ausschlag gab. Jedenfalls müssen sich die Traditionen des ursprünglichen Jahve-Glaubens auf dem Lande, das fremden Einflüssen viel weniger ausgesetzt war als der Palast und der Tempel, länger gehalten haben als in der Hauptstadt. Daraus erklären sich denn auch nach Gerhard von Rad die sowohl im Kultischen als auch im Politischen wirksamen restaurativen Tendenzen, die von der freien Landbevölkerung und den levitischen Priestern ausgingen.

So wäre denn das große Gesetzeswerk des Deuteronomiums als Dokument einer reformatorischen Bewegung zu verstehen, die bemüht war, die alten Gesetzestraditionen zu aktualisieren, die teilweise disparaten Stoffe theologisch zu durchdringen und zu vereinheitlichen. Man kann also im Deuteronomium das Resultat einer umfassenden theologischen Vergegenwärtigung alter Überlieferungen sehen, in der das spätere Israel die von Moses übermittelte Botschaft Jahves zu einer zeitnahen und geltenden Gesetzgebung machte. Die Kodifizierung wurde im 7. vorchristlichen Jahrhundert in der Stilform der Predigt und Ermahnung von den Leviten besorgt. Und im Mittelpunkt stand die Hinwendung zu dem Einen Gott, der an der Einen Stätte, die er erwählte, aufgesucht und verehrt werden sollte. Offenbar ging die Erneuerungsbewegung diesmal nicht von der offiziellen Priesterschaft des Jerusalemer Tempels aus, sondern von den mit der Landbevölkerung verbundenen Priesterkreisen der Landstädte. Wenn es stimmt, daß diese Priesterschaft aus Nordisrael gekommen war und ursprünglich, worauf manches hindeutet, priesterliche Funktionen für den Zwölfstämmeverband in Sichem oder in Gilgal versehen hatte, wird das reformatorische Moment in der Forderung des einen zentralen Kristallisationspunktes und des erneuerten Glaubens erst recht verständlich. Vielleicht darf man die deuteronomische Erneuerungsbewegung in einem größeren Rahmen sehen: auch in Assyrien vollzog sich um die Mitte des 7. Jahrhunderts unter Assurbanipal eine kulturelle und religiöse Renaissance, die sich den Ursprüngen zuwandte und nach einer Lebensreform von den Quellen her verlangte.

Den äußeren Hergang hat die Überlieferung (2. Könige 23) festgehalten. Das »Urdeuteronomium«, das Erneuerungsdokument, dessen Umfang schwerlich genau zu bestimmen ist, wurde vom Oberpriester Hilkia gefunden und dem König überbracht, der die Grundsätze des alten Gottesrechtes sogleich akzeptierte; der König wurde aufgerufen, sich konsequent den alten Satzungen zuzuwenden und das religiöse und staatliche Leben zu reformieren. »Da sandte der König Boten aus, die beriefen zu ihm alle Ältesten von Juda und Jerusalem. Dann ging der König hinauf in den Tempel Jahves, und alle Männer von Juda und alle Bewohner Jerusalems mit ihm, auch die Priester und die Propheten und alles Volk, klein und groß. Und er las ihnen alle Worte des Bundesbuches vor, das im Tempel Jahves gefunden worden war. Hierauf trat der König auf das Gerüst und verpflichtete sich vor Jahve, ihm anzuhangen und seine Gebote, Ordnungen und Satzungen von ganzem Herzen und von ganzer Seele zu halten, um so die Worte dieses Buches, die in diesem Buche geschrieben standen, in Kraft zu setzen. Und das ganze Volk trat dem Bunde bei.«

Wieder war ein alter Brauch des Zwölfstämmeverbandes aufgenommen worden: beim Festgottesdienst des alten Verbandes pflegte der »Richter in Israel« als Bundesmittler die Gebote und Gesetze Gottes zu verlesen, womit das ganze Volk in den Bund Jahves eintrat. Dasselbe geschah hier: nach der Verlesung des Gottesrechts wurde die versammelte Schar in den Jahve-Bund aufgenommen. Die alte Ordnung Israels wurde erneut wirksam – wie zu Zeiten Asas, Joas' und Hiskias. Etwas allerdings war neu: die Gesetzesverlesung und Treueverpflichtung auf den Gottesbund war unter Josia kein bloß gottesdienstliches Ereignis mehr; der König hatte das »Gesetz Jahves« zur absoluten Norm erhoben, das Gottesrecht als Staatsgesetz verkündet. Die königlichen Machtmittel sollten fortan dazu dienen, die sakrale Ordnung und die Staatsordnung zu einer letzten, alles Leben regulierenden Einheit zu bringen. Die Reform brachte als grundsätzlich neues Moment die totale Inanspruchnahme des Staates durch das Gottesrecht. Es versteht sich am Rande, daß der politischen Verkündung des Gottesrechts die Säuberung des Kultus folgte; nicht nur die assyrischen Insignien waren verfemt; auch Manasses Astarte wurde ausgestoßen. Alle kultischen Fremdelemente wurden verbannt und alle Splitterheiligtümer durch Staatsgesetz verboten. Befohlen wurde die Zentralisation des Kultus, und die Festtagswallfahrt nach Jerusalem wurde allen Angehörigen des Staatswesens zur Pflicht gemacht. Das erste Fest, an dem die Reform verkündet wurde, war der Auftakt zur Wiederherstellung einer Fülle religiös-staatlicher Bräuche. Angeordnet wurde die seit der Richterzeit vernachlässigte gemeinsame Feier des Passah-Festes, wie sie auch im Deuteronomium, im »Buch des Bundes«, vorgeschrieben ist. Im ganzen Lande wurden die Wahrsager und Beschwörer ausgerottet.

In den auswärtigen Beziehungen des restaurierten Staates begnügte sich Josia nicht mit dem Abfall von Assyrien und der Wiederherstellung der Souveränität. Er nahm den geschwächten Assyrern Teile des ehemaligen Nordreiches Israel weg. Was er anstrebte, war die Wiederaufrichtung des alten davidisch-salomonischen Doppelkönigtums über Juda und Israel. Sicher taten die assyrischen Gouverneure in den Provinzen alles, um mit Hilfe der im Nordreich angesiedelten fremden Bevölkerungselemente das Eindringen Judas zu verhindern. Dennoch konnte Josia in verhältnismäßig kurzer Zeit große Gebiete erobern, nachdem die seit 701 aufgelöste Militärmacht Judas neu aufgebaut worden war. In den Quellen (2. Könige 23,15) finden sich darüber beredte Zeugnisse: »Auch den Altar zu Bethel, das Höhenheiligtum, das Jerobeam gemacht hatte, der Sohn Nebaths, der Israel zur Sünde verführte, auch diesen Altar und das Höhenheiligtum riß er nieder, zerschlug die Steine und zermalmte sie zu Staub, und die Astarte verbrannte er.«

Um in Bethel auf diese Weise zu verfahren, mußte Josia zum mindesten die südliche Hälfte der assyrischen Provinz Samaria bereits annektiert haben. Bei der bloßen Säuberung blieb es nicht; die frühere Stätte des nordisraelitischen Staatskults wurde völlig zerstört und damit die kultisch-staatliche Oberhoheit Jerusalems erneut hervorgehoben. Den Vorstoß Judas in Teile des ehemaligen Nordreiches illustriert eine im Buch Josua enthaltene Gauliste, die sich in Wirklichkeit auf die Gebietseinteilung zur Zeit Josias bezieht. Daraus ergibt sich, daß Josia nicht nur Gebiete des ehemaligen Staates Israel erobert, sondern sich auch in die Bereiche Philistäas vorgewagt hat: die Liste nennt Ekron und das Hinterland der Hafenstadt Japho als judäische Gebiete. Das Reich »unseres Vaters David« lebte wieder auf. Aus den Trümmern erhob sich das alte Israel in neuer Pracht. Josia wurde wie ein Messias gefeiert, wie der Heilskönig, dessen Kommen die Propheten geweissagt hatten.

Trotz aller Hochstimmung entbrannten aber schon zu Lebzeiten Josias leidenschaftliche Auseinandersetzungen über die Folgen seiner Politik und die Zukunft Judas. Mitten in den Jubel fielen die Gerichtsworte des neuen Propheten Jeremia. In einer düsteren Vision (Jeremia 1,13 ff.) vernahm der Prophet eine beängstigende Botschaft: »Ich sehe einen siedenden Kessel; er erscheint vom Norden her. Da sprach Jahve zu mir: Vom Norden her kommt siedend das Unheil über alle Bewohner des Landes. Denn siehe, ich rufe alle Königreiche vom Norden, spricht Jahve, und sie werden kommen und ein jedes seinen Thron am Eingang der Tore Jerusalems aufstellen, und gegen alle seine Mauern ringsum und gegen alle Städte Judas. Dann werde ich über sie mein Urteil sprechen wegen aller ihrer Bosheit, daß sie mich verlassen und anderen Göttern geopfert und die Machwerke ihrer Hände angebetet haben.« Die Macht zu identifizieren, die als Gerichtswerkzeug Jahves fungieren würde, war nicht der Sinn der prophetischen Warnung. Wesentlich war die Vision, wonach eine neue Großmacht die Stelle Assyriens einnehmen mußte. Und obgleich der Prophet das kommende Gericht mit Verfehlungen begründete, die aus der Manasse-Zeit stammten, galt wesentlich seine Kritik dem Bestehenden. Josias Reformwerk hatte Jeremia dann aber offenbar so sehr beeindruckt, daß er sich angesichts der allumfassenden Erneuerung von der kritischen Warte des Propheten eine Zeitlang zurückgezogen haben muß. Bald aber schien ihm klargeworden zu sein, daß die Reformbewegung in einen oberflächlichen Rausch religiöser Begeisterung ausartete, daß nationale Leidenschaften erwachten und daß das zentrale Heiligtum in Jerusalem auf die Stufe eines Amuletts mit magischen Wirkungen abzusinken drohte. Das Bekenntnis zur Einzigkeit der Kultstätte wurde zur magischen Beschwörungsformel, sobald die Worte (Jeremia 7,4) umgingen: »Der Tempel Jahves, der Tempel Jahves, der Tempel Jahves ist hier!« Der Prophet spürte die aller geschichtlichen Orientierung bare religiöse Selbstsicherheit, die in die Vorstellung mündete, daß einem nichts passieren könne, weil mit der äußeren Neuordnung alles schon geregelt sei. Er fühlte, daß der Freudenrausch den Blick für die allgemeinen Zusammenhänge trübte, daß die guten Ansätze einer religiösen Erneuerung im nationalen Taumel erstickten. Offenbar erkannte er die Kehrseite der staatlichen Verankerung des Reformwerks in der dadurch hervorgerufenen und durch zahlreiche Heilspropheten gestärkten Gewißheit, daß eine goldene Zeit schon angebrochen sei oder jeden Augenblick anbrechen müsse. Mit diesen Propheten einer realitätsfremden Heilsverkündigung geriet Jeremia in schwere Konflikte. Aber niemand wollte davon Notiz nehmen, daß Josias äußere Machtentfaltung in eine Zeit fiel, in der die Oberhoheit über Syrien und Palästina von einem Großreich auf ein anderes überging, und daß auch der erneuerte Staat Juda nur für kurze Zeit freie Hand haben würde. Als Mahner und Rufer stemmte sich Jeremia gegen eine Welle hochmütig-oberflächlicher nationaler Sorglosigkeit und vereinsamte immer mehr.

Aber schon der Prozeß des Zusammenbruchs des assyrischen Großreichs hatte seine Rückwirkungen auf Juda. Der Rückzug Assuruballits in die syrischen Provinzen im Jahre 610 löste in Palästina Sorge und Furcht aus. Zur akuten Gefahr wurde aber der assyrische Verzweiflungskampf, als Assuruballit an die Waffenhilfe Ägyptens appellierte und Necho ihm tatsächlich zu Hilfe eilte. Der Pharao dachte wohl weniger an die Rettung Assyriens als an die Chance, Palästina und vielleicht sogar Syrien für Ägypten zu gewinnen und als Einflußsphäre zu sichern. Um so schnell wie möglich bis zum Norden zu gelangen, durchzog er 609 das Küstengebiet Südpalästinas, bis ihm Josia mit einer judäischen Streitmacht bei Megiddo den Weg vertrat, um den Anschluß der ägyptischen Streitmacht an die Assyrer zu verhindern: die Neubelebung des sterbenden Assyriens und der Einbruch Ägyptens in den syrisch-palästinischen Raum waren für Juda gleich gefährlich. Nach der Überlieferung (2. Könige 23, 29) kam es aber gar nicht erst zur Schlacht: »Da zog der Pharao Necho, der König von Ägypten, gegen den König von Assyrien an den Euphratstrom. Da trat ihm der König Josia entgegen; jener aber tötete ihn bei Megiddo, sowie er ihn sah.«

Mit dem Tod Josias war der Traum vom neuen nationalen Aufstieg ausgeträumt. Der Chronist sagt, man habe Klagelieder über den toten König angestimmt, und noch viel später sei es Brauch gewesen, ihn zu beweinen. Mit gutem Grund: das abrupte Ende des nationalen Aufschwungs kam einer Katastrophe gleich. Und in Palästina gab es von Stund an den neuen Machtfaktor Ägypten.

## *Ende des Reiches Juda*

Nachdem der erste Schock, den Josias Tod ausgelöst hatte, überwunden war, versuchten die Judäer ihr möglichstes, um das reformierte Staatswesen zu erhalten. Joahas, einer der Söhne Josias, wurde auf den Thron erhoben, da man noch hoffte, das Reich werde weiterhin bestehen. Die Hoffnung war trügerisch. Necho hatte die weitere Unterstützung Assyriens aufgegeben und sich seinen eignen Plänen zugewandt. Drei Monate nach dem Treffen bei Megiddo kehrte er aus Syrien nach Südpalästina zurück. Ohne militärische Aktionen zu erwähnen, sagt die Überlieferung, daß der Pharao den König Joahas sofort abgesetzt und ihn gefangen nach Ribla geführt habe. (In Syrien hatte Necho also offenbar feste Positionen aufgebaut.) Der Pharao war nunmehr Herr über die assyrischen Provinzen in Syrien und Palästina. Josias erweitertes Reich wurde aufgelöst und in die alten Provinzen – jetzt die Einfluß- und Machtsphäre Ägyptens – aufgeteilt. Juda wurde auf sein Stammland reduziert und zu hohen Tributzahlungen verpflichtet. An Joahas' Stelle setzte Necho einen anderen Sohn Josias, Eljakim, der für gehorsame Unterordnung mit seinem Leben haften und zum Zeichen der Unterwerfung auf Nechos Geheiß den neuen Namen Jojakim tragen mußte. Nun war der Pharao seiner Eroberungen sicher und konnte sich nach Ägypten zurückziehen. Der abgesetzte und zunächst in Ribla inhaftierte Joahas wurde nach Ägypten mitgeschleppt, wo er als Gefangener starb. Zum erstenmal seit der Amarna-Zeit hatte Ägypten wieder syrisch-palästinisches Land in seiner Hand. Jojakim blieb keine Wahl: er mußte den Tribut entrichten und treuer Untertan des Pharaos werden. Die Abgaben waren so hoch, daß Jojakim im Lande Sondersteuern erheben mußte; auf Grund seiner genauen Einschätzung wurden die Leistungssätze für jeden einzelnen Judäer festgelegt. Das ganze Land bekam zu spüren, daß es mit dem Traum von der nationalen Größe vorbei war.

Aber auch die Glorie Ägyptens währte nicht lange. Die Sieger über Assyrien meldeten ihre Ansprüche an. Zwar zogen sich die Umman-Manda zurück und verschwanden in die südrussischen Steppengebiete, nicht ohne zuvor die assyrische Königsstadt Ninive und andere Städte des assyrischen Stammlandes gründlich geplündert zu haben. Aber es blieben die Meder und Babylonier. Den Medern fielen die nördlichen und nordwestlichen Bezirke des Zweistromlandes zu; sie übernahmen das assyrische Stammland und die armenisch-iranischen Hochländer. Der südliche und südwestliche Teil ging an die Babylonier, die auch den gesamten assyrischen Provinzialbesitz in Syrien und Palästina für sich beanspruchten. Ihr erster König konnte den Westfeldzug allerdings nicht mehr führen. Die innere Ordnung des neuen Staatswesens gab Nabupolassar nach 610 genug zu tun auf; später erkrankte er, so daß sein Sohn Nebukadnezar schon 605 als Oberbefehlshaber der militärischen Expedition zur Eroberung Syriens und Palästinas in den Vordergrund trat. Über die ersten Feldzüge der Babylonier ist freilich nur wenig bekannt, denn im Gegensatz zu den assyrischen Großkönigen hatten die babylonischen Herrscher nicht die Gewohnheit, ihre Großtaten in Monumentalinschriften und Annalen festhalten zu lassen, und in der »Chronik Gadd«, dem wichtigsten Dokument zum Aufstieg des neubabylonischen Reiches, sind die einzelnen Aktionen der babylonischen Könige nicht aufgezeichnet. In Jeremias »Fremdvölkersprüchen«, prophetischen Botschaften über die Völker und Mächte des Vorderen Orients, ist davon die Rede (Jeremia 46,2), daß »das Heer des Pharaos Necho, des Königs von Ägypten, das am Euphratstrom bei Karkemisch stand«, von Nebukadnezar, der dabei irrigerweise bereits als König von Babylonien erscheint, geschlagen worden sei. Die Niederlage des ägyptischen Heeres wird auch von dem Marduk-Priester Berossus, einem Geschichtsschreiber, der im 3. vorchristlichen Jahrhundert lebte, bestätigt. Trotz manchen Bedenken dürfte auch die Ortsangabe Karkemisch stimmen: wo anders hätte der Pharao dem babylonischen Heer entgegentreten können als an der Euphratgrenze, die die syrischen Provinzen vom Zweistromland trennte? Über die Folgen der Schlacht weiß das Alte Testament (2. Könige 24,7) zu berichten: »Der König von Ägypten aber rückte nicht mehr aus seinem Lande aus; denn der König von Babel hatte alles erobert, was dem König von Ägypten gehörte, vom Bach Ägyptens bis zum Euphratstrom.« Necho wurde in sein Stammland am Nil zurückgetrieben, und die Babylonier übernahmen das assyrische Provinzialgebiet.

Jojakim, der von Necho zum König von Juda eingesetzt und dem Pharao zu Gehorsam und Treue verpflichtet war, wechselte, als die Niederlage Ägyptens besiegelt war, sofort auf die Seite des Siegers hinüber: er unterwarf sich dem Feldherrn Nebukadnezar. Welche Konsequenzen sich daraus ergaben, ist unklar, da über Nebukadnezars Methoden der Behandlung abhängiger Völker wenig Nachrichten vorliegen; so ist auch nicht bekannt, ob die Babylonier gleich den Assyrern auf der Anbringung ihrer Staatskultinsignien in Jerusalem bestanden. Fest steht, daß die Judäer Tributzahlungen an Nebukadnezar entrichten mußten. Später tauchten in Juda Streifscharen des babylonischen Heeres auf, die ständig im Lande umherzogen und den Einwohnern die abhängige Lage des Landes vor Augen führten. Trotz der gewaltigen Überlegenheit Babyloniens unternahm Jojakim nach der Darstellung des Alten Testaments zwischen 605 und 599 zweimal den Versuch, aus dem Vasallenverhältnis auszubrechen. Entscheidend dafür war wahrscheinlich die drückende Last der Tribute, aber auch das Verhältnis zu Ägypten dürfte eine Rolle gespielt haben. Vermutlich hatte Necho an Jojakims Vasallentreue in der Hoffnung appelliert, mit seiner Hilfe im babylonischen Hoheitsgebiet Unruhe stiften zu können; Jojakim wiederum mag, ohne an die Folgen zu denken, auf Ägyptens Beistand bei der Befreiung aus der babylonischen Gewalt spekuliert haben. Ein erster Aufstandsversuch in Juda wurde von den Streifscharen Nebukadnezars im Keime erstickt. Ein zweiter Aufstand, wohl 602 begonnen, endete mit einer Katastrophe, die Jojakim allerdings nicht mehr erleben sollte. Für Juda war aber auch schon Jojakims eigenes Gewaltregiment (2. Könige 24,4) bedrückend genug: »Auch das Blut der Unschuldigen, das er vergoß, ... erfüllte Jerusalem...« Von der Tyrannei des Königs hat das Buch Jeremia (Jeremia 22,13f.) einen einprägsamen Bericht hinterlassen: »Wehe dem, der sein Haus mit Unrecht baut und seine Söller mit Unbill; der seine Nächsten umsonst arbeiten läßt und ihm den Lohn nicht bezahlt! Der da spricht: Ich will mir ein weites Haus und luftige Hallen bauen! Der Fenster darein brechen läßt, es mit Zedern täfelt und roh bemalt. Meinst du, ein König zu sein, weil du in Zedernbauten wetteiferst?« Die Ermahnungen des Propheten fruchteten nichts. Jojakim blieb in der Zeit der härtesten Bedrückung bei der größten Verschwendung und schlimmsten Ausbeutung seiner Untertanen. Als ihm der Prophet eine Abschrift seiner Reden zukommen ließ (Jeremias 36), ließ sich der König die mahnenden Worte vorlesen, zerschnitt die Schriftrolle und warf sie ins Feuer. Die Forderung des Gottesrechtes interessierte ihn nicht.

Nach Jojakims zweitem Aufstand gegen Babylonien geschah zunächst gar nichts, wahrscheinlich hatte Nebukadnezar II. andere Sorgen. Als Jojakim 599 starb, folgte ihm ungehindert sein achtzehnjähriger Sohn Jojachin. Aber schon im nächsten Jahr setzte sich das babylonische Heer in Bewegung. Jerusalem wurde belagert und erobert. Babylonische Soldaten drangen in die Stadt ein und zogen raubend und plündernd umher. Der Tempel- und Palastschatz, der ganze Reichtum, den Jojakim sich errafft hatte, fiel in ihre Hände. Die Kostbarkeiten der Bauwerke wurden abgebrochen. Das Heiligtum wurde entweiht. Dann begann nach assyrischem Muster die Deportationsmaschine zu arbeiten. Allerdings beschränkten sich die Sieger darauf, nur bestimmte Gruppen nach Mesopotamien zu verschleppen: zuerst Jojachin und seine Familie, sodann Minister und hohe Beamte, schließlich Handwerker und Waffenkonstrukteure. Juda verlor die Regierungsspitze und wurde radikal entmilitarisiert. Die Neuorganisation des unterworfenen Landes vollzog sich allerdings in relativ erträglichen Formen. Der rebellische Staat wurde 598 noch nicht vernichtet und nicht ins Provinzialsystem eingegliedert, sondern durfte unter einem König aus dem Haus David weiter bestehenbleiben. Dafür behielt sich Nebukadnezar vor, den König, der ihm mit Leib und Leben für absolute Loyalität haften mußte, selbst zu ernennen. Seine Wahl fiel auf Jojachins Onkel Matthanja, dem er nach herrschender Sitte und zum Beweis dafür, daß er, Nebukadnezar, Herr über Leben und Tod sei, einen anderen Namen, Zedekia, gab. Offenbar mußte der halbselbständige Staat auch beträchtliche Gebietsteile an Babylonien abtreten. Im Buch Jeremia (Jeremia 13,18f.) findet sich ein ziemlich eindeutiger Hinweis: »Die Städte im Südland sind verschlossen, und niemand öffnet; ganz Juda muß in die Verbannung, in die Verbannung sie alle!« Danach kann man vermuten, daß das Negeb-Gebiet und wohl auch ganz Südjuda vom judäischen Staat abgetrennt wurden; wahrscheinlich fielen diese Bezirke den Edomitern anheim. Faktisch ließ jedenfalls Nebukadnezar nur Jerusalem und einen kleinen Teil Nordjudas als Staat bestehen.

Nach der deuteronomistischen Version (2. Könige 24,19) unterschied sich die Regierungspraxis Zedekias nicht wesentlich von der Jojakims: »Er tat, was Jahve mißfiel, ganz wie Jojakim getan hatte.« Nichtsdestoweniger herrschte in Jerusalem in den Jahren nach der ersten Deportation eine optimistisch-erwartungsvolle Atmosphäre. Das verhältnismäßig milde Vorgehen des babylonischen Siegers ließ neue Hoffnungen aufkommen; man ließ wieder die traditionellen Heilserwartungen gelten: wie konnte der Bund Jahves mit seinem Volk hinfällig werden? Wieder traten Heilspropheten auf, die dem Volk verkündeten, daß sich alles wieder zum Guten wenden würde: schließlich war die Davidsdynastie weiterhin auf dem Thron, und auch das religiöse Bollwerk der heiligen Stadt Jerusalem mit allen kultisch-politischen Bindungen hatte sich als unzerstorbar erwiesen; selbst die größte Weltmacht konnte die ewigen Satzungen Gottes nicht erschüttern. Die Heilspropheten ließen das Volk glauben, daß eine glückliche Zukunft unmittelbar bevorstand. Diese phantasiereichen Illusionen hat das Buch Jeremia im Detail (Jeremia 28,1 ff.) nachgezeichnet: »Im Anfang der Regierung Zedekias, des Königs von Juda, im fünften Monat des vierten Jahres, begab es sich, daß der Prophet Hananja von Gibeon, der Sohn Assurs, im Hause Jahves in Gegenwart der Priester und des gesamten Volkes zu mir sprach: So spricht Jahve der Heerscharen, der Gott Israels: Ich habe das Joch des Königs von Babel zerbrochen. Binnen zwei Jahren werde ich an diesen Ort alle Geräte des Hauses Jahves zurückbringen, die Nebukadnezar, der König von Babel, von diesem Ort weggenommen und nach Babel gebracht hat. Auch Jechonja (Jojachin), den Sohn Jojakims, den König von Juda, und alle Verbannten Judas, die nach Babel gekommen sind, werde ich an diesen Ort zurückbringen, spricht Jahve, denn ich werde das Joch des Königs von Babel zerbrechen!« Als einer der angesehenen staatlichen Kultpropheten konnte Hananja seine trostreiche Prophetie mit dem Siegel des autoritativ übermittelten Jahve-Wortes versehen.

Mit der unerbittlichen Schärfe eines visionären Realismus trat ihm Jeremia entgegen: Gott habe alle Illusionen zerrissen, indem er dem Großkönig Nebukadnezar alle Macht gegeben habe; was geschehen sei, sei kein Anlaß zu Heilserwartungen, sondern verlange

Einwohner der bedrohten Stadt Lachisch auf der Flucht vor Sanherib
Relief vom Palast des Königs in Ninive, um 690 v. Chr.
London, British Museum

Meldungen an den Befehlshaber von Lachisch während der Belagerung der Stadt durch die Babylonier
Beschriebene Tonscherben aus Lachisch, 588 v.Chr.
London, British Museum

Selbstbesinnung und Umkehr; der babylonische König repräsentiere das Gottesgericht (Jeremia 27), und ihm müsse man sich unterwerfen: »So spricht Jahve der Heerscharen, der Gott Israels...: Ich bin es, der die Erde gemacht hat, die Menschen und Tiere auf der Erde, durch meine große Kraft und durch meinen ausgestreckten Arm, und ich gebe sie dem, der mir gefällt. Und nun habe ich alle diese Länder in die Hand meines Knechtes Nebukadnezar, des Königs von Babel, gegeben. Auch die Tiere des Feldes habe ich ihm gegeben, daß sie ihm dienen. Und alle Völker sollen ihm und seinem Sohne und seinem Enkel dienen, bis auch seinem Lande die Stunde kommt...« Eine babylonische Herrschaft über drei Generationen: das mußte alle kurzfristigen Hoffnungen zunichte machen. Das eben wollte Jeremia, und immer deutlicher hob er die Konsequenzen hervor: »Höret doch nicht auf eure Propheten und Wahrsager, auf eure Träumer, Zeichendeuter und Zauberer!... Lüge weissagen sie euch!... Fügt eure Nacken unter das Joch des Königs von Babel und dient ihm und seinem Volke, so bleibt ihr am Leben!« Für die offizielle Meinung der Tempelhierarchie war das Defätismus, Landesverrat und Untergrabung des von Gott erwählten Reiches. Der kurzsichtige Optimismus der religiös-nationalen Ideologie verlangte rebellische Aktion, nicht Unterwerfung. In den Strudel dieser »aktivistischen« Ideologie geriet auch der Vasallenkönig Zedekia: schon 589 kündigte er das Vasallenverhältnis. Aber er wußte auch, daß er den Abfall von Babylon nur riskieren konnte, wenn ihm ein mächtiger Bundesgenosse zur Seite stand. Wieder wurden Verbindungen zu Ägypten aufgenommen, und wieder sicherte der Pharao Waffenhilfe zu. Der katastrophale Ausgang, den solche abenteuerlichen Versuche früher genommen hatten, schien vergessen.

Die Gegenaktion leitete Nebukadnezar persönlich. Er schlug sein Hauptquartier in Ribla auf und entsandte ein großes Heer nach Jerusalem. Dort hielt der überschwengliche Optimismus nicht lange vor: Zedekia schickte Boten zum Propheten Jeremia, die ihn fragen sollten, ob Jahve nicht wieder, »wie er sonst getan hat«, ein Wunder tun werde, um das babylonische Heer abziehen zu lassen. Der Prophet (Jeremia 21) blieb indes bei seiner Botschaft: »So sollt ihr Zedekia antworten: So spricht Jahve, der Gott Israels: Siehe, ich lasse umkehren die Kriegswaffen in eurer Hand, mit denen ihr den König von Babel und die Chaldäer, die euch belagern, außerhalb der Mauern bekämpft, und bringe sie allesamt in diese Stadt. Und ich selbst will gegen euch streiten mit ausgereckter Hand und starkem Arm...« Jerusalem werde fallen, und über König und Volk werde ein erbarmungsloses Gericht ergehen. Nebukadnezar rückte denn in der Tat schnell heran und belagerte Jerusalem achtzehn Monate. Die festen Städte Judas fielen im ersten Ansturm. Eine Weile konnten sich noch die Festungen Lachisch und Aseka halten. Tatsächlich sind bei Ausgrabungen in Lachisch beschriebene Tonscherben gefunden worden, auf denen sich militärische Meldungen aus dem Jahre 588 erhalten haben. Da wird aus Jerusalem gemeldet: »Wir achten auf das Signalzeichen von Lachisch..., die Zeichen von Aseka sehen wir nicht mehr.« Während nun auch Aseka gefallen zu sein scheint, heißt es über die Lage in Jerusalem: »Die Hände des Landes und der Stadt werden schlaff...« Alles ging dem Ende zu. In letzter Stunde eilte ein judäischer Heerführer nach Ägypten, die versprochene Waffenhilfe anzufordern. Sie kam wirklich! Ägyptische Truppen rückten in Südpalästina ein und zwangen die Babylonier, die Belagerung Jerusalems abzubrechen. Nach dem biblischen Bericht (Jeremia 37,5):

»Das Heer des Pharaos war von Ägypten aufgebrochen, und die Chaldäer, die Jerusalem belagerten, waren auf diese Kunde hin von Jerusalem abgezogen.«

Sofort flackerte in Jerusalem wieder die Hoffnung auf baldige Erlösung auf. Nur der Prophet des Realismus (Jeremia 37) zweifelte nicht am Untergang: »Dies sollt ihr dem König von Juda melden...: Siehe, das Heer des Pharaos, das ausgezogen ist, euch zu helfen, wird in sein Land, nach Ägypten zurückkehren. Die Chaldäer aber werden wiederkommen und gegen diese Stadt streiten, sie einnehmen und verbrennen.« Diese Prognose – wie überhaupt die beharrliche Ankündigung des Gottesgerichts – reizte und erbitterte die illusionsfreudigen Judäer. Als der Abzug der Babylonier Jeremia die Möglichkeit verschaffte, die Stadt zu verlassen, wurde er unter der Beschuldigung, er wolle »zu den Chaldäern überlaufen«, am Stadttor festgenommen und in eine Grube geworfen. Natürlich wurde das ägyptische Heer in Südjuda von den Babyloniern schnell besiegt und floh in die Heimat. Die Babylonier erschienen wieder vor den Mauern Jerusalems. Lachisch fiel; der Ausgrabungsbefund läßt erkennen, daß die ganze Stadt eingeäschert wurde. Der Ring um Jerusalem zog sich immer enger zusammen; die Bevölkerung hungerte, und in der Stadt brachen Seuchen aus. Angesichts der nun ganz hoffnungslosen Lage entschloß sich Zedekia zur Flucht; in die Stadtmauer wurde eine Bresche geschlagen, und heimlich zog der König mit seiner Leibwache von dannen. Der fliehende Trupp mit der königlichen Familie wollte über die Jordanfurt bei Gilgal entkommen, aber als die Soldaten merkten, daß eine babylonische Abteilung ihnen auf den Fersen war, überließen sie die Großen von gestern ihrem Schicksal. Im Steppengebiet bei Jericho wurden die Fliehenden eingeholt und festgenommen und von dort nach Ribla gebracht. Über den treulosen Vasallen und seine Familie verhängte Nebukadnezar ein grausames Gericht: vor den Augen Zedekias wurden seine Söhne hingerichtet, dann wurden ihm die Augen ausgestochen; in Ketten wurde der Blinde nach Babylon gebracht, wo er bald starb.

Im Juni 587 brach die Katastrophe über Jerusalem herein. Die Stadt wurde in Schutt und Asche gelegt; die Akropolis mit Palast und Tempel versank in den Flammen. Was an Kostbarkeiten bei der Besetzung 598 verschont geblieben war, wurde weggeschleppt. Unnachsichtig streng war das Strafgericht Nebukadnezars: die führenden Männer Jerusalems und Judas wurden nach Ribla gebracht und dort getötet, die gesamte Oberschicht des Landes wurde deportiert; nur die bäuerliche und im primitivsten Handwerk tätige Bevölkerung durfte im Lande bleiben. Die Babylonier folgten ganz den assyrischen Methoden, mit einer Ausnahme allerdings: an Stelle der Deportierten wurden in Juda keine fremden Volksgruppen angesiedelt. Der unterworfene Staat wurde ins babylonische Provinzialsystem eingebaut, wobei sich aber die Neuordnung in vielem von der Organisation unterworfener Gebiete unter den Assyrern unterschied. Im allgemeinen war der babylonische Großkönig darauf bedacht, die soziale und politische Struktur der eroberten Länder nach Möglichkeit unverändert zu lassen; so war denn auch die Struktur des Reiches Juda 598 unangetastet geblieben. Inzwischen hatte jedoch Nebukadnezar nur zu anschaulich erfahren, daß den Jerusalemer Königen nicht zu trauen war und daß die Bevölkerung Judas von der Idee des Heilsstaates besessen blieb. Daran änderte auch die den Babyloniern bekannte Wirksamkeit eines Mannes wie Jeremia nichts, der übrigens nach der Eroberung der Stadt aus dem Gefängnis befreit und sogar aufgefordert wurde, nach Babylonien zu kommen, was er jedoch ausschlug.

Jerusalem und Juda wurden also der babylonischen Provinzialverwaltung unterstellt, vermutlich als Verwaltungsbezirk der Provinz Samaria, aber an die Spitze dieses Bezirks beriefen die Babylonier nicht, wie es die Assyrer getan hätten, einen fremden Gouverneur, sondern einen Judäer, und zwar einen Mann namens Gedalja, dem sie als Verwaltungssitz Mizpa zuwiesen. Nach dem Alten Testament (Jeremia 40) hatte er »die Judäer vor den Chaldäern zu vertreten«, wahrscheinlich als Untergebener des höchsten babylonischen Beamten in der Provinz Samaria; bezeichnenderweise war Gedalja kein Angehöriger des Hauses David und durfte nicht in Jerusalem residieren: die Davidsstadt sollte ihres Ruhmes entkleidet und nicht wieder zum Zentrum aller national-religiösen Bestrebungen und Verschwörungen werden. Im ganzen Lande wurden babylonische Truppen stationiert und alle Mauern, Türme, Bollwerke und Festungen, soweit sie nicht schon zerstört waren, geschleift. Bei alledem verfolgte Nebukadnezar nicht die Absicht, Juda durch Einpflanzung einer neuen Bevölkerungsschicht um seine nationale Eigenart zu bringen. Insofern zeigte die babylonische Unterwerfungspolitik einen humaneren Zug als die assyrische.

Nach der Deportation waren im Lande hauptsächlich Bauern und Winzer zurückgeblieben. Zu ihnen gesellten sich aber bald in nicht geringer Zahl Angehörige anderer Schichten, die vor dem heranrückenden Feind in die Schlupfwinkel der Wüste Juda und in die benachbarten Staaten geflohen waren und nach einer gewissen Normalisierung der Verhältnisse aus ihren Verstecken hervorkamen. Die Rückkehr war deswegen geboten, weil die Eroberer den Grundbesitz der freien Vollbürger und die Krongüter des königlichen Hauses auf die arme Bevölkerung verteilten.

Bei aller Normalisierung sollte das Land indes nicht zur Ruhe kommen. Gruppen, die sich mit der Vernichtung des Davidsstaates nicht abfinden wollten, gewannen mit ihren abenteuerlich-schwärmerischen Ideen so sehr an Einfluß, daß bald eine neue Aufstandsbewegung ausbrach, die einen Abkömmling der Davidsdynastie namens Ismael auf den Schild hob. Mit einer kleinen Schar überfiel Ismael die judäische Bezirksverwaltung in Mizpa und ermordete den Statthalter Gedalja, der zwar vor dem Attentat gewarnt worden war, aber ein so wahnwitziges Abenteuer nicht für möglich gehalten hatte. Den Rebellen trat eine Richtung entgegen, die, um eine massive Strafaktion der Babylonier abzuwenden, alle weiteren Ausschreitungen zu verhindern suchte; es gelang ihr, Ismaels Anhänger zu zersprengen, worauf Ismael ins Land der Ammoniter entkam. Im Lande löste das Attentat von Mizpa eine panische Stimmung aus. Aus Angst vor babylonischen Repressalien flüchteten viele nach Ägypten. Die Gruppe, die sich gegen Ismael aktiv zur Wehr gesetzt hatte, war unschlüssig. Jeremia, dessen Rat sie einholte (Jeremia 42), mahnte zur Besonnenheit und warnte vor der Flucht. Die Angst war aber stärker: »Ins Land Ägypten«, hieß es, »wollen wir ziehen, wo wir weder Krieg sehen noch Posaunenschall hören noch Hunger leiden werden; dort wollen wir uns niederlassen.« Trotz allem Widerstand wurde auch Jeremia von der Auswanderungswelle nach Ägypten gespült, wo sich seine Spur verlor. Über die Folgen des Ismael-Aufstandes wird im Alten Testament nichts berichtet: entweder hatten die Babylonier den Aufstand als Abenteuer weniger Extremisten von vornherein nicht ernst genommen – oder die Angelegenheit war für sie mit der Flucht der aktiven Teilnehmer erledigt.

Nach der Deportation der Oberschicht war Juda zunächst ohne geordnete Verwaltung und Gerichtsbarkeit geblieben. Ordnung, Sitte und Recht verwilderten. Hunger und Sorge beherrschten den Alltag. Stadt und Land litten an den Folgen der Kriegsverwüstungen und der allgemeinen Zerrüttung. Die Zerschlagung des Grundbesitzes des Königshauses und der Vornehmen vermehrte das Chaos: die Landesverteilung lockte Mittellose in Scharen an; zum Teil wurden die verlassenen Ländereien einfach von denen übernommen, die zuerst da waren. Zur wirtschaftlichen Gesundung trug das alles wenig bei. Mit dem Fortfall des zentralen Kultus hatte sich auch der religiöse Zusammenhalt gelockert; das religiöse Leben verfiel, und Baalismus und Fremdkulte griffen von neuem um sich. Nur die wenigen, die mit allen Fasern am Glauben der Väter festhielten, pilgerten aus allen Ecken und Enden des Landes zur zerstörten heiligen Stätte nach Jerusalem. Auf den Trümmern des Tempels wurden die aufwühlenden Klagegesänge (Threni) angestimmt, die das Alte Testament der Nachwelt erhalten hat:

> Ach, es umwölkt in seinem Zorn der Herr die Tochter Zion,
> geworfen vom Himmel zur Erde hat er Israels Pracht
> und gedachte nicht des Schemels seiner Füße am Tage seines Zorns.
> Es vertilgte der Herr ohne Schonung alle Gefilde Jakobs,
> riß nieder in seinem Grimm die Festen der Tochter Juda,
> hat zu Boden gestoßen, entweiht das Reich und seine Regenten...
> Wie ein Feind ward der Herr, vertilgte Israel;
> zertrümmerte alle seine Burgen, zerbrach seine Festen
> und häufte in der Tochter Juda Jammer auf Jammer.
> Er tat Gewalt an seiner Hütte, zerstörte seinen Festort.
> Vergessen ließ Jahve in Zion Festtag und Sabbat
> und verwarf in glühendem Zorn König und Priester.
> Seinen Altar hat der Herr verworfen, verabscheut sein Heiligtum.

## *Babylonisches Exil*

Von den inneren Zuständen in Juda wußten sich die Babylonier ein erstaunlich genaues Bild zu machen; welche Kreise ihrer Politik schadeten und Unruhe stifteten und welchen sie Vertrauen schenken durften, war ihnen kein Geheimnis. Diese Kenntnis bestimmte die Gesichtspunkte, nach denen die Deportationen vorgenommen wurden. In Ribla mußten die für den Aufstand Zedekias Verantwortlichen vor Nebukadnezar erscheinen; nach dem Alten Testament ließ der Großkönig fünf Priester, zwei hohe Offiziere, fünf Angehörige des Hofes und sechzig Männer der freien Landbevölkerung hinrichten. Alle übrigen Angehörigen der politisch und geistig führenden und wirtschaftlich wichtigen Schichten wurden dem Deportationskommando unterstellt und in Gruppen nach Babylonien umgesiedelt; insgesamt dürfte die Zahl der Deportierten auf etwa ein Viertel der Gesamtbevölkerung geschätzt werden können.

Juda wurde keineswegs seiner Einwohnerschaft beraubt; das Leben im Lande konnte seinen – zunächst freilich recht verworrenen – Fortgang nehmen. Daß aber die einflußreichen und führenden Schichten ins Exil mußten, war für die weitere Entwicklung Israels insofern von entscheidender Bedeutung, als die deportierte Führungsschicht von Babylonien aus auf die fernere Gestaltung des Lebens in Jerusalem und Juda Einfluß zu nehmen suchte. Über das Schicksal der Verbannten wird im Alten Testament nicht ausführlich berichtet; aber gerade über die vom Exil auf die Heimat ausgestrahlte Wirkung läßt sich den Büchern Jeremia und Ezechiel mancherlei Wesentliches entnehmen. Die im Jahre 587 Deportierten stießen in Babylonien auf eine ältere Exilgruppe, die bereits 598 strafweise verschleppt worden war. Ob auch die von den Assyrern ausgesiedelten Nordisraeliten noch in geschlossenen Gruppen lebten, ist nicht bekannt; vermutlich hatten sich die 722 exilierten Angehörigen des Nordreiches weitgehend der babylonischen Bevölkerung angeglichen und als besondere Volksgruppe aufgehört zu bestehen.

Das Leben der nach Babylonien Deportierten spielte sich anders ab, als die eindrucksvolle Bildsprache des Alten Testaments vermuten läßt. Im Kerker schmachteten außer König Jojachin und seinen Angehörigen nur wenige. Die Masse der Deportierten wurde, ohne auseinandergerissen zu werden, planmäßig angesiedelt; die im Alten Testament als Wohnstätten genannten Orte Tell Abib (am Kanal Kebar nicht weit von Nippur), Tell Melach, Tell Harscha und Kerub Addan lagen in der Nähe größerer babylonischer Städte oder an Kanälen, und hier wurden die Judäer in Sippen untergebracht; ihre Lehmziegelhäuser durften sie sich selbst bauen. In der sozialen Gliederung der babylonischen Gesellschaft, die aus Freien, Halbfreien und Sklaven bestand, zählten sie nicht als Sklaven, sondern als Halbfreie, gehörten also zur mittleren Schicht. Das bedeutete, daß sie sich frei bewegen und in eigenen Siedlungen wohnen durften, daß der Staat aber über ihre Arbeitskraft verfügte. Daher die Ansiedlung in der Nähe der großen Städte und der Kanalanlagen: in den Städten wurden die Deportierten bei Palast- und Prunkbauten des unternehmenden und baufreudigen Königs und an den Kanälen bei Bewässerungsarbeiten beschäftigt. Die Arbeitssphäre erinnert an die Dienste, die die Hebräer einst in Ägypten zu leisten hatten, die Arbeits- und Lebensbedingungen dagegen waren grundsätzlich verschieden: in Babylonien durften die Judäer Häuser bauen, Gärten anlegen, heiraten, Geld verdienen und sogar, soweit dafür lokal die Voraussetzungen gegeben waren, Handel treiben. Besonders Befähigte wurden – als Schreiber, Beamte oder in anderen Funktionen – in den Hof- und Verwaltungsdienst übernommen; später waren einzelne Judäer in den Städten als selbständige Kaufleute tätig. Der Prophet Ezechiel mußte Grund genug haben, vor dem Erwerbsgeist zu warnen, der diese Erfolgreichen der Gemeinschaft der Exilierten entfremdete.

Will man die Rolle der Exilgemeinschaft recht beurteilen, so darf man nicht vergessen, daß das Gros der judäischen Bevölkerung in der Heimat geblieben war. Dort lebte man weiter auf dem traditionell als Gottesgabe verehrten Boden, in Reichweite der ehrwürdigen alten Kultstätten, die als das Zentrum des Volksdaseins galten. Die, die zu Hause geblieben waren, hätten sich durchaus als den von Jahve erretteten Rest Israels betrachten dürfen, in dem die Verheißung eines neuen Anfangs liegen mußte; in den nach Babylonien

Verschleppten mochten sie die von Jahve Gerichteten und aus der Geschichte des Gottesvolkes Ausgeschiedenen sehen. Anderseits waren diese Exilierten unzweifelhaft die führende Schicht des zerspaltenen Volkes mit vielen Priestern und Propheten in ihren Reihen; offenbar waren sie sich auch zu allen Zeiten der ihnen daraus erwachsenden Verpflichtung bewußt. Schon nach der ersten Deportation von 598 hatte sich Jeremia zu dem Zerwürfnis geäußert, das sich aus dieser zwiespältigen Lage ergeben mußte. Aus einer anderen Dimension als der einer augenblicksgebundenen Abwägung der Gegebenheiten meinte er in seiner Vision von den beiden Feigenkörben (Jeremia 24), daß gerade auf den Exilierten die Verheißung ruhe, denn Menschen, die durch die Tiefe des Gerichts hindurchgehen müßten, seien auch ausersehen, Träger der Heilserwartungen zu sein. In einem Brief an die Verbannten (Jeremia 29) gebot er im Namen Jahves: »Bauet Häuser und wohnet darin, pflanzt Gärten und esset ihre Frucht, nehmet euch Frauen und zeuget Söhne und Töchter, werbet um Frauen für eure Söhne und gebt euren Töchtern Männer, damit sie Söhne und Töchter gebären, daß ihr euch dort mehret und euer nicht weniger werden. Suchet das Wohl des Landes, in das ich euch verbannt habe, und betet für es zu Jahve, denn sein Wohl ist euer Wohl!« Die Verbannten sollten sich aber nicht nur in ihr Schicksal fügen und für die Erhaltung der physischen Substanz sorgen, sondern auch – in Abwehr der sogar in ihrer Mitte wirkenden falschen Propheten – nach einer wirklichen Erneuerung des religiösen Lebens trachten. Dafür wurde ihnen ein Fernziel in Aussicht gestellt: »Wenn siebzig Jahre für Babel um sind, will ich nach euch sehen. Dann will ich meine Verheißung an euch erfüllen und euch wieder an diesen Ort Jerusalem bringen!« Die den Verbannten auferlegte Prüfung war also kein ausweglloses Strafgericht, sondern eine Läuterung. Aus religiöser Sicht wurde der Exilgemeinschaft eine Pflicht auferlegt, die daheim offenbar nicht im gleichen Maße erfüllt werden konnte. Diese Pflicht war aber nur sinnvoll, wenn zwischen den Exilierten und den im Lande Lebenden eine Verbindung aufrechterhalten blieb. Ein reger Austausch wurde tatsächlich nicht nur nach der ersten, sondern auch nach der zweiten Verbannung gepflegt. So war der exilierte Priesterprophet Ezechiel über die Vorgänge in der Heimat genau unterrichtet. Die Verbannten fühlten sich für das, was in Juda geschah, verantwortlich; sie waren über die Ausbreitung heidnischer Fremdkulte im Lande entsetzt, und man darf vermuten, daß sie sich intensiver Gegenmaßnahmen nicht enthielten.

Das Leben im Exil hing natürlich weitgehend von der Verwaltungspolitik der babylonischen Herrscher ab. Unter Nebukadnezar II. (605–562), der das Reich in festen Händen hielt, gab es weder Krisen noch wesentliche Veränderungen: die Deportierten mußten ihre Dienste verrichten, und ihre Tage vergingen im Gleichmaß der Pflichten. Entscheidende Milderungen kamen unter Awelmarduk (562–560, im Alten Testament Evil-Merodach), der den Judäern freundlich gegenüberstand und ein nachsichtiges Regiment führte: die Dienstleistungen wurden erleichtert und den Exilierten die Teilnahme am Handel gestattet; der eingekerkerte Jojachin wurde freigelassen und sogar an die königliche Tafel geladen. Ein neuerdings ausgewerteter archäologischer Fund hat eine Verpflegungsliste zutage gefördert, aus der die Jojachin und seiner Familie von der babylonischen Verwaltung bewilligten Rationen zu ersehen sind.

Ein scharfer Kurs gegen die Verbannten wurde von Neriglissar (Nergalsarezer, 560–556) eingeschlagen. Nabonid (555–538) wiederum verfolgte gegenüber der Exilgemeinschaft eine unbeständige, schwankende Politik. Wie immer sich die äußeren Lebensverhältnisse gestalten mochten, die innere Not des Daseins in der Fremde war schwer zu tragen. Zunächst hatte sich der Deportierten eine lähmende Hoffnungslosigkeit bemächtigt, die der problematischen religiösen Situation entsprach: man hatte die von Jahve den Vätern gegebene Heimat verloren, man lebte auf unreinem Boden in der heidnischen Welt, und man wußte nicht recht, wie man Jahve fern von seinem Heiligtum verehren sollte. Außerdem waren die Entwurzelten der ständigen Einwirkung einer imponierenden fremden Macht, des babylonischen Staatskults, ausgesetzt. Die babylonischen Könige hatten den alten Mardukkult erneuert. Am Neujahrstag wurden rauschende Götterfeste gefeiert. Das Gottesbild des siegreichen Gottkönigs und Alleinbeherrschers Marduk wurde in den Tempel Esagila gebracht: die Prozession zog über großangelegte Prachtstraßen, und auf geschmückten Barken fuhr das Gottesbild übers Wasser. Ein Rausch religiöser Begeisterung überfiel das Land in den Tagen, in denen der Staatskult zelebriert wurde.

Konnten sich die Judäer den neuen Eindrücken ganz entziehen? Wie nahe lag die Folgerung: Marduk ist der wahre Gott! Er ist der Stärkere! Jahve ist überwunden! Gewiß hatte die Exilgemeinschaft einen starken Rückhalt darin, daß sie in geschlossenen Ortschaften angesiedelt war, daß die Sippenordnung aufrechterhalten blieb und daß die Ältesten der Großfamilien auf die vom Fremdkult beeindruckten Jüngeren helfend und erzieherisch einwirken konnten; überdies verhielten sich die Babylonier in religiösen Dingen – auch nach der Darstellung des Alten Testament – überall tolerant und zwangen den eigenen Kultus in keiner Weise auf. Dennoch blieb die entscheidende Schwierigkeit, daß die Judäer in der Fremde keinen legitimierten Kultus hatten, weil die entscheidenden Voraussetzungen und sakralen Ermächtigungen für den Gottesdienst fehlten: das heilige Land und das von Jahve erwählte Heiligtum. Keine kultische Feier konnte in ihrem rituellen Ablauf einfach auf die fremden Verhältnisse übertragen und entsprechend abgewandelt werden. Ein Gottesdienst konnte nur dort stattfinden, wo Jahve gegenwärtig war, wo er ein Zeichen seiner Präsenz gegeben hatte, und der zentrale Satz des alttestamentlichen Glaubens lautete: Jahve ist im erwählten Heiligtum in Jerusalem gegenwärtig; Zeichen seiner Gegenwart ist der Gottesthron, die Lade! Auch der Gedanke einer Allgegenwart Gottes konnte in Israel nur unter der Voraussetzung einer höchst konkreten Gegenwartsbekundung Jahwes gedacht werden. Wie sollte man also in der Fremde der Gegenwart Jahves gewiß werden können? Wo waren in Babylonien Ansätze zu neuartigen gottesdienstlichen Versammlungen gegeben? Den 598 verschleppten Judäern hatte Jeremia in seinem Brief das Gotteswort übermittelt: »Wenn ihr mich von ganzem Herzen suchen werdet, so will ich mich von euch finden lassen.« Das war eine Verheißung, keine Gewißheit. Den Durchbruch zu einer neuen religiösen Gewißheit verschaffte der Exilgemeinschaft erst die Botschaft des Propheten Ezechiel.

Ezechiel, der eigenartigste und fremdeste aller alttestamentlichen Propheten, hatte ursprünglich als Priester am Jerusalemer Tempel amtiert und kannte die Sakralinstitutionen des Zentralheiligtums bis in die subtilsten Einzelheiten. Ihm war in der Fremde eine prophetische Berufung zuteil geworden, die den bisweilen in ausgefallenen Vorstellungen und extremen Bildern redenden Mann zutiefst erfüllte und erschütterte. Offenbar war Ezechiel als Angehöriger der judäischen Oberschicht schon 598 nach Babylonien deportiert worden. Da empfing er eine für seine Verkündigung grundlegende und für die Exilierten rettende Gottesbotschaft: in einer gewaltigen Vision (Ezechiel 1) sah er Jahve auf einem Thronwagen in die Fremde kommen. Jahve war in Babylonien gegenwärtig! Diese entscheidende Erkenntnis wurde zum Fundament der Botschaft Ezechiels an die Exilierten, zum aufrichtenden Trost für die Verzagten und Angefochtenen. In ihr lagen die Ansatzpunkte für einen Gottesdienst in der Fremde.

Zunächst fanden im Hause Ezechiels Zusammenkünfte der Sippenältesten statt, in denen alle religiösen Lebensfragen besprochen wurden. Im Bewußtsein der Verantwortung auch für das ferne Jerusalem wurden die ersten Wege gottesdienstlicher Ordnung gesucht, wofür alle äußeren Voraussetzungen fehlten: man hatte weder Kultgeräte noch Kultinsignien. Da im fremden Land keine Opferfeiern abgehalten werden durften, mußte der Kultus jeder materiellen Stützung entsagen, so daß sich die wesentlichen Intentionen notwendigerweise auf das Geistige, Unanschauliche richten mußten. Zu gottesdienstlichen Zwecken kam man wohl in Häusern oder auf freiem Feld zusammen; die Vermutung, daß es im babylonischen Exil bereits Lehrhäuser (Synagogen) gegeben habe, dürfte kaum zutreffen, wenn auch zur Schaffung dieser für das Judentum später so bedeutsamen Institution in Babylonien vorbereitende Schritte getroffen worden sein mögen. Als Zeitpunkt der gottesdienstlichen Versammlungen gewann der Sabbat überragende Bedeutung; seine Heiligung wurde zu einem entscheidenden Bekenntnis. Inhaltlich rückten die heiligen Schriften in den Mittelpunkt: die Erzählungen von den religiösen Traditionen Israels, die zum Teil neu verarbeitet und gedeutet wurden, und die Gesetze. Das Leben der Gemeinde konzentrierte sich auf das Wort; Gebete, insbesondere Buß- und Bittgebete, begleiteten die andächtige Beschäftigung mit den alten Überlieferungen.

Vergleicht man diesen auf das Geistige und Unanschauliche gegründeten Gottesdienst mit dem früheren Kultus in Jerusalem oder gar mit dem prunkvollen babylonischen Staatskult, so kann man die Vermutung kaum ausschließen, daß sich manche Judäer vom sichtbaren, formvollendeten Zeremoniell der Nachbarn eher angezogen gefühlt haben müssen als von diesen nüchternen Versammlungen. Dennoch geschah das kaum Faßbare, daß die Exilgemeinschaft treu im Glauben der Väter verharrte, nicht in herkömmlicher Observanz, sondern in lebendiger Neugestaltung der Kultformen. Dabei war dieser Glaube vielen Gefahren ausgesetzt. Immer wieder wurden fremde Elemente eingeschmuggelt: Zauberei und Mantik, in der babylonischen Religion alltägliche Erscheinungen, drängten sich in die Versammlungen ein. Als integrierender Faktor wirkte sich zunehmend die Institution des Sabbats aus: mochte die heilige Stätte unerreichbar sein, die heilige Zeit konnte auch in der Fremde eingehalten werden; die Befolgung des Sabbats wurde zum »Zeichen zwischen Jahve und seinem Volk«, zum Bundeszeichen, zum Bekenntnisakt auch gegenüber den Babyloniern. Spannungen und Kollisionen entstanden dort, wo man sich, um den Sabbat streng einzuhalten, von den pflichtmäßig zu verrichtenden Dienstleistungen fernhielt.

Neben den Sabbat trat stärker als früher die Beschneidung als weiteres Bundes- und Bekenntniszeichen. Und die Stelle des Opfers wurde nach und nach vom Fasten eingenommen, das als religiöse Übung mit den kultischen Buß- und Klagefeiern der Gemeinde im Zusammenhang stand. Der Gottesdienst wurde zu der Kraft, die dem verbannten Volk half, die langen Jahre des Exils zu überstehen. In ihm war eine religiöse Lebensform gefunden worden, die für das Judentum in der Zerstreuung von grundlegender Bedeutung sein sollte.

Ein anderes Schicksal wurde den Judäern zuteil, die nach der Ermordung des Statthalters Gedalja aus Angst vor babylonischen Repressalien nach Ägypten geflohen waren. Während über die Begebenheiten, die der Auswanderung unmittelbar folgten, nichts bekannt ist, bezeugt ein Papyrus aus der hellenistischen Zeit, der auf der Insel Elephantine am unteren Ende des Ersten Nilkatarakts gefunden worden ist, die Existenz einer Kolonie von Judäern in dieser fernen südlichen Gegend. Hier hatten die Pharaonen die Judäer mit ihren Angehörigen als Wachtruppe zur Bewachung der Südgrenze Ägyptens angesiedelt. Von der Heimat abgeschnitten, waren die Flüchtlinge in den Strudel des Synkretismus geraten; in einem eigenen Tempel verehrten sie eine Göttertrias, den Gott Jahu (eine andere Form des Namens Jahve), eine weibliche Gottheit und einen jugendlichen Gott. Diese Religion war der Ausdruck eines anderen Exilverhaltens: hier wurde der Glaube der Väter preisgegeben und eine Anpassung an die im neuen Lande vorgefundenen Kulte gesucht.

## *Schicksalswende durch Kyros*

Obwohl die Ältesten der Exilgemeinschaft in der Festigung der religiösen Lebensgrundlagen ihr möglichstes taten, breitete sich unter den Verbannten immer wieder dumpfe Verzweiflung aus. Das Wissen von der Schuld der Vergangenheit, aber auch die wachsende Furcht, Jahve könnte sein Volk verworfen und vergessen haben, unterhöhlten den Glauben und das Vertrauen. Zur Quelle neuer Zuversicht wurde nun eine Vision (Ezechiel 37) des Propheten Ezechiel, in der der Geist Jahves über ein mit Totengebein bedecktes Feld wehte und die Toten zu neuem Leben erweckte: Auferweckung des gerichteten Gottesvolkes zu neuem Dasein! Zudem kündigte Ezechiel an, das vereinte Israel (einschließlich der Nordisraeliten) werde in der Heimat unter einem Nachkommen Davids leben, und Jahve werde Rache an den Heiden üben. Jeder einzelne Judäer wurde zur Umkehr und Vergebung aufgerufen. Ezechiels Zukunftsperspektive umfaßte keine politischen Bilder; das in der Vision erneuerte Gottesvolk erschien ihm nur als gereinigte Kultgemeinde, die sich um den neuen Tempel scharen würde. In mehreren kultischen Visionen (Ezechiel 40 bis 48) erschien das Bild des Tempels der Endzeit als des Heilszentrums der Welt. In einer gewaltigen Proklamation wurde ein kultischer Universalismus von großer Spannweite verkündet. Hier sprach, wie Julius Wellhausen sagt, der »Konstitutor der nachexilischen Gemeinde«.

Indessen bahnten sich große Veränderungen im Weltmaßstab an. Der babylonische König Nabonid, der seit 556 v. Chr. regierte, stiftete in seinem Reich Unruhe und Verwirrung;

Konflikte mit der einflußreichen Marduk-Priesterschaft brachten ihn um wesentlichen Einfluß auf das staatliche Leben. Im iranischen Hochland, im Machtbereich des medischen Königs Astyages, erhob sich Mitte des 6. Jahrhunderts mit Unterstützung von medischen Adligen, die sich gegen die Tyrannei des Astyages auflehnten, der persische Fürst Kyros aus dem Haus der Achaimeniden; er stürzte das medische Königtum und machte sich selbst zum König in Ekbatana. Im Sturm griff Kyros nach dem Westen hinüber, schlug 546 den lydischen König Kroisos, der Kleinasien beherrschte, dehnte das persisch-medische Reich bis zur kleinasiatischen Küste aus und zog ins Zweistromland, wo er 539 Nabonid besiegte. Von der Marduk-Priesterschaft als Befreier begrüßt, zog Kyros in die Metropole des neubabylonischen Reiches ein. Damit war ihm auch der gesamte Provinzialbereich Babyloniens zugefallen; Syrien und Palästina kamen unter persisch-medische Herrschaft, Ägypten wurde etwas später – 525 – von Kyros' Sohn Kambyses erobert.

Unter den Judäern blieb diese Weltenwende nicht unbeachtet. Ein Prophet, dessen Namen wir nicht kennen und der »Deuterojesaja« genannt wird, weil seine Botschaft (Jesaja 40–55) in der schriftlichen Überlieferung an die Prophetie des Jesaja aus dem 8. Jahrhundert angehängt worden ist, kündigte die unmittelbar bevorstehende Erlösung an. Jahve, der Schöpfer und Herr der Welt, habe sein Volk nicht vergessen; er neige sich zu den Seinen hinab, vergebe alle Schuld und schaffe einen neuen Anfang. Dann wurde der Prophet, dessen Botschaft von Leidenschaft und Schwung getragen war, in seiner Aussage (Jesaja 45) politisch konkret. Er verkündete im Namen Jahves:

> So sprach ich zu meinem Gesalbten, zu Kyros,
> dessen rechte Hand ich ergriffen,
> so daß ich Völker vor ihm niederwarf
> und die Lenden der Könige entgürtete,
> auftat vor ihm die Tore,
> und die Türen blieben nicht verschlossen:
> Ich werde hergehen vor dir,
> und die Wege werde ich ebnen
> und die ehernen Türen zertrümmern
> und die eisernen Riegel zerschlagen,
> und will dir geben die Schätze aus dem Dunkel
> und die Vorräte aus den Verstecken,
> damit du erkennst, daß ich Jahve bin,
> der dich rief bei deinem Namen, Israels Gott.
> Um meines Knechtes Jakob willen
> und Israels, meines Erwählten,
> darum rief ich dich bei deinem Namen,
> gab dir Ehrennamen, da du mich nicht kanntest:
> ich, Jahve, und es gibt keinen sonst,
> außer mir gibt es keinen Gott.

So erschien Kyros als der von Jahve erwählte »Messias«, dem die Aufgabe zufiel, dem unterdrückten Gottesvolk den Weg in die Freiheit zu öffnen. Schon früh hatte der Prophet den Triumphmarsch des Kyros erschaut und den Untergang Babylons angekündigt. Seine Vision (Jesaja 47) schilderte den Zusammenbruch der Weltstadt, den Anbruch der Schicksalswende, die Prachtstraße, die, von überirdischen Mächten erbaut, von Babylon über die syrisch-arabische Wüste nach Jerusalem führen sollte. Jahve selbst ließ an die Seinen den Ruf (Jesaja 52) ergehen:

> Gehet fort, gehet fort, ziehet weg von dort,
> Unreines rühret nicht an!
> Ziehet weg aus ihrer Mitte; seid rein,
> die ihr die Geräte Jahves tragt!
> Denn vor euch her zieht Jahve,
> und eure Nachhut ist Israels Gott!

Kyros selbst hatte den Ruf zwar nicht aufgenommen, aber in der Behandlung unterworfener Völker schlug er zweifellos einen neuen Weg ein: er tastete das Eigenwesen der Staaten und Religionen nicht an. Das große Reich wurde in Satrapien eingeteilt und den Satrapen, die wie kleine Könige schalten und walten durften, weitgehende Selbständigkeit gegeben; auch Syrien und Palästina wurden in die Satrapienordnung eingegliedert. Von besonderer Bedeutung für die Judäer war die Behandlung der lokalen Kulte in den eroberten Gebieten. Auf dem »Kyros-Zylinder« findet sich eine Proklamation des großen Königs zu diesem Thema: »Von... bis zu den Städten Assur und Susa, Agade, Esnunak, Zamban, Meturnu und Der, bis zum Stammesgebiet der Quti und zu den Städten (jenseits des) Tigris, deren Orte seit langem verödet lagen, brachte ich die Götter an ihre Wohnstätten zurück, wo sie einst geweilt hatten, und ließ sie dort ihre Wohnung nehmen für immer. All ihre Leute habe ich versammelt und ihre Heimat wiederhergestellt. Die Götter von Sumer und Akkade, die Nabonid, den Unwillen des Obersten der Götter erregend, nach Babel verschleppt hatte, ließ ich auf Befehl Marduks, des großen Herrn, in ihrem Heim zur Freude ihres Herzens eine friedliche Wohnstätte aufschlagen.« Von Kyros' erklärter Toleranz profitierten auch die Judäer. Das Alte Testament (Esra 6, 3–5) zitiert den Wortlaut eines von Kyros 538 erlassenen Edikts. Darin heißt es: »Das Gotteshaus zu Jerusalem betreffend: Das Haus soll gebaut werden an der Stätte, wo man Schlachtopfer opfert und Feueropfer hinbringt; seine Höhe betrage sechzig Ellen und seine Breite sechzig Ellen. Es sollen drei Schichten von großen Quadern sein und eine Schicht von Holz; und die Kosten sollen aus der königlichen Kasse bezahlt werden. Auch sollen die goldenen und silbernen Geräte des Gotteshauses, die Nebukadnezar aus dem Tempel von Jerusalem weggenommen und nach Babel gebracht hat, zurückgegeben werden...« So begeistert die Exilgemeinschaft über den befohlenen Neubau des Tempels sein mochte, weder von einer Rückführung der Verbannten noch von einer Erneuerung des Staatswesens in Juda und Jerusalem war im Edikt die Rede.

Trotz allen Hoffnungen, die das Edikt erweckt hatte, war die Lage in den folgenden Jahren noch recht wenig ermutigend. An eine großzügige Repatriierung war nicht zu denken; nur einzelne Gruppen konnten schubweise nach Palästina zurückkehren, und die verworrenen Verhältnisse, die in Juda und Jerusalem auf sie warteten, warfen schwere Schatten auf ihren Weg. In Ausführung des Edikts beschränkte sich Kyros auf eine einzige Maßnahme: mit dem Titel »Statthalter« entsandte er nach Jerusalem einen Mann namens Scheschbassar, wahrscheinlich einen deportierten Judäer, und beauftragte ihn, die Tempelgeräte zurückzubringen und den Neubau des Tempels in die Wege zu leiten. Angaben über die konkreten Aufgaben und Vollmachten des »Statthalters« haben sich nicht erhalten; vielleicht war er im Amtsbereich der zuständigen Satrapie dem Statthalter in Samaria als Kommissar für das Gebiet Judas und Jerusalems verantwortlich. Vollmachten für selbständiges Vorgehen hatte er jedenfalls nicht.

Die Wiedererrichtung des Tempels blieb in den Anfängen der Planung stecken. Während die wirtschaftliche Lage im Lande im Gefolge schlechter Ernten miserabel war, waren die reichen Familien, die sich sogar prunkvolle Bauten leisten konnten, in ihren eigenen Geschäften befangen. Es gab keine etablierte Autorität, die ein großes Bauvorhaben in der ungeordneten allgemeinen Situation hätte zu einem guten Ende führen können. Störend machte sich der bürokratische Instanzenweg der Satrapie und der ihr unterstellten Ämter bemerkbar. Die großen Hoffnungen verflogen, bald hatten die Menschen wieder resigniert.

Erst als das persische Großreich 520 durch Thronwirren aus dem Gleichgewicht gebracht wurde, regte sich neue Initiative in Jerusalem: zwei Propheten, Haggai und Sacharja, gaben einen neuen Anstoß zum Tempelneubau. Beide nahmen die Themen der Heilsbotschaft Ezechiels und Deuterojesajas auf: der Tempel, das Zentrum der Heilszeit, müsse eilig gebaut werden, dann werde auch die universale Herrschaft Jahves in Kürze anbrechen; die weltgeschichtlichen Erschütterungen seien die Wehen, unter denen die Heilszeit komme. Haggais Botschaft (Haggai 2,6ff.) verhieß baldige Umwälzungen: »Noch eine kleine Zeit währt es, dann erschüttere ich den Himmel und die Erde, das Meer und das Trockene; ich bringe alle Völker in Erregung, und die Kostbarkeiten aller Völker kommen her, und ich erfülle dies Haus mit Herrlichkeit, spricht Jahve der Heerscharen... Die zukünftige Herrlichkeit dieses Hauses wird größer sein als die frühere, spricht Jahve der Heerscharen, und an dieser Stätte werde ich Frieden geben...«

Einem neuen »Statthalter«, Serubabel, einem Mann aus dem Geschlecht Davids, fiel in diesem bewegten Jahr 520 in der Sicht der Propheten Haggai und Sacharja eine besondere Rolle zu. Ihm wurden mit allem Glanz der alten Tradition die hohen Prädikate des Messias, des Heilskönigs der Endzeit, beigelegt. Ihm wiesen die Propheten die Funktion des Tempelherrn zu, der wie zu Zeiten Salomos Heiligtum und Königtum in sich vereinigen sollte. Die traditionellen Vorstellungen wurden aber mit der Idee des endzeitlichen Geschehens verschmolzen: Serubabel wurde zum Messias des neuen Kultus, und neben ihm stand der Hohepriester Josua, das Oberhaupt der Jerusalemer Religionsgemeinschaft. Der zündende Aufruf Haggais und Sacharjas trug seine Früchte: in den folgenden Jahren wurde der Tempel tatsächlich erbaut. Doch bald verflüchtigte sich die Erwartung des kommenden Endes der Zeit, und der gefeierte »Messias« trat ins Dunkel zurück.

Im Wirkungsbereich der persischen Satrapie hatte Jerusalem keine politische Bedeutung: es hatte nur das Privileg der Kultausübung wiedererlangt. Das Heiligtum wurde zum Mittelpunkt für alle, die sich zu den Zwölf Stämmen Israels zählten. Zwar konnte die alte Stämmeordnung nicht mehr die straffe Form der Frühzeit zurückgewinnen, aber im Bewußtsein der einzelnen Sippen war sie noch durchaus lebendig; in gewissem Sinne war der sakrale Zwölfstämmeverband wiedererweckt worden. Die Gemeinschaftsordnung hatte jetzt wieder sakralen Charakter; in weiten Teilen des Perserreichs führte Israel sein religiöses Eigenleben. Da es jedoch keine politische Eigenordnung hatte, war das Oberhaupt der

Gemeinschaft nunmehr der Hohepriester, dem die Würdezeichen und Tempelvollmachten des Königs zufielen. Das priesterliche Element trat in den Vordergrund. Nach den epochalen Botschaften Deuterojesajas, Haggais und Sacharjas kamen in das religiöse Leben Ernüchterung und Normalisierung. Allerdings erschwerten diesen Neuanfang spannungsreiche Konflikte im Grenzbereich von Religion und Politik. Es fehlte eine eindeutige Abgrenzung der Kompetenzen des Statthalters in Samaria, und mehr und mehr wurde der Schutz der Kultstadt Jerusalem zu einem spannungsreichen Problem. In den Wirren erwachte die Erinnerung an die leuchtenden Heilserwartungen der Propheten, aber an der Klage (Jesaja 59, 9 ff.) entzündete sich kein gestaltender Wille:

> Es bleibt fern von uns das Recht,
> und die Gerechtigkeit erreicht uns nicht.
> Wir harren auf das Licht, aber finster bleibt es,
> auf die Morgenstrahlen, aber im Dunkeln wandern wir.
> Wir tasten wie Blinde an der Wand,
> und wie ohne Augen so tappen wir.
> Wir straucheln am Mittag wie im Zwielicht
> und sitzen im Finstern wie die Toten.
> Wir brummen allesamt wie die Bären,
> und wie die Tauben girren wir sehnsuchtsvoll.
> Wir harren auf das Recht, doch es kommt nicht,
> auf das Heil, aber es bleibt uns fern...

Prophetenworte aus der Zeit nach der Vollendung des Tempelbaues, die im Alten Testament unter dem Namen Maleachi zusammengestellt sind, sprechen von den Schwierigkeiten und Spannungen der Zeit. In allen Lebensbereichen machte sich Korruption bemerkbar. Priester vergingen sich bei Opferhandlungen; Abgaben an das Heiligtum wurden lässig und unredlich abgeliefert; man löste bedenkenlos Ehen auf und heiratete Frauen aus fremden Glaubensgemeinschaften; der Sabbat wurde nicht eingehalten; im Leben der Menschen büßten Gottesdienst und Gottesfurcht ihren bestimmenden Einfluß ein. Bald versanken die Ansätze zur Neuordnung des Lebens in Verfall und Regellosigkeit.

## *Nehemias Auftrag*

Von den Judäern, die im Exil verblieben waren, wurden die wirren Zustände in Jerusalem mit wachsender Sorge wahrgenommen. In der Fremde hatten sie dem Heidentum kompromißlos widerstanden und einen Weg zur Verwirklichung ihres Glaubens gesucht und gefunden. Jetzt fühlten sie sich für die heimatliche Gemeinde verantwortlich, deren Heiligkeit durch die innere Zersetzung und das erneute Eindringen heidnischer Elemente gefährdet schien. Vor allem wirkten die Meldungen über das gespannte Verhältnis zu den Nachbarn beunruhigend. Der Statthalter in Samaria verhinderte mit allen Mitteln das selbständige Eigenleben Jerusalems, und verantwortungsbewußte Männer in Jerusalem wußten sich nicht mehr zu helfen. Abhilfe war nur noch durch direkten Appell an den persischen König denkbar. Von den ersten Interventionsversuchen am Hofe berichten die alttestamentlichen Memoiren des Nehemia. Der Exiljudäer Nehemia war Mundschenk bei Artaxerxes Longimanus und hatte dank seinem Hofamt die Gelegenheit, an den Großkönig mit einer Petition heranzutreten. Unter dem Eindruck deprimierender Nachrichten aus Jerusalem bat er den Monarchen 445 um Urlaub und um die Ermächtigung, in der Heimat nach dem Rechten zu sehen; namentlich erbat er die Genehmigung zur Errichtung einer Schutzmauer um Jerusalem. Artaxerxes ging über Nehemias Vorschlag noch hinaus: er erteilte ihm nicht nur den erbetenen Auftrag mit entsprechender Ermächtigungsurkunde, sondern betraute ihn auch mit der Schaffung einer von Samaria unabhängigen Provinz Juda, die in der Satrapie des Transeuphratgebietes fortan eine gewisse Selbständigkeit haben sollte.

Zu dieser großen Gunst dürften den König politische Überlegungen bewogen haben. Der persische Hof war in hohem Maße daran interessiert, im Süden Palästinas stabile Lebensverhältnisse zu schaffen. Um die Mitte des 6. Jahrhunderts war in der Transeuphrat-Satrapie vom Satrapen Megabyzos eine Abfallbewegung organisiert worden, und jetzt mußte im Gesamtbereich der Satrapie mit allen Mitteln für Ruhe und Ordnung gesorgt werden. Hinzu kam, daß die wichtigen Verkehrsverbindungen nach Ägypten über Juda führten. Eine stabilisierende Neuordnung mußte dem persischen König mehr als willkommen sein.

Bei der Erfüllung seines Auftrags mußte Nehemia sehr vorsichtig ans Werk gehen. Er kam insgeheim in Jerusalem an und umritt die Stadt, um die gefährdeten Ortsverhältnisse zu erkunden. Die Stadt war jedem Zugriff offen und auch nicht imstande, das Eindringen von Fremden zu überwachen. Die Aufgabe war unverkennbar. Nehemia war vom König ermächtigt worden, Bauholz für die Anfertigung der Tore zu beschaffen. Dann begannen Besprechungen mit Vertretern der Einwohner, die für die schwere Arbeit gewonnen werden mußten. Die Einwohner wurden in Gruppen eingeteilt und einzelnen Bauabschnitten zugewiesen. Die zunächst improvisiert vorgenommene Arbeit fand in den Nachbarprovinzen viele Spötter, aber auch ernste Gegner. Der Statthalter Sanballat aus Samaria mischte sich ein und versuchte mit Unterstützung seines ostjordanischen Kollegen, die Aufbauarbeit zu unterbinden. Intrigen und offene Angriffe erschwerten die Arbeit, feindselige Nachbarn planten sogar einen Überfall auf Jerusalem. Rechtzeitig unterrichtet, stellte Nehemia eine Bereitschaftstruppe zusammen, die einem etwaigen Angriff mit den Waffen in der Hand begegnen sollte. Auch das verzögerte den Mauerbau. Da die Arbeit dennoch Fortschritte machte, begannen Anschläge auf Nehemia, die nicht zum Ziel führten. Schließlich wurden Gerüchte in Umlauf gesetzt: Nehemia wolle sich gegen die persische Herrschaft erheben und sich als Regent von Juda selbständig machen. Auch das blieb wirkungslos, und nach »zweiundfünfzigtägiger Arbeit« wurde die Mauer eingeweiht. Nun wurde ein regelmäßiger Wachdienst organisiert, der den Verkehr zu überwachen und für den Schutz der Stadt zu sorgen hatte.

Als das Mauerwerk fertig war, zeigte sich, daß das Stadtgelände innerhalb der Mauern noch genug Raum für die zusätzliche Ansiedlung von Menschen bot. Auf Anordnung Nehemias mußte ein Teil der Landbevölkerung in die Stadt ziehen. Zur Zeit

Nehemias war Jerusalem über den Umfang der Davidsstadt mit Salomos Akropolisgelände noch nicht hinausgewachsen; erst in der hellenistischen Zeit sollte es über die traditionellen Grenzen hinausstreben. Mit dem Mauerbau war Nehemias Werk freilich noch nicht abgeschlossen. Besonders verworren waren die sozialen Verhältnisse. Die Kluft zwischen arm und reich war in der Zeit der babylonischen Provinzialherrschaft, weil eine ordnende Gewalt fehlte, immer tiefer geworden. Besitzveränderungen nach dem Fall Jerusalems 587 und nach der ersten Deportation hatten die Eigentumsverhältnisse durcheinandergebracht, und die Forderungen der aus dem Exil Heimkehrenden machten das Problem der Regelung der Eigentumsansprüche und des Besitzausgleichs erst recht akut. Im ganzen war die Bevölkerung Judas und Jerusalems schwer verarmt; sie war so arm, daß Nehemia auf die Steuern, die ihm zugesichert waren, verzichten mußte. Aber wenige Reiche hatten große Vermögen zusammengescharrt; viele Notleidende hatten ihnen Äcker und Weinberge, ja sogar ihre Kinder verpfänden müssen. Mit einer radikalen Schuldenstreichung beseitigte Nehemia zunächst die schlimmsten Auswüchse der sozialen Ungleichheit. Auch weiterhin blieben indes erhebliche Schwierigkeiten bestehen, denen der als Sonderbeauftragter amtierende Mundschenk des Königs nur Schritt für Schritt mit Strenge und Klugheit beikommen konnte. Seiner Autorität verdankte Jerusalem eine allmähliche Normalisierung im wirtschaftlichen und sozialen Alltag. In den religiösen Bereich griff Nehemia nicht ein; als seine Aufgabe betrachtete er nur die Wiederherstellung geordneter politischer und gesellschaftlicher Zustände.

Welchen Umfang die von Nehemia organisierte Provinz Juda hatte, ist kaum genau zu ermitteln, zumal auch über die umliegenden Provinzen der Transeuphrat-Satrapie sehr wenig bekannt ist. Bei der Herauslösung der Provinz Juda aus dem Amtsbereich des Statthalters von Samaria wurden einige »Bezirke« benannt, die wohl noch in der babylonischen Zeit gebildet worden waren. Aus solchen Angaben läßt sich schließen, daß die neue Provinz Juda ein ziemlich schmaler Streifen war, der im Süden zwischen Hebron und Beth-Zur und im Norden im Gebiet von Mizpa endete. Interessant ist, daß die Provinz auch das Gebiet um Jericho umschloß, das ursprünglich zu Nordisrael gehört hatte. Wahrscheinlich hatte Josia bei der Angliederung nordisraelitischer Gebietsteile auch Jericho annektiert, so daß diese Eroberung auch noch in den Tagen Nehemias fortwirken konnte. Dagegen war das Bergland westlich des Toten Meeres einschließlich der südjudäischen Bezirke offenbar im festen Besitz der aus ihrem Stammgebiet verdrängten Edomiter.

Im Jahre 433 erachtete Nehemia seine Mission für beendet und kehrte an den persischen Hof nach Susa zurück. Er hatte in zwölf Jahren ein großes Werk vollbracht und fürs künftige Leben der nachexilischen Gemeinschaft entscheidende organisatorische und politisch-soziale Voraussetzungen geschaffen. Später mußte allerdings der tatkräftige Organisator noch einmal nach Jerusalem reisen, um den Kompetenzüberschreitungen eines Hohenpriesters, der sich zu weit vorgewagt hatte, entgegenzutreten. Bei dieser Gelegenheit mußte er sich auch mit dem brennenden Problem der Mischehen befassen: er ließ die Judäer schwören, Ehen ihrer Kinder mit der heidnischen Nachbarbevölkerung zu verhindern. Einen weiteren Eingriff des Reorganisators erforderte die häufige Mißachtung des Sabbatgebots, vielen Judäern war es noch nicht in Fleisch und Blut übergegangen, daß sie am

Sabbat keinem Erwerb nachgehen sollten. Nehemia bestand energisch auf der Heiligung des Sabbats. Schließlich mußte er das Abgabewesen neu regeln und für eine gerechte Verteilung der Steuerlast und für redliche Ablieferung der Naturalleistungen Sorge tragen.

## Das »Gesetz des Himmelsgottes«

Nehemia hatte für sich keinen anderen Auftrag beansprucht, als die äußeren Lebensverhältnisse im Lande Juda zu ordnen. So eindeutig feststeht, daß er das Religiöse nicht als seine Domäne betrachtete, sowenig kann ihm entgangen sein, daß auch der kultisch-religiöse Bereich einer gründlichen Reorganisation bedurfte. Die Tätigkeit Esras in Palästina wird etwa um die Zeit der zweiten Reise Nehemias begonnen haben, und so darf man vermuten, daß der Auftrag Esras in gewissem Sinne eine Fortführung der Mission Nehemias darstellte und vielleicht sogar auf seine Initiative zurückging. In den Büchern Esra und Nehemia sind zwei Traditionsströme so eng ineinander verwoben, daß man beim Auseinanderhalten der Komponenten auf Hypothesen angewiesen ist. Und da das einzige authentische Material die Amtsanweisung (Esra 7, 12-26) ist, mit der Esra nach Jerusalem entsandt wurde, kann man nur mutmaßen, daß die Idee der Entsendung eines Emissärs zur Neuordnung des religiösen Lebens aus der Reorganisationstätigkeit Nehemias erwachsen und von ihm der Exilgemeinschaft nahegebracht und bei den persischen Behörden befürwortet worden war. Im kultisch-religiösen Bereich konnte das Werk der Sanierung und Reorganisation nur von einem Priester vollbracht werden, der die Autorisation und die Berufung hatte, in die kultische Sphäre einzugreifen. Esra war ein Priester. Mehr noch: er stand als Priester in hohem Ansehen bei der Exilgemeinschaft in Mesopotamien, und die Exilgemeinschaft wiederum fühlte sich verantwortlich für die Verhältnisse in Jerusalem und verfolgte mit tiefer Sorge das Auseinanderfallen der heiligen Gemeinde und die Lockerung der sakralen Ordnungen. Hatte Nehemia den äußeren Rahmen der Lebensordnung und damit auch der Kultsphäre stabilisiert, so mußte nun auch im Innersten um Erneuerung gerungen werden.

Auf Betreiben der Exilgemeinschaft und wahrscheinlich nicht ohne Fürsprache Nehemias wurde Esra in amtlicher Mission als »Schreiber des Gesetzes des Himmelsgottes« nach Jerusalem abgeordnet. »Schreiber« war in diesem Fall keineswegs eine Umschreibung für »Schriftgelehrter«, sondern – in der reichsaramäischen Amtssprache des Perserreichs – eine offizielle Amtsbezeichnung, und der schwerfällige Titel besagte, daß Esra zum »Kommissar in Angelegenheiten des Gesetzes des Himmelsgottes« bestellt worden war. Seine erste Amtshandlung war die Zusammenstellung einer neuen Gruppe von Rückwanderern, deren Repatriierung er von höchster Stelle genehmigen ließ; als zweites organisierte er eine Sammlung von Sachspenden für die arme Gemeinde in Jerusalem. Und in Jerusalem ging er daran, das ihm anvertraute »Gesetz des Himmelsgottes« zur bindenden und verpflichtenden Norm der Kultgemeinde zu erheben. Daß dieses »Gesetz« Ordnungen enthielt, die das kultische Leben in Jerusalem normieren sollten, ist kaum zu bezweifeln. Die Annahme liegt nahe, daß dieses von den Exilierten zusammengestellte »Gesetzeswerk« nichts anderes war als ein großer Komplex der für die Lebensverhältnisse in Jerusalem aktualisierten Tradition.

Es gibt keinen Streit darüber, daß das von Esra überbrachte Dokument ein Bestandteil der uns heute vorliegenden Fünf Bücher Mose gewesen ist. Umstritten ist die Frage, welches »Gesetz« sich hinter Esras »Gesetz des Himmelsgottes« verbirgt, welche der »Quellenschriften« der Fünf Bücher Mose mit ihm identisch ist. Der früheste, in der davidisch-salomonischen Zeit unternommene Versuch der Sammlung älterer Erzählungs- und Gesetzestraditionen hat, wie schon erwähnt, seinen Niederschlag im Geschichtswerk des Jahvisten gefunden. Als das jüngste Erzählungs- und Gesetzeswerk des Pentateuch erscheint eine Sammlung und Bearbeitung von Überlieferungen, die wahrscheinlich im babylonischen Exil entstanden ist und die in der Forschung die »Priesterschrift« genannt wird; damit ist schon gesagt, daß es sich um priesterliche Traditionen handelt, die im Hinblick auf die kultischen Verhältnisse der nachexilischen Gemeinde aktualisiert und mit verbindlichen Akzenten versehen wurden. Eben mit dieser jüngsten Schicht der Textelemente des Pentateuchs muß nach der in der Forschung überwiegenden Meinung Esras »Gesetz« gleichgesetzt werden. Treffend hat Julius Wellhausen betont, daß die »Priesterschrift« ausschließlich dem Kultus gilt und kein Volk Israel mehr kennt, sondern nur noch die religiöse Gemeinschaft der Stiftshütte, des Tempels, daß diese Gemeinschaft ein geistlicher Begriff und die Zugehörigkeit zu ihr nicht Abstammungs-, sondern Glaubenssache ist. Das alles trifft gerade auf die Lebensbedingungen der nachexilischen Gemeinde zu! Gewiß ließe sich einwenden, daß die als »Priesterschrift« erkannten Textelemente in ihrer Form kein Gesetzeswerk, sondern überwiegend ein erzählendes Werk bilden. Aber auch in ihren Erzählungen ist die »Priesterschrift« in der Tat stets an den Setzungen und Ordnungen interessiert, die für das kultische Leben eine normative Bedeutung haben. Überdies ist es wahrscheinlich, daß auch die im Buch Leviticus enthaltenen wichtigen Sakralgesetze (Leviticus 1–7; 11–15; 17–26) zu den von Esra übermittelten »Gesetzesbestimmungen« zu zählen sind.

Schließlich ist nicht zu übersehen, daß die Bezeichnung des Gottes Israels als *El Schaddaj* – »Himmelsgott« – gerade für die »Priesterschrift« charakteristisch ist und in ihr einen spezifischen Sinn hat, den die persische Amtssprache sicher nicht widerspiegeln konnte, der aber eine direkte Beziehung zu Esras historischer Wirksamkeit hatte. Die Annahme, daß das »Gesetz des Himmelsgottes« mit der jüngsten der Quellenschriften des Pentateuchs identisch sei, scheint somit hinreichend erhärtet.

Das mitgebrachte Dokument verlas Esra bei der Feier des Laubhüttenfestes in Jerusalem vor der versammelten Gemeinde. Die Verlesung wurde an den folgenden Tagen der Festwoche fortgesetzt und fand ihren Höhepunkt in einem Schuldbekenntnis und einem Treuegelübde der Versammelten. Der feierliche Akt der Bundeserneuerung, der zuletzt zur Zeit Josias stattgefunden hatte, bedeutete jetzt die bindende Neukonstituierung der Jahve-Gemeinde, die fortan zu gehorsamer Befolgung der Gesetze verpflichtet war. Das religiöse Leben erhielt in der aktualisierten Neufassung der ältesten priesterlichen Traditionen ein neues Fundament. Im Vordergrund standen diesmal die Überlieferungen der hohen Tempelpriesterschaft aus dem Geschlecht Sadoks, hinter denen die levitischen Traditionen, die sich unter Josia durchgesetzt hatten, zurücktraten. Das entsprach übrigens auch der Rangordnung der nachexilischen Priesterschaft. In Jerusalem leiteten die Sadokiden (oder Aaroniden) die Kultgemeinde. Die Leviten fungierten nur noch als *clerus minor*.

Dem schwankenden und unsicheren Verhalten der Jerusalemer Kultgemeinde war nunmehr ein klarer Weg gewiesen. Künftighin sollte das Gesetz absolut gelten und seine peinlich genaue Erfüllung die Pflicht jedes Angehörigen der Gemeinschaft sein. Beginnt hier das Judentum als »Gesetzesreligion«?

Mit Esra begann ohne Zweifel die eindringliche Beschäftigung mit dem Gesetz, sowohl was seine exakte Befolgung als auch was seine schriftkundige Erforschung und Deutung anging. Aber noch waren daneben auch andere religiöse Momente wirksam, namentlich die Bindung des Kultus an die traditionelle Stätte, in der die Erinnerung an die selbständige staatliche Existenz des erwählten Volkes noch ein kräftiges symbolisches Leben führte; auch der Akt der Bundesverpflichtung deutete darauf hin, daß die nachexilische Gemeinde im eigenen Bewußtsein noch nicht aufgehört hatte, das Bundesvolk Israel zu sein. Das Werk des Esra war anderseits aber auch keine Angelegenheit der Provinz Juda, keine Teilrestauration auf dem Boden und im Rahmen des Staatsgefüges des Perserreiches. Der religiöse Zusammenhalt hatte über die Grenzen der politischen Gebilde hinausgegriffen: für alle, die sich das Bewußtsein der Zugehörigkeit zum alten Zwölfstämmeverband Israel bewahrt hatten, war Jerusalem das religiöse Zentrum; auch aus den Nachbarprovinzen Ammon und Asdod pilgerten glaubenstreue Menschen zum ehrwürdigen Heiligtum, und für die in Ägypten und Mesopotamien zerstreuten Israeliten war Jerusalem nicht nur symbolischer Mittelpunkt. Ernste Probleme der Isolierung oder Trennung häuften sich nur in der Provinz Samaria, die mehr und mehr einem kultischen Eigenleben zustrebte, und in den fernen Bereichen, die dem Synkretismus verfielen.

Erneut wurde mit der Einführung des Gesetzes das Problem der Mischehen akut. Esra ging in der Bekämpfung der Mischehen viel weiter als Nehemia und scheute nicht einen heftigen Kampf mit den Israeliten, ja auch mit den in Jerusalem amtierenden Priestern und Amtsträgern. Er forderte von allen Israeliten sofortige Scheidung von heidnischen Ehepartnern und das Gelübde, in Zukunft keine Mischehen einzugehen. Der alttestamentliche Text (Esra 10,10 ff.) berichtet: »Esra, der Priester, stand auf und sprach zu ihnen: Ihr habt euch versündigt; ihr habt fremde Frauen heimgeführt und damit die Schuld Israels noch größer gemacht. So legt nun vor Jahve, dem Gott eurer Väter, ein Bekenntnis ab und tut, was ihm wohlgefällig ist: scheidet euch von den Heiden im Lande und von den fremden Frauen!« Und die »ganze Gemeinde« habe darauf geantwortet: »Ja, es ist unsere Pflicht, zu tun, wie du gesagt hast...« Mit dieser Verpflichtung wurde der Grund gelegt für die unverbrüchliche Tradition der strengen Abschließung der Familien von allen Heiden. Das Motiv war nicht etwa »Reinerhaltung des Blutes«, sondern Abwehr der für die Heiligkeit der Gemeinde gefährlichen religiösen Fremdeinflüsse.

Nur spärlich fließen die Quellen, die das Leben der Kultgemeinde in Jerusalem nach Esras reformatorischem Eingriff betreffen. Im Vordergrund des religiösen Lebens standen die alten Jahresfeste, dazu der Sabbat und die Beschneidung. In den Herbstfestzyklus wurde in der Zeit nach dem Exil eine bedeutsame neue Feier aufgenommen: der große

Versöhnungstag. Dies Fest, das in anderer Form wohl schon in den ältesten Zeiten gefeiert wurde, erhielt seinen besonderen Charakter unter dem Einfluß der priesterlichen Gesetzgebung; seinen Ablauf bestimmte ein Ritual der Entsühnung der Gemeinde und des Heiligtums. Auch hier ging es um Wahrung der Heiligkeit: immer von neuem sollten alle unreinen und sündhaften Elemente in dem großen Sühneakt ausgeschieden werden. Mit aller Strenge wurde das Denken und Handeln der Kultgemeinde auf den Gesetzesgehorsam und die Heiligkeit ausgerichtet; in diesem Zeichen sollte sich fortan das Leben der von Esra reformierten nachexilischen Gemeinde vollziehen. Wahrscheinlich setzten mit dem Reformwerk die ersten Bemühungen um die Kanonisierung der überkommenen heiligen Schriften ein: einmal Sammlung und Kompilation der ältesten Erzählungs- und Gesetzesstoffe, zum andern Zusammenstellung der prophetischen Überlieferungen. Eine Fülle schriftlicher Traditionen mußte gesichtet, geordnet und zu einem einheitlichen Ganzen vereinigt werden. Sicher hatten solche Bestrebungen mit der Umkehr zu den überlieferten schriftlichen Traditionen schon zur Zeit des Exils angefangen; nun gab aber Esras verpflichtendes Gesetz den Anlaß, alle religiösen Schriftgrundlagen, aus denen Glaube und Gehorsam der Gemeinde leben mußten, zusammenzutragen. Das die Kultgemeinde tragende und bestimmende Schrifttum mußte in Inhalt und Grenzen fixiert, zu einem Kanon gefügt werden.

## *Hellenistische Eroberung und religiöse Spaltung*

Aus dem letzten Jahrhundert der Perserherrschaft verraten die Quellen so gut wie gar nichts über die Kultgemeinde in Jerusalem und Juda, und die Darstellung muß notgedrungen ohne Übergang in eine neue Ära hineinspringen. Der Makedonierkönig Alexander drang 333 v. Chr. ins Perserreich ein und schlug Dareios III. bei Issos. Alexanders Vormarsch ins syrisch-palästinische Gebiet wurde von schweren Kämpfen verzögert. Die phönikische Inselstadt Tyros konnte erst erobert werden, nachdem ein eigens aufgeschütteter Damm durch das Meer geschaffen worden war. Alexander umging weitere Hindernisse, zog weiter und überließ die Eroberung syrisch-palästinischer Städte und Bezirke seinem Feldherrn Parmenio. In Samaria gab es neue Schwierigkeiten: der Statthalter widerstand sogar der Belagerung und ergab sich erst, als jedes weitere Ringen aussichtslos geworden war. Dagegen scheint die Provinz Juda mit der Hauptstadt Jerusalem ohne Kampf kapituliert zu haben. Der Übergang aus der persischen unter die griechische Oberhoheit brachte keine tiefgreifenden Erschütterungen; das umstürzende Ereignis fand im Alten Testament keinen wesentlichen Niederschlag. Mit der Schlacht bei Gaugamela (321) war das Schicksal des Perserreiches besiegelt und ein griechisch-orientalisches Großreich im Entstehen. Der plötzliche Tod Alexanders verschob die Situation.

Plötzlich waren Syrien und Palästina im Brennpunkt der Auseinandersetzungen zwischen den Diadochen. Ptolemaios, dessen Kernland Ägypten war, besetzte 312 das südliche Palästina und den westsyrischen Küstensaum, die er als König von Alexandreia, »Alexanderstadt«, aus regierte. Nord- und Mittelsyrien dagegen fielen an Seleukos, dessen Nachkommen von der neugegründeten Metropole Antiocheia aus auch das Zweistromland beherrschten. Wie es der Jerusalemer Kultgemeinde unter den Ptolemäern erging, ist nicht überliefert: wahrscheinlich mischten sie sich ins innere Leben der Gemeinde wenig ein. Kritisch wurde die Lage, als der Seleukide Antiochos III. (223–187) Ansprüche auf Phönikien und Palästina erhob; er eroberte das Gebiet, verlor es wieder, mußte es noch einmal erobern. Das von Schlachten umbrandete Jerusalem verhehlte nicht seine Zuneigung zu den Seleukiden und wurde mit fühlbaren Zugeständnissen belohnt: aus dem Besitz des Königs erhielt die Kultgemeinde Opfermaterialien und sonstige Zuwendungen; dem Kultpersonal, den Ältesten und den bei dieser Gelegenheit erstmalig genannten Schriftgelehrten räumte Antiochos Steuerfreiheit ein. Bald warf indes der Einbruch der Römer in den orientalischen Raum einen düsteren Schatten auf die günstige Entwicklung. Bei Magnesia fügte das römische Heer Antiochos III. eine empfindliche Niederlage zu, die in einem drückenden Friedensvertrag besiegelt wurde. Mit dem Jahr 190 v. Chr. begann ein rapider Niedergang des seleukidischen Staates.

Im ersten Jahrhundert der hellenistischen Herrschaft über Syrien und Palästina machte die Kultgemeinde Israels eine folgenreiche Spaltung durch: in der Provinz Samaria entstand ein selbständiger Kult auf dem Berge Garizim bei Sichem. Schon vor dem Auftreten Nehemias hatten die Statthalter von Samaria eine Stärkung Jerusalems zu verhindern gesucht. Mißtrauen und Neid hatten sich mit der Herauslösung Judas aus dem Provinzialverband Samarias und dem Beginn einer Neuordnung in Jerusalem erst recht verstärkt. Der religiöse Anspruch, der nach den Reformen Esras dank dem wachsenden Prestige der Jerusalemer Kultgemeinde von Juda ausging, unterhöhlte die begrenzten politischen Machtbefugnisse der Statthalter von Samaria. Wahrscheinlich kamen den Männern von Samaria bei dem Versuch, ein ihnen unter der Perserherrschaft vorenthaltenes kultisches Privileg zu erlangen, die weltpolitischen Machtverschiebungen zugute; vermutlich wurde ihnen das Recht der Kultausübung auf dem Garizim von den Ptolemäern oder von den Seleukiden zugestanden. In den Apokryphen wird das Schisma als bereits vollzogen zum erstenmal im Makkabäerbuch erwähnt; aus dem Neuen Testament (Johannes 4,20) ist der Zweifel der samaritischen Frau bekannt, die am Fuße des Garizim Jesus vorhielt: »Unsere Väter haben auf diesem Berg angebetet, und ihr sagt, in Jerusalem sei der Ort, wo man anbeten muß...«

Kulttraditionen sind zählebig; durch Krisen und Strukturveränderungen hindurch bewahren sie ihre angestammten Intentionen, können auch alte Ansprüche bisweilen noch nach Hunderten von Jahren durchsetzen. Das Heiligtum auf dem Garizim hatte in der Geschichte Israels schon in sehr früher Zeit eine große Rolle gespielt: in Sichem kamen die Zwölf Stämme zusammen, und auf den Bergen Ebal und Garizim begingen sie gemeinsam das Zeremoniell der Übermittlung des Gottesrechtes und der Bundesschließung. Später traten an die Stelle Sichems nacheinander Gilgal, Bethel und Silo, und erst unter David wurde Jerusalem zum Zentralheiligtum Israels. Der Nord-Süd-Gegensatz aber blieb. Die Bestrebungen zur Gründung eines von Jerusalem unabhängigen Nordreiches nach dem Tode Salomos gingen bezeichnenderweise von Sichem aus. Die Berge Ebal und Garizim waren seit den ältesten Zeiten der sakrale Mittelpunkt der nördlichen Stämmegruppe. Durch alle

Umstürze, Kriege und Verluste hindurch blieb Sichem das angestammte ehrwürdige Jahve-Heiligtum. Wie vieles dafür spricht, daß die levitische Priesterschaft Sichems nach dem Ende des Nordreichs in Juda Zuflucht und Einlaß gesucht hat, so gibt es auch viele Gründe für die Vermutung, daß levitische Priester aus Sichem nach dem Untergang Jerusalems das traditionelle Kultrecht an der heiligen Stätte Nordisraels auszuüben suchten. Wahrscheinlich waren unter den nach Babylonien Deportierten nicht wenige Leviten, die unter Josia in Jerusalem zu Ansehen und Würde gelangt waren, und es ist möglich, daß ihre Nachkommen bei der Repatriierung oder danach Sichem als Wirkungsstätte vorzogen. In Jerusalem war die hierarchische Führung in der Zeit nach dem Exil auf die Sadokiden übergegangen, und außerdem war es zur unumstößlichen geschichtlichen Erfahrung geworden, daß der in Jerusalem im Kraftfeld des Königtums ausgeübte Kultus von den Lebensgrundlagen des Zwölfstämmeverbandes Israels abgegangen war und darum schwere Gerichte hatte erleiden müssen. Das samaritische Schisma sah seine eigentliche Legitimation darin, daß es die von der politischen Königsgeschichte unberührte, wahre Jahve-Tradition hütete: der Kult auf dem Garizim wollte zu den eigentlichen Ursprüngen Israels zurückführen. Jerusalem erschien den Samaritern als ein unter königlichem Einfluß aufgebautes Sekundärheiligtum, und in der Restauration nach dem Exil mußten sie dementsprechend den verfehlten Versuch sehen, einer offensichtlich abwegigen Entwicklung wieder zu Rang und Würde zu verhelfen.

Im Grunde entsprang die Erhebung Sichems zum Heiligtum einem puristischen Ideal. Das zeigte sich deutlich auch an dem von der samaritischen Gemeinde anerkannten Kanon heiliger Schriften: nur die Fünf Bücher Mose galten ihr als Autorität, während alles, was zur Zeit der Könige geschehen war, als vom Verfall gezeichnet angesehen wurde. Für die Jerusalemer Kultgemeinde lag in dieser puristischen Anschauung eine unerhörte Herausforderung, und in den Jahren der Auseinandersetzung mit dem Schisma entstanden in Jerusalem als Rechtfertigungsdokument die Bücher der Chronik, ein Geschichtswerk, das mit besonderem Nachdruck die Legitimation des von David begründeten Kultus und die Bedeutsamkeit der Jerusalemer Königsgeschichte hervorhob. Auch auf die Bildung des Kanons wirkten sich die Auseinandersetzungen spürbar aus: wo der samaritische Kult eine scharfe Grenze zog, machte Jerusalem schriftliche Traditionen, die für die Geschichte Israels im Sinne der Königstradition wegweisend waren, zu heiligen Schriften. Und natürlich galt die Kultausübung auf dem Garizim als illegitim und glaubensfeindlich, so daß sich die Gegensätze mehr und mehr verhärteten. Entwicklung und Lebensordnung des samaritischen Kults sind durch keinerlei verläßliche Quellen aufzuhellen. Erstaunlich ist immerhin die Tatsache, daß noch heute eine Gruppe der Samariter in Sichem existiert und alljährlich auf dem Garizim ein großes Passahfest in aller Öffentlichkeit feiert.

## Hellenisierung: Anpassung und Widerstand

Seit Esra lebte die Kultgemeinde zu Jerusalem unter den strengen Forderungen und Verpflichtungen des Gesetzes. Das Leben in der Furcht Gottes wurde zur eigentlichen Aufgabe der Existenzverwirklichung. Man bekäme jedoch ein falsches Bild von der »jüdischen Frömmigkeit«, wollte man sie ausschließlich im Blickwinkel der rigorosen Härte des Gesetzesgehorsams sehen. Die Gebote wurden als die gnädige Willenskundgebung Gottes aufgenommen, und es schien eine wunderbare Gunst, unter den Weisungen des Höchsten leben zu dürfen. Die Freude am Gesetz erfüllt manche Psalmen aus der nachexilischen Zeit, so auch Psalm 19:

> Das Gesetz Jahves ist vollkommen und erquickt die Seele,
> das Zeugnis Jahves ist verläßlich
> und macht Einfältige weise.
> Die Befehle Jahves sind recht und erfreuen das Herz;
> das Gebot Jahves ist lauter und erleuchtet die Augen.
> Die Furcht Jahves ist rein und bleibt ewig;
> die Rechte Jahves sind Wahrheit, sind allzumal gerecht.
> Sie sind köstlicher als Gold, ja viel feines Gold,
> und süßer als Honig und Wabenseim...

Mit eindringlicher Kraft wurden alle Probleme der Gerechtigkeit Gottes, des Leidens und des ewigen Lohnes durchdacht und bekenntnismäßig fixiert. In der Zeit, da der Hellenismus mit ungeheurer Vehemenz auch in die syrisch-palästinische Welt einbrach, war die Jerusalemer Kultgemeinde ein festes geistiges Bollwerk. Man lebte bewußt in der religiösen Sphäre, ohne ins politische Geschehen einzugreifen. Doch die Invasion der griechischen Macht ließ die in Palästina lebenden Angehörigen der Jerusalemer Kultgemeinde nicht ungestört. Alexander hatte dem Gefüge des persischen Satrapien- und Provinzsystems einen heftigen Stoß versetzt, von dem auch die kultischen Zentren nicht unberührt blieben. Als dann die Diadochen neue politische Einflußsphären schufen, machten sich auch in Palästina mächtige neue Strömungen und Bewegungen bemerkbar.

Es begann eine Ära der Städtegründungen: das griechisch beeinflußte Leben orientierte sich an der Polis, und der Hellenisierungsprozeß nahm seinen Ausgang von den Großstädten. Die Ptolemäer gründeten Alexandreia, die Seleukiden Antiocheia. Von beiden neuen Zentren ging eine ungeheure Anziehungskraft aus. In die ptolemäische Metropole zogen, als Juda im Kraftfeld des Ptolemäerreiches lag, viele Menschen aus Jerusalem und Juda; dort fanden sich nicht nur aus Juda kommende Kaufleute und geistig Beflissene, sondern auch viele Nachkommen der Judäer, die nach 587 nach Ägypten abgewandert waren. Weithin strahlte der Einfluß dieser jüdischen Kolonie und Gemeinde aus. Sie gewann für ihre Religionsgemeinschaft heidnische Familien, die ersten »Proselyten«. Man sprach Griechisch, man wählte griechische Namen. Man setzte sich mit der griechischen Geisteswelt auseinander, die in Alexandreia in einzelnen Typen der hellenistischen Popularphilosophie vertreten war. Überhaupt wurde in den hellenistischen Städten die Beschäftigung mit den großen Philosophen Griechenlands zur Mode. Es entstanden Zirkel und Gruppen, in denen lebhaft philosophiert wurde.

# Palästina

## ZUR MAKKABÄERZEIT

--- *Selbständiges Judäa um 142 v. Chr.*

...... *Makkabäisch-hasmonäisches Königreich um 79 v. Chr.*

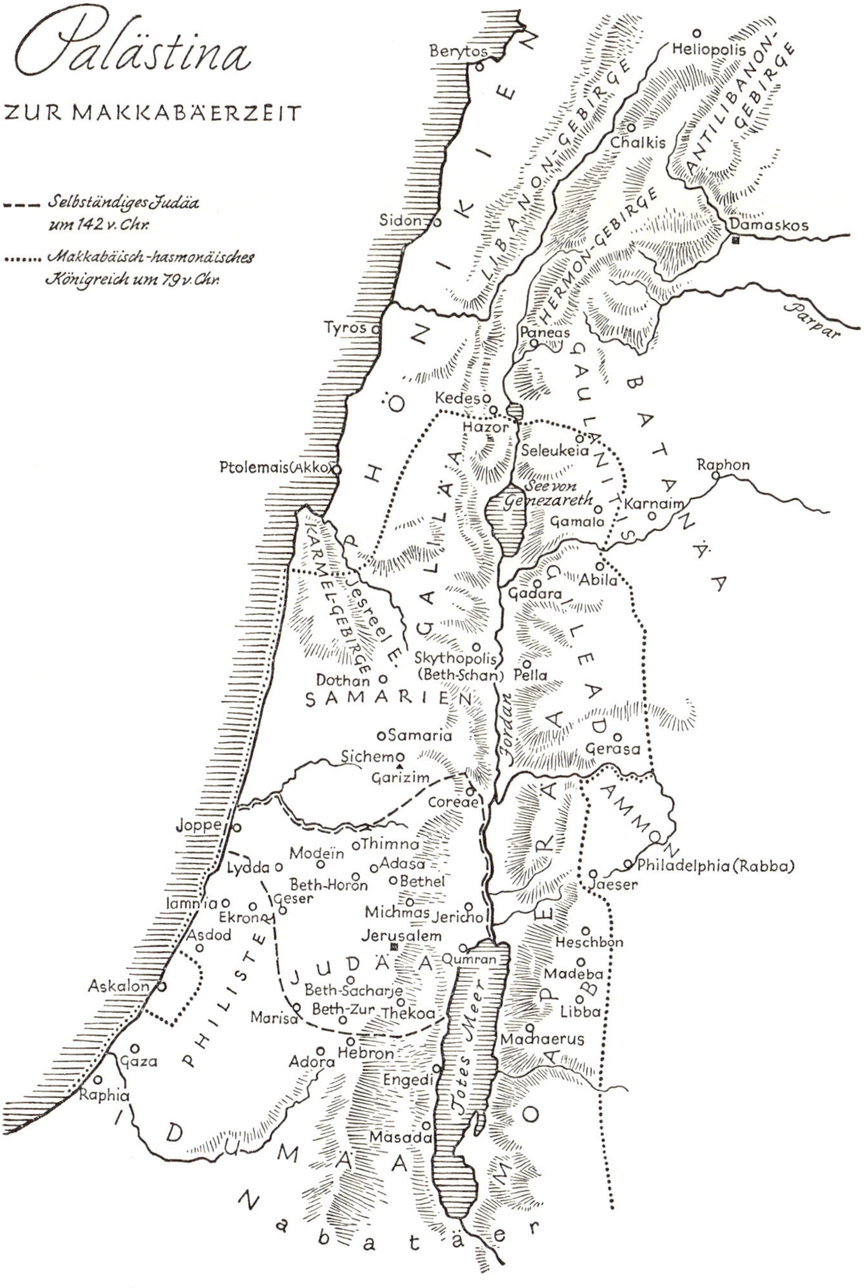

Die Denker der jüdischen Diaspora waren fleißig bemüht, in apologetischen Erklärungen das Verhältnis des alttestamentlichen Gesetzes zur griechischen Philosophie zu klären und in eine feste Form zu bringen; zu einem späteren Zeitpunkt sollten besonders die jüdischen Philosophen Aristobulos und Philo hervortreten.

Schon früh hatte sich in Alexandreia das Bedürfnis eingestellt, das Alte Testament der griechischsprachigen Welt zugänglich zu machen; in Kreisen der Schriftgelehrten kam die erste Übersetzung, die Septuaginta, zustande, die im griechischen Sprachbereich der Diaspora zur religiösen Autorität wurde. Nicht nur Alexandreia beherbergte eine starke jüdische Kolonie. Nach der Einbeziehung Judas in den politischen Machtbereich des Seleukidenreiches wanderten viele Judäer auch in die syrischen und kleinasiatischen Städte ab: man brauchte kein großer Staatsmann zu sein, um zu erkennen, daß sich eine gesicherte Existenz im armen und immer von neuem ausgebeuteten Juda kaum aufbauen ließ, daß dagegen in den hellenistischen Großstädten unabsehbare Möglichkeiten winkten.

In der Diaspora wohnten die Juden meist in besonderen Quartieren. Sie durften ihren Kultus frei ausüben. An manchen Stellen wurde ihnen, da geistliches und weltliches Recht nach alttestamentlicher Tradition eine unauflösliche Einheit bilden, das Privileg eigener Jurisdiktion zuerkannt. Für den Tempeldienst in Jerusalem wurde eine Kopfsteuer erhoben; dadurch und durch ständigen religiösen Kontakt blieben die Auswanderer in Verbindung mit dem heimatlichen Kultzentrum. Die Kehrseite solcher Privilegien war, daß die in der Diaspora Lebenden in der neuen Heimat nur selten das volle Bürgerrecht erhielten. Zwischen ihnen und den Einheimischen blieb eine gewisse Distanz bestehen. Einen Einblick in die religiöse Lebenseinstellung der Juden zur fremden Umwelt vermittelt eine Lehrschrift im Buch Daniel; am Modell des babylonischen Exils wird die rechte Verhaltensweise eines Juden in der Fremde geschildert: auch in der Atmosphäre fremden höfischen Lebens befolgt Daniel in aller Strenge und Sorgfalt die Speise- und Reinigungsvorschriften und läßt sich auch nicht mit Gewaltmitteln von der gehorsamen Befolgung des Gesetzes abbringen; eben darum kommt der Segen Gottes über ihn, so daß er auch im weltlichen Bereich Anerkennung und Erfolg findet.

Vor allem über die Städte brach die Sturzflut westlicher Kultur herein. Ältere Siedlungen wandelten ihre Gestalt und vergrößerten sich. Gymnasien wurden errichtet und verbreiteten die Idee athletischer Schulung. Akademien förderten Kunst und Wissenschaft. Überall entstanden Theater und neue Tempel, die faszinierende Kulte zelebrierten. Luxus und Vergnügen zogen die Menschen in ihren Bann. In vielem allerdings berührte der hellenistische Einfluß nur die Oberfläche. Vor allem reichte er kaum über die Städte hinaus. »Das Dorf blieb aramäisch und die Wüste arabisch«, sagt Julius Wellhausen. Wie stand es nun mit der Stadt Jerusalem? Sowohl unter den Ptolemäern als auch in den ersten Jahrzehnten der seleukidischen Herrschaft scheint Jerusalem vom Einfluß des Hellenismus verhältnismäßig wenig verspürt zu haben; das vorwiegend dörfliche Element Judas wirkte offenbar noch als Isolierschicht gegen den fremden Geist. Die Lebensgrundlagen des Landes wurden erst unter Antiochos IV. entscheidend gefährdet. Schon vorher mögen aber manche einflußreichen Kreise Jerusalems mit Ideen der hellenistischen Aufklärung sympathisiert haben; das Judentum der hellenistischen Zeit war dabei, eine fremde Geisteswelt kennenzulernen und auf sich wirken zu lassen, wohl auch mit derselben Offenheit und Aufnahmebereitschaft, die das Israel der Zeit Salomos der ägyptischen Kultur und Geisteswelt entgegengebracht hatte.

Interessanterweise gewann in der Auseinandersetzung mit der Welt der Griechen ein geistiges Gefüge zunehmend an Bedeutung, das Israel bereits in der Ära Salomos aufgenommen und sich zu eigen gemacht hatte: seit dem 10. Jahrhundert hatte eine geistige Haltung Gestalt angenommen, die die Impulse der ägyptischen Naturanschauung und Lebenskunde als »Weisheit« in die alttestamentliche Glaubenswelt einführte und umwandelte. Dieser Traditionsstrom hatte einen geistigen Habitus geformt, der sich gerade in der Begegnung mit der hellenistischen Ideenwelt bewähren konnte; er eignete sich vorzüglich zur Orientierung in den Grenzbereichen, in denen die griechische Philosophie das religiöse Überlieferungsgut des Alten Testaments mit der Hervorkehrung universaler geistiger Prinzipien und Ideen in Frage zu stellen drohte. Auf welche Weise die nachexilische Gemeinde der hellenistischen Philosophie begegnete, kann man recht anschaulich aus dem Buch der Sprüche (Sprüche 8) erfahren:

> Ruft nicht die Weisheit vernehmlich?
> Erhebt nicht die Einsicht ihre Stimme?
> Oben auf den Höhen, am Wege,
> da, wo die Pfade sich kreuzen, steht sie.
> Zur Seite der Tore, am Ausgang der Stadt,
> am Eingang der Pforten ruft sie laut:
> Euch, ihr Männer, gilt meine Predigt,
> an die Menschenkinder ergeht mein Ruf.
> O ihr Einfältigen, lernet Klugheit,
> ihr Toren, nehmet Verstand an!
> Höret zu, Vortreffliches rede ich,
> recht und gerade ist, was meine Lippen eröffnen.
> Ja, Wahrheit redet mein Gaumen,
> und Frevel ist meinen Lippen ein Greuel...
> Ich, die Weisheit, pflege die Klugheit,
> verfüge über Erkenntnis und guten Rat.
> Jahve fürchten heißt das Böse hassen...

Für die Angehörigen der jüdischen Gemeinde war Weisheit keine abstrakte Idee, sondern eine konkrete Gestalt, die gleich einem Propheten auftrat und den Willen Jahves verkündete; sie lehrte die »Furcht Jahves«, die als der Anfang oder das »Prinzip« aller Erkenntnis erschien. In der Begegnung mit dem Hellenismus stellten sich dem Judentum die Gedankengebilde der griechischen Philosophie als unfundiert und unwirklich, die konkrete Willensoffenbarung Jahves dagegen als lebendige Wirklichkeit dar. Die »Weisheit« wurde in den Kreis der Offenbarungsbekundungen des Alten Testaments als ein die Wahrheit vermittelndes und vertretendes geistiges Gefüge hineingeholt, sie wurde zu einem Organ und Medium jener Botschaft, die von Gott selbst ausging. Sie lehrte nicht tugendhaftes Streben oder Selbstverwirklichung menschlicher Existenz, sondern die »Furcht Gottes«, anders ausgedrückt: gehorsames Leben unter den Geboten und unter der Präsenz des heiligen Herrn. Der Konflikt dieser Glaubenswelt mit hellenistischen Haltungen war nicht nur in der Ebene der Ideen unausweichlich.

Antiochos III. hatte der Jerusalemer Kultgemeinde so weitreichende Privilegien eingeräumt, daß zunächst keine Anzeichen einen kommenden Zusammenstoß erahnen ließen. Aber Antiochos starb 187 v. Chr. wenige Jahre nach dem Sieg der Römer und hinterließ dem nördlichen Diadochenreich schwere Tributlasten. Sein ältester Sohn Seleukos IV. konnte der Schwierigkeiten nicht Herr werden und wurde nach achtjähriger Herrschaft auf dem Höhepunkt schwerer Thronwirren ermordet. Die Nachfolge fiel 175 an seinen Bruder Antiochos IV. Epiphanes, dem es zuvörderst um die Stabilisierung seiner Herrschaftsordnung ging, wozu einmal die skrupelloseste Beschaffung der fehlenden Geldmittel, zum andern die Zerschlagung aller organisierten Gebilde gehörte, von denen Widerstand ausgehen konnte. Beides mündete in einen langwierigen gewaltsamen und blutigen Konflikt mit der jüdischen Kultgemeinde, über den die beiden Makkabäerbücher ausführlich berichten. Die Chronik umspannt die Zeit von 175 bis 134 v. Chr. und vermittelt auch eine Vorstellung von den Hintergründen des folgenschweren Zusammenpralls.

Den latenten Gegensatz hatten Spannungen innerhalb der Kultgemeinde selbst zum Durchbruch gebracht. Auch in die Bereiche der jüdischen Kultgemeinde war langsam das fremde Wesen des Hellenismus eingesickert, wobei möglicherweise Wallfahrer aus der Diaspora zur Ausbreitung griechischer Ideen und des griechischen Lebensstils beitrugen. Es entstanden feindliche Parteien, von denen die eine für umfassende Modernisierung, die andere für unbeirrte Gesetzestreue eintrat. Aus dem Widerstreit der Ideen erwuchsen Kämpfe um Machtpositionen, namentlich schwere Auseinandersetzungen um das Amt des Hohenpriesters. Unter Seleukos IV. hatten die argsten Zusammenstöße noch vermieden werden können, da sich der Hohepriester Onias, ein gesetzestreuer Frommer, der Gunst des Königs erfreute, so daß der Versuch, ihn mit Verleumdungen zu Fall zu bringen, scheiterte. Als aber Antiochos IV. den Thron bestieg, glaubten die »Modernisten«, weiter vorstoßen zu können. Ihrem Kandidaten Jason gelang es, mit Geldgeschenken und der Zusicherung einer radikalen Hellenisierung Jerusalems den neuen König auf seine Seite zu bringen. Onias wurde abgesetzt und Jason zum Hohenpriester ernannt. Jason war es wohl auch, der in Jerusalem ein Gymnasium nach griechischem Vorbild ins Leben rief und damit der hellenistischen Infiltration den Weg ebnete. Der Eingriff des Königs in die Selbstverwaltung der Kultgemeinde und der demonstrative Modernisierungsakt der Gymnasiumsgründung riefen allseitige Empörung hervor. Ob es Antiochos nicht eher gelungen wäre, das strategisch wichtige, an das Ptolemäerreich grenzende Südpalästina mit dem Seleukidenstaat geistig und politisch zusammenzuschmieden, wenn er sich konsequent an die »Modernisten« gehalten hätte, muß dahingestellt bleiben. Seine Geldnot – oder Geldgier – gab den Ausschlag: als drei Jahre nach Jasons Ernennung ein anderer Priester, Menelaos, ein höheres Gebot machte, zögerte der König nicht, Jason zu entlassen und das Hohepriesteramt dem zahlungskräftigeren Bewerber zuzuschanzen.

Die höchste Würde der Kultgemeinde war käuflich geworden. Aber außer Bestechung gab es auch noch das Mittel der nackten Gewalt. Als 165 das Gerücht umlief, Antiochos IV. sei bei einem Feldzug ums Leben gekommen, vertrieb Jason den Menelaos mit Waffengewalt und machte sich selbst wieder zum Oberhaupt der Gemeinde. Antiochos war jedoch keineswegs tot und konnte dem zahlungswilligen Menelaos zu Hilfe kommen. Wieder wurden Soldaten in Bewegung gesetzt und der vertriebene Hohepriester zurückgebracht. Jason floh ins Ostjordanland.

Polybios, der zeitgenössische griechische Historiker, erzählt in seinen Annalen, Antiochos IV. habe in dem Ruf gestanden, mit Vorliebe Heiligtümer zu berauben: wo er unantastbare Schätze vermutete, da zog es ihn hin. Die Wiedereinsetzung des Menelaos war für ihn eine gute Gelegenheit, die erste Plünderung des Jerusalemer Heiligtums vorzunehmen; er ging in den Tempel und ließ die wertvollen Verzierungen und Kultschätze fortschleppen. Die Schändung des Heiligtums, die schon darin lag, daß der heidnische König es betrat, erregte die gesetzestreuen Jerusalemer aufs äußerste. Überall loderten die Flammen der Feindschaft gegen den greulichen Herrscher empor; der Haß entlud sich in einem spontanen Aufruhr. Antiochos nahm sich die Zeit, einen Ägypten-Feldzug zu Ende zu führen, ließ seine Truppen aber gleich danach über Jerusalem herfallen. Die ganze Stadt wurde ausgeplündert, die Häuser wurden verbrannt; zum Abschluß ließ der König die Stadtmauern schleifen. Frauen und Kinder wurden als Sklaven verschleppt, viele Menschen getötet, viele so in Schrecken versetzt, daß sie in die Wüste flohen. Jerusalem war ein Trümmerfeld. Die Chronik des Makkabäerkampfes (1. Makkabäer 1,37 ff.) hat das Klagelied verewigt:

> Sie vergossen unschuldiges Blut rings um den Tempel
> und schändeten das Heiligtum.
> Es flohen ihretwegen die Bewohner Jerusalems,
> und die Stadt wurde zur Behausung für Fremde.
> Fremd ward sie ihren Kindern,
> und ihre Söhne verließen sie.
> Ihr Heiligtum ward verödet wie eine Wüste,
> ihre Feste wandelten sich in Trauer,
> ihre Sabbate in Beschimpfung, ihre Ehre in Schmach.
> So groß wie einst ihre Herrlichkeit war jetzt die Entehrung,
> und ihre Hoheit verwandelte sich in Leid.

Die »Behausung für Fremde« war der Epilog zur Zerstörung der Stadt: Antiochos ließ – wahrscheinlich auf dem Südosthügel, also auf dem Bergrücken südlich des Jerusalemer Heiligtums – eine »Akra« genannte befestigte Anlage errichten, ein von Ringmauern umgebenes Stadtgelände, in dem unter dem Schutz einer Wachtruppe »Hellenisten« angesiedelt wurden. Das war die neue, hellenistisch verwaltete und organisierte Polis, in der die gesetzestreuen Jerusalemer kein Wohnrecht hatten. Sie diente dem Schutz der seleukidenfreundlichen Hellenisten, gegen die sich der Aufstand des Volkes in erster Linie gerichtet hatte. Die bevorzugte Behandlung der Staatsfreunde ging Hand in Hand mit der totalen Unterdrückung der Religion, die die Frommen zusammengehalten und inspiriert hatte. Alle kultischen Akte wurden ohne Ausnahme verboten. Weder durften Opfer dargebracht noch der Sabbat gefeiert werden. Die Beschneidung wurde untersagt. Die heiligen Schriften, deren man habhaft werden konnte, wurden vernichtet. Auf die Ausübung von Kultakten, die mit den Ordnungen der Jerusalemer Gemeinde zusammenhingen, stand die Todesstrafe. Dafür wurde im heiligen Bereich ein fremder Kult eingeführt: der König ließ in Jerusalem ein Abbild des Zeus Olympios aufstellen. Die Makkabäerchronik (2. Makkabäer 6,1 ff.) berichtet: »Nicht lange darauf sandte der König einen alten Athener, der die

Juden zwingen sollte, von den väterlichen Gesetzen abzufallen und nicht mehr nach den Geboten Gottes zu leben; auch sollte er den Tempel in Jerusalem entweihen und ihn nach dem olympischen Zeus benennen und den auf dem Garizim nach dem Zeus Xenios, wie es der Art der Bewohner des Ostens entsprach. Dieser Ansturm der Bosheit war selbst für die große Menge schwer und unerträglich. Denn der Tempel war mit Schwelgerei und Gelagen erfüllt durch die Heiden, die mit Buhlerinnen scherzten und in den heiligen Vorhöfen Weibern beiwohnten und noch dazu mancherlei Unziemliches hineinbrachten. Der Altar war voll von ungebührlichen Dingen, die von den Gesetzen verboten waren; und es war weder möglich, den Sabbat zu halten noch die väterlichen Feste zu begehen noch überhaupt sich als Juden zu bekennen.« Dem Heiligtum auf dem Garizim war es nicht anders ergangen als dem in Jerusalem; es geschah alles, was zur Ausrottung des Glaubens Israels beitragen konnte.

Das alles – eine apokalyptische Trostschrift (Daniel 7–12) spricht vom »Greuel der Verwüstung« – ereignete sich im Dezember 167. Auch auf dem Lande wurden heidnische Altäre errichtet. Die Regierung setzte Kommissare mit dem Sonderauftrag ein, die Ausübung der jüdischen Religion sofort mit dem Tode zu bestrafen und dem heidnischen Kult Ansehen und Geltung zu verschaffen.

Der Widerstand der Gesetzestreuen ließ nicht lange auf sich warten. In aller Heimlichkeit wurde ein Ersatzheiligtum in Mizpa gegründet, wo Priestergewänder und heilige Schriften in Sicherheit gebracht worden waren. Die früher an den Tempel zu leistenden Abgaben sollten ohne Verzug nach Mizpa gebracht werden. Ebenfalls in Mizpa wurden geheime Versammlungen abgehalten. Mit ungestümer Gewalt brach ein erbitterter Glaubenskrieg aus. Plötzlich wurde das in der Jerusalemer Kultgemeinde lebendige geistige Potential sichtbar. In einer Bekenntnistreue, die den Tod nicht scheute, kämpften die Frommen gegen einen übermächtigen Feind. Die apokalyptische Trostschrift des Buches Daniel zeigte den religiösen Hintergrund: Gottesreich und Weltreich standen einander gegenüber. Im Bewußtsein der Bekenner ging es um den Endkampf gegen die widergöttliche Gewalt eines vergehenden Äons.

## *Aufstieg und Niedergang der Hasmonäerkönige*

Im beginnenden Glaubenskampf profitierten die Bekenner von der bedrohlichen Lage des Seleukidenreiches, das Antiochos IV. nur mit knapper Not zusammenhalten konnte. Gegen ihn hatten sich die Parther erhoben, die er ständig abwehren mußte, und von Rom drohte eine Gefahr, die sich in ihren Konsequenzen weder übersehen noch berechnen ließ. Antiochos fehlten die militärischen und organisatorischen Mittel, den Staat zu sichern und die Rebellion in Südpalästina in einer konzentrischen Aktion niederzuschlagen. Der Aufstand begann 166 v. Chr. in dem Ort Modeïn, ausgelöst von einigen mutigen Männern, die in der Geschichte nach einem priesterlichen Ahnherrn Hasmon »das Hasmonäergeschlecht« genannt worden sind. Der greise Mattathias, Haupt der tapferen Sippe, verweigerte einem seleukidischen Kommissar, der die Darbringung heidnischer Opfer angeordnet hatte, den Gehorsam und erschlug in heiligem Zorn nicht nur einen Israeliten, der dem Befehl gefolgt war, sondern auch den seleukidischen Vollzugsbeamten. Das war gleichsam das Signal, das allenthalben zum offenen Widerstand aufrief. Zwar mußten die Wagemutigen in die Berge fliehen, um den Strafexekutionen zu entgehen, aber rasch sammelte sich in den unzugänglichen Gebirgsverstecken der Wüste Juda eine Kämpferschar, die von Tag zu Tag anwuchs und bald die ersten Ausfälle und kleineren Kämpfe wagen konnte. Dann kamen auch Überfälle auf größere Ortschaften: heidnische Altäre wurden zerstört, abtrünnige Israeliten getötet. Indessen machten sich die alarmierten Besatzungstruppen die Tatsache zunutze, daß sich die Männer um Mattathias streng an die Sabbatvorschriften hielten. Die Soldaten stellten den Rebellen nach, die am geheiligten Tag keine Waffe in die Hand nahmen; erst ein Sondererlaß lockerte das Sabbatgebot für die Abwehr von Angriffen. Als die erste große militärische Auseinandersetzung bevorstand, starb Mattathias; an seine Stelle trat als Führer sein Sohn Judas, dem man den Beinamen Makkabäus (*makkab*, Hammer) gab.

Unter Judas kam es zur ersten Kampfaktion größeren Stils. Eine seleukidische Truppe unter der Führung des Feldhauptmanns Apollonius wurde geschlagen, der Feldhauptmann fiel. Sofort wurde von den Seleukiden ein größeres Heer unter Seron in die Schlacht geführt, aber auch diesmal blieb Judas siegreich: die Seleukiden wurden bei Beth-Horon geschlagen und bis ins Küstengelände verfolgt. Antiochos konnte sich um die Ereignisse in Palästina nicht selbst kümmern, da er gegen die Parther kämpfte; der Reichsverweser Lysias sah die Lage als so ernst an, daß er eine starke Streitmacht aufstellte, die der Truppe des Judas 163 bei Emmaus, südlich von Beth-Horon, entgegentrat. Den Makkabäern kam ihre genaue Ortskenntnis zugute: sie schlugen das zahlenmäßig überlegene Heer aus dem Hinterhalt, und die Seleukiden mußten sich vorerst zurückziehen. Diese günstige Gelegenheit ergriff Judas, um seine Truppe nach Jerusalem zu führen. Ohne sich um die Akra-Befestigungen zu kümmern, machte er sich sogleich daran, die heilige Stätte zu erneuern. Die heidnischen Kultembleme und Greuel wurden beseitigt, und die gesetzestreue Priesterschaft konnte schon nach kurzer Zeit in den Tempelbereich einziehen. Zum Schutz gegen Ausfälle aus der Akra und sonstige Angreifer ließ Judas den heiligen Bezirk mit einer Festungsmauer umgeben und von einer ständigen Wachmannschaft besetzen. Im Dezember 164 wurde in einem feierlichen Akt der gereinigte Tempel eingeweiht. Trotz der Nähe der von seleukidischen Soldaten und hellenistischen Juden besetzten Festung wurde der Kultus der Jerusalemer Gemeinde wiederaufgenommen.

Bei einem Feldzug gegen die Parther starb Antiochos IV. im Frühjahr 163. Da der Thronfolger Antiochos V. erst acht Jahre alt war, mußte der Reichsverweser Lysias die Regierungsgeschäfte leiten. Noch immer war Palästina ein Herd der Unruhe. In Jerusalem blieb alles in der Schwebe. Die Akra hielt stand. Die Edikte Antiochos' IV., die den jüdischen Kult bei Todesstrafe verboten, waren nicht widerrufen. Nach wie vor herrschten die Seleukiden, auch wenn Judas 163 ungehindert Feldzüge in Galiläa und im Ostjordanland führen konnte. Judas' Bruder Simon stieß über den Jordan vor und stellte mit den seleukidenfeindlichen Nabatäern einen Kontakt her. Judas fiel in edomitisches Gebiet ein und belagerte und zerstörte Hebron. Offensichtlich versuchte Judas nach dem Tode Antiochos' IV., sich auch politisch Ellenbogenfreiheit zu schaffen. Er tastete allerdings einen Lebensnerv des Seleukidenreichs an, als er sich schließlich entschloß, die Akra zu belagern. Vom Süden her rückte Lysias mit einem großen Entsatzheer heran und nahm unterwegs die von Judas ausgebaute Festung Beth-Zur ein. Die Makkabäer mußten im befestigten Heiligtum von Jerusalem eine Abwehrposition beziehen, die nicht übermäßig stark war. Aber wieder kam ihnen die Schwäche des Seleukidenreiches zugute. Lysias geriet in Schwierigkeiten, die ihn zwangen, den Krieg in Palästina so schnell wie möglich zu beenden. Unter Zusicherung freier Religionsausübung im Jerusalemer Heiligtum bot er daher den Belagerten den Frieden an, den sie wohl oder übel annehmen mußten. Bevor Lysias abzog, ließ er jedoch entgegen allen Abmachungen die Jerusalemer Festungsmauern schleifen: auf keinen Fall sollte Jerusalem zu einem politisch wichtigen Machtfaktor werden.

Eigentlich war das Ziel der makkabäischen Erhebung erreicht. Aber neue Streitigkeiten erwuchsen aus weiteren Eingriffen der Seleukiden. Der von ihnen ernannte Hohepriester Alkimus bemühte sich zwar zunächst um allgemeine Befriedung und forderte auch Judas auf, allen kriegerischen Unternehmungen zu entsagen; als sich aber herausstellte, daß Judas mit Religionsfreiheit nicht zufrieden war und politische Unabhängigkeit wollte, sah sich Alkimus bedroht und rief seleukidische Truppen zu Hilfe. Eine Lawine war ins Rollen gekommen, die niemand mehr aufhalten konnte.

Ein großes Heer unter dem Feldherrn Nikanor trat nun gegen Judas an, zog aber in zwei Schlachten den kürzeren. Bei Adasa, wenige Kilometer nördlich von Jerusalem, wurden die Seleukiden entscheidend geschlagen; Nikanor fiel. Doch seit die Römer ihre Gunst den Ptolemäern zugewandt hatten, wußte man am Seleukidenhof sehr genau, was in Palästina auf dem Spiel stand. Wieder zog 160 ein Heer gegen Judas. Diesmal wurde seine Truppe geschlagen; er selbst kam im Kampf ums Leben. Die zersprengten makkabäischen Scharen flohen in die Wüste und sammelten sich dort unter Führung Jonathans, des jüngsten Bruders Judas', von neuem. Es fing wieder mit kleineren Überfällen an, nach denen man sich blitzschnell ins unwegsame Gebirge zurückzog. Inzwischen hatten sich die inneren Schwierigkeiten des Seleukidenreichs, die auch noch durch Thronwirren kompliziert wurden, so verschärft, daß gegen Jonathan kaum noch etwas unternommen wurde. So konnte er sich zwölf Kilometer von Jerusalem entfernt in Michmas niederlassen und dort nach dem Vorbild der »Richter in Israel« Gericht halten. Unverkennbar strebten die Makkabäer eine Wiederherstellung des alten Israels an – womöglich mit vermehrter Macht –, und sie spielten mit hohen Einsätzen.

Als Jonathan merkte, daß nichts erfolgte, wagte er sich noch einen Schritt weiter vor. Er zog mit seinen Leuten nach Jerusalem, befestigte den Tempelbezirk und bedrohte die Akra. Damit hatte er sich im Spiel der Kräfte einen hohen Trumpf gesichert. Alexander Balas, der neue Thronprätendent des Seleukidenreiches, trat mit ihm in Verbindung, einigte sich mit ihm und machte ihn zum Hohenpriester. Zum Herbstfest des Jahres 152 wurde Jonathan feierlich in sein neues Amt eingeführt. Er war zwar Hasmonäer, nicht Sadokide, gehörte also nicht zu dem nach den kultischen Amtstraditionen privilegierten Priestergeschlecht, aber dennoch gab es niemanden, der seine Position hätte anfechten können. Zu seinem Amtsantritt übersandte ihm Alexander Balas sogar einen Purpurmantel und eine goldene Krone: die Attribute der weltlichen Herrschaft. Gewiß unterstand Jonathan dem, der ihm die großen Vorrechte eingeräumt hatte, aber in der politischen Ebene war er jetzt selbst ein einflußreicher Herrscher. Daß er auch später konsequent zu dem umstrittenen Alexander Balas hielt, brachte ihm reichen Lohn ein.

Das Seleukidenreich machte eine turbulente Zeit durch. Die Frage der Thronnachfolge war nach wie vor ungelöst. Alexander Balas mußte sich gegen die vielleicht legitimen Ansprüche Demetrios' I. durchsetzen und konnte jede Unterstützung gut gebrauchen. Er rechnete fest mit Jonathan, der sich in der Krisenzeit als getreuer Verbündeter des Thronprätendenten erwies. Der jüdische Hohepriester, Unterkönig und Feldherr führte Kriege für Alexander Balas und baute mit der Beute, die ihm zufiel, das eigene Herrschaftsgebiet aus. Unterdes wurde die Lage immer konfuser. Die Streitigkeiten um den Seleukidenthron waren den Ptolemäern ein willkommener Anlaß, nach langer Zeit wieder im trüben Palästina-Wasser zu fischen.

Ptolemaios VI. brach ins Land ein, zog nach Jerusalem und belagerte die Akra, das Machtsymbol der Seleukidenherrschaft. Eine unerwartete Entscheidung brachte das Jahr 145: Alexander Balas erlitt eine schwere Niederlage, die ihn endgültig von der Bühne abtreten ließ, und Ptolemaios VI. starb während eines seiner Palästina-Feldzüge. Nun konnte sich Demetrios II. Nikator in Antiocheia durchsetzen und wirklich König werden. Jonathan, der treue Gefolgsmann des Alexander Balas, mußte sich vor dem neuen Herrscher verantworten. Erstaunlicherweise gelang es dem diplomatischen und wendigen Judäer, den zornigen Demetrios freundlich zu stimmen; wahrscheinlich hatte sein Erfolg damit zu tun, daß er sich gleich nach dem Untergang des Alexander Balas für Demetrios entschieden und auf militärische Kraftproben zugunsten diplomatischer Mittel verzichtet hatte. Er erlangte nicht nur eine allgemein freundliche Haltung des neuen Königs, sondern auch konkrete neue Privilegien: die Judäer wurden von Abgaben befreit, und die südlichen Teile der Provinz Samaria, die zur Jerusalemer Kultgemeinde hielten, wurden Juda zugeschlagen. Nicht minder als sein besiegter Rivale war auch Demetrios darauf angewiesen, in dem von innen und außen bedrohten Staatsgebilde möglichst viele Freunde zu gewinnen.

Aber Jonathan überspannte den Bogen: er arbeitete unablässig auf das Ziel der staatlichen Selbständigkeit hin und forderte sogar die Beseitigung der Seleukidenburg in Jerusalem. So weit konnte Demetrios nicht gehen. Während dieser Konflikt ausgetragen wurde, bekam es Demetrios mit einem neuen Gegner zu tun: als Anwalt eines noch unmündigen Sohnes des Alexander Balas machte ihm Diodotos Tryphon den Thron streitig, theoretisch im Namen des unmündigen Kindes, praktisch im eigenen Interesse. Für diesen Tryphon setzte sich nun Jonathan ein, um einen Verbündeten gegen Demetrios zu gewinnen, und während Demetrios und Tryphon miteinander kämpften, benutzte er die Gelegenheit, ganz Palästina unter seine Gewalt zu bringen. Zur Sicherheit verhandelte er auch mit Römern und Spartanern, vermutlich berief er sich auf seinen wirksamen Beitrag zur Schwächung des Seleukidenreiches. Das Gebiet, das er erobert hatte, schirmte er mit Festungen ab; er verstärkte die Mauern von Jerusalem und isolierte die Akra. Dieser große Machtzuwachs war zuviel für Diodotos Tryphon; er lockte Jonathan unter diplomatischen Vorwänden zu sich, nahm ihn gefangen und ließ ihn im Jahre 143 umbringen.

Indes hatte die Hasmonäerherrschaft in Palästina bereits so tiefe Wurzeln geschlagen, daß die Ermordung Jonathans keine weitreichenden Folgen hatte. An die Stelle Jonathans trat der ältere Bruder, Simon, der in den Kampfzeiten der Makkabäer eine Aktion im Ostjordanland geleitet hatte. Simon schlug sich auf die Seite Demetrios' II., der im Kampf mit Tryphon dringend Bundesgenossen brauchte. Die von Jonathan erwirkten Vorrechte wurden zum Teil bestätigt, aber in Wirklichkeit hatte Demetrios nicht die Macht, seine Oberhoheit überhaupt geltend zu machen. Faktisch beherrschte Simon Palästina von Jerusalem aus als selbständiger Regent.

Durch geheime Verhandlungen mit Rom und Sparta ermutigt, begründete Simon dann auch in aller Form ein unabhängiges hasmonäisches Königtum. In Urkunden und Verträgen werden Zeitangaben auf die Regierungszeit des judäischen Herrschers bezogen; die Titulierung, die Simon für sich in Anspruch nahm, war »Erhabener Hoherpriester, Feldherr und Fürst der Judäer«. Die politische Führungsstellung Jerusalems wurde mit weiteren Eroberungskriegen in Palästina demonstriert. Vor allem belagerte und eroberte Simon 141 die Akra, die Seleukidenburg in Jerusalem. Das Festungsgelände wurde mit Judäern besiedelt und der Tempelbezirk erneut gegen alle feindlichen Zugriffe geschützt. In der Makkabäerchronik (1. Makkabäer 14,4) kann man lesen: »Das Land Juda hatte Ruhe, solange Simon lebte. Er war auf das Wohl seines Volkes bedacht, und das Volk war allezeit stolz auf seine Macht und sein Ansehen.« Simon glückte sogar die Eroberung des Seehafens Joppe, womit dem Lande der Anschluß an den Überseehandel ermöglicht wurde. Natürlich war die unabhängige Herrschaft der hasmonäischen Fürsten nur möglich, weil das Seleukidenreich von einer Krise in die andere stolperte und in Palästina nicht eingreifen konnte. Jedesmal wenn die Auseinandersetzungen in Syrien weitere Kreise zogen, geriet auch der Jerusalemer Herrscher in Bedrängnis. Einen dieser übergreifenden Konflikte erlebte noch der greise Simon; es gelang ihm jedoch, die feindlichen Truppen aus seinem Herrschaftsbereich hinauszuwerfen. Ein Lied aus der Makkabäerchronik (1. Makkabäer 14,6ff.) vermittelt eine Vorstellung von der Hochstimmung, die in der Ära des großen Simon im Lande herrschte:

> Er erweiterte seinem Volk die Grenzen,
> und im Lande war er Herr.
> Er brachte viele Gefangene heim
> und gewann die Herrschaft
> zu Geser, zu Beth-Zur und auf der Akra...
> Sie durften in Frieden ihr Land bebauen;
> das Erdreich gab seinen Ertrag,
> die Bäume des Feldes ihre Frucht...
> Er schaffte Frieden im Lande,
> und Israel war hocherfreut.
> Jeder saß unter seinem Weinstock und Feigenbaum,
> und keiner war, der ihn aufschreckte.
> Niemand bekriegte sie mehr auf Erden,
> denn die Könige waren niedergeworfen zu jener Zeit.
> Alle Unterdrückten in seinem Volk richtete er auf;
> streng hielt er auf das Gesetz
> und vertilgte jeden Abtrünnigen und Bösen...

Eine Kolumne aus der Jesaja-Rolle
Kap. 59, 17 bis Kap. 61, 4 aus den Funden in Qumran am Toten Meer

Das Triumphtor in Gerasa, 2. Jahrhundert

Die Zeit des Friedens ging jedoch jäh zu Ende. Im Jahre 134 fiel Simon dem Attentat seines ehrgeizigen Schwiegersohnes Ptolemäus zum Opfer. Rechtmäßiger Nachfolger Simons war sein Sohn Johannes, den Ptolemäus mit Waffengewalt zu beseitigen suchte. Rechtzeitig gewarnt, trat Johannes dem Mörder entgegen, schlug ihn in die Flucht und übernahm die Ämter des Vaters unter dem Namen Johannes Hyrkanus I. Mittlerweile war der Streit um den Seleukidenthron beigelegt worden, und sofort ging der Sieger, Antiochos VII. Sidetes, daran, die Selbständigkeit der in Palästina führenden Provinz Juda zunichte zu machen. Mit einem großen Heer rückte der König aus Syrien heran, schloß Johannes Hyrkanus ein und belagerte die Stadt. Es ist schon fast grotesk, zu sagen, daß auch hier wieder der Jerusalemer Herrscher dadurch gerettet wurde, daß die Parther den Seleukidenstaat schwer bedrängten. Antiochos VII. mußte Verhandlungen aufnehmen, und Jerusalem kam verhältnismäßig glimpflich davon; allerdings mußten alle Waffen abgegeben und Geiseln gestellt werden. Antiochos VII. kam 128 im Krieg mit den Parthern um, und daraus entwickelte sich eine neue Serie von Kämpfen und Wirren in Syrien. Juda konnte sich erholen und beim Programm der politischen Selbständigkeit bleiben. In der Atmosphäre der echten oder vermeintlichen Unabhängigkeit kamen aus dem Dunkel der Vergangenheit die Bilder der ersten Königszeit wieder empor.

Wie einst Josia von der Wiedergeburt des Davidsreiches geträumt hatte, so schwebte jetzt den Hasmonäern ein messianisches Leitbild vor, das für sie die Ziele einer umfassenden nationalen und staatlichen Regeneration Israels bestimmte. Aber die Fundamente des hasmonäischen Königtums waren schwankend und brüchig, und überall – innen wie außen – türmten sich ständig unüberwindliche Widerstände auf. In Jerusalem stellte sich jeder politischen Aktivität die Opposition der Frommen, namentlich der Pharisäer, entgegen. Im Gefolge der tiefgreifenden Wandlungen des religiösen Lebens, die Israel im Exil und unmittelbar nach dem Exil erlebt hatte, hatte sich das Schwergewicht immer mehr vom Politischen zum Geistigen verlagert. Die Jerusalemer Kultgemeinde der nachexilischen Zeit hatte sich längst damit abgefunden, daß sich ihre religiöse Kraft und Autorität unter der Oberhoheit einer fremden Macht bewähren mußte. Für die Frommen waren daher Krieg und Politik ein Rückfall, eine verhängnisvolle Restauration, die Preisgabe der eigentlichen Mission Israels unter dem Gesetz Gottes. An solchen Widerständen gegen ihren »Aktivismus« konnten die Hasmonäer nicht vorbeigehen; anderseits war die große politische Arena, in der sich Juda aktiv zu zeigen trachtete, voller Spannungen und Krafteruptionen, denen die Jerusalemer Fürsten mit ihren beschränkten Machtmitteln nicht gewachsen waren.

Angesichts der Thronwirren im Seleukidenreich führte Johannes Hyrkanus I. zunächst dieselben demonstrativen Eroberungskriege, mit denen Jonathan und Simon Macht und Prestige erworben hatten. Auf längere Sicht wichtig war unter diesen Aktionen der Überfall auf Samaria, bei dem Johannes die Kultstätte auf dem Garizim zerstörte. Im übrigen war seine Herrschaft ganz auf äußere Machtentfaltung gerichtet; so nahm er auch das Münzrecht für sich in Anspruch und demonstrierte damit seine volle Unabhängigkeit.

Wieviel Korruption und Gewalttätigkeit in Jerusalem aufgespeichert war, kam zum Vorschein, als Johannes Hyrkanus I. 104 starb. Er hatte bestimmt, daß seine Frau die

Regierung übernehmen sollte. Aber sein ältester Sohn Aristobulos bemächtigte sich des Staates, ließ die Mutter im Gefängnis verhungern und warf auch seine Brüder in den Kerker. Mit Mord und List erreichte Aristobulos, was er wollte, ließ sich König nennen und trug das Königsdiadem, starb aber schon im folgenden Jahr. Den Thron erbte seine Frau Salome Alexandra, die jedoch die Schwäger befreite und einen von ihnen, Alexander Jannäus, den sie dann auch bald heiratete, zum König machte. Knapp vierzig Jahre nach der offiziellen Staatsgründung, keine fünfundsechzig Jahre nach dem Beginn des Makkabäerkampfes, zeigte die Hasmonäerdynastie bereits sichtliche Verfallserscheinungen.

Alexander führte ein ausschweifendes Leben, verbreitete Krieg und Terror im Lande und versuchte, sein Gebiet im Osten auszuweiten. Dort aber stieß er auf die Nabatäer und konnte sich nur mit Mühe vor ihrer Empörung retten. Nach seinem Tod (76 v. Chr.) scheint Salome Alexandra die Königsmacht wieder übernommen zu haben. Da sie die Funktionen des Hohenpriesters nicht verrichten konnte, fiel dies Amt an ihren Sohn Johannes Hyrkanus II. Die Königin verstand es offenbar mit ungewöhnlichem Geschick, die inneren Zwistigkeiten in Jerusalem zu überbrücken und für einige Jahre geordnete Zustände herbeizuführen. Mit ihrem Tode war es damit wieder vorbei. Die Regierung konnte Johannes Hyrkanus II. zwar antreten, aber schon nach kurzer Zeit wurde er von einem tatkräftigen jüngeren Bruder Aristobulos II. angegriffen und in Jerusalem eingeschlossen. Hyrkanus, dem an Regierungsgeschäften nicht viel lag, verzichtete zugunsten des Bruders auf sämtliche Ämter und zog sich zurück. Da tauchte ein neuer Machtfaktor auf. In Idumäa, dem edomitischen Provinzialgebiet, amtierte ein gewisser Antipas als Statthalter. Sein Sohn, der ebenfalls Antipas hieß, stellte sich auf die Seite des verdrängten Johannes Hyrkanus und rief die Nabatäer zu Hilfe, womit dieses Volk, das mit den Seleukiden vorher schon im Streit gelegen hatte, als einflußreiche Macht den politischen Schauplatz Palästinas betrat. Der Nabatäerkönig, der Johannes Hyrkanus II. in seiner Hauptstadt Petra Asyl gewährt hatte, erschien vor den Toren Jerusalems und belagerte die Festung. Die endgültige Klärung kam von einer ganz anderen Seite. Im Jahre 65 v. Chr. entschlossen sich die Römer zum aktiven Eingriff in die verworrenen Verhältnisse des Vorderen Orients. Mit dem Königsstreit in Palästina befaßt, entschied sich der römische Feldherr Aemilius Scaurus für den aktiveren Aristobulos, der in Jerusalem nunmehr unter römischem Schutz auftreten konnte. Die Situation war von Grund auf verändert: künftighin konnte sich in Palästina nur durchsetzen, wer mit der neuen Macht im Bunde stand.

## *Römerherrschaft*

Das bewegte geistige und religiöse Leben im letzten Jahrhundert vor der Zeitenwende ist nicht einfach zu erfassen. In Palästina standen die verschiedensten Gruppen nebeneinander. Das Hauptthema aller religiösen Lebensäußerungen war nach wie vor die Forderung nach treuer Befolgung des Gesetzes Gottes. Die Pharisäer schlossen sich zusammen, um in strenger Absonderung von allen unheiligen Geschäften den Gehorsam zu erfüllen; sie zogen einen »Zaun um das Gesetz«, schufen Präventivordnungen, um die richtige Einstellung zu den eigentlichen Forderungen der Gottesgebote von Fall zu Fall zu finden. In vorbehaltloser Hingabe stellten sie ihr Leben in den Dienst ihres Gottes; sie kannten keinen Kompromiß, kannten keine Angleichung an die unvermeidlichen Situationen des Alltags; ihre Treue war beispiellos.

Es gab aber auch anderes. Von gewaltiger Kraft war in den zwei letzten vorchristlichen Jahrhunderten die apokalyptische Botschaft, ein Ausläufer der prophetischen Aussage, vom Gericht und Ende, vom Anbruch des Heils und vom Kommen der Gottesherrschaft. War in der Botschaft der Propheten diese Ankündigung noch geschichtsbezogen, so wandelte sie sich nun, im Kraftfeld der Apokalyptik, zu einer dualistischen Lehre von den beiden einander in derselben geschichtlichen Zeit gegenüberstehenden Äonen: dem vergehenden Äon der diesseitigen Weltherrschaft, die nun endgültig zusammenbrechen müsse, und dem anbrechenden neuen Äon der Herrschaft Gottes über die gesamte Schöpfung. Die apokalyptische Lehre hatte die Verzweifelnden aufgerichtet, als Antiochos IV. die Jerusalemer Kultgemeinde auflöste; sie war auch in der Folgezeit ein tragendes Fundament des Glaubens. Daß das Ende der Zeiten unmittelbar bevorstehe, wurde in weitem Umkreis geglaubt. Aber wie sollte man sich auf die Endzeit rüsten?

Im Kreise der Gesetzesfrommen herrschte die Überzeugung, daß man auf die Gottesherrschaft ohne jede politische Aktivität warten müsse, nur in gehorsamer Befolgung des Gesetzes verharrend. Andere jedoch fühlten sich in den kritischen Zeiten dazu gerufen und auserwählt, mit dem Eingriff in die politischen Wirren einen Wandel einzuleiten; ihnen galt die nationale Selbständigkeit und Freiheit Israels gleichsam als der Raum, in den die zukünftige Gottesherrschaft eingehen müsse, wenn sie die ganze Schöpfung ergreifen und umfassen wolle. Dieser Raum mußte erobert und geschaffen werden. Zwischen diesen beiden Extremen gab es indes noch eine dritte Möglichkeit der religiösen Einstellung auf das kommende Ende: man bildete Konventikel und Sekten, um sich auf die nahende Gottesherrschaft vorzubereiten und das Leben für einen neuen Äon zu reinigen.

Bekannt ist vor allem die Gruppe der Essener, die mit Tauf- und Reinigungsriten hervortrat und ihre Mitglieder in einem straff gegliederten Orden zusammenschloß. Dank den überraschenden Funden in den Höhlen am Toten Meer hat die Forschung in der jüngsten Zeit von einer der religiösen Bewegungen der vorchristlichen Zeit nähere Kunde erhalten. Auf einer Mergelterrasse am Westufer des Toten Meeres, am Fuße des Gebirges Juda, lag die Klostersiedlung Qumran, die wahrscheinlich mit der Sekte der Essener im Zusammenhang stand. Ihren Charakter bestimmten strenge Ordnungen und ausgeprägtes Klosterleben. In der »Lebensordnung« der Qumran-Gemeinde findet sich folgender Passus: »Das sind die Gebote für die ganze Volksgemeinde mit Kindern und Frauen: Leben in der Ordnung der Gemeinde, Gott suchen mit ganzem Herzen und mit ganzer Seele, tun, was gut und recht vor ihm ist, wie er durch Moses und alle seine Diener, die Propheten, befohlen hat; alles lieben, was er erwählt hat, aber alles hassen, was er verworfen hat; sich fernhalten von allem Bösen, aber festhalten an allen guten Werken; Wahrheit, Gerechtigkeit und Recht im Lande üben, aber nicht länger im Starrsinn eines schuldbeladenen Herzens und lüsterner Augen wandeln, daß man jegliches Böse tue; alle, die willig sind, Gottes Gebote zu erfüllen, in den Bund der Treue zu bringen, um in Gottes Ratschluß zusammengeschlossen zu sein;

fromm vor ihm zu wandeln gemäß allen Offenbarungen ihrer Zeugenversammlungen; alle Kinder des Lichtes lieben, jeden nach seinem Los in Gottes Ratschluß, aber alle Kinder der Finsternis hassen, jeden nach seinem Schuldanteil an Gottes Rache.« Die in Qumran versammelten Ordensmitglieder hatten sich zu einer Gemeinschaft zusammengeschlossen, die Gott den »Bund der Treue« schwur. Die heiligen Schriften wurden sorgfältig überliefert, gelehrt und gelernt. Die Menschheit wurde als in zwei Lager zerfallen gesehen: die unter Gottes Geboten dem neuen Äon der Gottesherrschaft entgegeneilenden und in einem ritterlich religiösen Kampf die Beschwerden der Zeit überwindenden »Kinder des Lichts« und die den Bräuchen und Zielen der vergehenden Welt verhafteten und Gottes Herrschaft leugnenden »Kinder der Finsternis«. Die dualistische Sicht war charakteristisch für die Ideen, die im Spannungsfeld der Apokalyptik und des Gesetzesgehorsams entstanden.

So intensiv die religiösen Erwartungen, Gehorsamsleistungen und apokalyptischen Hoffnungen im Schoße der Jerusalemer Kultgemeinde gewesen sein mögen, im Vordergrund standen die ernüchternden Tatsachen der politischen Entwicklung. Die römische Militärmacht war in Syrien eingedrungen und hatte alle Gewalt in ihrer Hand. Endlich sollte der korrupte Seleukidenstaat aufgelöst und eine bessere politische Ordnung an seine Stelle gerückt werden. Im Jahr 64 erschien Pompeius in Syrien und wurde sofort von den streitenden Parteien Palästinas bestürmt. Er entschied sich eindeutig im Sinne des Idumäers Antipas, der erneut für den zurückgesetzten Hyrkanus II. plädierte. Vergebens versuchte der von Aemilius Scaurus begünstigte Aristobulos die Entscheidung anzufechten; er mußte sich beugen, aber da er weiterhin ganz Palästina in Unruhe versetzte, wurde er von den Römern in Gewahrsam genommen. Für Jerusalem brach eine schwere Zeit an.

Von Aristobulos angestiftet, weigerten sich die Jerusalemer, den Römern die Tore der Stadt zu öffnen. Pompeius belagerte daraufhin die Stadt und stieß zum Schluß noch auf erbitterten Widerstand im befestigten Tempelbezirk. Als die Gegenwehr gebrochen war, richtete das eindringende Heer in Jerusalem ein grausiges Blutbad an. Pompeius betrat mit den hohen Heerführern das Allerheiligste, übergab jedoch nach kurzer Zeit die kultischen Vollmachten an Hyrkanus, der als Hoherpriester eingesetzt wurde, aber den Königstitel verlor. Aristobulos wurde nach Rom gebracht.

Nachdem Pompeius Syrien und Palästina mit dem römischen Heer durchzogen hatte, führte er eine neue politische Ordnung ein. Der ganze westliche Teil des Seleukidenreiches – Syrien und Palästina – wurde römische Provinz und erhielt die Bezeichnung »Syria«. Das Land wurde in Bezirke mit genau abgegrenzten Kompetenzen eingeteilt. In Palästina wurde das Gebiet der ehemaligen Provinz Juda mit den Landstrichen des mittleren und südlichen Jordanlandes Galiläa und Peräa zum Bezirk Judäa zusammengelegt; Pompeius respektierte die Kultprivilegien Jerusalems und vereinigte mit dem Kerngebiet Jerusalem und Juda die Landschaften, deren Bewohner zur Kultgemeinde hielten. Anderseits stellte er aber auch die von den Hasmonäern zunichte gemachten Rechte Samarias wieder her, so daß sich zwischen Jerusalem und Galiläa der Bezirk Samaria schob. Judäa wurde einem Provinzstatthalter unterstellt; von politischer Selbständigkeit war keine Rede mehr. Nur dem Hohenpriester Hyrkanus wurden als Oberhaupt der Kultgemeinde gewisse Rechte eingeräumt.

Kaum war diese Ordnung geschaffen worden, als sich schon wieder neue Unruhe verbreitete. Aristobulos und seine beiden Söhne unternahmen den Versuch, die Herrschaft in Jerusalem zurückzuerobern. Die Rebellion mißglückte, aber der ältere Sohn entfloh bereits vor dem Abtransport, und auch Aristobulos und der jüngere Sohn konnten später auf abenteuerliche Weise entkommen.

Eine neue Phase in der Geschichte der Provinz Syria begann mit dem Jahr 49. Im Westen setzte sich Caesar machtvoll durch; Pompeius mußte ausweichen und wurde 48 in Ägypten ermordet. Die beiden in Palästina führenden Männer Hyrkanus und Antipas zogen daraus die Konsequenzen und buhlten um die Gunst Caesars; sie konnten ihn für sich gewinnen, als die römischen Truppen in Ägypten in Schwierigkeiten gerieten. Antipas stellte sogar eine Hilfstruppe auf, entsandte sie nach Ägypten und unterstützte Caesar in seinen Kriegen. Natürlich waren hohe Gegenleistungen fällig: bei seiner Rückkehr nach Syrien im Jahre 47 beließ Caesar dem Hyrkanus trotz allen Widerständen die Hohepriesterschaft als erbliches Amt und erhob ihn außerdem zum »Ethnarchen« und Bundesgenossen Roms; die Jerusalemer Kultgemeinde, fortan durch das Synedrium vertreten, erhielt das Privileg eigener Gerichtsbarkeit. Noch großzügiger wurde Antipas belohnt: ihm wurde das römische Bürgerrecht verliehen, worauf er zum Prokurator, zum höchsten Verwaltungsbeamten in Judäa also, bestellt werden konnte. Im Zuge dieser großartigen Belohnungen vergrößerte auch Caesar das Gebiet Judäas.

Damit hatten sich die Verhältnisse in Palästina in kurzer Zeit gründlich geändert. Die politische Gewalt, die Pompeius den Einheimischen gerade erst entwunden hatte, kam auf dem Wege über das dem Idumäer Antipas verliehene Bürgerrecht wieder in die Hand eines Palästinensers. Der neue Prokurator konnte seine Stellung ausbauen und festigen; er beteiligte auch seine beiden Söhne Phasael und Herodes am politischen Kräftespiel, womit auf kaum übersehbare Weise der Erbanspruch auf politische Herrschaft angemeldet war. Als eigenwilliger Gebieter tat sich namentlich Herodes hervor, der wiederholt in die Kompetenzen der Jerusalemer Kultgemeinde eingriff. Der Aufstieg des Idumäers wurde in Judäa mit wachsendem Mißtrauen betrachtet: neue Konflikte waren im Werden. Wiewohl Antipas bemüht war, mit der Kultgemeinde in gutem Einvernehmen zu bleiben, konnte er die Aggressivität der tatendurstigen Söhne schwerlich eindämmen. Der Konflikt wurde auf die Spitze getrieben, als die Kultgemeinde, um dem stürmischen Sohn des Prokurators auf Grund der ihr zugestandenen Gerichtsbarkeit eine Lektion zu erteilen, Herodes vor das Synedrium zitierte. Herodes entkam, stellte eine Truppe auf und erschien drohend vor den Mauern Jerusalems. Nur das energische Einschreiten des Vaters brachte ihn von weiteren Provokationen ab.

Jede Veränderung im großen Römischen Reich wirkte sich sofort auf die Verhältnisse in den Provinzen aus. Nach der Ermordung Caesars wurde Cassius Longinus, einer der Mörder, Statthalter der Provinz Syria. In Palästina herrschten wieder einmal wirre Zustände. Antipas wurde ermordet, aber Phasael und Herodes setzten sich durch, weil Cassius, der für seine Ausbeutungspolitik aktive Vertrauensleute brauchte, ihnen den Steigbügel hielt. Sehr schnell kam freilich das böse Ende nach. Antonius etablierte seine Herrschaft auch im östlichen Teil des Reiches, war aber zunächst an ordnender Aktivität verhindert, weil die Parther siegreich vorgedrungen waren und sich in der Provinz Syria festgesetzt hatten. In dieser turbulenten Zeit machte Antigonos II., der jüngere Sohn von Aristobulos II., seine Ansprüche mit Hilfe der Parther geltend und erlangte alle Ämter, die einst der Vater an sich gerissen hatte: er wurde von den Parthern als König und Hoherpriester in Jerusalem eingesetzt. Hyrkanus wurde verstümmelt, Phasael beging Selbstmord, und nur Herodes konnte sich durch die Flucht vor dem Zugriff des Rächers retten; auf einem unzugänglichen Felsen am Westufer des Toten Meeres baute er die Festung Masada aus. In seiner leidenschaftlichen Machtgier ruhte Herodes nicht, bis er Palästina zurückgewonnen hatte. Die Nabatäer, die er zuerst um Hilfe anging, lehnten ab; da nahm Herodes die beschwerliche und gefährliche Reise nach Rom auf sich, um vom Senat seine Rechte bestätigt zu bekommen und von ihm Beistand zu erbitten.

Die Kühnheit machte sich bezahlt: der Senat ernannte Herodes zum König von Judäa. Den militärischen Beistand zur Eroberung seines Landes mußte der König freilich in der Provinz Syria mit Mühe und diplomatischem Geschick gewinnen. Die Parther waren inzwischen vertrieben worden, in Palästina herrschte aber noch Antigonos. Mit Hilfe römischer Truppen konnte Herodes zunächst in Galiläa Fuß fassen; erst später, nachdem die Römer mit furchtbarem Blutvergießen Jerusalem erobert hatten, trat er 37 v. Chr. seine Königsherrschaft über Judäa an. Von Machtgier besessen, verschlagen, im diplomatischen Verkehr mit den Römern überaus geschickt, ging Herodes ans Regieren. Auch in der kritischen Zeit, in der Antonius unterlag und Oktavian die Macht in die Hand bekam, konnte Herodes sein Regiment festigen. Er huldigte dem Oktavian, wurde zum »verbündeten König« erklärt und mit umfangreichen Gebietserweiterungen bedacht. Ganz Palästina war sein.

Von 37 bis 4 v. Chr. regierte Herodes nach hellenistisch-römischem Vorbild als baufreudiger, prunkliebender und anspruchsvoller Herrscher. Im ganzen Lande entstanden prachtvolle Bauwerke. Samaria wurde als »Augustusstadt« (Sebaste) zu Ehren des römischen Kaisers ganz neu aufgebaut; Herodes ließ als Krönung des Werks einen Augustustempel errichten, dessen Freitreppe heute noch erhalten ist. Theater und Hippodrome, Festungstürme und Hallen entstanden. Auch Jerusalem bekam ein neues Gesicht: Mauern wurden gezogen, Türme erbaut, der gesamte Tempelbezirk erneuert. Im heutigen Jerusalem erinnert die Klagemauer mit ihren gewaltigen Quaderblöcken an die Aufbauarbeit des Herodes. Mit der Wiederherstellung der heiligen Stätten hatte er die Gunst der Anhänger der Jerusalemer Kultgemeinde gewinnen wollen. Im unzugänglichen Bergland wurden Fluchtburgen errichtet. In der heißen Jordansenke ließ der König in der Nähe von Jericho eine Siedlung mit kostbaren Gartenanlagen aufbauen.

Natürlich verschlangen die Bauten enorme Geldsummen. Zahllose Menschen wurden zu den Bauarbeiten – zum Teil unter unsagbar erschwerten Bedingungen – als Pflichtarbeiter abkommandiert. Herodes regierte mit Gewalt und Terror, und jedes Mittel war ihm recht, wenn es galt, seine maßlosen Pläne zu verwirklichen. Auch das Amt des Hohenpriesters wurde ins politische Intrigenspiel hineingezogen. Selbst in der Familie scheute Herodes vor Verbrechen und Mord nicht zurück. So war es nicht verwunderlich, daß er in der Jerusalemer Kultgemeinde – trotz allen Bauten an heiliger Stätte – verhaßt war. Die Judäer sahen in ihm den Fremden, den Heiden.

Als Herodes vier Jahre vor Christi Geburt starb, hinterließ er eine testamentarische Verfügung über die Aufteilung des Herrschaftsgebiets, die von Augustus in Rom genehmigt wurde. Der größte Teil entfiel auf Archelaos, Herodes' ältesten Sohn, der Ethnarch über Judäa, Idumäa und Samaria wurde. Ein jüngerer Sohn, der im Neuen Testament erwähnte Herodes Antipas, erhielt Galiläa und Peräa, wo er von 4 v. Chr. bis 39 n. Chr. regierte; von allen Erben Herodes' versuchte er sich am kräftigsten durchzusetzen. Die Unruhen in Palästina nahmen immer mehr zu. Der Haß gegen die Herodianer wuchs und traf nicht zuletzt die Römer, die hinter den idumäischen Herrschern standen, die drückende Steuern eintrieben und alle Hoffnungen Israels mit dem Gewicht ihrer Macht erdrückten. Von neuem flammten die alten national-religiösen Leidenschaften auf. Es gärte im Lande.

In dieser Zeit trat in Galiläa und Jerusalem Jesus von Nazareth als Wanderprediger auf. Zunächst nahm die Weltgeschichte von ihm keine Notiz. Er sprach und handelte in der Verborgenheit eines kleinen Kreises. An den Ufern des Sees Genezareth wurde einstweilen nur von wenigen eine Botschaft (Lukas 10,23f.) vom Anbruch der Herrschaft Gottes und von der Gegenwart der zukünftigen Welt vernommen, wie sie nie zuvor gehört worden war:

> Heil den Augen, die sehen, was ihr seht!
> Denn ich sage euch:
> Viele Propheten und Könige wollten sehen, was ihr seht,
> und haben es nicht gesehen,
> wollten hören, was ihr hört,
> und haben es nicht gehört!

Jetzt bricht die Herrschaft Gottes an. Alle Schuld wird vergeben, Kranke werden geheilt und den Armen wird das Heil (Lukas 6,20f.) verkündet: »Heil euch, ihr Armen, denn euer ist die Gottesherrschaft! Heil euch, die ihr jetzt hungert, denn ihr sollt satt werden! Heil euch, die ihr jetzt weint, denn ihr sollt lachen!« Als die Botschaft Jesu in Jerusalem laut wurde, mußte die Kultgemeinde Stellung beziehen. Es gab ernste Gegensätze. Für die Pharisäer war wesentlich, daß dieser Mann Jesus das Gesetz übertrat, daß er vor allem das Sabbatgebot verachtete. Die Kreise aber, die national-religiöse Hoffnungen hegten, glaubten, Jesus würde nun das »Reich Israel« aufrichten und den Raum der politischen Freiheit schaffen, in dem sich das letzte Gottesreich verwirklichen könnte. Die offiziellen Vertreter der Kultgemeinde wiesen den Wanderprediger streng ab; mehr noch: sie bezichtigten ihn der Gotteslästerung. Angesichts der tumultuarischen Forderung des Volkes und der Zustimmung des Prokurators Pontius Pilatus wurde Jesus von Nazareth mit dem Schandtod der Kreuzigung bestraft und am Tage vor dem Passahfest hingerichtet. Die Osterbotschaft, die dann Jesus als den von Gott erweckten Messias Israels proklamierte, ließ aus dem Judentum die christliche Kirche hervorgehen. Das Evangelium (Johannes 4,22) erklärt: »Das Heil geht von den Juden aus.«

## Das Ende

Von Rom aus flutete im vierten Jahrzehnt unserer Zeitrechnung eine Welle religiöser Beunruhigung in alle Länder des römischen Imperiums: der Kaiserkult sollte nun auch in den Provinzen rigoros durchgesetzt, der Herrscher als Gott verehrt werden. Zunächst war Jerusalem von diesen Maßnahmen nicht betroffen, da die Prokuratoren die Privilegien der Kultgemeinde respektierten und um der allgemeinen Ruhe und Ordnung willen die neuartige religiöse Pflicht dem Lande nicht zumuteten. Dafür hatten die Juden in der Diaspora unter dem Zwang zur Verehrung des Kaisers um so mehr zu leiden.

In der Synagoge der Stadt Alexandreia, dem eigentlichen Zentrum des westlichen Diaspora-Judentums, wurde ein Kaiserbild aufgestellt; wer dem Kaiser nicht huldigte, setzte sich schweren Verfolgungen aus. Unter Caligula wurde schließlich auch Jerusalem mit der Errichtung einer kaiserlichen Kultstätte entweiht; aber schon im Jahre 41, bald nach der Aufstellung des Bildes, wurde Caligula ermordet, was der Kultgemeinde viel Leid ersparte. Die Übergriffe der Römer hatten in Palästina ohnehin eine aufrührerische Stimmung erzeugt. Für radikale Gewaltmaßnahmen zum Sturz der Römerherrschaft setzte sich eine starke Richtung, Zeloten (Eiferer) genannt, ein. Schon wurden keine Steuern mehr entrichtet; schon fanden sich insgeheim Zirkel zusammen, die politische Veränderungen mit aller Macht erzwingen wollten. Vorbehaltlos standen auf seiten der Römer nur die Herodianer, die sich nur dank der Hilfe der Römer halten konnten.

Zwischen 41 und 44 ließen die Römer den Enkel des großen Herodes, Herodes Agrippa I., in Palästina herrschen. Als er plötzlich starb, trauten die Römer seinem jungen Sohn Herodes Agrippa II. die Herrschaft über das unruhige, brodelnde Palästina nicht zu, sondern machten ihn zum König des kleinen Chalkis in der Senke zwischen Libanon und Antilibanon, übertrugen ihm aber zugleich die Oberaufsicht über den Tempelkult in Jerusalem. Schon diese eigenartige Kombination deutet die Komplikationen an, in denen sich die Provinz Syria nun immer mehr verfing. In den folgenden Jahren wurden Statthalter und Prokuratoren ständig neu berufen und bald wieder abgesetzt: die einen, weil sie sich als unfähig, die anderen, weil sie sich als korrupt erwiesen.

Zu ernsten Konflikten kam es um 50 n. Chr. Einmal hatten römische Soldaten Angehörige der Jerusalemer Kultgemeinde beim Passahfest verspottet; zum anderen waren galiläische Festpilger von Samaritern überfallen worden, ohne daß der bestochene römische Prokurator gegen die Mörder eingeschritten wäre. Heftige Protestaktionen der Zeloten trieben die römischen Behörden so sehr in die Enge, daß sie, um die Bevölkerung zu beruhigen, die Hinrichtung führender Samariter befahlen. Das half nicht lange. Tumulte und Rebellionen fanden kein Ende mehr. Sechzehn Jahre später ereignete sich ein neuer Zwischenfall: in Jerusalem wurde der Prokurator in aller Öffentlichkeit verhöhnt, und zur Strafe ließ er die Stadt von römischen Truppen plündern. Die Antwort war ein Aufstand; allerorten bemächtigten sich die Zeloten der Führung der Aufstandsbewegung; in Jerusalem belagerten die Aufständischen die Burg Antonia. Zur Verstärkung der römischen Garnison wurden zwar Hilfstruppen aus dem Norden angefordert, aber Jerusalem blieb in den Händen der Insurgenten, und auf dem Marsch nach Jerusalem wurde eine römische Legion

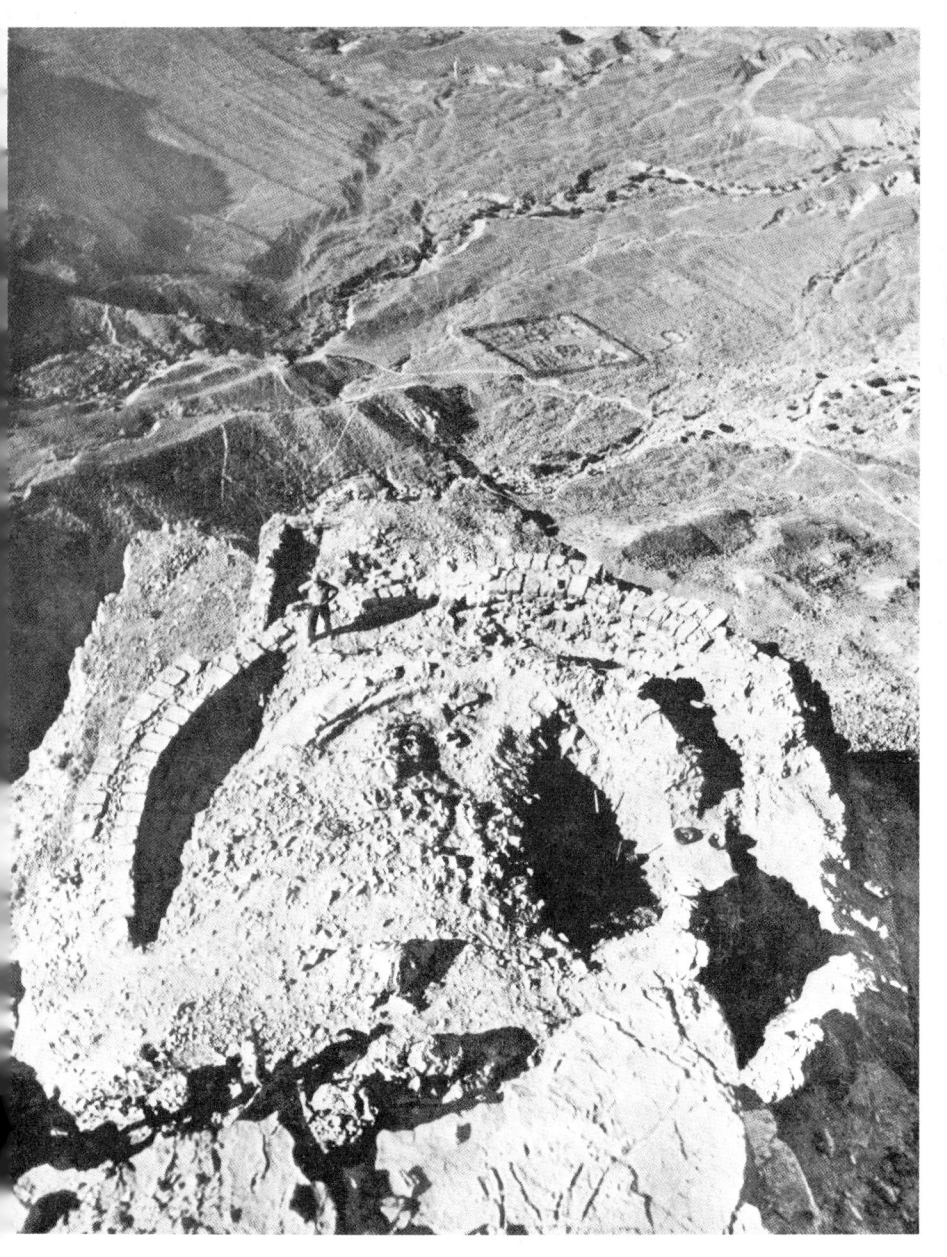

Der Nordturm der Veste Masada des Königs Herodes am Toten Meer
Im Tal die Reste eines römischen Feldlagers, Ende 1. Jahrhundert v. Chr.

Der siebenarmige Leuchter
Die kostbarste Beute aus dem Tempel in Jerusalem im Triumphzug des Titus
Relief am Titus-Bogen in Rom

überfallen. Ohne Organisation streiften Zelotengruppen im Lande umher und stifteten Unordnung. Diese anarchische Lage konnten die Römer auf die Dauer nicht dulden.

Nachdem Nero Kaiser geworden war, wurde die Wiederherstellung der Ordnung in der Provinz Syria beschlossen und die »Pazifizierung« dem Feldherrn Flavius Vespasianus übertragen; er traf Ende 66 in Syrien ein und begann sofort mit Vorbereitungen für einen Palästina-Feldzug. Im Frühjahr 67 wurde Galiläa besetzt. Überall leisteten die Zeloten erbitterten Widerstand, wurden aber von der Übermacht des römischen Heeres zermalmt. In Jerusalem tobten innere Kämpfe, in denen die Zeloten die Oberhand gewannen und beschlossen, die Stadt mit allen militärischen Mitteln gegen das römische Heer zu verteidigen. Der römische Feldherr ließ ihnen Zeit; erst 68 hatte er das umliegende Gebiet von Kämpfenden gesäubert und Voraussetzungen für eine erfolgreiche Belagerung geschaffen. Aber nun starb Nero, und alles kam zum Stillstand. Im Jahre 69 wurde schließlich der Angriff begonnen.

Mittlerweile war Flavius Vespasianus in Ägypten und Syrien zum Kaiser ausgerufen worden; jetzt war es ihm wichtiger, fürs folgende Jahr seinen Einzug in Rom zu organisieren. Die Leitung der Eroberungsaktion ging auf den Feldherrn Titus über. In der Stadt wüteten immer noch die Parteigegensätze. Ausgehungert und ausgebrannt fiel die Stadt dem römischen Feldherrn in die Hand. Sie wurde niedergerissen und restlos zerstört. Wer nicht in dem grausigen Blutbad umgekommen war, floh ins Gebirge oder in die Fremde. In Rom zog Titus als Sieger ein. Von seinem Triumphzug kündet der berühmte Titusbogen, auf dem unter der Beute auch der siebenarmige Leuchter des Tempels zu erkennen ist. Mit dem Triumph war das Nachspiel der Strafexpedition nicht abgeschlossen. Im Süden Palästinas sammelten sich die zersprengten Eiferer in den Fluchtburgen des Herodes, in Herodeion, Masada und Machaerus. Aber auch diese Bollwerke fielen bald in die Hände der Römer.

Die Pharisäer, die das politische Treiben der Zeloten verdammt hatten, waren nun die führenden Männer des zerrissenen Judentums. Das religiöse Zentrum, der Tempel, war vernichtet. Die frommen Lehrer konnten die zersprengte Gemeinde nur noch um das Gesetz der Väter sammeln. Zum Mittelpunkt des religiösen Lebens wurde der Ort Iamnia, von wo aus die Geschicke der weiter im Lande lebenden Juden geleitet wurden. Aber noch waren im enthaupteten Palästina die national-religiösen Eiferer im geheimen am Werk. Sie warteten auf die günstige Stunde für eine neue Erhebung, und diese Stunde schien zur Zeit des Kaisers Hadrian (117–138 n. Chr.) gekommen. Unter der Führung Bar Kochbas wurden fürs erste große Erfolge im Süden des Landes erzielt; die Bewegung proklamierte die »Befreiung Israels«, und eine neue Ära schien heraufzuziehen.

Doch dauerte es nicht lange, bis das römische Heer zugriff, die Aufstandsbewegung niederwarf und die Männer Bar Kochbas zersprengte; von ihren letzten Tagen künden die neuerdings am Toten Meer aufgefundenen Texte. Mit der Zerstörung des kultischen Zentrums der Jerusalemer Kultgemeinde war dem alten Israel, wie es auch in der nachexilischen Kultgemeinde noch lebendig geblieben war, das Fundament genommen. In Iamnia wurden die heiligen Schriften in einem endgültigen Kanon erfaßt, und von hier aus nahm die Geschichte des nachbiblischen Judentums ihren Ausgang: eine Geschichte der Zerstreuungen, Wanderungen, Sammlungen und unendlichen Leiden in der Fremde.

# Deutsche Geschichte
# im Ullstein Taschenbuch

Ein Gesamtbild deutscher Geschichte vom Mittelalter bis in unsere Zeit in Einzeldarstellungen und thematischen Ergänzungsbänden

Herausgegeben von Walther Hubatsch

## Egmont Zechlin
## Die deutsche Einheitsbewegung
Deutsche Geschichte Band 3/1

Der Durchbruch zum politischen Nationalbewußtsein / Einheitsgedanke und Neuordnung Deutschlands 1814/15 / Bürgertum, Burschenschaften und Karlsbader Beschlüsse / Konstitutionalismus, Liberalismus und Partikularismus / Gesellschaft, Wirtschaft, Zollpolitik / Wachsende politische Unruhe und soziale Gärung / Von der Revolution von 1848 bis zum Scheitern der Unionspläne 1850 / Außen- und innenpolitische Probleme des ersten Einigungsversuchs

## Egmont Zechlin
## Die Reichsgründung
Deutsche Geschichte Band 3/2

Die Zeit der Reaktion / Der Krimkrieg und seine Folgen / Bismarcks Grundanschauungen · Neue Antriebskräfte zur nationalen Einheit / Vom Agrar- zum Industriestaat / Der preußische Verfassungskonflikt und Bismarcks Berufung / Bismarck und die Mächte / Der Deutsche Krieg von 1866 / Der Norddeutsche Bund / Der deutsch-französische Krieg von 1870/71 und die Gründung des Reiches / Bündnispolitik und innere Krisen im Bismarckreich / Bismarck, Preußen und die Einheitsbewegung

# Politik- und Sozialwissenschaft im Ullstein Taschenbuch

## Lutz von Werder
## Erziehung und gesellschaftlicher Fortschritt

Einführung in die soziologische Erziehungswissenschaft

Ullstein Buch 3246

Kann Erziehung einen Beitrag zum gesellschaftlichen Fortschritt leisten? Anmerkung zur Soziologie der Erziehung / Erziehungsgeschichte als Sozialgeschichte / Der Mensch ist ein utopisches Wesen. Zur Grundlage einer soziologischen Anthropologie bei Marx / Zur Verwissenschaftlichung der Berufspädagogen / Arbeiterkind und Klassenbewußtsein. Sozialistische Sozialisationsforschung von O. Rühle bis U. Preuß-Lausitz / Das unbewältigte Klassenbewußtsein der Arbeiterjugend / Weiterbildung als Arbeiterbildung / Arbeiterbewegung und Ausbildungssektor. Untersuchungen zum Stand der Forschung

## Armin Hegelheimer (Herausgeber)
## Texte zur Bildungsökonomie

Ullstein Buch 3106

Mit Texten aus der Bundesrepublik Deutschland, ČSSR, DDR, Großbritannien, Österreich, Schweiz, UdSSR, Ungarn und USA.

In diesem Band zur Bildungsökonomie ist die gesamte Spannweite der Diskussion in der Bildungsökonomie zwischen Liberalismus, Sozialismus und Neomarxismus anhand repräsentativer Texte in jedem einzelnen Kapitel eingefangen worden. Mit einem Essay des Herausgebers und einem Glossar der wichtigsten Begriffe der Bildungsökonomie in Ost und West.